NOUVEAU CHOIX
DE 500 CANTIQUES
SPIRITUELS

APPROBATIONS.

Nous Jean-Pierre de Gallien de Chabons, par la Miséricorde divine et la grâce du Saint-Siége Apostolique, Évêque d'Amiens,

Avons examiné avec soin le livre intitulé : *Nouveau choix de 500 Cantique d'Amiens*, et n'y avons rien trouvé de contraire à la saine doctrine. Nous verrons avec plaisir que ce livre, imprimé par le sieur Caron-Vitet, soit en usage dans notre Séminaire, dans les Maisons d'éducation et répandu dans toutes les paroisses de notre Diocèse.

A Amiens, le 23 Juin 1834.

Vu l'approbation ci-dessus, Nous accordons au sr Caron-Vitet, la permission exclusive d'imprimer ce Recueil avec les Cantiques à la fin du volume pour chaque jour du Mois de Marie, lesquels nous ont été communiqués.

Donné à Amiens, le 26 juillet 1841.

† JEAN, *Évêque d'Amiens.*

Par Mandement de Monseigneur :

L.-F. LUCAS, *Chan., Sec.-gén.*

Vu et approuvé :
Amiens, 31 Mai 1855.
DE LADOUE, *Vic.-Gén.*

PROPRIÉTÉ.

Les exemplaires voulus par la loi ont été déposés.

Caron et Lambert

NOUVEAU CHOIX
DE
500 CANTIQUES
SUR LES PLUS BEAUX AIRS;

PRÉCÉDÉ D'INSTRUCTIONS ET D'EXERCICES SPIRITUELS,

Par M. l'Abbé BEAUGEOIS.

DIXIÈME ÉDITION
REVUE, CORRIGÉE ET AUGMENTÉE

de Nos de renvoi, pour trouver, dans le Nouveau Recueil noté, les Airs propres à chaque Cantique et tous ceux de la même coupe.

Cantate Domino canticum novum.
Chantez au Seigneur un cantique nouveau. (Ps. 95.)

A AMIENS
DE L'IMPRIMERIE DE CARON ET LAMBERT
Imprimeurs-Libraires de Mgr. l'Évêque
PLACE DU GRAND-MARCHÉ.

1857

RÈGLEMENT DE VIE.

CHAQUE JOUR

i. Je ferai mes prières à genoux et avec attention. J'offrirai à Dieu toutes mes pensées, paroles et actions.

ii. Je ferai mon possible pour assister à la sainte Messe avec foi et dévotion.

iii. Je ne laisserai passer aucun jour sans faire une lecture de piété et sans réfléchir à mon salut et à l'accomplissement de mes devoirs de chrétien.

iv. De temps en temps, et surtout quand je serai tenté, je penserai que je suis sous les yeux de Dieu, et je ferai quelque élévation de cœur vers lui.

v. Le soir, j'examinerai ma conscience. Je demanderai pardon à Dieu des fautes que je reconnaîtrai avoir commises, et je prendrai de fermes résolutions de n'y plus retomber.

CHAQUE SEMAINE

vi. Je serai fidèle à assister, les Dimanches et Fêtes, à la Messe de paroisse et aux autres Offices. Je me rappellerai que ces jours sont les Jours du Seigneur, et non les jours de la danse, des plaisirs, de l'intempérance et des affaires temporelles; et je les consacrerai tout entiers à de bonnes œuvres.

CHAQUE MOIS

vii. Je m'approcherai du sacrement de Pénitence, et je communierai suivant l'avis de mon Confesseur.

CHAQUE ANNÉE

viii. Je ferai une confession générale de toute l'année. Je m'y disposerai par quelques jours de retraite ou de recueillement, et par de sérieuses et profondes méditations sur les grandes vérités du salut.

PRÉFACE

Il serait superflu de s'étendre sur l'utilité des Cantiques spirituels. Les personnes qui les aiment n'ont pas besoin d'être excitées à en faire usage : le chant des saints Cantiques les délasse dans leurs travaux, nourrit leur piété, ranime leur ferveur : elles se rappellent, par ce moyen, ce que la Religion a de plus touchant dans ses mystères, de plus consolant ou de plus terrible dans les vérités qu'elle nous enseigne ; elles y trouvent l'expression des sentimens de crainte et d'amour, de respect et de confiance dont elles sont pénétrées envers le Seigneur. Aussi ne saurions-nous dire rien qui ajoute à l'idée qu'en ont les âmes fidèles, et à l'intérêt que ces saintes poésies leur inspirent. Quant à ceux qui les dédaignent et qui leur préfèrent les productions passionnées de la volupté, quelque éloge qu'on leur fasse des chastes accens de la piété, il est bien à craindre qu'ils ne les goûtent pas davantage : il faudrait commencer par guérir leur cœur, et une cure de cette espèce ne saurait être le fruit d'une préface, quelque persuasive qu'on la suppose.

Nous nous bornerons donc à faire connaître le plan de ce Recueil. Les Cantiques y sont classés selon l'ordre des Mystères, Fêtes et Dimanches que l'Église célèbre dans le cours de l'année. Ainsi nous avons placé à la fête du St.-Sacrement tous les cantiques sur l'Eucharistie ; à l'Ascension, les cantiques sur le Paradis ; à la fête de la Ste.-Trinité, ceux pour la Rénovation des vœux du Baptême, etc.

Cet ordre, qui est comme naturel et connu de tout le monde, aidera beaucoup à choisir et à trouver les cantiques dont on aura besoin selon les circonstances particulières.

Ce Recueil est terminé par un choix nombreux des airs les plus beaux, et dignes de l'approbation des maîtres de l'art. Tous ces airs y sont notés de manière à être facilement chantés par les personnes mêmes qui sont le moins versées dans la musique.

Puisse ce Recueil, que Monseigneur l'Évêque d'Amiens a bien voulu honorer de son approbation, être accueilli favorablement de MM. les Ecclésiastiques à qui nous le dédions spécialement. Dirigé par leur zèle sage et prudent, le chant des Cantiques produira des fruits abondans d'édification et de salut dans les paroisses où cet usage pourra être introduit.

A. M. D. G.

TABLE DES MATIÈRES CONTENUES DANS CE RECUEIL

EXERCICES. — 1re *pagination.*

Prières du Matin.	7
Litanies du Saint Nom de Jésus.	10
Prières du Soir.	11
Litanies de la Sainte Vierge.	14
Exercices de piété pour la journée	15
Prières pendant la Messe.	17
Ordinaire de la Messe.	24
Oraison mentale	28
Doctrine chrétienne	31
Sacrement de Pénitence.	34
Conduite pour la Confession,	39
— après la Confession.	49
— pour la Communion	50
Rénovation des Vœux du Baptême	56
Indulgences les plus usitées.	57
Dévotion au Saint-Sacrement	62
Litanies du Saint-Sacrement.	64
Dévotion au Sacré-Cœur de Jésus	67
Chemin de la Croix	72
Dévotion à la très-Sainte Vierge	75
Petit Office de l'Immaculée Conception.	84
Dévotion aux SS. Anges	86
— à saint Joseph	89
Neuvaine en forme de retraite.	89
Litanies pour la bonne mort.	93
Vêpres du Dimanche.	94
— du Saint-Sacrement	102
— de la Sainte Vierge	103
Psaumes des Fêtes	105
Prières diverses	107
Litanies des Saints.	113
Oraison universelle.	116

CANTIQUES. — 2e *pagination.*

Cantiques pour l'Avent.	3
— pour la fête de Noël.	8
— pour la Circoncision.	21
— pour l'Épiphanie	24
— pour les Dimanches avant le Carême.	35
— pour le t. du Carême.	45
— pour la fête de Pâques.	118
— Pour le temps Pascal.	122
— pour la fête de l'Ascension.	134
— pour la fête de la Pentecôte.	141
— pour la fête de la Sainte Trinité	154
— pour la fête du Saint-Sacrement	157
— pour la fête du Sacré-Cœur.	193
— pendant l'année.	203
— pour les fêtes de la Sainte Vierge.	266
— pour la fête des Saints Anges.	299
— pour la fête des Saints.	302
— pour la Dédicace de l'Église.	312
— sur divers sujets.	319
— pour le mois de Marie.	324
Cantiques latins	334
Table des Airs	343
— des Cantiques	349

EXERCICES SPIRITUELS.

Notre-Seigneur a fait cette promesse : (St. Matth. ch. 18.) « Là où deux ou trois « sont assemblés en mon nom, je me trouve au milieu d'eux. » Promesse touchante qui doit engager les fidèles à prendre l'habitude de faire leurs prières en commun. On ne saurait croire les bénédictions que Dieu répand sur les familles où cette sainte pratique est en usage. Les pères et mères doivent faire ce qui dépend d'eux pour l'établir dans leurs maisons.

PRIÈRES DU MATIN.

Après vous être recueilli pendant quelques moments, pour vous pénétrer de la présence de Dieu, étant dans la posture la plus respectueuse, commencez ainsi votre prière :

† Au nom du Père, et du Fils, et du Saint-Esprit. Ainsi soit-il.

Venez Esprit-Saint, remplissez les cœurs de vos fidèles et allumez en eux le feu de votre amour.

Mettons-nous en la présence de Dieu, et l'adorons.

Mon Dieu, nous croyons que vous êtes ici présent. Vous connaissez toutes les pensées de notre esprit et tous les mouvements de notre cœur. Nous vous adorons comme notre souverain Seigneur; et nous reconnaissons que nous ne pouvons jamais assez profondément nous humilier devant vous.

Remercions Dieu de toutes les grâces qu'il nous a faites.

Que vous rendrons-nous, ô mon Dieu, pour tous les biens que nous avons reçus de vous. C'est vous, Seigneur, qui nous avez donné la vie et qui nous la conservez. C'est vous qui nous avez rachetés par votre sang précieux, et qui nous pardonnez si souvent nos fautes. C'est vous qui nous préparez un bonheur éternel, et qui nous donnez les moyens pour y arriver. Faites, Seigneur, que nous profitions de tant de grâces; faites que nous en conservions le souvenir tous les jours de notre vie.

Tâchons de prévoir les occasions qui nous font le plus ordinairement tomber dans le péché. Prenons des résolutions particulières pour les éviter*

Vous connaissez notre faiblesse, ô mon Dieu, et le penchant que nous avons à vous offenser. Éloignez donc de nous toutes les

---

* Ici on doit s'arrêter, pour réfléchir, méditer, prévoir ces occasions, prendre ces résolutions. Si on en a le temps, il sera bon d'employer un quart-d'heure, et plus, à cet exercice, sinon, au moins quelques minutes.

occasions du péché. Vous savez celles où nous succombons le plus ordinairement. Fortifiez-nous, et ne permettez pas que nous retombions davantage dans les fautes dont nous vous avons déjà tant de fois demandé pardon.

Offrons à Dieu toutes nos actions et demandons-lui qu'il nous soutienne dans toutes les tribulations de cette vie.

MON Dieu, nous vous offrons notre corps, notre âme et tout ce que nous sommes. Nous ne pouvons rien sans vous; aidez-nous donc par votre grâce, afin que tout ce que nous ferons et souffrirons aujourd'hui, soit pour votre plus grande gloire et pour la rémission de nos péchés.

Demandons à Dieu les grâces qui nous sont nécessaires, et faisons la prière que Notre-Seigneur nous a enseignée lui-même

PATER noster, qui es in cœlis; sanctificétur nomen tuum: advéniat regnum tuum: fiat volúntas tua sicut in cœlo et in terrâ: panem nostrum quotidiánum da nobis hódiè; et dimitte nobis débita nostra, sicut et nos dimíttimus debitóribus nostris; et ne nos indúcas in tentatiónem; sed líbera nos à malo. Amen.

Prions la Sainte Vierge d'intercéder pour nous.

AVE, María, grátiâ plena: Dóminus tecum: benedícta tu in muliéribus; et benedictus fructus ventris tui, Jesus.
Sancta María, Mater Dei, ora pro nobis peccatóribus, nunc et in horâ mortis nostræ. Amen.

Demandons l'assistance de notre Ange Gardien.

ANGE de Dieu à qui je suis donné en garde par l'ordre de la divine Providence, éclairez-moi, gouvernez-moi, conservez-moi aujourd'hui et pendant toute ma vie. Ainsi soit-il.

Implorons la protection de notre saint Patron.

GRAND Saint dont j'ai l'honneur de porter le nom, protégez-moi, priez pour moi, afin que je puisse servir Dieu comme vous sur la terre, et le glorifier éternellement avec vous dans le ciel. Ainsi soit-il.

Récitons le Symbole des Apôtres, et protestons de vivre et de mourir dans la foi des vérités qu'il contient.

CREDO in Deum, Patrem omnipoténtem, Creatórem cœli et terræ; et in Jesum Christum, Filium ejus únicum, Dóminum nostrum; qui concéptus est de Spíritu sancto, natus ex Maríâ Vírgine; passus sub Póntio Piláto, crucifíxus, mórtuus, et sepúltus; descéndit ad ínferos, tértiâ die resurréxit à mórtuis; ascéndit ad cœlos, sedet ad déxteram Dei Patris omnipoténtis: indè ventúrus est judicáre vivos et mórtuos. Credo in Spíritum sanctum; sanctam Ecclésiam Cathólicam; sanctórum communiónem; remissiónem peccatórum; carnis resurrectiónem, vitam ætérnam. Amen.

Récitons les Commandements de Dieu, et tâchons de les avoir toujours présents à l'esprit.

1. Un seul Dieu tu adoreras, Et aimeras parfaitement.
2. Son saint Nom tu respecteras, Ne jurant jamais vainement.
3. Les Dimanches tu garderas, En servant Dieu dévotement.
4. Tes Père et Mère honoreras, Afin de vivre longuement.
5. Homicide point ne seras, De fait, ni de consentement.
6. De la luxure, tu fuiras Tous les plaisirs fidèlement.
7. Le bien d'autrui tu ne prendras Ni ne retiendras sciemment.
8. Faux témoignage ne rendras, Et ne mentiras nullement.
9. Honteux désirs tu banniras Loin de ton cœur sévèrement.
10. Biens d'autrui ne convoiteras, Pour les avoir injustement.

Les Commandements de l'Église.

1. Fidèle, tu sanctifieras Les Fêtes de commandement.
2. Les Dimanches Messe entendras Et les Fêtes pareillement.
3. Tous tes péchés confesseras, A tout le moins une fois l'an.
4. Ton Rédempteur tu recevras Au moins à Pâques humblement.
5. Quatre-Temps, Veilles, jeûneras Et le Carême entièrement.
6. Vendredi chair ne mangeras, Ni le samedi mêmement.

Demandons à Dieu la grâce d'observer ses Commandements.

Seigneur, Dieu tout-puissant, qui nous avez fait arriver au commencement de ce jour, sauvez-nous aujourd'hui par votre puissance. Ne souffrez pas que nous nous laissions aller à aucun péché. Faites au contraire que toutes nos pensées, nos paroles et nos actions ne tendent qu'à accomplir vos saints Commandements : nous vous en conjurons par Jésus-Christ Notre-Seigneur. Ainsi soit-il.

Que le Seigneur nous bénisse; qu'il nous garde de tout mal; qu'il nous conduise à la vie éternelle, et que, par sa miséricorde, les âmes des fidèles qui sont morts, reposent en paix. Ainsi soit-il.

ACTE DE FOI.*

*Indulgence de 7 ans et 7 quarantaines.

Mon Dieu, je crois fermement tout ce que vous avez révélé et que l'Eglise nous propose à croire ; je le crois, mon Dieu, parce que vous êtes la vérité même, et que l'Eglise ne peut pas nous tromper.

ACTE D'ESPÉRANCE.*

Mon Dieu, j'espère, à cause de vos promesses et des mérites infinis de Jésus-Christ, que vous me donnerez la vie éternelle, et les grâces pour y arriver.

ACTE DE CHARITÉ.*

Mon Dieu, je vous aime de tout mon cœur et plus que toutes choses, à cause de votre bonté infinie. J'aime aussi mon prochain comme moi-même, pour l'amour de vous.

ACTE D'ADORATION.*

Mon Dieu, je vous adore, je vous reconnais pour mon Créateur et mon souverain Seigneur, et je m'humilie profondément devant vous.

ACTE DE CONTRITION.*

Mon Dieu, j'ai un véritable regret de vous avoir offensé, parce que vous êtes infiniment bon et que le péché vous déplaît; je me propose, moyennant votre sainte grâce, de n'y plus retomber, de m'en confesser et d'en faire pénitence.

LITANIES DU SAINT NOM DE JÉSUS.

Kyrie, eléison.
Christe, eléison.
Kýrie, eléison.
Jesu, audi nos.
Jesu, exáudi nos.
Pater de cœlis, Deus, miserére nobis.
Fili, Redémptor mundi, Deus, miserére nobis.
Spíritus sancte, Deus, miserére nobis.
Sancta Trínitas, unus Deus, miserére nobis.

Jesu Fili Dei vivi,
Jesu splendor Patris,
Jesu candor lucis ætérnæ,
Jesu Rex glóriæ,
Jesu Sol justítiæ,
Jesu Fili Maríæ virginis,
Jesu amábilis,
Jesu admirábilis,
Jesu Deus fortis,
Jesu Pater futúri séculi,
Jesu magni consílii Angele,
Jesu potentíssime,
Jesu patientíssime,
Jesu obedientíssime,
Jesu mitis et húmilis corde,
Jesu amátor castitátis,
Jesu amátor noster,
Jesu Deus pacis,
Jesu auctor vitæ,
Jesu exémplar virtútum, } Miserére nobis.

Jesu zelátor animárum,
Jesu Deus noster,
Jesu refúgium nostrum,
Jesu pater páuperum,
Jesu thesáurus fidélium,
Jesu bone Pastor,
Jesu lux vera,
Jesu sapiéntia ætérna,
Jesu bónitas infinita,
Jesu via et vita nostra,
Jesu gáudium Angelórum,
Jesu Rex Patriarchárum,
Jesu Magíster Apostolórum,
Jesu Doctor Evangelistárum,
Jesu fortitúdo Mártyrum,
Jesu lumen Confessórum,
Jesu púritas Vírginum,
Jesu coróna Sanctórum ómnium, } Miserére nobis. — Miserére nobis.

Propítius esto, parce nobis, Jesu.
Propítius esto, exáudi nos, Jesu.
Ab omni malo, libera nos, Jesu.
Ab omni peccáto,
Ab irâ tuâ,
Ab insídiis diáboli,
A spíritu fornicatiónis,
A morte perpétuâ,
A negléctu inspiratiónum tuárum,
Per mystérium sanctæ incarnatiónis tuæ,
Per nativitátem tuam,
Per infántiam tuam,
Per divinissimam vitam tuam,
Per labóres tuos, } Libera n. Libera n.

Per agóniam et passiónem tuam,
Per crucem et derelictiónem tuam,
Per languóres tuos,
Per mortem et sepultúram tuam,
Per resurrectiónem tuam,
Per ascensiónem tuam,
Per gáudia tua,
Per glóriam tuam,
} *Líbera nos, Jesu.*

Agnus Dei, qui tollis peccáta mundi, parce nobis, Jesu.
Agnus Dei, qui tollis peccáta mundi, exáudi nos, Jesu.
Agnus Dei, qui tollis peccáta mundi, miserére nobis, Jesu.
Jesu, audi nos.
Jesu, exáudi nos.

℣. Sit nomen Dómini benedíctum ;
℞. Ex hoc nunc et usque in sǽculum.

ORÉMUS.

Dómine Jesu Christe, qui dixísti : Pétite et accipiétis, quǽrite et inveniétis, pulsáte et aperiétur vobis ; quǽsumus, da nobis peténtibus diviníssimi tui amóris afféctum, ut te toto corde, ore et ópere diligámus, et à tuâ numquàm laude cessémus ; qui vivis et regnas in sǽcula sæculórum. ℞. Amen.

Occupons-nous souvent de Dieu pendant cette journée ; de temps en temps, durant notre travail, élevons nos cœurs vers lui par des prières courtes, mais ferventes ; fuyons l'oisiveté et tous les autres péchés ; enfin, menons une vie sainte et laborieuse qui soit conforme à celle de Jésus-Christ notre modèle, afin qu'un jour nous arrivions avec lui à la vie éternelle.

PRIÈRES DU SOIR.

✝ Au nom du Père, et du Fils, et du Saint-Esprit. Ainsi soit-il.

Venez, Esprit-Saint, remplissez les cœurs de vos Fidèles, et allumez en eux le feu de votre amour.

Mettons-nous en la présence de Dieu.

Seigneur, nous sommes toujours en votre présence ; pourquoi donc ne sommes-nous pas toujours occupés de vous ; il ne nous arrive que trop souvent de vous oublier pour penser aux choses du monde. Faites qu'au moins dans ce moment nous oubliions toutes les choses de ce monde pour ne penser qu'à vous.

Remercions Dieu de tous ses bienfaits.

Seigneur, nous recevons tous les jours de vous de nouvelles grâces. Quoique vous nous ayez beaucoup donné, vous nous préparez encore de plus grands biens. O mon âme, bénis le Seigneur, et n'oublie jamais toutes ses miséricordes.

Demandons à Dieu la grâce de connaître nos péchés.

Seigneur, nous ne sommes que ténèbres, et il n'y a que vous qui puissiez nous éclairer. Plusieurs de nos péchés nous échappent ;

Nous n'en connaissons pas le nombre : nous n'en pénétrons pas l'énormité. Ouvrez-nous les yeux, et faites que nous voyions dans notre examen, ce que nous verrons un jour quand nous paraîtrons devant vous pour être jugés.

Examinons-nous sur les fautes que nous avons commises aujourd'hui, par pensées, paroles, actions et omissions. Arrêtons-nous particulièrement aux péchés que nous commettons le plus ordinairement. *

Confessons nos péchés à Dieu.

JE confesse à Dieu tout-puissant, à la bienheureuse Marie toujours Vierge, à Saint Michel Archange, à Saint Jean-Baptiste, aux Apôtres Saint Pierre et Saint Paul, et à tous les Saints, que j'ai beaucoup péché en pensées, en paroles et en actions, par ma faute, par ma faute, par ma très-grande faute. C'est pourquoi je supplie la bienheureuse Marie toujours Vierge, Saint Michel Archange, Saint Jean-Baptiste, les Apôtres Saint Pierre et Saint Paul, et tous les Saints, de prier pour moi le Seigneur notre Dieu.

Faisons un acte de Contrition, et demandons pardon à Dieu.

SEIGNEUR, nous avons péché, et nous ne sommes plus dignes d'être appelés vos enfants. O Dieu qui ne voulez pas la mort du pécheur, ayez pitié de nous! Nous avons un grand regret de tous les péchés de notre vie. Nous les détestons de tout notre cœur, parce qu'ils vous déplaisent, et que vous êtes infiniment bon. Nous nous proposons de nous en confesser au plus tôt, et de nous en corriger; accordez-nous les grâces dont nous avons besoin pour les expier par une pénitence continuelle.

Mettons-nous en l'état où nous voudrions être trouvés à l'heure de la mort.

NOUS mourrons, ô mon Dieu, et nous ne savons pas quand nous mourrons. Peut-être nous appellerez-vous cette nuit à votre jugement, pour y rendre compte de toutes nos œuvres. Que votre volonté soit faite; mais au moins, Seigneur, mettez-nous dans les dispositions où nous voudrions être en ce redoutable moment. Conservez en nous un véritable regret de nos fautes. Embrasez nos cœurs du feu de votre amour. C'est ainsi que nous voulons paraître devant vous, dans la douleur de vous avoir offensé, et dans le désir ardent de vous aimer pendant toute l'éternité.

---

* Ici on doit s'arrêter pour examiner sa conscience.

Demandons à Dieu les grâces qui nous sont nécessaires, et faisons la prière que Notre-Seigneur Jésus-Christ nous a enseignée lui-même.

Notre Père qui êtes dans les cieux, que votre nom soit sanctifié : que votre règne arrive : que votre volonté soit faite sur la terre comme au ciel, donnez-nous aujourd'hui notre pain de chaque jour ; et nous pardonnez nos offenses comme nous pardonnons à ceux qui nous ont offensés ; et ne nous induisez point en tentation ; mais délivrez-nous du mal. Ainsi soit-il.

Prions la Sainte Vierge d'intercéder pour nous.

Je vous salue, Marie, pleine de grâce ; le Seigneur est avec vous ; vous êtes bénie sur toutes les femmes, et Jésus le fruit de votre ventre est béni.

Sainte Marie, Mère de Dieu, priez pour nous, pauvres pécheurs, maintenant et à l'heure de notre mort. Ainsi soit-il.

Récitons le Symbole des Apôtres, et protestons de vivre et de mourir dans la foi des vérités qu'il contient.

Je crois en Dieu, le Père tout-puissant, Créateur du ciel et de la terre, et en Jésus-Christ son Fils unique Notre-Seigneur ; qui a été conçu du Saint-Esprit, est né de la Vierge Marie ; qui a souffert sous Ponce-Pilate, a été crucifié, est mort et a été enseveli ; qui est descendu aux enfers, le troisième jour est ressuscité des morts ; qui est monté aux cieux, est assis à la droite de Dieu le Père tout-puissant ; d'où il viendra juger les vivants et les morts. Je crois au Saint-Esprit, la sainte Eglise Catholique, la communion des Saints, la rémission des péchés, la résurrection de la chair, la vie éternelle. Ainsi soit-il.

Prions pour tous les Fidèles et particulièrement pour nos Parents, nos Bienfaiteurs et nos Supérieurs.

Seigneur, qui appelez tous les hommes à la grâce du salut, répandez votre bénédiction sur votre Eglise, et sur tous les Fidèles qui la composent. C'est votre Providence qui les a placés dans les différents états où ils se trouvent. Donnez-leur les secours dont ils ont besoin pour s'y sanctifier ; et faites que dans toutes leurs actions ils n'aient d'autre vue que celle de votre gloire et de leur salut. Ainsi soit-il.

Prions pour tous les Fidèles qui sont morts.

O Dieu, qui êtes le Créateur et le Rédempteur de tous les fidèles, accordez aux âmes de vos serviteurs et de vos servantes, la rémission de tous leurs péchés, afin qu'elles obtiennent, par les prières de votre Eglise, le pardon qu'elles ont toujours désiré. C'est ce que nous vous demandons pour elles, ô Seigneur, qui vivez et régnez dans tous les siècles des siècles. Ainsi soit-il.

Prions Dieu qu'il nous préserve de tout péché et de tout fâcheux accident pendant cette nuit.

Nous vous supplions, Seigneur, de visiter notre demeure, et d'en éloigner tous les piéges du démon, notre ennemi : que vos saints Anges y habitent pour nous y conserver en paix; et que votre bénédiction demeure toujours sur nous; Par Jésus-Christ Notre-Seigneur. Ainsi soit-il.

Que le Seigneur tout-puissant nous donne une nuit tranquille et une heureuse fin. Ainsi soit-il.

LITANIES DE LA SAINTE VIERGE.

(200 jours d'Indulgence.)

Kyrie, eléison.
Christe, eléison.
Kýrie, eléison.
Christe, audi nos.
Christe, exáudi nos.
Pater de cœlis, Deus, miserére nob.
Fili, Redémptor mundi, Deus, miserére nobis.
Spíritus sancte, Deus, miserére nobis.
Sancta Trínitas unus Deus, miserére nobis.
Sancta María, ora pro nobis.
Sancta Dei génitrix,
Sancta Virgo Vírginum,
Mater Christi,
Mater divínæ grátiæ,
Mater puríssima,
Mater castíssima,
Mater inviolára,
Mater intemeráta,
Mater amábilis,
Mater admirábilis,
Mater Creatóris,
Mater Salvatóris,
Virgo prudentíssima,
Virgo veneránda,
Virgo prædicánda,
Virgo potens,
Virgo clemens,
Virgo fidélis,
Spéculum justítiæ,
Sedes sapiéntiæ,
Causa nostræ lætítiæ,
Vas spirituále,
Vas honorábile,
Vas insígne devotiónis,
Rosa mystica,
Turris Davídica,
Turris ebúrnea,
Domus áurea,
Fœderis arca,
Jánua cœli,
Stella matutína,
Salus infirmórum,
Refúgium peccatórum,
Consolátrix afflictórum,
Auxílium Christianórum,
Regína Angelórum,
Regína Patriarchárum,
Regína Prophetárum,
Regína Apostolórum,
Regína Mártyrum,
Regína Confessórum,
Regína Vírginum,
Regína Sanctórum ómnium,
Regína sine labe concépta,

Ora pro nobis.

Agnus Dei, qui tollis peccáta mundi, parce nobis, Dómine.
Agnus Dei, qui tollis peccáta mundi, exáudi nos, Dómine.
Agnus Dei, qui tollis peccáta mundi, miserére nobis.
Christe, audi nos.
Christe, exáudi nos.

℣. Ora pro nobis, sancta Dei Génitrix; ℟. Ut digni efficiámur promissiónibus Christi.

ORÉMUS.

Gratiam tuam, quǽsumus, Dómine, méntibus nostris infúnde; ut qui, Angelo nuntiánte, Christi Fílii tui Incarnatiónem cognóvimus, per Passiónem ejus et Crucem, ad Resurrectiónis glóriam perducámur; Per eúmdem Christum Dóminum nostrum. Amen.

Prière à l'Ange Gardien.

Ange de Dieu à qui je suis donné en garde par l'ordre de la divine Providence, éclairez-moi, gouvernez-moi, conservez-moi aujourd'hui et pendant toute ma vie. Ainsi soit-il.

En finissant, on dira lentement ces paroles :

Souvenons-nous que cette nuit pourrait être la dernière de notre vie... Retirons-nous en silence. Occupons notre esprit de quelque sainte pensée... Couchons-nous avec modestie, afin que nous reposions dans le Seigneur... Si nous nous éveillons durant la nuit, élevons notre cœur à Dieu... Rappelons-nous que dans ce moment il y a des âmes qui comparaissent à son tribunal, et que nous pouvons les y suivre, prions pour elles, et renouvelons la détestation de nos péchés.

EXERCICES DE PIÉTÉ POUR LA JOURNÉE.

Pour nous rappeler l'Incarnation du Fils de Dieu, et pour féliciter la très-Sainte Vierge de la part qu'elle a eue à ce grand mystère.

Angelus Dómini nuntiávit Maríæ, et concépit de Spíritu sancto. Ave, María...

Ecce ancílla Dómini, fiat mihi secúndum verbum tuum. Ave, María...

Et Verbum caro factum est, et habitávit in nobis. Ave, María...

℣. Ora pro nobis, sancta Dei Génitrix.

℟. Ut digni efficiámur promissiónibus Christi.

Orémus. Grátiam tuam...

Avant le repas.

℣. Benedicite. ℟. Dóminus. Nos, et ea quæ sumus sumptúri, benedícat déxtera Christi; In nómine Patris, et Fílii, et Spíritus sancti. Amen.

Ou bien :

Mon Sauveur, j'unis ce repas à tous ceux que vous avez pris sur la terre. En mourant, vous avez été abreuvé de fiel et de vinaigre: ne permettez pas que je fasse aucune faute contre la tempérance et la sobriété chrétienne.

Après le repas.

Agimus tibi grátias, omnípotens Deus, pro univérsis benefíciis tuis; Qui vivis et regnas in sǽcula sæculórum. Amen.

Fidélium ánimæ per misericórdiam Dei requiéscant in pace. Amen.

Ou bien :

MON Dieu, je vous remercie de la nourriture que vous m'avez fait prendre. Faites-moi la grâce de n'employer ma vie, ma santé et mes forces que pour vous servir. Ainsi soit-il.

Avant et pendant le travail.

DIVIN Jésus, vous vous êtes assujetti au travail pour expier mes péchés : animez-moi de cette esprit de pénitence ; acceptez mon travail et mes fatigues pour l'expiation de mes péchés.

Accoutumez-vous à vous entretenir avec Dieu pendant le travail. Faites de temps en temps quelques-unes des aspirations suivantes :

TOUT pour vous, mon aimable Maître; tout pour votre amour. Je n'ai d'autre envie que celle de vous plaire, et d'accomplir votre très-sainte volonté.

O mon Dieu ! je voudrais que tous les battements de mon cœur fussent autant d'actes de Foi, d'Espérance, de Charité, d'Adoration et d'actions de grâces.

Je vous aime, mon Seigneur, mon Dieu et mon tout ! Dieu de mon cœur, et mon partage pour l'éternité ? Vous êtes mon Dieu, mon sort est entre vos mains. Oh ! quand vous possèderai-je dans le ciel ? O Jésus, soyez à jamais dans mon cœur, et que mon cœur soit à jamais dans le vôtre.

O mon Sauveur, ô mon Dieu ! quand me ferez-vous la grâce d'être à vous et de n'aimer que vous ? (*St. Vincent de Paul.*)

O Dieu ! l'amour et les délices de mon cœur, que ne puis-je vous aimer autant que vous méritez d'être aimé et que je désire de vous aimer ! (*St. François Régis.*)

Quand il nous arrive quelques peines.

Vous le voulez ainsi, mon Dieu ; vous le permettez; eh bien ! je le veux aussi ; je vous adore et je me soumets. Mon Père, que votre volonté soit faite et non la mienne. Aimable Jésus, soutenez-moi dans cette affliction ; fortifiez-moi dans cette peine ; soyez béni en tout et pour tout, ô mon Dieu.

Quand l'heure sonne :

SAUVEZ-MOI, Seigneur, à l'heure présente, **et à l'heure de ma mort.**

Ou bien :

En tout lieu, à toute heure, Jésus soit dans mon Cœur.

A neuf heures du matin et à quatre heures de l'après-midi, pensez à la Passion du Sauveur, et recourez aux Saints Cœurs de Jésus et de Marie, en disant :

JÉSUS doux et humble de cœur, rendez mon cœur semblable au vôtre... Cœur de Marie, uni au cœur de Jésus, obtenez-moi un cœur pur comme le vôtre.

Quand vous êtes tenté d'offenser Dieu, faites le signe de la Croix sur votre cœur, et dites :

O mon Dieu, venez à mon aide, hâtez-vous de me secourir.

Si la tentation dure, répétez de temps en temps, jusqu'à ce que le combat soit fini :

Jésus, Fils de David, ayez pitié de moi... Cœurs de Jésus et de Marie, sauvez-moi, je vais périr... *Ou :* Notre Père, qui êtes dans les cieux, ne nous laissez pas succomber à la tentation, mais délivrez-nous du mal.

Si vous avez le malheur de tomber dans quelque faute, gardez-vous bien surtout de vous laisser aller à des sentiments de découragement et de désespoir ; mais revenez sur-le-champ aux pieds de Jésus et de Marie, en disant :

O mon Sauveur, voilà ce pécheur indigne qui vient encore de vous outrager. Vous êtes trop bon pour me laisser périr. Pardonnez-moi mon péché ; j'y renonce, je le déteste de tout mon cœur pour l'amour de vous. Ma sainte Mère, priez pour moi.

Quand on voit ou quand on entend offenser Dieu.

NOTRE PÈRE qui êtes dans les cieux, que votre Nom soit sanctifié ;.... que votre saint nom soit béni mille fois ;... qu'il soit loué des Anges et des hommes autant de fois qu'il y a de feuilles aux arbres, d'étoiles au ciel, de grains de poussière sur la terre, de gouttes d'eau dans la mer.

MÉTHODE
POUR ENTENDRE LA SAINTE MESSE.

La sainte Messe est de toutes les actions de la Religion la plus glorieuse à Dieu, et la plus utile à notre salut. Elle est un véritable renouvellement du grand mystère de notre rédemption. Notre-Seigneur Jésus-Christ y devient, comme sur la croix, victime de propitiation pour nos péchés. La différence qu'il y a entre le sacrifice qui est chaque jour offert par les mains des prêtres, et celui qui a été offert une fois sur le Calvaire, c'est que le sacrifice de nos autels s'opère sans effusion de sang, et c'est pour cette raison qu'on l'appelle *sacrifice non-sanglant*. Du reste, il est absolument le même que celui de la croix. En faut-il davantage pour nous donner la plus haute idée de la sainte Messe, et pour nous inspirer un ardent désir d'y assister chaque jour avec les dispositions que demande de nous ce redoutable mystère ? Le jour où nos occupations ne nous permettront pas d'y être présents de corps, efforçons-nous d'y assister au moins en esprit ; c'est ce que l'on peut faire en choisissant une heure quelconque de la matinée, pour s'unir d'intention avec ceux qui ont le bonheur d'entendre réellement la sainte Messe.

AVANT LA MESSE.
Quand le Prêtre sort de la Sacristie.

JE me présente, ô mon adorable Sauveur, devant vos saints autels, pour assister à votre divin Sacrifice. Faites que par mon attention et ma ferveur j'en retire tout le fruit que vous souhaitez. Daignez suppléer par votre grâce aux dispositions qui me manquent. Par le mérite de votre passion qui va se renouveler sur cet autel, effacez tous les péchés et toutes les souillures que vous voyez en moi.

Permettez-moi, ô divin Jésus, d'unir mes intentions aux vôtres. Donnez-moi les sentiments dont j'aurais dû être pénétré, si j'avais été témoin de votre immolation sur la croix.

Trinité sainte, Père, Fils et Saint-Esprit, Dieu seul en trois personnes, je vous offre ce saint Sacrifice, 1°. pour rendre à votre Majesté l'hommage souverain qui lui est dû; 2°. pour vous remercier de tous vos bienfaits; 3°. pour l'expiation de mes péchés et de tous les péchés du monde; 4°. pour obtenir toutes les grâces dont j'ai besoin.

AU COMMENCEMENT DE LA MESSE.

Mon Dieu, je ne mérite pas de paraître en votre sainte présence; ce que je mériterais, ce serait d'être à jamais séparé de vous, à cause de mes iniquités qui sont sans nombre. Si j'ose me présenter dans votre saint temple, ce n'est que pour les déplorer et pour vous conjurer, comme le Publicain de l'Evangile, de m'en accorder le pardon.

AU CONFITEOR.

Pour connaître mes péchés, ô mon Dieu, vous n'avez pas besoin que je vous les révèle; vous les connaissez bien autrement que je les connaîtrai jamais. Vous lisez dans mon cœur toutes mes iniquités. Néanmoins, pour m'humilier davantage, je vous les confesse à la face du ciel et de la terre: j'avoue que je vous ai grièvement offensé par pensées, par paroles et par actions, et que j'ai mérité votre indignation, par ma très-grande faute. Ayez pitié de ma misère, selon votre grande miséricorde. Souvenez-vous que je suis l'ouvrage de vos mains et le prix de votre sang.

Charitable Marie, refuge des pécheurs, intercédez pour moi. Anges du ciel, Saints et Saintes du Paradis, demandez grâce pour moi, et obtenez-moi pardon et miséricorde.

A L'INTROÏT, ET AU KYRIE, ELEISON.

Je sens naître en moi, ô mon Dieu, une douce espérance de mon salut, en voyant votre Ministre s'approcher avec confiance du saint autel, et baiser avec respect le lieu où reposent les reliques de vos Saints. Accordez-moi par leur intercession une crainte filiale de vous déplaire, et un désir sincère de faire en tout votre sainte volonté.

Quand je vous dirais à tous les moments de ma vie: Seigneur, ayez pitié de moi, ayez compassion de ma misère; ce ne serait pas encore assez pour le nombre et pour l'énormité de mes offenses.

AU GLORIA IN EXCELSIS.

Divin Jésus, béni soit à jamais le moment heureux où vous avez daigné paraître dans le monde. Que toute la Cour céleste vous loue et vous glorifie éternellement d'avoir bien voulu prendre un corps et une âme comme les nôtres, dans le sein immaculé de votre bienheureuse Mère. Hélas! sans cet excès de charité, nous étions perdus. Faites, ô divin Sauveur des âmes, que nous jouissions sur la terre de la paix que vous y avez apportée, et que nous méritions de vous voir dans le ciel, de vous bénir, de vous aimer sans fin, vous qui êtes le Seigneur, le seul Seigneur, le seul Très-Haut, avec le Père et le Saint-Esprit, dans tous les siècles des siècles. Ainsi soit-il.

AUX ORAISONS.

Accordez-nous, Seigneur, par l'intercession de la Sainte Vierge et des Saints que nous honorons, toutes les grâces que votre Ministre vous demande pour lui et pour nous. M'unissant à lui, je vous fais la même prière, pour ceux et celles pour lesquels je suis obligé de prier; et je vous demande, Seigneur, pour eux et pour moi, tous les secours que vous savez nous être nécessaires, afin d'obtenir la vie éternelle, au nom de Jésus-Christ Notre-Seigneur. Ainsi soit-il.

A L'ÉPÎTRE.

Mon Dieu, vous m'avez appelé à la connaissance de votre sainte loi, préférablement à tant de peuples qui vivent dans l'ignorance de vos mystères. Je l'accepte de tout mon cœur cette divine loi, et j'écoute avec respect les sacrés oracles que vous avez prononcés par la bouche de vos prophètes. Je les révère avec toute la soumission qui est due à la parole de Dieu; j'en vois l'accomplissement avec toute la joie de mon âme.

Que n'ai-je pour vous, ô mon Dieu, un cœur semblable à celui des Saints de votre ancien Testament! Que ne puis-je vous désirer avec l'ardeur des Patriarches, vous connaître et vous révérer comme les Prophètes, vous aimer et m'attacher uniquement à vous comme les Apôtres!

Quand le Prêtre se prépare à lire l'Évangile.

Disposez mon cœur, ô mon Dieu, à profiter des vérités contenues dans votre saint Evangile. Vous avez les paroles de la vie éternelle. Malheur à moi, si le respect humain était jamais capable de me faire transgresser vos saintes lois! Vous avez menacé de rougir devant votre Père de celui qui aura rougi de vous devant les hommes. Placez donc, Seigneur, votre saint Evangile sur mon front, afin que je me glorifie de le pratiquer; placez-le sur mes lèvres, afin que j'en fasse le sujet de mes plus doux entretiens; placez-le dans mon cœur, afin que je le pratique par amour.

A L'ÉVANGILE.

Me voici debout, ô mon souverain Maître, pour vous marquer que je suis prêt à vous obéir en tout ce que vous me commanderez. Parlez, Seigneur, votre serviteur écoute. Que voulez-vous de moi? que je sois doux et humble de cœur... que je me renonce moi-même... que je cherche le royaume de Dieu et sa justice, et vous m'assurez que le reste me sera donné par surcroît... que je pardonne de bon cœur pour l'amour de vous à tous ceux qui m'ont offensé... que je me fasse violence pour entrer dans le royaume des cieux... Voilà ce que vous m'enseignez, voilà ce que je crois. Mais que ma conduite est éloignée de ma croyance! je crois, et je vis comme si je ne croyais pas, ou comme si je croyais un Evangile contraire au vôtre. Inspirez-moi, mon Dieu, le courage de pratiquer ce que je crois : à vous, Seigneur, en reviendra toute la gloire.

AU CREDO.

Oui, mon Dieu, je crois toutes les vérités que vous avez révélées à notre mère la sainte Eglise Catholique, Apostolique et Romaine. Il n'y en a pas une pour laquelle je ne sois prêt à donner ma vie. C'est dans cette soumission entière de cœur et d'esprit, que je fais devant vous la même profession de foi que votre Ministre prononce au nom de tous les Fidèles. Je vous remercie de la grâce inestimable que vous m'avez faite en m'appelant à la lumière admirable de votre saint Evangile. Je renouvelle l'alliance solennelle que j'ai contractée avec vous dans le saint baptême, et je renonce de nouveau à Satan, à ses pompes et à ses œuvres.

A L'OFFERTOIRE.

Père infiniment saint, Dieu tout-puissant et éternel, quelque indigne que je sois de paraître devant vous, j'ose vous présenter, par les mains du Prêtre, ce pain et ce vin qui vont être changés au corps et au sang de Jésus-Christ, avec l'intention qu'a eue ce divin Sauveur, lorsqu'il institua ce Sacrifice, et qu'il a eue encore au moment où il s'est immolé pour moi.

Je vous l'offre, pour reconnaître votre souverain domaine sur moi et sur toutes les créatures; je vous l'offre pour l'expiation de mes péchés, et en actions de grâces de tous les bienfaits dont vous m'avez comblé.

Je vous l'offre enfin, mon Dieu, cet auguste Sacrifice, afin d'obtenir de votre infinie bonté, pour moi, pour mes parents, pour mes bienfaiteurs, mes amis, mes ennemis, ces grâces précieuses qui ne peuvent nous être accordées qu'en vue des mérites de celui qui est le Juste par excellence, et qui s'est fait victime de propitiation pour nous.

AU LAVABO.

Lavez-moi, Seigneur, dans le sang de l'Agneau divin qui va vous être immolé, et purifiez jusqu'aux moindres souillures de mon âme, afin qu'en approchant de votre saint autel, je puisse élever vers vous mes mains pures et innocentes, comme vous me l'ordonnez.

A LA PRÉFACE.

VOICI l'heureux moment où le Roi des Anges et des hommes va paraître. Seigneur, remplissez-moi de votre esprit ; que mon cœur, dégagé de la terre, ne pense qu'à vous. Quelle obligation n'ai-je pas de vous bénir et de vous louer en tout temps et en tout lieu, Dieu du ciel et de la terre, Maître infiniment grand, Père tout-puissant et éternel !

Rien n'est plus juste, rien n'est plus avantageux que de nous unir à Jésus-Christ, pour vous adorer continuellement. C'est par lui que tous les Esprits bienheureux rendent leurs hommages à votre Majesté; c'est par lui que toutes les Vertus du ciel, saisies d'une frayeur respectueuse, s'unissent pour vous glorifier... Souffrez, Seigneur, que nous joignions nos faibles louanges à celles de ces saintes Intelligences, et que, de concert avec elles, nous disions, dans un transport de joie et d'admiration :

AU SANCTUS.

SAINT, Saint, Saint est le Seigneur, le Dieu des armées. Tout l'univers est rempli de sa gloire. Que les Bienheureux le bénissent dans le ciel ! Béni soit celui qui vient à nous sur la terre, Dieu et Seigneur comme celui qui l'envoie !

PENDANT LE CANON.

Je vous conjure, au nom de Jésus-Christ votre Fils et notre Seigneur, ô Père infiniment miséricordieux ! d'avoir pour agréable et de bénir l'offrande que je vous présente, afin qu'il vous plaise conserver, défendre et gouverner votre sainte Eglise Catholique, avec tous les membres qui la composent : le Pape, notre Evêque, le Chef de l'Etat, et généralement tous ceux qui font profession de votre sainte foi.

Je vous recommande en particulier, Seigneur, ceux pour qui la justice, la reconnaissance et la charité m'obligent de prier ; tous ceux qui sont présents à cet adorable Sacrifice, et particulièrement N. et N. Et afin, grand Dieu, que mes hommages vous soient plus agréables, je m'unis à la glorieuse Marie, toujours Vierge, Mère de notre Dieu et Seigneur Jésus-Christ, à tous vos Apôtres, à tous les bienheureux Martyrs, à tous les Saints et Saintes du Paradis.

Que n'ai-je en ce moment, ô mon Dieu, les désirs enflammés avec lesquels les saints Patriarches souhaitaient la venue du Messie ! que n'ai-je leur foi et leur amour ! Venez, Seigneur Jésus, venez, aimable Rédempteur du monde, venez accomplir un mystère qui est l'abrégé de toutes vos merveilles. Il vient, cet Agneau de Dieu : voici l'adorable Victime par qui tous les péchés du monde sont remis.

A L'ÉLÉVATION.

Verbe incarné, divin Jésus, vrai Dieu et vrai homme, je crois que vous êtes ici présent : je vous y adore de tout mon cœur ; et comme vous y venez pour l'amour de moi, je me consacre entièrement à vous.

J'adore ce sang précieux que vous avez répandu pour tous les hommes; et j'espère, ô mon Dieu, que vous ne l'aurez pas versé inutilement pour moi. Faites-moi la grâce de m'en appliquer les mérites. Je vous offre ma vie, aimable Jésus, en reconnaissance de cette charité infinie que vous avez eue de donner la vôtre pour l'amour de moi.

SUITE DU CANON.

Contemplez affectueusement votre Sauveur sur l'autel ; méditez les mystères qu'il y renouvelle ; unissez le sacrifice de votre cœur à celui de son corps ; offrez-le à Dieu son Père ; suppliez-le d'accepter les prières que ce cher Fils fait pour vous, et priez vous-même pour les autres.

Quelle serait donc désormais ma malice, mon ingratitude, si, après avoir vu ce que je vois, je consentais à vous offenser? Non, mon Dieu, je n'oublierai jamais ce que vous me représentez par cette auguste cérémonie : les souffrances de votre Passion, la gloire de votre Résurrection, votre Corps tout déchiré, votre Sang répandu pour nous, réellement présent à mes yeux sur cet autel.

C'est maintenant, éternelle Majesté, que je puis vous offrir véritablement et proprement la victime pure, sainte et sans tache qu'il vous a plu de nous donner vous-même, et dont toutes les autres n'étaient que la figure. Oui, grand Dieu, j'ose vous le dire : il y a ici plus que tous les sacrifices d'Abel, d'Abraham et de Melchisédech, la seule victime digne de votre autel, Notre-Seigneur Jésus-Christ, votre Fils, l'unique objet de vos éternelles complaisances.

Que tous ceux qui ont le bonheur de participer à cette sacrée Victime, soient remplis de sa bénédiction.

Que cette bénédiction se répande, ô mon Dieu, sur les âmes des fidèles qui sont morts dans la paix de l'Eglise, et particulièrement sur l'âme de N. et de N. Accordez-leur, Seigneur, en vue de ce Sacrifice, la délivrance entière de leurs peines.

Daignez m'accorder aussi un jour cette grâce à moi-même, Père infiniment bon; et faites-moi entrer en société avec les saints Apôtres, les saints Martyrs et tous les Saints, afin qu'ensemble nous puissions vous aimer et glorifier éternellement.

AU PATER NOSTER.

Que je suis heureux, ô mon Dieu, de vous avoir pour Père ! que j'ai de joie de songer que le ciel où vous êtes doit être un jour ma demeure! Que votre saint nom soit glorifié par toute la terre. Régnez absolument sur toutes les volontés. Accordez à vos enfants la nourriture spirituelle et temporelle. Nous pardonnons de bon cœur, pardonnez-nous. Soutenez-nous dans les tentations et dans les maux de cette misérable vie, mais préservez-nous du péché, le plus grand de tous les maux. Ainsi soit-il.

A L'AGNUS DEI.

AGNEAU de Dieu, qui avez bien voulu vous charger des péchés du monde, ayez pitié de moi. Victime adorable de mon salut, sauvez-moi. Divin et tout-puissant Médiateur, obtenez-moi la paix avec votre Père, avec moi-même et avec mon prochain.

A LA COMMUNION.

Pour communier spirituellement, renouvelez par un acte de foi le sentiment que vous avez de la présence de Jésus-Christ; formez un acte de contrition; excitez dans votre cœur un désir ardent de le recevoir avec le prêtre; priez-le qu'il agrée ce désir, et qu'il s'unisse à vous en vous communiquant ses grâces.

(Si vous voulez communier sacramentellement, servez-vous ici des prières avant la communion, qui sont ci-après.)

QU'IL me serait doux, ô mon aimable Sauveur, d'être du nombre de ces heureux chrétiens à qui la pureté de conscience et une tendre piété permettent d'approcher tous les jours de votre sainte Table.

Quel avantage pour moi, si je pouvais en ce moment vous posséder dans mon cœur, vous y rendre mes hommages, vous y exposer mes besoins, et participer aux grâces que vous faites à ceux qui vous reçoivent réellement! Mais puisque j'en suis très-indigne, suppléez, ô mon Dieu, à l'indisposition de mon âme! Pardonnez-moi tous mes péchés; je les déteste de tout mon cœur, parce qu'ils vous déplaisent. Recevez le désir sincère que j'ai de m'unir à vous. Purifiez-moi d'un seul de vos regards, et mettez-moi en état de vous bien recevoir au plus tôt.

En attendant cet heureux jour, je vous conjure, Seigneur, de me faire participant des fruits que la communion du Prêtre doit produire sur tout le peuple fidèle qui est présent. Augmentez ma foi par la vertu de ce divin sacrement; fortifiez mon espérance; épurez en moi la charité; remplissez mon cœur de votre amour, afin qu'il ne respire que pour vous, et qu'il ne vive plus que pour vous.

AUX DERNIÈRES ORAISONS.

VOUS venez, ô mon Dieu, de vous immoler pour mon salut, je veux me sacrifier pour votre gloire. Je suis votre victime, ne m'épargnez point. J'accepte de bon cœur toutes les croix qu'il vous plaira de m'envoyer, et je les bénis; je les reçois de votre main, et je les unis à la vôtre.

J'ai assisté, ô mon Sauveur, à votre divin sacrifice; vous m'y avez comblé de vos faveurs. Je fuirai avec horreur les moindres traces du péché, surtout de celui où mon penchant m'entraîne avec plus de violence: je serai fidèle à votre loi, et je suis résolu de tout perdre et de tout souffrir plutôt que de la violer.

A LA BÉNÉDICTION.

Bénissez, ô mon Dieu, ces saintes résolutions! Bénissez-nous tous par la main de votre Ministre, et que les effets de votre bénédiction demeurent éternellement sur nous. Au nom du Père, et du Fils, et du Saint-Esprit. Ainsi soit-il.

AU DERNIER ÉVANGILE.

Verbe divin, Fils unique du Père, lumière du monde, venue du ciel pour nous en montrer le chemin, ne permettez pas que je ressemble à ce peuple infidèle qui a refusé de vous reconnaître pour le Messie; ne souffrez pas que je tombe dans le même aveuglement que ces malheureux qui ont mieux aimé devenir esclaves de Satan, que d'avoir part à la glorieuse adoption d'enfants de Dieu que vous veniez leur procurer.

Verbe fait chair, je vous adore avec le respect le plus profond; je mets toute ma confiance en vous seul, espérant fermement que, puisque vous êtes mon Dieu, et un Dieu qui s'est fait homme afin de sauver les hommes, vous m'accorderez les grâces nécessaires pour me sanctifier et vous posséder éternellement dans le ciel.

PRIÈRE APRÈS LA MESSE.

Seigneur, je vous remercie de la grâce que vous m'avez faite, en me permettant aujourd'hui d'assister au sacrifice de la sainte Messe, préférablement à tant d'autres qui n'ont pas eu le même bonheur; et je vous demande pardon de toutes les fautes que j'ai commises par la dissipation et la langueur où je me suis laissé aller en votre présence. Que ce sacrifice, ô mon Dieu, me purifie pour le passé et me fortifie pour l'avenir.

Je vais présentement avec confiance aux occupations où votre volonté m'appelle. Je me souviendrai toute cette journée de la grâce que vous venez de me faire, et je tâcherai de ne laisser échapper aucune parole, aucune action, de ne former aucun désir, aucune pensée, qui me fasse perdre le fruit de la Messe que je viens d'entendre. C'est ce que je me propose, avec le secours de votre sainte grâce. Ainsi soit-il.

POUR LES MESSES CHANTÉES.

Asperges me, Dómine, hyssópo et mundábor, lavábis me, et super nivem dealbábor.

Miserére meî Deus, secúndùm magnam misericórdiam tuam.

Glória Patri...

Gloria in excélsis Deo, et in terrâ pax homínibus bonæ voluntátis. Laudámus te. Benedícimus te. Adorámus te. Glorificámus te. Grátias ágimus tibi propter magnam glóriam tuam; Dómine Deus,

Rex cœléstis, Deus Pater omnípotens: Dómine, Fili unigénite, Jesu Christe; Dómine Deus, Agnus Dei, Fílius Patris. Qui tollis peccáta mundi, miserére nobis : Qui tollis peccáta mundi, súscipe deprecatiónem nostram. Qui sedes ad déxteram Patris, miserére nobis. Quóniàm tu solus sanctus, tu solus Dóminus, tu solus altíssimus, Jesu Christe, cum sancto Spíritu in glóriâ Dei Patris. Amen.

CREDO in unum Deum, Patrem omnipoténtem, factórem cœli et terræ, visibílium ómnium et invisibílium. Et in unum Dóminum Jesum Christum, Filium Dei unigénitum, et ex Patre natum ante ómnia sæcula : Deum de Deo, lumen de lúmine, Deum verum de Deo vero : Génitum, non factum, consubstantiálem Patri, per quem ómnia facta sunt : Qui propter nos hómines et propter nostram salútem descéndit de cœlis : et incarnátus est de Spíritu sancto ex Maria Vírgine, ET HOMO FACTUS EST : Crucifixus étiam pro nobis sub Póntio Piláto, passus, et sepúltus est : Et resurréxit tértiâ die, secúndùm Scriptúras : Et ascéndit in cœlum, sedet ad déxteram Patris : Et íterùm ventúrus est cum glóriâ judicáre vivos et mórtuos : Cujus regni non erit finis. Et in Spíritum sanctum, Dóminum et vivificántem, qui ex Patre Filióque procédit : Qui cum Patre et Fílio simul adorátur et conglorificátur; qui locútus est per Prophétas. Et Unam, Sanctam, Cathólicam et Apostólicam Ecclésiam. Confíteor unum Baptísma in remissiónem peccatórum. Et expécto resurrectiónem mortuórum : Et vitam ventúri sæculi. Amen.

SANCTUS, Sanctus, Sanctus, Dóminus Deus Sábaoth. Pleni sunt cœli et terra glóriâ tuâ. Hosánna in excélsis. Benedíctus qui venit in nómine Dómini. Hosánna in excelsis.

AGNUS Dei, qui tollis peccáta mundi, miserére nobis. Agnus Dei, qui tollis peccáta mundi, miserére nobis. Agnus Dei qui tollis peccáta mundi, dona nobis pacem.

MANIÈRE DE SERVIR ET DE RÉPONDRE LA SAINTE MESSE.

Le Clerc, après avoir posé le Missel sur l'autel, du côté de l'Épître, va se mettre à genoux au bas du marchepied de l'autel, du côté de l'Évangile. Ensuite, lorsque le Prêtre dit : *In nomine Patris...*, il sonne la clochette.

Le Prêtre. INTROIBO ad altáre Dei,
Le Clerc. Ad Deum qui lætíficat juventútem meam.
Le pr. Júdica me, Deus, et discérne causam meam de gente non sanctâ; ab hómine iníquo et dolóso érue me :
Le cl. Quia tu es, Deus, fortitúdo mea; quarè me repulísti, et quarè tristis incédo dum affligit me inimícus?
Le pr. Emítte lucem tuam et veritátem tuam : ipsa me deduxérunt et adduxérunt in montem sanctum tuum, et in tabernácula tua;

Le cl. Et introïbo ad altáre Dei, ad Deum qui lætíficat juventútem meam.

Le pr. Confitébor tibi in cíthará, Deus, Deus meus : quarè tristis es, ánima mea, et quarè contúrbas me ?

Le cl. Spera in Deo, quóniàm adhuc confitébor illi : salutáre vultûs mei, et Deus meus.

Le pr. Glória Patri, et Fílio, et Spirítui sancto :

Le cl. Sicut erat in princípio, et nunc, et semper, et in sǽcula sæculórum; Amen.

Le pr. Introïbo ad altáre Dei,

Le cl. Ad Deum qui lætíficat juventútem meam.

Le pr. Adjutórium nostrum in nómine Dómini,

Le cl. Qui fecit cœlum et terram.

Le pr. Confíteor...

Le cl. Misereátur tuî omnípotens Deus, et dimíssis peccátis tuis, perdúcat te ad vitam ætérnam :

Le pr. Amen.

Le cl. Confíteor Deo omnipoténti, beátæ Maríæ semper Vírgini, beáto Michaéli Archángelo, beáto Joánni Baptistæ, sanctis Apóstolis Petro et Paulo, ómnibus Sanctis, et tibi, pater, quia peccávi nimis cogitatióne, verbo et ópere : mea culpa, mea culpa, mea máxima culpa. Ideò precor beátam Maríam semper Vírginem, beátum Michaélem Archángelum, beátum Joánnem Baptistam, sanctos Apóstolos Petrum et Paulum, omnes Sanctos, et te, pater, oráre pro me ad Dóminum Deum nostrum.

Le pr. Misereátur vestrî omnípotens Deus, et dimíssis peccátis vestris, perdúcat vos ad vitam ætérnam.

Le cl. Amen.

Le pr. Indulgéntiam, absolutiónem et remissiónem peccatórum nostrórum, tríbuat nobis omnípotens et miséricors Dóminus.

Le cl. Amen.

Le pr. Deus, tu convérsus vivificábis nos;

Le cl. Et plebs tua lætábitur in te.

Le pr. Osténde nobis, Dómine, misericórdiam tuam ;

Le cl. Et salutáre tuum da nobis.

Le pr. Dómine, exáudi oratiónem meam ;

Le cl. Et clamor meus ad te véniat.

Le pr. Dóminus vobíscum;

Le cl. Et cum spiritu tuo.

Le pr. Kýrie, eléison.

Le cl. Kýrie, eléison.

Le pr. Kýrie, eléison.

Le cl. Christe, eléison.

Le pr. Christe, eléison.

Le cl. Christe, eléison.

Le pr. Kýrie, eléison.

Le cl. Kýrie, eléison.

Le pr. Kýrie, eléison.

Le pr. Orémus. Flectámus génua...

Le cl. Leváte.

Le cl. Dóminus vobíscum ;

Le cl. Et cum spiritu tuo.

A la fin des Oraisons, lorsque le prêtre a prononcé ces paroles :

Per ómnia sǽcula sæculórum :

Le cl. Amen.

A la fin de l'Epître, que le prêtre dit toujours immédiatement après les Oraisons, le clerc répond :

Deo grátias.

Après quoi il va prendre le Missel, qu'il porte du côté de l'Evangile, se souvenant de faire toujours une profonde révérence toutes les fois qu'il passe devant le tabernacle où repose le très-saint Sacrement.

Après avoir posé le Missel au coin de l'autel où le prêtre dit l'Evangile, il se tient debout à côté du prêtre, qui dit :

Dóminus vobíscum ;

Le cl. Et cum spiritu tuo.

Le pr. Sequéntia sancti Evangélii, secúndum...

Le cl. Glória tibi, Dómine.

Ensuite le clerc va se mettre au bas de l'autel, du côté de l'Epitre, et demeure debout jusqu'à la fin de l'Evangile, où il répond :

Laus tibi, Christe.

Le pr. Dóminus vobíscum;

Le cl. Et cum spíritu tuo.

A l'offertoire, lorsque le prêtre découvre le calice, le clerc va prendre les burettes, et vient attendre le prêtre au côté de l'Epitre, où il lui présente avec respect, premièrement la burette au vin, et ensuite celle à l'eau; puis allant remettre la burette au vin à sa place, il revient tenant la burette à l'eau de la main droite, et le bassin de la gauche, et verse de l'eau sur les doigts sacrés du prêtre; ensuite, ayant remis chaque chose à sa place, il va se remettre à genoux au bas de l'autel, du côté de l'Epitre.

Le pr. Oráte, fratres.

Le cl. Suscípiat Dóminus Sacrifícium de mánibus tuis, ad laudem et glóriam nóminis sui, ad utilitátem quoque nostram, totiúsque Ecclésiæ suæ sanctæ.

Le pr. Per ómnia sǽcula sæculórum :

Le cl. Amen.

Le pr. Dóminus vobíscum;

Le cl. Et cum spíritu tuo.

Le pr. Sursùm corda :

Le cl. Habémus ad Dóminum.

Le pr. Grátias agámus Dómino Deo nostro :

Le cl. Dignum et justum est.

Quand le prêtre dit : *Sanctus, Sanctus...*, le clerc doit sonner trois ou quatre coups de la clochette.

Lorsque le prêtre montre au peuple la sainte Hostie, le clerc, tenant de la main gauche le bout de la chasuble, sonne de la droite quelques coups de la clochette; et il fait la même chose à l'élévation du Calice.

Immédiatement avant le *Pater*, à la petite élévation du Calice avec la sainte Hostie, il sonne encore quelques coups de la clochette.

Le pr. Per ómnia sǽcula sæculórum :

Le cl. Amen.

Le pr. Et ne nos indúcas in tentatiónem ;

Le cl. Sed líbera nos à malo.

Le pr. Per ómnia sǽcula sæculórum :

Le cl. Amen.

Le pr. Pax Dómini sit semper vobíscum ;

Le cl. Et cum spíritu tuo.

A ces mots : *Domine non sum dignus*, le clerc sonne trois fois la clochette.

Si quelqu'un demande à communier, il dit le *Confiteor*.

Après que le prêtre a communié, le clerc va prendre la burette au vin, et vient en verser dans le calice pour la première ablution. Ensuite allant prendre encore celle à l'eau, il vient verser dans le calice sur les doigts du prêtre, premièrement du vin et ensuite de l'eau. De là, ayant remis les burettes à leur place, il va prendre le Missel, le porte du côté de l'Epitre, et va ensuite se mettre à genoux au bas de l'autel du côté de l'Evangile.

A la fin des Oraisons, lorsque le prêtre dit : *Per omnia sæcula sæculorum*, ou *in sæcula sæculorum*, le clerc doit toujours répondre : *Amen*.

Le pr. Dóminus vobíscum ;

Le cl. Et cum spíritu tuo.

Le pr. Ite, Missa est, *ou* benedicámus Dómino :

Le cl. Deo grátias.

Le pr. Requiéscant in pace.

Le cl. Amen.

Le pr. Benedícat vos omnípotens Deus, Pater, et Fílius, et Spíritus sanctus :

Le cl. Amen.

Le pr. Inítium, *ou* Sequéntia sancti Evangélii...

Le cl. Glória tibi, Dómine.

A la fin du dernier Evangile, le clerc répond toujours : *Deo gratias*.

Après quoi il va prendre le Missel

et le bonnet du prêtre, le lui présente avec respect au pied de l'autel, et s'en va à la Sacristie, marchant devant le prêtre.

INSTRUCTION SUR LA MÉDITATION,

ou

ORAISON MENTALE.

Notre divin Maître ne nous a rien tant recommandé que la prière; il nous en a lui-même donné l'exemple, puisqu'il est dit de lui *qu'il passait souvent les nuits dans l'oraison de Dieu* (Saint Luc, chapitre VI.)

Le Saint-Esprit n'attribue tous les désordres qui inondent le monde qu'au défaut de réflexion, par conséquent au défaut de prière mentale ou de méditation. *La terre est dans une désolation extrême, parce qu'il n'y a personne qui se donne la peine de réfléchir dans son cœur.* (Jérémie, XII.) En effet, si l'on employait, chaque jour, quelques moments à considérer ce qu'il en a coûté au Fils de Dieu pour nous sauver, négligerait-on son salut comme on le néglige? ferait-on de son âme si peu de cas qu'on en fait? serait-il possible de faire une attention sérieuse aux châtiments redoutables que Dieu, dans sa justice, a tirés du péché, sans chercher à l'éviter? serait-il possible de réfléchir sur les exemples de charité, d'humilité, de patience, qui éclatent dans toute la vie et surtout dans la passion du Sauveur du monde, sans se sentir porté à suivre, du moins de loin, ce divin modèle de toute perfection? Or, c'est là le fruit de la méditation; il n'est donc pas de pratique plus utile, disons mieux, plus indispensable. Ne passez aucun jour sans consacrer au moins un quart-d'heure à la considération de quelques mystères, ou de quelques vérités du salut.

AVIS POUR BIEN FAIRE L'ORAISON.

1°. Le temps le plus favorable à la méditation, c'est le matin aussitôt après votre lever. Ne différez donc jamais votre oraison.

2°. N'oubliez jamais de préparer, dès la veille, votre sujet de méditation, en lisant, pour cet effet, une page ou deux de quelque livre de méditation(1), et déterminez d'avance le fruit que vous devez en retirer: ce fruit est ou un défaut à éviter, ou une vertu à pratiquer.

3°. A votre réveil, fermez l'entrée de votre esprit à toute pensée étrangère, mais après avoir donné votre cœur à Dieu, que votre premier soin soit de rappeler le sujet de ce que vous vous êtes proposé de méditer.

4°. Relisez de nouveau les divers points de votre méditation.

(1) Voici quelques ouvrages dont vous pourrez vous servir : *l'Ame élevée à Dieu;* — *OEuvres du père Vincent Huby;* — *Méditations de Médaille;* — *Considérations de Crasset;* — *Retraites de Croiset.* Au défaut de tout autre livre, on trouvera dans les *Pensées chrétiennes* du père Bouhours, un sujet de méditation pour chaque jour du mois. On peut encore se servir des divers mystères du Rosaire, des Stations de la Croix.

La simple lecture même des Cantiques contenus dans ce recueil pourra aussi servir de sujets de méditation.

5°. Mettez-vous dans la contenance la plus respectueuse. Après vous être bien pénétré de la présence de Dieu, offrez-vous tout entier à lui; offrez-lui vos sens et votre âme avec toutes ses facultés; puis invoquez ardemment le Saint-Esprit, en récitant le *Veni, sancte Spiritus...*, à l'effet de bien pénétrer la vérité que vous allez méditer, et d'en tirer tout le fruit dont vous avez besoin pour votre sanctification. (*Tout ceci s'appelle* PRÉPARATION *à l'oraison, et ne doit pas durer plus de deux ou trois minutes.*)

6°. Considérez à loisir la vérité ou le mystère que vous vous êtes proposé; faites-vous-en l'application à vous-même, en examinant si vous avez vécu conformément à ce qui vous est représenté; laissez-vous aller aux divers sentiments qui suivront naturellement (*c'est ce qu'on appelle* AFFECTIONS), en vous adressant tantôt à Notre-Seigneur, tantôt à sa sainte Mère, ou aux Saints, comme si vous les aviez présents à vos yeux. (*Cet exercice se nomme* CORPS DE L'ORAISON.)

7°. Après que vous aurez admiré quelques vertus particulières de Notre-Seigneur, et que vous aurez gémi sur vos manquements, vous prendrez des mesures pour votre amendement; et c'est là que se trouve le fruit essentiel et comme le suc de la méditation. (*C'est la troisième partie de l'oraison, laquelle se nomme* CONCLUSION.)

8°. Ne sortez jamais de la méditation sans prendre une résolution pratique; vous avez dû la prévoir dès la veille. Ne vous contentez pas d'une résolution vague, indéterminée qui se réduirait *à mieux servir Dieu;* mais appliquez-la à tel ou tel défaut en particulier. Dites-vous à vous-même, par exemple : « Je me propose, avec la » grâce de mon Dieu, et je prends la ferme résolution d'éviter au-» jourd'hui *ces impatiences, ces mauvaises réponses, ces médisances,* » *ces paroles,* auxquelles je suis sujet... Je pratiquerai tel acte de » vertu, telle mortification. »

9°. Vous finirez par recommander votre résolution à la Très-Sainte Vierge, à votre bon Ange, à votre saint Patron; et vous tâcherez de conserver une petite maxime spirituelle qui vous serve comme de mémorial de votre méditation, et que vous vous rappellerez de temps en temps dans la journée. [*C'est ce qu'on appelle le Bouquet spirituel.*) Votre méditation finie, vous ferez vos prières ordinaires; vous les abrégerez à proportion que vous aurez prolongé davantage votre oraison.

OBSERVATIONS.

1°. Ne croyez pas que la méditation ne soit faite que pour les personnes habiles: tous sont appelés à méditer, les ignorants comme les savants, et même plutôt que les savants, par la raison que d'ordinaire ceux-là sont plus simples et plus vides d'eux-mêmes; et l'*Esprit-Saint a déclaré qu'il se plaisait à converser avec les simples.* (Prov. 3.) — Un sujet intarissable de réflexions, et des réflexions les plus satisfaisantes, c'est la Passion du Sauveur. Or, dites-moi, ce sujet n'est-il pas à la portée des plus simples? Les personnes mêmes qui ne savent pas lire, peuvent en tirer des fruits abondants de salut et de perfection.

2°. A ces sortes de personnes, voici ce que je conseillerais : Après vous être mis en la présence de Dieu et avoir invoqué le Saint-Esprit de tout votre cœur, 1°. proposez-vous un mystère quelconque de la vie de J.-C. votre Maître, par exemple, *sa naissance dans l'étable de Bethléem ;* 2°. faites l'application des *sens*, je veux dire des *yeux*, et des *oreilles*. d'abord appliquez les *yeux*, en vous imaginant voir une pauvre étable ouverte à tous les vents, une crèche avec du foin et de la paille ; contemplez les personnes, savoir : les Bergers, ensuite Saint Joseph, puis la très-Sainte Vierge, enfin l'Enfant-Jésus, en examinant les habillements, l'air et la contenance de chaque personnage. Après cela, prêtez l'oreille de l'âme pour écouter les discours ; en conséquence, faites parler les Bergers, Saint Joseph, la très-Sainte Vierge ; imaginez-vous que l'Enfant-Jésus vous parle à vous-même : que vous dirait-il ?... *quels reproches, quelles demandes* vous adresserait-il ? *quelles réponses* lui feriez-vous ?... On peut suivre la même marche pour chaque mystère ; *l'adoration des Mages*, *la fuite en Egypte*, surtout pour la *Passion*. Ce genre de méditation est très-facile, comme on le voit, surtout aux âmes pures et simples.

3°. Il est encore une pratique d'oraison à la portée de tous les Fidèles : c'est de faire des réflexions sur quelqu'une des prières ordinaires, comme *notre Père*..., *Je vous salue, Marie*..., *Je crois en Dieu...* Pour cela on récite lentement quelques mots de cette prière, on repasse à loisir ceux qui nous touchent davantage, par exemple ces mots : *Notre Père...* « Vous êtes mon Dieu, mon Roi, mon Maître,
» mon Juge, et vous ne prenez aucun de ces noms ; vous voulez que
» je vous appelle mon Père ! quelle bonté !... Oui, Dieu est mon
» Père ; c'est lui qui m'a donné la vie... lui qui me la conserve con-
» tinuellement... lui qui me nourrit, me chauffe, m'habille.
» Dieu est mon Père : je suis donc son enfant. Quels sentiments
» ce nom d'enfant de Dieu doit-il m'inspirer ! quelle douce confiance
» en la Providence ! Un si bon Père peut-il oublier les besoins de ses
» enfants ?... Quelle estime dois-je faire de cette qualité ? C'est un
» plus grand honneur d'être enfant de Dieu, que d'être enfant du
» monde entier. Voudrais-je perdre une si belle qualité pour un
» plaisir grossier, pour un misérable intérêt ?... Enfin, je suis enfant
» de Dieu, quelles obligations m'impose un si grand titre ? Un enfant
» doit aimer son Père, il doit le respecter, il doit lui obéir ; mon
» Dieu, mon Père, qu'ai-je fait jusqu'à ce jour ?... Pardonnez à votre
» enfant... Plutôt mourir que d'offenser un si bon Père... » Sur les mots suivants : *qui êtes dans les cieux*, on peut penser à la beauté du ciel, en la comparant à toutes les beautés du monde ; penser à ceux qui l'habitent, à la durée de cet heureux séjour, au chemin qu'il faut prendre pour y arriver, à nos péchés qui nous ont tant de fois exposés à le perdre, etc., etc., etc. Quand il ne vient plus de réflexions, on passe aux mots qui suivent, et ainsi jusqu'à la fin.

4°. Enfin, dans le cours de la journée, durant le travail, on peut se servir de tout ce que l'on voit, de tout ce que l'on entend pour méditer, pour s'élever à Dieu. A la vue du ciel, dites : *Voilà le palais* de mon Dieu, la maison de mon Père : quand aurai-je le bonheur d'y être admis?... En entendant le chant des oiseaux: *Petits oiseaux, vous avez bien raison de bénir le Seigneur ; que vos louanges le dédommagent de tous les blasphèmes qui se disent dans le monde!...* En voyant une rivière : *Ainsi mes jours s'écoulent vers l'éternité;...* une belle moisson, un arbre chargé de fruits : *Hélas ! faut-il que je sois un arbre stérile? où sont les fruits que je produis?* En voyant un laboureur à sa charrue : *Mon Dieu, vous avez tant de soin de cultiver mon âme, et elle ne produit que des ronces !...* Pendant les frimas de l'hiver, quand tout est glacé par le froid : *Hélas ! combien de pauvres âmes engourdies, mortes par le péché! mon Dieu, sauvez-les, sauvez-moi !*

ABRÉGÉ DE LA DOCTRINE CHRÉTIENNE.

I. Il n'y a qu'un Dieu ; il ne peut y en avoir plusieurs. Dieu possède toutes les perfections ; il est infiniment saint, juste, bon ; il est tout-puissant, souverain, éternel, c'est-à-dire qu'il a toujours été et sera toujours. Dieu est un pur esprit ; il n'a point de corps ; on ne peut le voir ; il connaît tout, jusqu'à nos plus secrètes pensées.

II. Il y a en Dieu trois personnes réellement distinctes l'une de l'autre : la première, le Père ; la seconde, le Fils ; la troisième, le Saint-Esprit. Le Père est Dieu, le Fils est Dieu, le Saint-Esprit est Dieu ; cependant ce ne sont pas trois Dieux, mais trois personnes égales en toutes choses, lesquelles ne sont qu'un seul et même Dieu, parce qu'elles n'ont qu'une même nature et essence divine. C'est là ce qu'on appelle le *mystère de la Très-Sainte Trinité.*

III. C'est Dieu qui a créé le ciel et la terre, et tout ce qu'ils renferment ; il les a faits de rien, par sa seule volonté. Il a créé des Anges : les uns ont péché par orgueil, et sont dans l'enfer ; les autres, restés fidèles à Dieu, sont heureux dans le ciel. Dieu a fait les astres, la terre, les animaux, les plantes pour l'usage de l'homme ; mais il a fait l'homme à son image, et *uniquement* pour connaître, aimer, servir son Dieu sur la terre, et par ce moyen gagner le Paradis.

IV. Adam et Ève (ce sont les noms du premier homme et de la première femme) furent placés dans un jardin de délices, et ils ne devaient jamais mourir ; mais ayant désobéi à Dieu en mangeant du fruit dont il leur avait défendu de manger, ils furent chassés du Paradis terrestre, et condamnés eux et leur postérité, au travail, aux souffrances et à la mort. C'est à cause de cette désobéissance que nous venons au monde avec le péché originel, lequel suffirait pour nous exclure du ciel.

V. Dieu a eu pitié du genre humain, et pour nous délivrer de l'esclavage du démon et nous rendre nos droits à l'héritage céleste, la seconde personne de la Sainte Trinité, qui est le Fils, a daigné se faire homme, et prendre un corps et une âme comme les nôtres. Le Fils de Dieu fait homme s'appelle *Jésus-Christ.*

VI. Ainsi, c'est le Fils qui s'est fait homme sans cesser d'être Dieu. Le Père ne s'est pas fait homme ni le Saint-Esprit non plus. Le Fils a toujours été Dieu comme le Père et le Saint-Esprit ; mais il n'a pas toujours été homme. Il ne s'est incarné que depuis environ dix-huit cents ans.

VII. Le Fils de Dieu a pris ce corps et cette âme dans le sein de la bienheureuse Vierge Marie, où il a été conçu par l'opération du Saint-Esprit, et c'est ce qu'on appelle le *mystère de l'Incarnation*, dont on fait la fête le 25 mars. La Sainte Vierge, en devenant Mère de Dieu, n'a pas cessé d'être Vierge, et l'opinion de l'Eglise est qu'elle a été conçue sans la tache originelle. Le Fils de Dieu vint au monde la nuit de Noël, à Bethléem, dans une pauvre étable. Huit jours après il fut circoncis, et on lui donna le nom de *Jésus,* qui signifie *Sauveur.* Le mot *Christ* signifie *oint* ou *sacré.*

VIII. Après avoir vécu environ trente-trois ans, en menant une vie pauvre et laborieuse, il est mort volontairement sur une croix pour tous les hommes, le jour du Vendredi-Saint; et par sa passion et par sa mort, il nous a rachetés de la damnation éternelle ; c'est ce qu'on appelle le *mystère de la Rédemption.* Il est mort comme homme et non pas comme Dieu. Il est ressuscité le jour de Pâques.

Quarante jours après sa résurrection il est monté au ciel. Dix jours après il a envoyé le Saint-Esprit à ses Apôtres. Il viendra encore une fois sur la terre, à la fin du monde, pour juger tous les hommes.

IX. L'Eglise est la société de tous ceux qui professent la véritable religion enseignée par Jésus-Christ; c'est l'Eglise Catholique, Apostolique et Romaine. Il faut obéir à ceux qui la gouvernent par l'autorité de Jésus-Christ; ce sont les Evêques et spécialement N. S. P. le Pape qui, comme chef, successeur de Saint Pierre et Vicaire de Jésus-Christ, a l'autorité sur tous les Evêques et sur tous les Fidèles; c'est le seul moyen de ne pas tomber dans l'erreur, selon la promesse de Jésus-Christ. Hors de l'Eglise point de salut; ainsi tous ceux qui n'appartiennent pas à l'Eglise, ou ne lui obéissent pas, seront damnés. L'Eglise est composée des Saints qui sont dans le ciel, des âmes qui sont en Purgatoire, et des Fidèles qui sont sur la terre; nous participons aux mérites des Saints et des Fidèles, et nous pouvons soulager les âmes du Purgatoire par nos prières et nos bonnes œuvres.

Toutes ces vérités sont renfermées dans le Symbole des Apôtres : *Je crois en Dieu, etc.* On doit les croire fermement; non sur la seule parole des hommes qui les annoncent, mais parce qu'elles ont été révélées par le Fils de Dieu, et qu'elles sont enseignées par l'Eglise qui est infaillible.

X. Pour se sauver il faut non-seulement croire fermement toutes ces vérités, mais il faut encore vivre chrétiennement : il faut observer les Commandements de Dieu et de l'Eglise, pratiquer la vertu et fuir le péché.

Il y a dix Commandements de Dieu : le premier nous oblige de l'aimer et de l'adorer lui seul, et d'aimer le prochain comme nous-mêmes pour l'amour de Dieu ; le second, d'honorer son saint Nom, et nous défend de le profaner par les jurements ; le troisième nous ordonne d'employer le dimanche à la prière et aux bonnes œuvres, et nous défend les œuvres serviles ; le quatrième ordonne d'honorer ses pères et mères et tous les supérieurs ; le cinquième défend de tuer, de faire du mal à son prochain ou seulement d'en avoir la volonté : il défend les haines, les vengeances, et ordonne de pardonner à tous ; le sixième défend toute impureté et tout ce qui peut y conduire ; le septième défend de prendre et de retenir le bien des autres, et de ne leur causer aucun dommage ; le huitième défend le mensonge, le faux témoignage, les jugements téméraires, la médisance et la calomnie ; le neuvième défend de désirer les mauvaises actions défendues par le sixième Commandement ; le dixième défend de désirer injustement le bien des autres.

L'Eglise ordonne principalement six choses : 1°. de sanctifier les Fêtes qu'elle commande ; 2°. d'assister à la Messe avec attention les Dimanches et Fêtes ; 3°. de se confesser au moins une fois l'an ; 4°. de communier au moins une fois l'an, à sa paroisse, dans la quinzaine de Pâques ; 5°. de jeûner les Quatre-Temps, les veilles de certaines Fêtes et tout le Carême ; 6°. de s'abstenir de manger gras les Vendredis, les Samedis et les jours de jeûne.

XI. Mais pour obéir à Dieu et à l'Eglise, nous avons absolument besoin de la grâce de Dieu ; et pour l'obtenir, il faut la lui demander souvent par d'humbles et ferventes prières, et toujours au nom de Jésus-Christ. La plus excellente des prières, c'est *Notre Père, etc.*, parce que Jésus-Christ lui-même l'a enseignée. Il est très-utile d'honorer et de prier nos bons Anges et les Saints du Paradis, parce qu'ils sont les amis de Dieu ; il faut avoir une dévotion et une confiance spéciales en la très-Sainte Vierge, qui est toute-puissante auprès de Dieu.

XII. Jésus-Christ a institué les Sacrements pour nous donner sa grâce, en nous appliquant le mérite de ses souffrances et de sa mort ; il y en a sept : le Baptême, la Confirmation, l'Eucharistie, la Pénitence, l'Extrême-Onction, l'Ordre et le Mariage.

Il y en a trois qu'il est plus essentiel de connaître, savoir :

XIII. Le Baptême, sans lequel personne n'est sauvé. Tous peuvent baptiser, en cas de danger de mort ; il faut pour cela verser de l'eau naturelle sur la tête ; elle doit couler sur la peau et non pas sur les cheveux, et la personne dit au moment qu'elle la verse : « Je te baptise au nom du Père, et du Fils, et du Saint-Esprit. » Le Baptême efface en nous le péché originel, nous donne la vie de la grâce, et nous fait enfants de Dieu et de l'Eglise.

XIV. Le Sacrement de Pénitence est établi pour remettre les péchés commis après le Baptême : mais, pour obtenir le pardon par ce Sacrement, il faut les confesser tous, du moins les mortels, sans en cacher un seul ; avoir une très-grande douleur de cœur d'avoir offensé Dieu ; être fermement résolu de quitter le péché et les occasions qui nous y font tomber; enfin, être décidé à faire les réparations et les pénitences que le Prêtre impose.

XV. L'Eucharistie est le plus auguste de tous les Sacrements, parce qu'il contient Jésus-Christ tout entier, vrai Dieu et vrai homme; son corps, son sang, son âme, sa divinité. A la Messe, par les paroles de la consécration que le Prêtre prononce sur le pain, la substance du pain est changée au corps de Jésus-Christ, et il ne reste que les apparences du pain. Ainsi, lorsque le Saint-Sacrement est exposé sur l'autel, ou lorsqu'il est dans le tabernacle, c'est Jésus-Christ réellement présent qu'on doit adorer; et quand on communie, c'est Jésus-Christ qu'on reçoit pour être la nourriture spirituelle de l'âme. Ce n'est pas son image, ni sa figure, comme un crucifix, mais c'est Jésus-Christ lui-même, c'est-à-dire, le même Dieu, le même Jésus-Christ qui est né de la Sainte Vierge Marie, qui est mort sur la croix, qui est ressuscité, et qui est monté au ciel; oui, il est dans la sainte hostie aussi véritablement qu'il est au ciel. Pour bien communier, il faut n'avoir sur la conscience aucun péché mortel; s'il y en avait un seul, on commettrait un énorme crime, un sacrilége : On mangerait et l'on boirait, dit Saint Paul, son jugement et sa condamnation.

XVI. Il faut mourir, le moment de notre mort est incertain; de ce moment dépend notre bonheur ou notre malheur éternel : le Paradis ou l'Enfer sera notre partage pour toujours, selon l'état de grâce ou de péché où nous nous trouverons à la mort. — Pensez-y bien.

INSTRUCTION

SUR LES DISPOSITIONS ESSENTIELLES QU'ON DOIT APPORTER AU SACREMENT DE PÉNITENCE.

Un seul péché mortel suffit pour nous faire mériter la damnation éternelle, et celui qui l'a commis ne saurait éviter ce malheur épouvantable, si, avant de mourir, il ne rentre en grâce avec Dieu. Il n'est donc rien au monde d'aussi important que d'obtenir cette réconciliation. Mais comment y parvenir? par le Sacrement de Pénitence, c'est-à-dire, par l'accusation de ses péchés, faite avec les dispositions requises, à un Prêtre qui ait reçu de son Evêque le pouvoir d'entendre les confessions.

La principale disposition, disons mieux, l'essentielle disposition pour recevoir l'absolution de ses péchés, c'est la contrition. En certaines circonstances on peut être dispensé de l'examen de conscience, et même de la confession; mais pour la contrition, il n'est aucun cas, aucune circonstance où l'on puisse en être exempt. Il n'est rien qui puisse la remplacer, rien qui puisse y suppléer, aucune bonne œuvre qui puisse en tenir lieu. Vous feriez le pèlerinage de la Terre-Sainte, vous iriez à Rome nu-pieds, notre Saint Père le Pape en personne vous donnerait l'absolution; avec tout cela et malgré tout ce qui pourrait vous en coûter de fatigues, de confusion, si vous n'étiez pas sincèrement et véritablement contrit de vos fautes, vous n'en resteriez pas moins en état de damnation.

Si vous demandez quelles sont les qualités de cette véritable contrition et par quels moyens on peut l'obtenir, je vous répondrai : la contrition renferme une détestation sincère du passé, et une résolution non moins sincère d'éviter à l'avenir le péché et les occasions du péché.

1°. Si vous détestez sincèrement le péché, vous éprouverez en vous-même un regret cuisant, une amertume de cœur, comme si vous aviez blessé, même involontairement, votre meilleur ami. Vous ne vous contenterez pas de répéter de bouche des actes de contrition, comme font plusieurs qui s'imaginent avoir tout fait, parce qu'ils auront dit trois ou quatre fois : *Mon Dieu, j'ai un véritable regret ; Mon Dieu, je me repens de vous avoir offensé, etc...*, mais vous ne pourrez penser à vos péchés sans en être intérieurement affligé. Je dis *intérieurement*, car il n'est pas nécessaire, pour témoigner votre repentir, que vous versiez des larmes, que vous poussiez des gémissements, comme vous feriez à la mort d'un père, d'une mère... Cette affliction extérieure, toute louable qu'elle est, ne fait pas le caractère essentiel de la contrition, laquelle consiste principalement dans la haine que notre cœur porte au péché, et qui nous met dans la disposition de faire et de souffrir ce qu'il plaira à Dieu, soit pour l'expier, soit pour l'éviter.

Une telle douleur n'excepte aucun péché mortel. S'il y en avait un seul dont vous ne fussiez pas sincèrement détaché, quand vous seriez prêt à mourir plutôt que de retomber dans les autres, celui-là seul rendrait nulle votre confession, et vous retiendrait dans la disgrâce de Dieu.

2°. La vraie contrition doit être accompagnée d'un bon propos, je veux dire, d'une résolution ferme de ne plus retomber dans les mêmes fautes ; car, comment supposer dans un pénitent une vraie douleur de sa faute, s'il n'a en même temps la volonté également vraie de ne plus la commettre? Et à quoi reconnaîtra-t-on cette volonté sincère ? sera-ce à des promesses, à quelques bons mouvements ? Ces promesses sont bonnes, ces mouvements sont bons, mais il faut quelque chose de plus ; il faut à ces promesses joindre une détermination ferme et une attention particulière à fuir les occasions qui vous ont fait pécher.

Mais, si vous conservez encore une volonté secrète, ou seulement une demi-volonté de fréquenter les endroits, les personnes qui vous ont été funestes, de garder les objets qui vous ont fait offenser le bon Dieu, quand bien même vous auriez ressenti des mouvements extraordinaires de crainte ou de componction, tenez votre bon propos pour vain et illusoire et votre contrition comme nulle et sans effet.

Quels sont les moyens d'obtenir la contrition ?... Avant de vous les indiquer, j'ai deux remarques à vous faire : la première, c'est que la contrition doit toujours précéder l'absolution. Ce n'est pas au moment qu'on la reçoit, encore moins après l'avoir reçue, qu'il faut commencer à s'exciter au repentir de ses fautes. La seconde, c'est que votre contrition, pour être valable, doit être *surnaturelle*; c'est-à-dire, que vous devez vous repentir par des motifs que la foi suggère. Détester votre péché, parce qu'il vous aura attiré quelque disgrâce temporelle, par exemple, une punition, une perte, une maladie, une confusion, ce serait le détester par des vues humaines, la foi n'y serait pour rien, ce serait là une contrition toute naturelle : un païen pourrait en avoir une semblable. Il faut donc, pour obtenir la rémission de vos fautes, que vous vous éleviez plus haut, et que vous vous repentiez d'après les considérations puisées dans la religion, telles que celles dont on va parler.

Voici maintenant les moyens d'obtenir la contrition. Il y en a deux : le premier, c'est de réfléchir sur certaines vérités; le deuxième, de prier instamment...

1°. Réfléchissez sur ce que la foi nous enseigne par rapport au péché. « La foi m'enseigne que le péché mortel rend mon âme
» exécrable aux yeux du Seigneur; qu'il la rend esclave de Satan;
» qu'il lui ôte la vie de la grâce; qu'il m'engage à des peines éter-
» nelles, si je meurs en cet état, il n'y a plus de Paradis pour moi,
» l'Enfer devient mon partage pour une éternité! 2°. La foi me dit
» encore que le péché outrage toutes les perfections de Dieu. Ainsi
» j'ai outragé sa *majesté*, en désobéissant à ses lois et en désobéis-
» sant sous ses yeux; j'ai outragé sa *sainteté*, en faisant devant lui
» ce que j'aurais rougi de faire devant un enfant; j'ai outragé sa
» *bonté* infinie, en dédaignant ses bienfaits et en me servant même
» de tout ce qu'il m'a donné pour l'outrager. Si un mortel en agis-
» sait ainsi à l'égard d'un autre mortel, quelle idée aurais-je de cet
» homme-là?... Mon ingratitude devient-elle excusable, parce
» qu'elle se dirige contre le Seigneur, et que ses bienfaits sont au-
» dessus de ma reconnaissance?... 3°. La foi m'apprend enfin que
» le péché a été la cause unique de la mort de Jésus-Christ; que
» chaque fois que j'ai péché mortellement, j'ai renouvelé sa Passion,
» et que je l'ai crucifié de nouveau en moi-même. Je ne dois donc
» plus me regarder que comme un *déicide*; voilà l'idée que Dieu a
» de moi depuis mon péché. »

Ne vous contentez pas de parcourir rapidement ces diverses considérations, lisez-les plusieurs fois, repassez-les dans votre esprit; arrêtez-vous à celles qui vous toucheront davantage. Voyez aussi les motifs de contrition plus détaillés, ci-après, page 45.

2°. La seconde pratique, celle qui est la plus essentielle, celle sans laquelle toutes les considérations seraient sans fruit, c'est la prière. La grâce de la contrition est un don de Dieu. Pour l'obtenir, il ne suffit pas d'ouvrir la bouche, de songer qu'on en a besoin; les biens de la terre ne se donnent pas à si bon marché, à combien plus forte raison les biens du ciel, qui sont incomparablement plus précieux? *Frappez donc à la porte* de votre Dieu, *frappez* avec confiance, avec ardeur, *et l'on vous ouvrira*. Adressez-vous surtout aux

Cœurs de Jésus et de Marie. Dites souvent avec le Publicain de l'Evangile : *Seigneur, ayez pitié de moi, qui suis un pécheur.* Priant comme lui avec humilité et avec confiance, comme lui vous serez exaucé.

Le Seigneur ne refuse pas la grâce de la contrition à ceux qui la lui demandent comme il faut ; mais bien certainement, il ne la donne pas à ceux qui n'en font aucun cas, à ceux qui ne se mettent pas en peine de savoir ce que c'est, à ceux qui ne la demandent que du bout des lèvres. Pour vous, ne vous contentez pas de la demander froidement, de la demander une fois. Je vous conseillerais, surtout s'il y a longtemps que vous ne vous êtes confessé, si vous avez de vieilles habitudes à rompre, je vous conseillerais de faire dire des Messes à cette intention ; de réciter le Chapelet, non pas une fois, mais durant des semaines entières. Hélas! on en ferait bien davantage, s'il s'agissait de sortir de prison ou d'obtenir la guérison d'une maladie corporelle.

OBSERVATIONS.

De tout ce qui vient d'être dit sur l'importance et la nécessité de la contrition, vous tirerez aisément ces conséquences :

1°. Les personnes qui n'apportent au Tribunal que des fautes légères dont elles n'ont pas de contrition, reçoivent inutilement l'absolution : on peut même dire qu'elles en font un mauvais usage ; c'est pourquoi elles doivent ajouter à leur confession ordinaire, l'accusation de quelques fautes graves de la vie passée pour lesquelles elles conservent habituellement une sainte horreur.

2°. Dans l'examen de conscience, on ne doit pas passer tout son temps à la recherche de ses péchés ; il faut en consacrer une bonne partie à s'exciter à la douleur de ses fautes.

3°. C'est être dans une grande illusion que de commettre aisément le péché, en disant : *Je m'en confesserai :* il ne suffit pas de se confesser, il faut, surtout et avant tout, se repentir. Or, la grâce du repentir ne dépend pas de la volonté de l'homme : elle dépend de Dieu seul ; il ne la doit à personne. Je vous le demande, est-ce un moyen de l'obtenir que de s'appuyer sur elle pour commettre le péché ? On dit communément : *A tout péché miséricorde.* Cela veut dire : *Pardon à tout péché dont on est véritablement contrit.* Mais on ne dit pas : *A tout péché, contrition, à tout péché, grâce de la contrition.* C'est cependant ce qu'il faudrait pouvoir dire pour pouvoir pécher avec sécurité.

4°. C'est encore se tromper que de s'inquiéter beaucoup à cause de la peine de dire ses péchés, et de s'occuper très-peu du regret qu'on doit en avoir. Sans doute, ce serait un grand malheur que de cacher ses péchés par honte ou par malice, puisqu'on profanerait le Sacrement ; mais la profanation n'est pas moins réelle, quoique moins effrayante, quand c'est la contrition qui manque.

Pour vous, si jamais vous étiez tenté de cacher quelques péchés à confesse, je vous prierais de faire attention aux réflexions suivantes, et de vous dire à vous-même :

« 1°. Cette faute que je n'ose déclarer, est connue de Dieu et de

» ses Anges ; y a-t-il plus de confusion à la faire connaître au Mi-
» nistre de la pénitence, qui est un homme comme moi ? 2°. Tôt ou
» tard il faudra l'avouer, ou mourir avec ; en attendant, plus je re-
» cevrai d'absolutions, plus je multiplierai mes sacriléges, plus
» j'aurai de peine à me déclarer. 3°. Si par malheur je mourais su-
» bitement en cet état, bon Dieu ! que deviendrais-je ? Ce péché que
» je n'ose découvrir à un Prêtre qui est tenu au secret le plus invio-
» lable, et qui a le pouvoir de m'en absoudre, sera révélé à la face
» de l'univers. Tout le monde le saura, parents, amis, compagnons.
» Et ce qu'il a de plus affreux, c'est que cette manifestation pu-
» blique ne servira qu'à rendre ma confusion éternelle, sans dimi-
» nuer en rien les châtiments que j'aurai mérités, et que je puis à
» présent éviter, en me faisant tant soit peu violence. »

N'oubliez pas que cette faute ne saurait vous être remise autrement que par l'humble aveu que vous en ferez. C'est la première réparation que Dieu exige pour vous punir de la maudite satisfaction que vous avez goûtée. Persuadez-vous donc bien que, quand vous distribueriez tous vos biens en aumônes ; quand vous feriez toutes les pénitences d'un anachorète, pour être dispensé de déclarer votre péché, vous n'en obtiendriez pas la rémission.

Voici une histoire rapportée par Saint Antonin ; méditez-la et profitez-en... « Une jeune personne avait commis des péchés honteux
» qu'elle n'osa jamais découvrir à son Confesseur. Déchirée par ses
» remords, et ne sachant que faire pour les apaiser, elle entra dans
» un monastère. Elle se flattait qu'à force de mortifications, d'aus-
» térités et de prières, elle parviendrait à effacer ses fautes sans les
» dire à confesse. Sa conduite parut si édifiante, que peu de temps
» après sa profession, on la choisit pour Supérieure de la Commu-
» nauté. Elle continua à fréquenter les Sacrements, sans pouvoir
» vaincre la mauvaise honte qui lui avait toujours enchaîné la langue.
» A la fin, les austérités et les peines intérieures qui la dévoraient
» amenèrent la maladie dont elle mourut. L'approche de la dernière
» heure augmenta ses angoisses, mais ne la rendit pas plus hardie
» à confesser les péchés qu'elle tenait cachés. Bref, elle reçoit les
» derniers Sacrements, toujours avec ce funeste poids sur la cons-
» cience : elle expire ; et tandis qu'on la croit dans le Paradis, elle
» est ensevelie dans les enfers... Peu de temps après ses funérailles,
» elle apparut à une de ses Religieuses qui priait auprès de son tom-
» beau. *Ne priez pas pour moi*, lui dit-elle, d'une voix lamentable,
» *je suis damnée. Quoi !* s'écrie la sœur, à demi-morte de frayeur,
» *quoi, vous damnée, ma mère !... vous qui avez si saintement vécu,
» qui faisiez tant de pénitences ! que deviendrons-nous donc, nous
» autres ? Il est possible,* répond la défunte, *que j'aie mené parmi vous
» une vie en apparence religieuse et pénitente ; mais tout cela ne m'a
» servi de rien. J'ai eu le malheur de cacher dans toutes mes confes-
» sions des péchés d'impureté que j'avais commis seule dans ma jeu-
» nesse, voilà pourquoi je suis réprouvée...* Puis avec un cri horrible,
» elle ajoute : *Et c'est pour une éternité !* A l'instant elle disparaît. »

CONDUITE POUR LA CONFESSION.

ARTICLE PREMIER.
EXAMEN DE CONSCIENCE.

Avant de vous confesser, ayez soin d'examiner votre conscience: cet examen est absolument nécessaire. Vous ne pourriez faire une bonne confession, si auparavant vous ne vous étiez appliqué à faire bien connaître vos péchés. Mais pour les connaître, vous avez besoin de la grâce de Dieu.

DEMANDEZ A DIEU LA GRACE DE BIEN CONNAITRE VOS PÉCHÉS.

O mon Dieu, je suis un pécheur, mais vous êtes mon père. Vous pardonnez à tous ceux qui confessent leurs péchés sincèrement et avec contrition. Je veux confesser les miens; mais de moi-même je ne puis en découvrir ni le nombre ni l'énormité. Eclairez-moi donc, Seigneur; découvrez-moi les pensées secrètes, les mauvais désirs, les actions criminelles, les omissions et les scandales dont je me suis rendu coupable. Accordez-moi la grâce de les connaître comme vous les connaissez vous-même, et de les accuser à votre ministre, comme je voudrais l'avoir fait lorsque je paraîtrai devant vous pour être jugé.

Sainte Mère de Dieu, refuge des pécheurs, obtenez-moi la grâce de faire une bonne confession, afin que j'obtienne le pardon de mes fautes.

Après avoir fait cette prière, examinez-vous de bonne foi, avec une sérieuse attention et sans vous excuser; en un mot, examinez-vous comme si vous deviez mourir après vous être confessé.

EXAMEN DES PRINCIPALES ESPÈCES DE PÉCHÉS QUI PEUVENT SE COMMETTRE CONTRE LES COMMANDEMENTS.

Premier Commandement de Dieu.

Un seul Dieu tu adoreras, — Et aimeras parfaitement.

1°. CONTRE LA RELIGION.

Mon Père, je m'accuse d'avoir manqué à mes prières (*n'oubliez pas, à chaque péché, de dire combien de fois vous l'avez commis, et d'expliquer les circonstances qui peuvent aggraver et changer l'espèce du péché*); — d'avoir prié mal, sans attention, sans dévotion, sans intention; — de n'avoir pas offert à Dieu toutes mes pensées, paroles et actions; — d'avoir ri, causé, commis des irrévérences dans l'église; — d'avoir méprisé la religion, la parole de Dieu; d'avoir profané les choses saintes; insulté les ministres de la religion, les personnes pieuses; — d'avoir consulté les devins; d'avoir ajouté foi à des pratiques, à des observances vaines, superstitieuses.

2°. CONTRE LA FOI.

Mon père, je m'accuse d'avoir douté de quelques vérités de la Religion; — de n'avoir pas appris le catéchisme; d'avoir enseigné aux autres des maximes contre la Religion; par exemple: d'avoir dit qu'il ne fallait pas se confesser ; que telle ou telle chose n'était pas un péché ; — d'avoir écouté des personnes qui parlaient mal de la Religion ; de les avoir fréquentées ; — d'avoir lu des livres contre la Religion ; de les avoir prêtés.

3°. CONTRE L'ESPÉRANCE.

Mon père, je m'accuse d'avoir désespéré de mon salut, en pensant que Dieu ne me pardonnerait pas ; — d'avoir manqué de confiance en Dieu dans mes peines ; d'avoir murmuré contre la Providence ; — d'avoir eu de la présomption, c'est-à-dire, d'avoir commis des péchés, dans l'espérance du pardon ; — d'avoir différé ma conversion dans l'espoir que Dieu m'attendrait.

4°. CONTRE LA CHARITÉ.

Mon père, je m'accuse d'être resté longtemps en péché mortel, sans faire un acte de contrition, sans vouloir me confesser, avec l'intention de recommencer encore à la prochaine occasion ; d'avoir désiré, aimé, approuvé le mal (*dire quelle espèce de mal*).

Second Commandement.

Son saint Nom tu respecteras, — Ne jurant jamais vainement.

Mon père, je m'accuse d'avoir juré contre la vérité ; — d'avoir juré sans nécessité ; — d'avoir juré de faire une chose mauvaise ; — d'avoir manqué à mes vœux, à mes serments ; — d'avoir proféré des blasphèmes, des malédictions contre Dieu, contre la Religion, contre mon prochain, contre les créatures, contre moi-même.

Troisième Commandement.

Les Dimanches tu garderas, — En servant Dieu dévotement.
(*Premier Commandement de l'Eglise.*)
Fidèles, tu sanctifieras, — Les Fêtes de commandement.
(*Second Commandement de l'Eglise.*)
Les Dimanches Messe entendras, — Et les Fêtes pareillement.

Mon père, je m'accuse d'avoir travaillé les dimanches et fêtes, sans une nécessité pressante ; d'avoir fait travailler les autres ; de n'avoir pas entendu la sainte Messe et particulièrement la Messe de paroisse ; de ne l'avoir pas entendue tout entière et avec dévotion ; de n'avoir point assisté aux offices, aux instructions, au catéchisme ; d'avoir négligé toute espèce de bonnes œuvres ; d'avoir passé ces saints jours en débauches, en danses, ou autres semblables divertissements.

Quatrième Commandement.

Tes père et mère honoreras, — Afin de vivre longuement.

Mon père, je m'accuse d'avoir injurié, maltraité mes père et mère, de leur avoir souhaité du mal, de leur avoir manqué de respect par mes mauvaises manières, par mes moqueries, etc ; de leur avoir désobéi ; de leur avoir obéi mal, par force, en murmurant ; de leur avoir obéi en des choses mauvaises ou dangereuses ; de ne les avoir pas assistés dans tous leurs besoins spirituels et corporels; d'avoir désobéi à mes supérieurs; de leur avoir manqué de respect.

Mon père, je m'accuse de n'avoir pas procuré à mes enfants la nourriture et les habits convenables; de les avoir habillés avec luxe; de n'avoir pas veillé à leur santé, à leur vie; de ne leur avoir pas donné une éducation chrétienne; de ne les avoir pas corrigés quand ils fréquentaient la compagnie des libertins, les personnes de différent sexe, les jeux, les plaisirs du monde, de les avoir détournés de s'approcher des Sacrements; de leur avoir commandé des choses mauvaises, dangereuses; de leur avoir donné mauvais exemple par ma vie peu chrétienne, par mes paroles, par mes actions; d'avoir manqué de respect envers mon époux, mon épouse; de l'avoir injuriée, frappée; de lui avoir fait offenser Dieu; de n'avoir pas instruit, surveillé, corrigé mes serviteurs.

Cinquième Commandement.

Homicide point ne seras, — De fait, ni de consentement.

Mon père, je m'accuse d'avoir occasionné, donné la mort à mon prochain; de l'avoir injurié, frappé, blessé; de lui avoir souhaité quelque mal; d'avoir différé, refusé de pardonner, de réparer l'injure que j'avais faite, de demander pardon à ceux que j'avais offensés.

Mon père, je m'accuse d'avoir scandalisé mon prochain (*ici il faut dire quelle espèce de scandale on a donné*) (1); de m'être exposé moi-même au danger d'offenser Dieu (*dire à quel péché on s'est exposé*); de n'avoir pas assisté les pauvres, les malheureux, selon mes moyens, négligé de donner de bons avis à ceux qui en avaient besoin; de prier pour mes parents, mes supérieurs, amis, ennemis, vivants, trépassés.

Sixième Commandement.

De la luxure, tu fuiras — Tous les plaisirs fidèlement.

Neuvième Commandement.

Honteux désirs tu banniras — Loin de ton cœur sévèrement.

Mon père, je m'accuse d'avoir désiré, aimé, regretté, approuvé des actions, des plaisirs déshonnêtes: d'avoir commis ces actions, consenti à ces plaisirs (2); de m'être exposé, d'avoir exposé les

---

(1) Sont coupables de scandale tous ceux qui, par leur faute, sont cause ou occasion de pécher pour leur prochain, et cela par leurs mauvais exemples, par leurs paroles, leurs conseils, leurs actions, par leur participation, par leur silence même, etc.; pour tous les péchés qui peuvent se commettre contre tous les Commandements; par exemple: les pères et mères qui donnent trop de licence à leurs enfants, qui ne les corrigent pas, qui leur donnent de mauvais exemples; les personnes des deux sexes qui se fréquentent par plaisir, sans nécessité, qui se permettent des embrassements, des badinages, de mauvaises manières, etc. Les cabaretiers, les chefs de famille qui souffrent chez eux des jeux, des divertissements, des rassemblements des personnes des deux sexes; les maîtres qui font travailler leurs serviteurs les jours de dimanche; tous ceux qui tiennent de mauvais discours, qui enseignent le mal, qui n'empêchent pas le mal qu'ils peuvent et qu'ils doivent, etc., sont coupables de scandale.

(2 Il faut exprimer en confession quel a été l'objet de tous ces plaisirs, si ce sont des personnes de différent sexe ou non, parents, mariées, consacrées à Dieu, ou êtres irraisonnables, etc. Les personnes mariées s'examineront aussi sur les péchés qu'elles ont pu commettre contre la fidélité et la sainteté du mariage.

autres au danger de les désirer, de commettre ces actions, de consentir à ces plaisirs; par exemple, de m'être arrêté à de mauvaises pensées; d'avoir dit, écouté, laissé dire des paroles, des contes, des chansons déshonnêtes; d'avoir lu de mauvais livres, de les avoir conservés, vendus, prêtés; d'avoir regardé, montré, exposé des objets, des tableaux obscènes; d'avoir paru avec un extérieur indécent; d'avoir permis, de m'être permis des manières, des libertés honteuses, des embrassements sensuels, des gestes, des postures immodestes; d'avoir eu des entretiens familiers, des rendez-vous, avec des personnes d'un autre sexe; d'avoir souffert leurs fréquentations; de m'être joué, diverti avec elles; d'avoir fréquenté les mauvaises compagnies, les veillées, les cabarets, les danses, les bals, les comédies, etc...

Septième Commandement.

Le bien d'autrui tu ne prendras, — Ni ne retiendras sciemment.

Dixième Commandement.

Biens d'autrui ne convoiteras, — Pour les avoir injustement.

Mon père, je m'accuse d'avoir volé mon prochain, de lui avoir causé du dommage; d'avoir eu la volonté de commettre quelque injustice (1); de prendre, de retenir le bien du prochain, de lui causer quelque dommage; de ne pas réparer le tort que je lui ai causé.

Huitième Commandement.

Faux témoignage ne rendras, — Et ne mentiras nullement.

Mon père, je m'accuse d'avoir porté faux témoignage contre mon prochain; de l'avoir calomnié; d'avoir médit de mon prochain; d'avoir lu, écouté, révélé des secrets de mon prochain; d'avoir jugé mal de mon prochain; d'avoir menti pour nuire à quelqu'un, pour m'excuser, pour faire plaisir à quelqu'un, pour rire, par légèreté.

Neuvième Commandement.

Honteux désirs tu banniras — Loin de ton cœur sévèrement.

(*Voyez le sixième Commandement.*)

Dixième Commandement.

Biens d'autrui ne convoiteras, — Pour les avoir injustement.

(*Voyez le septième Commandement.*)

Premier Commandement de l'Église.

Fidèles, tu sanctifieras — Les Fêtes de commandement.

(*Voyez le troisième Commandement de Dieu.*)

---

(1) Sont coupables d'injustice tous ceux qui trompent dans les ventes, achats, contrats, partages; qui ne remplissent pas leurs engagements, qui font mal l'ouvrage convenu, qui perdent leur temps en travaillant pour autrui, qui participent à quelque injustice, qui prêtent à usure, qui exigent plus qu'il ne leur est dû; qui ne restituent pas, qui ne veulent pas réparer les dommages qu'ils ont causés; qui ne paient pas leurs dettes; qui ne rendent pas ce qu'ils ont trouvé; qui ont l'intention de commettre quelqu'une de ces injustices.

Deuxième Commandement.

Les Dimanches Messe entendras, — **Et les Fêtes pareillement.**
(*Voyez le troisième Commandement de Dieu.*)

Troisième Commandement.

Tous tes péchés confesseras, — **A tout le moins une fois l'an.**

Mon père, je m'accuse de n'avoir pas fait ma confession annuelle; d'avoir caché, déguisé quelque péché en confession, de n'avoir pas conçu un vrai regret de mes péchés, un ferme propos de n'y plus retomber; de n'avoir pas fait ma pénitence dans le temps marqué; d'avoir méprisé les avis de mon confesseur.

Quatrième Commandement.

Ton Rédempteur tu recevras, — **Au moins à Pâques humblement.**

Mon père, je m'accuse de n'avoir pas fait mes Pâques; d'avoir communié indignement, sans dévotion.

Cinquième Commandement.

Quatre-Temps, Veilles, jeûneras, — **Et le Carême entièrement.**

Mon père, je m'accuse de n'avoir pas jeûné les jours prescrits par l'Église, quoique j'eusse vingt-un ans accomplis et que mon état et mes travaux ne fussent pas incompatibles avec le jeûne; de m'être dispensé du jeûne sans prendre conseil d'une personne sage, doutant si j'avais des raisons suffisantes.

Sixième Commandement.

Vendredi, chair ne mangeras, — **Ni le Samedi mêmement.**

Mon père, je m'accuse d'avoir mangé de la viande les vendredis, samedis, et les jours de jeûne; de m'être dispensé de l'abstinence de la viande, sans en avoir demandé la permission à M. le Curé, doutant si j'avais des raisons assez graves.

ORGUEIL.

Mon père, je m'accuse d'avoir méprisé mon prochain, refusé de croire et d'obéir à mes supérieurs; d'avoir rougi de faire le bien; d'avoir été glorieux; d'avoir recherché la gloire, les louanges; de m'y être complu; de m'être vanté; d'avoir reçu, souffert les humiliations avec impatience, indignation.

AVARICE.

Mon père, je m'accuse d'avoir manqué à quelques devoirs de Religion par avarice, par trop d'attache à mes intérêts: comme d'avoir manqué à faire l'aumône, d'avoir travaillé le Dimanche, etc.

LUXURE.

(*Voyez le sixième Commandement de Dieu.*)

ENVIE.

Mon père, je m'accuse de m'être attristé, indigné du bonheur d'autrui; de m'être réjoui du malheur d'autrui.

GOURMANDISE.

Mon père, je m'accuse d'avoir mangé, bu avec excès, ou par plaisir; de m'être enivré; d'avoir contribué à l'ivresse des autres.

COLÈRE.

Mon père, je m'accuse de m'être impatienté, indigné, emporté contre quelqu'un ou quelque chose; d'avoir fait mettre quelqu'un en colère, occasionné des discordes, des querelles.

(*Voyez le cinquième Commandement de Dieu.*)

PARESSE.

Mon père, je m'accuse d'avoir mené une vie oisive; d'avoir rempli négligemment les devoirs de la Religion, de mon état; de n'y avoir pas assez réfléchi; d'avoir négligé d'examiner ma conscience, de n'avoir pas étudié, appris les devoirs de mon état.

ARTICLE SECOND.
CONTRITION ET FERME PROPOS.

N'allez pas vous confesser aussitôt que votre examen est achevé; mais auparavant excitez-vous à la contrition. Souvenez-vous qu'elle est absolument nécessaire: sans elle la confession ne vous servirait de rien. Il faut donc que vous ayez un regret sincère d'avoir offensé Dieu, et que vous soyez bien résolu de ne plus l'offenser; sans cela il ne vous pardonnera jamais. Vous ne pouvez avoir la contrition sans la grâce de Dieu, commencez par la demander avec instance.

PRIÈRE POUR DEMANDER LA CONTRITION.

IL est donc vrai, ô mon Dieu, que je vous ai beaucoup offensé; vous m'avez fait connaître le nombre de mes fautes, accordez-moi la grâce d'en concevoir une véritable et sincère contrition. Faites-moi sentir toute la laideur, toute l'énormité du péché. Donnez-moi une contrition *intérieure*, qui ne soit pas seulement sur mes lèvres, mais qui touche, qui brise, qui convertisse mon cœur; une contrition *universelle*, qui s'étende à tous mes péchés, sans en excepter ceux que je commets le plus facilement; une contrition *surnaturelle*, produite par la pensée de l'Enfer que j'ai mérité, du Paradis que j'ai perdu, des souffrances que j'ai causées à Jésus-Christ, et plus encore par la pensée de vos bienfaits dont j'ai abusé, et de votre infinie grandeur que j'ai outragée; enfin, une contrition *souveraine*, qui produise en moi une douleur plus grande que la perte de mes biens les plus chers. Faites-moi comprendre que le péché est le plus grand de tous les malheurs. Que dorénavant je sois disposé à tout perdre, à tout souffrir, à mourir même plutôt que de vous offenser mortellement. Que je commence à vous aimer, ô Bonté infinie ! que je vous aime beaucoup, pour réparer l'injure que je vous ai faite par tant de péchés ! Je ne mérite pas cette grâce, je l'avoue ; mais je vous la demande par les mérites de Jésus-Christ mon Sauveur, par l'intercession de la Sainte-Vierge ma Mère, de mon Ange Gardien et de mes Saints Patrons.

Ce n'est pas assez de demander la contrition, il faut que vous fassiez de votre côté tout ce qui dépend de vous pour l'avoir. Méditez attentivement quelques-uns des motifs les plus capables de toucher votre cœur. Vous pouvez vous servir des considérations suivantes.

Il n'est pas nécessaire que vous les lisiez tous à chaque confession ; vous lirez tantôt l'une, tantôt l'autre. Mais lisez posément, et laissez-vous pénétrer des sentiments qui y sont exprimés.

1er MOTIF DE CONTRITION.

PAR MES PÉCHÉS J'AI MÉRITÉ L'ENFER

Il y a un enfer, Dieu l'a dit : j'en suis plus assuré que si je le voyais de mes yeux. Il y a un enfer... Qu'est-ce que cet enfer ? Représentez-vous un brasier ardent, supposez que vous y tombiez ; quelles angoisses vous auriez à endurer ! Cette pensée seule vous fait frémir. Dans l'enfer, vous serez au milieu des flammes mille fois plus ardentes, plus brûlantes que tous les feux de la terre. Dans l'enfer, vous n'entendrez que des plaintes, des gémissements, des sanglots, des cris de rage, des imprécations, des blasphèmes ; dans l'enfer, vous serez avec tous les méchants, avec les plus grands scélérats, avec les démons. O ciel, quel état ! quel malheur !... et ce malheur, combien de temps durera-t-il ? Durera-t-il cent ans ? Ce serait déjà bien long. Durera-t-il mille ans ? cent mille ans ? Il durera toujours. Toujours !... une éternité !... Oh ! que l'enfer est donc terrible ! et cet enfer, je l'ai mérité ; je l'ai mérité autant de fois que j'ai commis un péché mortel ; je le mérite encore. Si je mourais maintenant, je serais précipité dans ces abîmes affreux ! Mais je puis mourir demain... Quoi ! demain me réveiller au milieu des flammes de l'enfer !

Ah ! mon Dieu, qu'il n'en soit pas ainsi ! Non que je ne meure pas dans l'état du péché ! Seigneur, que faut-il que je fasse pour éviter ce malheur ? Faut-il confesser mes fautes à votre Ministre ? j'irai me jeter à ses pieds pour lui en faire un aveu exact et sincère. Faut-il en avoir la contrition ? mon Dieu, je les déteste, je les abhorre. Faut-il éviter les occasions dangereuses ? je veux les fuir désormais comme je fuirais à la vue d'un serpent. Faut-il renoncer à mes passions ? j'y renonce, je les sacrifie pour toujours. Fallût-il mourir ! je mourrais, trop heureux de pouvoir à ce prix satisfaire à votre justice et racheter mon âme de l'enfer.

2ᵉ MOTIF DE CONTRITION.

PAR MES PÉCHÉS J'AI CRUCIFIÉ DE NOUVEAU JÉSUS-CHRIST.

Regardez cette image, arrêtez vos yeux sur cette croix, voyez Jésus-Christ, le Fils de Dieu, mort pour vous, et dites-vous à vous-même : C'est donc moi qui ai réduit mon Sauveur à l'état où je le vois. C'est donc moi, ô mon Dieu, qui vous ai crucifié, puisque j'ai péché mortellement. O mon divin Jésus, toutes les fois que j'ai commis un péché, j'ai enfoncé une épine dans votre tête adorable; j'ai frappé d'un coup de verge votre chair innocente. Ce sont mes péchés qui sont la cause de tous les maux que vous avez endurés: ils sont la cause de votre agonie mortelle au Jardin des Olives, de votre prise par les Juifs et par le traître Judas, de votre flagellation, de votre couronnement d'épines, des soufflets, des crachats que vous avez reçus sur votre face adorable, des rebuts, des mépris et des affronts que vous avez essuyés, des douleurs cuisantes que vous avez endurées lorsque les Juifs vous attachèrent à la croix, lorsqu'ils vous percèrent les pieds et les mains avec de gros clous, lorsque vous fûtes ainsi suspendu entre le ciel et la terre, exposé à toutes les insultes, à tous les outrages d'un peuple furieux. Oui, mes péchés sont la cause de toutes vos souffrances; et ces péchés ne me causeraient aucune douleur ! Un Dieu souffre, un Dieu meurt pour les expier, et j'y serais insensible ! et je les aimerais encore ! et je voudrais encore les commettre !

Non, il n'en sera pas ainsi, ô mon Dieu. Je déteste mes péchés qui vous ont causé tant de douleurs. Vous êtes mort pour moi en particulier, pour moi votre ennemi, pour moi dont vous avez prévu l'ingratitude et les crimes... O amour inconcevable! ô mon Sauveur! je veux vous aimer, et vous aimer jusqu'à mon dernier soupir. Plutôt la mort que de vous offenser de nouveau.

8ᵉ MOTIF DE CONTRITION.
PAR MES PÉCHÉS J'AI OUTRAGÉ LE MEILLEUR DES MAITRES.

Le souvenir des bontés infinies de Dieu est sans contredit le motif le plus capable de vous toucher et de vous convertir. Dites-vous donc à vous-même :

Tous les jours j'appelle Dieu mon père, et il mérite bien ce nom... Dieu est mon père... c'est lui qui m'a créé, il m'a donné la vie; il me la conserve à chaque instant. Qu'ai-je fait pour mériter cette grâce? Bien loin de la mériter, je m'en suis rendu mille fois indigne par mes péchés! Si je vis, je le dois donc à la seule bonté de mon Dieu; et cette vie, et ce corps, et cette âme que je tiens de sa bonté, je les ai employés à l'offenser!

Dieu est mon père... En recevant le baptême, je suis devenu son enfant, le frère de Jésus-Christ; le Paradis m'a été promis en héritage. J'ai perdu cet héritage par le péché; mais Dieu, comme un père plein de compassion, est toujours prêt à me pardonner, il le désire même plus que moi : il n'attend qu'un acte de contrition de ma part. Non-seulement il veut pardonner mes péchés; à ce pardon, il veut ajouter la plus grande des faveurs, une faveur que je n'aurais jamais osé demander : il veut se donner à moi dans la sainte communion. Jésus-Christ veut me donner son corps adorable, son sang précieux, son âme, sa divinité même. Quelle bonté! quelle tendresse! Y a-t-il un père aussi bon, aussi aimable? Et c'est ce père si bienfaisant, ce père si aimable que j'ai offensé! Je l'ai outragé, je me suis révolté contre lui. Si j'avais outragé, frappé mon père, je serais inconsolable; j'ai outragé mon Dieu, qui m'aime mille fois plus que mon père, et je serais insensible, et je n'avouerais pas ma faute, et je ne la détesterais pas?

Vous devez être fâché d'avoir offensé Dieu, non-seulement à cause des bienfaits que vous avez reçus; mais sa bonté seule doit être capable de vous toucher, de vous attendrir? Il faut qu'il soit infiniment bon ce Dieu qui fait tant de bien à tout le monde, qui pardonne si facilement, si souvent, si généreusement; qui punit à regret, récompense avec tant de libéralité; en un mot, qui veut rendre tous les hommes heureux! Un Dieu si bon ne mérite-t-il pas d'être aimé? Et moi je l'ai offensé; je l'ai offensé souvent; je l'ai offensé grièvement; je suis donc bien ingrat, bien coupable, bien malheureux!

Je reconnais, ô mon Dieu, je déplore ma faute... O mon Dieu, ô le meilleur des pères! je veux vous aimer jusqu'à la mort.

4e MOTIF DE CONTRITION.

PAR MES PÉCHÉS J'AI OUTRAGÉ UN DIEU INFINIMENT GRAND.

Jusqu'ici vous ne vous êtes pas beaucoup reproché vos fautes... Vous n'avez pas compris ce que c'est que le péché. Faites-vous les questions suivantes, et vous reconnaîtrez combien vous êtes coupables :

Quel est celui que j'ai offensé ? c'est un Dieu... Dieu le Créateur du ciel et de la terre, le souverain Maître de l'univers, Dieu dont la grandeur surpasse infiniment celle des rois du monde, Dieu devant qui les Anges sont dans un saint tremblement. Qu'il est donc grand celui que j'ai offensé.

Que suis-je moi qui l'ai offensé ? Je suis une faible et misérable créature, bien peu de chose dans le monde... bien peu de chose en présence de Dieu... Je suis un peu de poussière, un rien...

Et, en commettant le péché, je me suis servi des propres bienfaits de Dieu. Il m'a donné un corps, une âme, du temps pour le servir et l'aimer ; et moi j'ai employé tous ces dons à l'outrager...

Et ce Dieu si grand, je l'ai offensé en sa présence, j'ai commis le péché sous ses yeux...

Quoi ! j'ai eu l'audace d'outrager de la sorte un Dieu tout-puissant, un Dieu infiniment parfait ; un Dieu qui mériterait d'être servi, aimé et adoré, quand bien même il n'aurait proposé ni Paradis à espérer, ni enfer à craindre, et que je n'en aurais reçu aucun bienfait !... Que je suis donc coupable !

O Dieu de gloire et de majesté, Dieu infiniment puissant, infiniment parfait, infiniment aimable ! je reconnais maintenant que le péché est un grand mal. Je déteste tous ceux dont je me suis rendu coupable, je veux les expier par la pénitence.

ACTE DE CONTRITION.

Ayez pitié de moi, ô mon Dieu, ayez pitié de moi selon votre infinie miséricorde. je vous ai beaucoup offensé ; mais vous avez promis le pardon au cœur véritablement contrit. Il me semble, ô mon Dieu, que mon cœur l'est en ce moment ; oui, j'ai un grand regret de vous avoir offensé ; ce n'est pas seulement de bouche que je vous exprime ma douleur, mais c'est tout de bon, c'est du fond du cœur que je hais le péché, que je renonce au péché.

Si j'ai regret de mes fautes, ce n'est pas, ô mon Dieu, parce qu'elles ont été pour moi la cause de quelque malheur temporel ; mais c'est parce qu'elles m'ont fait perdre le Paradis, où l'on jouit éternellement de votre ineffable présence, et mérité l'enfer où l'on est à jamais séparé de vous ; c'est parce qu'elles ont causé la mort de Jésus-Christ, vous mon Dieu qui êtes si grand, si parfait, si aimable, vous que je devrais aimer quand vous ne m'auriez fait aucun bien.

Je déteste mes péchés, ô mon Dieu, je les déteste tous, sans en excepter un seul, parce que tous vous ont offensé, parce que tous vous déplaisent ; je les déteste de tout mon cœur, et je reconnais que mon plus grand malheur est de vous avoir offensé, d'avoir perdu votre amour. J'aurais été malheureux en perdant mes biens, mes parents, la vie même. Maintenant, ô mon Dieu, j'aimerais mieux mourir que de vous offenser; je veux vous aimer, vous aimer de tout mon cœur, vous aimer toujours.

ACTE DE FERME PROPOS.

Je vous promets, ô mon Dieu, de ne plus retomber dans les fautes que je confesse aujourd'hui. Oui, j'éviterai le péché, les occasions du péché. Le démon me tentera encore, de mauvais amis me tourneront peut-être en ridicule; ils voudront encore m'engager dans mes anciens péchés; mais malgré toutes les tentations du démon, malgré les persécutions des libertins, je serai fidèle à la promesse que je vous fais en ce moment. A l'avenir, plus de pensées, plus de désirs, plus d'actions contraires à la modestie et à la charité; plus de liaisons avec ceux qui sont pour moi une occasion de péché; plus d'irrévérences dans le lieu saint et dans le temps de la prière; plus de désobéissances; plus de colère; plus de... (*Chacun promettra en particulier d'éviter le péché auquel il est le plus sujet.*) Plutôt mourir, ô mon Dieu! plutôt expirer à vos pieds que de vous déplaire à l'avenir !

ARTICLE TROISIÈME.
CE QU'IL FAUT FAIRE APRÈS LA CONFESSION.

Après votre confession, vous ne devez pas retourner de suite à vos occupations; mais prenez quelques instants pour vous recueillir, et observez les avis suivants :

REMERCIEZ DIEU.

Si vous n'avez pas reçu l'absolution, vous réciterez le premier acte de remercîment; si vous l'avez reçue, vous réciterez le second.

ACTE DE REMERCÎMENT, APRÈS LA CONFESSION, QUAND ON N'A PAS REÇU L'ABSOLUTION.

Je vous remercie, ô mon Dieu, des grâces que vous m'avez accordées dans cette confession; je vous remercie des bons désirs que vous m'avez inspirés, des bons avis que vous m'avez donnés par la bouche de votre ministre. Achevez ce que vous avez commencé : convertissez entièrement mon cœur, et accordez-moi la grâce de me disposer à recevoir bientôt la grâce inestimable de l'absolution.

ACTE DE REMERCÎMENT, APRÈS L'ABSOLUTION.

Que vous êtes bon envers les pécheurs, ô mon Dieu! De criminel que j'étais il n'y a qu'un moment, me voici, par la grâce de l'absolution, purifié, sanctifié, devenu agréable à vos yeux. C'est l'effet du sang précieux que vous avez répandu pour moi, divin Rédempteur des hommes; c'est à votre mort que je dois ma réconciliation. Comment pourrai-je vous témoigner ma reconnaissance? O mon âme, bénis le Seigneur, et que tout ce qui est en moi bénisse son saint Nom ! Comme un père indulgent il a eu pitié de moi, il a oublié mes iniquités, il m'a tiré de l'enfer. Pourrai-je jamais le remercier assez? Toute ma vie je remercierai, j'aimerai un Dieu si bon, le meilleur de tous les maîtres, le plus doux, le plus aimable de tous les pères.

RENOUVELEZ LA RÉSOLUTION DE NE PLUS PÉCHER.

Mon Dieu, la confession que j'ai eu le bonheur de faire m'inspire pour le péché une plus grande horreur que jamais, et je prends une nouvelle résolution de n'en plus commettre. Je vous conjure donc, ô mon Dieu, d'augmenter en moi le désir que j'ai de changer de vie. Dès aujourd'hui, je montrerai par ma conduite que je me suis approché du saint Tribunal; j'éviterai le péché, et surtout j'éviterai ceux que je viens de confesser; j'éviterai toutes les occasions dangereuses, particulièrement telle occasion qui m'a été si funeste, je veux accomplir mes devoirs, je veux vous servir fidèlement. Non, rien ne pourra me séparer de votre amour.

DEMANDEZ A DIEU LA GRACE DE PROFITER DE VOTRE CONFESSION.

Bénissez, ô mon Dieu, les promesses que je viens de vous faire; fortifiez, par votre grâce, la résolution où je suis de ne plus pécher; je ne puis rien par moi-même, mais je puis tout par votre grâce. Je vous la demande humblement, cette grâce précieuse; je vous la demanderai tous les jours : je l'attends avec confiance de votre infinie miséricorde et par les mérites de Notre-Seigneur Jésus-Christ.

RECOMMANDEZ-VOUS A LA TRÈS-SAINTE VIERGE, EN RÉCITANT LA PRIÈRE SUIVANTE :

Sainte Mère de Dieu, je viens me réfugier auprès de vous. J'ai un pressant besoin de votre secours, ne rejetez pas ma prière : délivrez-moi de tous les dangers auxquels vous me voyez exposé; protégez-moi tous les jours de ma vie, et conduisez-moi avec vous dans le ciel. Ainsi soit-il.

CONDUITE POUR LA COMMUNION.

L'homme, porté au mal dès sa naissance, ayant à combattre des ennemis puissants et acharnés, le démon, le monde et la chair, a besoin, pour triompher, du secours continuel de la grâce de Dieu. Sans doute la prière est un des moyens les plus ordinaires pour obtenir ce secours divin, et l'on ne saurait y recourir trop souvent : Jésus-Christ nous le recommande par ces paroles de l'Evangile : *Veillez et priez, afin que vous n'entriez point en tentation.* Mais s'il est un moyen puissant, prompt et efficace, je dirai même nécessaire, pour vaincre tant d'ennemis, modérer nos passions, déraciner nos mauvaises habitudes, résister aux suggestions du démon, aux mauvais exemples des pécheurs, nous encourager dans les entreprises difficiles, nous rendre fermes et inébranlables dans la pratique du bien : c'est la réception et la réception fréquente du corps adorable de Notre-Seigneur Jésus-Christ. Ce sacrement a été institué sous les apparences du pain et du vin pour exprimer d'une manière mystérieuse les effets de la communion sur l'âme des fidèles. De même que le pain matériel nourrit, fortifie notre corps, soutient notre santé; de même aussi le pain de l'Eucharistie nourrit, fortifie notre âme, lui conserve la vie de la grâce, lui assure la vie éternelle. *Celui*, dit Jésus-Christ, *qui mange ma chair et qui boit mon sang, vivra éternellement*, et au contraire, ce divin Maître menace de la mort éternelle celui qui refuse de se nourrir de ce pain céleste : *Si vous ne mangez la chair du Fils de l'homme, et si vous ne buvez son sang, vous n'aurez point la vie en vous.* Il faut donc que Dieu ait sur nous des vues de miséricorde, de bonté, de grâce, d'amour et de l'amour le plus vif, puisqu'il daigne nous exprimer le désir de s'unir à nous si étroitement, et qu'il nous fait même, sous peine de mort, un commandement exprès de la communion. L'Eglise nous l'intime ce commandement sous les peines les plus graves, et désire que tous ses enfants vivent assez saintement pour approcher souvent de la communion. Aussi quelle serait notre insensibilité, notre ingratitude, notre orgueil, si nous ne nous empressions de nous rendre à l'invitation, à l'accueil du plus tendre des pères, à l'ordre du plus puissant des rois ! Fallait-il même un commandement pour cela ? ne suffisait-il pas de savoir qu'il nous permet de nous asseoir à sa table et de nous nourrir de sa propre chair ? « O sacré festin (s'écrie l'Eglise dans les transports de son admiration), « Ô sacré festin, où Jésus-Christ devient notre nourriture, où l'on honore la mé- « moire de sa Passion, où l'âme est remplie de grâces, et où nous recevons le gage « de la vie éternelle. »

Animés par tous ces motifs, prenons la résolution de communier souvent et le plus dignement qu'il nous sera possible. La première disposition, et la disposition essentielle, c'est d'être en état de grâce, exempt de péché mortel ; état si naturel et si nécessaire au chrétien, qu'il ne devrait jamais en sortir, ou du moins qu'il doit y rentrer au plus tôt par un prompt recours au sacrement de Pénitence, si par malheur il vient à perdre le trésor précieux de la grâce de Dieu ; car on ne peut se dire chrétien avec le péché mortel dans le cœur ; c'est l'état le plus déplorable, le plus malheureux ; c'est une espèce d'apostasie.

AVANT LA SAINTE COMMUNION.

Prière avant la sainte Communion.

VOUS nous invitez, Seigneur, à nous nourrir de vous, et nous menacez de la mort éternelle, si nous ne mangeons votre chair. Je viens pour obéir à votre parole et pour trouver la vie que vous donnez à tous ceux qui vous reçoivent dignement. Préparez donc mon cœur à cette communion. Ne permettez pas que je sois du nombre de ceux qui reçoivent le Sauveur, sans recevoir le salut, et qui s'unissent à votre corps par votre Sacrement, sans s'unir à votre esprit par votre grâce. Purifiez mon âme de ses taches ; donnez-moi un grand désir de vous plaire, et de faire votre sainte volonté : car c'est en l'accomplissant que l'on se rend digne de vous recevoir, et de trouver la vie.

Autre Prière.

JE m'approche de vous, ô mon Dieu, et je viens me prosterner en terre pour adorer avec le prophète l'escabeau de vos pieds, parce qu'il est saint. Je viens adorer votre chair en laquelle vous avez conversé avec les hommes, la même que vous nous avez donnée à manger pour notre salut, que personne ne mange sans l'avoir auparavant adorée. Je confesse avec le Centenier, que je ne suis pas digne de vous recevoir chez moi. Mais puisque je prends la hardiesse de m'approcher du saint autel, je vous prie, mon Dieu qu'outre l'humilité profonde du Centenier, que je vous demande, vous m'accordiez la religieuse foi de Zachée, qui vous reçut dans sa maison et dans son cœur. Venez chez moi, Seigneur, divin Hôte de mon âme, venez y établir votre demeure; votre présence me sera une source de grâces et de faveurs. Ne vous en retirez point, n'en sortez point, que je n'aie reçu l'abondance de vos bénédictions.

Acte de Foi.

Mon Seigneur Jésus-Christ, je crois fermement que c'est votre corps et votre sang précieux qui est au très-Saint-Sacrement de l'autel, le même corps que vous avez pris dans le sein de la très-Sainte Vierge, que vous avez offert sur la croix, et qui est ressuscité glorieux. Oui, je crois que ce qui est caché sous les espèces de ce Sacrement, c'est le vrai Fils de Dieu, le Maître et le Seigneur de tout l'univers, le Juge des vivants et des morts, celui qui me jugera, qui me fera rendre un compte exact de cette communion que je vais faire.

Acte d'Humilité.

Mon Sauveur, comment aurai-je la hardiesse de m'approcher de vous? N'est-ce pas assez pour moi d'avoir l'honneur de vous adorer dans votre saint temple, et de pouvoir vous offrir mes vœux? C'est toute la grâce que vous faites aux Anges; et j'oserai, pécheur que je suis, cendre, poussière, créature vile et méprisable, j'oserai recevoir le Dieu de toute majesté, de toute sainteté et de toute grandeur.

Acte d'Obéissance.

Je le ferai, Seigneur, puisque vous me l'ordonnez, puisque vous voulez que ma misère et ma petitesse ne mettent pas de bornes à vos miséricordes; puisque vous me dites que si je ne mange votre chair, et si je ne bois votre sang, je n'aurai point la vie en moi; puisque vous m'invitez à aller à vous, et puisque, pour m'y attirer, vous cachez toute votre gloire dans ce Sacrement.

Acte de Contrition.

Mais, ô mon Dieu, puis-je oublier la multitude et l'énormité de mes fautes? Est-ce un pécheur tel que je suis que vous invitez à s'approcher de vous? Ah! si j'ai été pécheur, je suis maintenant pénitent: j'ai une extrême douleur de vous avoir offensé, vous qui êtes la bonté infinie, vous qui m'avez toujours comblé de bienfaits; je renonce à tout ce qui vous déplaît: comment pourrai-je aimer ce que vous haïssez! Sur le point de recevoir de vous une si grande grâce, aurai-je bien le cœur de vous donner le baiser du perfide Judas, et comme lui de me saisir de votre personne pour vous livrer à vos ennemis! Plutôt mourir, mon Dieu, plutôt mourir que de commettre jamais un seul péché mortel! Fortifiez-moi dans cette résolution, et donnez-moi, pour l'accomplir, tous les secours qui me sont nécessaires.

Acte d'Amour.

O mon Dieu, non-seulement vous m'avez aimé le premier, mais vous m'avez aimé jusqu'à l'excès, et vous êtes prêt à m'en donner la preuve la plus grande. Après cela, puis-je ne pas vous aimer! et quelle mesure doit avoir mon amour pour vous, sinon de vous aimer sans mesure! Oui, je vous aime, mon Dieu, plus que toute chose au monde, puisque rien au monde n'est comparable à vous; et je proteste que désormais rien ne sera capable de me séparer de votre charité, moyennant votre sainte grâce.

Acte de Confiance

APRÈS cela, ô mon Dieu, il me semble que je puis m'approcher de vous avec confiance. Je ne vous regarderai plus comme un juge terrible, vengeur du péché, mais comme un père charitable qui tend les bras à son enfant; comme un médecin plein de compassion qui veut guérir un pauvre malade; comme un pasteur qui conduit ses brebis dans les pâturages les plus abondants. Pourquoi, mon âme, es-tu dans la tristesse? pourquoi t'abandonner à la douleur? Tes péchés t'épouvantent, les passions t'humilient, tes ennemis t'affligent; mais espère en Dieu qui ne te rejette pas, et qui veut bien être encore ton salut. Vous me recevrez donc, Seigneur, et je vivrai; et vous ne permettrez pas que je sois trompé dans mon espérance : vous serez ma force contre mes tentations, ma victoire contre mes passions, etc.

Acte de Désir.

COMME un cerf altéré désire les ruisseaux, ainsi mon âme vous désire, ô mon Dieu! Vous êtes le seul rafraîchissement qu'elle puisse recevoir dans l'ardeur qui la presse : car elle a horreur des eaux bourbeuses du siècle, et elle ne cherche plus à se désaltérer que dans vos fontaines sacrées. Vous qui êtes mon Sauveur, ouvrez-les-moi, mon Dieu, afin que j'y boive selon toute ma soif. Qu'est-ce que j'attends dans le ciel, qu'ai-je à désirer sur la terre, sinon vous, qui êtes le Dieu de mon cœur, et mon partage pour l'éternité; c'est après vous que je soupire, mon souverain bien, ma joie et ma félicité éternelle. Ne me cachez donc pas votre visage : venez, Seigneur, et ne tardez pas : venez me visiter dans votre miséricorde : venez, Seigneur.

Au moment de la Communion.

VENEZ, ô mon Sauveur Jésus, car mon cœur vous attend, mon âme vous désire avec ardeur; venez, entrez dans ce cœur si peu digne de vous recevoir; sanctifiez-le, et le rendez tel qu'il doit être pour vous recevoir.

APRÈS LA COMMUNION.

Acte d'Adoration.

IL est donc vrai, Seigneur, que j'ai maintenant celui que le monde entier ne saurait renfermer! Je vous ai désiré, et vous êtes en moi: je vous ai appelé, et vous m'avez dit : Me voici. Vous avez abaissé les cieux et vous êtes descendu. Je vous adore, Dieu de majesté, avec tout le respect dont je suis capable, et, parce que tout ce que je peux est peu de chose pour vous, je vous offre toutes les adorations que vous recevez des Anges et des Saints dans le ciel, et toutes celles que vous recevez des âmes justes sur la terre. Je vous proteste que vous êtes le Roi immortel, à qui seul est dû tout honneur et toute gloire dans les siècles des siècles. Que toutes vos créatures vous la rendent, ô mon Dieu, cette gloire qui vous est si légitimement due.

Acte de Remercîment.

Que mon âme glorifie le Seigneur : il a signalé en moi ses miséricordes; il a fait paraître la puissance de son bras; il a rempli le pauvre de biens. J'étais ce pauvre, ô mon Sauveur; mais en vous recevant je suis devenu riche, et c'est de ce bien infini que je vous rends grâces. Recevez, ô mon Dieu, toute ma reconnaissance : mon cœur vous en dit plus que toutes mes paroles, et dans l'impuissance où je suis de vous en exprimer tous les sentiments, ma consolation est que vous les connaissez, vous qui sondez le fond des cœurs.

Acte d'Offrande.

Que rendrai-je au Seigneur pour toutes les choses que j'ai reçues de lui? Puis-je faire moins que de me donner moi-même à celui qui s'est donné tout entier à moi? Je vous offre donc, Seigneur, tout ce que je suis : je vous offre mon corps, mon âme, ma vie, ma santé, tout ce que j'ai de plus cher, pour être consacré à votre gloire. Disposez-en selon votre bon plaisir, comme de choses qui vous appartiennent : ne souffrez pas, ô mon Dieu, que je retranche jamais rien de cette offrande que je vous fais. Hélas! il y a tant de temps que vous me sollicitez de me donner à vous, et j'ai toujours été retenu par l'affection à mes péchés; mais, ô mon Dieu, je ne résiste plus, et je consens que vous preniez une pleine possession de mon cœur.

Protestation de fidélité.

J'ai résolu et j'ai juré, ô mon Dieu, de garder les ordonnances de votre loi. Qui pourra me séparer de vous, après m'être uni à vous si étroitement? Non : ni la mort, ni la vie, ni la prospérité, ni l'adversité, ni la grandeur, ni l'abaissement, ni quelque créature que ce soit, ne me séparera jamais de vous, ô mon Jésus! Ce n'est point, ô mon Dieu, par un esprit de présomption que je parle ainsi : je connais ma misère et mon néant, et je sais que si vous m'abandonniez à moi-même, je retomberais dans l'abîme de mes désordres; mais uni à vous par votre Sacrement, j'ai droit de m'élever au-dessus de moi-même, et de me promettre que, tout inconstant et tout fragile que je suis, je persévèrerai dans votre amour et dans la possession de votre grâce.

Acte de Demande

O mon Sauveur, je ne vous demande ni richesses, ni honneurs, ni satisfactions ici-bas; je crains plus la possession de toutes ces choses que je ne la désire, mais je vous demande, ô mon Dieu, votre crainte et votre amour; je vous demande que les yeux qui ont eu le bonheur de vous voir, ne s'ouvrent plus pour voir les vanités du siècle; que la langue qui vous a touché ne prononce jamais que des paroles chastes; que le cœur qui vous a reçu ne conçoive jamais de désirs impurs. Purifiez mon corps par la sainteté de votre chair; remplissez mon âme de votre Esprit saint; donnez-moi surtout la victoire sur mes passions, la grâce de quitter mes péchés, et les vertus qui me sont nécessaires.

Mais, mon Sauveur, puisque vous m'écoutez lorsque je vous prie ainsi pour moi, permettez-moi de vous prier encore pour les autres: je vous prie donc, ô mon Dieu, pour mes parents, amis, bienfaiteurs, ennemis cachés ou connus, pour ceux à qui j'ai peut-être été un sujet de scandale et une occasion de vous offenser; pour ceux dont je suis chargé, ou qui sont eux-mêmes chargés de veiller sur ma conduite; enfin, pour tous ceux pour qui vous savez que je suis obligé de m'intéresser. Je vous prie pour toute votre Eglise, pour tous les membres qui la composent; je vous prie pour les Pasteurs qui la gouvernent, pour notre Saint Père le Pape, Monseigneur l'Evêque, le Chef de l'Etat et le Clergé, et spécialement, ô mon Dieu, pour celui de vos ministres à qui vous avez confié le soin de mon âme, et qui est obligé de m'enseigner les voies du salut, et de me faire revenir de mes égarements: donnez-leur votre esprit, Seigneur, afin qu'ils répriment le vice et fassent régner la justice et la vertu. Je vous prie enfin, mon Sauveur, pour les âmes du Purgatoire: ne les oubliez pas dans leur affliction, et soyez touché de leurs souffrances: hâtez-vous de les délivrer, et de les faire jouir de la gloire et du repos qu'elles désirent et qu'elles attendent de votre miséricorde; conduisez-les, Seigneur, et conduisez-nous dans ce bienheureux repos, afin que nous puissions tous ensemble vous louer, vous aimer et vous bénir dans tous les siècles des siècles. Ainsi soit-il.

Prière de Saint Thomas, après la Communion: Gratias ago tibi.

JE vous rends grâces, Seigneur très-saint, Père tout-puissant, Dieu éternel, qui, sans aucun mérite de ma part, mais par votre seule miséricorde, avez voulu me rassasier du sacré corps et du précieux sang de votre Fils Notre-Seigneur Jésus-Christ, quoique je ne sois qu'un indigne pécheur et un serviteur inutile. Je vous prie que cette communion ne soit pas une augmentation de mes péchés, mais un moyen salutaire pour en obtenir le pardon. Qu'elle anime ma foi, qu'elle confirme ma volonté dans le bien, et me purifie de mes péchés. Qu'elle y augmente la charité, la patience, l'humilité, l'obéissance et toutes les vertus. Qu'elle me défende de mes ennemis visibles et invisibles. Qu'elle m'attache fortement et uniquement à vous, qui êtes mon Dieu, et qu'elle me conduise heureusement à ma dernière fin. Faites-moi aussi, je vous prie, la grâce de me faire entrer; tout pécheur que je suis, dans ce festin ineffable, où, avec votre Fils et votre Saint-Esprit, vous êtes la véritable lumière, la pleine satisfaction, la joie éternelle, le parfait plaisir et la félicité consommée de vos Saints. Je vous en conjure par le même Jésus-Christ Notre-Seigneur. Ainsi soit-il.

Prière à la Sainte Vierge.

VIERGE Sainte, ma bonne Mère, en qui, après Dieu, je mets ma confiance, puisque vous prenez tant de part aux grâces que votre cher Fils me fait, daignez le remercier vous-même pour moi, je vous en supplie, de celle qu'il vient de m'accorder. Obtenez-moi la grâce de persévérer dans son saint service et dans le vôtre jusqu'à la mort, afin que m'acquittant des devoirs de ma profession, et remplissant mes engagements avec une constante fidélité, je reçoive la couronne qui est promise à la persévérance. Ainsi soit-il.

RÉNOVATION DES VŒUX DU BAPTÊME,

POUR LE JOUR DE LA PREMIÈRE COMMUNION.

Dieu tout-puissant et éternel, adorable Trinité, qui par un effet de votre miséricorde, nous avez régénérés dans les eaux sacrées du Baptême, quelles actions de grâces vous rendrons-nous pour cette insigne faveur? Nous étions nés enfants de colère; et, en recevant le saint Baptême, nous sommes devenus vos enfants adoptifs. Par notre nature, nous étions sous l'esclavage du démon, et pour jamais exclus de votre royaume; en vertu de votre adoption divine, vous nous avez donné Jésus-Christ pour frère, et vous nous promettez le ciel pour héritage... O Dieu infiniment bon, qu'avez-vous pu découvrir en nous qui méritât vos prédilections? Hélas! dans le moment même où vous nous donniez des titres si précieux, vous saviez que nous les profanerions indignement, et la vue de nos perfidies n'a pu arrêter le cours de vos bontés.

Humblement prosternés devant vous, nous venons déplorer, dans l'amertume de notre âme, l'énorme ingratitude dont nous nous sentons coupables.

Quel eût été notre sort, ô mon Dieu, si vous aviez laissé agir votre justice! mais vous n'avez écouté que votre miséricorde, et plus sensible à notre malheur qu'à l'outrage fait à votre Majesté, vous nous avez supportés au milieu de nos égarements; vous avez été le premier à nous offrir le pardon de nos offenses : comme le père de l'enfant prodigue, vous nous avez reçus dans vos bras aussitôt que nous sommes revenus vers vous; et, par un bienfait qui met le comble à tous les autres, vous avez daigné nous admettre à votre table aujourd'hui pour la première fois. C'est donc ainsi que vous savez vous venger, Seigneur! Mais, si vous avez oublié nos iniquités, nous ne pouvons en perdre le souvenir; plus vous vous êtes montré patient et prompt à pardonner, plus nous voulons être fidèles et constants dans notre retour.

Agneau de Dieu, qui nous avez lavés dans votre sang et nourris de votre chair, c'est devant vous, c'est à vos pieds que nous renonçons librement et de tout notre cœur à Satan, à ses pompes et à ses œuvres.

Nous nous attachons inviolablement à votre service, jamais nous ne rougirons de votre saint Évangile, ni du titre de Chrétien... plutôt mourir mille fois que de commettre un seul péché mortel!

Gravez, Seigneur Jésus, gravez ces saints engagements dans nos cœurs, et confirmez la résolution où nous sommes d'y être fidèles jusqu'au dernier soupir de notre vie. Ainsi soit-il.

Les enfants viennent deux à deux, tenant leur cierge d'une main, et mettant l'autre sur le bord de l'autel où est exposé le Saint-Sacrement ; ils disent chacun : « Je renonce a Satan, a ses pompes et a ses oeuvres; je m'engage a vivre selon la loi de Jesus-Christ. » *Pendant ce temps-là on chante un Cantique analogue à la cérémonie.*

ACTE DE CONSÉCRATION A LA SAINTE VIERGE,

POUR LE JOUR DE LA PREMIÈRE COMMUNION.

REINE des Anges et des hommes, auguste Marie, en ce jour, le plus beau de notre vie, en ce jour où votre cher Fils Jésus a daigné nous admettre à sa table, nous venons vous offrir l'hommage de nos cœurs, et réclamer votre puissante protection. Soyez, Vierge sainte, notre Reine, notre Avocate, notre Mère, et daignez nous admettre au nombre de vos enfants. Éloignez de nous le souffle contagieux du vice; ne permettez pas que nous ayons le malheur de souiller cette robe d'innocence que votre divin Fils a lavée dans son sang, et que nous avons portée à la table sainte. Gravez, ô divine Mère, dans le cœur de vos enfants, votre horreur pour le péché, votre mépris du monde et de ses vanités, votre amour pour Jésus. Répandez ces bénédictions sur tous ceux qui ont contribué à notre bonheur par leurs travaux ou par leurs prières; mais surtout, nous vous en conjurons, répandez-les avec abondance sur ces parents qui nous sont si chers, et dont le salut nous intéresse si vivement. Pourrions-nous être heureux, s'ils ne partageaient pas notre bonheur? Et vous, tendre Marie, pourriez-vous en ce jour nous refuser quelque chose, vous qu'on n'a jamais invoquée en vain? Sanctifiez-les, sauvez-les, sauvez-nous avec eux, afin que réunis dans le royaume céleste, aux pieds de votre trône, les parents et les enfants puissent vous y voir et vous bénir à jamais. Ainsi soit-il.

INDULGENCES

LES PLUS AUTHENTIQUES ET LES PLUS USITÉES.

(Les Indulgences précédées d'une * sont applicables aux Morts.)

I. * INDULGENCE plénière, une fois par mois, pour réciter l'*Angelus*, au son de la cloche, au moins une fois le jour, à genoux pendant la semaine, et debout depuis le samedi soir, jusqu'au dimanche soir, ainsi que durant tout le temps Pascal. (*Depuis Pâques jusqu'à la Trinité, on remplace* l'Angelus *par l'Antienne* Regina cœli *et l'Orémus.*) De plus, 100 jours d'indulgence chaque fois qu'on récite ainsi cette prière. (*Benoît XIV.* 1742.)

II. * Indulgence plénière, une fois le mois et à l'article de la mort, pour réciter dévotement, tous les jours, les Actes des Vertus théologales, de Foi, d'Espérance et de Charité; de plus, indulgence de 7 ans et de sept quarantaines chaque fois qu'on les répète. (*Benoît XIV.* 1756.)

III. Indulgence plénière, une fois chaque mois, pour celui qui fera tous les jours, au moins un quart-d'heure d'oraison mentale; de plus, indulgence de 7 ans et de 7 quarantaines chaque fois qu'on la fera. (*Benoît XIV.* 1756.)

IV. * Indulgence plénière, une fois le mois, à ceux qui récitent tous les jours, avec piété : *Saint, Saint, Saint, le Seigneur Dieu des armées. Toute la terre est remplie de sa gloire. Gloire au Père, gloire au Fils, gloire au Saint-Esprit.* 100 jours d'indulgence chaque fois qu'on la récite. (*Clément XIV.* 1770.)

V. * Mêmes indulgences pour dire : *Loué et adoré soit à tous moments et à jamais le très-saint et divin Sacrement de l'Autel.* (*Pie VI.*)

VI. * Pour réciter chaque jour : *Que la très-juste, la très-haute, la très-aimable volonté de Dieu soit accomplie, louée, et à jamais exaltée en toutes choses* ; 100 jours d'indulgence chaque fois, et indulgence plénière une fois l'an et à l'heure de la mort.

VII. * Indulgence plénière, deux Dimanches par mois, pour ceux qui s'étant associés trois ensemble, réciteront tous les jours, soit en commun, soit en particulier, sept fois *Gloria Patri*, et un *Ave, Maria*; de plus, 100 jours d'indulgence les jours ordinaires, et 7 ans et 7 quarantaines les Dimanches. (*Pie VI.* 1784.)

(*Si quelqu'un des Associés vient à manquer, il faut le remplacer par un autre.*)

VIII. * Indulgence plénière, deux Dimanches chaque mois, et en outre le jour de la Fête du saint Nom de Marie, ainsi qu'à la Fête de tous les Saints et à l'article de la mort, pour réciter, tous les jours le matin, le *Salve Regina*, et le soir, le *Sub tuum præsidium*, ajoutant à l'un et à l'autre : ℣. *Dignare me laudare te, Virgo sacrata.* ℟. *Da mihi virtutem contra hostes tuos.* ℣. *Benedictus Deus in Sanctis suis.* ℟. *Et Sanctus in omnibus operibus suis.* De plus, 100 jours, les jours ordinaires, et 7 ans et 7 quarantaines les Dimanches. (*Pie VI.* 1789.)

IX. Indulgence plénière, une fois par mois, à ceux qui sont dans l'usage de réciter tous les jours, pour les agonisants, 3 *Pater* et 3 *Ave*, en mémoire de la Passion de Notre-Seigneur et des douleurs de la très-Sainte Vierge; de plus, 100 jours d'indulgence chaque fois. (*Pie VII.* 1809.)

X.* Indulgence plénière, une fois par mois, pour réciter tous les jours le *Veni, Creator*, ou le *Veni, Sancte Spiritus* ; de plus, indulgence de 100 jours dans le cours de l'année, et de 300 jours dans l'octave de la Pentecôte.

XI.* Indulgence plénière pour communier, 1°. le jour de la fête du saint Nom de Jésus (*2e Dimanche de l'Epiphanie*) ; 2°. du saint Nom de Marie (*Dimanche dans l'octave de la Nativité de la très-Sainte Vierge*), dans les églises où l'on célèbre ces deux fêtes (*Innocent XIII.* 1722.) ; 3°. le jour de la fête du principal Patron du lieu où l'on se trouve (*Grégoire XIII.* 1580.); 4°. l'un des trois jours des prières de quarante-heures qui précèdent le Carême, quand le Saint-Sacrement est exposé (*Clément XIII.* 1785.) ; 5°. le jour des Morts, dans sa paroisse. (*Innocent XI.* 1679.)

XII. Indulgence plénière, six Dimanches de suite, à prendre dans le cours de l'année, pour celui qui, ces jours là, fera quelques prières ou méditations en l'honneur de Saint Louis de Gonzague. (*Benoît XIV.*)

XIII. * Indulgence plénière, une fois le mois, le jour de la fête de Sainte Brigitte, et à l'article de la mort, à ceux qui récitent tous les jours au moins cinq dizaines du chapelet dit de *Sainte Brigitte:* de plus, 100 jours d'indulgence à chaque *Pater*, *Ave*, *Credo*. (*Léon X*, 1515.)

(Pour gagner les Indulgences ci-dessus, il faut tenir son chapelet à la main, ou du moins le porter sur soi, quand on le récite. Si l'on est plusieurs ensemble, il suffit qu'un seul ait son chapelet à la main.

XIV. * Indulgence plénière, chaque fois que l'on fait les stations du Chemin de la Croix, muni d'un Crucifix indulgentié à cet effet, ou dans une église en laquelle il a été érigé. (*Benoît XIV.* 1742.)

Quand on a vu un chapelet, dit Brigittin, on doit le dire la première fois pour le Pape, la seconde fois pour l'Église, la troisième fois pour celui qui l'a indulgentié. On peut, en mourant, laisser son chapelet à un autre; et celui-ci gagne les indulgences, pourvu qu'il le récite les trois premières fois aux intentions dont nous venons de parler.

(Le Crucifix indulgentié pour le Chemin de la Croix, lorsqu'il y a une église où il est érigé, ne dispense d'aller faire les stations à l'église que dans le cas de maladie.)

XV. Indulgence plénière le premier Vendredi de chaque mois, une autre le jour que l'on voudra, une autre le jour de la fête du Sacré-Cœur, et à la mort, pour celui qui récitera tous les jours, *Pater*, *Ave*, et la prière: « *O Cor Jesus dulcissimum fac te magis ac magis diligam* : O Cœur de Jésus, le plus doux de tous les cœurs, faites que je vous aime de plus en plus. »

XVI. * Une indulgence plénière par mois, pour celui qui récite tous les jours, le matin, à midi et au soir, trois *Gloria Patri* en action de grâces des priviléges accordés à la Sainte Vierge, surtout dans son Assomption, et 100 jours chaque fois qu'on les récite.

XVII. * Une indulgence plénière pour celui qui, tous les jours, pendant le mois de Mai, fait une prière ou autre bonne œuvre en l'honneur de la Sainte Vierge, et 300 jours chaque fois.

XVIII. Cent jours chaque fois qu'on dit: *Benedicta sit sacra et immaculata Conceptio beatissimæ et gloriosissimæ semper Virginis Mariæ.*

XIX. Ceux qui portent ou conservent décemment chez eux des médailles, crucifix, chapelets, ou autres objets indulgentiés par le Saint Père, ou par un Prêtre qui en a reçu le pouvoir, peuvent gagner une Indulgence plénière aux fêtes ci-après, savoir: Noël, Epiphanie, Pâques, Ascension, Pentecôte, très-Sainte Trinité, Fête-Dieu, Purification, Annonciation, Assomption, Nativité de la très-Sainte Vierge; Saint Jean-Baptiste; SS. Apôtres Pierre et Paul, André, Jacques, Jean, Thomas, Philippe et Jacques, Barthélemy, Matthieu, Simon et Jude, Mathias; Saint Joseph, et la Toussaint.

Pour cela, il faut accomplir une des bonnes œuvres qui suivent, savoir: Réciter une fois chaque semaine, soit le Rosaire, ou du moins la troisième partie du Rosaire, soit le petit Office de la très-Sainte Vierge, soit l'Office des Morts, soit les sept Psaumes de la Pénitence, ou être dans l'habitude, soit de faire le Catéchisme, soit de visiter les prisonniers ou les malades dans leurs maisons ou à l'hôpital, soit d'assister les pauvres, ou être dans l'usage d'entendre la sainte Messe tous les jours, ou de la célébrer, si l'on est prêtre.

En accomplissant les mêmes exercices, on peut gagner, 1°. aux autres fêtes moins solennelles de Notre-Seigneur et de sa très-sainte Mère, 7 années et 7 quarantaines d'indulgence; 2°. aux jours des Dimanches ordinaires, 5 années et 5 quarantaines. (*Pie VII*. 1800.)

Il est un grand nombre d'indulgences, tant partielles que plénières, attachées à certaines Associations que les Souverains Pontifes se sont plu à enrichir de faveurs particulières; les plus recommandées sont les Confréries du Sacré-Cœur, du saint Scapulaire, du saint Rosaire, de Notre-Dame des Sept-Douleurs, de Notre-Dame Auxiliatrice, des Saints Anges.

D'ordinaire, il y a indulgence plénière, 1°. le jour où l'on entre dans ces pieuses Associations; 2°. le jour de la fête principale de la Confrérie; 3°. au moment de la mort.

(*On trouve le détail des autres Indulgences particulières, dans les petits livres qui traitent de chacune de ces dévotions.*)

Il y aurait de l'indiscrétion à vouloir gagner toutes les indulgences proposées à la piété des Fidèles; ce serait se surcharger de pratiques, et risquer souvent d'oublier l'essentiel de ses occupations Le mieux, c'est de se borner à un certain nombre, et d'être fidèle à accomplir ce qui est recommandé.

REMARQUES SUR LES INDULGENCES.

I. L'Indulgence, de sa nature, n'efface aucun péché : elle remet seulement la peine due au péché.

II. On peut gagner plusieurs indulgences partielles en un jour; mais on ne peut en gagner qu'une plénière le jour (1). L'indulgence plénière remet toute la peine; l'indulgence partielle n'en remet qu'une partie. — Ce serait se tromper que de croire qu'une indulgence limitée à un certain nombre d'années ou de jours, par exemple une indulgence de 7 ans et de 7 quarantaines (7 ans et 280 jours), abrège d'autant la durée des peines du Purgatoire. Cette formule veut dire seulement, qu'au moyen de l'indulgence que vous gagnerez, l'Eglise vous remet la peine que vous auriez encourue autrefois pour un péché qui aurait demandé 7 années et 7 quarantaines, c'est-à-dire, 7 ans et 7 carêmes de pénitence.

III. Vous seriez dans une illusion bien plus dangereuse, si vous vous imaginiez qu'au moyen des indulgences vous êtes dispensé de faire pénitence. En accordant ces sortes de faveurs, l'intention de l'Eglise n'est nullement d'arrêter les bonnes œuvres. « Faites de votre » côté, vous dit-elle, ce que vous pouvez pour payer vos dettes, je

---

(1) Il y a exception en faveur de l'Indulgence dite du *Chemin de la Croix*; quoique plénière, on peut la gagner plusieurs fois en un jour, même sans communier.

» vous fournirai ensuite ce qui vous manquera pour vous acquitter
» envers la justice divine. »

IV. Pour gagner une indulgence quelconque, il faut être en état de grâce, et ne pas conserver d'affection au péché.

V. Pour l'indulgence plénière ordinaire, il faut : 1°. se confesser (il suffit qu'on se soit confessé dans la huitaine; s'il y avait plus de huit jours qu'on se fût confessé, on ne pourrait participer à l'indulgence); 2°. communier le jour où l'on se propose de la gagner; 3°. le jour même de sa communion, réciter quelques prières ferventes pour les quatre fins suivantes, savoir : la paix entre les princes chrétiens; l'extinction des schismes et des hérésies; l'exaltation de la sainte Église Romaine; la propagation de la foi. On remplit ces quatre fins en se disant à soi-même : *Je vais prier selon les intentions de Notre Saint Père le Pape.* Cela suffit... Ces prières doivent durer autant de temps qu'on en mettrait à réciter cinq *Pater* et cinq *Ave;* le plus simple est de réciter effectivement ces cinq *Pater* et cinq *Ave.*

VI. Pour les indulgences plénières attachées à des stations, outre les œuvres ci-dessus mentionnées, il faut de plus visiter dévotement l'église ou l'oratoire désigné pour la station. D'ordinaire on a vingt-quatre heures pour faire cette visite, c'est-à-dire, depuis les premières Vêpres jusqu'au soleil couché du jour de la fête.

VII. A l'article de la mort, pour gagner l'indulgence plénière, il suffit d'invoquer avec foi et avec un sincère regret de ses péchés, sinon de bouche, du moins du fond du cœur, les très-saints Noms de Jésus et de Marie.

N. B. L'indulgence, à l'article de la mort, ne dispense pas de la confession: elle n'est que pour remettre la peine due aux péchés; elle suppose que les péchés mortels sont déjà effacés par l'absolution ou par la contrition parfaite.

VIII. Les indulgences attachées aux chapelets, médailles, crucifix, etc., ne sont que pour les personnes qui reçoivent en premier lieu ces objets de dévotion; elle se perdent quand les objets passent en d'autres mains. — Si vous donnez, ou seulement si vous prêtez votre chapelet à quelqu'un qui s'en servirait pour le réciter, il n'y aurait pas d'indulgence pour lui.

IX. Toutes les fois que vous vous proposerez de gagner une indulgence plénière, soit pour vous, soit pour les âmes du Purgatoire, ayez soin de diriger votre intention avant la communion.

X. Notre Saint Père le Pape a déclaré n'accorder jamais d'indulgences aux images, gravures, crucifix, médailles qui sont d'étain, de plomb, de fer, ou de verre, ou de toute autre matière fragile.

DÉVOTION AU SAINT-SACREMENT.

La visite et l'adoration de Notre-Seigneur Jésus-Christ dans le Saint-Sacrement de l'Autel, est une des plus saintes pratiques des Chrétiens. Pour la faire avec fruit, il faut considérer le Sauveur : 1°. Comme le Dieu tout-puissant et éternel, Créateur du ciel et de la terre, caché sous les espèces sacramentelles, pour servir de nourriture à nos âmes, et dont le fréquent usage est un puissant moyen pour nous sanctifier ; 2°. comme un juge redoutable, qui rend la justice dans la dernière équité, et dont les jugements seront terribles pour ceux qui ne seront point convertis ; 3°. comme un ami qui, n'ayant rien de plus cher ni de plus précieux que lui-même, se donne tout entier à nous pour gage de son amour ; 4°. comme un bienfaiteur, nous ayant créés à son image, conservés jusqu'à ce jour, préservés de mort subite et de tant d'autres accidents, et nous assistant encore tous les jours de ses grâces.

Renfermé dans nos tabernacles, ou exposé sur nos autels, ce divin Sauveur attend que nous venions lui rendre nos hommages, lui exposer tous nos besoins, implorer le secours de ses grâces. Nous devons donc le visiter souvent, l'adorer avec les sentiments de la foi la plus vive et du respect le plus profond, nous anéantir devant lui, dans la vue de son anéantissement ineffable ; immoler toutes nos passions à celui qui, s'étant immolé une fois pour notre salut, renouvelle encore, ou plutôt continue cette immolation d'une façon mystérieuse dans son Sacrement ; nous sacrifier comme une hostie vivante et raisonnable à cette Hostie vivifiante et divine ; laver les taches de notre âme dans le sang de cet Agneau, en le mêlant avec les larmes d'un cœur vraiment contrit et humilié ; enfin rendre nos hommages, nos louanges et nos actions de grâces à ce Rédempteur et à ce Pontife éternel, qui exerce encore tous les jours dans l'Eucharistie les fonctions de son divin Sacerdoce, et l'œuvre de notre rédemption.

Vers le temps de la bénédiction, adorons Jésus-Christ comme notre juge, qui, à l'instant de notre mort, examinera nos actions, et décidera de notre éternité. Craignons la lumière et la sévérité de ce Juge ; mais à la vue de ses travaux, de ses douleurs, de sa mort, de ses satisfactions, de ses mérites et de son amour pour nous, entrons dans une confiance filiale et amoureuse, espérant qu'en même temps que nous recevrons la bénédiction extérieure, il nous bénira intérieurement par une abondante infusion de son esprit et de sa grâce.

Il est bon d'accompagner autant qu'on le peut le Saint-Sacrement, lorsqu'on le porte aux malades, ou dans les processions ; de ne passer jamais devant une église sans le saluer, et de répéter souvent ces paroles : Loué et adoré soit a jamais le Très-Saint-Sacrement de l'autel. Si on les dit en commun, on répondra : A jamais.

PRIÈRE DEVANT LE SAINT-SACREMENT.

Mon Seigneur et mon Dieu, Jésus, Dieu et homme tout ensemble, je crois ce que je ne vois pas, et je captive mes sens et ma raison sous le joug de votre foi et de votre parole; je crois que l'Auguste Mystère devant lequel je me prosterne, vous contient tout entier, et que vous y êtes réellement présent: je vous y adore en esprit et en vérité; je vous aime de toute l'étendue de mon cœur, et l'amour que je vous dois se renouvelle et s'augmente en moi toutes les fois que je viens ici méditer l'amour que vous nous témoignez dans ce Sacrement, où vous faites vos délices d'être avec les enfants des hommes, et de les nourrir de votre propre substance.

AUTRE PRIÈRE.

Que vos tabernacles sont aimables! Qu'il est à désirer d'être dans votre sainte maison! Qu'il est doux de se présenter devant vos autels, ô Seigneur tout-puissant, mon Roi et mon Dieu. Est-il possible qu'un Dieu veuille habiter avec les hommes? Vos Prophètes parlaient ainsi d'un sanctuaire, qui ne contenait que la figure de ce que nous possédons sur nos autels; ils venaient à votre saint temple pleins de respect et de confiance; ils y épanchaient leur cœur devant vous: ils vous y parlaient avec une sainte familiarité; ils vous y offraient leurs besoins et leurs afflictions, et vous les écoutiez, vous les exauciez. Je suis devant le sanctuaire véritable, devant le tabernacle vivant, qui n'a point été dressé par la main des hommes, mais que Dieu lui-même a formé; je gémis d'y paraître avec si peu de foi. Seigneur, aidez mon incrédulité: donnez-moi cette sainte frayeur sans laquelle il ne faut pas paraître devant vous. J'admire avec Saint Jean, votre précurseur, l'humilité et la bonté qui vous portent à venir à moi; je me reconnais indigne de délier le cordon de vos souliers; je vous adore avec la foi de ce père qui vous demandait la guérison de son fils; je me prosterne à vos pieds comme cette femme cananéenne dans le sentiment de mon indignité et de ma bassesse, jusqu'à ce que vous ayez délivré mon âme du démon qui la tourmente.

Je me joins à ces Anges, et aux saints vieillards qui environnent le trône où vous paraissez comme l'agneau immolé. Je me prosterne devant vous et je chante avec eux le cantique nouveau de bénédictions et de louanges qu'ils chanteront dans les siècles des siècles.

AUTRE PRIÈRE.

Je vous regarde, mon Sauveur, dans cet ineffable mystère comme un docteur céleste qui enseigne admirablement toutes les vérités dont vous voulez instruire votre Eglise. C'est là que votre Père nous commande de vous écouter avec une humble docilité, et de ne plus écouter que vous; c'est là où vous vous proposez comme le modèle parfait et achevé d'une vie vraiment chrétienne. Vous y êtes invisible à nos yeux, et votre présence sur nos autels n'empêche point que vous ne soyez dans le sein de Dieu, pour nous apprendre à mener une vie caché, à fuir le commerce du monde et à aimer la retraite et la solitude. Vous y êtes dans un état d'adoration et d'application continuelle à votre Père, ne parlant aux hommes que par votre silence, et pour leur dire que leur conversation doit être dans le ciel, puisqu'où est leur trésor, là doit être leur cœur. Vous y êtes dans un abaissement et un anéantissement plus profond que vous n'étiez autrefois dans la crèche et sur la croix; et cette prodigieuse humilité est une voix qui crie plus puissamment que toutes les paroles, que pour vous être agréable, il faut aimer comme vous sa propre abjection, et désirer d'être inconnu et méprisé sur la terre. En un mot, mon Seigneur, tout ce que vous faites paraître de charité, de soumission, de douceur, de patience dans cet auguste Sacrement, nous prêche admirablement l'imitation de ces saintes vertus; et nous oblige indispensablement à mettre toute notre piété, à exprimer fidèlement en nous-mêmes ce que nous reconnaissons et adorons en vous.

LITANIES DU SAINT-SACREMENT.

SEIGNEUR, ayez pitié de nous.
Christ, ayez pitié de nous.
Seigneur, ayez pitié de nous.
Christ, écoutez-nous.
Christ, exaucez-nous.
Dieu le Père du ciel, ayez pitié de nous.
Dieu le Fils, Rédempteur du monde,
Dieu le Saint-Esprit,
Sainte Trinité, qui êtes un seul Dieu,
Pain vivant, descendu du ciel,
Dieu caché, Dieu Sauveur,
Froment des élus,
Vin admirable, qui produisez dans nos cœurs l'amour de la pureté,
Pain excellent, faisant les délices des rois,
Sacrifice éternel,
Oblation pure,
Agneau sans tache,
Table sainte,
Nourriture des Anges,
Manne cachée,
Monument des merveilles du Très Haut,
Pain au-dessus de toute substance,
Verbe fait chair, qui habitez parmi nous,
Hostie sainte et immaculée, offerte pour le salut des pécheurs,
Calice de bénédiction,
Mystère de foi,
Auguste et vénérable Sacrement,
Le plus saint de tous les sacrifices,
Sacrifice vraiment propitiatoire pour les vivants et les morts,
Antidote céleste contre le péché,
Le plus merveilleux de tous les miracles,
Souvenir précieux de la Passion du Seigneur,
Le plus parfait de tous les dons,
Témoignage touchant de l'amour divin,
Torrent des libéralités divines,
Très-saint et très-auguste mystère,
Remède qui nous assure l'immortalité,
Sacrement redoutable et vivifiant,
Pain merveilleux, devenu chair,

Ayez pitié de nous.

Dévotion au Saint-Sacrement.

par la toute-puissance de notre Dieu,
Sacrifice non-sanglant,
Délicieux banquet servi par les Anges,
Sacrement d'amour,
Lien de charité,
Prêtre et victime,
Source de douceur spirituelle,
Aliment des âmes saintes,
Viatique de ceux qui meurent dans le Seigneur,
Gage assuré de la gloire future,

Ayez pitié de nous.

Soyez-nous propice, pardonnez-nous, Seigneur,
Soyez-nous propice, exaucez-nous, Seigneur,
De la communion indigne, délivrez-nous, Seigneur.
De la communion tiède,
De la concupiscence de la chair,
De la concupiscence des yeux,
De l'orgueil de la vie,
De toute occasion de pécher,
Par le désir ardent que vous eûtes de célébrer la dernière Pâques avec vos Disciples,
Par la profonde humilité qui vous fit laver les pieds de vos Disciples,
Par l'ardente charité qui vous fit instituer ce divin Sacrement,
Par votre sang précieux que vous nous avez laissé sur l'autel,
Par les cinq plaies que vous avez daigné recevoir pour nous sur votre corps sacré,
Par votre sacré Cœur percé d'une lance,

Délivrez-nous, Seigneur.

Tout pécheurs que nous sommes, nous vous prions, écoutez-nous.
Que vous daigniez conserver et augmenter de plus en plus notre foi, notre respect et notre dévotion envers cet admirable Sacrement,
Que vous daigniez nous conduire par la confession humble et sincère de nos péchés, au fréquent usage de la sainte Eucharistie,
Que vous daigniez nous délivrer de toute hérésie, perfidie et aveuglement de cœur,
Que vous daigniez nous accorder les fruits précieux et célestes que ce très-saint Sacrement doit produire en nous,
Que vous daigniez nous fortifier à l'heure de notre mort, de ce viatique céleste,

Nous vous prions, écoutez-nous.

Fils de Dieu, nous vous prions, écoutez-nous.
Agneau de Dieu, qui effacez les péchés du monde, pardonnez-nous, Seigneur.
Agneau de Dieu, qui effacez les péchés du monde, exaucez-nous, Seigneur.
Agneau de Dieu, qui effacez les péchés du monde, ayez pitié de nous, Seigneur.
Jésus, écoutez-nous: Jésus, exaucez-nous.

℣. Que le très-saint et très-auguste Sacrement de l'autel soit loué :

℟. Dans tous les siècles des siècles. Ainsi soit-il.

ORAISON.

O Dieu, qui nous avez laissé un souvenir continuel de votre passion dans le Sacrement admirable de l'Eucharistie ; faites-nous la grâce de révérer de telle sorte ces augustes mystères de votre corps et de votre sang, que nous méritions de jouir à jamais des fruits de votre rédemption ; vous qui étant Dieu, vivez et régnez dans tous les siècles des siècles. Ainsi soit-il.

AMENDE HONORABLE AU SAINT-SACREMENT.

Adorable Jésus, Fils unique du Père Éternel, Dieu caché sous les apparences du pain, Dieu insulté jusque dans le Sacrement de votre amour, Dieu outragé par l'infidélité, par l'ingratitude, par les irrévérences, l'oubli, les contradictions des hommes; nous venons, Seigneur, implorer sur nous la multitude de vos miséricordes infinies. Était-ce donc là ce que vous deviez attendre de notre reconnaissance? Non content d'être mort pour les hommes sur une croix, et d'y avoir répandu jusqu'à la dernière goutte de votre sang pour notre sanctification; vous vous immolez encore mille fois tous les jours sur nos autels : vous nous donnez votre corps à manger, votre sang à boire dans ce sacré banquet, vous y devenez notre nourriture et notre pain de chaque jour; vous restez dans nos tabernacles, pour y être à jamais notre victime, notre médecin, notre maître, notre médiateur. C'est ainsi que vous avez aimé le monde. Mais, hélas! que d'ingratitudes de notre part! O Dieu, que les Anges adorent nuit et jour, à combien d'outrages votre Sacrement ne vous expose-t-il pas continuellement parmi nous? Amende honorable vous soit faite, grand Dieu! Roi des siècles, Dieu immortel, à qui seul appartient tout honneur et toute gloire! Amende honorable vous soit faite en ce moment par tout ce qu'il y a de créatures intelligentes dans les cieux des cieux, et dans toutes les contrées de la terre. Amende honorable et réparation solennelle vous soit faite, pour tout l'honneur dont vous ont privé depuis l'institution de cet auguste mystère, et dont vous privent encore l'ignorance des idolâtres, l'opiniâtreté des hérétiques, les railleries des libertins et les profanations des pécheurs. Pardon, Seigneur Jésus, pardon pour tant d'horribles sacriléges. Nous croyons en vous; nous vous croyons sur votre parole. Nous vous adorons, vrai Dieu et vrai homme réellement présent sous les espèces du pain et du vin. Nous publions les merveilles de votre puissance et les prodiges de votre amour. Nous nous engageons à vous rendre plus souvent nos hommages dans votre saint temple. Nous aurons soin de purifier nos cœurs, et de les orner des vertus qui vous sont les plus agréables, toutes les fois que nous nous disposerons à manger cette chair sacrée, l'aliment de nos âmes, et le gage de notre immortalité. Pardon, Seigneur. Que ne nous est-il permis de réparer votre gloire par l'effusion de notre sang! ou au moins, nous vous aimerons de tout notre cœur; c'est ce que nous vous demandons humblement et respectueusement avec votre sainte bénédiction. Ainsi soit-il.

LOUÉ ET ADORÉ SOIT A JAMAIS LE TRÈS-SAINT ET TRÈS-AUGUSTE SACREMENT DE L'AUTEL. ℟. A JAMAIS.

DÉVOTION AU SACRÉ CŒUR DE JÉSUS.

Vous proposer la dévotion au sacré Cœur de Jésus, c'est vous proposer la dévotion la plus touchante, et en même temps la plus solide, la plus agréable au Ciel, la plus utile aux hommes; c'est vous faire connaître une dévotion qui fait les délices de toutes les âmes vraiment pieuses, la plus douce consolation des cœurs affligés, et qui est la source de toutes les vertus, en un mot, la perfection de notre sainte Religion. Car *Dieu est amour*, dit l'Apôtre Saint Jean, disciple bien-aimé du cœur de Jésus: *Deus caritas est*, et, ajoute Saint Augustin, son culte n'est qu'amour: *nec colitur ille nisi amando*. Or, que trouvez-vous dans la dévotion au sacré Cœur de Jésus? Amour, et amour le plus pur...

Son objet *matériel* et sensible, c'est le Cœur de l'Homme-Dieu, fournaise d'amour; ce Cœur dont les mouvements n'ont eu et n'ont encore pour objet que notre bonheur; ce même Cœur qui, dans le jardin des Oliviers, a souffert une si cruelle agonie, et sur la croix a été percé d'une lance, afin de verser jusqu'à la dernière goutte de ce sang précieux qui a été le prix de notre rédemption.

Son objet *spirituel*, c'est l'amour même dont ce divin Cœur est embrasé pour les hommes: amour qui l'a porté à se donner tout entier à nous dans les adorables mystères de son Incarnation, de sa Passion et de l'Eucharistie: amour méconnu, outragé, payé de la plus noire ingratitude, et pendant la vie mortelle de ce divin Sauveur, et tous les jours encore dans le Sacrement de nos autels.

La fin de cette dévotion, c'est de dédommager ce divin Cœur de toutes les froideurs, insensibilités, irrévérences, profanations et sacrilèges auxquels il est en butte: 1°. en lui payant un tribut d'hommages d'expiation; 2°. en lui rendant amour pour amour; 3°. surtout en imitant les vertus dont il est le modèle et la source. *Apprenez de moi*, nous dit-il, *que je suis doux et humble de cœur*. Et c'est ce dernier caractère qui rend cette aimable dévotion si sanctifiante et si pratique; c'est là ce qui me fait reconnaître en elle ce que Saint Augustin appelle la perfection et l'essentiel de notre piété, je veux dire l'imitation de ce que nous honorons: *Summa Religionis, imitari quod colimus*. Dans les autres dévotions, quelque saintes qu'elles soient; il n'est que trop ordinaire et trop aisé de se borner aux pratiques extérieures; mais dans celle-ci tout va droit à la réforme du cœur et des mœurs: c'est un miroir qu'on nous présente sans cesse; et si nous ne sommes pas tels que nous devons être, il faut que nous nous conformions à ce divin Modèle, ou que nous abandonnions une dévotion incompatible avec le péché et la tiédeur.

Pour vous déterminer à l'embrasser, je ne vous parlerai pas des bénédictions extraordinaires que Dieu répand dans tous les lieux où elle est en vigueur, des grâces sensibles qu'il accorde aux villes, aux paroisses, aux familles où le Cœur de Jésus est honoré; je ne vous dirai rien des contradictions que cette dévotion a éprouvées, contradictions qui font son plus bel éloge, puisqu'elles ne lui ont été suscitées que par une classe d'hommes qu'on peut bien appeler *les pharisiens de la nouvelle loi*, eux qui voudraient effacer de l'Evangile tous les traits de douceur, de miséricorde, de bonté que *notre bon Maître a tiré du bon trésor de son Cœur*, selon sa propre expression : *Bonus homo de bono thesauro Cordis sui profert bonum* (S. Luc, 6); je vous dirai seulement que la dévotion du Sacré-Cœur est devenue comme l'aliment nécessaire de la ferveur; que sans elle, la piété s'éteint et devient toute de glace; je vous dirai qu'on doit la regarder comme le plus précieux moyen de salut réservé par la Providence pour les derniers temps; qu'elle a été pour le Roi martyr la plus douce consolation, au jour de ses étranges douleurs, et que son vœu le plus ardent eût été de la voir établie dans tous les lieux de ses états; que lui-même, par un acte authentique, a dévoué sa personne, sa famille, son royaume au divin Cœur de Jésus.

Voici comme parle de cette dévotion la sainte Ame dont Dieu s'est servi pour en procurer l'établissement :

« Que ne puis-je raconter tout ce que je sais de cette admirable
» dévotion, et découvrir à toute la terre les trésors de grâce que
» Jésus-Christ renferme dans son Cœur adorable, et qu'il a dessein
» de répandre avec profusion sur ceux qui la pratiqueront! oui, je
» le dis en assurance, si l'on savait combien Jésus-Christ agrée cette
» dévotion, il n'est pas un chrétien qui ne la pratiquât d'abord. Mon
» divin Sauveur m'a fait entendre que ceux qui travaillent au salut
» des âmes, auront l'art de toucher les cœurs les plus endurcis, et
» travailleront avec un succès merveilleux, s'ils sont pénétrés d'une
» tendre dévotion envers son divin Cœur. Pour les personnes sécu-
» lières, elles trouveront, par ce moyen, tous les secours néces-
» saires à leur état, c'est-à-dire, la paix dans leurs familles, le sou-
» lagement dans leurs travaux, la bénédiction du Ciel dans toutes
» leurs entreprises, la consolation dans leur misère; et c'est pro-
» prement dans ce sacré Cœur qu'elles trouveront un lieu de refuge
» pendant leur vie, et principalement à l'heure de leur mort. Ah !
» qu'il est doux de mourir après avoir eu une tendre et constante
» dévotion au sacré Cœur de celui qui doit nous juger ! »

D'après tous ces motifs et beaucoup d'autres que j'omets de crainte d'être trop long, il me semble qu'un bon chrétien ne saurait négliger la dévotion au sacré Cœur.

Je crois donc vous faire plaisir en vous proposant quelques pratiques en l'honneur du sacré Cœur; vous pourrez choisir celles qui vous accommoderont davantage.

1°. Commencez par vous consacrer au sacré Cœur de Jésus et à celui de sa très-sainte Mère : ce que vous ferez par une communion fervente, dans laquelle vous direz à notre divin Maître: « Seigneur,
» je me donne à votre Cœur adorable et au Cœur immaculé de votre
» très-Sainte Mère, de la même manière que vous vous donnez à
» moi dans l'Eucharistie. Ainsi soit-il. »

2°. Renouvelez cette consécration de temps en temps, chaque fois au moins que vous aurez le bonheur d'entendre la sainte Messe.

3°. Accoutumez-vous à former, à neuf heures du matin et à quatre heures du soir, quelques élévations de cœur, comme celles indiquées page 16 de ce Recueil... Vous ne sauriez croire combien cette pratique est salutaire : elle est d'ailleurs si peu gênante !...

4°. Ne pourriez-vous pas vous faire recevoir dans une des associations instituées en l'honneur de ce divin Cœur, et enrichies d'une foule d'indulgences par Notre Saint Père le Pape? La plus riche est celle de Sainte-Marie *in capella* de Rome.

5°. Ce que vous pourrez faire de mieux, ce sera de vous mettre en état d'approcher de la sainte Table, les premiers vendredis de chaque mois, en réparation des outrages faits à notre divin Sauveur. Si vous ne pouvez avoir ce bonheur, n'oubliez pas de communier au moins spirituellement, et tâchez de trouver quelques instants dans la journée, pour répéter, soit à l'église, soit en votre particulier, l'acte de consécration ou l'amende honorable qui suivent, ou toute autre que vous trouverez dans les livres.

ACTE DE CONSÉCRATION AU SACRÉ CŒUR DE JÉSUS.

O Cœur adorable de Jésus, le plus tendre, le plus aimable, le plus généreux de tous les cœurs; pénétré de reconnaissance à la vue de vos bienfaits, je viens me consacrer à vous sans réserve et sans retour. Je veux m'employer de toutes mes forces à propager votre culte, et à vous gagner, s'il se peut, tous les cœurs. Recevez aujourd'hui le mien, ô Jésus, ou plutôt prenez-le vous-même; changez-le, purifiez-le, pour le rendre plus digne de vous ; rendez-le humble, doux, patient, fidèle et généreux comme le vôtre, en l'embrasant de tous les feux de votre amour. Cachez-le dans votre divin Cœur, avec tous les cœurs qui vous aiment et qui vous sont consacrés, et ne permettez pas que je le reprenne jamais. Ah! plutôt mourir que de jamais offenser ou contrister votre Cœur adorable. Oui, Cœur de Jésus, toujours vous aimer, vous honorer, vous servir; toujours être tout à vous ; c'est le vœu de mon cœur, à la vie, à la mort, et dans l'éternité. Ainsi soit-il.

AMENDE HONORABLE AU SACRÉ CŒUR DE JÉSUS.

Divin Jésus, Sauveur de tous les hommes, voici des criminels humblement prosternés devant vous et pénétrés de la plus amère douleur au souvenir des horribles outrages que vous avez reçus et que vous ne cessez de recevoir tous les jours. Agréez que, par la sincérité de vos hommages, nous réparions, autant qu'il est en nous, tant d'excès et tant d'ingratitudes dont nous nous reconnaissons coupables envers votre adorable Cœur.

Cœur de Jésus, Cœur le plus saint et le plus tendre de tous les cœurs, que n'avez-vous pas fait pour être aimé des hommes? Pour eux, ô Dieu Sauveur, vous vous êtes dépouillé de tout l'éclat de votre majesté; pour eux, vous vous êtes fait petit enfant dans une crèche, simple artisan dans un atelier; pour eux, vous avez tout quitté, tout sacrifié, tout immolé; pour eux, vous vous êtes laissé déchirer de coups, couronner d'épines et clouer sur un gibet; pour eux enfin, vous avez versé jusqu'à la dernière goutte de votre sang.

De tels prodiges d'amour n'ont pu suffire à une charité plus forte que la mort. Par un dernier effort de votre toute-puissance et une nouvelle invention de votre tendresse, vous avez trouvé le secret de retourner vers votre Père, sans cesser d'habiter parmi nous, afin d'être jusqu'à la consommation des siècles, notre consolation, notre défense, notre lumière et notre nourriture dans le désert de cette vie.

Tout Dieu que vous êtes, que pourriez-vous faire de plus?

Et nous, qu'avons-nous fait pour répondre à tant d'amour? *O cieux, soyez saisis d'étonnement... Puissances du ciel, frémissez d'horreur.* Au lieu de rendre amour pour amour à celui qui nous a tant aimés, nous n'avons cessé de multiplier nos révoltes contre lui.

Pour tout autre bienfaiteur, et pour des services infiniment moindres, nous nous serions piqués de reconnaissance; mais envers vous, divin Sauveur, on dirait que nous nous faisons une gloire d'être ingrats, et de ne payer vos bienfaits que par des excès de malice presque aussi incroyables que les excès de votre charité.

Pardon souverain Monarque de l'univers, pardon de tous les attentats commis contre votre Majesté suprême. Que ne pouvons-nous laver de nos larmes les lieux où vous avez été si indignement outragé.

Pardon, Roi immortel des siècles, pardon de toutes les insultes dont tant d'impies et de libertins se rendent tous les jours coupables en venant vous braver jusqu'aux pieds de vos tabernacles.

Pardon, Dieu de sainteté, pardon de tant de profanations, de tant de communions sacrilèges, dignes de l'horreur et de l'exécration de tous les siècles?

Pardon, ô divin Pasteur, qui ne savez qu'aimer et souffrir, pardon pour tant d'amertumes dont nous abreuvons sans cesse votre divin Cœur, par nos froideurs, nos communions tièdes, notre vie sensuelle et immortifiée.

Venez, âmes fidèles, qui gémissez sur les prévarications d'Israël, prosternons-nous devant le trône de miséricorde; pleurons ensemble sur les plaies que nous avons faites au Cœur de Jésus, et ne nous consolons jamais d'avoir tant de fois déchiré un Cœur si tendre et si aimable.

O Jésus, ô Agneau de Dieu, qui effacez les péchés du monde, oubliez nos ingratitudes, oubliez toutes nos iniquités; laissez encore une fois la voix de votre sang parler en notre faveur: elle criera plus haut que la voix de nos crimes.

S'il faut des victimes à votre Père éternel, présentez-lui celles que vous voyez prosternées à vos pieds. Avec nos cœurs, que n'avons-nous ceux de tous les hommes, et en particulier de tous les habitants de ce royaume, pour les offrir et les immoler à votre amour!

Puisse, ô Jésus, ce désir de vos serviteurs, détourner la colère divine si justement appesantie sur nous; nous réconcilier avec le Ciel par un parfait retour à la Religion, et, un jour, nous ouvrir les portes du Paradis, pour y régner éternellement. Ainsi soit-il.

AMENDE HONORABLE

EN RÉPARATION DES OUTRAGES FAITS A LA MAJESTÉ DIVINE PAR LE BLASPHÈME,
ET LA PROFANATION DU DIMANCHE.

Dieu éternel et tout-puissant, me voici humblement prosterné devant votre souveraine Majesté, pour lui faire amende honorable de tous les blasphèmes, de toutes les paroles impies par lesquelles votre très-saint Nom est indignement outragé.

Il est un autre attentat non moins digne de nos larmes et de nos expiations : c'est le mépris que les Catholiques font des jours qui vous sont consacrés. Le plus grand nombre, adorateurs passionnés de l'argent et des plaisirs, n'ont plus ni temps pour votre culte, ni goût pour vos solennités. Pardon, Seigneur, de l'audace sacrilège avec laquelle ils se livrent à des travaux que vous défendez, et qu'ils ne suspendent souvent que pour s'abandonner à des désordres plus criminels encore.

En expiation de tous les outrages faits à votre adorable Nom, de toutes les profanations du saint jour du Dimanche, je vous offre toutes les bonnes œuvres des justes qui sont sur la terre, toutes les louanges que vous recevez de toute la cour céleste, toute la gloire qui vous revient des saints sacrifices qui ont été célébrés et qui le seront jusqu'à la consommation des siècles, en quelque lieu du monde que ce soit ; mais surtout les adorations que vous recevez sans cesse des Sacrés-Cœurs de Jésus et de Marie, à qui soient à jamais honneur et gloire dans tous les siècles des siècles. Ainsi soit-il.

LITANIES DU SACRÉ-CŒUR DE JÉSUS.

Kyrie, eléison.
Christe, eléison.
Kýrie, eléison.
Christe, audi nos.
Christe, exáudi nos.
Pater de cœlis, Deus, *miserére nobis.*
Fili Redémptor mundi, Deus,
Spíritus Sancte, Deus,
Sancta Trínitas, unus Deus,
Cor Jesu, Verbo Dei substantiáliter unitum,
Cor Jesu, Divinitátis sanctuárium,
Cor Jesu, sanctæ Trinitátis templum,
Cor Jesu, sapiéntiæ abýssus,
Cor Jesu, bonitátis oceánus,

Miserére nobis.

Cor Jesu, misericórdiæ thronus, *miserére nobis.*
Cor Jesu, thesáurus nunquàm deficiens,
Cor Jesu, de cujus plenitúdine omnes nos accepimus,
Cor Jesu, pax et reconciliátio nostra,
Cor Jesu, virtútum ómnium exémplar,
Cor Jesu, infinitè amans, et infinitè amándum,
Cor Jesu, fons aquæ saliéntis in vitam ætérnam,
Cor Jesu, in quo sibi Pater benè complácuit,
Cor Jesu, propitiátio pro peccátis nostris,

Miserére nobis. — Miserére nobis.

Cor Jesu, propter nos amaritúdine replétum,
Cor Jesu, usque ad mortem in horto tristíssimum,
Cor Jesu, oppróbriis saturátum,
Cor Jesu, amóre vulnerátum,
Cor Jesu, lánceâ perforátum,
Cor Jesu, in cruce sánguine exháustum
Cor Jesu attritum, propter scélera nostra,
Cor Jesu, etiámnùm ab ingrátis homínibus in sanctíssimo amóris Sacraménto dilacerátum,
Cor Jesu, refúgium peccatórum,
Cor Jesu, fortitúdo debílium,
Cor Jesu, consolátio afflictórum,
Cor Jesu, perseverántia justórum, *Miserere nobis.*

Cor Jesu, salus in te sperántium,
Cor Jesu, spes in te moriéntium,
Cor Jesu, cultórum tuórum dulce præsídium,
Cor Jesu, delíciæ Sanctórum ómnium,
Cor Jesu, adjútor noster in tribulatiónibus quæ invenérunt nos nimis, *Miserere nobis.*

Agnus Dei, qui tollis peccáta mundi, parce nobis, Jesu.
Agnus Dei, qui tollis peccáta mundi, exáudi nos, Jesu.
Agnus Dei, qui tollis peccáta mundi, miserére nobis, Jesu.
Christe, audi nos.
Christe, exáudi nos.
℣. Jesu mitis et húmilis corde;
℞. Fac cor nostrum secúndùm Cor tuum.

ORÉMUS.

Domine Jesu, qui ineffábiles Cordis tui divítias Ecclésiæ tuæ novo benefício aperíre dignátus es; concéde, ut hujus sacratíssimi Cordis amóri respondére, et injúrias eidem afflictíssimo Cordi ab ingrátis homínibus illátas, dignis obséquis compensáre valeámus; Qui vivis et regnas Deus; per ómnia sǽcula sæculórum. Amen.

CHEMIN DE LA CROIX.

On appelle ainsi un exercice de piété, qui consiste à suivre en esprit, par la méditation et la prière, notre divin Sauveur dans le douloureux chemin qu'il a parcouru en allant au Calvaire chargé de sa Croix. On compte quatorze Stations depuis sa condamnation jusqu'à sa sépulture.

Si l'on vous dit que cette sainte pratique, établie dans les familles, dans des paroisses, les a changées de face en peu de temps, en convertissant les pécheurs, en inspirant de la ferveur aux justes; n'en soyez pas étonnés. Vous savez que la Passion est le grand mystère de notre sainte Religion, que le Calvaire est la grande source des grâces, et le Crucifix le grand livre des Chrétiens. Le Chemin de la Croix était l'exercice presque continuel du vénérable Benoît-Joseph Labre, et c'est le Chemin de la Croix qui l'a élevé à une éminente sainteté. Un illustre missionnaire de ces derniers temps, le bienheureux Léonard de Port-Maurice, avait remarqué, dans ses courses évangéliques, une différence incroyable entre les paroisses où l'on faisait le Chemin de la Croix, et celle où il n'était pas en usage.

Quelle dévotion n'auriez-vous pas si vous pouviez visiter, avec les pélerins de la Terre-Sainte, ces lieux vénérables où s'est opérée notre Rédemption, et que Notre-Seigneur a sanctifiés par ses souffrances et arrosés de son sang ! Dans l'impossibilité où vous êtes de vous y transporter, notre Mère la sainte Eglise vient à votre secours. Elle vous invite à faire en esprit ce saint pélerinage, en vous accordant les mêmes indulgences qu'à ceux qui le font réellement.

Il vous suffit pour cela de réfléchir et de prier quelque temps, à chacune des stations indiquées ci-après, en tenant à la main un Crucifix indulgentié à cette fin. Le Crucifix n'est pas même nécessaire où le Chemin de la Croix est solennellement érigé. Comme ce saint exercice est une image du pélerinage réel du Calvaire, il est recommandé, pour gagner les indulgences, de se lever après chaque station, pour se remettre à genoux dans une autre place, à moins cependant qu'on ne puisse pas le faire pour cause d'infirmité.

Si vous n'avez pas le petit livre imprimé pour cette dévotion, vous pourrez vous contenter des prières et des sujets de méditation qui suivent.

On commence chaque Station par cette prière :

℣. Adorámus te, Christe, et benedicimus tibi ;
℟. Quia per sanctam Crucem tuam redemisti mundum.

On la termine ainsi : Pater... — Ave... — Glória Patri...
℣. Miserére nostrî, Dómine. ℟. Miserére nostrî.
℣. Fidélium ánimæ per misericórdiam Dei requiéscant in pace.
℟. Amen.

I. Station. — Jésus-Christ est condamné à mort.

Pilate est assis sur un tribunal, et le Fils de Dieu est à ses pieds en qualité de criminel ! Un mortel, un pécheur sur un trône ! l'innocence même, le Saint des Saints, un Dieu, à ses pieds ! Quel renversement ! O péché, voilà ton ouvrage !

II. Station. — Jésus est chargé de sa Croix.

Elle est appesantie par toutes les iniquités du monde, par toutes les miennes ; cependant Jésus tout déchiré, tout épuisé, la reçoit avec une sainte joie pour mon salut ; et moi je ne veux rien souffrir !

III. Station. — Jésus tombe sous le poids de sa Croix.

Quel triomphe pour les ennemis de Jésus ! quels blasphèmes en le voyant tomber ! Et moi, combien de fois ai-je déshonoré la piété, réjoui les méchants, par mes chutes et mes scandales ! Fortifiez mes pas, ô mon Jésus, dans la voie de vos commandements.

IV. Station. — Jésus rencontre sa très-sainte Mère.

Quel martyre, lorsque leurs yeux se rencontrèrent ? Le Fils et la Mère ont offert pour moi ce sacrifice si douloureux ; et je ne voudrais pas aimer les Sacrés-Cœurs de Jésus et de Marie !

V. Station. — Simon le Cyrénéen aide Jésus à porter sa Croix.

Si notre Saint Père le Pape m'envoyait une relique de la vraie Croix, je serais transporté d'allégresse. Quand il m'arrive une affliction, c'est Jésus lui-même qui me donne une partie de sa Croix. Combien de fois l'ai-je rejetée ou portée en murmurant?

VI. Station. — Une femme pieuse essuie la face de Jésus

Quel courage de la part de cette sainte femme! comme elle foule aux pieds le respect humain! Mais aussi quelle belle récompense pour sa foi! les traits divins de Notre-Seigneur restent imprimés sur le voile dont elle l'essuya. Contemple cette sainte face, ô mon âme; voilà le miroir des Chrétiens!

VII. Station. — Jésus tombe à terre une deuxième fois.

A cette nouvelle chute, de nouveaux outrages, de nouvelles moqueries. Ah! je le vois, Jésus est insatiable d'opprobres; et tant d'humiliations ne suffisent pas pour guérir mon orgueil!

VIII. Station. — Jésus console les filles de Jérusalem.

Ne pleurez pas sur moi, dites-vous, ô mon Jésus. Y a-t-il donc un mal plus déplorable que vos maux? Ah! je vous entends, c'est le péché qui est le plus grand de tous les maux, et cependant je le commets si aisément! je m'en confesse si froidement! j'y retombe si promptement! O mon Dieu, éclairez-moi, et touchez mon cœur.

IX. Station. — Jésus tombe pour la troisième fois.

Pourquoi tant de chutes, ô mon Jésus, puisque vous êtes la force de Dieu? — mon enfant, n'es-tu tombé que trois fois?... Je tombe, pour l'apprendre et pour t'aider à te relever de tes chutes, avec douleur de ton péché, mais sans découragement, et toujours avec confiance en moi.

X. Station. — Jésus est dépouillé de ses vêtements.

A quoi pensiez-vous, mon Jésus, quand on vous arrachait vos vêtements avec les lambeaux de votre chair? — Mon enfant, j'offrais tout à mon Père pour toi, parce que je pensais que tu aurais un jour bien de la peine à te détacher de cet objet, de cette occasion de péché, de cette habitude qui te tyrannise... Ta force est dans mes souffrances.

XI. Station. — Jésus est attaché à la Croix.

Entends-tu, mon âme, les coups de marteau? mets ta main à la place de celle de Jésus. Cette idée me fait frémir, et cependant c'est moi qui suis le coupable. Maudit péché, plutôt mourir que de te commettre de nouveau!

XII. Station. — Jésus meurt sur la Croix.

Il a les pieds attachés, c'est pour m'attendre; les bras étendus, c'est pour m'embrasser; la tête penchée, c'est pour me donner le baiser de réconciliation; le cœur ouvert, c'est pour me recevoir. O Jésus, quand est-ce que je vous aimerai comme vous m'avez aimé?

XIII. Station. — *Jésus est descendu de la Croix et remis à sa Sainte Mère.*

O Marie, Mère de douleur, permettez-moi d'approcher. — Viens, mon enfant, contemple son visage pâle et défiguré, ses yeux éteints, sa bouche fermée, ses pieds et ses mains percés, son côté ouvert; compte les plaies de son corps. Voilà la justice de Dieu! voilà l'énormité du péché! voilà l'amour de Jésus!

XIV. Station. — *Jésus est mis dans le tombeau.*

Mon âme devient le tombeau de Jésus par la sainte communion. Faites-en, mon Dieu, un sépulcre tout neuf, en la purifiant de toutes ses souillures; un sépulcre taillé dans le roc, par ma fermeté dans votre service; un sépulcre glorieux, en ne permettant pas que j'aie le malheur de vous donner la mort par le péché.

On termine par cinq *Pater*, cinq *Ave* et cinq *Gloria Patri* en l'honneur des cinq plaies du Sauveur; on ajoute un *Pater*, un *Ave* et un *Gloria Patri*, à l'intention de Notre Saint Père le Pape.

DÉVOTION A LA TRÈS-SAINTE VIERGE.

Aimer la très-Sainte Vierge, avoir de la dévotion pour elle, c'est être, pour ainsi dire, marqué du sceau des élus, puisque c'est aimer celle que l'Eglise appelle la *Mère de Miséricorde*, la *Trésorière des richesses célestes*, l'*Avocate des pécheurs*, la *Porte du Paradis*. « Quand par malheur, disait une sainte âme, toutes mes » dévotions seraient perdues, je conserverais celle-ci jusqu'à la » mort... Quand je serais à demi dans l'enfer, j'espèrerais en la Reine » du ciel. Personne ne peut périr entre les bras de Marie. »

Je vous dirai donc, avec Saint Bernard : *Aimez cette tendre Mère, aimez-la de toute la capacité de votre cœur, de toute l'affection de votre âme, puisque tel est le bon plaisir de celui qui nous a tout donné par elle. Mes petits enfants*, ajoutait ce pieux et saint Docteur, *voilà l'échelle des pécheurs, voilà ma plus grande confiance, voilà tout le fondement de mon espérance.*

Si vous demandez quelles pratiques vous devez suivre en l'honneur de la très-Sainte Vierge, voici celles que je vous indiquerai :

I. Ne laissez passer aucun jour sans lui adresser quelques prières: je n'en connais pas de plus profitable que le Chapelet. Si vos occupations ne vous permettent pas de le réciter en entier chaque jour, dites-en, au moins, une partie : en récitant deux dizaines tous les jours, et trois chaque Dimanche, vous en aurez dit quinze à la fin de la semaine, ce qui fait le Rosaire en entier.

Dans le monde on se moque du Chapelet; c'est, dit-on, le livre *des bonnes femmes*, et de tous ceux qui ne savent pas lire.

Laissez rire les libertins; c'est mauvais signe quand une chose obtient leur estime. Saint Charles-Borromée, Saint François-de-Sales

n'étaient pas de petits esprits, cependant ils récitaient leur Chapelet. Louis XIV, un des plus grands monarques qu'ait eus la France, se glorifiait de cette pratique. Un jour, le Père De la Rue le trouva qui tenait un Chapelet composé de fort gros grains. Il parut aussi surpris qu'édifié de voir le Roi occupé à un si pieux exercice. « Je féli-
» cite Votre Majesté, dit-il au Roi, de pratiquer une dévotion qu'on
» ne croyait guère familière aux têtes couronnées.—Pourquoi donc,
» mon Père, reprit le Roi ? Est-ce que les Monarques ont moins
» besoin que les autres hommes du secours du Ciel ? J'ai appris qu'il
» n'y avait pas de moyen plus propre à l'obtenir, que de recourir à
» la très-Sainte Vierge, la protectrice particulière de mon royaume...
» Pour moi, je me fais un devoir de réciter mon Chapelet. C'est une
» pratique que je tiens de la Reine ma mère, et je serais fâché de
» passer un jour sans m'en acquitter. »

Cette réponse de la part d'un prince tel que Louis XIV suffit pour fermer la bouche à ceux qui se permettent de censurer cette pratique. Quand ils oublieraient que cette dévotion a été instituée par une inspiration particulière du Ciel, par un des plus saints personnages dont la Religion s'honore, Saint Dominique ; qu'elle a été solennellement approuvée par l'Eglise ; que depuis l'établissement du saint Rosaire, les Souverains Pontifes se sont plu à enrichir cette dévotion d'une infinité de faveurs spirituelles ; les détracteurs du Chapelet devraient se souvenir au moins qu'il est composé de l'*Oraison dominicale* et de la *Salutation angélique*, c'est-à-dire de ce que nous avons de plus parfait et de plus divin en fait de prières.

II. Honorez Marie particulièrement le samedi, c'est le jour qui lui est spécialement consacré : ne laissez passer aucune de ses fêtes sans renouveler votre dévoûment à son service, et sans vous mettre en état de communier. Pour le faire avec plus de ferveur et plus de fruit, préparez-vous à ses solennités par quelques bonnes œuvres. Il y en a qui s'imposent de garder le silence une heure ou deux par jour... ou de ne rien regarder par curiosité pendant une semaine... d'autres de jeûner la veille de ses fêtes... Ne pourriez-vous pas les imiter en quelques-unes de ces saintes pratiques ?

III. Qui vous empêcherait de faire chaque année ce qu'on appelle communément *le Mois de Marie* ? (1) C'est un exercice qui paraît bien agréable à la divine Mère : on en peut juger par les fruits de salut qu'il produit dans tous les lieux où il est en vigueur.

Cette dévotion consiste à consacrer à la très-Sainte Vierge un mois entier : on peut prendre le mois qu'on veut ; d'ordinaire on choisit le mois de mai, parce qu'il est un des plus beaux mois de l'année, et comme les prémices de la belle saison.

Les bonnes œuvres propres à ce pieux exercice sont indiquées dans les livres intitulés : *Mois de Marie* ; si vous ne pouvez pas vous en procurer, voici quelques pratiques, parmi lesquelles vous choisirez celles qui vous accommoderont davantage :

---

(1) On choisit ordinairement un des trois ouvrages nouveaux imprimés à Amiens pour cette dévotion.

1°. Offrir chaque jour à votre réveil, les actions de la journée à la très-Sainte Vierge, et renouveler cette offrande de temps en temps dans la journée; 2°. éviter, avec plus de soin, le péché ou le défaut dans lequel vous tombez le plus ordinairement; 3°. assister tous les jours à la sainte Messe, si vous le pouvez; 4°. faire quelques aumônes, selon vos facultés; 5°. visiter quelque chapelle dédiée à la Mère de Dieu, s'il y en a dans le voisinage; 6°. réciter chaque jour quelques prières devant une image ou une statue de la très-Sainte Vierge, que vous ferez en sorte de vous procurer. Vous ornerez de votre mieux l'endroit où vous avez placé cette image, et si vous le pouvez, vous vous réunirez avec quelques personnes de votre connaissance, pour rendre vos hommages à la divine Mère; 7°. vous terminerez ce mois par une communion fervente et un acte de consécration à la très-Sainte Vierge.

IV. Encore une dévotion bien précieuse aux vrais serviteurs de Marie, celle du saint Scapulaire, c'est-à-dire du petit habit de Notre-Dame du Mont-Carmel. Son institution remonte à Saint Simon Stock qui vivait dans le XIII° siècle. La bienheureuse Vierge lui apparut un jour, tenant à la main un Scapulaire, qu'elle lui présenta, en disant : *Recevez, mon très-cher fils, ce Scapulaire, comme la marque distinctive de ma Confrérie... Quiconque se trouvera revêtu de ce saint habit en mourant, ne souffrira point les flammes éternelles.* Cette apparition est appuyée de tous les témoignages qui peuvent en assurer l'authenticité. La pratique des âmes pieuses, le suffrage de toute l'Eglise, les indulgences nombreuses que les Souverains Pontifes ont attachées à la dévotion du saint Scapulaire, les miracles que le Ciel a multipliés en sa faveur, tout nous dit combien elle est agréable à la très-Sainte Vierge et à son divin Fils.

Trois conditions sont essentielles et suffisent pour être membre de la Confrérie du saint Scapulaire et avoir droit aux indulgences qui y sont attachées : 1°. Le recevoir des mains d'un Prêtre qui ait le pouvoir de le donner; 2°. être inscrit sur le registre destiné à recevoir le nom de tous les Confrères; 3°. porter jour et nuit le Scapulaire (les cordons peuvent être indifféremment en fil ou en laine. Quand il est usé, il n'est pas nécessaire que celui ou ceux qui le remplacent soient bénits).

Les Bulles des Souverains Pontifes ne prescrivent aucune pratique journalière; cependant il est d'usage parmi les Confrères d'adresser tous les jours quelques prières à la Sainte Vierge, comme ses Litanies, ou cinq *Pater* et cinq *Ave*, etc. La récitation du petit Office et l'abstinence du mercredi ne sont imposées qu'à ceux qui veulent, outre les indulgences communes à tous les Confrères, en gagner de particulières.

Mais une condition indispensable et que rien ne peut remplacer, c'est d'éviter le péché, et surtout le péché mortel; car ne vous imaginez pas que pour plaire à la très-Sainte Vierge, et être sauvé, il suffise de porter le Scapulaire, sans vous mettre du reste en peine de vivre chrétiennement. Le sens de la promesse rapportée plus haut, est que ceux qui porteront le Scapulaire dans l'esprit de la Religion, c'est-à-dire, sans négliger les obligations du christianisme, seront favorisés de la protection de la très-Sainte Vierge, qu'elle prendra un soin particulier de leur conduite, qu'elle leur obtiendra des grâces spéciales pour vaincre les tentations, pour observer tous les commandements, pour persévérer jusqu'à la fin dans la pratique des vertus, et mériter ainsi d'échapper aux flammes éternelles.

MÉTHODE POUR RÉCITER LE CHAPELET.

Le Chapelet est la troisième partie du Rosaire : le Rosaire est composé de 15 *Pater* et de 150 *Ave, Maria* ; ce qui équivaut à trois Chapelets. On le récite pour honorer trois sortes de mystères, qu'on appelle mystères *joyeux*, *douloureux* et *glorieux*, parce qu'ils ont été pour Marie un sujet de joie, de douleur et de gloire. Il y a cinq mystères joyeux, cinq mystères douloureux, et cinq mystères glorieux.

Pour réciter le Chapelet avec fruit, il est bon de vous accoutumer à réfléchir sur chacun de ces mystères, avant de commencer chaque dizaine ; et de vous proposer la pratique de quelque vertu analogue à ce mystère. Par exemple, considérant l'humilité de Marie à recevoir le message de l'Ange Gabriel dans le mystère de l'Incarnation, vous pourrez vous proposer et demander la vertu d'humilité.

Récitez en latin ou en français : 1°. sur la croix, le *Credo* ; 2°. sur le premier grain, un *Pater* ; 3°. sur les trois petits grains qui suivent, trois *Ave, Maria*. Par le premier, vous considérerez et honorerez Marie comme Fille privilégiée du Père éternel ; et pour cela vous pourrez dire : Je vous salue, Marie, *Fille du Père*, le Seigneur, etc. ; par le second *Ave*, vous honorerez Marie comme *Mère du Fils de Dieu* ; et par le troisième, comme *Épouse du Saint-Esprit*. Puis, après avoir dit *Gloria Patri*, vous commencerez la première dizaine, que vous terminerez aussi par *Gloria Patri*, et ainsi des autres. Chaque dizaine est composée d'un *Pater* et de dix *Ave*.

Si l'on récite le Chapelet en commun, celui qui préside annonce le mystère relatif à chaque dizaine ; puis il indique la considération que l'on doit faire sur ce mystère, et la vertu que l'on doit se proposer et demander comme fruit de ce même mystère. Avant de réciter par exemple, la première dizaine correspondante au mystère de l'Incarnation, le président dira comme dans le tableau suivant :

MYSTÈRES JOYEUX.

Ire. DIZAINE... — *Récitons cette première dizaine pour honorer* l'Annonciation de la Sainte Vierge et l'Incarnation du Verbe.

Considération. — Considérons l'Ange Gabriel entrant dans la petite maison de la Sainte Vierge, en lui annonçant qu'elle avait été choisie de Dieu pour être la Mère du Sauveur... (Pause.)

Fruit... — *Demandons par cette dizaine et par l'intercession de la Sainte Vierge*, une profonde humilité... une soumission aveugle aux volontés du Seigneur... (un *Pater*, dix *Ave, Maria* et un *Gloria Patri*.)

IIe. DIZAINE... — .... la Visitation de la Sainte Vierge.

Considération. — .... la Sainte Vierge allant en diligence visiter sa cousine Élisabeth, en lui rendant tous les services d'une humble servante.

Fruit. ...... — .... la charité envers notre prochain.

IIIe. DIZAINE.. — .... la naissance du Sauveur à Bethléem.

Considération. — .... l'Enfant-Jésus enveloppé de pauvres langes, couché dans une crèche, souffrant le froid et toute espèce de privations.

Fruit. ... — .... le mépris des richesses et le détachement des biens périssables de ce monde.

IVe. DIZAINE. . . . . la Présentation de N.-S. au Temple, et la Purification de sa sainte Mère.
Considération. — . . . . l'Enfant-Jésus porté au Temple par sa très-sainte Mère, qui se soumet a la loi de la purification comme la dernière des femmes d'Israel.
Fruit. . . . — . . . . une pureté inviolable de corps et d'esprit... un sacrifice entier de nous-mêmes au Seigneur... la mortification de nos sens.
V^e. DIZAINE. . . — . . . . le recouvrement de Jésus au Temple.
Considération. — . . . . Marie affligée de la perte de Jésus qui était resté à Jérusalem, et ensuite comblée de joie en le retrouvant au bout de trois jours, assis au milieu des Docteurs, les écoutant et les interrogeant.
Fruit. . . . — . . . . le regret sincère d'avoir perdu Dieu par le péché.

MYSTÈRES DOULOUREUX.

Ire. DIZAINE. . . — . . . . l'Agonie de N.-S. J.-C. au jardin des Olives.
Considération. — . . . . Notre divin Sauveur affligé et confus de nos offenses, jusqu'à répandre une sueur de sang.
Fruit. . . . — . . . . une douleur amère d'avoir offensé le Seigneur.
IIe. DIZAINE. . . — . . . . la flagellation du Sauveur.
Considération. — . . . . Notre divin Sauveur lié à une colonne, et inhumainement flagellé comme un vil esclave.
Fruit. . . . — . . . . l'esprit de pénitence et de mortification.
IIIe. DIZAINE. . — . . . . le Couronnement d'épines de Notre-Seigneur.
Considération. — . . . . Notre-Seigneur portant sur sa tête une couronne d'épines, avec un roseau à la main, un vil manteau sur les épaules, sans proférer une seule parole.
Fruit. . . . — . . . . l'amour des humiliations... le mépris des distinctions.
IVe. DIZAINE. . — . . . . Jésus portant sa Croix.
Considération. — . . . . Notre-Seigneur, portant sur ses épaules ensanglantées l'instrument de son supplice, et traversant ainsi les rues de Jérusalem.
Fruit. . . . — . . . . la patience dans les afflictions... la résignation dans les souffrances.
V^e. DIZAINE. . . — . . . . le Crucifiement de Notre-Seigneur.
Considération. — . . . . Notre-Seigneur, dépouillé de ses habits, cloué à la Croix, pardonnant à ses bourreaux, au milieu des plus cruelles douleurs.
Fruit. . . . — . . . . le renoncement à nous-mêmes... l'oubli des injures.

MYSTÈRES GLORIEUX.

Ire. DIZAINE. . . — . . . . la Résurrection de Notre-Seigneur.
Considération. — . . . . Notre-Seigneur sortant du tombeau avec un corps tout resplendissant de gloire.
Fruit. . . . — . . . . notre résurrection spirituelle... la dévotion aux cinq plaies de Notre-Seigneur.
IIe. DIZAINE. . . — . . . . l'Ascension de Notre-Seigneur.

Considération. — .... N.-S. montant au ciel, pour y être notre médiateur.
Fruit. .. — .... un ardent désir du ciel... la ferveur dans le service de Dieu.
IIIᵉ. DIZAINE.. — .... la Descente du Saint-Esprit sur les Apôtres.
Considération. — .... les Apôtres remplis du Saint-Esprit et changés en d'autres hommes.
Fruit. .. — .... l'amour de Dieu et du prochain... les dons du Saint-Esprit.
IVᵉ. DIZAINE.. — .... l'Assomption de la Sainte Vierge.
Considération. — .... la très-Sainte Vierge montant au ciel, au milieu des acclamations des Esprits célestes.
Fruit. .. — .... l'imitation de ses vertus, et en particulier de son humilité et de sa pureté
Vᵉ. DIZAINE... — .... le Couronnement de la très-Sainte Vierge.
Considération. — .... la très-Sainte Vierge couronnée dans le ciel par les trois adorables Personnes de la très-Sainte Trinité.
Fruit. .. — .... la grâce de persévérer jusqu'à la fin dans le service de Dieu.

CONSÉCRATION AU CŒUR IMMACULÉ DE MARIE.

O Cœur immaculé de Marie, après le Cœur de Jésus, le plus parfait de tous les cœurs, le plus digne de l'amour et de la vénération des Anges et des hommes ; c'est vous qui dans le mystère de l'Incarnation avez fourni le sang dont le corps adorable de l'Homme-Dieu a été formé ; vous êtes le lit sacré sur lequel cet aimable Sauveur a pris souvent un doux sommeil pendant son enfance ; vous êtes l'image la plus ressemblante de ce divin modèle de toutes les vertus, la voie par laquelle nous allons à Jésus, et le canal mystérieux par lequel ses grâces arrivent jusqu'à nous. O Cœur plein de bonté, embrasez nos cœurs des bienheureuses flammes dont vous êtes consumé ; soyez notre soutien dans nos tentations, notre secours dans nos périls, notre consolation dans nos peines, mais surtout notre force et notre confiance dans nos derniers combats, à l'heure de notre mort, dans ce moment décisif où les puissances de l'enfer feront tous leurs efforts pour ravir nos âmes. Alors, ô très-pieuse et très-charitable Marie, vous dont le nom n'a jamais été invoqué en vain, faites-nous sentir toute la tendresse de votre cœur maternel, tout votre pouvoir auprès du Cœur de Jésus, jusqu'à ce que vous nous voyiez à vos pieds dans l'heureux séjour du Paradis.

Ainsi soit-il.

PETIT OFFICE
DE L'IMMACULÉE CONCEPTION DE LA SAINTE VIERGE.

AD MATUTINUM.	A MATINES.
Eia, mea lábia, nunc annuntiáte * laudes et præcónia Vírginis beátæ. ℣. Dómina, in adjutórium meum inténde, ℟. Me de manu hóstium poténter deténde. Glória Patri...	Ouvrez-vous, mes lèvres, ouvrez-vous, pour chanter les louanges et les grandeurs de la bienheureuse Vierge Marie. ℣. Venez à mon secours, puissante Reine, ℟. Délivrez-moi des mains de mes ennemis. Gloire soit au Père...
HYMNUS.	**HYMNE.**
Salve, mundi Dómina, Cœlórum Regína; Salve, Virgo Vírginum, Stella Matutína. Salve, plena grátiâ, Clara lux divína: Mundi in auxílium, Dómina, festína. Ab ætérno Dóminus Te præordinávit Matrem unigéniti Verbi, quo creávit Terram, pontum, æthera: Te pulchram ornávit Sibi sponsam, in quâ Adam non peccávit. Amen. ℣. Elégit eam Deus, et præelégit eam. ℟. In tabernáculo suo habitáre fecit eam. ℣. Dómina, exáudi oratiónem meam. ℟. Et clamor meus ad te véniat.	Je vous révère, Maîtresse du monde, Reine des cieux, Vierge des vierges, étoile du matin. Je vous révère, Marie, pleine de grâce, lumière divine, hâtez-vous de secourir le monde, vous qui en êtes la souveraine. Le Seigneur vous a prédestinée de toute éternité pour être la Mère du Verbe incarné, son fils unique, par qui toutes choses ont été créées, La terre, la mer et les cieux; et pour vous rendre sa digne épouse, il a orné votre âme d'une beauté incomparable, que le péché d'Adam ne souilla jamais. ℣. Dieu l'a choisie et prédestinée. ℟. Il lui a préparé une demeure dans son tabernacle. ℣. Exaucez ma prière, divine Reine; ℟. Et que mes vœux parviennent jusqu'à vous.
ORÉMUS.	**PRIONS.**
Sancta María, Regína cœlórum, Mater Dómini nostri Jesu Christi, et mundi Dómina, quæ nullum derelínquis et nullum déspicis, réspice me, Dómina, cleménter óculo pietátis, et impetra mihi apud tuum diléctum Fílium, cunctórum véniam peccatórum, ut qui nunc tuam sanctam et immaculátam Concéptiónem devóto afféctu re-	Sainte Marie, Reine du ciel, Mère de Notre-Seigneur Jésus-Christ, souveraine Maîtresse de l'univers, qui n'abandonnez et ne méprisez personne, daignez jeter sur moi vos yeux de miséricorde, et obtenez-moi de votre cher Fils le pardon de tous mes péchés, afin qu'ayant honoré, comme je le fais, de tout mon cœur, le mystère de

colo, ætérnæ in futúrum beatitúdinis brávium cápiam, ipso, quem Virgo peperísti, donánte Dómino nostro Jesu Christo; qui cum Patre et sancto Spíritu vivit et regnat in Trinitáte perféctâ, Deus, in sæcula sæculórum. Amen.

℣. Dómina, exáudi...
℣. Benedicámus Dómino.
℟. Deo grátias.
℣. Fidélium ánimæ per misericórdiam Dei requiéscant in pace.
℟. Amen.

AD PRIMAM.

℣. Dómina, in adjutórium...

Le reste comme à Matines, à l'exception de l'Hymne, qui est différente à toutes les heures.

HYMNUS.

SALVE, Virgo sápiens,
Domus Deo dicáta,
Colúmnâ septémplici,
Mensáque exornáta.
Ab omni contágio
Mundi præserváta,
Ante sancta in útero
Paréntis, quàm nata.
Tu Mater vivéntium,
Et porta es Sanctórum,
Nova stella Jacob,
Dómina Angelórum.
Zábulo terríbilis,
Acies castrórum;
Portus et refúgium
Sis Christianórum.
Amen.

℣. Ipse creávit illam in Spíritu sancto. ℟. Et exaltávit illam super ómnia ópera sua.
℣. Dómina, exáudi...

AD TERTIAM.
HYMNUS.

SALVE, arca fœderis,
Thronus Salomónis,
Arcus pulcher ætheris,
Rubus visiónis;

votre immaculée Conception, je puisse jouir du bonheur éternel, par la grâce de votre Fils Notre-Seigneur Jésus-Christ, qui vit et règne avec le Père et le Saint-Esprit, dans tous les siècles des siècles. Ainsi soit-il.

℣. Exaucez ma prière...
℣. Bénissons le Seigneur.
℟. Grâces immortelles lui soient rendues.
℣. Que les âmes des fidèles trépassés reposent en paix par la miséricorde de Dieu. ℟. Ainsi soit-il.

A PRIME.

℣. Venez à mon secours...

HYMNE.

JE vous révère, Vierge incomparable, pleine de la sagesse divine, digne du temple du Dieu vivant, enrichie de tous les ornements dont ceux du temple de Salomon ne furent que de faibles figures.

Vous avez été sainte avant que de naître, et préservée de la corruption commune au reste des hommes.

Vous êtes la Mère des vivants, la porte du ciel, la Reine des Anges, la nouvelle étoile de Jacob, qui annonçait le salut du monde.

Vous êtes la terreur des démons, notre défense dans les combats qu'ils nous livrent, le refuge, le port assuré des fidèles. Ainsi soit-il.

℣. Dieu l'a créée et remplie de son esprit. ℟. Et il l'a élevée au-dessus de toutes ses œuvres.

℣. Exaucez ma prière...

A TIERCE.
HYMNE.

JE vous révère, divine Marie, arche de la nouvelle alliance, trône du véritable Salomon, signe de la paix et de la réconciliation entre Dieu et les hommes, figurée par l'arc-en-ciel, le buisson ardent,

Virga frondens gérminis,
Vellus Gedeónis,
Porta clausa Núminis,
Favúsque Samsónis.

Decébat tàm nóbilem
Natum præcavére
Ab origináli
Labe matris Evæ,

Almam quam elégerat
Genitrícem verè,
Nulli prorsùs sinens
Culpæ subjacére.
Amen.

℣. Ego in altíssimis hábito.
℟. Et thronus meus in colúmnâ nubis.

AD SEXTAM.
HYMNUS.

Salve, Virgo puérpera,
Templum Trinitátis,
Angelórum gáudium,
Cella puritátis,

Solámen mœréntium,
Hortus voluptátis,
Palma patiéntiæ,
Cedrus castitátis.

Terra es benedicta,
Et sacerdotális,
Sancta et immúnis
Culpæ originális,

Civitas Altíssimi,
Porta orientális,
In te est omnis grátia,
Virgo singuláris.
Amen.

℣. Sicut lílium inter spinas;
℟. Sic amíca mea inter fílias Adæ.

AD NONAM.
HYMNUS.

Salve, urbs refúgii,
Turrísque munita,
David propugnáculis
Armísque insigníta;

In Conceptióne,
Caritáte ignita,

La verge fleurie d'Aaron, la toison de Gédéon, la porte fermée d'Ezéchiel, le rayon de miel de Samson.

Il était de la gloire du Verbe éternel votre Fils, de préserver du péché original,

La Mère qu'il s'était choisie, et de ne pas souffrir qu'une Mère si noble et si élevée fût asservie à l'infamie du péché. Ainsi soit-il.

℣. Je fais ma demeure au plus haut des cieux. ℟. Et une colonne de nuées environne mon trône.

A SEXTE.
HYMNE.

Je vous révère, Vierge et Mère tout ensemble, temple auguste de l'adorable Trinité, la joie des Anges, le centre de la pureté,

La consolation des affligés, le jardin des délices du St-Esprit, le modèle de la patience et de la chasteté figurée par le palmier et le cèdre.

Vous fûtes toujours, et dès le premier moment de votre être, une terre de bénédiction et de sainteté, exempte de la malédiction du péché originel.

Vous êtes la demeure du Très-Haut, la mystérieuse porte orientale par où le Rédempteur est venu à nous: ô Vierge incomparable! toutes les grâces et les dons du Ciel sont réunis en vous. Ainsi soit-il.

℣. Comme le lis parmi les épines; ℟. Ainsi ma bien-aimée est parmi les enfants d'Adam.

A NONE.
HYMNE.

Je vous révère, divine Reine, notre refuge, notre asile, figurée par la tour de David, où se trouvent toutes les armes pour combattre les ennemis de notre salut.

Dès le premier instant de votre Conception immaculée, embrasée

Dracónis potéstas
Est à te contríta.

O múlier fortis,
Et invícta Judith,
Pulchra Abígaïl Virgo,
Verum Fovens David!

Rachel Curatórem
Ægýpti gestávit,
Salvatórem mundi
María portávit.
Amen.

℣. Tota pulchra es, amíca mea;
℟. Et mácula originális nunquàm fuit in te.

AD VESPERAS.
HYMNUS.

SALVE, horológium,
Quo retrográditur
Sol in decem líneis,
Verbum incarnátur.

Homo ut ab ínferis
Ad summa attollátur,
Imménsus ab Angelis
Paulò minorátur.

Solis hujus rádiis
María corúscat,
Consúrgens auróra
In conspéctu micat;

Lílium inter spinas,
Quæ serpéntis cónterat
Caput; pulchra ut luna,
Errántes collústrat.
Amen.

℣. Ego feci in cœlis ut orirétur lumen indefíciens.
℟. Et quasi nébula texi omnem terram.

AD COMPLETORIUM.

℣. Convértat nos, Dómina, tuis précibus placátus Jesus Christus Fílius tuus;
℟. Et avértat iram suam à nobis.

℣. Dómina, in adjutórium...

du feu de la charité, vous avez triomphé de la puissance du dragon infernal, vous l'avez détruite et mise en poussière.

O femme véritablement forte, invincible Judith, plus sage et plus belle qu'Abigaïl, vous avez mérité l'amour et la tendresse du véritable David.

Rachel a été mère du Sauveur de l'Egypte, et Marie a engendré le Rédempteur du monde. Ainsi...

℣. Vous êtes toute belle, ma bien-aimée; ℟. Et la tache originelle n'a jamais terni votre beauté

A VÊPRES.
HYMNE.

JE vous révère, divine Vierge, dans le sein de laquelle le Soleil de justice a pour ainsi dire rétrogradé en se faisant homme.

Le Verbe s'est abaissé au-dessous des Anges, pour retirer l'homme de l'enfer, et l'élever jusqu'au ciel.

C'est des rayons de ce divin Soleil que Marie est toujours éclatante; et au moment de sa Conception, elle brille déjà comme l'aurore naissante.

Elle est comme le lis entre les épines, et dès sa naissance, elle écrase la tête du serpent. Elle est belle comme la lune, et sa lumière éclaire ceux qui sont dans les ténèbres de l'erreur. Ainsi soit-il.

℣. C'est moi qui ai fait naître dans le ciel une lumière qui ne s'éteint jamais. ℟. Et j'ai couvert toute la terre comme une nuée bienfaisante.

A COMPLIES.

℣. O divine Reine, faites que J.-C. votre Fils, apaisé par vos prières, convertisse nos cœurs;
℟. Et qu'il détourne sa colère de dessus nous.

℣. Venez à mon secours...

HYMNUS.

Salve, virgo florens,
Mater illibáta,
Regina cleméntiæ,
Stellis coronáta.

Supra omnes Angelos
Pura, immaculáta
Atque ad Regis déxteram
Stans veste deaurátâ.

Per te, Mater grátiæ,
Dulcis spes reórum,
Fulgens stella maris,
Portus naufragórum,

Patens cœli jánua,
Salus infirmórum,
Videámus Regem
In aulâ Sanctórum.
Amen.

℣. Oleum effúsum, María, nomen tuum.

℟. Servi tui dilexérunt te nimis.

COMMENDATIO.

Supplices offérimus
Tibi, Virgo pia,
Hæc laudum præcónia;
Fac nos ut in viâ,

Ducas cursu próspero,
Et in agóniâ
Tu nobis assiste,
O dulcis María !
Amen.

Ant. Hæc est Virgo, in quâ nec nodus originális, nec cortex actuális culpæ fuit.

℣. In Conceptióne tuâ, Virgo, immaculáta fuisti.

℟. Ora pro nobis Patrem cujus Fílium peperísti.

ORÉMUS.

Deus, qui per immaculátam Vírginis Conceptiónem dignum Fílio tuo habitáculum præparásti : quǽsumus, ut sicut ex morte ejúsdem Fílii tui prævísâ, eam ab omni labe præservásti,

HYMNE.

Je vous révère, Vierge incomparable, ornée des fleurs de toutes les vertus, Mère toujours Vierge, Reine de miséricorde, couronnée d'étoiles.

Plus pure et plus sainte que tous les Anges, vous êtes dans le ciel à la droite du Roi de gloire, revêtue d'habits enrichis d'or.

O Mère de grâce ! ô douce espérance des pécheurs ! étoile de la mer, port assuré de ceux qui ont fait naufrage.

Porte du ciel toujours ouverte, le salut des pauvres malades, faites que par votre intercession nous voyions un jour le Roi de gloire dans le séjour des bienheureux. Ainsi...

℣. Votre nom, divine Marie, est comme un baume répandu.

℟. Vos serviteurs trouvent leurs délices dans le tendre amour qu'ils ont pour vous.

RECOMMANDATION.

Prosternés à vos pieds, divine Vierge, nous vous offrons ces cantiques de louanges : daignez, ô Mère de bonté et de miséricorde,

Daignez être notre conductrice durant tout le cours de cette vie, et nous assister à l'heure de la mort. Ainsi soit-il.

Ant. C'est ici cette admirable Vierge qui n'a contracté aucun nœud dans son origine, ni le plus léger défaut actuel.

℣. Vous avez été conçue sans péché, divine Vierge. ℟. Priez pour nous Dieu le Père, dont vous avez engendré le Fils.

ORAISON.

O Dieu, qui, en préservant la très-Sainte Vierge du péché originel, avez préparé à votre Fils une digne demeure dans le sein de cette Vierge immaculée, nous vous supplions que, comme

itá nos quoque mundos ejus intercessióne ad te perveníre concédas ; Per eúmdem Christum Dóminum nostrum.

Amen.

vous l'avez préservée de tout péché par les mérites prévus de la mort de ce même Fils, vous daigniez aussi, par son intercession, nous faire la grâce d'arriver jusqu'à vous, purifiés de tous nos péchés. Par N.-S. J.-C. Ainsi...

Prière de Saint Bernard.

MEMORARE, ô piíssima Virgo María, non esse audítum à saéculo quemquam ad tua curréntem praesídia, tua implorántem auxília, tua peténtem suffrágia, à te esse derelíctum : ego tali animátus confidéntiâ, ad te, Virgo vírginum, Mater, curro, ad te vénio, coram te gemens peccátor assísto ; noli, ô Mater Verbi, verba mea despícere, sed audi propítia et exáudi.

Amen.

SOUVENEZ-VOUS, ô très-miséricordieuse Vierge Marie, qu'on n'a jamais entendu dire qu'aucun de ceux qui ont eu recours à votre protection, imploré votre assistance et réclamé votre secours, ait été abandonné de vous. Animé d'une pareille confiance, je cours vers vous, ô Vierge des vierges et notre Mère ; je viens à vos pieds, me voici devant vous, gémissant sous le poids de mes péchés. Ne rejetez pas, ô Mère de Dieu, mes humbles prières, mais écoutez-les favorablement, et daignez les exaucer. Ainsi soit-il.

DÉVOTION AUX SAINTS ANGES.

IL y a des Anges tutélaires, non-seulement pour chaque royaume, chaque province, chaque ville, chaque hameau, chaque communauté, mais encore pour chaque homme en particulier. Ils nous assistent dans tous nos besoins, même temporels : c'est un Ange qui arrêta la main d'Abraham près d'immoler son fils Isaac ; un Ange qui tira Loth et sa famille de l'infâme Sodome condamnée à périr par le feu du ciel, etc. Si vous avez lu l'admirable histoire de Tobie, vous avez sans doute été touché des soins que l'Ange Raphaël prodigua au vertueux fils de ce saint homme. Mais, c'est surtout pour la grande affaire de notre salut que les Anges redoublent de zèle et de charité, depuis notre naissance jusqu'à notre dernier soupir.

« O hommes, aimez les Anges, s'écrie un pieux auteur ; ce sont
» des amis fidèles, de puissants défenseurs, des guides très-éclairés et
» très-sûrs, des frères pleins d'amour. Ils sont les protecteurs de tous
» les états, de toutes les conditions. Aimez les Anges, vous qui êtes
» placés au-dessus de vos frères : ce sont les grands modèles de l'art
» de conduire les hommes. Aimez les Anges, hommes apostoliques :
» ce sont les divins missionnaires du Paradis. Aimez les Anges, prê-

» tres du Seigneur: c'est par leurs mains que le Sacrifice est offert
» à la Majesté de Dieu. Aimez les Anges, vous qui vivez dans la
» solitude : ces esprits admirables sont toujours retirés en Dieu et
» n'en perdent jamais la vue. Aimez les Anges, vous qui vivez dans
» le monde: ces pures Intelligences y demeurent avec vous. Aimez
» les Anges, époux chrétiens: l'exemple du saint Archange Raphaël
» qui conduisait Tobie, vous fait voir les soins qu'ils prennent de
» votre état. Aimez les Anges, ô vierges ; aimez les Anges, chère
» jeunesse : ce sont les grands amis de la virginité; ils en sont même
» les admirateurs, voyant dans des vases fragiles un trésor si pré-
» cieux, et de faibles créatures vivre sur la terre comme eux-
» mêmes vivent dans le ciel.... Aimez les Anges, pauvres pécheurs:
» ils sont pour vous un asile assuré. Aimez les Anges, personnes
» affligées, pauvres, misérables : ils sont la consolation et le refuge
» de tous ceux qui souffrent. »

Ame chrétienne, il me semble que je vous entends me demander ce que le jeune Tobie demandait à son père : *Que pourrons-nous offrir à nos saints Anges pour tant de services que nous en recevons ?* Je me contente, à mon ordinaire, de quelques pratiques simples, parmi lesquelles je vous laisse le choix.

PRATIQUES.

1°. Je crois que la plus agréable à votre saint Ange, c'est d'avoir l'heure de votre lever fixe et déterminée, et d'y être fidèle.

2°. Serait-ce vous demander trop, qu'un petit souvenir de cet aimable guide à la prière du matin?

Ange de Dieu, à qui j'ai été donné en garde par ordre de la divine Providence, éclairez-moi, gouvernez-moi, conservez-moi aujourd'hui et pendant toute ma vie. Ainsi soit-il. (100 jours d'indulgence chaque fois. Voyez aussi ci-dessus, page 8.)

3°. Le mardi de chaque semaine est consacré aux saints Anges. Ce sera, si vous m'en croyez, le temps de faire quelque chose de particulier pour le vôtre : entendre la messe en son honneur, ou bien faire quelques actes de vertu, quelque mortification des sens ou du cœur; ou bien, si vous voulez réciter, après l'*Angelus*, au matin, à midi, et au soir, trois des Aspirations aux neuf Chœurs des Anges, que vous trouverez ci-après.

4°. Il y en a qui leur consacrent le mois de septembre, comme le mois de mai est employé au service de la Reine des Anges. Si je n'ose vous engager à en faire autant, au moins vous trouverez bon que je vous rappelle que le 29 septembre est la fête de tous les saints Anges et Archanges, et spécialement celle de Saint Michel, le grand Prince de la milice céleste, le zélé défenseur de ce royaume très-chrétien ; le 2 octobre, la fête des saints Anges-Gardiens ; j'ajoute encore le 24 mars, fête de Saint Gabriel, l'Ange privilégié de la sainte famille; et le 24 octobre, celle de Saint Raphaël, le guide du jeune Tobie et le charitable ami de la France.

5°. Bien des personnes se recommandent à leur Ange-Gardien, lorsqu'elles sortent de leurs maisons, surtout pour se mettre en voyage. Elles saluent même intérieurement l'Ange Gardien de ceux qu'elles rencontrent.

ASPIRATIONS AUX NEUF CHŒURS DES ANGES.

Na. C'est une chose fort agréable aux bons Anges que de les féliciter de leur fidélité au service de Dieu dans le moment où les mauvais Anges, ayant Lucifer à leur tête, se révoltèrent contre le Seigneur.

Pour le matin.

1. Esprits bienheureux du Chœur des *Anges*, je vous félicite de ce que vous êtes demeurés fidèles à Dieu. Demandez pour nous une augmentation de foi, surtout par rapport à la présence de Dieu et à la présence de Notre-Seigneur au Saint-Sacrement. — *Gloria Patri*, ou *Ave, Maria*.

2. Esprits bienheureux du Chœur des *Archanges*, je vous félicite, etc. (*comme plus haut*). Faites que les hérétiques, les schismatiques, les infidèles et les mauvais chrétiens connaissent Jésus et Marie. — *Gloria* ou *Ave*.

3. Esprits bienheureux du Chœur des *Principautés*, je vous félicite, etc... Demandez pour la France la conservation de sa foi et le triomphe de la sainte Eglise. — *Gloria* ou *Ave*.

Pour midi.

4. Esprits bienheureux du Chœur des *Puissances*, je vous félicite, etc... Défendez-nous contre la puissance du démon et contre le péché, surtout le péché dominant. — *Gloria* ou *Ave*.

5. Esprits bienheureux du Chœur des *Vertus*, je vous félicite, etc... Demandez pour nous la vertu que Jésus et Marie désirent davantage voir régner dans nos cœurs. — *Gloria* ou *Ave*.

6. Esprits bienheureux du Chœur des *Dominations*, je vous félicite, etc... Demandez pour nous la grâce de connaître et de faire en toutes choses la très-sainte volonté de Dieu. — *Gloria* ou *Ave*.

Pour le soir.

7. Esprits bienheureux du Chœur des *Trônes*, je vous félicite, etc... Faites que nos cœurs soient des trônes où règnent sans cesse Jésus et Marie. — *Gloria* ou *Ave*.

8. Esprits bienheureux du Chœur des *Chérubins*, je vous félicite, etc... Demandez pour nous la connaissance et l'amour des perfections de Dieu, en particulier de sa grandeur, de sa sainteté, de sa providence et de son infinie bonté. — *Gloria* ou *Ave*.

9. Esprits bienheureux du Chœur des *Séraphins*, je vous félicite, etc... Obtenez-nous un amour tendre, généreux et constant pour les sacrés Cœurs de Jésus et de Marie. — *Gloria* ou *Ave*.

Ange, mon protecteur, ne m'abandonnez pas ;
Éclairez mon esprit, et conduisez mes pas.

DÉVOTION A SAINT JOSEPH.

Aimez, honorez Saint Joseph : Jésus et Marie l'aimaient, l'honoraient, lui obéissaient même et lui tenaient compagnie dans son travail. Ce saint Patriarche les nourrissait du fruit de ses sueurs... Pauvres de Jésus-Christ, artisans chrétiens, quel honneur, quelle consolation pour vous ! Saint Joseph est mort entre les bras de Jésus et de Marie. Quelle belle vie ! quelle douce mort ! Jésus et Marie peuvent-ils lui refuser quelque chose dans le ciel ? Aussi Sainte Thérèse assure qu'elle a toujours obtenu ce qu'elle a demandé par son intercession, le jour de la fête de ce Saint (19 mars). Il est le protecteur de la pureté, le maître de la vie intérieure et de l'oraison, le patron de la bonne mort.

Antienne à Saint Joseph.

Salve, Patriarchárum decus, et Ecclésiæ sanctæ Dei œcónome, qui panem vitæ et fruméntum electórum conservásti.

℣. Ora pro nobis, Beatissime Joseph ;
℟. Ut digni efficiámur promissiónibus Christi.

ORÉMUS.

Sanctissimæ Genitrícis tuæ Sponsi, quæsumus, Dómine, méritis, adjuvémur, ut quod possibílitas nostra non óbtinet, ejus nobis intercessióne donétur ; qui vivis et regnas Deus... Amen.

NEUVAINE EN FORME DE RETRAITE.

De toutes les pratiques de piété, la retraite spirituelle est une des plus propres, pour convertir une âme et peut-être la seule dont on ne se sert jamais inutilement.

Il est aisé de n'être que faiblement touché des plus terribles vérités de notre Religion, lorsque tout contribue ou à dissiper l'esprit, ou à corrompre le cœur : mais lorsqu'éloigné du tumulte et de l'embarras des affaires du monde, on considère à loisir ces grandes vérités qu'on n'avait jamais bien pénétrées, et qui paraissent dans un nouveau jour ; lorsqu'on les médite avec application, et que tout sert à nous en découvrir le vrai sens et toutes les suites ; peuvent-elles ne faire qu'une médiocre impression dans un temps où la grâce est plus abondante, l'esprit moins distrait et plus tranquille, et le cœur mieux disposé que jamais ?

La conversion miraculeuse de tant de pécheurs, la ferveur de tant de chrétiens auparavant lâches et tièdes dans le service de Dieu, prouvent d'une manière bien convaincante qu'il est d'une extrême utilité de méditer dans la retraite les vérités capitales de la Religion, et de s'y rappeler dans son esprit ces années éternelles qui doivent bientôt suivre les jours si courts de cette misérable vie.

On conviendra donc aisément que la retraite spirituelle est un moyen bien propre pour mener une vie plus réglée et travailler à la grande affaire de son salut : mais il n'est pas si aisé de persuader à tout le monde qu'on peut trouver, si on le veut, le loisir de la faire. Huit jours entiers paraissent trop longs à bien des gens, et il est vrai que plusieurs personnes ne sauraient y employer tout ce temps.

Mais enfin, que l'embarras des affaires, que le soin d'une famille, que le peu de santé, que les emplois, et l'état où l'on est, servent à quelques-uns de raison ou de prétexte pour les dispenser d'une retraite de huit jours ; qui pourra raisonnablement se dispenser de faire au moins chaque année une heure de retraite pendant neuf jours ? Mais quoi ! une heure de retraite pendant neuf jours, une fois l'an, pour vaquer à la plus importante de toutes les affaires de la vie, à laquelle, préférablement à tout autre, nous devons sans cesse travailler, et du bon ou du mauvais succès de laquelle dépend un bonheur ou un malheur éternel ! Pourrions-nous nous y refuser ? Après avoir employé une année entière aux affaires d'autrui, sera-ce trop de donner quelques heures à notre propre et unique affaire ? Si pour des biens passagers, pour des frivolités mondaines, nous consacrons tant de temps, de peines et de travaux, regretterons-nous quelques heures, pour songer à notre éternité ? D'ailleurs, cette pratique est si aisée qu'on sera forcé de convenir qu'on ne saurait raisonnablement s'en dispenser.

Elle consiste à choisir, pendant neuf jours, une heure dans la journée, surtout le matin, où, retiré du monde, dans la solitude, on s'occupera de la manière la plus sérieuse de la grande affaire de son salut. Pour ce sujet, on pourra se servir très-utilement du petit livre intitulé le *Pensez-y bien*, ou de tout autre analogue. L'objet essentiel de cette exercice sera une méditation profonde des fins dernières de l'homme ; la mort, le jugement, le paradis, l'enfer : un examen général approfondi de sa conscience, suivi d'une confession faite avec les résolutions les plus efficaces d'une meilleur vie, avec la même exactitude que si l'on allait mourir un instant après et paraître au terrible jugement de Dieu où la sainteté de l'âme peut seule nous conduire avec confiance. Cette neuvaine sera terminée par une pieuse et sainte communion, qui laissera dans votre âme les plus douces consolations, en même temps qu'elle vous obtiendra des grâces, des secours et des lumières toutes spéciales pour persévérer dans la voie du salut et parvenir à une sainte mort.

Un des exercices de cette neuvaine sera aussi la préparation à la mort. Pour cela, retiré dans un lieu tranquille, et là, oubliant toutes les créatures, à genoux devant un crucifix, vous ferez les réflexions suivantes : imaginez-vous que c'est maintenant l'heure de votre mort : que votre bon Ange vient vous dire comme autrefois le prophète Ezéchiel : *Votre temps est fini, mettez ordre à vos affaires ; vous allez mourir.*

Ne craignez pas de vous familiariser avec la pensée de la mort : plus vous y songerez, plus ses horreurs diminueront pour vous. Loin donc de repousser cette idée, tâchez de vous en pénétrer vivement et répétez en vous-même : *Oui, je dois mourir.*

1ʳᵉ *Réflexion :* Q'est-ce que mourir ?

Je mourrai ! c'est-à-dire, 1°. je quitterai tout, tout sans exception... Je quitterai mes parents, mes amis, ma personne; je leur dirai un éternel adieu... Je quitterai ma maison, mes meubles, mes terres, tout ce qui m'appartient... je laisserai absolument tout... Quelles sont les choses auxquelles je tiens davantage ?... je les quitterai comme tout le reste. Tu es saisie d'effroi, ô mon âme, à la pensée de cet abandon universel !... Il le faudra pourtant !... Hélas ! quelle folie de s'attacher à tout ce qui passe si vite !... Je me suis donné bien de la peine pour acquérir ce que je possède ! et il faut tout quitter !

Je mourrai ! c'est-à-dire, 2°. mon âme quittera mon corps; dès-lors il sera un objet importun dont mes parents et mes amis eux-mêmes ne chercheront qu'à se débarrasser... on l'enfoncera dans la terre... là, que deviendra-t-il ce corps qui m'occupe tant ?... que deviendront ces pieds, ces mains, cette tête ?... Que je suis donc insensé de tant flatter ce qui bientôt ne sera plus que pourriture et que cendre ! que je suis insensé d'exposer pour lui mon âme, mon éternité !... Alors pensera-t-on encore beaucoup à moi parmi les hommes ?... Hélas ! on songe bien peu aux morts... qui est-ce qui se souvient aujourd'hui de tel ou telle que j'ai vu mourir ?... Oh ! que l'estime des hommes est peu de chose !

Je mourrai ! c'est-à-dire, 3°. mon âme ira paraître au jugement de Dieu ! O moment redoutable ! me trouver seul en présence de Dieu !... être interrogé sur toute ma vie par un Dieu souverainement juste ! souverainement éclairé !... souverainement ennemi du péché, et alors sans miséricorde !...

2ᵉ *Réflexion :* Quand et comment mourrai-je ?

Combien ai-je encore à vivre ? je n'en sais rien : on meurt à tout âge... Aurai-je du temps pour me préparer à la mort ? Je n'en sais rien... je sais seulement que beaucoup de personnes, même après une longue maladie, meurent au moment qu'elles s'y attendaient le moins. Recevrai-je les derniers Sacrements, ou mourrai-je sans confession ?... Je n'en sais rien... je puis perdre la parole tout d'un coup... d'ailleurs, quand on est malade, de quoi est-on capable ?... Quelle folie de compter sur ce dernier moment, quand il s'agit d'une ÉTERNITÉ !...

3ᵉ *Réflexion :* Suis-je prêt à mourir ?

S'il me fallait mourir à cette heure, suis-je prêt à tout quitter ?... suis-je prêt surtout à paraître au jugement de Dieu ?... n'y a-t-il rien qui m'inquiète ?... ma conscience est-elle parfaitement tranquille ?... n'ai-je rien à craindre pour mes confessions ?... mes communions ?... l'accomplissement des devoirs de mon état ?... Quelle imprudence de vivre dans un état où je ne voudrais pas mourir !...

Si je devais mourir tout à l'heure, comment voudrais-je avoir vécu ?... Comment voudrais-je m'être conduit dans telle ou telle affaire ? Ecoutons, ô mon âme, les conseils de la mort ; elle ne nous flattera pas.

Après vous être arrêté le plus longtemps que vous pourrez sur ces pensées utiles, et avoir pris les résolutions qu'elles doivent vous inspirer, vous réciterez avec piété les prières suivantes, en tenant en main votre Crucifix.

ACTE DE RÉSIGNATION A LA MORT.

Souverain Maître de la vie et de la mort, ô Dieu qui, par un arrêt immuable et pour punir le péché, avez arrêté que tous les hommes mourraient une fois; me voici prosterné humblement devant vous, résigné à subir cette loi de votre justice. Je déplore, dans l'amertume de mon âme, tous les crimes que j'ai commis. Pécheur rebelle, j'ai mérité mille fois la mort : je l'accepte en expiation de tant de fautes : je l'accepte par obéissance à vos adorables volontés : je l'accepte en union avec la mort de mon Sauveur... Que je meure donc, ô mon Dieu, dans le temps, dans le lieu, de la manière qu'il vous plaira de l'ordonner !... Je profiterai du temps que votre miséricorde me laissera pour me détacher de ce monde où je n'ai que quelques instants à passer, pour rompre tous les liens qui m'attachent à cette terre d'exil, et pour préparer mon âme à vos terribles jugements... Je m'abandonne sans réserve entre les mains de votre providence toujours paternelle. Que votre volonté soit faite en tout et toujours. Ainsi soit-il !...

PRIÈRE POUR DEMANDER LA GRACE D'UNE BONNE MORT.

Prosterné devant le trône de votre adorable Majesté, je viens vous demander, ô mon Dieu, la dernière de toutes les grâces, la grâce d'une BONNE MORT ! Quelque mauvais usage que j'aie fait de la vie que vous m'avez donnée, accordez-moi de bien finir et de mourir dans votre amour.

Que je meure comme les saints Patriarches, quittant sans regret cette vallée de larmes pour aller jouir du repos éternel dans ma véritable patrie !

Que je meure comme le bienheureux Saint Joseph, entre les bras de Jésus et de Marie, en répétant ces doux noms que j'espère bénir pendant toute l'éternité !

Que je meure comme la très-Sainte Vierge, embrasé de l'amour le plus pur, brûlant du désir de me réunir à l'unique objet de toutes mes affections !

Que je meure comme Jésus sur la croix, dans les sentiments les plus vifs de haine pour le péché, d'amour pour mon Père céleste, et de résignation au milieu des souffrances !

Père Saint, je remets mon âme entre vos mains, faites-moi miséricorde !

O Jésus qui êtes mort pour mon amour, accordez-moi la grâce de mourir dans votre amour.

Sainte Marie, Mère de Dieu, priez pour moi, pauvre pécheur, maintenant et à l'heure de ma mort.

Ange du ciel, fidèle gardien de mon âme, grands Saints que Dieu m'a donnés pour protecteurs, ne m'abandonnez pas à l'heure de ma mort.

Saint Joseph, obtenez-moi, par votre intercession, que je meure de la mort des justes. Ainsi soit-il.

LITANIES POUR LA BONNE MORT.

Seigneur Jésus, Dieu de bonté, père des miséricordes, je me présente devant vous avec un cœur confus et brisé de douleur ; je vous recommande ma dernière heure et ce qui doit la suivre.

Quand mes pieds immobiles m'avertiront que ma course en ce monde va bientôt finir ; miséricordieux Jésus, ayez pitié de moi.

Quand mes yeux obscurcis et troublés des approches de la mort porteront vers vous leurs regards tristes et mourants ; miséricordieux Jésus, ayez pitié de moi.

Quand mes lèvres froides et tremblantes prononceront pour la dernière fois votre adorable nom ; miséricordieux Jésus, ayez p. de m.

Quand mes joues pâles et livides inspireront aux assistants la compassion et la terreur ; miséricordieux Jésus, ayez pitié de moi.

Quand mes cheveux et mon front, baignés des sueurs de la mort, m'annonceront ma fin prochaine ; miséricordieux Jésus, ayez pitié...

Quand mes oreilles, près de se fermer pour toujours aux discours des hommes, n'entendront plus qu'à peine les pieuses aspirations que l'on me suggèrera ; miséricordieux Jésus, ayez pitié de moi.

Quand mon imagination, agitée de fantômes sombres et effrayants, sera plongée dans des tristesses mortelles ; miséricordieux Jésus....

Quand mon esprit, troublé par la vue de mes iniquités et la crainte de votre justice, luttera contre l'ange des ténèbres qui voudrait me dérober la vue de vos miséricordes, et me jeter dans le désespoir ; miséricordieux Jésus, ayez pitié de moi.

Quand mon faible cœur, accablé par la douleur de la maladie, sera saisi des horreurs de la mort ; miséricordieux Jésus, ayez pitié...

Quand mes parents et mes amis, assemblés autour de moi, s'attendriront sur mon état et vous invoqueront pour moi ; miséricordieux...

Quand j'aurai perdu l'usage de tous mes sens, que le monde entier aura disparu pour moi, que je serai dans les oppressions de ma dernière agonie, et dans le travail de la mort ; miséricordieux Jésus....

Quand les derniers soupirs de mon cœur, que je souhaite venir d'une sainte impatience d'aller à vous, presseront mon âme de sortir de mon corps ; miséricordieux Jésus, ayez pitié de moi.

Quand mon âme sur le bord de mes lèvres, et au moment de la destruction de mon être, que je vous offre déjà comme un hommage qui vous est dû, sortira pour toujours de ce monde, et laissera mon corps pâle, glacé et sans vie ; miséricordieux Jésus, ayez p. de m.

Quand mon âme paraîtra devant vous pour la première fois, et que voyant l'éclat de votre majesté, elle entendra votre voix prononcer l'arrêt irrévocable qui décidera de mon éternité; pour qu'elle puisse chanter éternellement vos louanges; miséricordieux Jésus...

ORAISON.

O Dieu, qui nous condamnant à la mort, nous en avez caché l'heure et le moment, faites que passant dans la justice et la sainteté tous les jours de ma vie, je puisse mériter de sortir de ce monde dans la paix d'une bonne conscience, et mourir dans votre saint amour. Par Jésus-Christ Notre Seigneur. Ainsi soit-il.

Jésus, Marie, Joseph, je vous donne mon cœur, mon esprit et ma vie.
Jésus, Marie, Joseph, assistez-moi dans ma dernière agonie.
Jésus, Marie, Joseph, que mon âme expire paisiblement en votre sainte compagnie.

300 jours d'indulgence, chaque fois que l'on récitera ces trois aspirations. (*Pie VII.*)

VÊPRES DU DIMANCHE.

Psaume 109.

Dixit Dóminus Dómino meo : * Sede à dextris meis.

Donec ponam inimícos tuos, * scabéllum pedum tuórum.

Virgam virtútis tuæ emíttet Dóminus ex Sion : * domináre in médio inimicórum tuórum.

Tecum princípium in die virtútis tuæ, in splendóribus Sanctórum : * ex útero ante lucíferum génui te.

Jurávit Dóminus, et non pœnitébit eum : * tu es Sacérdos in ætérnum secúndum órdinem Melchisedech.

Dóminus à dextris tuis ; * confrégit in die iræ suæ reges.

Judicábit in natiónibus, implébit ruínas : * conquassábit cápita in terra multórum.

De torrénte in via bibet, * proptérea exaltábit caput.

Glória Patri...

Ant. Dixit Dóminus Dómino meo : Sede à dextris meis.

Psaume 110

Confitebor tibi, Dómine, in toto corde meo : * in consílio justórum et congregatióne.

Magna ópera Dómini : * exquisíta in omnes voluntátes ejus.

Conféssio et magnificéntia opus ejus : * et justítia ejus manet in séculum séculi.

Memóriam fecit mirabílium suórum miséricors et miserátor Dóminus : * escam dedit timéntibus se.

Memor erit in séculum testaménti sui : * virtútem óperum suórum annuntiábit pópulo suo.

Ut det illis hæreditátem géntium : * ópera mánuum ejus véritas et judícium.

Fidélia ómnia mandáta ejus, confirmáta in séculum séculi, * facta in veritáte et æquitáte.

Redemptiónem misit pópulo suo : * mandávit in ætérnum testaméntum suum.

Sanctum et terríbile nomen

ejus : * inítium sapiéntiæ timor Dómini.

Intelléctus bonus ómnibus faciéntibus eum : * laudátio ejus manet in séculum séculi.

Glória Patri...

Ant. Fidélia ómnia mandáta ejus, confirmáta in séculum séculi.

Psaume 111.

Beatus vir qui timet Dóminum : * in mandátis ejus volet nimis.

Potens in terra erit semen ejus:* generátio rectórum benedicétur.

Glória et divítiæ in domo ejus : * et justítia ejus manet in séculum séculi.

Exórtum est in ténebris lumen rectis : * miséricors, et miserátor, et justus.

Jucúndus homo qui miserétur et commodat, dispónet sermónes suos in judício : * quia in ætérnum non commovébitur.

In memória ætérna erit justus ; * ab auditióne mala non timébit.

Parátum cor ejus speráre in Dómino, confirmátum est cor ejus : * non commovébitur donec despíciat inimícos suos.

Dispérsit, dedit paupéribus, justítia ejus manet in séculum séculi:* cornu ejus exaltábitur in glória.

Peccátor vidébit et irascétur, déntibus suis fremet et tabéscet:* desidérium peccatórum períbit.

Glória Patri...

Ant. In mandátis ejus cupit nimis.

Psaume 112.

Laudate, púeri, Dóminum : * laudáte nomen Dómini.

Sit nomen Dómini benedíctum,* ex hóc nunc et usque in séculum.

A solis ortu usque ad occásum,* laudábile nomen Dómini.

Excélsus super omnes gentes Dóminus, * et super cœlos glória ejus.

Quis sicut Dóminus Deus noster qui in altis hábitat, * et humília réspicit in cœlo et in terra ?

Súscitans à terra ínopem, * et de stércore érigens páuperem.

Ut cóllocet eum cum princípibus,* cum princípibus pópuli sui.

Qui habitáre facit stérilem in domo,* matrem filiórum lætántem.

Glória Patri...

Ant. Sit nomen Dómini benedíctum in sécula.

Psaume 113.

In éxitu Israel de Ægýpto, * domus Jacob de pópulo bárbaro.

Facta est Judǽa sanctificátio ejus, * Israel potéstas ejus.

Mare vidit et fugit, * Jordánis convérsus est retrórsum.

Montes exultavérunt ut aríetes, * et colles sicut agni óvium.

Quid est tibi, mare, quod fugísti ? * et tu, Jordánis, quia convérsus es retrórsum ?

Montes exultástis sicut aríetes? * et colles sicut agni óvium ?

A fácie Dómini mota est terra, * à fácie Dei Jacob.

Qui convértit petram in stagna aquárum, * et rupem in fontes aquárum.

Non nobis, Dómine, non nobis, * sed nómini tuo da glóriam.

Super misericórdia tua et veritáte tua, * nequándo dicant gentes : Ubi est Deus eórum ?

Deus autem noster in cœlo : * ómnia quæcúmque vóluit fecit.

Simulácra géntium argéntum et aurum, * ópera mánuum hóminum.

Os habent, et non loquéntur, * óculos habent, et non vidébunt.

Aures habent, et non áudient,* nares habent, et non odorábunt.

Manus habent, et non palpábunt; pedes habent, et non ambulábunt; * non clamábunt in gútture suo.

Similes illis fiant qui fáciunt ea,* et omnes qui confidunt in eis.

Domus Israel sperávit in Dómino : * adjútor eórum et protéctor eórum est.

Domus Aaron sperávit in Dómino; * adjútor eórum et protéctor eórum est.

Qui timent Dóminum, speravérunt in Dómino : * adjútor eórum et protéctor eórum est.

Dóminus memor fuit nostri,* et benedíxit nobis.

Benedíxit Domui Israel,* benedíxit dómui Aaron.

Benedíxit ómnibus qui timent Dóminum; * pusillis cum majóribus.

Adjíciat Dóminus super vos, * super vos et super fílios vestros.

Benedícti vos à Dómino,* qui fecit cœlum et terram.

Cœlum cœli Dómino, * terram autem dedit fíliis hóminum.

Non mórtui laudábunt te, Dómine, * neque omnes qui descéndunt in inférnum.

Sed nos qui vívimus, benedícimus Dómino, * ex hóc nunc, et usque in séculum.

Glória Patri...

Ant. Nos qui vívimus, benedícimus Dómino.

HYMNE.

Lucis Creátor óptime,
Lucem diérum próferens,
Primórdiis lucis novæ,
Mundi parans originem.

Qui mane junctum véspéri,
Diem vocári præcipis;

Illábitur tetrum chaos :
Audi preces cum flétibus.

Ne mens graváta crímine,
Vitæ sit exul múnere,
Dum nil perénne cógitat,
Seséque culpis illigat.

Cœléste pulset óstium:
Vitále tollat præmium :
Vitémus omne nóxium,
Purgémus omne péssimum.

Præsta, Pater piíssime,
Patríque compar únice,
Cum Spíritu Paráclito,
Regnans per omne séculum.
Amen.

℣. Dirigátur, Dómine, orátio mea, ℟. Sicut incénsum in conspéctu tuo.

CANTIQUE DE LA SAINTE VIERGE.

Magníficat * ánima mea Dóminum.

Et exultávit spíritus meus, * in Deo salutári meo;

Quia respéxit humilitátem ancíllæ suæ : * ecce enim ex hoc beátam me dicent omnes generatiónes.

Quia fecit mihi magna qui potens est, * et sanctum nomen ejus.

Et misericórdia ejus à progénie in progénies * timéntibus eum.

Fecit poténtiam in bráchio suo:* dispérsit supérbos mente cordis sui.

Depósuit poténtes de sede, * et exaltávit húmiles.

Esuriéntes implévit bonis, * et dívites dimisit ináneas.

Suscépit Israel púerum suum;* recordátus misericórdiæ suæ.

Sicut locútus est ad patres nostros, * Abraham et sémini ejus in sécula.

Glória Patri...

SUFFRAGES

1°. DE LA SAINTE VIERGE.

Ant. Sancta María, succúrre míseris, juva pusillánimes, réfove flébiles, ora pro pópulo; intérveni pro clero, intercéde pro devóto femíneo sexu, séntiant omnes tuum juvámen, quicúmque célebrant * tuam sanctam commemoratiónem.

℣. Ora pro nobis..., *p. 14, et l'Or.* Concéde..., *p. 103.*

2°. DES APÔTRES SAINT PIERRE ET SAINT PAUL.

Ant. Petrus Apóstolus et Paulus doctor géntium, ipsi nos docuérunt legem tuam, Dómine.

℣. Constítues eos príncipes super omnem terram; ℟. Mémores erunt nóminis tui, Dómine.

ORÉMUS.

Deus, cujus déxtera beátum Petrum ambulántem in flúctibus, ne mergerétur; et coapóstolum ejus Paulum tértio naufragántem, de profúndo pélagi, liberávit, exáudi nos propítius, et concéde ut, ambórum méritis, æternitátis glóriam consequámur.

3°. DU PATRON DE L'ÉGLISE.

On fait Mémoire du Patron de l'église, avant ou après les Mémoires précédentes, selon sa dignité.

4°. POUR LA PAIX.

Ant. Da pacem, Dómine, in diébus nostris; quia non est álius qui pugnet pro nobis, nisi tu, Deus noster.

℣. Fiat pax in virtúte tua, ℟. Et abundántia in túrribus tuis.

ORÉMUS.

Deus, à quo sancta desidéria, recta consília, et justa sunt ópera, da servis tuis illam quam mundus dare non potest pacem; ut et corda nostra mandátis tuis dédita, et hóstium subláta formídine, témpora sint tua protectióne tranquilla; Per Dóminum nostrum...

A COMPLIES.

℣. Jube, Domne, benedícere.

Bénédiction. Noctem quiétam et finem perféctum concédat nobis Dóminus omnípotens. ℟. Amen.

LEÇON BRÈVE.

Fratres; Sóbrii estóte et vigiláte; quia adversárius vester diábolus, tanquam leo rúgiens, círcuit, quærens quem dévoret, cui resístite fortes in fide. Tu autem, Dómine, miserére nobis.

℟. Deo grátias.

℣. Adjutórium nostrum in nómine Dómini. ℟. Qui fecit cœlum et terram.

Pater noster..., Confíteor..., Misereátur..., etc., *comme à la Messe, p. 26.*

℣. Convérte nos, Deus salutáris noster; ℟. Et avérte iram tuam à nobis.

℣. Deus, in adjutórium...

PSAUME 4.

Cum invocárem, exaudívit me Deus justítiæ meæ : * in tribulatióne dilatásti mihi.

Miserére mei, * et exáudi oratiónem meam.

Fílii hóminum, úsquequo gravi

corde? * Ut quid dilígitis vanitátem, et quæritis mendácium?

Et scitóte quóniam mirificávit Dóminus sanctum suum : * Dóminus exáudiet me cum clamávero ad eum.

Irascímini et nolíte peccáre : * quæ dicitis in córdibus vestris, in cubílibus vestris compungímini.

Sacrificáte sacrifícium justítiæ, et speráte in Dómino : * multi dicunt : Quis osténdit nobis bona?

Signátum est super nos lumen vultus tui, Dómine ; * dedísti lætítiam in corde meo.

A fructu fruménti, vini et ólei sui, * multiplicáti sunt.

In pace in idípsum, * dórmiam et requiéscam.

Quóniam tu, Dómine, singuláriter in spe, * constituísti me.

Glória Patri...

Psaume 30.

In te, Dómine, sperávi, non confúndar in ætérnum : * in justítia tua líbera me.

Inclína ad me aurem tuam : * accelera ut éruas me.

Esto mihi in Deum protectórem, et in domum refúgii ; * ut salvum me fácias.

Quóniam fortitúdo mea et refúgium meum es tu, * et propter nomen tuum dedúces me et enútries me.

Edúces me de láqueo hoc quem abscondérunt mihi : * quóniam tu es protéctor meus.

In manus tuas comméndo spíritum meum : * redemísti me, Dómine, Deus veritátis.

Glória Patri...

Psaume 90.

Qui hábitat in adjutório Altíssimi, * in protectióne Dei cœli commorábitur.

Dicet Dómino : Suscéptor meus es tu et refúgium meum : * Deus meus, sperábo in eum ;

Quóniam ipse liberávit me de láqueo venántium ; et à verbo áspero.

Scápulis suis obumbrábit tibi, * et sub pennis ejus sperábis.

Scuto circúmdabit te véritas ejus : * non timébis à timóre noctúrno.

A sagítta volánte in die, à negótio perambulánte in ténebris, * ab incúrsu et dæmónio meridiáno.

Cadent à látere tuo mille, et decem míllia à dextris tuis ; * ad te autem non appropinquábit.

Verúmtamen óculis tuis considerábis, * et retributiónem peccatórum vidébis.

Quóniam tu es, Dómine, spes mea ; * altíssimum posuísti refúgium tuum.

Non accédet ad te malum, * et flagéllum non appropinquábit tabernáculo tuo ;

Quóniam Angelis suis mandávit de te, * ut custódiant te in ómnibus viis tuis :

In mánibus portábunt te, * ne forte offéndas ad lápidem pedem tuum.

Super áspidem et basilíscum ambulábis ; * et conculcábis leónem et dracónem.

Quóniam in me sperávit, liberábo eum : prótegam eum, quóniam cognóvit nomen meum.

Clamábit ad me, et ego exáudiam eum : * cum ipso sum in tribulatióne, erípiam eum et glorificábo eum.

Longitúdine diérum replébo eum, * et osténdam illi salutáre meum.

Glória Patri...

PSAUME 133.

Ecce nunc benedícite Dóminum, * omnes servi Dómini,
Qui statis in domo Dómini, * in átriis domus Dei nostri.
In nóctibus extóllite manus vestras in sancta; * et benedícite Dóminum.
Benedícat te Dóminus ex Sion,* qui fecit cœlum et terram.
Glória Patri...

Ant. 8. c. Miserére mihi, Dómine, et exáudi oratiónem meam.

HYMNE.

Te lucis ante términum,
Rerum Creátor, póscimus,
Ut pro tua cleméntia,
Sis præsul et custódia.

Procul recédant sómnia,
Et nóctium phantásmata,
Hostémque nostrum cómprime,
Ne polluántur córpora.

Præsta, Pater piíssime,
Patríque compar Unice
Cum Spíritu paráclito,
Regnans per omne séculum.
Amen.

CAPITULE.

Tu autem in nobis es, Dómine, et nomen sanctum tuum invocátum est super nos; ne derelínquas nos, Dómine Deus noster.
℟. Deo grátias.

℟. br. In manus tuas, Dómine,* Comméndo spíritum meum. *Le Ch.* In manus... ℣. Redemísti nos, Dómine, Deus veritátis. *Le Ch.* * Comméndo... ℣. Glória Patri... *Le Ch.* In manus...

℣. Custódi nos, Dómine, ut pupíllam óculi. ℟. Sub umbra alárum tuárum prótege nos.

CANTIQUE DE SAINT SIMÉON.

Nunc dimíttis servum tuum, Dómine, * secúndum verbum tuum in pace;
Quia vidérunt óculi mei, * salutáre tuum,
Quod parásti * ante fáciem ómnium populórum;
Lumen ad revelatiónem géntium, * et glóriam plebis tuæ Israel.
Glória Patri...

Ant. 3. à. Salva nos, Dómine, vigilántes; custódi nos dormiéntes; ut vigilémus cum Christo et requiescámus in pace.

Kýrie, eléison. Christe eléison. Kýrie, eléison.

Pater noster... *p.* 8.
℣. Et ne nos indúcas in tentatiónem; ℟. Sed líbera nos à malo.

Credo in Deum... *p.* 8.
℣. Carnis resurrectiónem. ℟. Vitam ætérnam. Amen.

℣. Benedíctus es, Dómine, Deus patrum nostrórum; ℟. Et laudábilis et gloriósus in sécula.

℣. Benedicámus Patrem, et Fílium cum sancto Spíritu, ℟. Laudémus et superexaltémus eum in sécula.

℣. Benedíctus es, Dómine, in firmaménto cœli; ℟. Et laudábilis et gloriósus, et superexaltátus in sécula.

℣. Benedícat et custódiat nos omnípotens et miséricors Dóminus. ℟. Amen.

℣. Dignáre, Dómine, nocte ista, ℟. Sine peccáto nos custodíre.

℣. Miserére nostri, Dómine. ℟. Miserére nostri.

℣. Fiat misericórdia tua, Dómine, super nos; ℟. Quemádmodum sperávimus in te.

℣. Dómine, exáudi oratiónem meam ; ℟. Et clamor meus ád te véniat.
℣. Dóminus vobíscum ; ℟. Et cum spíritu tuo.

ORÉMUS.

VISITA, quǽsumus, Dómine, habitatiónem istam, et omnes insídias inimíci ab ea longe repélle : Angeli tui sancti hábitent in ea, qui nos in pace custódiant ; et benedíctio tua sit super nos semper ; Per Dóminum...

℣. Benedícat et custódiat nos omnípotens et miséricors Dóminus, Pater, et Fílius, et Spíritus sanctus. ℟. Amen.

ANTIENNES A LA SAINTE VIERGE.

Pendant l'Avent et jusqu'à la Purification.

ALMA Redemptóris Mater, quæ pérvia cœli
Porta manes et stella maris, succúrre cadénti,
Súrgere qui curat pópulo : tu quæ genuísti,
Natúra miránte, tuum sanctum Genitórem ;
Virgo prius ac postérius, Gabriélis ab ore,
Sumens illud Ave, peccatórum miserére.

℟. Angelus Dómini nuntiávit Maríæ ; ℟. Et concépit de Spíritu sancto.

Orémus GRATIAM..., p. 15.

Après Noël.

℣. Post partum, Virgo, inviolátapermansísti, ℟. Dei Génitrix, intercéde pro nobis.

ORÉMUS.

DEUS qui salútis ætérnæ, beátæ Maríæ virginitáte fecúnda humáno géneri præmia præstitísti, tríbue, quǽsumus, ut ipsam pro nobis intercédere sentiámus, pér quam merúimus Auctórem vitæ suscípere Dóminum nostrum Jesum Christum... ℟. Amen.

Depuis la Purification jusqu'au Jeudi-Saint.

AVE, Regína cœlórum,
Ave, Dómina Angelórum :
Salve, radix, salve, porta,
Ex qua mundo lux est orta :
Gaude, Virgo gloriósa,
Super omnes speciósa :
Vale o valde decóra,
Et pro nobis Christum exóra.

℣ Dignáre, me laudáre te, Virgo sacráta ; ℟. Da mihi virtútem contra hostes tuos.

ORÉMUS.

CONCÉDE, miséricors Deus, fragilitáti nostræ præsídium ; ut qui sanctæ Dei Genitrícis memóriam ágimus, intercessiónis ejus auxílio, a nostris iniquitátibus resurgámus ; Per eúmdem...

De Pâques à la Trinité.

REGINA cœli, lætáre, allelúia ;
Quia quem meruísti portáre, allelúia ;
Resurréxit sicut dixit, allelúia :
Ora pro nobis Deum, allelúia.

℣. Gaude et lætáre, Virgo María, allelúia. ℟. Quia surréxit Dóminus vere, allelúia.

ORÉMUS.

DEUS, qui per Resurrectiónem Fílii tui Dómini nostri Jesu Christi mundum lætificáre dignátus es, præsta, quǽsumus, ut per ejus Genitrícem Vírginem Maríam, perpétuæ capiámus gáudia vitæ ; Per eúmdem Christum Dóminum nostrum... ℟. Amen.

Depuis la Trinité jusqu'à l'Avent.

Salve, Regína, mater misericórdiæ : vita, dulcédo et spes nostra, salve. Ad te clamámus éxules filii Evæ. Ad te suspirámus geméntes et flentes in hac lacrymárum valle. Eia ergo, advocáta nostra, illos tuos misericórdes óculos ad nos convérte. Et Jesum, benedíctum fructum ventris tui, nobis post hoc exílium osténde, O clemens ! O pia ! O dulcis Virgo María.

℟. Ora pro nobis, sancta Dei Génitrix ; ℟. Ut digni efficiámur promissiónibus Christi.

ORÉMUS.

Omnipotens sempitérne Deus, qui gloriósæ Vírginis matris Maríæ corpus et ánimam ut dignum Fílii tui habitáculum éffici mererétur, Spíritu sancto cooperánte præparásti ; da ut, cujus commemoratióne lætámur, ejus pia intercessióne, ab instántibus malis et a morte perpétua liberémur ; Per eúmdem Christum Dóminum nostrum... ℟. Amen.

℣. Divínum auxílium máneat semper nobíscum. ℟. Amen.

Pater... Ave... Credo...

PRIÈRE APRÈS L'OFFICE.

Louange, honneur, vertu et gloire éternelle soient rendus par toute créature à la très-sainte et indivisible Trinité, à l'humanité sainte de N.-S. J.-C. crucifié, à la virginité féconde de la très-heureuse, très-glorieuse et toujours Vierge Marie, et à l'universalité de tous les Saints ; et que la miséricorde divine daigne nous pardonner à jamais tous nos péchés. Ainsi soit-il.

PRIÈRE AU SAINT-SACREMENT.

Doux Jésus, aimable Sauveur, qui par l'excès du plus prodigieux amour, avez voulu demeurer avec nous dans le Sacrement de l'autel, je vous y reconnais pour mon souverain Seigneur et mon Dieu, et je vous y adore avec le sentiment de l'humilité la plus profonde. Je vous remercie de tout mon cœur de la tendresse infinie que vous nous témoignez, malgré le peu de respect que nous avons pour vous, et pénétré de douleur à la vue de nos ingratitudes, je viens, ô Dieu de majesté, vous faire amende honorable pour toutes les profanations, les sacrilèges et les impiétés qui se sont jamais commises et qui se commettront jamais contre cet adorable Sacrement. Que ne puis-je, ô mon Dieu, vous témoigner la douleur que je ressens d'avoir moi-même paru devant vous avec tant d'irrévérence, et de m'être approché de vous avec si peu d'amour et de ferveur.

Oubliez, Seigneur, nos iniquités, pour ne vous souvenir que de vos miséricordes. Agréez le désir sincère que j'ai de vous honorer dans le sacrement de votre amour. Oui, je souhaite de tout mon cœur de vous y aimer, vous y bénir, vous y louer et vous y adorer autant que les Saints et les Anges vous y aiment, vous y bénissent et vous y adorent ; et je vous conjure par ce corps adorable, par ce sang précieux devant lesquels je me prosterne, que désormais je vous y adore si respectueusement et je vous y reçoive si dignement, qu'après ma mort je puisse avec tous les bienheureux vous glorifier éternellement. Ainsi soit-il.

VÊPRES DU SAINT-SACREMENT.

Dixit Dóminus..., *page* 94.

Ant. Sacérdos in ætérnum Christus Dóminus secúndum órdinem Melchísedech, panem et vinum óbtulit.

Confitebor tibi..., *page* 94.

Ant. Miserátor Dóminus escam dedit timéntibus se in memóriam suórum mirabílium.

Psaume 115.

Credidi, propter quod locútus sum; * ego autem humiliátus sum nimis.

Ego dixi in excéssu meo : * Omnis homo mendax.

Quid retríbuam Dómino, * pro ómnibus quæ retríbuit mihi?

Cálicem salutáris accípiam, * et nomen Dómini invocábo.

Vota mea Dómino reddam, coram omni pópulo ejus : * pretiósa in conspéctu Dómini, mors Sanctórum ejus.

O Dómine! quia ego servus tuus, * ego servus tuus, et filius ancíllæ tuæ.

Dirupísti víncula mea; * tibi sacrificábo hóstiam laudis, et nomen Dómini invocábo.

Vota mea Dómino reddam, in conspéctu omnis pópuli ejus, * in átriis domus Dómini, in médio tui, Jerúsalem. — Glória Patri...

Ant. Cálicem salutáris accípiam, et sacrificábo hóstiam laudis.

Psaume 127.

Beati omnes qui timent Dóminum, * qui ámbulant in viis ejus.

Labóres mánuum tuárum quia manducábis, * beátus es, et bene tibi erit.

Uxor tua, sicut vitis abúndans, * in latéribus domus tuæ.

Fílii tui, sicut novéllæ olivárum, * in circúitu mensæ tuæ.

Ecce sic benedicétur homo, * qui timet Dóminum.

Benedícat tibi Dóminus ex Sion; * et vídeas bona Jerúsalem, ómnibus diébus vitæ tuæ;

Et vídeas fílios filiórum tuórum; * pacem super Israel.

Glória Patri...

Ant. Sicut novéllæ olivárum, Ecclésiæ filii sint in circúitu mensæ Dómini.

Psaume 147.

Lauda, Jerúsalem, Dóminum; * lauda Deum tuum, Sion;

Quóniam confortávit seras portárum tuárum; * benedíxit fíliis tuis in te.

Qui pósuit fines tuos pacem, * et ádipe fruménti sátiat te.

Qui emíttit elóquium suum terræ : * velóciter currit sermo ejus.

Qui dat nivem sicut lanam, * nébulam sicut cínerem spargit.

Mittit crystállum suam sicut buccéllas; * ante fáciem frígoris ejus quis sustinébit?

Emíttet verbum suum et liquefáciet ea : * flabit spíritus ejus, et fluent aquæ.

Qui annúntiat verbum suum Jacob * justítias et judícia sua Israel.

Non fecit táliter omni natióni, * et judícia sua non manifestávit eis.

Glória...

Ant. Qui pacem ponit fines Ecclésiæ, fruménti ádipe sátiat nos Dóminus.

CAPITULE.

FRATRES; Ego enim accépi à Dómino quod et trádidi vobis; quóniam Dóminus Jesus, in qua nocte tradebátur, accépit panem, et grátias agens, fregit, et dixit : Accípite, et manducáte, hoc est Corpus meum, quod pro vobis tradétur; hoc fácite in meam commemoratiónem.

HYMNE.

PANGE, lingua, gloriósi
Córporis mystérium,
Sanguinisque pretiósi
Quem in mundi prétium
Fructus ventris generósi
Rex effúdit géntium.
    Nobis datus, nobis natus
Ex intácta Vírgine,
Et in mundo conversátus,
Sparso verbi sémine,
Sui moras incolátus
Miro clausit órdine.
    In suprémæ nocte cœnæ,
Recúmbens cum frátribus,
Observáta lege plene
Cibis in legálibus,
Cibum turbæ duodénæ
Se dat suis mánibus.
    Verbum caro panem verum
Verbo carnem éfficit,
Fitque Sanguis Christi merum;
Et si sensus déficit,
Ad firmándum cor sincérum,
Sola fides súfficit.

    Tantum ergo Sacraméntum
Venerémur cérnui,
Et antíquum documéntum
Novo cedat rítui :
Præstet fides suppleméntum
Sénsuum deféctui.
    Genitóri Genitóque
Laus et jubilátio,
Salus, honor, virtus quoque
Sit et benedíctio;
Procedénti ab utróque
Compar sit laudátio. Amen.

℣. Panem de cœlo præstitísti eis,
℟. Omne delectaméntum in se habéntem.

A MAGNIF. *Ant.* O sacrum convívium, in quo Christus súmitur, recólitur memória passiónis ejus, mens implétur grátia, et futúræ glóriæ nobis pignus datur.

Autre Antienne.

Ant. O quam suávis est, Dómine, spíritus tuus! qui ut dulcédinem tuam in fílios demonstráres, pane suavíssimo de cœlo præstito esuriéntes reples bonis, fastidiósos dívites dimíttens ináness.

ORÉMUS.

DEUS, qui nobis sub Sacraménto mirábili, passiónis tuæ memóriam reliquísti, tríbue, quæsumus, ita nos córporis et sánguinis tui sacra mystéria venerári, ut redemptiónis tuæ fructum in nobis júgiter sentiámus; Qui vivis et regnas cum Deo Patre...

VÊPRES DE LA SAINTE VIERGE.

DIXIT Dóminus..., *page* 94.

Ant. Dum esset Rex in accúbitu suo, nardus mea dedit odórem suavitátis.

LAUDATE, púeri..., *page* 94.

Ant. Læva ejus sub cápite meo, et déxtera illíus amplexábitur me.

Psaume 121.

Lætatus sum in his quæ dicta sunt mihi : * in domum Dómini íbimus.

Stantes erant pedes nostri : * in átriis tuis, Jerúsalem.

Jerúsalem, quæ ædificátur ut cívitas : * cujus participátio ejus in idípsum.

Illuc enim ascendérunt tribus, tribus Dómini : * testimónium Israel, ad confiténdum nómini Dómini.

Quia illic sedérunt sedes in judício : * sedes super domum David.

Rogáte quæ ad pacem sunt Jerúsalem : * et abundántia diligéntibus te.

Fiat pax in virtúte tua, * et abundántia in túrribus tuis.

Propter fratres meos et próximos meos, * loquébar pacem de te.

Propter domum Dómini Dei nostri, * quæsívi bona tibi.

Glória Patri...

Ant. Nigra sum, sed formósa, fíliæ Jerúsalem; ídeo diléxit me Rex, et introdúxit me in cubículum suum.

Psaume 126.

Nisi Dóminus ædificáverit domum, * in vanum laboravérunt qui ædíficant eam.

Nisi Dóminus custódierit civitátem, * frustra vígilat qui custódit eam.

Vanum est vobis ante lucem súrgere : * súrgite postquam sedéritis, qui manducátis panem dolóris.

Cum déderit diléctis suis somnum : * ecce heréditas Dómini, fílii; merces, fructus ventris.

Sicut sagittæ in manu poténtis : * ita fílii excussórum.

Beátus vir qui implévit desidérium suum ex ipsis : * non confundétur cum loquétur inimícis suis in porta. — Glória Patri...

Ant. Jam hiems tránsiit, imber ábiit, et recéssit; surge, amíca mea, et veni.

Lauda, Jerusalem..., *page* 102.

Ant. Speciósa facta es et suávis in deliciis tuis, sancta Dei Génitrix.

CAPITULE.

Ab inítio et ante sécula creáta sum, et usque ad futúrum séculum non désinam, et in habitatióne sancta coram ipso ministrávi. ℟. Deo grátias.

HYMNE.

Ave, maris stella,
Dei Mater alma,
Atque semper virgo,
Felix cœli porta.

Sumens illud Ave
Gabriélis ore,
Funda nos in pace,
Mutans Evæ nomen.

Solve vincla reis,
Profer lumen cæcis
Mala nostra pelle,
Bona cuncta posce.

Monstra te esse matrem,
Sumat per te preces,
Qui pro nobis natus,
Tulit esse tuus.

Virgo singuláris,
Inter omnes mitis,
Nos culpis solútos,
Mites fac et castos.

Vitam præsta puram,
Iter para tutum;
Ut vidéntes Jesum
Semper collætémur.

Sit laus Deo Patri,
Summo Christo decus,
Spirítui sancto;
Tribus honor unus. Amen.

℣. Diffúsa est grátia in lábiis tuis. ℟. Proptérea benedíxit te Deus in ætérnum.

A Magnif. Ant. Beáta Mater et intácta Virgo, gloriósa Regína mundi, intercéde pro nobis ad Dóminum.

Kýrie, eléison; Christe, eléison; Kýrie, eléison.

ORÉMUS.

Concede nos fámulos tuos, quǽsumus, Dómine Deus, perpétua mentis et córporis sanitáte gaudére; et gloriósa beátæ Maríæ semper Vírginis intercessióne à præsénti liberári tristítia, et ætérna pérfrui lætítia; Per Christum Dóminum nostrum. ℟. Amen.

PSAUMES DES FÊTES
AUX VÊPRES.

Le Ps. du Dim., p. 94. Au lieu du 5ᵉ. le suivant :

PSAUME 116.

Laudate Dóminum, omnes gentes; * laudáte eum, omnes pópuli.

Quóniam confirmáta est super nos misericórdia ejus, * et véritas Dómini manet in ætérnum.

Glória Patri...

PSAUMES DES APOTRES
AUX II. VÊPRES.

Les Ps. Dixit..., *p.* 94; Laudáte, *p.* 95; Crédidi, *p.* 102.

PSAUME 125.

In converténdo Dóminus captivitátem Sion, * facti sumus sicut consoláti.

Tunc replétum est gáudio os nostrum, * et lingua nostra exultatióne.

Tunc dicent inter gentes : * Magnificávit Dóminus fácere cum eis.

Magnificávit Dóminus fácere nobíscum : * facti sumus lætántes.

Convérte, Dómine, captivitátem nostram, * sicut torrens in Austro.

Qui séminant in lácrymis, * in exultatióne metent.

Eúntes ibant et flebant, * mitténtes sémina sua.

Veniéntes autem vénient cum exultatióne, * portántes manípulos suos.

Glória Patri...

PSAUME 138.

Domine, probásti me et cognovísti me, * tu cognovísti sessiónem meam et resurrectiónem meam.

Intellexísti cogitatiónes meas de longe : * sémitam meam et funículum meum investigásti;

Et omnes vias meas prævidísti : * quia non est sermo in lingua mea.

Ecce, Dómine, tu cognovísti ómnia novíssima et antíqua : * tu formásti me, et posuísti super me manum tuam

Mirábilis facta est sciéntia tua ex me : * confortáta est, et non pótero ad eam.

Quo ibo à spíritu tuo, * et quo à fácie tua fúgiam?

Si ascéndero in cœlum tu illic es : * si descéndero in inférnum, ades.

Si súmpsero pennas meas dilúculo, * et habitávero in extrémis maris;

Etenim illuc manus tua deducet me; * et tenébit me déxtera tua.

Et dixi : Fórsitan ténebræ conculcábunt me ; * et nox illuminátio mea in deliciis meis ;

Quia ténebræ non obscurabúntur à te, et nox sicut dies illuminábitur : * sicut ténebræ ejus, ita et lumen ejus.

Quia tu possedísti renes meos ;* suscepísti me de útero matris meæ.

Confitébor tibi quia terribíliter magnificátus es : * mirabília ópera tua, et ánima mea cognóscit nimis.

Non est occultátum os meum à te, quod fecísti in occúlto ; * et substántia mea in inferióribus terræ.

Imperféctum meum vidérunt óculi tui, et in libro tuo omnes scribéntur : * dies formabúntur, et nemo in eis.

Mihi autem nimis honorificáti sunt amíci tui, Deus : * nimis confortátus est principátus eórum.

Dinumerábo eos, et super arénam multiplicabúntur ; * exurréxi, et adhuc sum tecum.

Si occíderis, Deus, peccatóres; * viri sánguinum, declináte à me ;

Quia dícitis in cogitatióne : * Accípient in vanitáte civitátes tuas.

Nonne qui odérunt te, Dómine, óderam, * et super inimícos tuos tabescébam ?

Perfécto ódio óderam illos, * et inimíci facti sunt mihi.

Proba me, Deus, et scito cor meum, * intérroga me, et cognósce sémitas meas.

Et vide si via iniquitátis in me est ; * et deduc me in via ætérna.

Glória Patri...

PSAUMES DES CONFESSEURS

PONTIFES.

Les Ps. du Dim., p. 94 : au lieu du 5e., le suivant :

PSAUME 131.

MEMENTO, Dómine, David, * et omnis mansuetúdinis ejus.

Sicut jurávit Dómino, * votum vovit Deo Jacob.

Si introíero in tabernáculum domus meæ ; * si ascéndero in lectum strati mei ;

Si dédero somnum óculis meis,* et pálpebris meis dormitatiónem,

Et réquiem tempóribus meis, donec invéniam locum Dómino, * tabernáculum Deo Jacob.

Ecce audívimus eam in Ephráta : * invénimus eam in campis silvæ.

Introíbimus in tabernáculum ejus : * adorábimus in loco, ubi stetérunt pedes ejus.

Surge, Dómine, in réquiem tuam, * tu et arca sanctificatiónis tuæ.

Sacerdótes tui induántur justítiam, * et Sancti tui exúltent.

Propter David servum tuum, * non avértas fáciem Christi tui.

Jurávit Dóminus David veritátem, et non frustrábitur eam ; * de fructu ventris tui ponam super sedem tuam.

Si custodíerint filii tui testaméntum meum, * et testimónia mea hæc quæ docébo eos.

Et filii eórum usque in séculum * sedébunt super sedem tuam ;

Quóniam elégit Dóminus Sion, * elégit eam in habitatiónem sibi.

Hæc réquies mea, in séculum seculi : * hic habitábo ; quóniam elégi eam.

Víduam ejus benedícens benedícam, * páuperes ejus saturábo pánibus.
Sacerdótes ejus índuam salutári; * et Sancti ejus exultatióne exultábunt.

Illuc prodúcam cornu David; * parávi lucérnam Christo meo.
Inimícos ejus índuam confusióne, * super ipsum autem efflorébit sanctificátio mea.
Glória Patri...

PRIÈRES DIVERSES.

Pour demander l'assistance du Saint-Esprit.

Ant. Veni, Sancte Spíritus, reple tuórum corda fidélium, et tui amóris in eis ignem accénde.

℣. Emítte Spíritum tuum, et creabúntur.

℟. Et renovábis fáciem terræ.

ORÉMUS.

Deus qui corda Fidélium sancti Spíritus illustratióne docuísti: da nobis in eódem Spíritu recta sápere, et de ejus semper consolatióne gaudére; Per Christum...

HYMNE.

Veni, Creátor Spíritus,
Mentes tuórum vísita,
Imple supérna grátia
Quæ tu creásti péctora.

Qui díceris Paráclitus,
Altíssimi donum Dei,
Fons vivus, ignis, cháritas,
Et spiritális únctio.

Tu septifórmis múnere,
Dígitus patérnæ déxteræ;
Tu rite promíssum Patris,
Sermóne ditans gúttura.

Accénde lumen sénsibus,
Infúnde amórem córdibus,
Infírma nostri córporis,
Virtúte firmans pérpeti.

Hostem repéllas lóngius,
Pacémque dones prótinus,
Ductóre sic te prævio,
Vitémus omne nóxium.

Per te sciámus da Patrem,
Noscámus atque Fílium,
Teque utriúsque Spíritum,
Credámus omni témpore.

Deo Patri sit glória,
Et Fílio, qui à mórtuis
Surréxit, ac Paráclito,
In seculórum sécula. Amen.

Au Salut *du Saint-Sacrement.*

Ave verum corpus natum
De María Vírgine;
Vere passum, immolátum
In cruce pro hómine.
Cujus latus perforátum
Aquam dedit cum sánguine.
Esto nobis prægustátum
Mortis in exámine.
O Jesu dulcis!
O Jesu pie!
O Jesu Fili Maríæ,
Tu nobis miserére. Amen.

Invitatoire. Christum Regem adorémus Domínantem géntibus; qui se manducántibus dat spiritus pinguédinem

O salutáris Hóstia,
Quæ cœli pandis óstium!
Bella premunt hostilia,
Da robur, fer auxílium.
Uni trinóque Dómino
Sit sempitérna glória,
Qui vitam, sine término,
Nobis donet in pátria. Amen.

5.

Panis angélicus
Fit panis hóminum;
Dat panis cœlicus
Figúris términum :
O res mirábilis !
Mandúcat Dóminum
Pauper, servus et húmilis!

Te, Trina Déitas
Unaque, póscimus.
Sic nos tu vísitas
Sicut te cólimus;
Per tuas sémitas,
Duc nos quo téndimus,
Ad lucem quam inhábitas.
Amen.

Adorémus in ætérnum Sanctíssimum Sacraméntum.

Le Ps. Laudáte..., *page* 105.

Pour le temps de Noël.

Adeste, Fidéles, læti, triumphántes,
Veníte, veníte in Béthleem.
* Natum vidéte Regem Angelórum:
Veníte, adorémus Dóminum. * Natum...

En, grege relícto, húmiles ad cunas
Vocáti Pastóres appróperant;
* Et nos ovánti gradu festinémus.
Veníte... — * Et nos...

Ætérni Paréntis Splendórem ætérnum,
Velátum sub carne, vidébimus;
* Deum infántem, pannis involútum.
Veníte... — * Deum...

Quot infans emíttit in cunis vagítus,
Quot fundit ad Patrem suspíria,
* Tot suam signis promit bonitátem :
Veníte... — * Tot...

Pro nobis egénum et feno cubántem
Piis foveámus ampléxibus :
* Sic nos amántem quis non redamáret?
Veníte... — * Sic...

Pour le Temps Pascal.

Adeste, Fidéles, læti, triumphántes ;
Ináne sepúlcrum conspícite :
* Jesum, devícta morte, resurgéntem,
Veníte, adorémus Dóminum. * Jesum...

Captívos, dejéctis claustris inferórum,
Ovántes edúcit exílio :
* Vincla rumpéntem quibus obligántur,
Veníte... — * Vincla...

Fixúras clavórum lanceæque plagam
Dat cæco palpándas discípulo;
* Nos, cum stupénti Thoma procumbéntes,
Veníte... — * Nos...

Timóre dispérsum cólligit ovíle,
Nascéntem et fovet Ecclésiam;
* Et nos, Pastóris vocem agnoscéntes,
Veníte... — Et nos...

Adoro te supplex, latens Déitas,
Quæ sub his figúris vere látitas :
Tibi se cor meum totum súbjicit,
Quia te contémplans totum déficit.

Jesu, quem velátum nunc aspício,
Oro fiat illud quod tam sítio,
Ut, te reveláta cernens fácie,
Visu sim beátus tuæ glóriæ.
Amen.

Bone Pastor, panis vere,
Jesu, nostri miserére;
Tu nos pasce, nos tuére,

Tu nos bona fac vidére
In terra vivéntium.

Tu, qui cuncta scis et vales,
Qui nos pascis hic mortáles,
Tuos ibi commensáles,
Cohærédes et sodáles
Fac sanctórum cívium. Amen.

Antiennes à la Sainte Vierge.

INVIOLATA, íntegra et casta es, María, Quæ es effécta fúlgida cœli porta. O Mater alma Christi caríssima, Súscipe pia laudum præcónia. Nostra ut pura péctora sint et córpora, Te nunc flágitant devóta corda et ora. Tua per precáta dulcísona, Nobis concédas véniam per sécula. O benígna ! O benígna! O benígna ! Quæ sola invioláta permansísti.

SUB tuum præsídium confúgimus, sancta Dei Génitrix, nostras deprecatiónes ne despícias in necessitátibus; sed à perículis cunctis líbera nos semper, Virgo gloriósa et benedícta.

orémus.

FAMULÓRUM tuórum, quǽsumus, Dómine, delíctis ignósce; ut qui tibi placére de áctibus nostris non valémus, Genitrícis Fílii tui Dómini nostri intercessióne salvémur; Per eúmdem Christum...

Hymne de la Passion.

VEXILLA Regis pródeunt,
Fulget Crucis mystérium,
Qua Vita mortem pértulit,
Et morte vitam prótulit.

Quæ vulneráta lánceæ
Mucróne diro, críminum
Ut nos laváret sórdibus,
Manávit unda et sánguine.

Impléta sunt, quæ cóncinit
David fidéli cármine,
Dicéndo natiónibus:
Regnávit à ligno Deus.

Arbor decóra et fúlgida,
Ornáta Regis púrpura,
Elécta digno stípite
Tam sancta membra tángere.

Beáta, cujus bráchiis
Prétium pepéndit séculi,
Statéra facta córporis,
Tulítque prædam tártari.

O Crux, ave, spes única,
* Hoc Passiónis témpore,
Piis adáuge grátiam,
Reísque dele crímina.

Te, fons salútis Trínitas,
Colláudet omnis spíritus:
Quibus Crucis victóriam
Largíris, adde prǽmium. Amen.

℣. Dícite in natiónibus ; ℟. Quia Dóminus regnávit à ligno.

orémus.

PERPÉTUA nos, Dómine, pace custódi quos per lignum sanctæ Crucis redímere dignátus es ; Per Christum...

Prose pour Pâques.

O Fílii et Fíliæ,
Rex cœléstis, Rex glóriæ,
Morte surréxit hódie;
Allelúia.

Et María Magdaléne,
Et Jacóbi et Salóme
Venérunt corpus úngere;
Allelúia.

A Magdaléna móniti,
Ad óstium monuménti
Duo currunt discípuli; allelúia.

Sed Joánnes Apóstolus
Cucúrrit Petro cítius,
Ad sepúlcrum venit prius; allel.

In albis sedens Angelus,
Respóndit muliéribus,
Quia surréxit Dóminus; allelúia.

Discípulis astántibus,
In médio stetit Christus,
Dicens: Pax vobis ómnibus; allel.

Postquam audívit Dídymus,

Quia surréxerat Jesus,
Remánsit fide dúbius; allelúia.
Vide, Thoma, vide latus,
Vide pedes, vide manus,
Noli esse incrédulus; allelúia.
Quando Thomas Christi latus,
Pedes vidit atque manus,
Dixit: Tu es Deus meus; allelúia.
Beáti qui non vidérunt
Et fírmiter credidérunt!
Vitam ætérnam habébunt; allel.
In hoc festo sanctíssimo,
Sit laus et jubilátio :
Benedicámus Dómino; allelúia.
De quibus nos humíllimas,
Devótas atque débitas
Deo dicámus grátias; allelúia.

CANTIQUE *d'actions de grâces.*

TE Deum laudámus : * te Dóminum confitémur.
Te ætérnum Patrem * omnis terra venerátur.
Tibi omnes Angeli, * tibi cœli et univérsæ potestátes,
Tibi Chérubim et Séraphim, * incessábili voce proclámant :
Sanctus, Sanctus, Sanctus, * Dóminus Deus Sábaoth.
Pleni sunt cœli et terra * majestátis glóriæ tuæ.
Te gloriósus * Apostolórum chorus,
Te Prophetárum * laudábilis númerus,
Te Mártyrum candidátus * laudat exércitus.
Te per orbem terrárum * sancta confitétur Ecclésia,
Patrem * imménsæ majestátis;
Venerándum tuum verum * et únicum Fílium;
Sanctum quoque * paráclitum Spíritum.
Tu Rex glóriæ, * Christe.
Tu Patris * sempitérnus es Fílius.

Tu, ad liberándum susceptúrus hóminem, * non horruísti Vírginis úterum.
Tu devícto mortis acúleo, * aperuísti credéntibus regna cœlórum
Tu ad déxteram Dei sedes * in glória Patris.
Judex créderis * esse ventúrus.
Te ergo quǽsumus, tuis fámulis súbveni, * quos pretióso sánguine redemísti.
Ætérna fac * cum Sanctis tuis in glória numerári.
Salvum fac pópulum tuum, Dómine, * et bénedic hæreditáti tuæ;
Et rege eos, * et extólle illos usque in ætérnum.
Per síngulos dies * benedícimus te;
Et laudámus nomen tuum in séculum, * et in séculum séculi.
Dignáre, Dómine, die isto, * sine peccáto nos custodíre.
Miserére nostri, Dómine, * miserére nostri.
Fiat misericórdia tua, Dómine, super nos, * quemádmodum sperávimus in te.
In te, Dómine, sperávi : * non confúndar in ætérnum.

℣. Bénedic, ánima mea, Dómino,
℟. Et noli oblivísci omnes retributiónes ejus.

ORÉMUS.

DEUS, cujus misericórdiæ non est númerus, et bonitátis infinítus est thesáurus : piíssimæ majestáti tuæ pro collátis donis grátias ágimus, tuam semper cleméntiam exorántes; ut qui peténtibus postuláta concédis, eósdem non déserens, ad prǽmia futúra dispónas : Per Christum...

COMPLAINTE *à la Sainte Vierge.*

Stabat Mater dolorósa
Juxta Crucem lacrymósa,
Dum pendébat fílius.
 Cujus ánimam geméntem,
Contristátam et doléntem,
Pertransivit gládius.
 O quam tristis et afflícta
Fuit illa benedícta
Mater Unigéniti!
 Quæ mœrébat, et dolébat
Pia Mater, dum videbat
Nati pœnas ínclyti.
 Quis est homo qui non fleret
Matrem Christi si vidéret
In tanto supplício?
 Quis non posset contristári,
Christi matrem contemplári
Doléntem cum Fílio?
 Pro peccátis suæ gentis
Vidit Jesum in torméntis,
Et flagéllis súbditum,
 Vidit suum dulcem Natum
Moriéndo desolátum,
Dum emísit spíritum.
 Eia, Mater, fons amóris,
Me sentire vim dolóris
Fac, ut tecum lúgeam.
 Fac ut árdeat cor meum,
In amándo Christum Deum;
Ut sibi compláceam.
 Sancta Mater, istud agas,
Crucifíxi fige plagas.
Cordi meo válide.
 Tui Nati vulneráti,
Jam dignáti pro me pati,
Pœnas mecum divide.
 Fac me tecum pie flere,
Crucifíxo condolére,
Donec ego vixero.
 Juxta Crucem tecum stare,
Et me tibi sociáre
In planctu desídero.
 Virgo vírginum præclára,
Mihi jam non sis amára,
Fac me tecum plángere.
 Fac ut portem Christi mortem,
Passiónis fac consórtem,
Et plagas recólere.
 Fac me plagis vulnerári,
Fac me cruce inebriári
Et cruóre Fílii.
 Flammis ne urar succénsus
Per te, Virgo, sim defénsus
In die Judícii.
 Christe, cum sit hinc exíre,
Da per Matrem me veníre
Ad palmam victóriæ.
 Quando corpus moriétur,
Fac ut ánimæ donétur
Paradísi glória. Amen.

℣. O vos omnes qui transítis per viam;
℟. Atténdite et vidéte si est dolor sicut dolor meus.

ORÉMUS.

Intervéniat pro nobis, quǽsumus, Dómine, apud tuam cleméntiam nunc et in hora mortis nostræ, beáta Virgo María, mater tua, cujus ánimam in hora passiónis tuæ dolóris gládius pertransívit; Qui vivis et regnas...

PRIÈRE *pour le temps de l'Avent.*

Roráte, cœli, désuper, et nubes pluant Justum.

A chaque verset on répète: Roráte cœli...

Ne irascáris, Dómine; ne ultra memíneris iniquitátis: ecce cívitas Sancti facta est desérta, Sion desérta facta est: Jerúsalem desoláta est, domus sanctificatiónis tuæ, et glóriæ tuæ; ubi laudavérunt te patres nostri.

Peccávimus et facti sumus ut immúndus nos; et cecídimus quasi fólium univérsi, et iniquitátes nostræ quasi ventus abstulérunt nos: abscondísti fáciem tuam à nobis, et allisísti nos in manu iniquitátis nostræ.

Vide, Dómine, afflictiónem pópuli tui, et mitte quem missúrus es: Emítte Agnum dominatórem terræ de petra desérti ad montem filiæ Sion; ut áuferat ipse jugum captivitátis nostræ.

Consolámini, consolámini, pópule meus; cito véniet salus tua: quare mœróre consúmeris? Quia innovávit te dolor, salvábo te: noli timére; ego enim sum Dóminus Deus tuus, Sanctus Israel, Redémptor tuus.

℣. Excita poténtiam tuam, et veni; ℟. Ut salvos fácias nos.

ORÉMUS.

DEUS, in quo vívimus et quiéscimus, effúnde super nos misericórdiam tuam, ut per noctem in eo sit nostra quies, quem ventúrum expectámus Dóminum nostrum Jesum Christum Filium tuum...

Prières *pour le Carême.*

ATTENDE, Dómine, et miserére; quia peccávimus tibi.

A chaque Verset on répète : Atténde, Dómine...

Recordáre, Dómine, quid accíderit nobis; peccávimus cum pátribus nostris, injúste égimus; multiplicátæ sunt super capíllos cápitis iniquitátes nostræ.

Contristáti sumus in exercitatióne nostra, et conturbáti sumus à voce inimíci et à tribulatióne peccatórum : in próximo est perditio nostra : et non est qui ádjuvet : formído mortis cécidit super nos.

Cor contrítum et humiliátum ne despícias, Dómine, in jejúnio et fletu te deprecámur nos. Eleemósynam conclúdimus in sinu páuperum, et ipsa exorábit te pro nobis : convértimur ad te, quóniam multus es ad ignoscéndum.

Audi, pópule meus, et consídera, vínea mea elécta, domus Israel. Ego te plantávi : quómodo facta es in amaritúdinem? Expectávi ut fáceres judícium, et ecce iníquitas; et justítiam, et ecce clamor.

Revértere, revértere ad Dóminum Deum tuum, et áuferam jugum captivitátis tuæ; rédimam te; lavábo iniquitátes tuas in sánguine meo; et ero víctima tua, et Redémptor tuus.

℣. Multa flagélla peccatóris;
℟. Sperántem autem in Dómino misericórdia circúmdabit.

ORÉMUS.

VIVIFICO júgiter recreándis Sacraménto súbveni, Dómine, servis tuis, sua iniquitáte geméntibus; mentésque nostras terrénis afféctibus prægravátas medicinálibus tribue exonerári jejúniis, et córporis afflictatióne corroborári; Per Christum...

Pour implorer la miséricorde divine.

DÓMINE, non secúndum peccáta nostra quæ fécimus nos, neque secúndum iniquitátes nostras retríbuas nobis. ℣. Dómine, ne memíneris iniquitátum nostrárum antiquárum : cito antícipent nos misericórdiæ tuæ; quia páuperes facti sumus nimis. ℣. Adjuva nos, Deus salutáris noster, et propter glóriam nóminis tui, Dómine, líbera nos, et propítius esto peccátis nostris propter nomen tuum.

Autre Prière.

PARCE, Dómine, parce pópulo tuo, * ne in ætérnum irascáris nobis.

Psaume 50.

Miserere mei, Deus, * secúndum magnam misericórdiam tuam.

Et secúndum multitúdinem miseratiónum tuárum * dele iniquitátem meam.

Amplius lava me ab iniquitáte mea, * et à peccáto meo munda me.

Quóniam iniquitátem meam ego cognósco, * et peccátum meum contra me est semper.

Tibi soli peccávi, et malum coram te feci; * ut justificéris in sermónibus tuis, et vincas cum judicáris.

Eccè enim in iniquitátibus concéptus sum * et in peccátis concépit me mater mea.

Ecce enim veritátem dilexísti,* incérta et occúlta sapiéntiæ tuæ manifestásti mihi.

Aspérges me hyssópo et mundábor; * lavábis me, et super nivem dealbábor.

Audítui meo dabis gáudium et lætítiam; * et exultábunt ossa humiliáta.

Avérte faciem tuam à peccátis meis, * et omnes iniquitátes meas dele.

Cor mundum crea in me, Deus,* et spíritum rectum ínnova in viscéribus meis.

Ne projícias me à fácie tua, * et spíritum sanctum tuum ne áuferas à me.

Redde mihi lætítiam salutáris tui, * et spíritu principáli confírma me.

Docébo iníquos vias tuas; * et ímpii ad te converténtur.

Líbera me de sanguínibus, Deus, Deus salútis meæ; * et exultábit lingua mea justítiam tuam.

Dómine, lábia mea apéries *, et os meum annuntiábit laudem tuam.

Quóniam si voluísses sacrifícium, dedíssem útique; * holocáustis non delectáberis.

Sacrifícium Deo spíritus contribulátus: * cor contrítum et humiliátum, Deus, non despícies.

Benígne fac, Dómine, in bona voluntáte tua Sion, * ut ædificéntur muri Jerúsalem.

Tunc acceptábis sacrifícium justítiæ, oblatiónes et holocáusta; * tunc impónent super altáre tuum vítulos. — Glória Patri...

℣. Osténde nobis, Dómine, misericórdiam tuam;

℟. Et salutáre tuum da nobis.

orémus.

Deus, qui culpa offénderis, pœniténtia placáris, preces pópuli tui supplicántis propítius réspice, et flagélla tuæ iracúndiæ, quæ pro peccátis nostris merémur, avérte; Per Christum Dóminum nostrum.

LITANIES DES SAINTS.

Kyrie, eléison.
Christe, eléison.
Kýrie, eléison.
Christe, audi nos.
Christe, exáudi nos.
Pater de cœlis Deus, miserére nobis.
Fili, Redémptor mundi, Deus, miserére nobis.
Spíritus sancte, Deus, miserére nobis.
Sancta Trínitas, unus Deus, miserére nobis.
Sancta María, ora pro nobis.
Sancta Dei Génitrix, ora pro nob.
Sancta Virgo Vírginum, ora pro...
Sancte Michael, ora.

Sancte Gábriel, ora.
Sancte Ráphael, ora.
Omnes Sancti Angeli et Archángeli, oráte pro nobis.
Omnes sancti beatórum Spirítuum órdines, oráte pro nobis.
Sancte Joánnes Baptísta, ora pro.
Sancte Joseph, ora pro nobis.
Omnes sancti Patriárchæ et Prophétæ, oráte pro nobis.
Sancte Petre, ora pro nobis.
Sancte Paule,
Sancte Andréa,
Sancte Jacóbe,
Sancte Joánnes,
Sancte Thoma,
Sancte Jacóbe,
Sancte Philíppe,
Sancte Bartholómæ,
Sancte Málthæe,
Sancte Simon,
Sancte Tháddæe,
Sancte Mathía,
Sancte Bárnaba,
Sancte Luca,
Sancte Marce,

Ora pro nobis.

Omnes sancti Apóstoli et Evangelistæ, oráte pro nobis.
Omnes sancti Discípuli Dómini, oráte pro nobis.
Omnes sancti Innocéntes, oráte.
Sancte Stéphane, ora pro nobis.
Sancte Lauréntí, ora.
Sancte Vincénti, ora.
Sancti Fabiáne et Sebastiáne, oráte pro nobis.
Sancti Joánnes et Paule, oráte.
Sancti Cosma et Damiáne, oráte.
Sancti Gervási et Protási, oráte.
Omnes sancti Mártyres, oráte.
Sancte Sylvéster, ora pro nobis.
Sancte Gregóri,
Sancte Ambrósi,
Sancte Augustíne,
Sancte Hierónyme,
Sancte Martíne,
Sancte Nicolae,

Ora pro nob.

Omnes sancti Pontífices et Confessóres, oráte pro nobis.
Omnes sancti Doctóres, oráte.
Sancte Antóni, ora pro nobis.
Sancte Benedícte, ora.
Sancte Bernárde, ora.
Sancte Dominice, ora.
Sancte Francísce, ora.
Omnes sancti Sacerdótes et Levítæ, oráte pro nobis.
Omnes sancti Mónachi et Eremítæ, oráte pro nobis.
Sancta María Magdaléna, ora pro.
Sancta Agatha, ora.
Sancta Lúcia, ora.
Sancta Agnes, ora.
Sancta Cecília, ora.
Sancta Catharína, ora.
Sancta Anastásia, ora.
Omnes sanctæ Vírgines et Víduæ, oráte pro nobis.
Omnes Sancti et Sanctæ Dei, intercédite pro nobis.
Propítius esto, parce nobis, Dómine.
Propítius esto, exáudi nos, Dómine.
Ab omni malo, líbera nos, Dómine.
Ab omni peccáto,
Ab ira tua,
A subitánea et improvísa morte,
Ab insídiis diáboli,
Ab ira et ódio et omni mala voluntáte,
A spíritu fornicatiónis,
A fúlgure et tempestáte,
A morte perpétua,
Per mystérium sanctæ Incarnatiónis tuæ,
Per Advéntum tuum,
Per Nativitátem tuam,
Per Baptismum et sanctum Jejúnium tuum,
Per Crucem et Passiónem tuam,
Per Mortem et Sepultúram tuam,
Per sanctam Resurrectiónem tuam,

Líbera nos, Dómine.

Per admirábilem Ascensiónem tuam, líbera nos, Dómine.
Per advéntum Spíritus sancti Parácliti, líbera nos, Dómine.
In die judícii, líbera nos, Dómine.
Peccatóres, te rogámus, audi nos.
Ut nobis parcas,
Ut nobis indúlgeas,
Ut ad veram pœniténtiam nos perdúcere dignéris,
Ut Ecclésiam tuam sanctam régere et conserváre dignéris,
Ut domnum Apostólicum, et omnes Ecclesiásticos órdines in sancta religióne conserváre dignéris,
Ut inimícos sanctæ Ecclésiæ humiliáre dignéris,
Ut régibus et princípibus christiánis pacem et veram concórdiam donáre dignéris,
Ut cuncto pópulo christiáno pacem et unitátem largíri dignéris,
Ut nosmetípsos in tuo sancto servítio confortáre et conserváre dignéris,
Ut mentes nostras ad cœléstia desidéria érigas,
Ut ómnibus benefactóribus nostris sempitérna bona retríbuas,
Ut ánimas nostras, fratrum propinquórum, et benefactórum nostrórum ab ætérna damnatióne erípias,
Ut fructus terræ dare et conserváre dignéris,
Ut ómnibus fidélibus defúnctis réquiem ætérnam donáre dignéris,
Ut nos exaudíre dignéris,
Fili Dei, te rogámus, audi nos.
Agnus Dei, qui tollis peccáta mundi, parce nobis, Dómine.
Agnus Dei, qui tollis peccáta mundi, exáudi nos, Dómine.
Agnus Dei, qui tollis peccáta mundi, miserére nobis.
Christe, audi nos.
Christe, exáudi nos.
Kýrie, eléison.
Christe, eléison.
Kýrie, eléison.
Pater noster...

Pour les Défunts.

Psaume 129.

DE profúndis clamávi ad te, Dómine; * Dómine, exáudi vocem meam.
Fiant aures tuæ intendéntes * in vocem deprecatiónis meæ.
Si iniquitátes observáveris, Dómine; * Dómine, quis sustinébit?
Quia apud te propitiátio est, * et propter legem tuam sustínui te, Dómine.
Sustínuit ánima mea in verbo ejus: * sperávit ánima mea in Dómino.
A custódia matutína usque ad noctem * speret Israel in Dómino.
Quia apud Dóminum misericórdia, * et copiósa apud eum redémptio.
Et ipse rédimet Israel * ex ómnibus iniquitátibus ejus.
Réquiem ætérnam...

ORÉMUS.

ABSOLVE, quǽsumus, Dómine, ánimas famulórum famularúmque tuárum ab omni vínculo delictórum; ut in resurrectiónis glória inter Sanctos et Eléctos tuos resuscitáti respírent; Per Christum...

ORAISON UNIVERSELLE.

Mon Dieu, je crois en vous, mais fortifiez ma foi ; j'espère en vous, mais affermissez mon espérance ; je vous aime, mais redoublez mon amour ; je me repens d'avoir péché, mais augmentez mon repentir.

Je vous adore comme mon premier principe, je vous désire comme ma dernière fin, je vous remercie comme mon bienfaiteur perpétuel, je vous invoque comme mon souverain défenseur.

Mon Dieu, daignez me régler par votre sagesse, me contenir par votre justice, me consoler par votre miséricorde, et me protéger par votre puissance.

Je vous consacre mes pensées, mes paroles, mes actions, mes souffrances, afin que désormais je ne pense qu'à vous, je ne parle que de vous, je n'agisse que selon vous, et je ne souffre que pour vous.

Seigneur, je veux ce que vous voulez, parce que vous le voulez, comme vous le voulez, et autant que vous le voulez.

Je vous prie d'éclairer mon entendement, de fortifier ma volonté, de purifier mon corps, de sanctifier mon âme.

Mon Dieu, aidez-moi à expier mes offenses passées, à surmonter mes tentations à l'avenir, à corriger les passions qui me dominent, et à pratiquer les vertus qui me conviennent.

Remplissez mon cœur de tendresse pour vos bontés, d'aversion pour mes défauts, de zèle pour mon prochain, et de mépris pour le monde.

Qu'il me souvienne, Seigneur, d'être soumis à mes supérieurs, charitable envers mes inférieurs, fidèle à mes amis, et indulgent à l'égard de mes ennemis.

Faites-moi vaincre la volupté par la mortification, l'avarice par l'aumône, la colère par la douceur, et la tiédeur par la dévotion.

Mon Dieu, rendez-moi prudent dans les entreprises, courageux dans les dangers, patient dans les traverses, et humble dans les succès.

Ne me laissez jamais oublier de joindre l'attention à mes prières, la tempérance à mes repas, l'exactitude à mes emplois, et la constance à mes résolutions.

Seigneur, inspirez-moi le soin d'avoir toujours une conscience droite, un extérieur modeste, une conversation édifiante, et une conduite régulière.

Que je m'applique sans cesse à dompter la nature, à seconder la grâce, à garder la loi, et à mériter le salut.

Mon Dieu, découvrez-moi quelle est la petitesse de la terre, la grandeur du ciel, la brièveté du temps, et la longueur de l'éternité.

Faites que je me prépare à la mort, que je craigne votre jugement, que j'évite l'enfer, et que j'obtienne enfin le Paradis, par Jésus-Christ, Notre-Seigneur. Ainsi soit-il.

NOUVEAU CHOIX
DE
CANTIQUES SPIRITUELS.

INVITATION A CONSACRER SA VOIX AU SEIGNEUR.

COUPE 1re. — AIR 21. (*)

Chère jeunesse, en qui, pour l'harmonie,
L'on voit fleurir le goût et les talents;
Que la sagesse, à vos accords unie,
Vous fasse fuir les profanes accents.

A qui doit-on consacrer le bel âge,
La douce voix, les sons mélodieux,
C'est au Seigneur qu'en appartient l'usage :
Il est l'auteur de ces dons précieux.

Ah ! loin de vous les chants de la licence !
Prêter sa voix à de coupables airs,
Serait du Ciel provoquer la vengeance,
Et de l'impie imiter les concerts.

De la vertu, chantez plutôt les charmes :
Les Anges saints s'uniront à vos voix;
Et les pécheurs, les yeux remplis de larmes,
Viendront aussi se ranger sous ses lois.

Sainte pudeur, ornement de la vie,
Tous les mortels te doivent leurs accents :
Si Babylone et l'outrage et l'oublie,
Rien ne pourra te bannir de nos chants.

Encor captifs, exilés sur la terre,
Joignons nos chants aux chants des Bienheureux :
C'est préluder dans ce lieu de misère,
Au saint emploi qui nous attend aux cieux.

(*) Outre les numéros d'*Airs*, on a placé en tête de chaque Cantique, tous les numéros de *Coupes*, pour chercher au besoin, dans la *Table des Airs*, tous les autres numéros d'Airs qui conviennent à tous les Cantiques de la même-Coupe correspondante.

MÊME SUJET. — C. 47. — A. 169.

A nos concerts,
Venez, venez, tendre jeunesse,
  A nos concerts,
Le Créateur de l'univers
Y fait entendre sa sagesse;
C'est lui qui préside sans cesse
  A nos concerts.

  Venez chanter
Le Dieu qui fait naître l'aurore;
  Venez chanter :
On doit connaître et redouter
Le Maître que le Ciel adore;
Mais, pour le mieux connaître en-
  Venez chanter. [core,

  De ce grand Dieu,
Nous célébrons la bienfaisance;
  De ce grand Dieu,
Nos voix ne chantent dans ce lieu
Que la souveraine puissance,
Que la bonté, que la clémence,
  De ce grand Dieu.

  Dans tous nos chants,
Nous invoquons ce tendre Père;
  Dans tous nos chants,
Comme ses plus tendres enfants :
Pour soulager notre misère,
Nous recourons à la prière,
  Dans tous nos chants.

  Divine foi,
Que nous reçûmes de nos pères;
  Divine foi,
Tu fais aimer la sainte loi;
Tu nous soutiens, tu nous éclaires,
Et nous chantons tes saints mys-
  Divine foi. [tères,

  Nous te chantons
Sainte Sion, terre chérie !
  Nous te chantons,
Objet des vœux que nous formons,
Heureux séjour de l'autre vie,
Règne de Dieu, chère patrie
  Nous te chantons.

  Au fond des cœurs
Le chant perce comme une flam-
  Au fond des cœurs [me;
Il porte la règle des mœurs,
L'encouragement et le blâme,
Et les beaux sentiments de l'âme,
  Au fond des cœurs.

  Ne chantez pas
Pour vous venger et pour médire;
  Ne chantez pas
Pour louer de frêles appas,
Pour lancer des traits de satire,
Pour pervertir et pour séduire,
  Ne chantez pas.

  Aimez le chant
Qui ne choque en rien la décence;
  Aimez le chant
Qui divertit en instruisant,
Et qui vous porte, dès l'enfance,
A conserver votre innocence,
  Aimez le chant.

  Inspirez-nous [ces,
Des chants qui combattent les vi-
  Inspirez-nous, [vous;
Seigneur, des chants dignes de
Pour que ces chants, sous vos aus-
  [pices,
Fassent nos plus chères délices,
  Inspirez-nous.

MÊME SUJET. — C. 80. — A. 224.

Mondains, ne troublez plus les airs
  Par une coupable harmonie;
   Loin de ces lieux vos chants pervers !
  Le Dieu puissant de l'univers,
   Le Dieu qui nous donna la vie,
    Seul est digne de nos concerts.
    Je chanterai sa gloire,
Et toujours ses bienfaits vivront dans ma mémoire.

Ciel, à quels transports enchanteurs
M'élèvent les divins cantiques !
Quel charme fait couler mes pleurs!
Séjour de paix et de douceurs,
Palais des Saints, tours magnifiques
Quand verrai-je enfin vos splen-
   Je chanterai, etc. [deurs?

Ah! préludons à ce beau jour ;
Unissez vos voix innocentes,
Enfants, et chantez tour-à-tour:
Mais répétez des chants d'amour;
Et des Saints les voix triomphantes
Vous répondront de leur séjour
   Je chanterai, etc.

L'Ange alors, l'Ange à mes accords
Unissant sa lyre immortelle,
Soutiendra mes heureux efforts.
Quoi ! j'entendrai de mes trans-
Retentir la voûte éternelle! [ports
Détruis, Seigneur, mon faible
   Je chanterai, etc. [corps.

Justes, venez; venez, pécheurs,
Bénir ce Dieu, la bonté même,
Qui vous combla de ses douceurs:
Sensibles à tant de faveurs,
Dites qu'il mérite qu'on l'aime ;
Tous enfin, donnons-lui nos cœurs
   Je chanterai, etc.

SAINT TEMPS DE L'AVENT.

L'AME SOUPIRE APRÈS LA VENUE DU MESSIE. — C. 82. — A. 224.

VENEZ, divin Messie,
Sauvez nos jours infortunés ;
  Venez, source de vie,
  Venez, venez, venez.

Ah! descendez, hâtez vos pas,
Sauvez les hommes du trépas ;
Secourez-nous, ne tardez pas :
  Venez, divin Messie,
Sauvez nos jours infortunés ;
  Venez, source de vie,
  Venez, venez, venez.

Ah! désarmez votre courroux,
Nous soupirons à vos genoux ;
Seigneur, nous n'espérons qu'en
   [vous.
  Pour nous faire la guerre,
Tous les enfers sont déchaînés ;
  Descendez sur la terre,
  Venez, venez, venez.

Que nos soupirs soient entendus :

Les biens que nous avons perdus,
Ne nous seront-ils point rendus ?
  Voyez couler nos larmes: [nez,
Grand Dieu, si vous nous pardon-
  Nous n'aurons plus d'alarmes ;
  Venez, venez, venez.

Si vous venez en ces bas lieux,
Nous vous verrons victorieux,
Fermer l'enfer, ouvrir les cieux.
  Nous l'espérons sans cesse ;
Les cieux nous furent destinés :
  Tenez votre promesse,
  Venez, venez, venez.

Ah! puissions-nous chanter un jour
Dans votre bienheureuse cour,
Et votre gloire, et votre amour!
  C'est là l'heureux partage
De ceux que vous prédestinez :
  Donnez-nous-en le gage,
  Venez, venez, venez.

MÊME SUJET. — C. 84. — A. 222.

O Dieu de clémence,
  Viens par ta présence,
  Combler nos désirs,
Apaiser nos soupirs.

Sauveur secourable,
  Parais à nos yeux ;
  A l'homme coupable
Viens ouvrir les cieux ;

Céleste victime
Ferme-lui l'abîme.

Sagesse éternelle,
Lumière immortelle,
Viens du haut des cieux,
Viens éclairer nos yeux.
Justice adorable
Parais à jamais;
O toujours aimable,
Viens, céleste paix.
Qu'ils seront durables,
Tes biens ineffables !

Peuple inconsolable,
Le Ciel favorable,
Sensible à tes pleurs,
Met fin à tes malheurs.
Le Dieu de justice
Remplit tes désirs;
Il sera propice
Aux humbles soupirs:
Ils vont jusqu'au trône
Du Dieu qui pardonne.

O jour d'allégresse !
Le Ciel s'intéresse
A tous nos malheurs;
Il calme nos frayeurs.
Un Dieu va paraître
Dans l'abaissement;
Bientôt il va naître
Dans le dénûment,
Au fond d'une étable,
Pauvre et misérable.

Un dur esclavage
Fut notre partage:
Il brise nos fers
Et sauve l'univers.
Loin de sa présence
Le crime s'enfuit,
Et par sa puissance
L'enfer est détruit.
A tous, sa naissance
Rendra l'innocence.

Chantons tous sa gloire,
Chantons sa victoire,
Chantons ses bienfaits,
Chantons-les à jamais:
Tous les cieux s'abaissent,
Saisis de respect;
Nos maux disparaissent
A son seul aspect.
Tout, à sa naissance,
Cède à sa puissance.

Gloire à sa naissance,
Gloire à son enfance,
Au plus haut des cieux,
Gloire, amour, en tous lieux.
Que les chœurs des Anges,
Que les Immortels
Chantent ses louanges
Avec les mortels.
Qu'à l'envi réponde
Et la terre et l'onde.

MÊME SUJET. — C. 68. — A. 202.

Venez, ô divin Rédempteur,
Ah ! venez posséder mon cœur.
Pour moi soyez un Dieu Sauveur,
Vous que Sion désire.
Ah ! venez posséder mon cœur,
Après vous je soupire.

Du haut de la céleste cour,
O Dieu de clémence et d'amour,
Descendez vers nous en ce jour:
Tirez-nous d'esclavage,
O Dieu de clémence et d'amour;
Soyez notre partage.

Dans mon cœur vous voulez entrer
Daignez, Seigneur, y demeurer;
Vous seul pouvez y préparer
Une sainte demeure;
Daignez, Seigneur, y demeurer
Jusqu'à ma dernière heure.

Faites de nos cœurs un berceau;
Venez y naître de nouveau;
Qu'ils ne soient jamais le tombeau
Où votre amour s'éteigne;
Venez y naître de nouveau,
Fondez-y votre règne.

Espoir du salut des humains,
Ah! daignez nous tendre les mains;
Sans vous tous nos efforts sont vains

Sauvez-nous, Dieu de gloire:
Ah! daignez nous tendre les mains,
Nous aurons la victoire.

MÊME SUJET. — C. 82. — A. 224.

Venez, Verbe adorable,
Voyez des cœurs infortunés;
La douleur nous accable,
Venez, venez, venez.
Quoi! faudra-t-il gémir toujours
Sans espérance de secours?
A vous seul le monde a recours.
O puissance ineffable,
Voyez des cœurs infortunés :
Venez, Verbe adorable,
Venez, venez, venez.

Venez dompter nos ennemis;
Seigneur, vous nous l'avez promis;
Ce doux espoir nous est permis.
L'enfer nous fait la guerre,
Tous les humains sont consternés;
Descendez sur la terre, Venez...
Nous endurons un long tourment;
Faites briller ce jour charmant
Qui doit nous rendre au firma-
   A d'éternelles peines, [ment:
Les hommes sont-ils condamnés?
Venez briser nos chaînes,
Venez, venez, venez.

Entendez-nous du haut des cieux;
Venez en Roi victorieux,
Montrer votre gloire à nos yeux.
   Que la terre applaudisse
Aux biens que vous nous destinez:
Que tout se réjouisse; Venez...
Puissions-nous voir les cieux ou-
Malgré la rage des enfers; [verts,

Hâtez-vous de briser nos fers;
Rendez-nous l'héritage
Qu'attendent les prédestinés;
Achevez votre ouvrage,
Venez, venez, venez.

Vous nous avez promis cent fois
Que nous verrions le Roi des rois
Aux nations donner des lois.
Venez, divin Messie,
Que nos tyrans soient enchaînés;
Le monde vous en prie,
Venez, venez, venez.

Vous faites seul tout notre espoir;
Armez vos mains, faites-vous voir,
Que tout cède à votre pouvoir;
Venez tarir les larmes
De vos enfants infortunés;
Venez, Dieu plein de charmes,
Venez, venez, venez.

Déjà le ciel est plus serein;
Vous remplissez ce grand dessein
Dont vous flattiez le genre humain:
   O soleil de justice!   [nez!
Quel doux espoir vous nous don-
Q e la plainte finisse; Venez...

Déjà les plus charmants concerts
Se font entendre dans les airs;
Vous ferez grâce à l'univers:
   Nous vous voyons descendre;
Que de trésors nous sont donnés,
Quels biens vont se répandre!
Venez, venez, venez.

MÊME SUJET. — C. 21. — A. 135.

Il n'est pas loin l'heureux moment
Qui doit finir notre misère;
Il va venir l'auguste Enfant
Qui donne la paix à la terre.
Tournons vers lui tous nos désirs,
Appelons-le par nos soupirs.
Du jour qui fait notre bonheur,

Déjà l'on voit briller l'aurore,
Voilà que de Jessé la fleur
Pour nous, mortels, est près d'é-
   Tournons, etc.   [clore.
De Bethléem doit s'élever
Ce brillant Soleil de justice;
Trop longue nuit, tu vas céder

A cette lumière propice.
 Tournons, etc.

Parais enfin, divin Enfant;
Tout l'univers dans la souffrance,
Après toi soupire et t'attend;
Viens opérer sa délivrance.
Ah! sois touché de nos soupirs;
Cède à l'ardeur de nos désirs.

Dans ta naissance, à tous nos maux
Nous trouverons le vrai remède;
Et l'espoir des jours les plus beaux
A nos pleurs aujourd'hui succède.
 Ah! sois, etc.

Surtout daigne naître en nos [cœurs,
Tu vois leur extrême indigence;
Enrichis-les de tes faveurs,
Rends-les dignes de ta présence.
 Ah! sois, etc.

MÊME SUJET. — C. 5. — A. 76.

Le Dieu que nos soupirs appellent,
Hélas! ne viendra-t-il jamais?
Les siècles qui se renouvellent,
Accompliront-ils ses décrets?
Le verrons-nous bientôt éclore,
Ce jour promis à notre foi?
Viens dissiper, brillante aurore,
Les ombres de l'antique loi.

C'en est fait, le moment s'avance,
Un Dieu vient essuyer nos pleurs;
Il va combler notre espérance,
Et mettre fin à nos malheurs.
Fille des Rois, ô Vierge aimable,
Parais, sors de l'obscurité:
Reçois le prix inestimable
Que tes vertus ont mérité.
Des promesses d'un Dieu fidèle
Le gage en tes mains est remis:

Quel bonheur pour une mortelle!
Un Dieu va devenir ton Fils.
Dans sa demeure solitaire,
Je vois un Ange descendu:
O prodige, ô grâce, ô mystère,
Dieu parle, et le Verbe est conçu.

Mortels, d'une tige coupable,
Rejetons en naissant flétris,
Dieu brise le joug déplorable
Où vivaient nos aïeux proscrits.

Son amour nous rend tout facile;
Ne combattons plus ses desseins;
Parmi nous, lui-même il s'exile,
Pour finir l'exil des humains.
Il répand des grâces nouvelles,
Consomme ses engagements;
A ses lois soyons tous fidèles,
Comme il le fut à ses serments.

MÊME SUJET. — C. 91. — A. 233.

DIALOGUE ENTRE JÉSUS-CHRIST ET L'AME.

L'Ame. O Monarque suprême,
 O Dieu de Majesté,
  Dieu caché dans vous-même
  De toute éternité!
Les temps sont accomplis, apparaissez aux hommes;
 Venez, venez et montrez-vous;
  Faites-vous enfant comme nous;
  Soyez ce que nous sommes.
  Mille fois vos Prophètes,
  Seigneur, l'ont assuré;
  Vérité que vous êtes,
  Vous nous l'avez juré:
Désormais notre espoir peut-il être frivole?

Saint temps de l'Avent.

De votre main il est écrit ;
Vous l'avez dit; il nous suffit :
Dieu garde sa parole.

Seigneur, daignez vous rendre
Et répondre à nos vœux.
Jésus-C. Je ne puis m'en défendre,
J'y réponds, je le veux.
Je viens, mais je prétends me choisir ma demeure.
L'Ame. Telle, Seigneur, qu'il vous plaira.
Jésus-C. Une étable me suffira ;
J'y descends dès cette heure.

L'Ame. Vous qu'un Père adorable
Engendre dans son sein,
Naître dans une étable,
Quel est votre dessein?
Pourquoi non dans un lieu séjour de l'opulence?
Jésus-C. C'est afin que ma pauvreté
Vous enseigne l'humilité,
La première science.

Je prétends que ma vie
Vous tienne lieu de loi.
L'Ame. Ah ! j'en serai ravie,
Mon Seigneur et mon Roi.
J.-C. Combien il est aisé d'imiter ce qu'on aime !
Alors il est doux de souffrir,
Alors même, s'il faut mourir,
C'est le bonheur suprême.

NÉCESSITÉ DE LA VENUE DU MESSIE. — C. 134 et 215. — A. 278 et 181.

Que tenions-nous de la nature ?
O triste sort !
Penchants mauvais, raison obs-
Tout était mort. [cure;
Dieu réforma la créature ;
Jésus parut :
Le cœur fut bon, la raison pure ;
Tout revécut.
O triste sort !
Tout était mort.
Jésus parut,
Tout revécut.

L'enfer étendait ses ténèbres,
O triste sort !
Le péché, ses ombres funèbres;
Tout était mort.
Bientôt du monde la lumière,
Jésus parut :

Plus de nuit, la foi nous éclaire ;
Tout revécut, etc.
Tout, hors Dieu, fut Dieu sur la
O triste sort ! [terre,
L'homme, la brute, l'or, la pierre;
Tout était mort.
Le Sauveur répara l'insulte ;
Jésus parut :
Le vrai Dieu recouvra son culte,
Tout revécut, etc.
Israël sous la loi de crainte,
O triste sort !
Ne servait Dieu que par contrain-
Tout était mort.]te ;
O bienfait de la loi de grâce ;
Jésus parut :
La crainte au tendre amour fit
Tout revécut, etc. [place,

Juifs, que pouvaient vos sacrifi- [ces?
  O triste sort!
Avec vos boucs et vos génisses,
  Tout était mort.
Du Ciel, pour calmer la colère,
  Jésus parut;
L'Homme-Dieu s'immole à son [père;
  Tout revécut, etc.

Jouets du malheur et du crime
  O triste sort!
Nous tombions d'abîme en abîme;
  Tout était mort.
De tous nos maux voici le terme;
  Jésus parut:
Le Ciel s'ouvre, l'enfer se ferme;
  Tout revécut, etc.

MOMENT DE LA VENUE DU MESSIE. — C. 84. — A. 226.

Quel jour va pour nous éclore!
  Déjà luit l'aurore
  Du Dieu que j'adore;
    Il est né!
O nuit, fuis avec tes ombres;
  Tombez, voiles sombres;
Un Sauveur nous est donné.
Mais quoi! la crèche est son trône,
  De froid il frissonne;
  En lui tout étonne
    Mes yeux.
Il est, prodige admirable!
  Enfant dans l'étable,
Et Monarque dans les cieux.
  Quel jour, etc.

Il souffre, il répand des larmes,
  Ce sont là ses armes:
  Cédons à leurs charmes
    Vainqueurs.
Hélas! c'est de notre crime
  La tendre victime,
Qui sollicite nos cœurs.
Cédons à ce qu'il désire;

Si son cœur soupire,
  C'est qu'il ne respire
    Qu'amour.
Il est pour moi tout de flamme;
  Quand donc, ô mon âme,
Le paieras-tu de retour!
  Il souffre, etc.

Égal au Dieu que tu venges,
  Souverain des Anges,
  Tu nais dans les langes
    Pour moi:
Et moi, mon Sauveur, mon Maître
  Je veux et renaître
Et vivre et mourir pour toi.
Fuis, volupté trop chérie,
  Du Ciel ennemie,
  D'ici sois bannie
    A jamais.
Fuyez, mondanités vaines,
  Je crains peu vos chaînes;
Jésus a brisé vos traits.
  Égal au Dieu, etc.

FÊTE DE NOEL.

NAISSANCE DE NOTRE-SEIGNEUR JÉSUS-CHRIST. — C. 91. — A. 233.

Le Fils du Roi de gloire
Est descendu des cieux;
Que nos chants de victoire
Résonnent dans ces lieux.
Il dompte les enfers,
Il calme nos alarmes,
Il tire l'univers
  Des fers,

Et pour jamais
  Lui rend la paix:
Ne versons plus de larmes.

L'amour seul l'a fait naître
Pour le salut de tous:
Il fait par là connaître
Ce qu'il attend de nous.

Un cœur brûlant d'amour
Est le plus bel hommage ;
Faisons-lui tour-à-tour
    La cour ;
  Dès aujourd'hui
  N'aimons que lui ,
Qu'il soit notre partage.
Vains honneurs de la terre
Je veux vous oublier ;
Le Maître du tonnerre
Vient de s'humilier.
De vos trompeurs appas
Je saurai me défendre ;
Allez , n'arrêtez pas
    Mes pas :

Monde flatteur,
Monde enchanteur ,
Je ne veux plus t'entendre.
Régnez seul en mon âme,
O mon divin Époux ;
N'y souffrez point de flamme
Qui ne brûle pour vous.
Que voit-on dans ces lieux ,
Que misère et bassesse ?
Ne portons plus nos yeux
    Qu'aux cieux ;
  A votre loi,
  Céleste Roi,
J'obéirai sans cesse.

MÊME SUJET. — C. 83. — A. 225.

Oublions nos maux passés,
Ne versons plus de larmes ;
Tous nos vœux sont exaucés,
Nous n'avons plus d'alarmes ;
Dieu naît, les démons sont terrassés ;
Quel sort eut plus de charmes ?

L'univers était perdu
Par un funeste crime ;
Du ciel un Dieu descendu ,
Le sauve de l'abîme.
Au genre humain l'enfer était dû ;
Dieu nous sert de victime.

Ce Dieu qui vient s'incarner
Finit notre disgrâce ;
La justice allait tonner
Mais l'amour prend sa place :
Le Père est prêt à nous condamner,
Le Fils demande grâce.

Nous échappons aux enfers,
Nous sortons d'esclavage ;
Les cieux vont nous être ouverts,
Quel plus heureux partage !
Le salut s'offre à tout l'univers :
Amour, c'est ton ouvrage.

Pouvons-nous trop estimer
Un sort inestimable ?
Peut-il ne pas nous charmer,
Ce Dieu si favorable ? [mer,
Pouvons-nous jamais assez l'ai-
Qu'est-il de plus aimable ?

Sous la forme d'un mortel,
C'est un Dieu qui se cache,
Du sein du Père éternel,
Son tendre amour l'arrache :
Pour nous il vient s'offrir à l'autel,
Comme un agneau sans tache.

Qu'il nous aime tendrement
Il se livre lui-même :
Aimons souverainement
Cette bonté suprême ;
Aimons, aimons ce divin Enfant,
Aimons-le comme il aime.

MÊME SUJET. — C. 7. — A. 89.

Quel bonheur inestimable !
L'Éternel le Tout-Puissant ;
Par un prodige admirable ,
Vient pour nous se faire enfant.
Jour heureux ! jour favorable !
Ah ! que notre sort est doux !
Gloire à ce Sauveur aimable

Qui vient de naître pour nous.
Que partout l'air retentisse
De nos chants en ce saint jour ;
Que toute langue bénisse
Ce Sauveur si plein d'amour.
    Jour heureux, etc.

Du haut du trône suprême
Qu'il occupe dans les cieux,
Ah! c'est ainsi qu'il nous aime,
Il descend en ces bas lieux.
   Jour heureux, etc.

Dans cet état de misère,
Faible et mortel comme nous,
D'un Dieu vengeur et sévère,
Il apaise le courroux.
   Jour heureux, etc.

Accourons tous à la crèche,
Pour y contempler Jésus;
Sans parler il nous y prêche
Les plus aimables vertus.
   Jour heureux, etc.

Voyant un Dieu dans l'enfance,
Qui ne doit s'anéantir?
Qui, voyant sa patience,
Refuserait de souffrir?
   Jour heureux, etc.

Pauvreté si redoutable
A ceux qui n'ont point de foi,
Jésus né dans une étable,
Te rend charmante pour moi.
   Jour heureux, etc.

Mais qui pourra reconnaître
Les bienfaits du Dieu-Sauveur?
Pour l'aimer comme il doit l'être,
Aurons-nous assez d'un cœur?
   Jour heureux, etc.

A ce Dieu si débonnaire,
Consacrons-nous aujourd'hui:
Ne cherchons plus qu'à lui plaire,
Ne vivons plus que pour lui.
   Jour heureux, etc.

MÊME SUJET. — C. 135. — A. 279.

Consolez-vous,
Pauvres pécheurs, Dieu vient de
   Consolez-vous,   [naître;
   Que votre sort est doux !
   A ses attraits,
Vous reconnaissez votre Maître;
   Dans ses bienfaits
Vous trouverez la paix.

Chœur.

Consolons-nous,
Pauvres pécheurs, Dieu vient de
   Consolons-nous,   [naître;
   Que notre sort est doux !
   A ses attraits,
Nous reconnaissons notre Maître;
   Dans ses bienfaits
Nous trouverons la paix.

Aspirez aux vertus,
Vos liens sont rompus:
   Consolez-vous,
   Que votre sort est doux !
Ch. Consolons-nous, etc.

Venez sans plus attendre,
Venez voir cet Enfant :
Que son regard est tendre,
   Son air touchant !
Ch. Consolons-nous, etc.

Charmés de la douceur
De ce divin Sauveur,
Pécheurs, venez lui rendre
   Tout votre cœur.
Ch. Consolons-nous, etc.

MÊME SUJET. — C. 85. — A. 227.

Silence, ciel ! silence, terre !
Demeurez dans l'étonnement:
Un Dieu pour nous se fait enfant;
L'amour vainqueur en ce mystère
   Le captive aujourd'hui,
   Tandis que toute la terre,
Que toute la terre est à lui.

Disparaissez, ombres, figures,
Faites place à la vérité;
De notre Dieu l'humanité
Vient accomplir les Écritures.
   Il naît pauvre aujourd'hui,
   Tandis que toute la terre,
Que toute la terre est à lui.

A minuit, une Vierge-Mère
Produit cet Astre lumineux:

Fête de Noël.

En ce moment miraculeux,
Nous appelons Dieu notre frère ;
  Qui croirait aujourd'hui,
  Hélas ! que toute la terre, etc.

Il a pour palais une étable, —
Pour courtisans des animaux ;
Pour lit la paille et des roseaux ;
Et c'est cet état lamentable
  Qu'il choisit aujourd'hui,
  Tandis que toute la terre, etc.

Quel spectacle, humaine sagesse !
La grandeur dans l'abaissement !
L'Éternel, enfant d'un moment,
Un Dieu revêtu de faiblesse,
  Souffrant et sans appui,
  Tandis que toute la terre, etc.

Glaçons, frimas, saison cruelle,
Suspendez donc votre rigueur ;
Vous faites souffrir votre Auteur,
Qui vient, de sa gloire éternelle,
  Descendre en ce réduit,
  Tandis que toute la terre, etc.

Venez, pasteurs, en diligence,
Adorez votre Dieu-Sauveur ;
Il est jaloux de votre cœur,
Il vous aime par préférence.
  Il naît pauvre aujourd'hui,
  Tandis que toute la terre, etc.

Noël, Noël en cette fête,
Noël, Noël avec ardeur ;
Noël, Noël au Dieu-Sauveur,
Faisons de nos cœurs sa conquête;
  Chantons tous aujourd'hui
  Noël par toute la terre :
Car toute la terre est à lui.

MÊME SUJET. — C. 86. — A. 228.

Il est né le divin Enfant ;
Résonnez, hautbois et musettes :
Il est né le divin Enfant ;
Chantons tous son avènement.
Depuis plus de quatre mille ans,
Nous le promettaient les Prophètes ;
Depuis plus de quatre mille ans,
Nous attendions cet heureux
  Il est né, etc.   [temps.

                [mant !
Ah ! qu'il est beau, qu'il est char-
Ah ! que ses grâces sont parfaites !
Ah ! qu'il est beau, qu'il est char-
                [mant !
Qu'il est doux ce divin Enfant !
  Il est né, etc.

Une étable est son logement ;
Un peu de paille est sa couchette ;
Une étable est son logement,

Pour un Dieu, quel abaissement !
  Il est né, etc.

Il veut nos cœurs, il les attend,
Il vient en faire sa conquête ;
Il veut nos cœurs, il les attend ;
Qu'ils soient à lui dès ce moment.
  Il est né, etc.

Partez, ô rois de l'Orient,
Venez vous unir à nos fêtes :
Partez, ô rois de l'Orient,
Venez adorer cet Enfant.
  Il est né, etc.

O Jésus, ô Roi tout-puissant,
Tout petit enfant que vous êtes ;
O Jésus, ô Roi tout-puissant,
Régnez sur nous entièrement.
Il est né le divin Enfant ;
Résonnez, hautbois et musettes :
Il est né le divin Enfant ;
Chantons tous son avènement.

MÊME SUJET. — C. 125. — A. 269.

Accourez, heureux enfants,
Un Dieu se fait à vous semblable ;
Accourez, heureux enfants,
Offrir à Jésus vos présents.
  Le Verbe adorable,
  Au fond d'une étable,
  Se rend misérable
  Pour nous racheter.
O tendresse inconcevable !
Qui pourrait y résister ? –Acc...

De grandeur et de néant,
Dans Jésus quels divins mélanges!
De grandeur et de néant,
Quels traits nous offre un Dieu nais-
　Les bergers, les Anges, [sant!
　Chantent les louanges
　D'un Dieu dans les langes
　Né pour des ingrats.
Ses abaissements étranges
Ne vous toucheraient-ils pas ?

　A l'envi pour l'Enfant-Dieu
Brûlez de l'amour le plus tendre;
　A l'envi pour l'Enfant-Dieu
Soyez tout amour et tout feu.
　　Comment s'en défendre ?

Allez, sans attendre,
Pour jamais vous rendre
A ses doux appas !
Au tombeau plutôt descendre
Que vivre et ne l'aimer pas.

Donnez-nous, ô Dieu-Sauveur,
Pour vous seul un amour extrême.
Donnez-nous, ô Dieu-Sauveur,
Celui qui brûle en votre cœur.
Sans vous, Dieu suprême,
　Sceptre, diadème,
　Et l'univers même,
　Ne nous semblent rien :
On a tout quand on vous aime
Votre amour est le seul bien.

MÊME SUJET. — C. 87. — A. 229.

Votre divin Maître,
Bergers, vient de naître ;
　Rassemblez-vous,
　Volez à ses genoux.
Aux hymnes des Anges,
Mêlez vos louanges ;
　De vos concerts
Remplissez l'univers.

Chœur.

Notre divin Maître,
Pour nous vient de naître ;
　Rassemblons-nous,
　Volons à ses genoux.
Aux hymnes des Anges,
Mêlons nos louanges ;
　De nos concerts
Remplissons l'univers.

　Tendre Victime,
　Sauveur magnanime,
Il vient de tout crime
Laver les pécheurs ;
　Mais les prémices
　De ses dons propices
　Et de ses faveurs
Sont pour les pasteurs.
Ch. Notre, etc.

O qu'il est puissant,
Auguste, adorable !

Mais qu'il est affable,
Humain, doux, aimable,
　Ce Dieu fait enfant.
Qu'il est beau ! qu'il est grand !
　Qu'il est bienfaisant !
　Qu'il est charmant !—*Ch.* Notre.

A ce Dieu qui vous aime,
　Venez sans frayeur ;
　Vos agneaux même
　N'ont point sa douceur.
La timide innocence,
　La simple candeur,
　L'humble indigence
Plaisent à son cœur.—*Ch.* Notre.

Pour être à vous semblable,
　Il naît dans l'étable ;
Il habite un hameau,
Une crèche fait son berceau.
Ch. Notre, etc.

A vous que tout s'unisse
Que dans ce saint jour
　Tout retentisse
De vos chants d'Amour.
Pour lui, musette tendre,
Hautbois, chalumeaux,
　Faites entendre
Vos sons les plus beaux.
Ch. Notre, etc.

MÊME SUJET. — C. 41. — A. 161.

Bergers, par les plus doux accords
D'un Dieu célébrez la naissance ;
Bergers, par les plus doux accords
Faites éclater vos transports.
Sous l'humble voile de l'enfance,
Ce Dieu cache sa majesté ;
Pour ne songer qu'à sa bonté,
Il semble oublier sa puissance.
    Bergers, etc.

L'aimable et tranquille innocence,
De sa naissance est l'heureux fruit ;
L'enfer se tait, le crime fuit,
La paix renaît à sa présence.
    Bergers, etc.

Né dans le sein de l'indigence :
Du pauvre il veut être l'appui :
Bergers, sur les rois, aujourd'hui,
Il vous donne la préférence.
    Bergers, etc.

Plus il nous voile ses grandeurs
Et veut les couvrir d'un nuage,
Plus il nous voile ses grandeurs,
Plus il a de droits sur nos cœurs.
Il a le bonheur en partage,
Sa durée est l'éternité,
Sa grandeur est l'immensité,
Et l'univers est son ouvrage.

Plus il nous voile ses grandeurs
Et partage notre misère,
Plus il nous voile ses grandeurs,
Plus il a de droits sur nos cœurs.
Il créa le ciel et la terre,
Et son palais est un hameau,
Une humble crèche est le berceau
Du Dieu qui lance le tonnerre.

Plus il nous voile ses grandeurs,
Plus il nous doit trouver fidèles ;
Plus il nous voile ses grandeurs,
Plus il a de droits sur nos cœurs.
Volez des voûtes éternelles,
Anges, qu'embrâse son amour
Volez vers son obscur séjour,
Venez le couvrir de vos ailes.

Ses dons remplissent l'univers,
Tout vous en trace la peinture ;
Ses dons remplissent l'univers,
Célébrons-le dans nos concerts.
C'est lui qui forma la structure
Du grand édifice des cieux :
Des beautés qui charment nos yeux
C'est lui qui pare la nature.
Ses dons remplissent l'univers,
Offrons-lui nos tendres hommages :
Ses dons remplissent l'univers,
Célébrons-le dans nos concerts.
C'est lui qui donne à nos bocages
La verdure de leurs rameaux ;
Nos champs, nos vallons, nos coteaux
Sont ses bienfaits, sont ses ouvrages

Ses dons remplissent l'univers,
De sa bonté tout est l'image ;
Ses dons remplissent l'univers,
Célébrons-le dans nos concerts.
A le chanter tout nous engage,
Le doux murmure des ruisseaux,
La joyeuse voix des oiseaux
L'écho qui nous rend leur ramage

Chargés du poids de ses bienfaits,
N'en perdons jamais la mémoire :
Chargés du poids de ses bienfaits,
Pourrions-nous l'oublier jamais ?
A ce Dieu seul honneur et gloire,
Au Ciel, sur la terre et les mers ;
Éternisons dans nos concerts
Les premiers fruits de sa victoire.

Chargés du poids de ses bienfaits,
Pourrions-nous douter qu'il nous
    [aime ;
Chargés du poids de ses bienfaits,
Pourrions-nous l'oublier jamais ?
Un trait de son amour extrême
Mettra le comble à ses faveurs ;
Un jour pour nous dans les douleurs
Nous le verrons mourir lui-même.

Chargés du poids de ses bienfaits,
Que pour l'aimer nos cœurs s'u-
    [nissent.
Chargés du poids de ses bienfaits,
Pourrions-nous l'oublier jamais ?
Qu'à son nom les genoux fléchissent

Jusqu'aux bornes de l'univers :
Que les airs, les cieux, les enfers,
Du nom de Jésus retentissent.

A chanter cet aimable Enfant,
L'oiseau consacre son ramage;
Pour chanter cet aimable Enfant,
Tout semble avoir du sentiment.
Et l'homme fait à son image,
Pour qui ce Dieu naît en ce jour,
Pour reconnaître son amour,

Seul il n'aurait point de langage!
Chérissons cet aimable Enfant;
L'aimer est le bonheur suprême ;
Chérissons cet aimable Enfant
Dans cet excès d'abaissement.
Pour nous sa tendresse est extrême
Sa bonté doit nous enflammer ;
Puisqu'un Dieu daigne nous aimer,
Sans doute il mérite qu'on l'aime.
  Chérissons, etc.

MÊME SUJET. — C. 155. — A. 300.

Que j'aime ce divin Enfant !
Qu'en cet état il est charmant !
  Je l'aime, je l'aime :
  O l'adorable Enfant !
    C'est l'amour même.

Il porte le nom de Jésus,
Heureux seront tous ses élus ;
  Je l'aime, je l'aime :
  C'est le Dieu des vertus,
    C'est l'amour même.

Au milieu d'un pauvre appareil,
Il est plus beau que le soleil,
  Je l'aime, je l'aime ;
  C'est l'Astre sans pareil,
    C'est l'amour même.

Quoique logé très-pauvrement,
Il ne se plaint aucunement ;
  Je l'aime, je l'aime :
  O qu'il est patient !
    C'est l'amour même.

Quel exemple de pauvreté,
De souffrance et d'humilité !
  Je l'aime, je l'aime :
  Quel excès de bonté !
    C'est l'amour même.

Oui, c'est le Fils du Tout-Puissant,
Qui vient me sauver en naissant ;
  Je l'aime, je l'aime :
  O le Dieu bienfaisant !
    C'est l'amour même.

Sur la terre il descend pour moi ;
C'est mon Dieu, mon Maître et
  Je l'aime, je l'aime : [mon Roi,
C'est l'objet de ma foi,
    C'est l'amour même.

C'est mon frère et mon Rédemp-
C'est l'espoir du pauvre pécheur; [teur
  Je l'aime, je l'aime :
  C'est l'ami de mon cœur,
    C'est l'amour même.

Anges, ne soyez point jaloux,
Si je le dispute avec vous ;
  Je l'aime, je l'aime :
  C'est mon divin Époux,
    C'est l'amour même.

Je suis charmé de sa candeur,
Je suis ravi de sa douceur,
  Je l'aime, je l'aime :
  Je lui donne mon cœur,
    C'est l'amour même.

C'est le Dieu de l'éternité,
C'est la suprême sainteté ;
  Je l'aime, je l'aime :
  Il est tout charité,
    C'est l'amour même.

Anges qui lui faites la cour,
Embrasez-moi de votre amour,
  Je l'aime, je l'aime,
  Pour chanter nuit et jour :
    C'est l'amour même.

Vive le saint Enfant-Jésus !
Monde, tu ne règneras plus ;
  Je l'aime, je l'aime :
  C'est le Roi des élus,
    C'est l'amour même.

Fête de Noël.

MÊME SUJET. — C. 82. — A. 224.

Amour, honneur, louanges
Au Dieu Sauveur dans son berceau;
Chantons avec les Anges
Un cantique nouveau.
Si cet enfant verse des pleurs,
C'est pour attendrir les pécheurs
Et mettre fin à nos malheurs.
Chargé de notre offense,
Il calme le courroux des Cieux ;
La paix, par sa naissance,
Va régner en tous lieux.

Si notre cœur est dans l'ennui,
Nous ne devons chercher qu'en lui
Et notre force et notre appui.
Loin de nous les alarmes,
Le trouble et les soucis fâcheux,
Un jour si plein de charmes
Doit combler tous nos vœux.

Quand il nous voit près de périr,
Pour nous lui-même il veut souffrir
Et par sa mort vient nous guérir.
À l'ardeur qui le presse
Joignons nos généreux efforts,

Et que de sa tendresse,
Tout suive les transports.

Ne craignons plus le noir séjour;
Ce Dieu qui naît pour notre amour
Nous ouvre la céleste cour :
Le démon plein de rage
A beau frémir dans les enfers;
De son dur esclavage
Nous brisons tous les fers.

Sortons des ombres de la nuit :
Suivons cet Astre qui nous luit
Au vrai bonheur il nous conduit
Entrant dans la carrière,
Partout il porte ses ardeurs;
Sa brillante lumière
Enchante tous les cœurs.

Par son immense charité,
Il rend à l'homme racheté
Le droit à l'immortalité :
Sous son heureux empire
Les biens seront toujours parfaits;
Heureux qui ne soupire
Qu'après ses doux attraits !

MÊME SUJET. — C. 88. — A. 230.

Qu'il naît aimable,
Dans une étable,
Jésus Enfant !
Qu'il est beau ! qu'il est ravissant !
Plus je l'admire,
Plus il m'inspire
La vive ardeur [cœur.
Dont pour lui doit brûler mon
Chœur. Qu'il naît aimable, etc.

Non rien n'égale
Ce qu'il étale
De gracieux
Et sur son front et dans ses yeux.
Dans sa grandeur [cœur;
Tout est attraits, charmes, dou-
Tout est serein, riant, humain,
Divin, divin.
Ch. Qu'il naît, etc.

A son aspect,

Naît le respect,
La confiance,
L'amour, la paix,
Tous les bienfaits
De l'innocence.
Ch. Qu'il naît, etc.

Si sa puissance
Si sa clémence,
Dans sa naissance,
Dans son enfance,
Font luire à nos yeux tant d'appas,
Peut-on, hélas ! ne l'aimer pas?
Ch. Qu'il naît, etc.

Tendre Sauveur, mon divin Roi,
Qu'il est doux d'être sous ta loi !
Reçois ma foi ;
De ton feu saint embrase-moi.
Ch. Qu'il naît, etc.

MÊME SUJET. — C. 92. — A. 234.

Divin Sauveur,
  Enfant-Pasteur,
Que ta beauté m'enchante!
  En te voyant,
  Mon cœur se rend
A ta douceur charmante.
Chœur. Divin, etc.

  Non, selon moi,
  Un fils de roi
Ne fut jamais beau comme toi;
  Non, les couleurs
  Des vives fleurs
De nos prés, de nos rives,
  Ne valent pas
  Les saints appas
De tes grâces naïves.
Ch. Divin, etc.

Nous ne pouvons t'offrir des dons,
Mais du moins nous t'adorerons
  Nous te louerons,
  Te servirons
  Et t'aimerons
  Déjà je t'aime
Plus tendrement que **moi-même**.
Ch. Divin, etc.

Que n'avons-nous dans le hameau
De quoi porter à ton berceau!
  Dans le troupeau,
  J'ai mon agneau
  Qui devient beau;
  J'ai ma personne,
J'ai mon cœur, je te les donne.
Ch. Divin, etc.

MÊME SUJET. — C. 57. — A. 184.

Dans cette étable,
Que Jésus est charmant!
  Qu'il est aimable
Dans son abaissement!
Que d'attraits à la fois!
Tous les palais des rois
N'ont rien de comparable
Aux beautés que je vois
  Dans cette étable.

  Que sa puissance
Paraît bien en ce jour,
  Malgré l'enfance
Où l'a réduit l'amour!
L'esclave racheté,
Et tout l'enfer dompté,
Font voir qu'à sa naissance
Rien n'est si redouté
  Que sa puissance.

  Heureux mystère!
Jésus souffrant pour nous,
  D'un Dieu sévère
Apaise le courroux.
Pour sauver le pécheur,

Il naît dans la douleur,
Et sa bonté de père
Éclipse sa grandeur.
  Heureux mystère!

  S'il est sensible,
Ce n'est qu'à nos malheurs:
  Le froid horrible
Ne cause point ses pleurs.
Après tant de bienfaits,
Notre cœur, aux attraits
D'un amour si visible,
Doit céder désormais,
  S'il est sensible.

  Que je vous aime!
Peut-on voir vos appas,
  Beauté suprême,
Et ne vous aimer pas?
Puissant Maître des cieux
Brûlez-moi de ces feux
Dont vous brûlez vous-même;
Ce sont là tous mes vœux:
  Que je vous aime!

MÊME SUJET. — C. 89. — A. 234.

Du Sauveur, né dans une étable,
Admirons l'amour ineffable:
Pour l'adorer empressons-nous,
Rien n'est si doux.

Comme un soleil, dans sa carrière,
Il est tout brillant de lumière;
De l'univers c'est le flambeau;
    Rien n'est si beau.
Chrétiens, de ce Maître des Anges,
Enveloppé de pauvres langes,
Allons embrasser les genoux;
    Rien n'est si doux.
Son visage, baigné de larmes,
Ravit notre cœur par ses charmes;
Accourons tous à son berceau,
    Rien n'est si beau.
Du haut des cieux lorsqu'il s'abaisse
C'est pour gagner notre tendresse;
Secondons son amour pour nous,
    Rien n'est si doux.
Cédant aux attraits de sa grâce,
Que jamais notre œil ne se lasse
De contempler ce Roi nouveau:
    Rien n'est si beau.
Malgré l'horreur de notre crime
Qui nous ouvrit le noir abîme,
Cet Enfant n'a point de courroux,
    Rien n'est si doux.
Bravons l'enfer et sa furie;
Passons en repos notre vie
Auprès de ce divin Agneau;
    Rien n'est si beau.
J'entends sa voix qui nous appelle;
Allons tous, brûlant d'un saint zèle,
Aux pieds d'un Dieu semblable à [nous,
    Rien n'est si doux.
Si nous ne pouvons bien connaître
Tous les bienfaits d'un si bon Maître,
Célébrons-les jusqu'au tombeau;
    Rien n'est si beau.

MÊME SUJET. — C. 6. — A. 85.

Un Dieu voulait se faire aimer,
Et l'homme restait insensible;
Que lui manquait-il pour charmer?
D'être moins grand et plus visible.
Si pour te plaire et t'être cher,
Il faut partager ta faiblesse,
Mortel, le Verbe s'est fait chair,
Il doit obtenir ta tendresse.

Je vois cet enfant de douleurs,
Né dans une faiblesse extrême,
Transi de froid, baigné de pleurs,
Pauvre et souffrant; c'est qu'il
    [nous aime.
Ah! je veux l'aimer à mon tour.
Notre froideur est sans excuse:
Il nous demande notre amour;
Anathème à qui le refuse.

Si tu désires le bonheur,
Approche, ingrat, de cette crèche;
Connais, adore ton Sauveur;
Tout en lui parle, touche, prêche.

Par son silence il nous instruit,
Sa faiblesse nous fortifie,
Sa pauvreté nous enrichit
Et sa douleur nous purifie.

Dans ce corps faible un Dieu caché,
Pour nous vient faire pénitence:
Victime et vainqueur du péché,
L'offensé répare l'offense.

Quelle honte pour le pécheur!
Jésus fera-t-il davantage,
Exposé seul à la douleur?
Non, il faut que je la partage.

Dieu du Ciel, homme comme nous,
Fils du Très-Haut, Fils de Marie,
L'étable est indigne de vous;
Et si votre amour l'a choisie,
C'est pour passer dans notre cœur;
Ah! fixez-y votre demeure.
Qu'avec vous, mon Dieu, mon
    [Sauveur,
Je naisse, je vive et je meure.

MÊME SUJET. — C. 164. — A. 309.

Dans une vile étable,
Le Sauveur nous est né,
Nu, faible, abandonné,
Souffrant et misérable.

    Quoi! sans éclat,
    Dans cet état,
Le Fils de Dieu vient naître!
C'est qu'il prétend de notre cœur

Arracher le vice et l'erreur,
Être déjà notre Docteur,
  Et nous instruire en Maître.

Partageant ma misère,
Afin de me gagner,
Avant que d'enseigner,
Il commence par faire.
  Qu'en adorant
  Ce faible Enfant,
  L'univers le contemple.
Approchez, mortels, écoutons,
Il parle par ses actions ;
La première de ses leçons
  Est son divin exemple.

L'homme pendant la vie,
Vers la terre penché,
Des vrais biens peu touché,
Oubliant sa patrie.
  Jésus Enfant
  Brise, en naissant,
  Ce lien qui nous arrête.
Pour montrer à nos yeux surpris
Que ces biens dont ils sont épris
Ne méritent que le mépris ;
  Il les fuit, les rejette.

Ses yeux versent des larmes,
La crèche est son berceau ;
Ce spectacle nouveau
Prête aux douleurs des charmes.

Un Dieu souffrant
A l'homme apprend
Le prix de la souffrance.
Les croix n'auront plus de rigueurs,
Et pour adoucir nos malheurs,
Il suffira d'unir nos pleurs
  Aux pleurs de son enfance.

Désormais l'Évangile
Peut être présenté ;
Et sa sublimité
N'a rien que de facile.
  Lorsque je vois
  Suivre ses lois
Par cet Enfant que j'aime,
Je veux l'adopter en ce jour,
L'accomplir en tout par amour :
Qu'il est doux de faire à son tour,
  Ce qu'il a fait lui-même !

Plaisir, gloire, opulence,
Vous n'êtes rien pour moi,
Quand mon Seigneur, mon Roi,
Souffre dans l'indigence
  Je ne veux plus
  Que mon Jésus ;
  Il a seul ma tendresse.
Lorsqu'on jouit d'un si grand bien
Le reste disparaît, n'est rien ;
Dieu seul doit être du Chrétien
  Le bonheur, la richesse.

MÊME SUJET. — C. 7. — A. 96.

Célébrons le Roi de gloire,
Par l'accord de nos concerts ;
Et des chants de sa victoire
Faisons retentir les airs.
Qu'à bénir Dieu tout s'empresse
Dans ce jour si fortuné ;
Livrons-nous à l'allégresse,
Un Rédempteur nous est né.

L'homme, devenu rebelle,
Avait mérité la mort :
D'une misère éternelle
Il devait subir le sort.
Le démon, sous sa puissance
Retenait tout l'univers,
Si cette heureuse naissance
N'eût enfin brisé nos fers.

Du Ciel la juste colère
Va se calmer désormais ;
Le Fils unique du Père
Vient nous apporter la paix.
Pour remettre notre offense,
Quittant son trône éternel
Ce Dieu vient sous l'apparence
D'un homme faible et mortel.

Quelle merveille ineffable !
L'Éternel, le Tout-Puissant
Est couché dans une étable,
Sous la forme d'un enfant.
Mais si cet auguste Maître
Nous cache sa Majesté,
Ah ! qu'il nous fait bien paraître
Son immense charité !

Fête de Noël.

Il nous élève, et lui-même
Il daigne s'anéantir;
Par son indigence extrême
Il cherche à nous enrichir ;
Les souffrances qu'il endure
Mettront fin à nos malheurs;
Pour laver notre âme impure,
Ses yeux répandent des pleurs.

Trop souvent pour nous le crime
Avait été plein d'appas;
Un amour plus légitime
Va conduire tous nos pas ;
Revenez, belle innocence,
Descendez encor des cieux ;
Qu'à votre aimable puissance
Le péché cède en tous lieux.

Accourons tous à la crèche,
Portons nos yeux sur Jésus ;
Sans parler il nous y prêche
Les plus touchantes vertus.

Bienheureux l'œil qui contemple
L'état de ce Dieu naissant !
Oh ! pour nous, que son exemple
Est un exemple pressant !

Le Dieu-Verbe, dans l'enfance,
De l'orgueil doit nous guérir;
Le Dieu-Saint, dans la souffrance,
Doit nous apprendre à souffrir.

En voyant dans une étable
Naître notre Rédempteur,
Que de tout bien périssable
L'homme détache son cœur.

Saint Enfant, divin Messie,
Verbe fait homme pour nous,
Vers nous apportez la vie;
Ah ! que ferons-nous pour vous ?
A vous seul, Maître adorable,
Nous nous donnons en ce jour ;
Vous serez, Sauveur aimable,
Tout l'objet de notre amour.

MÊME SUJET. — C. 90. — A. 232.

Bel Astre que j'adore,
Soleil qui luis pour moi,
C'est toi seul que j'implore,
Je veux n'aimer que toi :
C'est ma plus chère envie,
  Dans ce beau jour,
Où je ne dois la vie
  Qu'à ton amour.

Du fond de cette crèche
Où tu te laisses voir,
Ton amour ne me prêche
Qu'un si tendre devoir;
  C'est ma, etc.

C'est pour sauver mon âme
Que tu descends des cieux :
De ta divine flamme
Que je brûle en ces lieux :
  C'est ma, etc.

Du monde qui me presse
Je ne suis plus charmé :
Je veux t'aimer sans cesse
Comme tu m'as aimé :
  C'est ma, etc.

Je m'attache à te suivre,
Toi seul peux m'attendrir ;
Pour toi seul je veux vivre ;
Pour toi je veux mourir :
  C'est ma, etc.

Ton nom de ma mémoire
Ne sortira jamais;
Je chanterai ta gloire
Et tes divins bienfaits : C'est, etc

Sorti de l'esclavage
Où j'ai toujours été,
Je te veux, en hommage,
Offrir ma liberté; C'est, etc

MÊME SUJET. — C. 90. — A. 232.

Reçois, Enfant aimable,
L'hommage de mes vœux ;
Mon sort fut déplorable,
Tu viens le rendre heureux.

Quels biens, par ta naissance
  Me sont promis !
Que ma reconnaissance
  En soit le prix.

J'étais dans l'esclavage
　Du tyran des enfers,
Mais ton premier ouvrage
　Est de briser mes fers.
C'est en vain que s'irrite
　L'affreux démon;
Il tremble, il prend la fuite
　A ton seul nom.

Dans ta pauvreté même
　Je reconnais mon Roi;
J'y vois un Dieu qui m'aime
　Jusqu'à s'unir à moi.
Tu viens sécher mes larmes,
　C'est pour jamais;
Et mon cœur, sans alarmes,
　Goûte la paix.

Tu me chéris en père;
　Ne dois-je pas t'aimer?
Contre une loi si chère
　L'enfer seul peut s'armer.

Par toi notre héritage
　Nous est rendu,
Sans toi ce doux partage
　Était perdu.

A cet amour si tendre
Que ne devons-nous pas?
Sur nous il vient répandre
Des biens remplis d'appas.
Ah! qu'il doit nous confondre
　Par ses faveurs!
Et comment y répondre,
　Que par nos cœurs!

Nous t'aimerons sans cesse
Pour prix de tes bienfaits
Le zèle qui nous presse
Ne s'éteindra jamais:
C'est notre unique envie,
　Dans ce beau jour
Plutôt perdre la vie
　Que ton amour.

MÊME SUJET. — C. 184. — A. 329.

Divin Enfant,　　[temple,
Devant la crèche où ma foi te con-
Je me prosterne en t'adorant
Comme l'Être infiniment grand:
Pour moi ton étable est un tem-
　Divin Enfant.　　[ple,

Paisible Enfant,　[nerre
N'est-ce pas toi dont le bruyant ton-
Rendit le Sinaï fumant?
Je te vois couché maintenant
Dans une humble grotte, sous
　Paisible Enfant!　[terre,

Auguste Enfant,　[immense,
N'est-ce pas toi, qui dans ton être
Vois tout cet univers flottant?
Ah! combien faible cependant
Nous paraît ici ta puissance,
　Auguste Enfant.

O tendre Enfant,
Toi, des élus félicité suprême,
Des cieux le plaisir ravissant!
Ici d'un total dénûment,
Tu souffres la misère extrême,
　O tendre Enfant!

O doux Enfant,　　[Anges,
Toi dont l'aspect fait le bonheur des
Roi magnanime et si puissant!
Je te vois ici dépendant;
Enveloppé de pauvres langes,
　O doux Enfant!

Aimable Enfant!
Verbe de Dieu que l'univers adore,
Dont la parole en un instant,
Tira le monde du néant.
Ah! tu ne peux parler encore,
　Aimable Enfant!

Docile Enfant!　　[ture,
Maître suprême à qui, dans la na-
Tout obéit si constamment,
Ton plaisir sera maintenant
D'obéir à ta créature,
　Docile Enfant!

O saint Enfant!
Ta pauvreté, ton extrême bassesse,
Ne disent que trop hautement:
Anathème à l'attachement
Pour le monde et pour la richesse;
　O saint Enfant!

O cher Enfant ! [Marie !
Que ton sourire a d'attraits pour
Mais à te voir toujours souffrant,
Hélas ! d'un chagrin dévorant
Sa belle âme est toute flétrie,
O cher Enfant !

Divin Enfant ! [trême,
Je vois l'effet de ton amour ex-
Dans cet état d'abaissement :
Tu descends jusqu'à mon néant,
Pour m'élever jusqu'à toi-même,
Divin Enfant !

CIRCONCISION DE NOTRE-SEIGNEUR J.-C

POUR LE RENOUVELLEMENT DE L'ANNÉE. — C. 10. — A. 110.

Auteur des temps, Dieu de l'éternité
Qui des mortels réglez la destinée,
Nous venons tous avec humilité
Vous consacrer cette nouvelle année.

Le ciel, la terre et tous ses habitants
Prêchent partout, ô puissance infinie,
Que de vous seul dépendent tous nos ans,
Nos mois, nos jours, nos moments, notre vie.

Si tu les tiens, ces ans, de sa bonté,
A qui, mortel, en devais-tu l'hommage ?
S'ils sont le prix de ton éternité,
En devais-tu faire un si triste usage ?

Des ans passés calcule tous les mois ;
De chaque mois calcule les journées ;
A ton Seigneur, dis-moi combien tu crois
Avoir donné d'heures de tant d'années ?

Qui sait, hélas ! si tu verras la fin
Du nouvel an dont s'ouvre la carrière ! -
Qui ne se peut promettre un lendemain,
Comptera-t-il sur une année entière ?

Nous gémissons, ô notre divin Roi,
D'avoir commis depuis la tendre enfance,
Tant de péchés que défend votre loi,
Et provoqué votre juste vengeance.

Nous venons tous vous promettre en ce jour,
De vous servir avec un cœur fidèle :
Embrasez-le du feu de votre amour,
Qu'il ait pour vous une ardeur éternelle.

O Dieu, rendez heureuse à vos enfants
Dans tout son cours cette nouvelle année :
Éloignez-en tous fâcheux accidents ;
De mille biens qu'elle soit couronnée.

Que s'il vous plaît de prolonger nos ans,
Pour vos bontés, pleins de reconnaissance,
Nous emploierons chacun de leurs instants
A mériter du ciel la récompense.

MYSTÈRE DE LA CIRCONCISION. — C. 38. — A. 156.

O mon Jésus, ô mon bien et ma vie,
Ce jour va donc assurer mon bonheur !
Tu prends le nom, le doux nom de Sauveur ;
Et ton amour déjà le justifie.

C'était pour moi, quand tu venais de naître,
Que de tes pleurs tu mouillais ton berceau ;
Et c'est pour moi que tu viens, tendre Agneau,
Te présenter au glaive du Grand-Prêtre.

Tu nais à peine, et de ton sang propice
Tu veux déjà sceller tes jours naissants :
Moi dont le crime a devancé les ans,
Je n'ai rien fait pour calmer ta justice.

Ah ! dans mon cœur trop longtemps infidèle
Éteins l'orgueil et l'amour du plaisir ;
Et que jamais il n'ait d'autre désir ;
Que de te prendre, ô Jésus, pour modèle.

Il faut enfin, moi qui fus seul coupable,
Que pour laver mes crimes à mon tour,
Mon repentir, animé par l'amour,
Mêle ses pleurs à ton sang adorable.

AMABILITÉ DU SAINT NOM DE JÉSUS. — C. 1. — A. 19 et 353.

Etre ineffable à l'âme qui t'adore,
Daigne inspirer l'ardeur de tes élus.
Au cœur atteint du feu qui les dévore,
Rien n'est si doux que le nom de Jésus.

Quand je sommeille, il entretient mon âme,
Il rajeunit mes membres abattus ;
Quand je m'éveille, il m'éclaire, il m'enflamme :
Mon premier mot est le nom de Jésus.

Mon cœur l'invoque au lever de l'aurore,
Aux feux du jour mes feux se sont accrus ;
Quand la nuit vient, mon cœur l'invoque encore :
Toujours, toujours mon cœur est à Jésus.

Je l'ai cherché, quand j'étais dans la peine,
Je l'ai trouvé, mes maux sont disparus...
Mais, ô bonheur d'une âme qu'il enchaîne
Pour le sentir, il faut aimer Jésus.

Qui l'a goûté, veut le goûter sans cesse ;
Qui l'a trouvé, ne l'abandonne plus ;

Un cœur blessé suit le trait qui le blesse,
A tout il meurt pour revivre en Jésus.

Mon cœur lassé des faux biens de la terre,
N'aspire plus qu'au séjour des élus.
Ah ! quel bonheur de finir ma carrière
En invoquant le doux nom de Jésus !

MÊME SUJET. — C. 93. — A. 235 et 364.

Vive Jésus ! c'est le cri de mon âme.
Vive Jésus, le Maître des vertus !
Aimable nom, quand ma voix te proclame,
Mon cœur palpite et s'échauffe et s'enflamme :
  Vive Jésus !

Vive Jésus ! C'est le cri qui rallie
Sous ses drapeaux le peuple des Élus.
Suivre Jésus, c'est aussi mon envie ;
Suivre Jésus, c'est mon bien c'est ma vie :
  Vive Jésus !

Vive Jésus ! Ce cri là me console,
Lorsque de moi le monde ne veut plus.
Adieu, lui dis-je, adieu, monde frivole ;
Bien insensé qui pour toi se désole !
  Vive Jésus !

Vive Jésus ! C'est un cri d'espérance
Pour les pécheurs repentants et confus ;
Sur eux du Ciel attirant la clémence,
Ce nom sacré soutient leur pénitence :
  Vive Jésus !

Vive Jésus ! A ce cri de vaillance,
Je verrai fuir les démons éperdus.
Un mot suffit pour dompter leur puissance
Pour terrasser leur superbe insolence :
  Vive Jésus !

Vive Jésus ! Cri de reconnaissance
D'un cœur touché des biens qu'il a reçus.
L'enfer veut-il troubler sa confiance,
Il chante encore avec plus d'assurance
  Vive Jésus !

Vive Jésus ! C'est mon cri d'allégresse,
O Dieu caché sous ce pain qui n'est plus ;
Quand, aux douceurs d'une céleste ivresse,
Je reconnais l'objet de ma tendresse :
  Vive Jésus !

Vive Jésus ! C'est le cri de victoire
Qui retentit au séjour des Élus.

De leurs combats consacrant la mémoire,
Ce nom puissant éternise leur gloire :
　　　Vive Jésus !

Vive Jésus ! Vive sa tendre Mère !
Elle est aussi la Mère des Élus.
Si nous voulons et l'aimer et lui plaire,
Chantons Jésus, notre Dieu, notre frère :
　　　Vive Jésus !

Vive Jésus ! Qu'en tout lieu la victoire
Mette à ses pieds les méchants confondus !
O nom sacré, nom cher à ma mémoire,
Puissé-je vivre et mourir pour ta gloire !
　　　Vive Jésus !

FÊTE DE L'ÉPIPHANIE.

ADORATION DES MAGES. — C. 4. — A. 67.

De nouveaux feux le ciel se pare ;
Un céleste et brillant flambeau
Vient au genre humain qui s'égare
Découvrir un chemin nouveau :
Des Rois en suivent les indices,
A Jésus ils portent leurs vœux ;
Mais ces Rois étaient nos prémices,
Et Jésus nous appelle en eux.

Déjà l'amour qui le fit naître,
Par les maux du monde excité,
Brûle de le faire connaître
A l'aveugle gentilité.
Le Dieu-Sauveur se manifeste,
Sa gloire éclate dans les cieux,
Et dissipe l'erreur funeste
Qui produisit tant de faux dieux.

Peuples assis dans les ténèbres,
Couverts des ombres de la mort,
Déchirez ces voiles funèbres,
Le Ciel veut venger votre sort ;
Sortez de votre nuit profonde,
Hâtez-vous, à Jésus venez :
Il est la lumière du monde,
Et le Roi des prédestinés.

L'étoile annonce votre Maître ;
Du Ciel vous entendez la voix.
Mais à quel signe reconnaître
Le Dieu que recherchent les Rois ?
Sera-ce le concert des Anges ?
Du nouvel astre la splendeur ?
Non, une crèche, de vils langes
Sont les marques du Dieu-Sauveur

Malgré cette faible apparence,
Chargés de vœux et de présents,
Les Rois offrent à son enfance
La myrrhe et l'or avec l'encens.
Leur foi, sensible en cet emblème,
Nous instruit, en reconnaissant [me,
L'homme immortel, le Dieu suprê-
Le Roi des rois dans un enfant.

Hérode craint pour sa couronne,
Quand on proclame un nouveau Roi
Le tyran tremble sur son trône,
Jérusalem est dans l'effroi.
Si de la crèche et de l'étable,
Cet Enfant trouble les pervers,
Qu'il nous paraîtra redoutable
Quand il jugera l'univers !

Enfant, adoré par les Mages,
Enfant, des démons la terreur,
Recevez mes humbles hommages,
Vous connaître est le vrai bonheur.
Si je suis enfant de l'Église,
Je le dois à votre bonté ;
Que cette grâce me conduise
A vous voir dans l'éternité.

MÊME SUJET. — C. 7. — A. 91.

Suivons les Rois dans l'étable
Où l'étoile les conduit :
Que vois-je ? Un enfant aimable
De sa crèche les instruit.
O ciel, quels traits de lumière
Frappent mes yeux et mon cœur,
Dans le sein de la misère,
Que d'éclat et de grandeur !

Oui, c'est le Dieu du tonnerre !
Venez fléchir les genoux,
Adorez, rois de la terre,
Un Roi plus puissant que vous.
Suivez l'exemple des Mages :
D'un cœur pur les sentiments
Sont de plus dignes hommages
Que l'or, la myrrhe et l'encens.

Il ne doit point leur hommage
A l'éclat d'un vain dehors ;
L'indigence est son partage ;
Ses vertus sont ses trésors :

Sa splendeur, ni sa couronne,
Pour les yeux n'ont pas d'attraits ;
Une crèche fait son trône,
Une étable est son palais.

O réduit pauvre et champêtre !
Dans ton paisible séjour,
L'univers offre à son Maître
Le tribut de son amour.
Enfin l'heureux jour s'avance,
Qu'à nos pères Dieu promit :
A Bethléem il commence,
Sur la croix il s'accomplit.

Quand la grâce nous appelle,
Gardons-nous de résister ;
Suivons ce guide fidèle,
Quittons tout sans hésiter.
Craignons de perdre de vue
L'astre qui, pendant la nuit,
Comme du haut de la nue,
Nous éclaire et nous conduit.

MÊME SUJET. — C. 49. — A. 173.

A l'envi sur les pas des Mages,
Allons aux pieds du Roi des rois,
Allons de nos cœurs, de nos voix,
Lui porter les faibles hommages.
Jésus, vainqueur de l'univers,
Le soumet pour briser ses fers.

De notre part il ne désire
Ni riches présents, ni tributs ;
Il préfère d'humbles vertus
A l'or, à l'encens, à la myrrhe.
 Jésus, etc.

Qu'à jamais le ciel et la terre
Bénissent le nom de Jésus !
Enflammons-nous de plus en plus
pour un Maître si débonnaire.
 Jésus, etc.

Que les conquérants de la terre,
Avides de titres pompeux,

Prennent les surnoms fastueux
Des peuples soumis dans la guerre.
 Jésus, etc.

C'est par de cruelles souffrances
Qu'il vient terminer nos malheurs ;
Si ses yeux répandent des pleurs,
C'est pour effacer nos offenses.
 Jésus, etc.

Jésus, ô nom incomparable !
O le plus saint de tous les noms !
Il est la terreur des démons ;
Mais aux pécheurs qu'il est aimable.
 Jésus, etc.

Qu'à ce nom les genoux fléchissent
Dans les airs, les cieux, les enfers !
Jusqu'aux bornes de l'univers,
Que tous les lieux en retentissent.
 Jésus, etc.

DIMANCHES APRÈS L'ÉPIPHANIE.

(On peut chanter les Cantiques de Noël jusqu'à la Purification.)

EN L'HONNEUR DE LA Ste. ENFANCE DE J.-C. — C. 57. — A. 185.

Chantons l'enfance
De notre doux Sauveur,
　Son innocence,
Son aimable candeur.
Que d'autres du Seigneur
Célèbrent la grandeur,
Qu'ils chantent sa puissance;
Nous, enfants, du Sauveur
　Chantons l'enfance.

Rempli de charmes,
Cet Enfant, dans sa main,
　Brise les armes
Du Juge souverain.
Contre le genre humain
Dieu veut sévir en vain :
Il cède aux douces larmes
De cet Enfant divin,
　Rempli de charmes.

Dans une étable,
Le Fils de l'Éternel,
　Pour le coupable
Est né pauvre et mortel.
Pour moi, pour un pécheur,
Gémit un Dieu-Sauveur;
O mystère ineffable !
Mon Roi, mon Créateur
　Dans une étable !

Près de sa crèche,
O mon cœur, instruis-toi;
　C'est moi qui pèche,
Un Dieu souffre pour moi !
Je cherchais les douceurs,
Jésus est dans les pleurs :
Ah ! j'entends ce qu'il prêche :
J'abjure mes erreurs,
　Près de sa crèche.

Enfant docile,
Soumis à ses parents,
　Leur humble asile
Près d'eux le voit longtemps;
Par des travaux constants,
Dès ses plus tendres ans,
Dans un métier servile,
Il aide ses parents,
　Enfant docile.

Chaste innocence,
Humilité, douceur,
　Obéissance,
Vertus de mon Sauveur;
Ah ! puisse aussi mon cœur
Exhaler votre odeur !
Mais toi, de préférence,
Conserve en moi la fleur,
　Chaste innocence.

Que votre exemple
M'enflamme, ô mon Jésus,
　Quand je contemple
En vous tant de vertus !
Le monde désormais
N'a plus pour moi d'attraits;
Je jure en ce saint temple,
De ne suivre jamais
　Que votre exemple.

Dès son enfance
Heureux qui vous chérit !
　Avec constance,
Heureux qui vous suivit !
Moins riche mille fois
Est l'héritier des rois,
Qu'un cœur plein d'innocence,
Qui de Jésus fit choix
　Dès son enfance.

MÊME SUJET. — C. 14. — A. 120.

O divine enfance
De mon Doux Sauveur !
　Aimable innocence,
Tu ravis mon cœur.

Que dans sa faiblesse
Il paraît puissant !
Ah ! plus il s'abaisse,
Et plus il est grand.

Descendez, saints Anges,
Venez en ces lieux ;
Voyez dans ces langes
Le Maître des cieux.
Qu'elles ont de charmes
Aux yeux de ma foi,
Ces premières larmes
Qu'il verse pour moi !

Éloquent silence,
Comme tu m'instruis !
Sainte obéissance,
Je t'aime et te suis.
Rebelle nature,
En vain tu gémis ;
A sa créature
Vois ton Dieu soumis.

Je deviens docile
Près de mon Jésus,
Et son Évangile
Ne m'étonne plus.
Approche et contemple,
Superbe raison,
Et par son exemple,
Goûte sa leçon.

Leçon adorable
Qui confond mes sens :
Si tu n'es semblable
Aux petits enfants,
Ton orgueil funeste
T'éloigne de moi,
Le bonheur céleste
N'est pas fait pour toi.

Près de moi qu'ils viennent,
Les enfants heureux :
Les cieux appartiennent
A ceux qui, comme eux,
Sans fard, sans malice,
Sans fiel, sans aigreur,
Exempts de tout vice,
Plaisent au Seigneur.

Celui qui terrasse
Orgueil et grandeur,
A promis sa grâce
Aux humbles de cœur.
Les secrets qu'il cèle
Aux brillants esprits
Jésus les révèle
Toujours aux petits.

Sagesse mondaine,
Connais ton erreur ;
Mets ta fierté vaine
Aux pieds du Sauveur.
Quand il veut lui-même
Devenir enfant,
Quel orgueil extrême
De s'estimer grand !

Charmes de l'enfance,
Ingénuité,
Candeur, innocence,
Et simplicité,
O vertus si chères
Au divin Sauveur,
Vertus salutaires,
Régnez dans mon cœur.

MÊME SUJET. — C. 94. — A. 236.

Enfant, notre Dieu, notre Roi,
O Jésus, qui, dans cet asile,
Vois à tes pieds une troupe docile
D'enfants heureux de marcher sous ta loi ;
Permets que leur reconnaissance,
Dans ses chants, célèbre en ce jour
Les premiers dons de ton divin amour,
Et les bienfaits de ton enfance.

Divin Enfant, ta douce voix
Du pécheur fléchit la rudesse ;
Par un regard, une seule caresse,
Tu sais payer celui qui suit tes lois.
Sans toi, de quoi sert la science

Au savant le plus renommé ?
Mais l'ignorant sait tout, s'il est formé
A l'école de ton enfance.

S'il faut souffrir la pauvreté,
Tes langes, ton chétif asile,
Étoufferont dans mon cœur indocile
Les noirs chagrins d'un orgueil révolté,
Je m'instruirai par ton silence,
A souffrir en paix les douleurs;
Ou je saurai du moins mêler mes pleurs
Avec les pleurs de ton enfance.

Voudrais-je chercher des soutiens
Dans les honneurs, dans la richesse ?
Non, non, par ton apparente bassesse,
J'apprends enfin à juger les vrais biens,
A la crèche où tu prends naissance.
Laissant mes honneurs et mon or,
Je ne veux plus garder d'autre trésor
Que les leçons de ton enfance.

Monde trompeur, garde pour toi
Tes jeux, tes ris et ton ivresse ;
Mais laisse-nous, en paix, de la sagesse
Goûter les dons et méditer la loi.
En vain une fausse apparence
Voudrait irriter mes désirs ;
La piété donne les vrais plaisirs,
Le vrai bonheur à notre enfance.

Mondains, bientôt il doit s'enfuir,
Le joyeux printemps de la vie ;
D'un long hiver elle sera suivie,
Cette saison si courte du plaisir.
Nous, pour pouvoir de l'innocence
Conserver l'âge précieux,
Toujours, toujours nous aurons sous les yeux
Jésus et sa divine enfance.

O Dieu fort, montre ton pouvoir,
En appuyant notre faiblesse ;
Maintiens l'honneur de ta sainte promesse,
Et des méchants anéantis l'espoir.
Tous se livrent à la démence
D'une sacrilége fureur ;
De ton Église adoucis la douleur ;
Conserve-lui du moins l'enfance.

MÊME SUJET. — C. 22. — A. 137.

O vous dont les tendres ans | Pour sauver à votre enfance
Croissent encore innocents ; | Ce trésor de l'innocence,

Contemplez l'Enfant-Jésus ;
Et prenez-en les vertus.

Il est votre Créateur,
Votre Dieu, votre Sauveur ;
Mais il est votre modèle.
Heureux qui lui fut fidèle !
Il eut part à sa faveur,
A ses dons, à son bonheur.

Que touchant est le tableau
Que nous offre son berceau !
Oh ! que de leçons utiles
Y trouvent les cœurs dociles !
Accourez, vous tous, enfants,
Y former vos jours naissants.

Une étable est le séjour
Où Jésus reçoit le jour.
Sous ses langes, de sa crèche,
Sa divine loi nous prêche
Que l'indigence, à ses yeux,
Est un riche don des Cieux.

Pourquoi ce froid, ces douleurs,
Ces yeux qui s'ouvrent aux pleurs,
Ce sang qu'il daigne répandre ?
N'est-ce pas pour nous apprendre
Qu'il faut craindre les plaisirs
Et pour lui vivre et souffrir ?

Ce Dieu, seul prêtre immortel,
Du berceau passe à l'autel,
Et, législateur et maître,
A la loi va se soumettre,
Prêt à s'immoler un jour
Pour son Père et notre amour.

Il naît à peine, et naissant
Il veut fuir obéissant :
Trente ans dans un vil asile,
L'ont vu fidèle et docile,

Exact, obéir toujours
Aux saints gardiens de ses jours.

Si, par un départ secret,
Il leur laisse un vif regret,
Ils le reverront au temple,
Nous montrer, par son exemple,
Qu'on doit pour Dieu tout quitter.
Qui de nous sut l'imiter ?

Esprits vains, cœurs indomptés,
Captivez vos volontés.
Quand on voit Jésus lui-même,
Jésus la grandeur suprême,
S'abaisser, s'anéantir,
Peut-on ne pas obéir ?

Qu'il est beau de voir ces mains
Qui formèrent les humains,
Se prêter aux œuvres viles,
Aux travaux les plus serviles,
Et rendre à jamais pour nous
Tout travail louable et doux !

Tout m'instruit dans l'Enfant-Dieu,
Son respect pour le saint lieu,
Son air modeste, humble, affable,
Sa douceur inaltérable,
Son zèle, sa charité,
Sa clémence, sa bonté.

Jésus croît, et plus ses ans
Hâtent leurs accroissements,
Plus l'adorable sagesse,
Qui réside en lui sans cesse,
Dévoile aux yeux des humains
L'éclat de ses traits divins.

Combien en est-il, hélas !
Qui, loin de suivre ses pas,
Vont, croissant de vice en vice,
Aboutir au précipice !
Heureux, seul heureux qui prend
Pour guide Jésus enfant !

JÉSUS-CHRIST NOTRE MAITRE ET NOTRE MODÈLE. — C. 2. — A. 25.

Heureux qui fait paraître
Pour Jésus son ardeur,
Qui s'applique à connaître
Cet aimable Sauveur.
Par cette connaissance
On arrive au vrai bien ;

C'est l'unique science
Nécessaire au Chrétien.

Seul Fils du Dieu suprême,
Et son Verbe éternel
Né de Dieu, Dieu lui-même,

Invisible, immortel,
Tout l'univers existe
Par sa puissante main,
Et par lui tout subsiste :
De tout il est la fin.

Que les Anges honorent
Sa suprême grandeur ;
Qu'en tremblant ils l'adorent,
Il est leur Créateur ;
Que l'homme sur la terre
Fléchisse les genoux,
C'est le Dieu du tonnerre,
L'enfer sent son courroux.

C'est ce Dieu redoutable,
Mais rempli de douceur,
Qui de l'homme coupable
Répara le malheur :
Chargé du poids pénible
De notre iniquité,
Dans une chair passible
Il s'est manifesté.

C'est le Messie auguste,
Des peuples désiré ;
De tout temps l'homme juste
A vers lui soupiré ;
Nés enfants de colère,
Indignes de secours,
Sans lui notre misère
Aurait duré toujours.

Cet aimable Messie,
Pour terminer nos maux,
A voulu que sa vie
Fut pleine de travaux :
Par ses divins oracles
Il a formé nos mœurs,

Il a par ses miracles
Attiré les pécheurs.

C'est ici le seul Maître
Digne d'être écouté ;
Lui seul nous fait connaître
Notre perversité :
Sa sagesse profonde
Dissipe nos erreurs,
Nous fait haïr le monde
Et ses vaines grandeurs.

Jésus-Christ est la Vie,
Il est la Vérité ;
Par lui l'âme affermie
Marche avec sûreté :
Il est notre espérance,
Comme il est notre appui ;
La grâce, l'innocence,
Tout don nous vient de lui.

Jésus est le modèle
Qu'il faut suivre ici-bas ;
Sur lui le vrai fidèle
En tout règle ses pas ;
C'est dans son Évangile
Qu'on trouve son esprit ;
Avec un cœur docile
Suivons ce qu'il prescrit.

Ah ! que surtout on aime
Ce Sauveur plein d'appas ;
Anathème, anathème,
A qui ne l'aime pas.
Venez donc dans notre âme
Venez, Dieu de bonté :
Allumez-y la flamme
De votre charité.

L'AMOUR DE JÉSUS.

PROTESTATION DE N'ÊTRE QU'A JÉSUS-CHRIST. — C. 31. — A. 148 et 149.

Le monde par mille artifices,
Cherche à captiver votre cœur ;
Jésus, pour faire son bonheur,
Vous en demande les prémices.
A qui votre cœur en ce jour,
Donnera-t-il la préférence ?

A Jésus seul tout mon amour :
Il veut être ma récompense.

De roses couronnant sa tête,
Le mondain, libre en ses désirs,
Compte ses jours par ses plaisirs

Se promène de fête en fête ;
Mais dans l'éclat du plus beau jour,
Le remords le ronge en silence.
  A Jésus, etc.

Contemplez l'impie en délire,
Disputant son âme à son Dieu,
Le corps glacé, mais l'œil en feu ;
Le blasphème en sa bouche expire,
L'horreur de l'infernal séjour
Dans son cœur habite d'avance.
  A Jésus, etc.

Voilà donc les biens que tu donnes,
O monde, voilà donc ta paix !
La mort change en tristes cyprès
Les myrtes dont tu nous couronnes.
Ah! reprends ton bonheur d'un jour,
Rends-moi l'immortelle espérance.
  A Jésus, etc.

Il viendra ce jour de victoire
Où paraîtront tous les élus
Autour du trône de Jésus,
Couronnés d'amour et de gloire.
O doux moment! bienheureux jour!
Sois désormais mon espérance.
  A Jésus, etc.

AMOUR DE JÉSUS PAR-DESSUS TOUT. — C. 8 et 141. — A. 104 et 285.

Que Jésus est un bon maître,
Et qu'il est doux de l'aimer !
Bienheureux qui sait connaître
Combien il peut nous charmer !
  Divin Sauveur !
  Beauté suprême !
  Oui, je vous aime,
  Divin Sauveur !
Je vous aime, je vous aime
  De tout mon cœur.

Mettons-nous sous son empire,
Soyons à lui pour jamais,
Et que notre âme n'aspire
Qu'à goûter ses saints attraits.
  Divin, etc.

Sans Jésus rien ne peut plaire,
Tout est dur, tout est amer ;
Tout est disgrâce, misère,
Désespoir, tourment, enfer.
  Divin, etc.

Avec lui tout est délices,
Tout est source de douceur :
Tout nous offre les prémices
Du véritable bonheur.
  Divin, etc.

Avec lui, de l'indigence,
On ne craint point les rigueurs ;
Avec lui, de l'opulence,
On dédaigne les faveurs.
  Divin, etc.

Il fait toute ma richesse
Et mon unique trésor ;
Et je prise sa tendresse
Plus que tout l'éclat de l'or.
  Divin, etc.

Aimer le monde est folie ;
L'homme qui s'attache à lui,
Comme un faible roseau plie
Et tombe avec son appui.
  Divin, etc.

Mais le sage véritable,
A Jésus ayant recours,
Fut toujours inébranlable,
Appuyé sur son secours.
  Divin, etc.

La faveur du monde passe,
Aussi prompte que le temps,
Et de longs jours de disgrâce
Suivent ses premiers instants.
  Divin, etc.

De Jésus l'amour fidèle
Ne trompe jamais nos vœux ;
Une foi toujours nouvelle
En serre à jamais les nœuds.
  Divin, etc.

Contre nous, la force humaine
En vain dirige ses coups.
Que pourra toute sa haine,
Si Jésus combat pour nous ?
  Divin, etc.

L'univers et ses idoles
En vain m'offrent un soutien ;

Leurs appuis sont tous frivoles,
Si Jésus m'ôte le sien.
  Divin, etc.

Mais Jésus veut qu'on le serve
Sans lâcheté, sans langueur,
Et ne souffre ni réserve,

Ni partage dans un cœur.
  Divin, etc.

Plus ce Dieu d'amour nous aime,
Plus nous devons par retour,
Quitter et tout et nous-mêmes,
Pour chercher son seul amour.
  Divin, etc.

LE CHRÉTIEN ENTRAÎNÉ VERS JÉSUS. — C. 11. — A. 113.

Quel attrait vers Jésus nous entraîne ?
Ah ! goûtons ses divines douceurs.
De ses feux toute la terre est pleine,
Nos cœurs seuls seraient-ils sans ardeurs.

De Jésus, ah ! que la chaîne est belle !
Que son joug est aimable et charmant
Volons tous, c'est lui qui nous appelle,
Malheureux qui tarde un seul moment !

Que les feux que son amour fait naître,
Dans nos cœurs ne s'éteignent jamais !
Quand un cœur commence à le connaître,
Pourrait-il repousser tant d'attraits ?

Ce Dieu saint est la bonté suprême,
Ses faveurs croissent de jour en jour,
Et pour nous jusqu'au silence même,
Tout au cœur parle de son amour.

Dieu-Sauveur, qui vous donnez vous-même,
Recevez et mon cœur et ma foi.
Quel plaisir d'aimer un Dieu qui m'aime !
Où trouver une aussi douce loi ?

Cœur ingrat, cœur dur, cœur insensible,
Quoi ! Jésus ne pourrait vous charmer ?
A sa suite il n'est rien de pénible ;
Plus on l'aime et plus on veut l'aimer.

Dieu d'amour, cher Époux de nos âmes,
Avec nous formez les plus beaux nœuds ;
Ici-bas brûlez-nous de vos flammes ;
Dans le ciel couronnez tous nos vœux.

INVITATION A AIMER JÉSUS. — C. 48. — A. 171.

Ah! j'entends Jésus qui m'appelle;
Que sa voix a pour moi d'appas !
Je suivrai désormais ses pas
 Et lui serai fidèle.

Je n'ai que trop été rebelle ;
Et je rougis de mon erreur :

Défendez-moi contre mon cœur.
 O Sagesse éternelle !

Ah ! c'est trop résister, mon âme,
Ne cherchons plus de vain détour:
Donnons à Jésus notre amour,
 Et brûlons de sa flamme.

Dimanches après l'Épiphanie. L'amour de Jésus.

Rien sans Jésus n'est agréable,
Rien sans Jésus ne peut charmer:
Ne doit-on pas toujours l'aimer,
  S'il est toujours aimable?

Qu'un cœur dont Jésus est le maître
Sent de douceur à le servir!
Mais pour savourer ce plaisir,
  Il faut bien le connaître.

Jésus peut contenter l'envie
Du plus insatiable cœur;
Il peut seul faire le bonheur
  De la plus longue vie.

Jésus est un riche héritage
Pour qui sait bien le posséder:
Mais qui veut longtemps le garder,
  Doit l'aimer sans partage.

Jésus est un Dieu de clémence,
Il peut adoucir tous nos maux;
Il nous soutient dans nos travaux,
  Il prend notre défense.

Je l'entends ce Dieu qui m'appelle,
Et qui m'invite à son amour:
Pour lui refuser un retour,
  Il faut être infidèle.

Jésus, fixez mon inconstance,
Rendez-vous maître de mon cœur,
Soyez-en toujours le vainqueur,
  Malgré sa résistance.

J'aime Jésus, je veux le suivre;
Peut-on jamais le trop chérir?
Vivre sans l'aimer, c'est mourir;
  L'aimer, c'est toujours vivre.

ÉLANS D'AMOUR. — C. 64. — A. 196.

Jésus! ô mon Sauveur,
  Mon Créateur,
  Source de mon être:
Jésus, ô mon Sauveur,
  Toi de mon cœur
  L'unique bonheur!
  En ce jour
  Puis-je méconnaître
  Que l'amour
  Sur moi règne en maître:
Jésus, aimable Roi,
  Détruis en moi
  Ce qui n'est pas toi.

Jésus, ton tendre amour
  Fait, nuit et jour,
  Ma douce allégresse:
Jésus, ton tendre amour
  Fait, nuit et jour,
  En moi son séjour.
  Tous mes sens
  Nagent dans l'ivresse,
  Et je sens
  Ta main qui me presse;
Jésus, ta sainte ardeur
  Verse en mon cœur
  L'excès du bonheur.

Amour de mon Jésus,
  Plus de refus;
  Je te rends les armes:
Amour de mon Jésus,
  Plus de refus;
  Mes sens sont vaincus.
  Les soupirs,
  Les brûlantes larmes,
  Des plaisirs,
  Détruisent les charmes.
Amour, tes divins feux
  Sont-ils aux cieux
  Plus délicieux!

Jésus, tout mon espoir
  Est de te voir
  Au céleste empire:
Jésus, tout mon espoir
  Est de te voir
  Au beau jour sans soir.
  Non, l'attrait
  D'un monde en délire
  Ne saurait
  En mon cœur détruire,
Jésus, le doux plaisir,
  L'ardent désir
  Pour toi de souffrir.

Seigneur, Roi des vertus,
  Pain des élus,
  Sois ma nourriture;
Seigneur, Roi des vertus,
  Pain des élus,

Que veux-je de plus ?
   Si jamais,
Ingrat et parjure,
   J'oubliais

Ta loi sainte et pure,
Seigneur, que le remords
Rende mon sort
Pire que la mort.

LE CHRÉTIEN S'EXCITE A SUIVRE JÉSUS. — C. 78. — A. 219.

Suivons Jésus, c'est lui qui nous mène ;
Tout doit sentir ses douces ardeurs :
Qu'un juste amour vers lui nous entraîne,
Et qu'à jamais il règne dans nos cœurs.

Suivons ses pas ; il nous y convie :
Près du naufrage il nous tend la main :
Il nous conduit au port de la vie ;
Suivons-le donc, il en est le chemin.

De la vertu, suivons la lumière ;
Le crime n'est qu'une affreuse nuit :
Le noir enfer borne sa carrière ;
Mais c'est au ciel que la vertu conduit.

Dès qu'on entend la voix de la grâce,
Il faut se rendre à ses douces lois :
Si nous avons des cœurs tout de glace,
L'entendrons-nous encore une autre fois ?

Quand le Seigneur se montre propice,
Gardons-nous bien de perdre un seul jour :
A tout moment craignons sa justice ;
Elle est extrême autant que son amour.

Régnez, Seigneur, régnez dans nos âmes ;
Venez, Seigneur, nos cœurs sont à vous :
Quand on ressent l'ardeur de vos flammes,
De tous les biens, on goûte le plus doux.

LE CHRÉTIEN FERME SON CŒUR ET SES SENS A TOUT CE QUI N'EST PAS JÉSUS. — C. 118. — A. 262.

Jésus est mon bonheur
Et toute ma richesse ;
Mon esprit et mon cœur :
Répèteront sans cesse
Jésus est mon amour
Et la nuit et le jour.

Qu'on ne me parle plus
Des grandeurs de ce monde :
J'en trouve dans Jésus
Une source féconde.
   Jésus, etc.

Aveuglez-vous, mes yeux,
Sur tout objet sensible ;

Sachez voir en tous lieux
Jésus, quoique invisible.
   Jésus, etc.

Avec soin fermez-vous
Aux frivoles nouvelles,
Mes oreilles, aux fous,
Laissez les bagatelles.
   Jésus, etc.

Ma langue est à Jésus ;
Ma bouche, il faut vous taire,
Ou bien ne parlez plus
Qu'à dessein de lui plaire.
   Jésus, etc.

Mes mains occupez-vous ;
Que toujours votre ouvrage,
Pour le divin Époux,
Devienne un doux hommage.
    Jésus, etc.

Cherchez, mes pieds, cherchez
Jésus dans la retraite ;
Ses biens y sont cachés,
Leur douceur est parfaite.
    Jésus, etc.

Écoute, ô mon esprit,
La Sagesse éternelle ;
Pour t'instruire, elle prit
Une forme mortelle.
    Jésus, etc.

O mon cœur, aspirons
Au bonheur véritable ;
Aimons Jésus ; aimons
Le seul bien tout aimable.
    Jésus, etc.

REGRETS DE N'AVOIR PAS TOUJOURS AIMÉ JÉSUS. — C. 117. — A. 261.

Jésus charme ma solitude,
Jésus occupe mes désirs :
Mon cœur exempt d'inquiétude
Trouve en lui seul tous les plaisirs.
    Si, dans mon ivresse,
Dieu d'amour, je vous méconnus,
Désormais je dirai sans cesse :
Vive Jésus ! vive Jésus !

Quoi, mon Jésus, est-il possible
Que l'on résiste à vos appas ?
Si plus d'un cœur est insensible,
Ah ! que le mien ne le soit pas.
    Si, dans mon ivresse, etc.

Qu'un cœur dont Jésus est le maître
Sent de douceur à le servir !
Comment un chrétien peut-il être
Ou sans l'aimer, ou sans mourir ?
    Si, dans mon ivresse, etc.

Eh ! quand donc aurai-je en partage
D'être constant dans votre amour ?
Faut-il que mon cœur trop volage
Vous puisse aimer à peine un jour.
    Si, dans mon ivresse, etc.

Jésus notre Sauveur nous aime,
Aimons-le donc à notre tour ;
Sa bonté pour nous est extrême,
Seul il mérite notre amour.
    Si, dans mon ivresse, etc.

Tout lieu, tout âge est favorable,
Jésus peut toujours nous charmer.
Ah ! puisqu'il est toujours aimable
Ne cessons jamais de l'aimer.
    Si, dans mon ivresse,
Dieu d'amour, je vous méconnus,
Désormais je dirai sans cesse :
Vive Jésus ! vive Jésus !

DIMANCHES AVANT LE CARÊME.

DANGERS DU MONDE POUR LA JEUNESSE. — C. 111. — A. 254.

O vous qui, le cœur innocent,
Touchez à la fleur du bel âge,
Craignez, craignez l'enchantement
D'un monde trompeur et volage.
    Ah ! des jeunes cœurs,
    Sur ses flots trompeurs,
Partout on ne voit que naufrage.

Les faux plaisirs, qu'à ses autels,
Le monde ici-bas nous présente,
Ne sont que des poisons mortels
Mais d'une couleur séduisante ;
    A leurs vains appas,
    Qui succombe, hélas !
Quel remords bientôt le tourmente!

De la vertu l'aimable paix
Orne le front de la jeunesse :
Sa joie est pure, et pour jamais
Durera cette douce ivresse.

O divin amour!
En moi dès ce jour
Régnez, mais régnez-y sans cesse.
En vain tu veux, monde trompeur,
Me précipiter dans l'abîme,
Jaloux, hélas! de ta faveur,
Bientôt j'en serais la victime.
Mais d'un nouveau feu,
Pour vous, ô mon Dieu,
Que mon cœur embrasé s'anime.

SÉDUCTION DU MAUVAIS EXEMPLE. — C. 1. — A. 8.

Faibles mortels, quel torrent vous entraîne ?
D'un monde vain l'exemple vous séduit.
D'un faux respect, brisez enfin la chaîne ;
Osez montrer que la foi vous conduit.

Craindriez-vous la noire calomnie?
Le vrai chrétien peut braver tous ses traits
Pour sa défense il fait parler sa vie ;
Son Dieu le voit, et son cœur est en paix.

Qu'à nos discours la charité s'allie,
Montrons toujours une douce gaîté ;
Fuyons l'orgueil, la sombre jalousie,
Et nous aurons vengé la piété.

Que tout en nous atteste la présence
Du Dieu caché qui vit en ses élus :
Assez, hélas! on l'oublie, on l'offense ;
Mais nous, du moins, offrons-lui des vertus.

ADIEUX AUX FAUSSES JOIES DU MONDE. — C. 92. — A. 234.

Fausses douceurs,
Plaisirs trompeurs!
Séduisante chimère!
Oui pour jamais,
A vos attraits
Je dis adieu sincère.-Fausses...

Vous nous plaisez,
Nous amusez,
Mais, hélas! vous nous abusez ;
Vos plus beaux jours
Eurent toujours
Plus d'un épais nuage ;

Plus on vous suit
Et plus on fuit
Le vrai bonheur du sage.
Fausses, etc.

De vos biens les faibles lueurs
S'échappent comme des vapeurs
Et les malheurs,
L'effroi, les pleurs,
Les vers rongeurs,
Et l'enfer même
Sont le prix de qui vous aime.
Fausses, etc.

MÊME SUJET. — C. 25. — A. 141.

Adieu, plaisirs volages,
Adieu, plaisirs trompeurs,
Vous perdez les plus sages
Par vos faux avantages ;
Vous séduisez les cœurs :
Adieu, plaisirs trompeurs.

Malheureux qui se fonde
Sur les biens passagers
Que lui promet le monde ;
Qu'il caresse ou qu'il gronde,
Tous ses maux sont légers,
Et ses biens passagers.

Une vaine espérance
Nous flatte et nous séduit ;

Une fausse apparence,
Trompant notre prudence,
Comme un songe qui fuit
Nous flatte et nous séduit.

Ne prétends pas, mon âme,
Être heureuse ici-bas;
Quelque objet qui t'enflamme,
Malheureuse, en ta flamme,

Jamais tu ne pourras
Être heureuse ici-bas.

Jésus seul est aimable,
Je veux n'aimer que lui;
Sa bonté secourable
M'est toujours favorable;
C'est mon unique appui,
Je veux n'aimer que lui.

L'AMOUR DES PLAISIRS, ÉCUEIL DE LA JEUNESSE. — C. 20. — A. 129.

Oh! que je plains un jeune cœur
Volage et sans expérience !
Plein d'une folle confiance,
Il entre au sentier de l'erreur.
Du devoir l'importune chaîne
En vain s'oppose à son désir :
Sensible à l'attrait du plaisir,
Il cède au penchant qui l'entraîne.

Il veut pourtant être chrétien,
Il suit quelque temps la lumière :
Bientôt il recule en arrière,
Il songe à rompre son lien :
Il est retenu par la crainte ;
La foi parle, mais faiblement :
Le monde et son attachement
Font enfin cesser la contrainte.

Il n'entend se permettre rien
Qui doive alarmer l'innocence :
Quel mal voit-on dans cette danse,
Dans ce bal, dans cet entretien ?
Ainsi l'on parle avec le monde,
Ainsi l'on aime à s'étourdir ;
Et qui refuse d'applaudir,
Est un ridicule qu'on fronde.

Allez donc sans règle et sans frein,
Allez, jeunesse infortunée,
Allez marquer chaque journée
Par quelque pas hors du chemin :
En vain l'exemple vous rassure,
En vain le monde vous absout ;
Tremblez, votre perte est au bout,
Et déjà vous êtes impure.

Quand saurez-vous vous arrêter?
Vous qui courant de crime en crime
Et tombant d'abîme en abîme,
Aimez à vous précipiter ?
D'abord je vous ai vu volage,
Mais timide dans vos désirs
Aujourd'hui, des honteux plaisirs.
Je vous vois chérir l'esclavage.

Je regrette votre pudeur,
Je cherche votre modestie ;
Et, par une étrange manie,
Vous ne me parlez que d'honneur,
Détour frivole, vain mensonge!
Avec cet honneur prétendu
Vous foulez aux pieds la vertu,
Et tout votre honneur n'est qu'un
[songe.

O vous donc qui tenez encor
A votre première innocence,
Voulez-vous avec assurance
Conserver ce riche trésor ?
Tremblez pour cette chair fragile
Exposée à tant de combats;
Songez qu'il ne faut qu'un faux pas
Pour briser ce vase d'argile.

Tremblez où tremblèrent les Saints
Fuyez les jeux que leur sagesse
Interdit à votre faiblesse,
Jeux aussi dangereux que vains :
Si le monde est moins difficile,
Le monde est un guide peu sûr;
Ce monde dont l'organe impur
Sans cesse combat l'Évangile.

CORRUPTION DU MONDE. — C. 37. — A. 155.

Dans ce siècle de licence,
De délire et de forfaits,

Les cœurs forment dès l'enfance,
Les plus coupables souhaits :

Hé quoi! l'aimable innocence
Aurait-elle pour jamais
Perdu ses divins attraits?

Livrée au libertinage,
A l'horrible impiété,
La jeunesse rend hommage
A l'infâme volupté.
C'est un papillon volage
Qui vole droit au flambeau
Qui doit être son tombeau.

Levant une tête altière,
Dans son triomphe insolent,
Le crime a souillé la terre,
Il y règne impunément.
C'est à gémir, à se taire,
Qu'il condamne hautement
Et le juste et l'innocent.

Ah! je déteste et j'abhorre
Cette audace et ces horreurs
Qui pourraient du Ciel encore
Attirer les feux vengeurs.
Dieu terrible que j'adore,
J'invoque en ces mauvais jours
Ta clémence et ton secours.

SCANDALE DES DANSES. — C. 110. — A. 253,

 Funeste danse,
Qui séduis le cœur des humains,
Quoique innocente en apparence,
Tu fis toujours trembler les Saints,
 Funeste danse.

 Tout est funeste
Dans ces trop séduisants concours.
La voix, le son, l'œil et le geste,
Le luxe et mille vains atours,
 Tout est funeste.

 Oh! qu'il en coûte
De suivre ces honteux abus!
Pour un vil plaisir qu'on y goûte,
On y perd, hélas! les vertus;
 Oh! qu'il en coûte!

 Tout s'y profane!
L'âme, le corps et tous les sens;
La loi sainte qui les condamne,
Et la grâce et les sacrements,
 Tout s'y profane.

 Funeste danse,
Triste tombeau de la pudeur,
Fatal écueil de l'innocence,
Le démon seul est ton auteur,
 Funeste danse.

 Repaire impie,
Ton président est le démon;
Tes habitants, sa compagnie;
Tes appartements, sa maison;
 Repaire impie.

 D'affreux supplices
Puniront vos fausses douceurs
Autant vous goûtez de délices,
Autant souffrirez-vous, danseurs,
 D'affreux supplices.

 Qu'une danseuse
Vous soit un objet de frayeur;
Craignez son air, sa voix flatteuse:
Qui séduit plus les yeux, le cœur
 Qu'une danseuse?

CONTRE LES PLAISIRS DU CARNAVAL. — C. 55. — A. 153.

Quels cris font retentir les airs?
Quels démons sortent des enfers?
A qui destine-t-on ces fêtes?
Est-ce au Dieu de la sainteté?
Non, non, monde impur, tu t'ap-
A célébrer la volupté. [prêtes

Hé quoi! verrons-nous des chrétiens
Marcher sur les pas des païens?
C'est à Satan qu'on sacrifie,
Qu'on offre le vin et l'encens.

A l'aspect de ce culte impie,
L'horreur s'empare de nos sens.
Dans ces jours de débordement,
Le crime règne impunément.
O vous que le torrent entraîne,
Vous croyez que tout est permis,
Avant la sainte Quarantaine,
Quels droits le vice a-t-il acquis?
Est-ce ainsi que sont préparés
Des jours au jeûne consacrés?

Près de ce temps de pénitence
Chacun s'abandonne au plaisir.
Les excès de l'intempérance
Conduisent-ils au repentir ?
L'Église, la cendre à la main,
Dira bientôt au genre humain :
« Ressouviens-toi de la poussière
« D'où l'Éternel te fit sortir ;

« Dans peu terminant ta carrière,
« Pour toi le monde va finir. »
Insensé, le tombeau t'attend !
Sais-tu qu'il ne faut qu'un instant
Pour que la mort t'y précipite ?
Crains que les terribles arrêts
Que ta vie impure mérite,
Ne t'accable de vains regrets.

NÉCESSITÉ DE SE DONNER A DIEU DÈS LA JEUNESSE. — C. 2. — A. 26.

La plus belle jeunesse
Passe comme une fleur :
Hâtez-vous, le temps presse,
Donnez-vous au Seigneur.
Tout se change en délices,
Quand on veut le servir ;
Et dans les sacrifices
On trouve un doux plaisir.

Que de pleurs et de larmes
Doit coûter au trépas,
Ce monde dont les charmes
Nous trompent ici-bas !
D'agréables promesses
Il nous flatte d'abord ;
Mais toutes ses caresses
Conduisent à la mort.

Si le monde s'offense,
Méprisez son courroux.
Dieu veut la préférence,
Il s'en montre jaloux ;
Si sa bonté suprême
Fait tout pour mon bonheur,
Je dois l'aimer de même,
Sans partager mon cœur.

N'attendez point cet âge
Où les hommes n'ont plus
Ni force, ni courage
Pour les grandes vertus ;
C'est faire un sacrifice
Qui nous a peu coûté,
Que de quitter le vice
Quand il n'est plus goûté.

Prévenez la vieillesse,
Cette triste saison ;
Le temps de la jeunesse
Est un temps de moisson.
Le Sauveur vous menace
D'une éternelle nuit,
Où, quoi que l'homme fasse,
Il travaille sans fruit.

Pourquoi tant vous promettre
De vivre longuement ;
Chaque moment peut être
Votre dernier moment.
Craignez que de la grâce
Dieu n'arrête le cours,
Qu'un autre à votre place
Ne soit mis pour toujours.

Quand plusieurs fois au crime
L'on ose consentir,
Hélas ! c'est un abîme
D'où l'on ne peut sortir.
Il n'est rien de plus rude
Que de se détacher
D'une longue habitude
Qu'on s'est fait de pécher.

Présentons nos services
A ce Dieu tout-puissant,
Offrons-lui les prémices
De l'âge florissant.
Cet adorable Maître
Ne nous donna le jour
Qu'afin de le connaître
Et vivre en son amour.

MÊME SUJET. — C. 23. — A. 138.

A servir le Seigneur
Que votre cœur s'empresse ;
Montrez, chère jeunesse,

Montrez tous votre ardeur
A servir le Seigneur.
Dieu seul doit vous charmer,

Il est le bien suprême ;
Il vous aime lui-même,
Peut-on ne pas l'aimer ?
Dieu seul doit vous charmer.

D'un jeune et tendre cœur,
Oh ! qu'il aime l'offrande !
A tous il la demande !
Lui seul fait le bonheur
D'un jeune et tendre cœur.

Commencez dès ce jour
D'aimer un si bon Père :
Souvent pour qui diffère
Il n'est pas de retour ;
Commencez dès ce jour.

Aimez la pureté,
Quel bien plus estimable !
Rien de plus agréable

Au Dieu de Sainteté :
Aimez la pureté.

Fuyez les vains plaisirs
Que le monde présente :
Qu'une vie innocente
Fixe tous vos désirs ;
Fuyez les vains plaisirs.

O Dieu plein de bonté,
Secourez-nous sans cesse ;
Gardez notre jeunesse
De toute iniquité,
O Dieu plein de bonté.

Régnez dans notre cœur,
Soyez notre partage :
Et que croissant en âge,
Nous croissions en ferveur
Régnez dans notre cœur.

MÊME SUJET. — C. 2. — A. 32

Il est temps de se rendre
Ah ! c'est trop combattu :
Il faut sans plus attendre
Embrasser la vertu.
Quel est dès notre enfance,
L'état où nous vivons ?
Plus la raison s'avance,
Et moins nous la suivons.

Faut-il que l'on ravisse
La jeunesse au Seigneur,
Et qu'on la donne au vice ?
Quelle funeste erreur !
La sagesse, à notre âge,
Serait-elle un défaut ?
Peut-on être trop sage ?
Peut-on l'être trop tôt ?

Les plaisirs dont l'ivresse
Séduit nos jeunes ans,
Ah ! chacun le confesse,
Ne sont que pour les sens.
Ils laissent le cœur vide ;
Nous l'avons éprouvé.
En eux, quoi de solide
A-t-on jamais trouvé ?

Le bonheur véritable
N'est pas dans les plaisirs,
Un bien inestimable
Doit fixer nos désirs.
La grâce nous appelle,
Cédons à ses douceurs,
Et qu'elle renouvelle
Nos esprits et nos cœurs.

BONHEUR DE SERVIR DIEU DÈS SA JEUNESSE. — C. 113. — A. 256.

Heureux qui, dès son enfance,
Soumis aux lois du Seigneur,
N'a pas avec l'innocence,
Perdu la paix de son cœur.
Chéri de celui qu'il adore,
Son bonheur le suit en tout lieu :
Que peut-il désirer encore,
Quand il se voit l'ami d'un Dieu ?
  Heureux, etc.

En vain, la fortune couronne
Du pécheur les moindres désirs ;
Le remords cruel empoisonne
Les plus vantés de ses plaisirs.
  Heureux, etc.

Qui se laisse prendre à tes charmes
Trop séduisante volupté,
Expiera bientôt dans les larmes

Dimanches avant le Carême. Service de Dieu dans la jeunesse. 41

Le plaisir qu'il aura goûté.
  Heureux, etc.

Le moment d'une folle ivresse
Fait place à celui des regrets ;
Ce bonheur qu'il poursuit sans cesse
Le mondain ne l'aura jamais.
  Heureux, etc.

Seigneur, de ma tranquille vie,
Rien ne saurait troubler le cours ;
La paix ne peut être ravie
A qui veut vous aimer toujours.
  Heureux, etc.

Le monde étale sa richesse,
Mais ses biens ne m'ont point tenté ;
J'ai le trésor de la sagesse
Dans le sein de la pauvreté.
  Heureux, etc.

La croix où mon Jésus expire
Change mes peines en douceurs,
Si quelquefois mon cœur soupire,
C'est que je songe à ses douleurs.
  Heureux, etc.

L'espoir d'une gloire immortelle
Et d'un bonheur toujours nouveau,
Sème de fleurs, pour le fidèle,
Les bords si tristes du tombeau.
  Heureux, etc.

Mon Dieu, j'y descendrai sans [crainte,
Espérant, des bras de la mort,
Voler vers ta demeure sainte,
Et chanter dans un doux trans-
  Heureux, etc.   [port.

MÊME SUJET. — C. 6. — A. 87.

Jeunes enfants, votre Sauveur
Vous a choisis par préférence ;
Il chérit en vous la candeur
Et les charmes de l'innocence.
Puissiez-vous sentir ce bonheur
Et goûter pour lui sans partage
Tous les transports d'une ferveur
Qui croisse avec vous d'âge en âge !

Venez aux pieds du saint autel
A lui seul consacrer vos âmes ;
A ce bienfaiteur immortel
Portez le tribut de vos flammes.
Oh ! si vous êtes innocents,
Il vous tient ce tendre langage :
Venez à moi, tendres enfants ; [âge.
Mon royaume est fait pour votre

Aimer le monde et ses plaisirs,
C'est un désordre, une folie,
Suivre ses coupables désirs,
C'est trop ressembler à l'impie.
Mais payer d'un juste retour
Un Dieu dont nous sommes l'image
Et lui rendre amour pour amour,
C'est le triomphe de votre âge.

Quand dans un siècle corrupteur,
La piété n'a plus d'asile,
Qu'on ne peut à son Créateur
Rendre un culte pur et tranquille ;

C'est, plus que jamais, la saison
De fuir, d'abhorrer davantage
Ce monde affreux dont le poison
Semble n'épargner aucun âge.

Monde, par la foi combattu,
Tu voudrais en vain nous séduire
Les saints attraits de la vertu
A nos yeux viennent de reluire ;
Tu n'enseignes que vanité,
Tu ne donnes que l'esclavage ;
Nous détestons la volupté,
Elle est le poison de notre âge.

Seigneur, si jamais les penchants
De notre inconstante nature
Allaient vous ravir notre encens
Pour l'offrir à la créature ;
Hélas ! si nous devions périr,
Du vice éprouvant le ravage,
Retranchez pour nous l'avenir,
Et coupez le fil de notre âge.

Vierge, patronne des enfants,
Notre amour et notre espérance,
Contre les démons rugissants
Nous réclamons votre puissance :
Préservez-nous de tout péril,
Loin de nous écartez l'orage :
De vos enfants, dans cet exil,
Montrez-vous la mère à tout âge.

MÊME SUJET. — C. 162. — A. 307.

Tendre jeunesse,
Que votre tendresse,
Que votre cœur,
Soit tout pour le Seigneur.
Heureux qui l'aime,
Lui seul dès le berceau même :
En l'aimant toujours,
On n'a que de beaux jours.

Je te déteste,
Volupté funeste,
Fatal poison
Qui séduis ma raison :
Tu nous enchantes
Par des images riantes :
Mais que tes douceurs
Entraînent de malheurs !

Grandeurs mondaines,
Que vous êtes vaines !
De vos appas
Que je fais peu de cas !
Dans votre pompe, [trompe,
Tout nous plaît, mais tout nous
C'est un faux brillant
Que dissipe un instant.

Biens méprisables,
Trésors périssables,
Par quelle erreur
Abusez-vous le cœur !

Combien de vide
Trouve dans vous l'homme avide :
Plus il vous connaît,
Moins il est satisfait.
Monde profane,
Jésus te condamne :
Qui suit ta loi
Se perdra comme toi :
Monde perfide,
Tes biens n'ont rien de solide.
Non, non, tes attraits
Ne me vaincront jamais.

Dieu seul aimable,
Seul bien véritable,
De notre cœur
Peut faire le bonheur :
Heureuse l'âme
Qu'il embrase de sa flamme ;
Lui seul peut charmer
Des cœurs faits pour l'aimer.

Jésus aimable !
Sauveur adorable !
Rien n'est si doux
Que de n'aimer que vous.
Oui, je vous aime,
Plus que tout, plus que moi-même :
Mon cœur, sans retour,
Vous donne son amour.

PRIÈRES DE QUARANTE-HEURES.

INGRATITUDE DES HOMMES ENVERS JÉSUS-CHRIST. — C. 7. — A. 100.

Jésus est la bonté même,
Il a mille doux appas ;
Cependant aucun ne l'aime,
On n'y pense presque pas.
Pendant que la créature
Nous embrase de ses feux,
Pour Dieu seul notre âme est dure ;
Ah ! pleurez, pleurez, mes yeux.

Dieu devient un Dieu sensible
Afin de mieux nous charmer ;
Mais en se rendant visible,
A-t-il pu se faire aimer ?

Lorsqu'un tendre amour le presse,
De prévenir tous nos vœux,
Quel retour ? nulle tendresse :
Ah ! pleurez, pleurez, mes yeux.

D'un enfant il prend les charmes
Pour attendrir les humains ;
Pour cela de douces larmes
Coulent de ses yeux divins.
Notre âme est-elle attendrie
Par ses efforts amoureux ?
Elle est toujours endurcie
Ah ! pleurez, pleurez, mes yeux.

De la justice divine,
Jésus porte tout le poids;
Il nous sauve du supplice
En mourant sur une croix;
Et pour tant de bienveillance
Avons-nous, ô malheureux,
La moindre reconnaissance !
Ah! pleurez, pleurez, mes yeux.

Jésus, dans l'Eucharistie,
Par un prodige d'amour,
Devient notre pain de vie,
Notre pain de chaque jour.
Au milieu de tant de flammes,
Dans ce mystère amoureux,
Que de froideurs dans nos âmes !
Ah! pleurez, pleurez, mes yeux.

Il daigne en vain, de ce trône,
Nuit et jour nous inviter :
Jamais on n'y voit personne
Qui vienne le visiter;
Sa maison est délaissée,
Son entretien ennuyeux,
Et sa table méprisée;
Ah! pleurez, pleurez, mes yeux.

Mon Jésus n'a point d'asile
Contre les coups des mortels;
C'est un rempart inutile
Que son trône et ses autels;
Chaque jour, rempli de rage,
Le pécheur audacieux,
Au lieu saint lui fait outrage :
Ah! pleurez, pleurez, mes yeux

Tous les jours se renouvelle
Contre mon divin Seigneur,
Cette trahison cruelle
Qui fit tant souffrir son cœur.
Oh! combien de parricides,
Recevant le Roi des cieux,
Donnent des baisers perfides !
Ah! pleurez, pleurez, mes yeux.

Une croix pour lui cruelle,
C'est un corps dans le péché :
A cette chair criminelle
Qu'on l'a souvent attaché !
Tout est souillé par les vices
Que je découvre en tous lieux :
Pour Jésus, que de supplices !
Ah! pleurez, pleurez, mes yeux.

PLAINTES DE JÉSUS ABANDONNÉ DES HOMMES. — C. 104. — A. 247.

PEUPLE infidèle,
Quoi ! vous me trahissez !
Je vous appelle,
Et vous me délaissez.
Si je suis votre père,
Cessez de me déplaire :
Enfants ingrats,
Revenez dans mes bras.

Mon cœur soupire
Et la nuit et le jour :
Il ne désire
Qu'un mouvement d'amour.
Hélas ! pour une idole
On se livre, on s'immole,
Et pour Jésus
On n'a que des refus.

En vain mes charmes
S'offrent à mes enfants;
En vain mes larmes
S'écoulent par torrents :
Dédaignant ma tendresse,

Ils m'outragent sans cesse;
Avec transport
Ils courent à la mort.

Que puis-je faire
Pour attendrir vos cœurs !
J'ai du Calvaire
Épuisé les douleurs;
J'ai fermé les abîmes
Qu'avaient ouverts vos crimes;
Et vous, ingrats,
Vous fuyez de mes bras.

Quel sacrifice
Exigez-vous encor ?
Que je subisse
Une nouvelle mort ?
J'y vole, je l'appelle :
Viens, frappe, mort cruelle !
Mais dans mes bras
Ramène ces ingrats.

Leurs mains impures
Renouvellent mes plaies,

De mes blessures
Le sang coule à grands flots :
Mon Père m'abandonne,
Le trépas m'environne.
Je meurs !... Ingrats,
Jetez-vous dans mes bras.
   Jésus expire,
Jésus est délaissé.
   Par quel délire
L'homme est-il donc poussé ?
Il fuit son bien suprême,

Un Dieu, la bonté même !
   De son Sauveur
Il déchire le cœur.
   Ah ! divin Maître !
Je vous rends mon amour ;
   De tout mon être,
Disposez sans retour.
Séchez enfin vos larmes ;
L'ingrat cède à vos charmes
   Et son vainqueur
C'est votre divin cœur.

REGRETS DU PÉCHEUR. — C. 178. — A. 323.

Grand Dieu, mon cœur touché
   D'avoir péché
   Demande grâce :
Couronne tes bienfaits,
Pardonne mes forfaits ;
Je ne veux plus, Seigneur, encourir ta disgrâce.
Pardon, mon Dieu, pardon ;
N'es-tu pas un Dieu bon ?

   Hélas ! le triste cours
     Des plus beaux jours
     De ma jeunesse,
N'est qu'un tissu d'erreurs,
De crimes, de malheurs ;
Ah ! bien loin de t'aimer, je t'outrageai sans cesse.
   Pardon, etc.

   Sous mes pieds, les enfers
     Sont entr'ouverts
     Par ta vengeance :
En un instant la mort
Pourrait fixer mon sort :
J'implore ta pitié, j'invoque ta clémence.
   Pardon, etc.

   Maudits de l'univers,
     Chargés de fers,
     Souillés de crimes,
Souffrant mille douleurs
Dans ce séjour d'horreurs ;
Du céleste courroux, telles sont les victimes.
   Pardon, etc.

   Toujours pleurer, souffrir,
     Jamais mourir ;
     Nulle espérance
De contempler un jour

Le fortuné séjour :
O cruel châtiment ! ô trop juste vengeance !
Pardon, etc.

Je tombe à tes genoux,
Suspends tes coups,
O Dieu terrible !
Vois le sang de ton Fils,
Daigne entendre ses cris ;
Aux vœux qu'il fait pour nous, ne sois pas insensible.
Pardon, etc.

Ah ! puisse desormais
Et pour jamais
Mon cœur fidèle
N'aimer que le Seigneur,
L'aimer avec ardeur !
Puisse-t-il mériter la couronne immortelle !
Pardon, etc.

SENTIMENTS DE CONTRITION. — C. 105. — A. 248.

Mon doux Jésus, enfin voici le temps
De pardonner à nos cœurs pénitents.
Jamais nous n'offenserons plus
Votre bonté suprême, doux Jésus.

Puisqu'un pécheur vous a coûté si cher,
Faites-lui grâce, il ne veut plus pécher.
Ah ! ne perdez pas, cette fois,
La conquête admirable de la Croix.

Enfin, mon Dieu, nous sommes à genoux,
Pour vous prier de pardonner à tous :
Soyez sensible à nos douleurs,
Et noyez tous nos crimes dans nos pleurs.

SAINT TEMPS DU CARÊME.

SUR LE SAINT TEMPS DU CARÊME. — C. 7. — A. 95.

Jours heureux, temps favorable
Où Dieu calme son courroux :
Sa justice redoutable
N'est plus terrible pour nous.
Sous le cilice et la cendre,
Le cœur percé de douleur,
Opposons un amour tendre
Au torrent de sa fureur.

Si la sainte Quarantaine
Afflige un coupable corps ;
De la bonté souveraine,
Elle ouvre tous les trésors.
Dans cette rude carrière,
Dieu veut bien nous soutenir :
Le jeûne avec la prière
Du Ciel peut tout obtenir.

Par ces armes invincibles
Nos ennemis sont défaits ;

Malgré leurs efforts terribles,
Ils succombent sous nos traits :
D'une criminelle audace
Les excès sont pardonnés ;
Dans nos cœurs revit la grâce,
Les démons sont enchaînés.

Plus la chair est affligée
Par une juste rigueur,
Plus notre âme dégagée
S'élève au parfait bonheur :
Elle est bientôt embellie
Des dons les plus précieux ;
Et, de mérites remplie,
Elle plaît au Roi des cieux.

Mais le monde et ses idoles
Du jeûne ignorent les lois ;
Par mille raisons frivoles,
Ils en rejettent le poids :
L'indolence et la mollesse
Ne le peuvent supporter ;
La fausse délicatesse
Se fait toujours écouter.

Le riche se fait l'arbitre
Des maximes de la foi ;
Son opulence est un titre
Pour qu'il abjure la loi.
Pourquoi donc à l'abstinence
Le pauvre est-il condamné ?
Et le riche en abondance
Se croit-il tout pardonné ?

O Dieu ! que votre colère
S'éloigne de dessus nous,
Que notre douleur amère
Prévienne vos justes coups.
Si l'horreur de notre crime
Nous accable nuit et jour ;
Le regret qui nous anime
Nous obtiendra votre amour.

OUVERTURE D'UNE RETRAITE OU D'UNE MISSION. — C. 7. — A. 94.

Un Dieu vient se faire entendre,
Quelle ineffable faveur !
A sa voix il faut nous rendre ;
Il nous offre le bonheur.
Accourons, peuple fidèle ;
Voici les jours du Seigneur :
Quand sa bonté nous appelle,
Ne fermons point notre cœur.

Sur nous il fera reluire
Une céleste clarté :
Dans nos cœurs il va produire
Le feu de la charité.
   Accourons, etc.

Trop longtemps, hélas ! le crime
A pour nous eu des attraits :
Qu'un saint zèle nous anime
A le bannir pour jamais.
   Accourons, etc.

Du blasphème et du parjure,
Montrons une sainte horreur :
Plus en nous de flamme impure ;
N'aimons tous que la pudeur.
   Accourons, etc.

Évitons l'intempérance,
Et tout excès criminel ;
Que chacun enfin ne pense
Qu'à son salut éternel.
   Accourons, etc.

Sans tarder, changeons de vie ;
Sur nos maux, pleurons, pécheurs,
C'est Dieu qui nous y convie,
N'endurcissons point nos cœurs.
   Accourons, etc.

Quel bonheur inestimable,
Si, pleins d'un vrai repentir
De leur état misérable,
Les pécheurs voulaient sortir !
   Accourons, etc.

Ah ! Seigneur, qu'enfin se fasse
Ce désiré changement :
Dans nos cœurs, par votre grâce,
Venez agir fortement.
   Accourons, etc.

Brisez, ô Dieu de clémence,
Leur coupable dureté ;
Qu'une sainte pénitence
Lave leur iniquité.
   Accourons, etc.

MÊME SUJET. — C. 139. — A. 283.

Chrétiens, ô l'heureuse nouvelle
Qu'on nous annonce en ce beau jour
Du sein de sa gloire immortelle,
Un Dieu nous montre son amour.
  Son cœur nous invite,
  Sa voix nous excite :
Donnons-nous à lui sans retour,
  Dans ce saint jour.

L'Église, pour nous mère tendre,
Ouvre ses plus riches trésors ;
Mais nous ne pouvons y prétendre
Qu'après de généreux efforts.
  Que chaque fidèle
  S'enflamme de zèle,
Allons-y puiser tour-à-tour
  Dans ce saint jour.

Recourons à l'eau salutaire
Qui coule aux sacrés tribunaux :
Sa source est au pied du Calvaire;
C'est le seul remède à nos maux.
  Dans cette eau divine,
  Dans cette piscine,
Allons nous laver tour-à-tour,
  Dans ce saint jour.

Je veux sortir de l'esclavage
Où je languis depuis longtemps :
O Dieu, ranime mon courage
Et soutiens mes pas chancelants.
  J'aperçois l'abime
  Creusé par le crime,
Où j'allais tomber sans retour,
  Au dernier jour.

Il n'est plus le sombre nuage
Qui me dérobait mon erreur,
Le Ciel a dissipé l'orage
Oui, c'en est fait, monde trompeur,
  Mon cœur t'abandonne ;
  A Dieu je le donne :
Jésus sera tout mon amour,
  Dès ce saint jour.

Ah ! je suis rempli d'espérance ;
Seigneur, vous me l'avez promis
J'éprouverai votre clémence ;
Mes péchés me seront remis.
  Par reconnaissance,
  Enfin je commence
A te servir, ô Dieu d'amour,
  Dans ce saint jour.

BONHEUR DE LA RETRAITE OU DE LA SOLITUDE.
COUPES 6 et 137. — AIRS 82 et 281.

Vous que rassemble en ce séjour
D'un Dieu l'aimable Providence,
Vous les objets de son amour,
Venez célébrer sa clémence.
Venez, unissons tous nos voix
Dans cette retraite chérie ;
Chantons, répétons mille fois :
Vive Jésus, vive Marie.

Jésus, quel charme ravissant
Ce doux nom porte dans mon âme !
Je le prononce ; au même instant
Tout mon cœur s'embrase et s'en-
  Venez, etc.   [flamme,

Marie, au pied de tes autels,
Asile heureux de l'innocence,
Mon cœur, par des vœux solennels
A toi s'engagea dès l'enfance.
  Venez, etc.

Jésus veut pour nous chaque jour

Quitter le trône de sa gloire :
De ses bienfaits, de son amour,
Gardons à jamais la mémoire.
  Venez, etc.

Marie, à l'ombre de ce nom,
De l'enfer bravons la furie :
Que peut la rage du démon
Contre les enfants de Marie ?
  Venez, etc.

Jésus triomphe de mon cœur :
Heureux, je chante sa victoire.
L'aimer, voilà tout mon bonheur,
Et le servir toute ma gloire.
  Venez, etc.

Marie, exauce tes enfants,
Ecoute leur vive prière ;
Conserve nos cœurs innocents,
Montre-toi toujours notre mère.
  Venez, etc.

Jésus, Marie, ô noms sacrés,
Notre force et notre espérance,
Ils viendront ces jours désirés
De l'éternelle jouissance.

Aux Cœurs divins mêlant nos voix,
Alors dans la sainte Patrie,
Nous répèterons mille fois :
Vive Jésus, vive Marie.

AVANTAGES ET DOUCEURS DE LA RETRAITE. — C. 116. — A. 260.

Qu'ils sont doux tes fruits,
　Charmante retraite !
　　Par toi je jouis
　D'une paix parfaite.
Monde, je romps tes liens,
Pour goûter de si grands biens.

　C'est dans ce saint lieu
　　Que le ciel m'appelle :
　　Pour trouver mon Dieu
　J'y cours avec zèle.
C'est là que mon Rédempteur
Veut s'assurer de mon cœur.

　Quel ardent amour
　　Vous fîtes paraître
　　Pour ce beau séjour,
　Saint et divin Maître !
Il eut pour vous tant d'appas !
Et je ne l'aimerais pas ?

　Tous les Bienheureux
　　L'ont aimé de même :
　　J'en ferai comme eux
　Mon bonheur suprême.
Qui veut cesser de pécher,
Dans son sein doit se cacher.

　Mes besoins, mes maux,
　　Me disent sans cesse :
　　Va dans le repos
　Chercher la sagesse.
C'est dans le recueillement
Qu'on la trouve sûrement.

　Précieux séjour,
　　Aimable retraite,
　　Ici chaque jour,
　Sans être distraite,
Mon âme dans son Sauveur
Trouvera tout son bonheur.

　Que de ses trésors
　　L'avare soit ivre ;
　　Qu'à tous ses transports

Le mondain se livre :
Retiré dans ce saint lieu,
Je les plains et bénis Dieu.

　Plaisirs apparents,
　　Et peines réelles,
　　Honneurs éclatants,
　Et chaînes cruelles,
Partout l'ennui, le remords ;
Tel est, mondains, votre sort.

　Ici la vertu
　　N'offre que des charmes ;
　　Le vice a perdu
　Ses funestes armes :
Par sa grâce, chaque jour,
Triomphe le Dieu d'amour.

　Ici le tombeau
　　M'ouvre ses abîmes ;
　　Son pâle flambeau
　Eclaire mes crimes,
Et d'un monde séduisant
Me découvre le néant.

　D'un pervers qui meurt
　　L'image effrayante,
　　D'un Juge vengeur
　La voix foudroyante,
Toublent mon cœur tour à tour
Et m'alarment nuit et jour.

　L'enfer, à mes yeux,
　　Sous mes pieds s'entr'ouvre ;
　　Quel spectacle affreux
　La foi m'y découvre !
Ah ! trop tard j'ai médité
La terrible éternité.

　O Dieu Rédempteur,
　　C'est vous que j'implore ;
　　Voyez ma douleur,
　Pardonnez encore :
Mes larmes, mon repentir,
Ne pourraient-ils vous fléchir ?

Pour bien profiter
Des saints exercices,
Il faut s'écarter
Du monde et des vices,
Et sonder avec rigueur
Tous les replis de son cœur.

Heureux les Chrétiens
Qui, dans la retraite,
Des célestes biens,
Cherchent la conquête,
Après avoir mérité
Les feux de l'éternité.

FIN DE L'HOMME.

TOUT EST FAIT POUR DIEU. — C. 43. — A. 163.

Rien n'est fait que pour Dieu;
A lui seul tout doit tendre,
A lui tout doit se rendre
En tout temps, en tout lieu.
Donnons-lui notre cœur,
Pour l'amour de lui-même.
Heureux celui qui l'aime;
Il a le vrai bonheur.

Dans les biens d'ici-bas
Il n'est rien de solide :
On n'y trouve que vide,
Que trouble, qu'embarras.
Cent fois j'en fis, Seigneur,
La triste expérience ;
Jamais leur jouissance
Ne satisfit mon cœur.

Vers mille objets nouveaux,
En vain, mon cœur s'agite;
Inutile poursuite
Pour trouver le repos.

Il n'y parvient jamais
Que quand enfin il rentre
En Dieu, son seul vrai centre
Et source de sa paix.

Faites donc, dès ce jour,
O le Dieu de mon âme,
Que pour vous je m'enflamme
Du plus ardent amour.

Non, je ne veux plus rien
Que vous seul sur la terre :
Rien ne peut plus m'y plaire
Vous êtes tout mon bien.

Que toujours soupirant
Vers vous, ô tendre Père,
Mon ardeur persévère
Jusqu'au dernier moment.

Ah ! donnez-moi, Seigneur,
Cette persévérance,
Seul titre d'assurance
Pour l'éternel bonheur.

IMPORTANCE DU SALUT. — C. 21 et 147. — A. 131 et 292.

Travaillez à votre salut,
Quand on le veut, il est facile :
Chrétiens, n'ayez point d'autre but;
Sans lui tout devient inutile :
Sans le salut, pensez-y bien,
Tout ne vous servira de rien.

Oh ! que l'on perd en le perdant !
On perd le céleste héritage ;
Au lieu d'un bonheur ravissant,
On a l'enfer pour son partage.
    Sans le salut, etc.

Que sert de gagner l'univers,
Dit Jésus, si l'on perd son âme;
Et s'il faut, au fond des enfers
Brûler d'une éternelle flamme ?
    Sans le salut, etc.

Rien n'est digne d'empressement
Si ce n'est la vie éternelle :
Hélas ! le bonheur d'un moment
N'est rien pour une âme immor-
    Sans le salut, etc. [telle.

C'est pour toute une éternité
Qu'on est heureux ou misérable ;
Que, devant cette vérité,
Tout ce qui passe est méprisable !
Sans le salut, etc.

Grand Dieu ! que tant que nous vi-
Cette vérité nous pénètre. [vrons
Ah ! faites que nous nous sauvions,
A quelque prix que ce puisse être.
Sans le salut, etc.

MÊME SUJET. — C. 1. — A. 3.

Fut-il jamais erreur plus déplorable ?
Nous désirons les faux biens d'ici-bas ;
Et le salut, le seul bien véritable,
Hélas ! nos cœurs ne le désirent pas.

Sommes-nous faits pour des biens si fragiles,
Qu'on voit passer ainsi qu'une vapeur ;
Et qui, pour nous, en chagrins sont fertiles ?
Ah ! de tels biens sont-ils le vrai bonheur ?

Un Dieu pour nous souffre une mort honteuse :
Telle est d'une âme, à ses yeux, la valeur ;
Et pour un rien, cette âme précieuse,
Nous l'exposons à l'éternel malheur.

Perdre son âme, ô perte irréparable !
Quel bien pourrait nous en dédommager ?
De tous les maux, c'est le seul redoutable ;
Tout autre mal n'est qu'un mal passager.

Oui, désormais, les maux les plus sensibles,
La pauvreté, la douleur, le mépris,
Ne doivent plus nous paraître terribles :
Sauvons notre âme, et nos maux sont finis.

Mais c'est en vain que, nés dans l'opulence,
Nous jouissons du bonheur le plus doux ;
Plaisirs, honneurs, et grandeurs, et puissance,
Sans le salut tout est perdu pour nous.

Y pensons-nous, insensés que nous sommes ?
Nous ne courons qu'après la vanité.
Dieu tout-puissant, quand verra-t-on les hommes
Plus occupés de leur éternité ?

MÊME SUJET. — C. 54. — A. 179 et 180.

Nous n'avons à faire
  Que notre salut :
    C'est là notre but,
C'est là notre unique affaire.
  Nous serons heureux
  En cherchant les cieux

Notre âme immortelle
Est faite pour Dieu ;
La terre est trop peu,

Ou plutôt n'est rien pour elle.
  Nous serons, etc.

Perte universelle !
Perdre son Sauveur,
Perdre son bonheur,
Perdre la vie éternelle !
  Nous serons, etc.

Prends pour toi la terre
Avare indigent ;

Pour l'or et l'argent,
Entreprends procès et guerre;
Pour nous, plus heureux,
Nous cherchons les cieux.

Recherche, âme immonde,
Selon tes désirs,
Les plus vils plaisirs;
Ils fuiront avec le monde :
    Pour nous, etc.

Poursuis la fumée
D'un futile honneur,
Mondain, au bonheur
De quoi sert la renommée?
    Pour nous, etc.

Au prix de la grâce,
Le reste n'est rien,
Ce n'est pas un bien,

Dès-lors qu'il trompe et qu'il passe
    Nous serons, etc.

Point d'autre excellence
Que l'humilité;
Notre pauvreté
Fait toute notre abondance.
    Nous serons, etc.

Notre savoir faire
Est tout dans la croix
Si nous sommes rois,
Ce n'est que sur le Calvaire.
    Nous serons, etc.

Nous cherchons la vie,
La gloire et la paix
Qui dure à jamais :
En avez-vous quelque envie?
Venez, suivez-nous,
Et nous l'aurons tous.

DERNIÈRE FIN DE L'HOMME, EN PARTICULIER DU PÉCHEUR.
COUPE 1re. — AIR 13.

Vous qui courez sans crainte au précipice,
Loin du sentier des préceptes divins,
Désirez-vous enfin quitter le vice?
Pensez souvent à vos dernières fins.

Il faut mourir; nul ne peut s'en défendre,
La mort soumet les peuples et les rois :
Souvenez-vous qu'elle peut vous surprendre,
Et qu'ici-bas on ne meurt qu'une fois.

Du jugement la mort sera suivie,
Terrible et prompt, mais juste jugement.
Malheur, hélas! à celui dont la vie
Se trouvera coupable en ce moment.

L'arrêt porté, la céleste vengeance,
Sous le pécheur ouvrira les enfers;
C'est là que Dieu, sans aucune indulgence,
Le punira par cent tourments divers.

Levez les yeux vers le trône de gloire,
Que le Seigneur prépare à ses élus;
Occupez-en souvent votre mémoire;
Pensez-y bien, vous ne pècherez plus.

Mort, jugement, enfer, trône de gloire,
Tristes ensemble et douces vérités!
Peut-on trouver de malice si noire
Qui n'ouvre enfin les yeux à vos clartés?

ÉLANS D'AMOUR. — C. 16. — A. 123.

Souvenez-vous, Chrétiens, qu'il faut mourir,
Que votre corps au tombeau doit pourrir,
Et que vos jours coulent incessamment
Vers ce fatal et terrible moment.

Comme un voleur, la mort arrivera ;
Nous ne savons en quel temps ce sera :
C'est un secret de tout homme ignoré,
Afin qu'il soit en tout temps préparé.

Lorsque notre âme, après de grands efforts,
Au temps prescrit aura quitté son corps,
Au même lieu, dans le même moment,
Dieu la fera paraître en jugement.

Tous les péchés que nous aurons commis,
Devant nos yeux alors seront remis :
On pèsera nos fautes, nos vertus,
Et les bienfaits que nous aurons reçus.

Alors ce Dieu, plein de sévérité,
Nous jugera pour une éternité,
Et, sans délai, sans espoir de retour,
Nous subirons notre arrêt dès ce jour.

L'homme chargé d'un seul péché mortel
Sera conduit au supplice éternel.
Vaine douleur, inutiles regrets !
Le feu vengeur ne s'éteindra jamais.

Pouvons-nous bien penser à ce malheur,
Sans en trembler, sans en frémir d'horreur
Et sans vouloir, par nos soins et nos vœux,
Fléchir ici ce Juge rigoureux ?

Le juste, alors, plein de tranquillité,
Doit du Sauveur éprouver la bonté.
Qu'heureusement seront récompensés
Et les douleurs et les travaux passés.

Tout revêtu de gloire et de clarté,
Aux cieux enfin il sera transporté ;
Et l'enivrant d'un torrent de plaisirs,
Dieu pleinement comblera ses désirs.

Pour embrasser la croix avec ardeur,
Considérons ce souverain bonheur :
Quoi qu'il en coûte et qu'il puisse arriver,
Efforçons-nous, Chrétiens, de nous sauver.

LA MORT. — C. 58. — A. 186.

A la mort, à la mort,
Pécheur tout finira ;

Le Seigneur, à la mort,
Te jugera.

Il faut mourir, il faut mourir,
De ce monde il nous faut sortir :
Le triste arrêt en est porté,
Il faut qu'il soit exécuté.
    A la mort, etc.

Comme une fleur qui se flétrit,
Ainsi bientôt l'homme périt :
L'affreuse mort vient, de ses jours,
En un instant trancher le cours.
    A la mort, etc.

Venez, pécheurs, près du cercueil,
Venez confondre votre orgueil :
Là, tout ce qu'on estime tant,
Est enfin réduit au néant.
    A la mort, etc.

Esclaves de la vanité,
Que deviendra votre beauté? [leur,
Vos traits sans forme et sans cou-
Vous rendront un objet d'horreur.
    A la mort, etc.

Vous qui suivez tous vos désirs,
Qui vous plongez dans les plaisirs,
Pour vous quel affreux changement
La mort va faire en ce moment !
    A la mort, etc.

Plus de trésors, plus de grandeurs,
Plus de jeux, de ris, de douceurs :
Ces biens dont vous êtes jaloux,
Vont tout-à-coup périr pour vous.
    A la mort, etc.

Adieu, famille, adieu, parents
Adieu, chers amis, chers enfants;
Votre cœur se désolera,
Mais tout enfin vous quittera.
    A la mort, etc.

S'il vous fallait subir l'arrêt,
Qui de vous, chrétiens, serait prêt ?
Combien dont le funeste sort
Serait une éternelle mort ?
    A la mort, etc.

MÊME SUJET. — C. 58. — A. 186.

Oui, pécheur, à la mort.
    Pour nous tout finira ;
Le Seigneur, à la mort,
    Nous jugera.

Rien sous le ciel n'est permanent;
L'homme passe comme un torrent;
Bientôt il voit son dernier jour ;
La terre n'est pas son séjour.
    Oui, pécheur, etc.

C'est un arrêt, il faut mourir;
Pour nous un jour tout doit périr :
Ce qui nous rendit criminels,
Nous rendit aussi tous mortels.
    Oui, pécheur, etc.

Ces corps, qui nous furent si chers,
Doivent être rongés des vers :
Et les vers, en les détruisant,
Vengeront le Dieu tout-puissant.
    Oui, pécheur, etc.

De nos corps tel est donc le sort ;

Mais où va l'âme après la mort ?
Au tribunal d'un Dieu vengeur,
Je la vois pleine de terreur.
    Oui, pécheur, etc.

C'est Dieu qui va l'examiner,
Pour l'absoudre ou la condamner;
Et c'est de ce terrible instant
Que son éternité dépend.
    Oui, pécheur, etc.

Grand Dieu, je le dis plein d'effroi :
Que ferez-vous alors de moi ?
Si vous me trouvez criminel,
Ah ! mon malheur est éternel.
    Oui, pécheur, etc.

Pour ne nous voir jamais surpris,
Offrons à Dieu des cœurs contrits;
Du vice rompons les liens ;
Et toujours vivons en chrétiens.
    Oui, pécheurs, etc.

MORT DU PÉCHEUR. — C. 1. — A. 4.

Oh ! qu'à la mort le pécheur est à plaindre !
Que son état est triste, désolant !

Il a du Ciel le jugement à craindre,
Un sort affreux, un éternel tourment.

Il voit le bout de sa triste carrière ;
Le temps pour lui va terminer son cours ;
Il va fermer les yeux à la lumière,
Quitter ses biens, ses amis pour toujours.

A quoi lui sert cet amas de richesses,
Qui fut, hélas ! l'objet de son espoir ?
De le tirer des flammes vengeresses,
Tous ses trésors auront-ils le pouvoir ?

Ils sont passés, ces plaisirs, ces délices,
Où vainement il chercha son bonheur ;
Ils sont passés, et d'éternels supplices
Vont commencer et fixer son malheur.

Ce corps flatté, nourri dans la mollesse,
Sera dans peu la pâture des vers ;
Tandis que l'âme ira brûler sans cesse,
Loin de son Dieu, dans le feu des enfers.

Tous les honneurs vont enfin disparaître ;
Cette grandeur qui flattait son orgueil,
Et lui cachait le néant de son être.
Va pour jamais s'abîmer au cercueil.

Pécheur, tu perds ton Dieu, ton bien suprême,
Pour ces objets dont tu fus enchanté ;
En le perdant, tu t'es perdu toi-même :
Voilà le fruit de ton iniquité.

MÊME SUJET. — C. 194. — A. 339.

Que je te plains, pécheur, en ton heure dernière !
Tous les maux à la fois sont rassemblés sur toi :
 Le noir enfer, séjour rempli d'effroi,
  T'attend au bout de ta carrière.

Où sont tant de beaux jours que tu donnais au crime.
Il ne t'en reste, hélas ! qu'un triste souvenir ;
 Et sous tes yeux, d'un affreux avenir,
  Tu vois s'ouvrir le noir abîme.

De quoi va te servir l'amas de tes richesses,
Pour toi leur vain secours n'est plus rien aujourd'hui :
 N'espère point sur un si faible appui,
  Braver les flammes vengeresses.

Où sont ces faux plaisirs, cette ombre de délices,
Ce trop fatal écueil de ton coupable cœur ?
 Infortuné ! leur perfide douceur
  Se change en d'éternels supplices.

Ce corps aimé, flatté, nourri dans la mollesse,

Va n'être plus bientôt qu'un spectacle d'horreur :
Ton âme, hélas! en fit, pour son malheur,
L'indigne objet de sa tendresse.

Le faste des grandeurs pour toi va disparaître;
Ce n'est qu'une vapeur qui fuit devant tes yeux.
Dieu, tôt ou tard, abat l'audacieux ;
Tout tombe aux pieds d'un si grand Maître.

Tu perdis mille fois ton Dieu, ton bien suprême,
Pour ces objets trompeurs dont tu fus enchanté.
Funeste fruit de ton iniquité !
Tu t'es enfin perdu toi-même.

MÊME SUJET. — C. 13. — A. 115

Ah! que la mort est effroyable
Pour le pécheur que Dieu poursuit!
Je vois un Juge redoutable
Dont la rigueur partout le suit ;
Et dans ce jour, son cœur coupable
N'attend que l'éternelle nuit.

Que sa frayeur est légitime!
Rien ne peut plus le secourir.
La mort le traîne dans l'abîme,
Qu'il voit sous lui près de s'ouvrir :
Il n'a vécu que dans le crime,
Et dans le crime il va mourir.

           [dre,
Lorsque la mort vient le surpren-
Il voit, en quittant ces bas lieux,
Tous les biens qu'il pouvait pré-
           [tendre.

S'il eût voulut gagner les cieux :
Il voit les maux qu'il doit attendre
Mais c'est trop tard ouvrir les yeux
Il faut dire un adieu funeste [neurs.
Aux faux plaisirs, aux faux hon-
Malheureux! en vain il déteste
Et ses forfaits et ses erreurs :
Ah! désormais il ne lui reste
Que des tourments et des fureurs.

Et dans les cieux et sur la terre,
Tout ne sert qu'à le tourmenter :
Un Dieu vengeur lui fait la guerre,
Il ne saurait lui résister,
Il voulait fuir ; mais le tonnerre
Vient sur sa tête d'éclater.

INCERTITUDE ET SURPRISE DE LA MORT. — C. 48. — A. 172 et 400.

Nous passons comme une ombre
           [vaine,
Nous ne naissons que pour mourir;
Quand la mort doit-elle venir?
   L'heure en est incertaine.

La mort à tout âge est à craindre;
Chaque pas conduit au tombeau;
Tous nos jours ne sont qu'un flam-
           [beau
   Qu'un souffle peut éteindre.

           [prendre ;
La mort peut toujours nous sur-
On peut mourir même en naissant;
On n'est point sûr d'un seul instant;
   Tout sert à nous l'apprendre.

L'instant où j'ouvre la paupière
Peut me compter parmi les morts :
La première heure où je m'endors,
   Peut être la dernière.

Je vois un torrent en furie
Disparaître après un moment :
Hélas! aussi rapidement,
   S'écoule notre vie.

Dans nos jardins, la fleur nouvelle
Ne dure souvent qu'un matin;
Tel est, mortels, votre destin;
   Vous passerez comme elle.

           [dre ;
La mort doit tout réduire en pou-
Vous mourrez, superbes guerriers;
N'espérez pas que vos lauriers
   Vous sauvent de la foudre.

Vous qu'on adore sur la terre,
Vous périrez, vaine beauté;
Vous avez la fragilité
  Comme l'éclat du verre.

Vous qui faites trembler les autres,
Rois, arbitres de notre sort;
Vous êtes sujets à la mort,
  Ainsi que tous les vôtres.

Pourquoi donc cette attache extrême
Aux biens, aux honneurs, aux plaisirs?
Hélas! tout ce qui doit finir
  Mérite-t-il qu'on l'aime?

Que la mort peut être funeste!
Que ce passage est important!
C'est le seul et fatal instant
  Qui décide du reste.

O mort, moment inévitable
D'où mon éternité dépend!
Qu'il est terrible ce moment,
  Pour qui se sent coupable!

Mais la mort n'est point effrayante
Pour qui fut toujours innocent;
Le pécheur même, pénitent,
  La trouve consolante.

Oh! que l'homme est déraisonnable!
Que le pécheur est imprudent!
Pouvoir mourir à tout instant;
  Toujours vivre coupable.

Mourrai-je saint? mourrai-je impie?
Dieu m'a caché mon dernier sort;
Ce qu'il a dit, c'est que ma mort,
  Sera comme ma vie.

Ah! tandis que tout m'abandonne,
Anges, ne m'abandonnez pas.
C'est du dernier de mes combats
  Que dépend ma couronne.

Et vous, ô Vierge débonnaire,
Venez ranimer mon ardeur:
Je suis un perfide, un pécheur;
  Mais vous êtes ma Mère.

O mon Dieu! faites à toute heure
Que je songe à mon dernier jour;
Et que vivant dans votre amour
  Dans votre amour je meure.

Si je mérite vos vengeances,
Grand Dieu, regardez votre Fils.
Il vous offre pour moi le prix
  De toutes ses souffrances.

C'est lui qui bannit nos alarmes
Dans ce redoutable moment:
Quand on peut mourir en l'aimant,
  Que la mort a de charmes!

MÊME SUJET. — C. 5. — A. 75.

O vous dont la jeunesse aimable
A l'éclat d'une belle fleur,
Songez que la mort implacable
Moissonne tout dans sa fureur.

Un homme vain forme sans cesse
Pour l'honneur des vœux insensés;
Au dépourvu la mort le presse,
Et ses projets sont renversés.

Cet avare avec soin amasse
Des trésors pour ses derniers ans;
Mais c'est en vain qu'il les entasse,
La mort le frappe avant le temps.

Celui-ci plongé dans les vices,
Enivré de honteux appas,
Même au milieu de ses délices,
Trouve le plus affreux trépas.

L'autre étale avec assurance
Le faux bonheur dont il jouit;
Mais à grands pas la mort s'avance,
Et son bonheur s'évanouit.

Ce vainqueur, ce terrible foudre,
Va partout répandant l'effroi;
Il est demain réduit en poudre,
Et la mort le tient sous sa loi.

Tel qui commence sa carrière,
Tout-à-coup se voit défaillir;
Avec lui tombe dans la bière
La vaine attente de vieillir.

Contre nous la mort toujours prête,
Tient son glaive en l'air suspendu;
Quel sort, lorsque sur une tête
Il tombe sans être attendu!

Contre sa fatale surprise,
Vivre en garde est votre secours:
Loin de la craindre, on la méprise,
Quand on s'y prépare toujours.

LA MORT CHRÉTIENNE. — C. 168. — A. 313.

L'insensé méprise la mort ;
Le criminel craint son abord ;
　Le malheureux l'appelle :
Le sage sait s'y préparer,
Sans la craindre ou la désirer :
　Quel plus digne modèle !

Tel est, non du sage païen,
Mais du philosophe chrétien,
　Le parfait caractère :
Il reconnaît un Dieu vengeur ;
Mais il sait qu'il est un Sauveur
　En qui seul il espère.

Ah! qu'un mortel est malheureux,
Qui n'attend qu'un néant affreux,
　Au sortir de ce monde ;
Qui croit, étouffant ses souhaits,
Qu'il va retourner pour jamais
　Dans une nuit profonde !

Plus malheureux qui, sans avoir
Le plus léger rayon d'espoir,
　N'attend que le supplice ;
Et qui de son Maître irrité,
Ne comptant plus sur la bonté,
　Ne craint que sa justice.

Heureux celui qui, de son corps,
Voyant s'affaiblir les ressorts,
　Sent son âme immortelle,
Et compte, en quittant ces bas lieux
Aller jouir au sein de Dieu,
　D'une gloire éternelle.

Heureux celui qui, de ses jours,
Voit finir le pénible cours,
　Comme un pélerinage ;
Et qui n'envisage la mort
Que comme un favorable port
　Après un long orage.

MÊME SUJET. — C. 192. — A. 337.

Après le cours heureux d'une vie innocente,
Le sort qui la finit n'est pas un triste sort :
　　Notre bonheur augmente
　　En approchant du port ;
　　On voit sans épouvante
　　　La mort.

Tout ce qu'elle a d'affreux ne saurait nous surprendre ;
Sans alarmer nos cœurs, elle est devant nos yeux :
　　Nous ne pouvons prétendre
　　Au bonheur en ces lieux ;
　　La mort nous fait attendre
　　　Les cieux.

Nous sommes ici-bas dans un séjour de larmes,
Le jour qui les tarit est un jour plein d'attraits :
　　Il a pour nous des charmes,
　　Il comble nos souhaits ;
　　Nous goûtons sans alarmes
　　　La paix.

Ce favorable jour termine notre peine,
On dit aux soins fâcheux un éternel adieu :
　　La mort brise la chaîne
　　Qui nous tient en ce lieu ;
　　C'est elle qui nous mène
　　　Vers Dieu.

La mort de l'homme juste est un bonheur suprême ;
Dieu seul peut rendre heureux un cœur comme le sien :
  Au prix de ce qu'il aime,
  Le monde n'est plus rien ;
  Il obtient son Dieu même,
   Quel bien !

Des périls d'ici-bas, oui, la mort le délivre ;
Elle est contre l'enfer, sa force et son secours ;
  Du bien qui doit la suivre
  Rien ne finit le cours ;
  Le juste meurt pour vivre
   Toujours.

Nous ne voyons ici que la nuit la plus sombre ;
Mais la clarté du ciel succède à cette nuit.
  S'il a des biens sans nombre
  La mort nous y conduit ;
  Le monde n'est qu'une ombre
   Qui fuit.

Malgré l'obscurité de cette nuit si noire,
Pour arriver au ciel cherchons le vrai chemin :
  Après cette victoire,
  Par un heureux destin,
  Dieu nous offre une gloire
   Sans fin.

LE CHRÉTIEN MOURANT A LA VUE DE LA CROIX. — C. 4. — A. 56.

Seigneur, quand, de ma triste [couche,
Sur la croix je vous vois mourir ;
Mes maux n'ont plus rien qui me [touche,
Les vôtres seuls me font souffrir.
Cet autel, où je vous adore,
Change mes larmes en douceurs ;
Et si mon cœur soupire encore,
C'est à l'aspect de vos douleurs.

Du sommet de votre Calvaire,
Déjà je crois toucher les cieux ;
Sur cette cime salutaire,
Qu'il m'est doux de fixer les yeux !
Là, le sacrifice s'opère ;
Victime et Sacrificateur, [Père,
Le Fils d'un Dieu, mon Roi, mon
Verse son sang pour mon bonheur.

Thabor, ta cime lumineuse
Offrait un jour moins enchanteur
Que la montagne ténébreuse
Où meurt un Dieu libérateur.
Je la choisis pour ma demeure,
Mon Dieu, jusqu'au dernier mo- [ment.
Oui, mon amour veut que j'y meu-
Pour revivre éternellement. [re.

Le sang dont votre croix est teinte
De mon cœur dissipe l'effroi ;
Et j'ose envisager sans crainte
La mort qui s'approche de moi.
La miséricorde propice,
Aux portes de l'éternité,
Va dépouiller votre justice
Des traits de sa sévérité.

O mort, tes coups rompront la
Des jours de ma captivité ; [chaîne
Ta main abrégera ma peine,
Pour hâter ma félicité.

Tu n'as plus rien que je redoute,
Tombe sur moi sans différer :
Ton trait mortel m'ouvre la route
De la gloire où je vais entrer.

De mon salut, gage adorable,
Bois sacré, règle de ma foi,
Dans cet instant si redoutable
Que mes yeux s'éteignent sur toi,
Que ma main mourante te presse,
Qu'elle t'attache sur mon cœur;
Et parmi les chants d'allégresse,
Enfin que j'expire en vainqueur.

De l'arrêt qui condamne l'homme,
Je subirai donc la rigueur ?
Mon sacrifice se consomme,
Mais c'est aux pieds de mon Sau-
Déjà ma débile paupière [veur.
Se couvre d'un nuage épais,

Et ma douloureuse carrière
Se termine au sein de la paix.
Mais mon courage m'abandonne,
Et mes yeux se rouvrent aux pleurs;
L'effroi, le trouble m'environne,
Mettez un terme à mes frayeurs.
C'est votre sang que je réclame;
Grand Dieu, je ne crains plus vos
[coups :
Dans vos mains je remets mon âme;
Mais rendez-la digne de vous.

De plus heureuses destinées
Vont pour moi commencer leurs
Et pour d'éternelles années [cours,
Je quitte des moments si courts.
Vole, mon âme, à des spectacles
Que le temps ne finira plus :
Hâte-toi, vole aux tabernacles
Où Dieu rassemble ses élus.

LE JUGEMENT GÉNÉRAL. — C. 59. — A. 188.

J'ENTENDS la trompette effrayante
Qui nous crie : O morts, levez-vous ;
Et qui, dans un clin-d'œil, d'une voix foudroyante,
Au tribunal de Dieu nous appellera tous.
J'entends, etc.

Tremblez, habitants de la terre
Tremblez, le Seigneur va venir ;
Vous osâtes, pécheurs, lui déclarer la guerre :
Il paraîtra bientôt, il viendra vous punir.
Tremblez, etc.

Venez, descendez, Cour céleste ;
Saints Anges, suivez le Seigneur :
Venez, feu, grêle, éclairs, vents, tempête funeste,
Paraissez, armez-vous pour punir le pécheur.
Venez, etc.

Grondez, dans les airs, ô tonnerre ;
Soleil et lune, éclipsez-vous :
Pour punir le pécheur, ô ciel, ô mer, ô terre,
Armez-vous, du Seigneur partagez le courroux.
Grondez, etc.

Sortez du profond des abîmes,
Venez, ô monstres infernaux ;
Saisissez le pécheur, punissez tous ses crimes,
Préparez des tourments, rassemblez tous les maux.
Sortez, etc.

Paraissez devant votre Juge,
  En ce redoutable moment.
Pour éviter ses coups il n'est plus de refuge :
Rois, peuples, grands, petits, venez au jugement.
  Paraissez, etc.

Ouvre, pécheur, ouvre l'oreille,
  Et connais ton malheureux sort :
Le coupable pécheur que n'ébranle et n'éveille
Cet arrêt foudroyant, ne dort pas, il est mort.
  Ouvre, etc.

Pour nous délivrer des alarmes
  Qui dans ce jour fondront sur nous,
Fléchissons notre Juge, ayons recours aux larmes,
Tâchons, par nos sanglots, de calmer son courroux.
  Pour nous, etc.

MÊME SUJET. — C. 59. — A. 187.

Dieu va déployer sa puissance;
  Le temps comme un songe s'enfuit :
Les siècles sont passés, l'éternité commence;
Le monde va rentrer dans l'horreur de la nuit.
  Dieu, etc.

J'entends la trompette effrayante;
  Quel bruit! quels lugubres éclairs!
Le Seigneur a lancé sa foudre étincelante
Et ses feux dévorants embrasent l'univers.
  J'entends, etc.

Les monts foudroyés se renversent
  Les êtres sont tous confondus :
La mer ouvre son sein, les ondes se dispersent ;
Tout est dans le chaos, et la terre n'est plus.
  Les monts, etc.

Sortez des tombeaux, ô poussière,
  Dépouilles des pâles humains :
Le Seigneur vous appelle, il vous rend la lumière;
Il va sonder les cœurs et fixer vos destins.
  Sortez, etc.

Il vient : tout est dans le silence :
  Sa voix porte au loin la terreur
Le pécheur, consterné, frémit à sa présence,
Et le juste lui-même est saisi de frayeur.
  Il vient, etc.

Assis sur un trône de gloire,
  Il dit : Venez, ô mes élus!
Comme moi vous avez remporté la victoire,
Recevez, de mes mains, le prix de vos vertus.
  Assis, etc.

Tombez dans le sein des abîmes,
Tombez, pécheurs audacieux :
De mon juste courroux immortelles victimes,
Vils suppôts des démons, vous brûlerez comme eux.
Tombez, etc.

Vous n'êtes plus, vaines chimères,
Objet d'un sacrilége amour.
Fléaux du genre humain, oppresseurs de vos frères,
Héros tant célébrés, qu'êtes-vous dans ce jour ?
Vous n'êtes, etc.

Triste éternité de supplices,
Tu vas donc commencer ton cours.
De l'heureuse Sion ineffables délices,
Bonheur, gloire des Saints, vous durerez toujours !
Triste, etc.

Grand Dieu, qui sera la victime
De ton implacable fureur ?
Quel noir pressentiment me tourmente et m'opprime ?
La crainte et le remords me déchirent le cœur.
Grand Dieu, etc.

De tes jugements, Dieu sévère,
Ne puis-je éviter les rigueurs ?
J'ai péché, mais ton sang désarme ta colère ;
J'ai péché, mais mon crime est lavé par mes pleurs.
De tes jugements, etc.

MÊME SUJET. — C. 26. — A. 142.

Il me semble le voir,
Ce jour de désespoir,
De trouble et de vengeance,
Où le Dieu redouté
Viendra, dans sa puissance,
Punir l'iniquité.

J'entends le bruit fatal
Qui donne le signal
Pour embraser le monde :
Déjà les feux, les airs,
Conspirent avec l'onde
Pour perdre l'univers.

La nature frémit,
Le soleil s'obscurcit,
Les cieux sont sans lumière,
La terre, en un instant,
Est réduite en poussière,
Et Dieu seul paraît grand.

Plus prompt que les éclairs,
Un Ange fend les airs
De l'un à l'autre pôle ;
Il dit : levez-vous, morts :
Et tous, à sa parole,
Vont reprendre leurs corps.

Des peuples éperdus
Et des rois confondus
La troupe consternée,
Sortant des monuments,
Attend sa destinée,
La gloire ou les tourments.

Le Fils du Dieu vivant,
Sur un trône éclatant,
Armé de son tonnerre,
Précédé de sa croix,
Vient, en juge sévère,
Revendiquer ses droits.

Ce sage scrutateur
Va jusqu'au fond du cœur

Dévoiler tous les vices ;
Tout est manifesté,
Il juge les justices,
Confond l'iniquité.

L'implacable vengeur,
Dans sa juste fureur,
Oubliant sa clémence,
Contre le criminel
Prononce la sentence ;
L'arrêt est sans appel.

Retirez-vous, maudits ;

Que l'enfer soit le prix
Et la fin de vos crimes !
A d'immortels regrets,
Dans le fond des abîmes,
Je vous livre à jamais.

Mais vous, ne craignez plus,
Venez, ô mes élus,
Les bénis de mon Père ;
Un trône glorieux
Sera votre salaire ;
Suivez-moi dans les cieux.

MÊME SUJET. — C. 10. — A. 111.

Quel bruit affreux fait retentir les airs ?
J'entends sonner la trompette effroyable ;
Le Dieu vivant vient juger l'univers :
O jour terrible ! ô jour épouvantable !

Tout se confond, et la terre et les cieux ;
L'astre du jour a perdu sa lumière :
Dieu règne seul, Dieu seul brille à nos yeux,
Et devant lui tout n'est plus que poussière.

Il n'est plus temps d'implorer sa bonté ;
Nous arrivons au jour de sa justice :
Le bien, le mal, par lui tout est compté
Plus de milieu, la gloire ou le supplice.

L'homme pécheur, condamné sans retour,
Se voit en proie aux flammes éternelles ;
Le juste, admis dans la céleste cour,
Y va cueillir des palmes immortelles.

Déjà sa main est prête à vous punir :
N'attendez pas, pécheurs, qu'elle vous frappe.
Par vos regrets, il faut le prévenir :
Souvenez-vous qu'à ses yeux rien n'échappe.

On cherche en vain les voiles de la nuit,
Pour lui cacher un désir trop coupable ;
Ce Dieu puissant, par qui le jour nous luit,
Porte dans l'ombre un œil inévitable.

O jugement, que tu me fais trembler,
Moi qui ne suis qu'un amas de souillures !
Ton seul aspect suffirait pour troubler,
Pour effrayer les âmes les plus pures.

Songeons sans cesse au jour où nous verrons
Le tribunal du Juge redoutable ;
Veillons, prions, travaillons et pleurons,
Pour mériter un arrêt favorable.

MÊME SUJET. — Prose : *Dies iræ, dies illa.* — C. 9. — A. 105.

O jour plein de colère ! ô jour plein de vengeance !
Jour où le Dieu qui donne ou la vie ou la mort,
Pesant tous nos péchés dans sa juste balance,
Pour une éternité règlera notre sort.

Qui pourra soutenir, dans ce jour effroyable,
Les terribles regards de ce Juge vengeur,
Quand sa main s'armera, pour frapper le coupable,
Des foudres éternelles de sa juste fureur !

Le livre où sont écrits tous les péchés du monde
Sera pour lors produit aux yeux de l'univers,
Et les crimes cachés dans une nuit profonde,
Y seront malgré nous pleinement découverts.

Le pécheur, obligé de s'accuser lui-même,
Faisant, tout haut, l'aveu de ses honteux forfaits,
Publiera son arrêt, avant l'arrêt suprême
Dont il ressent déjà les funestes effets.

L'innocent est lui-même à peine en assurance
Devant le Dieu qui lit dans les replis du cœur,
Qui, malgré sa douceur, sa bonté, sa clémence,
Découvre qu'à ses yeux le plus juste est pécheur.

O Seigneur, ô mon Juge ! oppose à ta justice
L'amour d'un Rédempteur qui s'immole pour nous;
Fais que le souvenir de son sanglant supplice
Puisse arrêter ton bras et calmer ton courroux.

Souviens-toi, doux Sauveur, de ce jour salutaire
Où tu souffris en croix pour m'attirer à toi;
Et fais que de ta mort la peine volontaire
Ne soit point désormais inutile pour moi.

Si nous ne pouvons point effacer dans nos larmes
Les taches des péchés que nous avons commis;
Seigneur, daigne employer de plus puissantes armes,
Ce sang dont la vertu sauva tes ennemis.

La rougeur se répand, hélas ! sur mon visage;
Le crime sur mon front imprime son horreur;
Mais je suis tourmenté mille fois davantage
Par les cruels remords qu'il excite en mon cœur.

Si tu ne quittes point la qualité de juge,
Par quel moyen, Seigneur, pourrai-je te fléchir ?
Sois de tes chers enfants l'asile et le refuge,
Et selon ton amour envers nous daigne agir.

Toi qui fus le Sauveur d'une femme coupable,
D'une âme trop sensible aux criminels appas;
Toi qui fis d'un brigand un martyr admirable,
Tout pécheur que je suis, ne me délaisse pas.

8.

Séparé des maudits qu'attendent les supplices,
Mets-moi, tendre Pasteur, au rang de tes agneaux :
Que ton cœur et m'épargne et m'appelle aux délices
Dont s'enivrent les Saints au séjour du repos.

O jour triste! ô jour plein d'une amertume extrême !
O jour sombre et funeste ! ô jour d'un Dieu vengeur !
Où celui qui châtie est le juge lui-même ;
Où le pécheur lui-même est son accusateur !

Si ta main nous punit, ta grâce nous pardonne !
Souvent au châtiment succède ta faveur :
Maintenant, ô Jésus, venge-toi, frappe, tonne ;
Mais, alors, contre moi n'use point de rigueur.

Doux Sauveur, dont le nom n'a rien qui nous menace,
Déploie en ma faveur tes infinis trésors,
Aux fidèles vivants donne ici-bas ta grâce,
Et dans un lieu de paix fais revivre les morts.

L'ENFER. — C. 12. — A. 114.

Toi que le doux espoir d'un éternel bonheur
N'a pu déterminer à renoncer au vice ;
Si Dieu, par ses bontés, n'a pu toucher ton cœur,
Crains, ingrat, crains du moins le bras de sa justice.

Porte tes yeux, pécheur, sur l'affreux avenir
Où doit tomber sur toi sa vengeance équitable ;
Souviens-toi que le Ciel est prêt à te punir
Par tout ce que l'enfer a de plus redoutable.

Endurer mille morts et ne pouvoir mourir !
Se déchirer le cœur de dépit et de rage !
Recommencer toujours à pleurer, à souffrir !
Et n'avoir pour jamais que des feux en partage !

C'est le sort qui t'attend en ce funeste lieu,
Et ce que ton malheur t'empêche de comprendre :
Téméraire, endurci, rebelle contre Dieu,
Tu vois l'abîme ouvert, sans craindre d'y descendre.

Mais comment pourras-tu de tous les maux atteint,
Rester dans un brasier de soufre et de bitume ?
Dans un feu dévorant qu'aucun torrent n'éteint,
Un feu qui toujours brûle et jamais ne consume ;

Tu voudrais aimer Dieu que tu perds pour jamais,
Et ce désir fera ta plus cruelle peine :
Oui, tu voudras l'aimer, mais, éternels regrets !
Ton cœur ne s'ouvrira qu'à des transports de haine.

Pécheur, à cet aspect, cours après les plaisirs,
Abandonne ton cœur au désordre des vices,
Achète, aveugle, achète, au gré de tes désirs,
Par d'éternels tourments, un moment de délices.

LA VOIX D'UN RÉPROUVÉ. — C. 59. — A. 188.

Tremblez, habitants de la terre,
Tremblez, les enfers vont s'ouvrir.
Le Ciel, dans son courroux fait gronder son tonnerre;
Heureux qui sait prévoir l'effroyable avenir.
  Tremblez, etc.

Mon cœur, aveuglé par le crime,
 Se jouait de l'éternité ;
Mais, ô fatale erreur ! dans un affreux abîme,
Au moment du trépas, je fus précipité.
  Mon cœur, etc.

Venez, trop aveugle jeunesse,
 Venez vous instruire aux tombeaux :
Vous connaîtrez enfin le prix de la sagesse,
Lorsque vous entendrez le récit de mes maux.
  Venez, etc.

Dans cet océan de souffrances,
 Comment raconter mes malheurs ?
Percé par mille traits des célestes vengeances,
Victime de l'enfer, en proie à ses horreurs.
  Dans cet océan, etc.

Du sein de ce lieu de ténèbres
 S'élève une noire vapeur ;
Les abîmes, couverts de ces voiles funèbres,
Ne sont plus qu'un séjour d'épouvante et d'horreur.
  Du sein, etc.

Bonheur, paradis de délices !
 Beau ciel ! ô cité des élus !
J'étais créé pour vous, et d'éternels supplices
Sont devenus ma part : je suis mort sans vertus.
  Bonheur, etc.

Si le Ciel, à mes vœux propice,
 Devait un jour briser mes fers,
Que ne ferais-je pas pour calmer sa justice !
Mais il faudra toujours souffrir dans les enfers.
  Si le Ciel, etc.

REGRETS DES RÉPROUVÉS. — C. 42. — A. 162.

Heureux qui, de la sagesse,
Attendant tout son secours,
N'a point mis en la richesse
L'espoir de ses derniers jours !
La mort n'a rien qui l'étonne :
Et, dès que son Dieu l'ordonne,
Son âme prenant l'essor,
S'élève d'un vol rapide
Vers la demeure où réside
Son véritable trésor.

De quelle douleur profonde
Seront un jour pénétrés
Ces insensés qui du monde,
Seigneur, vivent enivrés,
Quand, par une fin soudaine,

Détrompés d'une ombre vaine
Qui passe et ne revient plus,
Leurs yeux, du fond de l'abîme,
Près de ton trône sublime,
Verront briller tes élus.

Infortunés que nous sommes,
Où s'égaraient nos esprits?
Voilà, diront-ils, ces hommes
Vils objets de nos mépris :
Leur sainte et pénible vie
Nous parut une folie;
Mais aujourd'hui triomphants,
Le Ciel chante leur louange
Et Dieu lui-même les range
Au nombre de ses enfants.

Pour trouver un bien fragile
Qui nous vient d'être arraché,
Par quel chemin difficile,
Hélas nous avons marché !
Dans une route insensée
Notre âme en vain s'est lassée,
Sans se reposer jamais,
Fermant l'œil à la lumière
Qui nous montrait la carrière
De la bienheureuse paix.

De nos attentats injustes
Quel fruit nous est-il resté ?
Où sont les titres augustes
Dont notre orgueil s'est flatté ?
Sans amis et sans défense,
Au trône de la vengeance
Appelés en jugement,
Faibles et tristes victimes,
Nous y venons, de nos crimes
Accompagnés seulement.

Ainsi, d'une voix plaintive,
Exprimera ses remords,
La pénitence tardive
Des inconsolables morts.
Ce qui faisait leurs délices,
Seigneur, fera leurs supplices;
Et par une égale loi, [mes
Tes Saints trouveront des char-
Dans le souvenir des larmes
Qu'ils versent ici pour toi.

DÉSESPOIR D'UN DAMNÉ. — C. 17. — A. 126.

Je vois l'enfer s'ouvrir, j'entends la voix d'une âme
Qui commence à souffrir dans l'éternelle flamme.
Si tu ne veux, pécheur, comme elle te damner,
Profite des leçons qu'elle va te donner.

Dans quel horrible lieu me vois-je renfermée !
Contre moi, de mon Dieu, je vois la main armée.
Ah ! c'en est fait, ce Dieu, justement irrité,
Me condamne à brûler pendant l'éternité.

Du monde et de la chair, j'ai goûté les délices,
Il faut que, de l'enfer, j'endure les supplices.
Eh ! ne savais-je pas qu'un tourment éternel
Devait être le prix d'un plaisir temporel ?

Mais quoi! pour un moment qu'a pu durer mon crime,
D'un éternel tourment je serai la victime !
Ah ! je l'ai bien voulu, je ne m'en prends qu'à moi ;
Dieu peut-il trop venger le mépris de sa loi ?
Ah ! malheureuse chair qui séduisis mon âme,
Viens sentir de l'enfer l'impitoyable flamme :
Tu l'as bien mérité : viens, viens, sors du tombeau,
Et l'un et l'autre ici servons-nous de bourreau.

Que m'en eût-il coûté pour être à Dieu fidèle,

Et pour te résister, chair perfide et rebelle?
Hélas! ce que j'ai fait pour un monde trompeur,
Eût pu me mériter un éternel bonheur.

Inutiles regrets! ma peine est éternelle :
C'en est fait, à jamais je serai criminelle ;
Le péché dans mon cœur toujours subsistera,
Et Dieu, dans son courroux, toujours le punira.

Toujours dans ces brasiers j'occuperai ma place ;
Pour moi plus de Sauveur, plus de temps, plus de grâce.
Mortels, heureux mortels, profitez bien du temps,
Et ne me suivez pas dans ce lieu de tourments.

PARAPHRASE DU *LIBERA*. — C. 27. — A 144.

Délivre-moi, Seigneur, de la mort éternelle,
Et regarde en pitié mon âme criminelle,
Languissante, étonnée, et tremblante d'effroi.
Cache-la sous ton aile au jour épouvantable,
Quand la terre et les cieux s'enfuiront devant toi,
En te voyant si grand, si saint, si redoutable.

Tu paraîtras alors dans ta Majesté sainte,
Ebranlant l'univers qui frémira de crainte,
Et le renouvelant par tes feux allumés :
Jour cruel, jour de deuil, de troubles, de misères
De clameurs, de sanglots, de soupirs enflammés
De grincements de dents, et de larmes amères !

En ce dernier des jours, si ta colère extrême
Vient répandre l'effroi dans l'Ange pur lui-même,
Hélas! que deviendra le pécheur réprouvé ?
En quel lieu fuira-t-il ta vengeance implacable ?
Et si même le juste est à peine sauvé,
Où paraîtrai-je alors, moi qui suis si coupable ?

Que dirai-je, grand Dieu, que me faudra-t-il faire ?
Rien ne sera pour moi, tout me sera contraire;
Je verrai mon péché s'élever contre moi :
Mon Juge est juste et saint, je suis plein d'injustices ;
Moi, rebelle sujet, vis-à-vis de mon Roi !
Mon Roi brillant de gloire, et moi noirci de vices !

Une voix éclatante et partout entendue,
De la terre et des cieux, a rempli l'étendue :
O vous, morts, levez-vous, nourriture des vers,
Laissez vos monuments, reprenez la lumière;
L'Eternel à ses pieds appelle l'univers :
Sortez pour écouter sa volonté dernière.

Seigneur, qui créas tout, et qui peux tout détruire,
Qui m'as formé de terre, et qui peux m'y réduire,
Souviens-toi que ton sang m'a sauvé de la mort.

Au grand jour où mon corps, malgré sa pourriture,
Sortira du tombeau, prends pitié de mon sort,
Et n'arme point ton bras contre ta créature.

Exauce, exauce, ô Dieu, mon ardente prière;
Détourne loin de moi le poids de ta colère :
Que je puisse, en ce jour, implorer ta faveur.
Ouvre-moi d'Abraham le sein si désirable,
Sois alors et mon Père et mon tendre Sauveur,
Et prononce un arrêt qui me soit favorable.

DIALOGUE ENTRE LES VIVANTS ET LES MORTS. — C. 53. — A. 178.

Les Vivants.

Malheureuses créatures
Que le Dieu de l'univers,
Par d'éternelles tortures,
Punit au fond des enfers;
  Dites-nous, dites-nous,
Quels tourments endurez-vous?

Les Réprouvés.

Hé quoi! faut-il vous instruire
De l'excès de nos douleurs?
Faut-il nous-mêmes vous dire
Quel est le sort des pécheurs?
  Hélas! hélas!
Mortels, ne nous suivez pas.

V. Parlez, hommes trop coupables,
Parlez, obstinés pécheurs,
Profanateurs détestables,
Apostats, blasphémateurs,
  Dites-nous, etc.

R. O quelle rude vengeance
S'exerce ici contre nous!
Quelle invincible puissance
Nous écrase sous ses coups!
  Hélas! etc.

V. Vains adorateurs du monde,
Où sont tous ces faux honneurs,
Et cette gloire qu'on fonde
Sur de trompeuses grandeurs?
  Dites-nous, etc.

R. Ah! cette gloire est passée
Comme un songe de la nuit,
Qui, trompant notre pensée,
A notre réveil s'enfuit. Hélas...

V. Vous qui, par la médisance,
Dans vos entretiens cruels,
A la plus pure innocence
Portez des coups si mortels.
  Dites-nous, etc.

R. Des aspics et des vipères
Nous rongent cruellement,
Sur nos langues meurtrières
Fixés éternellement. Hélas...

V. Quelles sont, âmes charnelles
Les douleurs que vous sentez
Pour vos ardeurs criminelles,
Pour vos sales voluptés?
  Dites-nous, etc.

R. Ah! pour ces plaisirs infâmes
Qui n'ont duré qu'un moment,
Il faut, au milieu des flammes,
Brûler éternellement. Hélas...

V. Cœurs irréconciliables,
Inflexibles ennemis,
Par vos haines implacables
Où vous êtes-vous réduits?
  Dites-nous, etc.

R. Dans une rigueur extrême,
Hélas! Dieu nous a jugés;
Sur nous se vengeant de même
Que nous nous sommes vengés.
  Hélas! etc.

V. Pécheurs, que la gourmandise
A fait manquer tant de fois
D'obéissance à l'Eglise,
Et de respect pour ses lois;
  Dites-nous, etc.

R. Pour accroître nos souffrances
La soif succède à la faim :

C'est de nos intempérances
La triste et funeste fin. Hélas...

V. Lâches qui, par complaisance
Pour des amis débauchés,
Chargiez votre conscience
De tant d'énormes péchés;
   Dites-nous, etc.

R. Ah! misérables victimes
De ces cruels séducteurs,
Avec eux, dans les abîmes,
Nous souffrons mille douleurs.
   Hélas! etc.

V. Et vous, âmes paresseuses,
Qui comptiez le temps pour rien,
Et qui, tout le jour oiseuses,
Ne faisiez presque aucun bien;
   Dites-nous, etc.

R. Ah! paresse détestable!
O temps perdu pour jamais!
Que ta perte irréparable
Nous cause ici de regrets!
   Hélas! etc.

V. Enfants sans obéissance,
Prêts à murmurer toujours;
Sans amour, sans déférence
Pour les auteurs de vos jours;
   Dites-nous, etc.

R. Des sanglots, des cris de rage,
Des transports, des hurlements,
Tel est notre affreux partage
Dans ces brasiers dévorants.
   Hélas! etc.

V. Parents, que la négligence
Aveugla sur vos enfants;
Vous dont la folle indulgence
Corrompit leurs premiers ans;
   Dites-nous, etc.

R. Compagnon de leur misère,
Un enfant infortuné
Crie à son père, à sa mère :
Maudits ceux qui m'ont damné.
   Hélas! etc.

V. Vous qu'une fausse espérance
Faisait différer toujours,
Pour ne faire pénitence
Que sur la fin de vos jours;
   Dites-nous, etc.

R. Pénitence salutaire,
Que l'on nous prêchait en vain,
Ici, forcés de la faire,
Ah! nous la ferons sans fin.
   Hélas! etc.

V. Vous qui par crainte ou par hon-
Cachiez à vos confesseurs [te
Des crimes dont tenait compte
Celui qui sonde les cœurs;
   Dites-nous, etc.

R. Infortunés que nous sommes!
Nous sentons trop en ce lieu
Qu'en vain l'on se cache aux
       [hommes
Quand on est connu de Dieu.
   Hélas! etc.

V. Et vous, chrétiens téméraires
Qui, le crime au fond du cœur,
Profaniez nos sanctuaires,
En recevant le Seigneur;
   Dites-nous, etc.

R. La sainte et vivante Hostie,
Par un déplorable sort,
Au lieu d'être un pain de vie,
Fut pour nous un pain de mort.
   Hélas! etc.

V. Dans ce gouffre épouvantable,
Dans ce séjour plein d'horreur;
Dans l'enfer où vous accable
Le courroux d'un Dieu vengeur;
   Dites-nous, etc.

R. Le tourment le plus terrible
N'est pas le tourment du feu;
Il en est un plus horrible :
C'est de ne jamais voir Dieu.
   Hélas! hélas!
Mortels, ne l'éprouvez pas.

PEINTURE DE L'ENFER. — C. 24. — A. 133.

De ce lieu qu'on appelle Enfer,
Où la coupable créature
Gémit sous un sceptre de fer,
Qui pourrait tracer la peinture?

Dieu seul en connaît les rigueurs,
Dieu seul en comprend les hor-
[reurs.
C'est un lieu de cris et de pleurs,
Où jamais aucun plaisir n'entre;
C'est là que toutes les douleurs
Se rassemblent comme en leur cen-
Un feu cruel, actif et pur   [tre :
Se trouve en ce cachot obscur.

La flamme qui ne peut sortir,
En mille façons se replie,
Et mille fois fait ressentir
Aux damnés toute sa furie;
Et pour accroître leurs douleurs,
Réunit toutes ses ardeurs.

En vain le réprouvé se plaint
Dans cet épouvantable gouffre;
Toujours il souffre ce qu'il craint,
Et toujours il craint ce qu'il souffre.
Loin de le plaindre, ses bourreaux
L'insultent même dans ses maux.
Il est sans force et sans secours
Sous l'énorme poids qui le presse;
Il veut mourir, il vit toujours;
Il voudrait vivre, il meurt sans cesse;
Le même feu qui le détruit,
Le consume et le reproduit.

Mortels, profitez bien du temps;
Cherchez Dieu, tandis qu'on le
[trouve
Ménagez les moindres moments;
N'attendez point qu'il vous réprou-
Pour être à l'abri de ses coups, [ve:
Vous-mêmes vengez-le sur vous.

Sachez qu'un feu doit être un jour
Votre gloire ou votre supplice :
Il faut brûler d'un feu d'amour,
Ou brûler d'un feu de justice;
L'un pour jamais nous rend heureux
L'autre est suivi de maux affreux.

ÉTERNITÉ DE L'ENFER. — C. 195. — A. 340.

Quelle fatale erreur, quel charme nous entraîne !
Rien n'égala jamais notre stupidité.
Il est pour les pécheurs une éternelle peine;
   Et nous osons aimer l'iniquité !

De Dieu, sur nos excès, voyant le long silence,
On croit qu'impunément il se laisse offenser;
Mais s'il exerce tard sa terrible vengeance,
   Son temps enfin viendra de l'exercer.

C'est après notre mort que, montrant sa justice,
Il sait rendre à chacun ce qu'il a mérité;
Mais soit qu'alors sa main récompense ou punisse,
   Gloire ou tourments, c'est pour l'éternité.

Devant Dieu les damnés seront toujours coupables;
En mourant criminels, ils sont morts endurcis :
Il faut donc qu'en enfer, des maux toujours durables,
   De leurs forfaits, soient le funeste prix.

La beauté du Seigneur, l'éternel héritage,
Les plaisirs ravissants du céleste séjour,
Jamais des réprouvés ne seront le partage :
   Tout bien, pour eux, est perdu sans retour.

Que la mort pour toujours leur semble désirable !
Ils voudraient n'être plus pour cesser de souffrir.
Mais c'est du Ciel contre eux l'arrêt irrévocable :
   Souffrir toujours et ne jamais mourir.

Toujours dans leurs tourments la même violence !
Non, ils n'espèrent point un état plus heureux :
Est-il, dans les enfers, un rayon d'espérance ?
   C'est pour toujours un désespoir affreux.

O brasiers de l'enfer, ô flammes dévorantes,
Qu'un Dieu dans son courroux ne cesse d'allumer,
Vous brûlez le pécheur, dans ces prisons ardentes,
   Vous le brûlez, mais sans le consumer !

Un mal, quoique léger, nous semble insupportable,
Lorsque c'est pour longtemps qu'il nous faut l'endurer,
Mais l'enfer est le mal le plus intolérable,
   Et la rigueur en doit toujours durer.

Après avoir souffert des millions d'années,
Et le plus long des temps que l'esprit peut penser,
Les damnés, loin de voir leurs peines terminées,
   Les sentiront toujours recommencer.

De ces peines sans fin la pensée accablante
Afflige leur esprit sans cesser un moment :
L'éternité pour eux tout entière est présente ;
   L'éternité fait leur plus grand tourment.

Éternels hurlements, tortures éternelles ;
Feux, brasiers éternels, éternelle fureur ;
O peines de l'enfer, que vous êtes cruelles !
   Peut-on vous croire et demeurer pécheur ?

O vous, cœurs obstinés, aveugles dans le crime,
Qui ne redoutez point la colère des Cieux,
Un jour ensevelis dans l'éternel abîme,
   Hélas ! trop tard vous ouvrirez les yeux.

Craignons, mortels, craignons ce gouffre formidable,
Portons-en dans l'esprit un souvenir constant :
Le vice alors pour nous n'aura plus rien d'aimable,
   Et la vertu plus rien de rebutant.

Grand Dieu, Dieu tout-puissant, terrible en vos vengeances,
Purifiez nos cœurs avant notre trépas
Coupez, brûlez, tranchez, punissez nos offenses,
   Mais pour toujours ne nous condamnez pas.

HORREUR DU PÉCHÉ MORTEL. — C. 4. — A. 375.

Monstre infernal que je déteste,
O péché, le plus grand des maux !
Poison mortel, source funeste
Des plus redoutables fléaux !
Qui peut comprendre ta malice,
Et sentir toute ton horreur ?
Ta fureur, digne de supplice,
S'élève contre le Seigneur.

Pécheur, aveugle et téméraire,
Connais-tu le mal que tu fais,
En offensant ton Dieu, ton Père
Par l'audace de tes excès ?
C'est le Très-Haut que déshonore
Ta coupable témérité ;
Du Maître que le ciel adore,
Tu méprises la majesté.

Ah! quelle est donc ton injustice,
Homme rebelle à ton Auteur,
Quand tu veux prodiguer au vice
Ce que tu dois au Créateur?
La nature, sans résistance,
Partout est soumise à ses lois;
Et ton injuste indépendance
Ose résister à sa voix.

Ingrat, ton Dieu t'a donné l'être;
Tu fus l'objet de ses faveurs;
Pour toi son Fils a voulu naître,
Souffrir, mourir dans les douleurs:
Il sembla faire son étude
D'ajouter bienfaits sur bienfaits;
Et ton horrible ingratitude
N'y répond que par des forfaits!

Mais jusqu'où va ton insolence,
En manquant au souverain Roi?
Sous ses yeux même, en sa présen-
Tu violes sa sainte loi.   [ce,
Insensé, tu braves sa foudre
En outrageant sa sainteté :
S'il ne t'a pas réduit en poudre;
Tu ne l'as pas moins mérité.

Déjà dépouillé de la grâce,
Tel qu'un esclave révolté,
Tu n'as plus droit d'obtenir place
Au sein de la félicité :
L'enfer t'attend dans ses abîmes
Préparés à l'iniquité;
Ses feux doivent punir tes crimes
Durant toute l'éternité.

Que Dieu commande, et dans les
Par la mort tu seras jeté; [flammes
Tu paieras tes péchés infâmes
D'un supplice trop mérité.
Ah! puisqu'il en est temps encore,
Viens fléchir ton Juge irrité :
Soupire, gémis et déplore
Ta coupable infidélité.

O Maître! ô Juge redoutable!
Je tremble et frémis devant vous.
O Dieu-Sauveur, ô Père aimable!
Je me prosterne à vos genoux;
Ingrat, injuste, inexcusable,
J'ai provoqué votre courroux.
Que deviendrai-je, misérable,
Si vous ne suspendez vos coups.

MÊME SUJET. — C. 5. — A. 72.

Oh! si l'on pouvait bien compren-
Du péché l'horrible laideur, [dre
A ses attraits loin de se rendre,
On le fuirait avec horreur.

Le mortel qui s'en rend coupable,
Méprise le souverain Roi :
Par une malice exécrable,
Il foule aux pieds sa sainte loi.

Un bien passager et frivole,
Un faux plaisir, un faux honneur,
Voilà la détestable idole
Mise à la place du Seigneur.

Le pécheur, loin de reconnaître
D'un Dieu la libéralité,
Se sert contre ce divin Maître
Des dons même de sa bonté.

Eh quoi donc! l'homme, ver de terre,
Vile poussière et pur néant,
Ose à Dieu déclarer la guerre!
Quel attentat plus étonnant!

Maudit péché, néant rebelle,
Ton aspect me remplit d'effroi.
Oh! que ta blessure est cruelle!
Malheur à qui se livre à toi!

Tant de désastres lamentables
Qui désolent tout l'univers,
Les maux les plus épouvantables,
O péché! sont tes fruits amers.

Que tu renfermes d'injustice
Et d'ingratitude à la fois!
C'est pour expier ta malice [croix.
Qu'il faut qu'un Dieu soit mis en

Tu portes la mort dans les âmes
Qui suivent tes trompeurs attraits;
Tu leur fais mériter des flammes
Qui les brûleront à jamais.

Loin de mon cœur, péché funeste;
Ta seule ombre doit m'alarmer :
Je te renonce et te déteste;
Plutôt mourir que de t'aimer.

DANGER DU DÉLAI DE LA CONVERSION. — C. 7. — A. 97.

Pourquoi différer sans cesse ?
Dieu vous appelle aujourd'hui
Il vous exhorte, il vous presse ;
Enfin revenez à lui.
De votre état déplorable
N'aurez-vous jamais horreur ?
Pleurez, pécheur misérable,
Pleurez sur votre malheur.

Du Seigneur, par votre crime,
Vous méritez le courroux ;
Sous vos pieds voyez l'abîme
Qui déjà s'ouvre pour vous.
Du Ciel craignez la vengeance,
Rentrez en grâce avec Dieu :
L'enfer ou la pénitence,
Choisissez, point de milieu.

Pécheur, voyez de Ninive
L'admirable changement ;
De la douleur la plus vive
Quel exemple plus touchant !
Sous la cendre et le cilice
Tous invoquent le Seigneur ;
Le Seigneur se rend propice ;
Il retient son bras vengeur.

L'esprit rempli de tristesse,
Le cœur vivement touché,
David déplore sans cesse
La grandeur de son péché ;
Il mêle l'eau de ses larmes
Au pain dont il se nourrit ;
Pour lui les pleurs ont des char-
Il en arrose son lit.   [mes,

Pierre a renié son Maître,
Mais qu'il sait bien s'en punir
La douleur qui le pénètre
Nuit et jour le fait gémir.
Regardez de Madeleine
Le prompt et parfait retour :
Du crime elle rompt la chaîne ;
Jésus fait tout son amour.

Pour expier votre crime,
Jésus devient pénitent ;
Il se fait votre victime,
Il souffre quoique innocent.
Quel exemple, homme coupable,
Plus propre à vous exciter ?
N'est-on pas inexcusable,
Si l'on ne veut l'imiter ?

Plus d'attache criminelle,
Plus d'amour pour les plaisirs :
Qu'en vous tout se renouvelle ;
Changez en tout vos désirs.
D'un monde impur et profane,
Fuyez les mortels attraits :
De tout ce que Dieu condamne
Eloignez-vous désormais.

Que, de votre pénitence,
Rien n'interrompe le cours ;
A pleurer sur votre offense,
Il faut consacrer vos jours.
Qu'un cœur égaré soupire,
Qu'il ne cesse de gémir ;
Qu'il se fende et se déchire
Par l'excès du repentir.

MÊME SUJET. — C. 192. — A. 337.

Si le Seigneur est bon, le crime enfin le lasse,
Ses justes châtiments en sont le triste fruit :
    Notre mépris le chasse,
    Quand sa bonté nous suit :
    Et tôt ou tard la grâce
    S'enfuit.

Plus il nous a chéris, plus il est redoutable :
Son amour outragé se transforme en courroux.
    Alors il nous accable
    Des plus terribles coups,
    C'est un juge implacable
    Pour nous.

Autant qu'il hait le crime, il aime l'innocence ;
C'est pour la couronner, qu'il répand ses bienfaits.
  Quand on craint sa vengeance,
  Peut-on goûter la paix ?
  Heureux qui ne l'offense
   Jamais.

Le Maître qu'il adore, aussi puissant que tendre,
Lui fait tout espérer de son divin secours.
  On ne peut le surprendre
  Tant qu'il a ce recours ;
  Son Dieu sait le défendre
   Toujours.

Ne nous étonnons pas si le Seigneur s'irrite :
Le nombre des pécheurs est toujours le plus fort
  Quand la terre est détruite
  Par un funeste sort,
  Le juste seul évite
   La mort.

Je sais que dans nos maux Dieu même s'intéresse,
Il descendit des cieux pour nous y rappeler
  Quand le péril nous presse,
  Il peut nous consoler ;
  Mais nous devons sans cesse
   Trembler.

Il n'est pas de liens que sa grâce ne brise ;
Ménageons son secours dès qu'il nous est offert.
  Si, par son entremise,
  Le ciel nous est ouvert,
  Quiconque le méprise,
   Le perd.

AVEUGLEMENT DU PÉCHEUR ENDURCI. — C. 20. — A. 130.

PÉCHEUR, en t'aveuglant, crois-tu
Te dérober au précipice ?
Crois-tu, par ce lâche artifice,
Trouver la paix sans la vertu ?
En t'efforçant de ne point croire
Une importune vérité,
Que gagne ta témérité,
Que d'en affaiblir la mémoire ?

Crois, ne crois pas l'éternité,
En sera-t-elle moins réelle,
Et ton âme moins immortelle,
Et ton tourment moins mérité ?
Non, non, ces vérités augustes
Que tu te plais à censurer,
N'en sont ni moins à révérer,
Ni moins terribles, ni moins justes.

Veux-tu par un chemin plus sûr
Ramener le calme en ton âme ?
Fuis du vice la route infâme :
La paix se plaît dans un cœur pur.
Tu verras tes incertitudes
Se dissiper, s'évanouir,
Tes difficultés s'aplanir ;
De la paix aimables préludes !

La mort sans doute a ses horreurs,
Je ne l'attends pas sans alarmes ;
Mais elle est la fin de mes larmes,
Et le terme de mes douleurs.

Je tremble, mais pourtant j'espère
Au sang de mon libérateur ;
Et si je crains un Dieu vengeur,
Je me jette au sein de mon Père.
Douce pensée, où des langueurs
Dont souvent j'ignore la cause,

Mon cœur fatigué se repose,
Et se console dans ses pleurs !
J'aime mon Dieu, je sais qu'il m'aime,
Je m'abandonne à son amour ;
J'attends en paix le dernier jour,
Plus sûr de lui que de moi-même.

ENDURCISSEMENT DU PÉCHEUR. — C. 196. — A. 341.

Paraissez, Roi des rois, venez, Juge suprême,
  Faire éclater votre courroux
  Contre l'orgueil et le blasphème
  De l'impie armé contre vous.
Le Dieu de l'univers est le Dieu des vengeances :
Le pouvoir et le droit de punir les offenses
  N'appartient qu'à ce Dieu jaloux.

Jusques à quand, Seigneur, souffrirez-vous l'ivresse
  De ces superbes criminels
  De qui la malice transgresse
  Vos ordres les plus solennels,
Et dont l'impiété barbare et tyrannique,
Au crime ajoute encore le mépris ironique
  De vos préceptes éternels ?

Ils ont sur votre peuple exercé leur furie ;
  Ils n'ont pensé qu'à l'affliger :
  Ils ont semé dans leur patrie
  L'horreur, le trouble et le danger.
Ils ont de l'orphelin envahi l'héritage ;
Et leur main sanguinaire a déployé sa rage
  Sur la veuve et sur l'étranger.

Ne songeons, ont-ils dit, quelque prix qu'il en coûte,
  Qu'à nous ménager d'heureux jours :
  Du haut de la céleste voûte
  Dieu n'entendra pas nos discours ;
Nos offenses par lui ne seront point punies,
Il ne les verra point, et de nos tyrannies,
  Il n'arrêtera pas le cours.

Quel charme vous séduit, quel démon vous conseille,
  Et vous fait braver son courroux ?
  Celui qui forma votre oreille
  Sera sans oreilles pour vous ?
Celui qui fit vos yeux ne verra point vos crimes,
Et celui qui punit les rois les plus sublimes,
  Pour vous seul retiendra ses coups ?

Il voit, n'en doutez pas, il entend toute chose :
  Il lit jusqu'au fond de vos cœurs ;
  L'artifice en vain se propose

D'éluder ses arrêts vengeurs ;
Rien n'échappe aux regards de ce Juge sévère :
Le repentir lui seul peut calmer sa colère,
Et fléchir ses justes rigueurs.

Ouvrez, ouvrez les yeux, et laissez-vous conduire
Aux divins rayons de la foi.
Heureux celui qu'il daigne instruire
Dans la science de sa loi !
C'est l'asile du juste, et la simple innocence
Y trouve son repos, tandis que la licence
N'y trouve qu'un sujet d'effroi.

Toujours, à vos élus, l'envieuse malice
Tendra ses filets captieux ;
Mais toujours votre loi propice
Confondra les audacieux.
Vous anéantirez ceux qui vous font la guerre ;
Et si l'impiété vous juge sur la terre,
Vous la jugerez dans les cieux.

DIALOGUE ENTRE DIEU ET LE PÉCHEUR. — C. 1. — A. 376.

Dieu. Reviens, pécheur, à ton Dieu qui t'appelle ;
Viens au plus tôt te ranger sous sa loi
Tu n'as été déjà que trop rebelle ;
Reviens à lui, puisqu'il revient à toi.

Le pécheur. Voici, Seigneur, cette brebis errante
Que vous daignez chercher depuis longtemps
Touché, confus, d'une si longue attente,
Sans plus tarder, je reviens, je me rends.

Dieu. Pour t'attirer, ma voix se fait entendre ;
Sans me lasser, partout je te poursuis :
D'un Dieu, pour toi, du père le plus tendre,
J'ai les bontés, ingrat, et tu me fuis !

Le péch. Errant, perdu, je cherchais un asile ;
Je m'efforçais de vivre sans effroi.
Hélas ! Seigneur, pouvais-je être tranquille,
Si loin de vous, et vous si loin de moi ?

Dieu. Attraits, frayeurs, remords, secret langage,
Qu'ai-je oublié dans mon amour constant ?
Ai-je, pour toi, dû faire davantage ?
Ai-je, pour toi, dû même en faire autant ?

Le péch. Je me repens de ma faute passée :
Contre le Ciel, contre vous j'ai péché ;
Mais oubliez ma conduite insensée,
Et ne voyez en moi qu'un cœur touché.

Dieu. Si je suis bon, faut-il que tu m'offenses ?
Ton méchant cœur s'en prévaut chaque jour :

          Plus de rigueur vaincrait tes résistances.
          Tu m'aimerais, si j'avais moins d'amour.

Le péch. Que je redoute un Juge, un Dieu sévère !
          J'ai prodigué des biens qui sont sans prix ;
          Comment oser vous appeler mon Père ?
          Comment oser me dire votre fils ?

Dieu. Marche au grand jour que t'offre ma lumière,
          A sa faveur tu peux faire le bien :
          La nuit bientôt finira ta carrière,
          Funeste nuit où l'on ne peut plus rien.

Le péch. Dieu de bonté, principe de tout être,
          Unique objet digne de nous charmer,
          Que j'ai longtemps vécu sans vous connaître !
          Que j'ai longtemps vécu sans vous aimer.

Dieu. Ta courte vie est un songe qui passe,
          Et de la mort le jour est incertain :
          Si j'ai promis de te donner ta grâce,
          T'ai-je jamais promis le lendemain ?

Le péch. Votre bonté surpasse ma malice ;
          Pardonnez-moi ce long égarement ;
          Je le déteste, il fait tout mon supplice,
          Et pour vous seul je pleure amèrement.

Dieu. Le ciel doit-il te combler de délices
          Dans le moment qui suivra ton trépas,
          Ou bien l'enfer t'accabler de supplices ?
          C'est l'un des deux, et tu n'y penses pas.

Le péch. Je ne vois rien que mon cœur ne défie,
          Malheurs, tourments, ou plaisirs les plus doux !
          Non, fallût-il cent fois perdre la vie,
          Rien ne pourra me séparer de vous.

LE PÉCHEUR INVITÉ A RENONCER AU PÉCHÉ. — C. 183. — A. 328.

C'est trop longtemps être rebelle
A la voix d'un Dieu souverain.
Aujourd'hui ce Dieu vous appelle,
Ah ! que ce ne soit pas en vain :
  Il en est temps, pécheur,
  Revenez au Seigneur.

Pour un plaisir si peu durable
Qu'on goûte dans l'iniquité,
Faut-il que ce Maître adorable
De votre cœur soit rejeté ?
  Il en est temps, etc.

C'est sa bonté qui vous fit naître,
Seul il mérite votre amour,
N'avez-vous de lui reçu l'être,
Que pour l'outrager chaque jour !
  Il en est temps, etc.

Si vous suivez toujours du crime
Les faux et dangereux appas,
Craignez de tomber dans l'abîme
Qui se prépare sous vos pas.
  Il en est temps, etc.

Dans une paix qui vous abuse,
Vous passez vos jours malheureux,
Du démon la perfide ruse
Vous cache cet état affreux.
  Il en est temps, etc.

Dans cette triste léthargie,
Savez-vous quel est votre sort?
Hélas! vous semblez plein de vie,
Et devant Dieu vous êtes mort.
 Il en est temps, etc.

Vous méritez que sa colère
Vous fasse ressentir ses coups;
Que sur vous, en juge sévère,
Il décharge tout son courroux.
 Il en est temps, etc.

Quoi donc! toujours être insensible
Au péril de l'éternité!
Peut-on rien voir de plus horrible

Que votre insensibilité?
 Il en est temps, etc.

Que votre état est déplorable!
Ah! cessez de vous obstiner :
Voici le moment favorable
Où Dieu cherche à vous ramener.
 Il en est temps, etc.

Gémissant sur votre misère,
Le cœur pénétré de regrets,
Recourez à ce tendre Père
Et n'aimez que lui désormais.
 Il en est temps, pécheur,
 Revenez au Seigneur.

LE PÉCHEUR S'EXCITE A ROMPRE SES LIENS. — C. 7. — A. 97.

Dans quel état déplorable,
Hélas! me vois-je réduit?
Un cruel remords m'accable,
Partout le trouble me suit.
Ah! péché, monstre exécrable,
Tes faux charmes m'ont séduit.

Au gré d'un honteux caprice,
Je vis dans l'égarement;
Plein de force pour le vice,
Et pour Dieu sans mouvement :
O Ciel! quelle est ma malice!
Quel est mon aveuglement!

Le Seigneur souvent m'appelle,
D'un ton rempli de douceur :
Sors de ta langueur mortelle,
Mon fils, donne-moi ton cœur;
Mais ce cœur, toujours rebelle,
Ne lui montre que froideur.

Dans ma longue résistance,
Veux-je donc persévérer?
Sur l'horreur de mon offense
Ne devrais-je point pleurer?
Il faut qu'enfin je commence;
C'est trop longtemps différer.

Ah! que sens-je dans moi-même?
Quel orage! quels combats!
Je voudrais, du mal que j'aime,

Pour toujours fuir les appas :
Mais, quelle misère extrême,
Mon cœur veut et ne veut pas.

Sous l'affreux poids de mon crime
Gémirai-je donc en vain?
De mes maux triste victime,
N'en verrai-je point la fin?
Pour me tirer de l'abîme,
Ah! qui me tendra la main?

Dans cet état lamentable,
J'ai recours à vous, Seigneur;
Voyez d'un œil favorable
Un trop malheureux pécheur;
Sans votre main secourable,
Je péris dans mon malheur.

Grand Dieu, finissez ma peine,
De mes maux soyez touché;
Brisez la funeste chaîne
Qui tient mon cœur attaché :
Que d'une volonté pleine
Je quitte enfin le péché.

C'en est fait; malgré ses charmes
Du péché je veux sortir.
Un Dieu finit mes alarmes,
Sa bonté se fait sentir.
Ah! mes yeux, fondez en larmes
Attestez mon repentir.

LE PÉCHEUR EST ENGAGÉ A SE CONVERTIR. — C. 64. — A. 378.

Le Dieu puissant dont nos forfaits
 Méritent la vengeance,
Vient offrir aujourd'hui la paix
 Au pécheur qui l'offense.

Tandis que des enfants ingrats
  Lui déclarent la guerre,
Son amour arrête son bras,
  Et suspend son tonnerre.
Il dissimule nos mépris,
  Et rien ne le dégoûte,
Il ne peut oublier le prix
  Que notre âme lui coûte :
Dans nos plus coupables plaisirs,
  Son œil nous suit sans cesse ;
Et le moindre de nos soupirs
  Réveille sa tendresse.
Pécheur, dans tes égarements,
  Il te menace en père :
Vois, dit-il, les brasiers ardents
  Qu'allume ma colère :
De tant de supplices affreux,
  Si la rigueur t'alarme ;
Songe, pour éteindre ces feux,
  Qu'il ne faut qu'une larme.
Veux-tu désarmer son courroux,
  Dans ce temps favorable ?
Baigné de pleurs, à ses genoux,
  Viens l'avouer coupable :
Si c'est trop peu de tes douleurs
  Pour bien laver ton crime,
Il mêle son sang à tes pleurs
  Et se fait ta victime.
Vois couler ce sang précieux
  Que l'Eglise dispense ;
C'est surtout en ces jours heureux
  Qu'il coule en abondance.
Ingrat, admire sa bonté
  Qui t'ouvre cette source ;

Contre l'Éternel irrité,
  C'est ta seule ressource.
Le Ciel est prêt à se venger,
  Il faut le satisfaire :
Brise tes fers, viens te plonger
  Dans ce bain salutaire.
Ne crains point que le Tout-Puissant
  T'aille réduire en poudre ;
Jamais sur le sang innocent
  Ne peut tomber la foudre.
Hélas ! en suivant tes désirs,
  Tu te forges des chaînes ;
Tu ne trouves dans tes plaisirs
  Que d'éternelles peines.
Le monde n'est qu'un imposteur
  Qu'on suit sans le connaître ;
Il devient le tyran du cœur
  Dès qu'il en est le maître.
S'il fait éclater à tes yeux
  Une coupe brillante,
C'est un poison délicieux
  Que sa main te présente :
Ses appas sont vains et trompeurs,
  Ses douceurs sont mortelles,
Et cachent sous d'aimables fleurs
  Des épines cruelles.
Reviens, un Dieu te tend les bras,
  Reviens en assurance :
Viens éprouver, pour des ingrats,
  Jusqu'où va sa clémence :
Promets-lui de fuir sans retour
  L'ennemi qu'il déteste ;
Rends-lui ton cœur et ton amour,
  Il se charge du reste.

MÊME SUJET. — C. 62. — A. 193.

PAUVRE pécheur, reviens à ton Seigneur ;
  Il t'appelle, il se fait entendre :
Il veut qu'enfin, vaincu par sa douceur,
  Ton cœur à lui vienne se rendre,
Pour te gagner, ô mon fils, réponds-moi,
  De plus qu'aurai-je donc pu faire ?
Dans tous les temps n'ai-je pas fait pour toi
  Bien plus que le plus tendre père ?

Chœur.

Pauvres pécheurs, revenons au Seigneur,
  Il nous parle, il se fait entendre :

Il veut qu'enfin, vaincus par sa douceur,
    Nos cœurs à lui viennent se rendre.
Et mon amour porté jusqu'à l'excès,
    Tu l'as payé d'indifférence !
Et tout le prix de mes divins bienfaits,
    Ce fut toujours nouvelle offense !
Quand tu n'étais encore que néant,
    Mon amour te destinait l'être;
Et dans le temps ma droite, en te créant
    Pour régner au ciel, te fit naître.
Ch. Pauvres pécheurs, etc.

Toujours conduit par ma bonté pour toi;
    Je me suis rendu ton semblable;
Je m'abaissai, pour t'élever à moi,
    Jusqu'à naître dans une étable.
Touché des maux qu'attira sur ton sort
    De Satan la cruelle envie,
Pour t'arracher à l'éternelle mort,
    Sur la croix j'immolai ma vie.
Ch. Pauvres pécheurs, etc.

Mon bras pouvait, par d'éternels tourments
    Te punir dès ton premier crime,
Mon cœur suivant ses doux empressements,
    Voulut te sauver de l'abîme.
Que de pécheurs moins coupables que toi
    Eprouvent toute ma vengeance !
Oui, j'ai tout fait pour t'attacher à moi
    Par la plus tendre préférence.
Ch. Pauvres pécheurs, etc.

Ah ! reviens donc, enfant de ma douleur
    Entre les bras de ma clémence ;
Par ton retour console ton Sauveur :
    Que m'aimer soit ta pénitence.
Pour te montrer sensible à mes bienfaits,
    Renonce enfin à toute offense,
Fais-moi le don de ton cœur pour jamais,
    Et paie ainsi mon indulgence.
Ch. Pauvres pécheurs, etc.

Ah ! je me rends, trop aimable Sauveur,
    Mon cœur est vaincu par vos charmes
Tant de bontés le brisent de douleur,
    Et de mes yeux tirent les larmes.
Dès ce moment, oui, bien plutôt mourir,
    Que d'oser jamais vous déplaire !
C'est désormais mon plus ardent désir,
    D'aimer sans cesse un si bon père.
Ch. Pauvres pécheurs, etc.

LE PÉCHEUR ESPÈRE EN LA MISÉRICORDE DE DIEU. — C. 1. — A. 4.

De ce profond, de cet affreux abîme,
Où je me suis aveuglément jeté,
Le cœur brisé du regret de mon crime
J'ose implorer, Seigneur, votre bonté.

Prêtez l'oreille à l'ardente prière,
Voyez les pleurs d'un enfant malheureux :
Quoique pécheur, il voit dans vous un Père
Pouvez-vous être insensible à ses vœux ?

Si vous voulez, sans user de clémence,
Compter, peser tous nos dérèglements,
Ah! qui pourra, malgré son innocence,
Se rassurer contre vos jugements ?

Mais vous aimez à vous rendre propice,
Et votre bras, toujours lent à punir,
Se plaît à voir désarmer sa justice :
Heureux celui qui sait la prévenir !

Cette bonté dans mes maux me console,
Et quoi qu'il plaise au Seigneur d'ordonner,
Je souffre en paix sur sa sainte parole :
Quand il nous frappe, il veut nous pardonner.

Ah! qu'Israël en Dieu toujours espère,
Qu'il en réclame avec foi le secours :
Ce Dieu puissant, son défenseur, son Père,
Dans ses dangers, le protége toujours.

Entre les bras de sa miséricorde,
Avec tendresse il reçoit les pécheurs ;
Et son amour au pardon qu'il accorde,
Ajoute encor les plus grandes faveurs.

Peuple, autrefois l'objet de sa vengeance,
Ne gémis plus sur ta captivité ;
Bientôt il va briser, dans sa clémence,
Tous les liens de ton iniquité.

SENTIMENTS DE COMPONCTION. — C. 1. — A. 5.

Pardon, Seigneur, à ce peuple coupable ;
Suspends tes coups, grâce à son repentir :
Non, ton courroux n'est pas inexorable,
Et pour toujours tu ne veux pas punir.

Venez, chrétiens, en ces jours d'indulgence,
A votre Père avouer vos remords ;
Venez, venez ; mais que la pénitence,
De sa bonté vous ouvre les trésors.

Combien de fois, de tes enfants rebelles,
As-tu, sans fruit, sollicité l'amour ?

Depuis longtemps, tes bontés paternelles,
De ces ingrats, attendaient le retour.

Tu les cherchais, et leur indifférence,
A ta tendresse, a longtemps résisté :
Ils ont osé provoquer ta vengeance ;
Tu leur permets d'implorer ta bonté.

Efface, ô Dieu, la trace criminelle
De tant de jours indignes de pardon,
Où le chrétien, pire que l'infidèle,
Brisa ton joug et blasphéma ton nom.

Ton sang, Seigneur, a lavé tous nos crimes ;
Oui, de ce sang, nous réclamons le prix :
Ne cherche pas ailleurs d'autres victimes ;
Dans tes enfants tu n'as plus d'ennemis.

A la vertu, du sein de la misère,
L'enfant prodigue à la fin ramené :
J'irai, dit-il, j'irai trouver mon père.
Il le retrouve, et tout est pardonné.

CONFIANCE DU PÉCHEUR EN LA BONTÉ DE DIEU. — C. 164. — A. 409.

Dieu de bonté, d'un cœur coupable
Ecoutez les gémissements ;
Dieu de bonté, Dieu charitable,
Fermez le lieu de vos tourments.
Malgré l'enfer, mon cœur espère
De posséder un jour les cieux :
Je sortirai de la misère
Que j'éprouve dans ces bas lieux.
Tendre Pasteur, aimable Père,
Vous serez propice à mes vœux.
 Dieu de bonté, etc.

Fuyez de moi, vaines alarmes,
Loin de mon cœur, injuste effroi !
Puisque le Ciel reçoit mes larmes,
L'enfer ne peut rien contre moi :
Dans ce séjour rempli de charmes,
J'espère voir mon divin Roi.
 Dieu de bonté, etc.

N'espère plus, mon âme, au monde ;
Ses maux sont vrais, ses biens sont faux,
Et sa faveur est comme l'onde
Dont le vent élève les flots :
Si c'est sur Dieu que je me fonde,
Lui seul pourra finir mes maux.
 Dieu de bonté, etc.

Il ne veut pas que je périsse,
Il est mon Père, il est mon Roi :
S'il ne voulait que mon supplice
Dans le séjour d'horreur, d'effroi,
Que deviendrait son sacrifice
Et tout son sang versé pour moi ?
 Dieu de bonté, etc.

Vous me donnez toute assurance,
Divin Jésus, j'espère en vous ;
Et puisqu'enfin votre clémence
Fléchit votre juste courroux,
Tout affermit mon espérance ;
Je jouirai d'un bien si doux.
Dieu de bonté, d'un cœur coupable
Ecoutez les gémissements ;
 Dieu de bonté, etc.

EFFROI DU PÉCHEUR A LA VUE DE SON ÉTAT. — C. 170. — A. 315.

Le remords qui tourmente
Hélas ! mon âme repentante,
 A chaque instant augmente
Ma peine et ma douleur,
La grandeur de mon crime
Demande une victime ;

Et ma frayeur légitime
 Voit sous mes pieds l'abîme
 D'un éternel malheur.
 Dans ce désordre extrême,
Hélas! c'est de mon Dieu lui-même
Que j'attends l'anathème
 Qui doit m'anéantir:
 O malheur déplorable!
 D'un juge redoutable,
 Je vois la main équitable,
 Sur ma tête coupable,
 Prête à s'appesantir.

 Abîmé de tristesse,
Seigneur, devant vous je confesse
 D'une âme pécheresse
 La détestable erreur:
 De sa longue injustice,
 Connaissant la malice,
 Elle abjure enfin le vice;
 Ah! de votre justice,
 Tempérez la rigueur!

 Si je fus un parjure,
 De Dieu la bonté me rassure;
 Je puis laver l'injure

Dans un saint repentir:
O flatteuse espérance!
Les traits de sa vengeance,
Suspendus par sa clémence,
A punir mon offense
Ne sauraient consentir.

O précieuses larmes,
Sur Dieu quel pouvoir ont vos char-
L'offensé rend les armes [mes!
Et se laisse fléchir.
O bonté paternelle!
De la mort éternelle,
Quoi! mon âme criminelle,
Redevenant fidèle,
Peut encor s'affranchir.

Échappé du naufrage, [vrage
Grand Dieu! je connais votre ou-
Je veux donc sans partage
Vous aimer à mon tour:
Par un retour sincère,
Je retrouve mon Père;
Il met fin à ma misère,
Et sa juste colère
Fait place à son amour.

MÊME SUJET. — C. 64. — A. 196.

HÉLAS! quelle douleur
 Remplit mon cœur,
 Fait couler mes larmes!
Hélas! quelle douleur
 Remplit mon cœur
De crainte et d'horreur!
 Autrefois,
 Seigneur, sans alarmes,
 De tes lois,
Je goûtai les charmes;
Hélas! vœux superflus!
 Beaux jours perdus,
Vous ne serez plus.

La mort déjà me suit;
 O triste nuit,
 Déjà je succombe!
La mort déjà me suit,
 Le monde fuit,
 Tout s'avanouit.
 Je la vois
Entr'ouvrant ma tombe,

 Et sa voix
 M'appelle et j'y tombe.
O mort, cruelle mort!
 Si jeune encor!...
 Quel funeste sort!
Frémis, ingrat pécheur,
 Un Dieu vengeur,
 D'un regard sévère..
Frémis, ingrat pécheur,
 Un Dieu vengeur
 Va sonder ton cœur.
 Malheureux!
Entends son tonnerre.
 Si tu peux,
Soutiens sa colère.
Frémis, seul aujourd'hui,
 Sans nul appui,
 Parais devant lui.

Grand Dieu! quel jour affreux
 Luit à mes yeux!
 Quel horrible abîme!

Grand Dieu ! quel jour affreux
  Luit à mes yeux !
  Quels lugubres feux !
    Oui, l'enfer,
Vengeur de mon crime,
    Est ouvert,
Attend sa victime.
Grand Dieu ! quel avenir !
  Pleurer, gémir,
  Toujours te haïr !

Beau ciel, je t'ai perdu ;
  Je t'ai vendu
  Pour de vains caprices.
Beau ciel, je t'ai perdu,
  Je t'ai vendu,
  Regret superflu !
    Loin de toi
  Toutes les délices
    Sont pour moi
  De nouveaux supplices.
Beau ciel, toi que j'aimais,
  Qui me charmais,
  Ne te voir jamais !

O vous, amis pieux,
  Toujours joyeux,
  Et pleins d'espérance ;
O vous, amis pieux,
  Toujours joyeux !
Moi seul malheureux !
  J'ai voulu
  Sortir de l'enfance ;

J'ai perdu
L'aimable innocence,
O vous, du ciel, un jour,
  Heureuse cour,
  Adieu, sans retour.

Non, non, c'est une erreur
  Dans mon malheur,
  Hélas ! je m'oublie ·
Non, non, c'est une erreur
  Dans mon malheur,
  Je trouve un Sauveur.
    Il m'entend,
  Me réconcilie,
    Dans son sang
  Je reprends la vie.
Non, non, je l'aime encor,
  Et le remords
  A changé mon sort.

Jésus, manne des cieux,
  Pain des heureux,
  Mon cœur te réclame ;
Jésus, manne des cieux,
  Pain des heureux,
  Viens combler mes vœux
    Désormais
  Ta divine flamme
    Pour jamais
  Embrase mon âme.
Jésus, ô mon Sauveur,
  Fais de mon cœur
  L'éternel bonheur.

REMORDS DU PÉCHEUR. — C. 20. — A. 129.

Comment goûter quelque repos
Dans les tourments d'un cœur
  [coupable ?
Loin de vous, ô Dieu tout aimable,
Tous les biens ne sont que des maux.
J'ai fui la maison de mon Père,
A la voix du monde, enchanté ;
Il promet la félicité,
Mais il n'enfante que misère.

Créateur justement jaloux,
Ah ! voyez ma douleur profonde.
Ce que j'ai souffert pour le monde,
Si je l'avais souffert pour vous !
J'ai poursuivi dans les alarmes

Le fantôme des vains plaisirs
Ah ! j'ai semé dans les soupirs,
Et je moissonne dans les larmes.

Qui me rendra de la vertu
Les douces, les heureuses chaînes
Mon cœur sous le poids de ses
  [peines,
Succombe et languit, abattu.
J'espérais, ô triste folie !
Vivre tranquille et criminel ;
J'oubliais l'oracle éternel :
Il n'est point de paix pour l'impie.
De mon abîme, ô Dieu clément,
J'ose t'adresser ma prière ;

Carême. Conversion du Pécheur.

Cessas-tu donc d'être mon père,
Si je fus un indigne enfant ?
Hélas ! le lever de l'aurore,
Aux pleurs, trouve mes yeux ouverts;
Et la nuit couvre l'univers,
Que mon âme gémit encore.

A peine a brillé ma raison,
Qu'à ton amour j'ai fait outrage :
J'ai dissipé ton héritage,
J'ai déshonoré ta maison ;
Je n'ose demander ma place,
Ni prendre le doux nom de fils :
Parmi tes serviteurs admis,
A ta bonté je rendrai grâce.

Mais quelle voix ? qu'ai-je entendu ?
« De concerts que tout retentisse,
« Que le ciel lui-même applaudisse ;
« Mon cher fils enfin m'est rendu. »
Dieu ! je vois mon père, il s'empresse ;
L'amour précipite ses pas.
Il veut me serrer dans ses bras,
Baigné des pleurs de sa tendresse.

Ce père tendre et plein d'amour,
Mon âme, c'est ton Dieu lui-même ;
En fait-il assez pour qu'on l'aime ?
Sois fidèle enfin sans retour.
Que ta bonté, Seigneur, efface
Les jours où j'oubliai ta loi !
Un pécheur qui revient à toi
Est le chef-d'œuvre de ta grâce.

SENTIMENTS D'UNE AME PÉNITENTE. — C. 1. — A. 17 et 284.

Puniras-tu, Seigneur, dans ta justice,
D'un fils ingrat les longs égarements ?
Mon cœur, hélas ! commence mon supplice :
Il est en proie aux remords déchirants.

Quand je reviens sur ma coupable vie,
Tout m'y paraît à punir, à pleurer :
J'ai donc perdu mon père et ma patrie !
Loin d'eux, hélas ! j'ai donc pu m'égarer !

Comblé des dons d'un père tout aimable,
Tout envers lui provoquait mon amour :
Je fus ingrat. Quoi ! dit-il, fils coupable,
Quoi ! tu me fuis ! sera-ce sans retour ?

Depuis longtemps je pleure ton absence :
Que t'ai-je fait ? tu m'as ravi ton cœur.
Reviens, ingrat, reviens, et ma clémence
Au même instant oubliera ton erreur.

A cette voix et si douce et si tendre,
Que répondis-je, insensible pécheur ?
Toujours, hélas ! différant de me rendre,
Toujours, mon Dieu, je bravais ta douleur.

En vain la croix me retraçait le gage
Et les doux fruits d'un amour tout-puissant ;
D'un air distrait, indifférent, volage,
Je regardais ce signe attendrissant.

Oui, c'en est fait, à tes pieds, divin Maître,
Je viens pleurer mes infidélités ;
Mais aujourd'hui voudras-tu reconnaître
L'indigne objet des célestes bontés ?

Ah! tout baigné de ton sang adorable,
Craindrais-je encor ta plus juste rigueur?
En toi verrais-je un juge inexorable?
Tu n'es pour moi qu'un père, qu'un Sauveur.

Je devrai tout à votre aimable zèle,
Vierge si bonne aux pécheurs repentants:
Jésus entend votre voix maternelle;
Soudain son cœur s'ouvre pour vos enfants.

Qu'heureuse est donc une âme pénitente
Qui vient à lui sans feinte et sans détour!
Pour elle il n'est, comme à l'âme innocente,
Qu'un sentiment: c'est celui de l'amour.

MÊME SUJET. — C. 60. — A. 190.

A tes pieds, Dieu que j'adore,
Ramené par mes malheurs,
Tu vois mon cœur qui déplore
Ses écarts et ses erreurs.
  Seigneur! Seigneur!
Ah! reçois, reçois encore
Mes soupirs et ma douleur.

Si mon crime, qui te blesse,
Sollicite ton courroux;
Ton indulgence te presse
De me sauver de tes coups.
  Seigneur! Seigneur!
J'attends tout de ta tendresse;
Désarme ton bras vengeur.

Israël, jadis coupable,
Pleure ses égarements;
Bientôt ta main secourable
En suspend les châtiments.

  Seigneur! Seigneur!
Jette un regard favorable
Sur ce malheureux pécheur.

Je ne puis rien sans ta grâce;
Daigne donc me secourir·
Seul j'ai causé ma disgrâce,
Seul je ne puis revenir.
  Seigneur! Seigneur!
L'espérance enfin remplace
Une trop juste frayeur.

Mes regrets sont ton ouvrage,
Mes regrets sont mon bonheur:
Qu'ils te vengent de l'outrage
Dont fut coupable mon cœur.
  Seigneur! Seigneur!
Que ce cœur, longtemps volage,
N'aime plus que sa douleur.

REGRETS DU PÉCHEUR. — C. 9. — A. 108.

Combien triste est mon sort! ô mortelle disgrâce!
Que de biens le péché m'a fait perdre à la fois!
L'amitié de mon Dieu, la beauté de la grâce,
La douce paix du cœur, mes mérites, mes droits.

Ah! périsse le jour où ce péché funeste
Vint, de mon innocence, interrompre le cours!
Je t'abhorre à jamais, péché, je te déteste;
Puisse ce jour fatal s'effacer de mes jours!

Pourquoi t'ai-je jamais donné ma confiance,
Ami, dont les leçons causèrent mes malheurs;
Sans ta fausse amitié j'aurais mon innocence;
Que tu vas me coûter de soupirs et de pleurs!

O cruel souvenir ! avoir aimé le vice,
Au lieu d'aimer mon Dieu, mon Père, mon Sauveur !
Dans un âge si tendre, avoir tant de malice !
Etre si jeune encor, et me voir si pécheur !

Ah ! recevez, Seigneur, cet ingrat, ce rebelle ;
Daignez favoriser aujourd'hui son retour :
Plus il s'est égaré, plus il sera fidèle,
Plus il sera constant à garder votre amour.

Mais, que dis-je, Seigneur ? comment, dans ma faiblesse,
Me promettre à moi-même un repentir constant ?
Je vous fis mille fois, hélas ! cette promesse,
Et mille fois, hélas ! je péchai dans l'instant.

En vous seul, ô mon Dieu, je mets ma confiance ;
Vous êtes mon espoir et mon bien le plus doux :
Du secours de vos dons aidez mon inconstance ;
Je ne puis rien de moi, mais je puis tout en vous.

Exercez, Dieu vengeur, sur moi votre justice,
Frappez-le, ce coupable, en tout temps, en tout lieu.
Le plus grand des malheurs, le plus cruel supplice,
Sera trop doux pour moi, s'il me rend à mon Dieu.

MÊME SUJET. — C. 8. — A. 102 et 103.

J'ai péché dès mon enfance,
J'ai chassé Dieu de mon cœur ;
J'ai perdu mon innocence,
J'ai perdu tout mon bonheur.
Oh ! qui mettra dans ma tête
Une fontaine de pleurs !
A la perte que j'ai faite
Puis-je égaler mes douleurs ?
En livrant mon cœur au crime,
Dans quels maux l'ai-je plongé
Dans quel effroyable abîme,
Hélas ! me suis-je engagé !
Riche trésor de la grâce,
Te perdant, j'ai tout perdu.
Que faut-il donc que je fasse,
Pour que tu me sois rendu ?
Oh ! que mon âme était belle,
Quand elle avait sa candeur !
Depuis qu'elle est criminelle,
O Dieu, quelle est sa laideur !
Mon Dieu, quel bonheur extrême
Si j'étais mort au berceau !
Et si des fonts du baptême,
On m'eût conduit au tombeau !
Malheur à vous, amis traîtres,
Mes plus cruels ennemis,
Qui fûtes mes premiers maîtres
Dans le mal que j'ai commis.
Ah ! Seigneur, je vous aborde,
Tremblant et saisi d'effroi.
Dans votre miséricorde,
Jetez un regard sur moi.
Pardonnez à ce rebelle
Qui déplore son malheur.
Oui, désormais, plus fidèle,
Il veut vous rendre son cœur.

LARMES DU PÉCHEUR PÉNITENT. — C. 173. A. 318.

Vous qui voyez couler mes larmes,
Divin Jésus, calmez votre courroux,
Seigneur, finissez mes alarmes ;
Je n'ai point d'autre espoir qu'en vous.

9.

Je suis ingrat, je suis coupable,
J'ai mérité toute votre rigueur ;
  J'ai pu, Rédempteur adorable,
Vous bannir de mon lâche cœur.

  Je ne veux point cacher mon crime ;
Et si je viens embrasser vos genoux,
  C'est pour vous offrir la victime ;
Mais, hélas ! suspendez vos coups.

  Si vous suivez votre justice,
Je dois périr, mon malheur est certain ;
  Déjà, j'entrevois mon supplice :
Ah ! Seigneur, tendez-moi la main.

  Suivez plutôt votre clémence ;
Permettez-moi d'implorer son secours :
  Elle est mon unique espérance,
Et j'en fais mon dernier recours.

  Soyez sensible à ma misère ;
Voyez mes pleurs, rien ne peut les tarir :
  Grand Dieu, si vous êtes mon père,
Ma douleur doit vous attendrir.

  J'ai commencé par les délices,
Je m'en repens, et je veux m'en punir :
  Je vais les changer en supplices ;
C'est par eux qu'il me faut finir.

  Et vous, frappez, Juge sévère,
Vengez vos droits, punissez mes rebuts ;
  Mais que ce soit toujours en père ;
Que surtout je ne pèche plus !

  Eh quoi ! vous outrager encore ;
Et transgresser quelqu'une de vos lois !
  Non, c'en est fait, Dieu que j'adore,
J'aime mieux mourir mille fois.

EXHORTATION A LA CONFESSION. — C. 4. — A. 375

Du triste poids qui vous accable,
Il faut, pécheur, vous délivrer ;
La grâce est un bien désirable,
Il est temps de la recouvrer.
Qu'un vrai repentir vous anime,
Courez au sacré tribunal.
Quiconque s'endort dans le crime
Peut avoir un réveil fatal.

En vain, devant le Roi suprême,
Poussez-vous de profonds soupirs ;
En vain au-dedans de vous-même
Formez-vous de pieux désirs :
Si, pour déclarer votre offense,
Vous ne faites un saint effort,
Hélas ! votre seule indolence
Vous tient dans un état de mort.

Un conducteur sage et fidèle,
Sur vos devoirs vous instruira :
A sa voix votre ardeur nouvelle
De plus en plus s'enflammera.
Par un moyen prompt, efficace,
Il vous guérira de vos maux ;
Sur vous Dieu répandra sa grâce ;
Vous jouirez d'un doux repos.

Mais, pour recouvrer la justice,
Pécheur, il faut vous préparer ;
Connaissez bien votre malice
Afin de la bien déclarer ;
Sondez de votre conscience
Tous les plis et tous les détours :
Pour en avoir la connaissance,
A l'Esprit saint ayez recours.

Pensez à l'injure infinie
Que le péché fait au Seigneur ;
Et que votre âme s'humilie ;
Que d'elle-même elle ait horreur.
Cette âme si longtemps rebelle
Mérite d'éternels tourments ;
Sur sa conduite criminelle
Livrez-vous aux gémissements.

Mais dans cette douleur amère
Qui doit toute autre surpasser,
Aux vices qui surent vous plaire,
Pour toujours il faut renoncer :
Aimez Dieu, source de justice ;
Il le faut pour un vrai retour.
Peut-on jamais sortir du vice,
Si pour Dieu on n'a point d'amour ?

Selon la grandeur de l'offense
Il faut satisfaire au Seigneur ;
D'une sévère pénitence,
Ne redoutez point la rigueur ;
Sans consulter votre mollesse,
N'hésitez pas à vous punir ;
Et surtout contre la faiblesse
Apprenez à vous prémunir.

En réparant l'indigne outrage
Par vous fait au Dieu souverain,
Réparez aussi le dommage
Qu'a souffert de vous le prochain :
A l'abstinence, à la prière,
Joignez l'amour des ennemis
Rendez encore à votre frère
Et l'honneur et les biens ravis.

Si Dieu, favorable à vos larmes,
Daigne enfin vous rendre la paix,
Ce bien si grand, si plein de charmes,
Ah ! conservez-le pour jamais.
Eloignez tout désir contraire
Aux lois de votre Créateur ;
Que le seul désir de lui plaire
Fixe pour toujours votre cœur.

MÊME SUJET. — C. 6. — A. 80.

O vous, malheureux, qui du Ciel
Craignez la suprême justice,
Voulez-vous fléchir l'Eternel,
Et sur vous le rendre propice ?
Venez avouer humblement,
Au Ministre de sa clémence,
Vos fautes, votre égarement,
Et recevoir la pénitence.

Écoutez l'oracle du Ciel
Avec une âme humble et soumise,
Et ne doutez plus, ô mortel,
De la puissance de l'Eglise :
Sera délié dans les cieux,
Ce qu'elle absoudra sur la terre ;
Ce pouvoir divin, précieux,
Désarme le Dieu du tonnerre.

Voyez couler au tribunal
Le sang de la sainte Victime
Qui doit lever l'arrêt fatal
Qu'avait encouru votre crime.
Voyez les Anges s'empresser

A célébrer l'heureuse fête
Qui, dans les cieux doit annoncer
Votre retour et leur conquête.

Admirez dans le Confesseur,
Le Ministre de Dieu lui-même :
Dispensateur de sa douceur,
Rempli de sa tendresse extrême ;
Comme le bon samaritain, [nes,
Son cœur prendra part à vos pei-
Et votre Sauveur de sa main
Brisera vos pesantes chaînes.

Avez-vous le bien du prochain ?
Rendez au maître légitime :
Arrachez l'œil, coupez la main,
S'ils sont l'occasion du crime ;
Si vous avez des ennemis,
Dans votre âme étouffez la haine ;
Qu'en pleurant vos péchés commis,
Votre douleur soit souveraine.

C'est alors que vous goûterez

Combien le Seigneur est aimable;
Alors, pécheurs, vous trouverez
Son joug léger, doux, agréable;
Les croix, les soupirs, la ferveur,
Auront pour vous les plus doux
[charmes ;
Vous trouverez de la douceur
A verser pour lui quelques larmes.

SUR LA MAUVAISE CONFESSION. — C. 48. — A. 172.

Chrétien, c'est dans la pénitence
Que Dieu pardonne le péché.
Pourvu que ton cœur soit touché;
   Sinon, crains sa vengeance.

Ces aveux faits à la légère,
Sans fruit et sans amendement,
Au plus rigoureux jugement
   Serviront de matière.

Ne crois pas être absous du Prêtre
Que tes promesses ont surpris ;
Un tel arrêt n'est d'aucun prix
   Aux yeux du divin Maître.

Et toi qu'une extrême impudence
A fait pécher si hardiment,
Pourquoi rougir présentement
   D'en faire pénitence ?

Tu n'oses confesser tes crimes
Pour en obtenir le pardon :
Vaut-il mieux avec le démon
   Brûler dans les abîmes ?

Mentant au Prêtre, âme infidèle,
A Dieu tu mens effrontément,

Lui qui te voyait au moment
   Où tu devins rebelle.

Que ton orgueil est déplorable !
De peur de paraître pécheur,
Tu ne découvres point un cœur
   De mille excès coupable.

L'hypocrisie est ton refuge ;
Mais elle n'aura plus de lieu,
Quand tu paraîtras devant Dieu;
   Il est témoin et juge.

Te pourras-tu cacher encore,
Quand, aux yeux de tout l'univers,
Tes crimes seront découverts
   Sans qu'aucun les ignore ?

Crains-tu le mépris et le blâme ?
Pense que tu l'as mérité.
Rends hommage à la vérité,
   Pour le bien de ton âme.

Mon Sauveur, par votre tendresse,
Changez mes œuvres et mon cœur,
Et faites qu'à mon Confesseur,
   Comme à vous, je m'adresse.

AVANTAGES DE LA PÉNITENCE. — C. 110. — A. 377.

   La pénitence
A ses douceurs et ses appas:
Ceux qui n'y trouvent que souffran-
Sans doute ne connaissent pas [ce;
   La pénitence.

   Pendant qu'on pleure
Et qu'on se livre à la douleur,
Le plaisir augmente à toute heure,
Et la paix rentre dans le cœur,
   Pendant qu'on pleure.

   Aimable peine,
Pour moi que votre joug est doux !
Pour moi que légère est la chaîne
Qui m'attache et m'unit à vous,
   Aimable peine !

   Malgré vos charmes,
Fragiles biens et faux plaisirs,
Le cœur saisi de mille alarmes
Ne peut contenter ses désirs,
   Malgré vos charmes.

   Enfants rebelles
Aux saintes lois du Créateur,
En vain vos âmes criminelles
Ici-bas cherchent le bonheur,
   Enfants rebelles.

   Demandez grâce
Aux pieds des sacrés tribunaux ;
Prévenez enfin la menace
Qui vous présage mille maux;
   Demandez grâce.

Un peu de larmes
Éteindra le feu des enfers, [mes:
Et les démons n'auront plus d'ar-
Versez donc, pour briser vos fers,
 Un peu de larmes.

Quand je l'implore,
Dieu calme son juste courroux;
C'est lui seul qu'il faut que j'adore:
Je sens les transports les plus doux,
 Quand je l'implore.

RETOUR SINCÈRE DU PÉCHEUR. — C. 20. — A. 130.

Hélas! j'ai vécu sans t'aimer,
Insensible à ta voix si tendre.
Toujours je tardais à me rendre
Au Dieu qui seul doit me charmer.
Le voici cet enfant rebelle,
A tes pieds pleurant son erreur:
Oublieras-tu qu'à son Sauveur
Si longtemps il fut infidèle?

Désormais, soumis à ta loi,
Je vais vivre pour te complaire
Je n'ai plus qu'à bénir un père,
Dans mon Juge et souverain Roi.
Ah! je célèbrerai sans cesse
Les bienfaits du Dieu de Sion:
Pécheur, chéris un Dieu si bon,
Ne méconnais plus sa tendresse.

Ah! laisse-moi seul m'en punir,
Je vais apaiser la justice:
Mon cœur m'offrira pour supplice
De soupirer et de gémir. [chante!
Dieu, quelle est ta bonté tou-
Quoi! dès l'instant de mon retour,
Déjà je ressens ton amour!
Qu'heureuse est l'âme pénitente!

Qu'il est doux de vivre en t'aimant!
Qu'il est doux de mourir de même!
Jésus, pour ta bonté suprême,
D'ardeur que j'expire à l'instant!
Mais tu prolonges mon martyre;
Ah! du moins double mon amour,
Et que jusqu'à mon dernier jour,
Pour toi sans cesse je soupire.

MÊME SUJET. — C. 2. — A. 27.

Seigneur, Dieu de clémence,
Reçois ce grand pécheur,
A qui la pénitence
Touche aujourd'hui le cœur.
Vois d'un œil secourable
L'excès de son malheur,
Et d'un cœur trop coupable
Accepte la douleur.

Je suis un infidèle
Qui méconnus tes lois,
Un perfide, un rebelle
Qui péchai mille fois;
Jamais dans l'innocence
Je n'ai coulé mes jours;
Toujours plus d'une offense
En a terni le cours.

Chargé de mille crimes,
Souvent j'ai mérité
D'entrer dans les abîmes
Pour une éternité:
J'ai peu craint la colère
De ton bras irrité;

Mais cependant j'espère,
Seigneur, en ta bonté.

Lorsqu'à ton indulgence
Un coupable a recours,
Des traits de ta vengeance,
Ton cœur suspend le cours·
Rempli de confiance,
J'ose venir à toi;
Au nom de ta clémence,
Grand Dieu, pardonne-moi.

Hélas! quand je rappelle
Combien je suis pécheur,
Une douleur mortelle
S'empare de mon cœur.
Par quel malheur extrême
Ai-je offensé souvent
Un Dieu, la bonté même,
Un Dieu si bienfaisant?

Fuis loin, péché funeste,
Dont je fus trop charmé;
Péché, je te déteste
Autant que je t'aimai.

O Dieu, mon tendre Père !
Tu vois mon repentir ;
Avant de te déplaire,
Plutôt, plutôt mourir.
Oui, mon cœur le proteste ;
Plus de péché pour moi :
Le Ciel, que j'en atteste,
Garantira ma foi.
Le Dieu qui me pardonne
Aura seul mon amour ;
A lui seul je le donne
Sans borne et sans retour.

AVEUX DU PÉCHEUR CONVERTI. — C. 29. — A. 145.

Un fantôme brillant séduisit ma jeunesse ;
Sous le nom de plaisir il égara mes pas.
Insensé que j'étais je n'apercevais pas
L'abîme que des fleurs, cachaient à ma faiblesse.

Mais enfin, revenu de mes égarements,
Remettant mon salut à ta bonté chérie,
O mon Dieu, mon soutien, après mille tourments,
Quand je reviens à toi, je reviens à la vie.

Faux plaisirs où je crus ne trouver que des charmes
Ivresse de mes sens, trompeuse volupté,
Hélas ! en vous cherchant, que vous m'avez coûté
De craintes, de douleurs, de regrets et de larmes !
    Mais enfin, etc.

Vous qui, par tant de soins, souteniez mon enfance,
O mon père ! ô ma mère ! à combien de douleurs,
Ma jeunesse indocile a dû livrer vos cœurs,
En provoquant du Ciel la trop juste vengeance ?
    Mais enfin, etc.

Pardonnez, pardonnez à votre enfant coupable ;
Hélas ! cent fois puni d'oublier vos leçons,
Même au sein des plaisirs, par des remords profonds
Il expiait déjà son crime impardonnable.
    Mais enfin, etc.

Oui, mon Dieu, c'en est fait, touché de ta clémence,
J'abjure, dès ce jour, le monde et ses appas.
Nouvel enfant prodigue, accueilli dans tes bras,
Je retrouve à la fois la paix et l'innocence.
Pour jamais revenu de mes égarements,
    Je remets mon salut, etc.

Sainte paix, calme heureux où mon âme repose,
Plaisirs délicieux dont s'enivre mon cœur,
Oh ! ne me quittez plus, donnez-moi le bonheur
Qu'en vain depuis longtemps le monde me propose.
    Pour jamais revenu, etc.

MÊME SUJET. — C. 64. — A. 192.

Hélas ! depuis longtemps mon
Languit, gémit, soupire. [cœur
Que lui faut-il, ô Dieu Sauveur
Ah ! c'est vous qu'il désire.

Venez donc, sans tarder, Seigneur,
L'enflammer par vous-même ;
Vous mettrez fin à sa langueur,
En faisant qu'il vous aime.

Pourquoi les plus beaux de mes
Furent-ils pour le monde ? [jours
Près de vous j'eusse été toujours
Dans une paix profonde.

Enfin mes liens sont rompus
Par votre main propice ;
Le monde ne me verra plus
Triste esclave du vice.

Je fuirai, de ses faux plaisirs,
La dangereuse amorce ;

Mais, pour vaincre les vains désirs,
Remplissez-moi de force.
Seigneur, que pourrai-je sans vous?
Je ne suis que faiblesse :
Contre de trop funestes coups
Armez-moi de sagesse.

Trouvant alors, en vous aimant,
Une douceur extrême ;
Je veux dire à chaque moment :
Oui, mon Dieu, je vous aime.

Oh ! qu'il vienne cet heureux jour,
Où je meure à moi-même,
Pour ne plus vivre que d'amour
Pour vous, bonté suprême !

RÉSOLUTION DU PÉCHEUR CONVERTI. — C. 60. — A. 189.

J'AI vécu sans vous connaître,
Vous adorer, vous aimer ;
Mais, c'en est fait, divin Maître!
Vous avez su me charmer.
  Mon cœur, mon cœur
Désormais ne saurait être
Qu'à son aimable Sauveur.

De ce monde les faux charmes
Avaient causé mon malheur ;
Mais voyez couler mes larmes,
Considérez ma douleur.
  Mon cœur, mon cœur,
Rempli de vives alarmes,
A reconnu son erreur.

Ah! que je pleure sans cesse
Un trop long égarement,
Et la criminelle ivresse
D'un funeste amusement!

Mon cœur, mon cœur
Expiera par la tristesse
Ce faux, ce fatal bonheur.

J'abhorre et pleure mon crime ;
Que mes soupirs me sont doux !
J'ai vu se fermer l'abîme ;
Le Ciel n'a plus de courroux
  Mon cœur, mon cœur,
Écoute un Dieu qui t'anime
A voir en lui ton Sauveur.

D'une âme humble et pénitente
Epoux tendre et généreux
Vous surpassez son attente,
Vous prévenez tous ses vœux.
  Mon cœur, mon cœur,
D'un Dieu la bonté touchante
Te fait renaître au bonheur.

MÊME SUJET. — C. 77. — A. 218.

GRAND DIEU ! quelle est ma folie
D'avoir enfreint votre loi !
De fiel mon âme est remplie ;
Mille maux pèsent sur moi :
  Un affreux trouble
De mes forfaits est le fruit ;
Partout le remords me suit ;
Tous les jours ma frayeur redouble.

Refrain :
  Aimable Maître,
Un cœur séparé de vous,

Peut-il rien trouver de doux ?
En paix il ne peut jamais être.

Sur moi la mort implacable
Me semble lever son bras ;
Du jugement formidable,
Tremblant, je suis à deux pas :
  L'étang de soufre
Où brûlent tant de pécheurs,
S'offrant avec ses horreurs,
Ouvre à mes pieds son large gouf-
  Aimable, etc. [fre.

Péché que je déteste !
Tu flattes pour le moment ;
Mais ton amertume reste,
Pour faire notre tourment.
 Sans te connaître,
Je t'ai trop longtemps aimé,
Et j'ai trop longtemps fermé
Mon cœur à mon aimable Maître.
 Aimable, etc.
Si votre bonté propice
Ne vient pas à mon secours,
Le plus horrible supplice
Devient mon sort pour toujours.
 Dieu que j'implore,
Suspendez votre courroux ;
Je me jette à vos genoux,
Tandis qu'il en est temps encore.
 Aimable, etc.
C'est en vain que l'homme espère
Ailleurs trouver le bonheur ;
Sans vous tout l'or de la terre
Ne peut contenter son cœur.
 Fait pour vous-même,
Par son poids vers vous il tend,
Et jamais il n'est content,
Si sans partage il ne vous aime.
 Aimable, etc.
Reviens, heureuse innocence,
Rends-moi toute ta douceur :
Que du moins ma pénitence
Apaise le Dieu vengeur.
 Coulez, mes larmes,
Lavez mon iniquité :
Oh ! quand, de la piété,
Pourrai-je retrouver les charmes?
 Aimable, etc.
Dans vos bras je viens me rendre,
Rédempteur plein de bonté !
Ah ! de votre cœur si tendre,
Pourrai-je être rebuté ?
 L'ingratitude
M'a fait perdre votre amour ;
Mais d'être à vous sans retour,
Je veux faire enfin mon étude.
 Aimable Maître,
Un cœur rapproché de vous
N'éprouve rien que de doux ;
En trouble il ne peut jamais être.

MÊME SUJET. — C. 45. — A. 165.

ENFIN revenant à moi-même,
Je sens une frayeur extrême,
Hélas ! que vais-je devenir ?
Le passé m'afflige et m'étonne ;
Et je tremble, pour l'avenir,
Qu'à la fin Dieu ne m'abandonne.
Que faut-il, grand Dieu, que je fasse?
Comment recouvrer votre grâce
Et la posséder constamment ?
C'est trop peu que je me confesse,
A moins que d'un vrai changement
Je ne vous fasse la promesse.
Mais pour que mon propos vous
      [touche,
Est-ce assez, Seigneur, que de bou-
A mes péchés je dise adieu? [che
Non, si de cœur je ne les quitte,
Je vous fais injure, ô mon Dieu ;
C'est une promesse hypocrite.
C'est en vain que je me rassure,
Si, sans prendre aucune mesure,
Je me propose de changer :
Si mon propos n'est efficace,
Si j'aime encore le danger,
Je suis indigne de la grâce.
Tout vice excite votre haine ;
Tout crime dans l'enfer entraîne ;
A tout crime il faut donc mourir.
S'il en est un que j'aime encore,
En vain je croirais obtenir
Le pardon de ceux que j'abhorre.
Toujours le vice est punissable,
A vos yeux toujours haïssable ;
J'y dois renoncer pour toujours.
Que sert, lorsque je suis coupable,
De me changer pour quelques
      [jours?
Il faut un changement durable.
C'en est donc fait, péché funeste,
De tout mon cœur je te déteste ;
Plus que la mort je crains tes traits,
Cruel péché, monstre exécrable.

Je te renonce pour jamais.
Loin de moi, tyran détestable!
Dès ce moment, oui, je l'assure;
A vos pieds, mon Dieu, je le jure,

Vous serez servi constamment.
Il n'est ni tyran ni supplice
Qui me puisse, dès ce moment,
Arracher de votre service.

L'AME PÉNITENTE A LA VUE DE LA CROIX. — C. 9. — A. 105.

D'un Sauveur sur la croix, rappelons la mémoire,
Allons tous écouter la voix de ses douleurs.
S'il faut mourir, mourons avec le Roi de gloire;
Au moins avec son sang allons mêler nos pleurs.

O vous tous qui passez, voyez mes maux extrêmes;
Vos cœurs sont attendris de mon malheureux sort :
Pleurez, hélas! pleurez encor plus sur vous-mêmes,
Vos pleurs serviront mieux qu'à gémir sur ma mort.

Voyez, d'un Dieu vengeur, sur moi la main s'étendre :
Ah! si quoique innocent, je suis ainsi traité,
Vous, coupables mortels, que devez-vous attendre
De ce grand Dieu, par vous, tant de fois outragé?

Pour vous, pécheurs, pour vous je me suis fait victime;
Pour vous, je vois mon sang de mes veines couler :
Qu'il serve au moins, ingrats, à laver votre crime,
Et qu'il apaise un Dieu prêt à vous immoler.

Mon âme, à tant d'amour n'opposons plus la haine,
Dans les bras de Jésus jetons-nous aujourd'hui;
De son aimable joug, reprends la douce chaîne;
C'est pour nous qu'il est mort; vivons au moins pour lui.

D'un malheur éternel, votre mort me délivre :
Vous me tendez les bras, recevez ce pécheur.
Je ne suis plus à moi, pour vous seul je veux vivre,
Et vous seul pour toujours règnerez dans mon cœur.

Je me jette à tes pieds, ô Croix, chaire sublime,
D'où le Dieu de douleurs instruit tout l'univers;
Saint autel où l'amour consume la victime;
Arbre où mon Rédempteur vient suspendre mes fers;

Étendard de mon Chef qui marche à notre tête :
Tribunal où j'adore et mon Juge et mon Roi;
Trône et char du vainqueur dont je suis la conquête :
Lit où je pris le jour, que j'expire sur toi!

LE PÉCHEUR IMPLORE LA MISÉRICORDE DE DIEU. C. 3 et 9. A. 105 et 403.

Grace, grâce, Seigneur, arrête tes vengeances,
Et détourne un moment tes regards irrités.
J'ai péché, mais je pleure; oppose à mes offenses,
Oppose à leur grandeur celle de tes bontés.

Je sais tous mes forfaits, j'en connais l'étendue.

En tous lieux, à toute heure ils parlent contre moi;
Par tant d'accusateurs mon âme confondue
Ne prétend pas contre eux disputer devant toi.

Tu m'avais, par la main, conduit dès ma naissance;
Sur ma faiblesse, en vain, je voudrais m'excuser.
Tu m'avais fait, Seigneur, goûter ta connaissance;
Mais, hélas! de tes dons je n'ai fait qu'abuser.

De tant d'iniquités la foule m'environne;
Fils ingrat, cœur perfide; en proie à mes remords,
La terreur me saisit, je tremble, je frissonne;
Pâle et les yeux éteints, je descends chez les morts.

Ma voix sort du tombeau; c'est du fond de l'abîme
Que j'élève vers toi mes lugubres accents:
Fais monter jusqu'au pied de ton trône sublime
Cette mourante voix et ces cris languissants.

O mon Dieu, quoi, ce nom, je le prononce encore!
Non, non, je t'ai perdu, j'ai cessé de t'aimer.
O toi, qu'en frémissant, je supplie et j'adore,
Grand Dieu! d'un nom si doux puis-je oser te nommer!

Dans les gémissements, l'amertume et les larmes,
Je rappelle des jours passés dans les plaisirs;
Et voilà tout le fruit de ces jours pleins de charmes
Un souvenir affreux, la honte et les soupirs.

Ces soupirs devant toi sont ma seule défense;
Un coupable, par eux, ne peut-il t'attendrir?
N'as-tu pas un trésor de grâce et de clémence?
Dieu de miséricorde, il est temps de l'ouvrir.

Où fuir, où me cacher, tremblante créature,
Si tu viens en courroux pour compter avec moi?
Que dis-je! Être infini, ta grandeur me rassure;
Trop heureux de n'avoir à compter qu'avec toi.

L'homme seul est pour l'homme un juge inexorable.
Où l'esclave aurait-il appris à pardonner?
C'est la gloire du maître: absoudre le coupable
N'appartient qu'à celui qui peut le condamner.

Tu le peux, mais souvent tu veux qu'il te désarme.
Il te fait violence, et devient ton vainqueur.
Le combat n'est pas long; il ne faut qu'une larme.
Que de péchés efface une larme du cœur!

Jamais de toi, grand Dieu, tu nous l'as dit toi-même,
Un cœur humble et contrit ne sera méprisé.
Voilà le mien; regarde et reconnais qu'il t'aime:
Il est digne de toi, la douleur l'a brisé.

Si tu le ranimais de sa première flamme,
Que bientôt il aurait sa joie et sa vigueur;

Mais non, fais plus pour moi, renouvelle mon âme,
Et daigne, dans mon sein, créer un nouveau cœur.
De mes crimes alors je te ferai justice,
Et la reconnaissance armera ma rigueur.
Oui, tu peux me laisser le soin de mon supplice :
Je veux être, pour toi, mon juge et ton vengeur.
Le tourment est toujours au crime nécessaire
J'ai ma grâce à ce prix, il la faut mériter.
Je te dois, je le sais, je veux te satisfaire ;
Mais donne-moi, grand Dieu, le temps de m'acquitter.
Ah ! plus heureux celui que tu frappes en père,
Il connaît ton amour par ta sévérité :
Ici-bas, quels que soient les coups de ta colère
L'enfant que tu punis n'est pas déshérité.
Coupe, brûle ce corps, prends pitié de mon âme;
Frappe, fais-moi payer tout ce que je te dois :
Arme-toi, dans le temps, du fer et de la flamme ;
Mais dans l'éternité, Seigneur, épargne-moi.
Quand j'aurais sous tes lois vécu depuis l'enfance,
Criminel en naissant, je ne dois que pleurer ;
Pour retourner à toi, la route est la souffrance :
Loi triste ! route affreuse ! entrons sans murmurer.
De la main de ton Fils j'accepte le calice ;
Mais je frémis, je sens ma main prête à trembler !
De ce trouble honteux mon cœur est-il complice ?
Je suis le criminel, voudrais-je reculer ?
C'est ton Fils qui le tient; que ma foi se rallume :
Il a bu le premier, je ne puis en douter ;
Que dis-je ? il en a bu la plus grande amertume;
Il m'en laisse le reste, et je n'ose en goûter !

LE PÉCHEUR CONVERTI SE REND AUX CHARMES DE LA GRACE.
c. 114. — A. 258.

En secret le Seigneur m'appelle,
Et me dit : Donne-moi ton cœur.
O mon Dieu, vous voilà vainqueur ;
Je vous serai toujours fidèle :
O mon Dieu, vous voilà vainqueur ;
Le monde n'est qu'un perfide, un trompeur.

Tout finit, tout nous abandonne;
Les plaisirs s'en vont et les jeux :
Vous, Seigneur, n'êtes pas comme eux ;
Prenez mon cœur, je vous le donne :
Vous, Seigneur, n'êtes pas comme eux ;
Pour vous seront désormais tous mes vœux.

Malheureux qui veut plaire aux hommes !

On n'a pas toujours leur faveur ;
Mais pour être ami du Seigneur,
Quand nous le voulons, nous le sommes ;
Mais pour être ami du Seigneur,
En un moment on obtient ce bonheur.

Tout est plein de ruse et d'adresse
La mode est de nuire avec art;
Tel pour vous a beaucoup d'égard,
Il vous chérit, il vous caresse ;
Tel pour vous a beaucoup d'égard,
Qui sourdement enfonce le poignard.

Ah ! Seigneur, dans votre service,
On n'a point de fâcheux retours ;
On n'y connait pas les détours
De la brigue et de l'artifice ;
On n'y connaît pas les détours;
On voit couler tranquillement ses jours.

Vous fixez notre inquiétude,
Vous pouvez seul nous contenter ;
Votre joug est doux à porter,
Celui du monde est bien plus rude ·
Votre joug est doux à porter ;
A peu de frais le ciel peut s'acheter.

Le monde n'est jamais paisible,
Cette mer ne peut se calmer.
Ai-je pu m'en laisser charmer,
Et pour Dieu seul être insensible ?
Ai-je pu m'en laisser charmer ;
Et vivre, hélas ! Seigneur, sans vous aimer

Ancienne, mais toujours nouvelle,
Ancienne et nouvelle beauté,
Je vous ai longtemps résisté,
J'étais un ingrat, un rebelle.
Je vous ai longtemps résisté;
Enfin, mon Dieu, vous l'avez emporté.

MÊME SUJET. — C. 1. — A. 14.

Quel trait vainqueur vient de frapper mon âme;
Pour moi le monde a perdu ses attraits :
L'amour divin me pénètre et m'enflamme;
Et tout vers Dieu me rappelle à jamais.

Je m'égarais dans les sentiers du vice ;
Des passions j'aimais le joug honteux ;
Et telle fut, Seigneur, mon injustice,
Que, loin de toi, je voulais être heureux.

Mais c'est en vain que l'homme se consume,

Pour contenter ses frivoles désirs :
Je le confesse, une affreuse amertume
Empoisonnait en secret mes plaisirs.

Trop faible, hélas ! pour sortir de l'abîme,
Où m'entraînait le mépris de ta loi :
Je ne pouvais ni m'éloigner du crime,
Ni plus longtemps vivre éloigné de toi.

J'allais périr ; mais, ô sang adorable,
Sang précieux répandu sur la croix !
Vous défendez un malheureux coupable,
Vous le sauvez une seconde fois.

Oui, de ce sang la voix s'est fait entendre,
De la justice elle écarte les traits ;
Un Dieu vengeur devient un père tendre,
Et son courroux fait place à ses bienfaits.

Je l'offensais, et ce Dieu me pardonne ;
Je l'oubliais, il se souvient de moi ;
Je languissais, et bientôt il me donne
Un pain vivant qui nourrira ma foi.

O mon Sauveur, grave dans ma mémoire,
De ton amour ces merveilleux effets :
Et je mettrai mon bonheur et ma gloire
A célébrer désormais tes bienfaits.

L'AME DÉSABUSÉE DU MONDE, DÉPLORE SON AVEUGLEMENT.
c. 14. — A. 116.

Epris de tes charmes,
J'y livrai mon cœur ;
Vois couler mes larmes,
Monde séducteur :
C'est ainsi, perfide,
Que l'homme insensé
Qui te prend pour guide
Est récompensé.

Tes biens nous séduisent,
Ils ont des attraits ;
Mais quels fruits produisent
Tes plus grands bienfaits ?
Souvent dommageables,
Toujours dangereux ;
Ils font des coupables,
Jamais des heureux.

Quoi de plus frivole
Que tes agréments ?
Ta faveur s'envole
Sur l'aile du temps ;
L'instant qui voit naître
Tes plaisirs trompeurs,
Les fait disparaître
Et les change en pleurs.

O terre ! l'aurore
Verra ce matin
Tes fleurs naître, éclore
Sous un ciel serein ;
Demain, de ses larmes
Elle baignera
Le débris des charmes
Qu'un jour flétrira.

Charmante prairie
Qu'arrose un ruisseau,
Ta rive fleurie
N'en peut fixer l'eau ;
Image du monde,
Il hâte son cours :
Ainsi que son onde
S'écoulent nos jours.

Quitte, amant frivole
Ton fatal bandeau ;

Viens, de ton idole,
Ouvrir le tombeau.
Eh quoi! ce spectacle
Te fait fuir d'horreur !
Voilà le miracle
Qui charmait ton cœur.

Maîtres de la terre,
Que sont devenus
Ces foudres de guerre,
L'effroi des vaincus ?
Cendres et poussière;

La nuit du tombeau
Confond dans la bière
Sceptre et chalumeau.

J'ai vu, jusqu'aux nues,
L'impie insensé
Etendre ses vues ;
Surpris, j'ai passé :
Déjà les cieux grondent,
Les airs sont émus...
Les échos répondent :
Hélas! il n'est plus.

VANITÉ DES CHOSES DE CE MONDE. — C. 55. — A. 182.

Tout n'est que vanité,
Mensonge, fragilité,
Dans tous ces objets divers,
Qu'offre à nos regards l'univers.
Tous ces brillants dehors,
Cette pompe,
Ces biens, ces trésors,
Tout nous trompe,
Tout nous éblouit;
Mais tout nous échappe et s'enfuit.

Telles qu'on voit les fleurs,
Avec leurs vives couleurs,
Eclore, s'épanouir,
Se faner, tomber et périr;
Tel est des vains attraits
Le partage ;
Tel l'éclat, les traits
Du bel âge,
Après quelques jours,
Perdent leur beauté pour toujours.

En vain, pour être heureux,
Le jeune voluptueux
Se plonge dans les douceurs
Qu'offrent les mondains séduc-
Plus il suit les plaisirs [teurs:
Qui l'enchantent,
Et moins ses désirs
Se contentent :
Le bonheur le fuit
A mesure qu'il le poursuit.

Que doivent devenir
Pour l'homme qui doit mourir,
Ces biens longtemps amassés,
Cet argent, cet or entassés ?

Fût-il du genre humain
Seul le maître,
Pour lui tout enfin
Cesse d'être :
Au jour de son deuil,
Il n'a plus à lui qu'un cercueil.

J'ai vu l'impie heureux
Porter son air fastueux
Et son front audacieux
Au-dessus du cèdre orgueilleux:
Au loin tout révérait
Sa puissance,
Et tout adorait
Sa présence.
Je passe, et soudain
Il n'est plus, je le cherche en vain.

Que sont-ils devenus
Ces grands, ces guerriers connus,
Ces hommes dont les exploits
Ont soumis la terre à leurs lois ?
Les traits éblouissants
De leur gloire,
Leurs noms florissants,
Leur mémoire,
Avec les héros,
Sont entrés au sein des tombeaux.

Au savant orgueilleux,
Que sert un génie heureux,
Un nom devenu fameux
Par mille travaux glorieux ?
Non, les plus beaux talents,
L'éloquence,
Les succès brillants,
La science,

Ne servent de rien
A qui ne sait vivre en chrétien.
   Arbitre des humains,
Dieu seul tient entre ses mains
   Les évènements divers,
Et le sort de tout l'univers :
   Seul il n'a qu'à parler,
   Et la foudre
   Va frapper, brûler,
   Mettre en poudre
   Les plus grands héros,
Comme les plus vils vermisseaux.
   La mort, dans son courroux,
Dispense à son gré ses coups,
   N'épargne ni le haut rang
Ni l'éclat auguste du sang ;
   Tout doit un jour mourir,
   Tout succombe,
   Tout doit s'engloutir
   Dans la tombe :
   Les sujets, les rois
Iront s'y confondre à la fois.
   Oui, la mort, à son choix,
Soumet tout âge à ses lois,
   Et l'homme ne fut jamais
A l'abri d'un seul de ses traits :
   Comme sur son retour,
   La vieillesse,
   Dans son plus beau jour,
   La jeunesse,
   L'enfance au berceau,
Trouvent tour à tour leur tombeau.
   Oh! combien malheureux
   Est l'homme présomptueux
Qui, dans ce monde trompeur,
Croit pouvoir trouver son bonheur!
   Dieu seul est immortel,
   Immuable,
   Seul grand, éternel,
   Seul aimable ;
   Avec son secours,
Soyons à lui seul pour toujours.

MÊME SUJET. — C. 174. — A. 319.

Sous le firmament
Tout n'est que changement,
   Tout passe ;
Et quoi que l'homme fasse,
Ses jours rapidement
Coulent comme un torrent ;
   Tout passe.

   Les charges, les rangs,
Les petits et les grands,
   Tout passe ;
D'autres prennent la place,
Et s'en vont à leur tour :
Dans ce mortel séjour,
   Tout passe.

   Comme le vaisseau
Qu'on vit flotter sur l'eau,
   Tout passe ;
Il n'en est plus de trace :
Ainsi vont les honneurs,
Les biens et les grandeurs ;
   Tout passe.

Pour l'homme pécheur,
O comble de malheur !
   Tout passe :
Tout changera de face,
En ses derniers moments;
Excepté les tourments,
   Tout passe.

   Qu'il est important
D'aller toujours pensant
   Tout passe.
Oh! qu'elle est efficace
Contre la passion,
Cette réflexion :
   Tout passe.

MÊME SUJET. — C. 28. — A. 166.

Qu'aux accents de ma voix la terre se réveille ;
Rois, soyez attentifs ; peuples, ouvrez l'oreille ;
Que l'univers se taise, et m'écoute parler :
Mes chants vont seconder les accords de ma lyre ;

L'Esprit saint me pénètre, il m'échauffe, il m'inspire
Les grandes vérités que je vais révéler.

L'homme en sa propre force a mis sa confiance ;
Ivre de ses grandeurs et de son opulence,
L'éclat de sa fortune enfle sa vanité
Mais, ô moment terrible, ô jour épouvantable,
Où la mort saisira ce fortuné coupable,
Tout chargé des liens de son iniquité !

Que deviendront alors, répondez, grands du monde,
Que deviendront ces biens où votre espoir se fonde,
Et dont vous étalez l'orgueilleuse moisson ?
Sujets, amis, parents, tout deviendra stérile ;
Et, dans ce jour fatal, l'homme à l'homme inutile
Ne paiera point à Dieu le prix de sa rançon.

Vous avez vu tomber les plus illustres têtes ;
Et vous pourriez encore, insensés que vous êtes,
Ignorer le tribut que l'on doit à la mort ?
Non, non, tout doit franchir ce terrible passage :
Le riche et l'indigent, l'imprudent et le sage,
Sujets à même loi, subissent même sort.

D'avides étrangers, transportés d'allégresse,
Engloutissent déjà toute cette richesse,
Ces terres, ces palais de vos noms ennoblis :
Et que vous reste-t-il en ces moments suprêmes ?
Un sépulcre funèbre, où vos noms, où vous-mêmes
Dans l'éternelle nuit serez ensevelis.

Les hommes, éblouis de leurs honneurs frivoles,
Et de leurs vains flatteurs écoutant les paroles,
Ont de ces vérités perdu le souvenir :
Pareils aux animaux farouches et stupides,
Les lois de leur instinct sont leurs uniques guides,
Et pour eux le présent paraît sans avenir.

Un précipice affreux devant eux se présente ;
Mais toujours leur raison, soumise et complaisante,
Au-devant de leurs yeux met un voile imposteur.
Sous leurs pas cependant s'ouvrent les noirs abîmes,
Où la cruelle mort les prenant pour victimes,
Frappe ces vils troupeaux dont elle est le pasteur.

Là s'anéantiront ces titres magnifiques,
Ce pouvoir usurpé, ces ressorts politiques
Dont le juste autrefois sentit le poids fatal :
Ce qui fit leur bonheur, deviendra leur torture ;
Et Dieu, de sa justice apaisant le murmure,
Livrera les méchants au pouvoir infernal.

Justes, ne craignez point le vain pouvoir des hommes ;
Quelque élevés qu'ils soient, ils sont ce que nous sommes.

Si vous êtes mortels, ils le sont comme vous.
Nous avons beau vanter nos grandeurs passagères;
Il faut mêler sa cendre aux cendres de ses pères;
Et c'est le même Dieu qui nous jugera tous.

MÊME SUJET. — C. 56. — A. 183.

Entendrons-nous vanter toujours
   Des beautés périssables,
De faux plaisirs, de vains amours
   Passagers et coupables ? [dus!
Songes brillants, beaux jours per-
Beaux jours, vous ne reviendrez
   [plus.
Nous passons d'erreurs en regrets,
   De mensonge en folie;
Hélas! nous ne vivons jamais,
   Nous attendons la vie;
Et l'espoir qui suit les désirs
Est plus trompeur que les plaisirs.

L'amertume est dans les douceurs,
   Dans nos projets la crainte,
Le néant au sein des grandeurs,
   Dans les travaux la plainte.
O bonheur désiré de tous,
Bonheur tranquille, où fuyez-vous?

Vous êtes d'un **Dieu** créateur
   Et l'essence et l'ouvrage :
Habiteriez-vous dans un cœur
   Criminel ou volage?
O bonheur, fruit du pur amour,
C'est aux cieux qu'est votre séjour.

Que cet amour porte mes vœux
   Sur son aile rapide,
Au trône qu'entourent ses feux,
   Où le repos réside. [mer
Grand Dieu! quel être dois-je ai-
Que l'Être qui m'a su former.

Nos jours sont courts et douloureux
   Ce n'est qu'une ombre vaine :
Notre gloire échappe comme eux
   Et l'oubli nous entraîne;
Mais le tendre amour de ta loi
Nous rend éternels comme toi.

L'AME PÉNITENTE SE LIVRE A L'AMOUR DE DIEU. — C. 1. — A. 6.

Être éternel, beauté toujours nouvelle,
Que j'ai longtemps vécu sans vous aimer!
Mais en ce jour, cessant d'être rebelle,
De votre amour je me laisse enflammer.

Vous le voulez, ô majesté suprême,
Que tout se rende à vos divins appas.
Ah! je me rends; oui, Seigneur; je vous aime.
Eh! comment vivre et ne vous aimer pas?

Cœur insensible, à qui voudrais-tu plaire?
Serait-ce au monde, à ce monde inconstant?
C'est ton Dieu seul qui peut te satisfaire :
Aime-le donc, et tu vivras content.

Dès ce moment, c'en est fait, je commence;
Ah! j'en conviens, c'est bien tard commencer,
Fixez, mon Dieu, fixez mon inconstance,
Et je promets de ne jamais cesser.

   Aimable joug que la grâce m'impose
Tu mets enfin le comble à tous mes vœux.
Venez, Seigneur, vous m'êtes toute chose :
Votre amour seul! et je suis trop heureux.

ADIEUX AUX FAUX PLAISIRS DU MONDE. — C. 1 et 149. — A. 294.

C'en est donc fait, adieu, plaisirs volages,
Qui n'avez pu jamais me rendre heureux;
Vous n'aurez plus mon cœur et mes hommages.
Vous n'aurez plus le tribut de mes vœux.

(*On peut ajouter le refrain suivant.*)

J'abjure à jamais le monde,
Ses vanités, ses plaisirs;
J'abjure l'esprit immonde,
Et les criminels désirs.

Je l'ai trouvé ce Dieu si plein de charmes,
Ce Dieu qui seul peut conduire au bonheur;
Il tarira la source de mes larmes,
Il saura bien consoler ma douleur.

Que pouvais-tu me présenter d'aimable,
Près de l'unique et divine beauté?
Que pouvais-tu, monde si méprisable,
Que pouvais-tu pour ma félicité?

De toi, Jésus, des pères le plus tendre,
De toi, Jésus, le plus doux des amis,
De toi je veux désormais tout attendre;
Je sais, mon Dieu, ce que tu m'as promis.

Trois fois heureux celui qui sait te plaire!
Il goûte alors le plaisir le plus doux.
Oh! quel bonheur d'aimer un si bon père,
Notre Sauveur, notre ami, notre époux.

Vive Jésus, notre unique espérance!
Vive Jésus et ses attraits vainqueurs!
Dans son amour, soyons pleins de constance
Et qu'en lui seul se consument nos cœurs.

MÊME SUJET. — C. 11. — A. 112.

Faux plaisirs, vains honneurs, biens frivoles,
Aujourd'hui recevez nos adieux.
Trop longtemps vous fûtes nos idoles,
Trop longtemps vous charmâtes nos yeux.

Loin de nous la fatale espérance
De trouver en vous notre bonheur.
Avec vous, heureux en apparence,
Nous portons le chagrin dans le cœur.

Héritiers d'une gloire immortelle,
Dans les cieux cherchons les vrais plaisirs:
C'est aux cieux qu'une joie éternelle,
Des élus couronne les désirs.

Enivré de douceurs ineffables,

On jouit de la Divinité ;
On bénit ses bontés adorables,
On a part à sa félicité.

Transporté d'une divine flamme,
Plus on aime et plus on veut aimer ;
On chérit le feu qui brûle l'âme ;
On se plait à s'y voir consumer.

Beau séjour des clartés immortelles,
Montrez-vous, contentez nos souhaits.
Ici-bas, les peines sont réelles,
Les plaisirs n'ont que de vains attraits.

Heureux qui, dès l'âge le plus tendre,
Offre à Dieu son esprit et son cœur.
Dieu l'instruit, le guide et lui fait prendre
Le sentier du souverain bonheur.

MÊME SUJET. — C. 64. — A. 191 et 378.

Plaisirs trompeurs, retirez-vous,
　Je méprise vos charmes ;
Ce qu'on y trouve de plus doux
　Nous coûte trop d'alarmes.
Vous avez beau flatter mes sens,
　Flatter mon cœur lui-même ;
Tous vos efforts sont impuissants,
　Ce n'est plus vous que j'aime.
Votre douceur m'avait surpris,
　Je la croyais parfaite ;
Mais j'en connais enfin le prix,
　Et mon cœur la rejette :
Retirez-vous, je suis vainqueur,
　Fuyez sans plus attendre ;
Je vous avais donné mon cœur,
　Je viens de le reprendre.
Je ne veux plus aimer que Dieu,
　Lui seul a droit de plaire :
Il règne en tout temps, en tout
　Il est maître, il est père. [lieu,
C'est lui qui sut former de rien
　Le ciel, la terre et l'onde ;
Enfin, c'est lui qui du vrai bien
　Est la source féconde.
Il me prévient par son amour,
　J'en vois partout les traces ;
Il me prépare chaque jour
　Quelques nouvelles grâces :
Comme à mon Sauveur, à mon Roi,
　Je lui dois tout hommage ;
Il a versé son sang pour moi,
　Pouvait-il davantage ?
Je ne craindrai plus aujourd'hui
　Que sa main m'abandonne ;
Puisqu'il veut être mon appui,
　Il n'est rien qui m'étonne.
Il confondra mes ennemis,
　Il veut que je l'espère ;
Il daigne m'appeler son fils ;
　Je l'appelle mon Père.
Par lui je vois tarir mes pleurs,
　Par lui je suis tranquille :
Dans mes périls, dans mes mal-
　Il devient mon asile. [heurs,
Pour consommer mon heureux
　Si je lui suis fidèle, [sort
Il me promet après la mort
　Une vie éternelle.
Du seul espoir d'un sort si beau,
　Que mon âme est ravie !
J'aimerai Dieu jusqu'au tombeau,
　Et même après ma vie.
Que je vais vivre, sous ses lois,
　Dans une paix profonde !
Adieu, pour la dernière fois,
　Plaisirs trompeurs du monde.

TEMPS DE LA PASSION.

HISTOIRE DE LA PASSION DE NOTRE-SEIGNEUR. — C. 7. — A. 88.

Au sang qu'un Dieu va répandre,
Ah! mêlez du moins vos pleurs,
Chrétiens qui venez entendre
Le récit de ses douleurs.
Puisque c'est pour vos offenses
Que ce Dieu souffre aujourd'hui,
Animés par ses souffrances,
Vivez et mourez pour lui.

Dans un jardin solitaire,
Il sent de rudes combats;
Il prie, il craint, il espère;
Son cœur veut et ne veut pas:
Tantôt la crainte est plus forte,
Tantôt l'amour est plus fort,
Mais enfin l'amour l'emporte,
Et lui fait choisir la mort.

Judas, que la fureur guide,
L'aborde d'un air soumis;
Il l'embrasse, et ce perfide
Le livre à ses ennemis.
Judas, un pécheur t'imite,
Quand il feint de l'apaiser:
Souvent sa bouche hypocrite
Le trahit par un baiser.

On l'abandonne à la rage
De cent tigres inhumains;
Sur son aimable visage,
Les soldats portent leurs mains.
Vous deviez, Anges fidèles,
Témoins de ces attentats,
Ou le mettre sous vos ailes,
Ou frapper tous ces ingrats.

Ils le traînent au grand-prêtre,
Qui seconde leur fureur,
Et ne veut le reconnaître
Que pour un blasphémateur.
Quand il jugera la terre,
Ce Sauveur aura son tour;
Aux éclats de son tonnerre,
Tu le connaîtras un jour.

Tandis qu'il se sacrifie,
Tout conspire à l'outrager.

Pierre lui-même l'oublie,
Et le traite d'étranger;
Mais Jésus perce son âme
D'un regard tendre et vainqueur,
Et met d'un seul trait de flamme
Le repentir dans son cœur.

Chez Pilate on le compare
Au dernier des scélérats.
Qu'entends-je! ô peuple barbare!
Tes cris sont pour Barabbas.
Quelle indigne préférence!
Le juste est abandonné,
On condamne l'innocence,
Et le crime est pardonné.

On le dépouille, on l'attache,
Chacun arme son courroux:
Je vois cet Agneau sans tache
Tombant presque sous les coups.
C'est à nous d'être victimes;
Arrêtez, cruels bourreaux!
C'est pour effacer nos crimes
Que son sang coule à grands flots.

Une couronne cruelle
Perce son auguste front:
A ce chef, à ce modèle,
Mondains, vous faites affront.
Il languit dans les supplices;
C'est un homme de douleurs·
Vous vivez dans les délices,
Vous vous couronnez de fleurs.

Il marche, il monte au Calvaire,
Chargé d'un infâme bois,
De là, comme d'une chaire,
Il fait entendre sa voix.
Ciel, dérobe à ta vengeance
Ceux qui m'osent outrager.
C'est ainsi, quand on l'offense,
Qu'un chrétien doit se venger.

Une troupe mutinée
L'insulte et crie à l'envi:
Qu'il change sa destinée,
Et nous croirons tous en lui

Il peut la changer sans peine,
Malgré vos nœuds et vos clous ;
Mais le nœud qui seul l'enchaîne,
C'est l'amour qu'il a pour nous.
Ah ! de ce lit de souffrance,
Seigneur, ne descendez pas :
Suspendez votre puissance,
Restez-y jusqu'au trépas.
Mais tenez votre promesse :
Attirez-nous après vous ;
Pour prix de votre tendresse ;
Puissions-nous y mourir tous !

Il expire, et la nature,
Dans lui, pleure son Auteur :
Il n'est point de créature
Qui ne marque sa douleur.
Un spectacle si terrible
Ne pourra-t-il me toucher,
Et serai-je moins sensible
Que n'est le plus dur rocher ?

MÊME SUJET. — C. 9. — A. 106.

Est-ce vous que je vois, ô mon Maître adorable,
Pâle, abattu, sanglant, victime de douleurs ?
Fallait-il, à ce prix, racheter un coupable,
Qui même à votre sang ne mêlât pas ses pleurs ?

Judas vous livre aux Juifs dans sa fureur extrême,
Peut-il à cet excès, le traître, vous haïr !
Comme lui, mille fois je dis que je vous aime,
Et je ne rougis pas, ingrat, de vous trahir.

On vous charge de fers, innocente Victime ;
Peuples, prêtres et rois, tous s'arment contre vous.
Si le Ciel est si lent à venger un tel crime,
C'est votre amour, Jésus, qui suspend son courroux.

On vous couvre d'affronts, on vous raille, on vous frappe
Mépris, soufflets, crachats, rien ne peut vous aigrir ;
Nul murmure secret, nul mot ne vous échappe ;
Et moi, sans éclater, je ne puis rien souffrir.

O barbare fureur ! dans son sang un Dieu nage !
Sur lui mille bourreaux s'acharnent tour à tour ;
Ils redoublent leurs coups, ils épuisent leur rage ;
Mais rien ne peut jamais affaiblir son amour.

Quand je vois mon Sauveur, mon chef et mon modèle
Ceint d'un bandeau sanglant d'épines de douleurs ;
Combien dois-je rougir, lâche, infâme, infidèle,
D'aimer à me plonger dans le sein des douceurs !

Quel spectable effrayant ! ô ciel, quelle justice !
Jésus, quoique innocent, en croix meurt attaché ;
Un Dieu juste, un Dieu bon ordonne ce supplice ;
Jugez de là, mortels, quel mal est le péché.

Votre Fils, expirant entre vous et la terre,
Est comme un bouclier qui pare tous vos coups :
Pour nous perdre, Seigneur, il faut que le tonnerre
Frappe ce Fils chéri pour venir jusqu'à nous.

Tu le vois mort, pécheur, ce Dieu qui t'a fait naître !
Sa mort est ton ouvrage, et devient ton appui :

A ce trait de bonté, tu dois au moins connaître,
Que, s'il est mort pour toi, tu dois vivre pour lui.

O Victime d'amour! ô noble sacrifice!
O sanglante agonie! ô cruelles douleurs!
O trépas bienheureux! salutaire supplice,
Vous serez à jamais l'entretien de nos cœurs.

SENTIMENTS DE COMPONCTION A LA VUE DE JÉSUS MOURANT.
C. 1. — A. 5.

Pleurez, mes yeux, pleurez, Jésus expire;
Son amour seul l'a cloué sur ce bois :
Suivez, mon cœur, l'amour qu'il vous inspire;
Attachez-vous avec lui sur la croix.

D'un Dieu souffrant considérez les peines :
Il est chargé des maux les plus affreux;
De tous côtés le sang sort de ses veines,
Pécheurs ingrats, sur lui jetez les yeux.

Fut-il jamais un plus cruel martyre?
Il est meurtri, ses tourments font horreur.
Pour des ingrats, sur la Croix il expire;
Est-il douleur semblable à sa douleur?

Perfide cœur, quel parti dois-tu suivre?
Il souffre, hélas! tout ce qu'on peut souffrir;
Et s'il ne meurt, ingrat, tu ne peux vivre;
Mais le voyant, peux-tu ne pas mourir?

Ah! quand je pense à votre amour extrême,
Quand je vous vois souffrir ce dur trépas;
Hélas! mon Dieu, c'en est trop, je vous aime,
Mes pleurs, Jésus, ne le disent-ils pas?

PRODIGES QUI ACCOMPAGNÈRENT LA MORT DU SAUVEUR.
C. 120. — A. 264.

Cieux, fondez-vous en pleurs; mers, soulevez vos ondes;
Le Dieu qui fait trembler, au seul son de sa voix,
Tous les peuples ensemble, et la terre et les mondes,
  Expire sur la Croix.

Quand l'univers s'émeut à ce spectacle horrible;
Quand la nature en deuil pleure son Créateur;
Ah! pécheur, pourras-tu voir d'un œil insensible
  Expirer ton Sauveur?

Non, Jésus, non, mon âme, et sur vous et sur elle,
Ne veut plus attirer le céleste courroux :
Elle veut désormais, pénitente et fidèle,
  Vivre et mourir pour vous.

Les rochers de Sion se brisent, se confondent;
Jusqu'en ses fondements le mont est ébranlé;

Sous les coups redoublés des tonnerres qui grondent ;
L'univers a tremblé.
Quand l'univers, etc. — *Ch.* Non, Jésus, etc.

Le soleil éclipsé refuse sa lumière ;
Et, dans l'obscurité, le seul éclair reluit :
Tout fait craindre à la terre ou son heure dernière,
Ou l'éternelle nuit.
Quand l'univers, etc. — *Ch.* Non, Jésus, etc.

Du temple désolé le voile se déchire :
Le repentir saisit les soldats, les bourreaux :
Et la mort, frémissant, voit de son noir empire
Se briser les tombeaux.
Quand l'univers, etc. — *Ch.* Non, Jésus, etc.

INVITATION A L'HOMME PÉCHEUR A LA VUE DE JÉSUS MOURANT.
C. 4. — A. 56.

Chrétiens pécheurs, ah ! quel [spectacle
Aujourd'hui vient frapper mes [yeux !
Ces Temples nus, ce Tabernacle...
Que vois-je ? ô Ciel ! ô jour affreux !
Sur une croix ignominieuse,
Le bon Maître vient de mourir,
D'un Dieu, bonté mystérieuse !
Pour nous sauver, faut-il périr ?

Au pied de cette croix auguste,
Pécheur, reconnais-tu ton Dieu ?
Contemple-le cet homme juste
S'immolant pour toi dans ce lieu.
Quoi ! je te vois frémir de rage
Contre ses perfides bourreaux.
Hélas ! hélas ! c'est ton ouvrage,
Tu fus l'auteur de tous ses maux.
Tel fut le prix de la tendresse
De ton adorable Sauveur ;
Et tu renouvelles sans cesse
Ses souffrances et sa douleur.
N'accuse plus de barbarie
Les juifs, hélas ! trop inhumains ;
Ah ! tous les jours, avec furie,
Dans son sang tu trempes tes mains.

Trop longtemps un coupable usage
Des dons de ce Dieu bienfaiteur,
Avait jeté dans l'esclavage
Nos cœurs rebelles au Seigneur.
Jésus, en mourant, nous délivre
Des liens du perfide Satan ;
C'est son trépas qui nous fait vivre :
Vivons et mourons en l'aimant.

(Dans ce temps on peut aussi chanter les Cantiques en l'honneur du Sacré-Cœur, et ceux pour les prières de Quarante-Heures.)

MARIE AU PIED DE LA CROIX. — C. 4. — A. 58.

Viens, pécheur, et vois le martyre
De la Mère du Roi des rois :
Au moment où Jésus expire,
Vois Marie au pied de sa croix ;
Et si, d'une Mère chérie,
Ta main ne peut sécher les pleurs ;
Ah ! du moins pleure avec Marie,
O toi qui causes ses douleurs.

Oui, c'est toi qui perces mon âme
D'un glaive à jamais douloureux ;
C'est toi que sur un bois infâme,
Fais mourir mon Fils sous mes [yeux.
Pour laver tes excès, tes crimes,
Tu vois couler son sang, mes pleurs :
Aux tourments de ces deux victimes
Craindrais-tu d'unir tes douleurs ?

O Marie ! ô ma tendre Mère !
Que de pleurs je vous ai coûtés !
J'ai péché ! mais pourtant j'espère

J'espère encore en vos bontés.
C'est moi seul qui suis le coupable;
Et Jésus souffre les douleurs !
Au sang de ce Maître adorable,
Puissé-je enfin mêler mes pleurs!

Puissent les clous et les épines

Qui blessèrent mon doux Jésus,
Imprimés par vos mains divines,
Dans mon cœur graver ses vertus !
J'ai causé vos longues souffrances;
Mère d'amour et de douleurs,
Puissé-je, expiant mes offenses,
Tarir la source de vos pleurs !

MÊME SUJET. *STABAT MATER*. — C. 17. — A. 126.

Tandis que le Sauveur, par un cruel supplice,
Consommait sur la croix son sanglant sacrifice ;
Immobile à ses pieds, les yeux baignés de pleurs,
Marie était livrée aux plus vives douleurs.

Quels torrents d'amertume inondèrent son âme !
Quel supplice, grand Dieu ! pour l'amour qui l'enflamme
Quel glaive de douleur ! quels subits tremblements,
En voyant son cher Fils au milieu des tourments !

Quel homme, en ce moment, témoin de ses alarmes,
Serait assez cruel pour retenir ses larmes ?
Qui serait insensible à son affliction,
Et ne ressentirait sa désolation ?

Ainsi que son cher Fils, à la douleur livrée
De fiel et d'amertume elle fut abreuvée ;
Ressentit les tourments que souffrait le Sauveur,
Et ce que lui coûtait le salut du pécheur.

Elle vit des bourreaux la rage étincelante,
Du sang de son cher Fils la terre ruisselante ;
Et pour comble de maux, un supplice honteux
Le fait dans les douleurs expirer à ses yeux.

De l'amour le plus pur, ô source intarissable !
Je partage avec toi le chagrin qui t'accable :
Fais-moi donc ressentir ces pointes de douleur,
Qui dans ce même instant te percèrent le cœur.

De l'amour de Jésus, que mon âme enflammée
S'efforce de lui plaire et puisse en être aimée ;
Que de ce même trait dont ton cœur fut percé,
Le mien reste toujours profondément blessé.

Puisqu'à souffrir pour moi son seul amour l'engage,
Est-ce trop qu'avec toi ses peines je partage ?
Oui, je veux sur sa mort sans cesse méditer,
Mêler mes pleurs à ceux que je te vois verser.

C'en est fait, désormais compagnon de tes larmes,
J'embrasserai la croix, j'y trouverai des charmes;
De l'amour de Jésus mon cœur tout enivré,
Aux douleurs qu'il ressent voudrait être livré.

Vierge, dont les bontés égalent la puissance,
Tout pécheur que je suis, j'implore ta clémence,
Daigne m'être propice et diriger mes pas.
Et surtout au grand jour ne m'abandonne pas.

Que la Croix de Jésus soit alors mon refuge ;
Et toi, Vierge sans tache, obtiens-moi de mon Juge
Le secours de sa grâce et mon dernier instant ;
Je le demande au nom de mon Sauveur mourant.

Lorsqu'enfin de son corps mon âme séparée
Sera, de ses liens, pour toujours délivrée ;
Daigne alors couronner l'ardeur de ses désirs,
En lui faisant goûter les éternels plaisirs.

LE CHRÉTIEN AU CHEMIN DE LA CROIX. — C. 173. — A. 318.

En partant de l'autel.

Suivons, Chrétiens, sur le Calvaire,
Jésus courbé sous un infâme bois :
Instruit par ce sanglant mystère,
Après lui portons notre Croix.

1re. STATION. *Jésus condamné à mort.*

Par la voix d'un juge coupable,
C'est moi, Seigneur, qui vous livre au trépas
Qu'une justice inexorable
A mon tour ne m'accable pas.

2e. STATION. *Jésus chargé de sa Croix.*

Seigneur, malgré votre innocence,
Vous vous chargez d'une pesante Croix ;
Moi seul, digne objet de vengeance,
Je devrais en porter le poids.

3e. STATION. *Jésus tombant sous le poids de sa Croix.*

O Dieu de force et de puissance,
Sous ce fardeau, quoi ! je vous vois tomber.
Hélas ! mon fils, c'est ton offense
Dont le poids me fait succomber.

4e. STATION. *Jésus rencontrant sa sainte Mère.*

Quand par amour, ô tendre Mère,
Votre Isaac s'offre au courroux du Ciel,
Pour moi, victime volontaire,
Vous allez le suivre à l'autel.

5e. STATION. *Jésus aidé par Simon-le-Cyrénéen.*

Que votre sort est désirable !
Vous l'ignorez, heureux Cyrénéen.
Puissé-je aussi, Croix adorable,
Vous porter, mais en vrai chrétien !

6ᵉ. Station. *Véronique essuyant le visage de Jésus.*

> O voile heureux! précieux gage !
> Où sont gravés les traits de mon Sauveur?
> Jésus, puisse aussi votre image
> S'imprimer au fond de mon cœur.

7ᵉ. Station. *Jésus tombant une deuxième fois.*

> Sous sa croix Jésus tombe encore ;
> Cruels bourreaux, pourquoi l'outragez-vous?
> Mon fils, l'orgueil qui te dévore
> M'humilie ainsi sous leurs coups.

8ᵉ. Station. *Jésus consolant les femmes de Jérusalem.*

> Ne pleurez pas sur mes souffrances,
> Pleurez sur vous, sur vous seuls, ô pécheurs;
> Et pour effacer tant d'offenses,
> A mon sang unissez vos pleurs.

9ᵉ. Station. *Jésus tombant une troisième fois.*

> Tes rechutes, enfant rebelle,
> Me font tomber une troisième fois.
> Seigneur, aidez un infidèle
> A garder constamment vos lois.

10ᵉ. Station. *Jésus dépouillé de ses vêtements.*

> Sur Jésus déployez vos ailes,
> Anges du ciel, voilez son corps sacré
> Hélas! de blessures nouvelles
> Je le vois encor déchiré.

11ᵉ. Station. *Jésus attaché à la Croix.*

> Que faites-vous, peuple barbare ?
> Vous allez donc consommer vos forfaits!
> Ce bois est le lit qu'on prépare
> A Jésus, pour tant de bienfaits.

12ᵉ. Station. *Jésus mourant sur la Croix.*

> Sur la Croix mon Sauveur expire ;
> A cet aspect le jour pâlit d'horreur :
> Et moi, l'auteur de son martyre,
> Je verrai sa mort sans douleur !

13ᵉ. Station. *Jésus descendu de la Croix.*

> Dans quel état, tendre Marie,
> Nous remettons votre Fils en vos bras !
> Daignez de notre perfidie
> Oublier les noirs attentats.

14ᵉ. Station. *Jésus est mis dans le sépulcre.*

> Pour prendre une nouvelle vie,
> Avec Jésus je veux m'ensevelir :

Près de vous, ô tombe chérie,
On apprend à vivre, à mourir.

TRIOMPHE DE LA CROIX. — C. 4. — A. 58.

Accourez, ô troupe fidèle ;
Sur ce bois fixez vos regards ;
De votre Roi qui vous appelle,
Reconnaissez les étendards.
Animés d'une sainte audace,
De l'enfer méprisez les coups :
De ce signe suivez la trace ;
Et le Ciel combattra pour vous.

Autrefois, d'un cruel supplice,
Ce bois fut l'instrument honteux ;
Aujourd'hui, du Roi de justice,
Il est l'étendard glorieux.
Rien ne résiste à la puissance
De ce signe victorieux :
Tout s'humilie en sa présence,
L'enfer, et la terre, et les cieux.

Au dernier jour, au jour terrible
Où Dieu jugera les mortels.
De la Croix le signe visible
Sera l'effroi des criminels ;

Alors, tracé sur un nuage
Etincelant de mille éclairs,
A lui rendre un sincère hommage,
Il forcera tout l'univers.

Signe d'amour et de colère
Pour le juste et pour le pécheur ;
Pour l'un, instrument de misère,
Pour l'autre, gage du bonheur ;
O Jésus ! ta Croix adorable,
Du juste vengera les droits,
Et punira l'homme coupable,
Du mépris de tes saintes lois.

O Croix, mon unique espérance,
L'unique objet de mon amour ;
Sois mon refuge et ma défense,
Et mon salut au dernier jour.
Puisse alors ma main défaillante
T'exprimer mon dernier désir :
Et sur toi, ma bouche mourante,
Exhaler mon dernier soupir !

MÊME SUJET. — C. 74. — A. 214.

Le Seigneur a régné : monument de sa gloire,
    La Croix triomphe en ce grand jour :
Peuples, applaudissez ; que les chants de victoire
    Se mêlent aux concerts d'amour.
    Le Dieu de majesté s'avance,
    Il vient habiter parmi nous :
    Pécheurs, fuyez de sa présence,
    Justes, tombez à ses genoux.

Chœur. Lève-toi, signe salutaire,
    Bois auguste, bois protecteur ;
    Lève-toi, brille sur la terre,
    Astre de paix et de bonheur.

Aplanissez la voie à celui que les Anges
    Transportent des hauteurs des cieux :
Le Seigneur est son nom ; rendez mille louanges
    A ce nom saint et glorieux.
    Pour le méchant, Juge sévère,
    Mais pour le juste, Dieu Sauveur,
    En lui l'orphelin trouve un père,
    Et la veuve un consolateur.

Chœur. Lève-toi, etc.

Telle, du Roi pasteur la lyre pénétrée
 Du feu de l'inspiration,
Célébrait le transport de l'arche révérée
 Sur la montagne de Sion.
 Le ciel répandit sa rosée
 Aux lieux choisis pour son séjour,
 Et la terre fertilisée
 Tressaillit de crainte et d'amour.
Chœur. Lève-toi, etc.

L'élite des tribus, les époux et les mères,
 L'enfant à côté du vieillard,
Les prêtres, les guerriers, heureux peuple de frères,
 Du Dieu vivant suivaient le char.
 Pleines de joie, à son passage,
 Ces vierges, conduites en chœurs,
 Lui présentaient le double hommage
 Et de leurs voix et de leurs cœurs.
Chœur. Lève-toi, etc.

Plus heureux qu'Israël, de sa reconnaissance
 Imitons les transports joyeux :
Israël ne vivait que de son espérance,
 De ses soupirs et de ses vœux.
 Sortis de cette nuit profonde,
 A nos yeux il est élevé,
 Le Dieu puissant qui fit le monde,
 Par qui le monde fut sauvé.
Chœur. Lève-toi, etc.

Dieu se lève : par lui sur la sainte montagne
 La terre et les cieux vont s'unir ;
Avec ce doux regard que la grâce accompagne,
 Il tend les bras pour nous bénir.
 Si jamais nous étions parjures,
 Revenons pleurer à ses pieds,
 Et retremper dans ses blessures
 Nos cœurs contrits, humiliés.
Chœur. Lève-toi, etc.

MÊME SUJET. — C. 2 et 106. — A. 26 et 249.

Célébrons la victoire
D'un Dieu mort sur la Croix,
Et pour chanter sa gloire
Réunissons nos voix.

De son amour extrême
Cédons aux traits vainqueurs ;
Pour le Dieu qui nous aime
Réunissons nos cœurs.

Du Vainqueur de l'enfer célébrons la victoire :
Réunissons nos cœurs, réunissons nos voix :
Chantons avec transport son triomphe et sa gloire ;
Chantons, vive Jésus ! chantons, vive sa Croix !

Tel, qu'après les orages,
Le soleil radieux
Dissipe les nuages,
Rend leur éclat aux cieux;
Tel le Dieu que j'adore,
Trop longtemps ignoré,
Du couchant à l'aurore,
Voit son nom adoré.
 Du Vainqueur, etc.

La Croix, heureux asile
De l'univers soumis,
Brave l'orgueil stérile
De ses fiers ennemis :
On s'empresse à lui rendre
Des hommages parfaits ;
Sa gloire va s'étendre
Autant que ses bienfaits.
 Du Vainqueur, etc.

Quel éclat l'environne !
Elle voit à ses pieds
Le sceptre et la couronne
Des rois humiliés.
Rome cherche à lui plaire,
Tout suit ses étendards,
Et le Dieu du Calvaire
Est le Dieu des Césars.
 Du Vainqueur, etc.

Ce Dieu seul est aimable,
Cédons à ses attraits ;
D'un amour immuable
Payons tous ses bienfaits :
Portons-lui nos offrandes,
Et parons son autel
De fleurs et de guirlandes
Dignes de l'Éternel.
 Du Vainqueur, etc.

Que le Ciel applaudisse
Aux chants de notre amour ;
Et que l'enfer frémisse
Du bonheur de ce jour.
Célébrons la victoire
Du Maître des Vainqueurs ;
Consacrons à sa gloire
Et nos voix et nos cœurs.
 Du Vainqueur, etc.

EN L'HONNEUR DE LA SAINTE CROIX. — C. 24 et 147. — A. 132 et 292.

Aimons Jésus pour nous en Croix :
N'est-il pas bien juste qu'on l'aime,
Puisqu'en expirant sur ce bois,
Il nous aima plus que lui-même ?
Chrétiens, chantons à haute voix:
Vive Jésus, vive sa Croix !

Gloire à cette divine Croix :
Le Sauveur l'ayant épousée,
Elle n'est plus, comme autrefois,
Un objet d'horreur, de risée.
 Chrétiens, etc.

Gloire à cette divine Croix,
Arbre dont le fruit salutaire
Répare le mal qu'autrefois
Fit le péché du premier père.
 Chrétiens, etc.

Gloire à cette divine Croix,
C'est l'étendard de sa victoire :
Par elle il nous donna ses lois,
Par elle il entra dans sa gloire.
 Chrétiens, etc.

Gloire à cette divine Croix,
De tous nos biens source féconde,
Qui, dans le sang du Roi des rois
A lavé les péchés du monde.
 Chrétiens, etc.

Gloire à cette divine Croix,
La chaire de son éloquence,
Où me prêchant ce que je crois,
Il m'apprend tout par son silence.
 Chrétiens, etc.

Gloire à cette divine Croix :
Ce n'est pas le bois que j'adore,
Mais c'est mon Sauveur sur ce bois
Que je révère et que j'implore.
 Chrétiens, etc.

Avec Jésus aimons sa croix ;
Prenons-la pour notre partage ;
Ce juste, cet aimable choix,
Conduit au céleste héritage.
Chrétiens, chantons à haute voix:
Vive Jésus, vive sa Croix !

MÊME SUJET. — C. 189. — A. 334.

Vive Jésus, vive sa Croix !
N'est-il pas bien juste qu'on l'aime,
Puisqu'en expirant sur ce bois,
Il nous aima plus que lui-même ?
   Chrétiens, chantons, chantons à haute voix :
   Vive Jésus, vive sa Croix !

Honneur à cette Croix :
Le Sauveur l'ayant épousée,
Elle n'est plus, comme autrefois,
Un objet d'horreur, de risée.

Vive Jésus, vive sa Croix,
Arbre dont le fruit salutaire
Répare le mal qu'autrefois
Fit le péché du premier père.
   Honneur à cette Croix ;
C'est l'étendard de sa victoire :
Par elle il nous donna ses lois,
Par elle il entra dans sa gloire.
   Chrétiens, etc.

Vive Jésus, vive sa Croix,
De tous nos biens, source féconde,
Qui, dans le sang du Roi des rois,
A lavé les péchés du monde.
   Honneur à cette Croix,

La chaire de son éloquence,
Où, me prêchant ce que je crois,
Il m'apprend tout par son silence.
   Chrétiens, etc.

Vive Jésus, vive sa Croix,
Ce n'est pas le bois que j'adore,
Mais c'est mon Sauveur sur ce bois
Que je révère et que j'implore.
   Honneur à cette Croix ;
Prenons-la pour notre partage ;
Ce juste, cet aimable choix
Conduit au céleste héritage.
   Chrétiens, etc.

MÊME SUJET. — C. 4. — A. 63.

Croix auguste, croix consacrée
Par les soupirs de Jésus-Christ,
C'est vous qui fûtes arrosée
Du sang que ce Dieu répandit :
Vous vîtes la douleur amère,
Que par amour il endura ;
Il vous rendit dépositaire
Des derniers mots qu'il proféra.

Vous êtes cette chaire auguste
Où va s'instruire le pécheur :
Bientôt vous en faites un juste
Et l'enfantez pour le Seigneur.
Vous êtes son char de victoire,
L'autel où ce Dieu meurt pour
                [nous ;
Le tribunal où dans sa gloire,
Il doit un jour nous juger tous.

Quels gages voyons-nous éclore
Du rachat de tout l'univers !
De son sang la croix fume encore,
Et déjà sont brisés nos fers.

Vivez, mortels, dans l'espérance :
Ce sang est un gage certain,
Un monument, une assurance,
Du bonheur de votre destin.

Vous donc qui seule, aux enfants
                [d'Ève
Découvrez le chemin du ciel,
Croix, par qui le Sauveur s'élève
Jusques au sein de l'Éternel ;
Toujours sur vos traces divines,
Nous jurons de fixer nos pas ;
Le chef est couronné d'épines,
Est-ce à nous d'être délicats ?

Heureux celui qui se repose
Toujours à l'ombre de la croix !
Si d'une main Dieu nous l'impose,
De l'autre il en soutient le poids :
Elle devient notre ressource,
Elle nous tend les bras à tous ;
C'est de cette abondante source,
Que tous les dons coulent sur nous.

MÊME SUJET. — G. 148. — A. 293.

Puissant Roi des rois,
Mort pour moi sur le Calvaire,
  Du haut de ce bois
Daigne entendre ma faible voix.
Viens, viens me couvrir de ta
  Ombre salutaire,   [Croix,
Espoir de tout le genre humain,
  Rempart du Chrétien,
    Viens, viens, viens.

O Dieu Rédempteur,
Prends pitié de notre enfance,
  O divin Sauveur,
Sois mon père et mon protecteur;
Viens mettre le calme en mon cœur.
  O notre espérance!
Jésus, sois mon unique bien,
  Et notre soutien :
    Viens, viens, viens.

Sauve-moi; sans toi,
Sans toi je cesserais d'être :
  Mon cœur et ma foi
Seront fidèles à ta loi.
Viens, tu seras toujours mon Roi
  Mon unique Maître.
Tu seras toujours mon soutien
  Et notre vrai bien :
    Viens, viens, viens.

Croix du Dieu Sauveur,
O trésor inépuisable!
  Source de bonheur,
Reçois l'hommage de nos cœurs.
Viens nous combler de tes faveurs,
  O Croix adorable,
Et sois l'appui du vrai Chrétien,
  Aimable soutien :
    Viens, viens, viens.

MÊME SUJET. — G. 159. — A. 304.

O Croix! cher gage
  D'un Dieu mort pour nous.
Je viens vous rendre hommage.
  J'ai recours à vous.
    O Croix, etc.

  Vous êtes la source
    Des vrais biens,
  L'espoir, la ressource
    Des Chrétiens.
    O Croix, etc.

  En vous est l'asile
    Du pécheur,
  Et l'accès facile
    Du Sauveur.
    O Croix, etc.

Je vous embrasse,
  O bois précieux,
Où l'Auteur de la grâce
  Nous ouvrit les cieux:
    Je vous embrasse, etc.

  O mon espérance,
    Mon secours,
  Soyez ma défense,
    Pour toujours.
    Je vous embrasse, etc.

  Faites, ô Croix sainte,
    Qu'en vos bras
  J'affronte sans crainte
    Le trépas.
    Je vous embrasse, etc.

FÊTE DE PAQUES.

RÉSURRECTION DE JÉSUS-CHRIST. — C. 7. — A. 92.

Cesse tes concerts funèbres :
Le jour qu'attendait ta foi,
Du sein des sombres ténèbres,
O Sion, paraît pour toi.
Ton Dieu, maître des miracles,
Par un prodige nouveau,
Pour accomplir ses oracles,
Quitte en vainqueur son tombeau.

Il a fait trembler la terre,
Et libre parmi les morts,
Il a renversé la pierre,
Et les gardes de son corps.
Il sortit, ô Vierge heureuse,
De votre sein pour souffrir :
De sa tombe glorieuse
Il sort pour ne plus mourir.

Allez, Apôtres timides,
De Jésus ressuscité,
Devant ses juges perfides
Prêcher la Divinité.
Parlez... Qu'aujourd'hui les traî-
Apprennent en frémissant, [tres
Que le Dieu de leurs ancêtres
Est le seul Dieu tout-puissant.

Sa gloire était moins brillante,
Et répandait moins d'effroi
Sur la montagne brûlante
Où sa main grava sa loi.

La victoire le couronne,
La croix devance ses pas :
D'un bras vengeur, à son trône,
Il enchaîne le trépas.

Est-ce une force étrangère,
Sensible à notre douleur,
Qui rend un fils à sa mère,
A la terre son Sauveur ?
Non, de ses mains invincibles,
Lui-même et sans nul effort,
Brise les portes terribles
De l'enfer et de la mort.

Enfin, rentrez en vous-mêmes,
Cœurs barbares et jaloux :
Craignez les rigueurs extrêmes
D'un Juge armé contre vous ;
Changez. Tout pécheur qui change
Sans retour n'est pas proscrit :
Ce Dieu juste qui se venge,
Est un Dieu qui s'attendrit.

Loin de consommer ton crime
Par l'horreur du désespoir,
Gémis, ingrate Solyme,
Un soupir peut l'émouvoir. [dre,
Bien plus doux qu'il n'est à crain-
Pécheur, s'il tonne sur vous,
Une larme peut éteindre
Tous les feux de son courroux.

JÉSUS VAINQUEUR DE LA MORT. — C. 107. — A. 250.

Jésus paraît en vainqueur :
  Sa bonté, sa douceur
Est égale à sa grandeur,
Jésus paraît en vainqueur ;
En ce jour donnons-lui notre cœur.
  Malgré nos forfaits,
  Ses dons, ses bienfaits,
  Ses divins attraits,
Ne nous parlent que de paix.
  Pleurons nos forfaits,
  Chantons ses bienfaits,
Rendons-nous à ses divins attraits.

Que tout éclate en concerts !
  Jésus brise les fers
De la mort et des enfers.
Que tout éclate en concerts !
Que son nom réjouisse les airs !
  Par un libre choix,
  Quoi ! le Roi des rois
  A dû, par sa croix,
Au ciel acquérir ses droits !
  Embrassons la croix,
  Que ce libre choix
Au ciel assure à jamais nos droits.

Fête de Pâques.

O mort, où sont-ils tes dards ?
    Je vois de toutes parts
Tomber tes noirs étendards.
O mort, où sont-ils tes dards?
Mon Sauveur a détruit tes rem-
    En vain de ton bras   [parts.
    Tu le saisiras ;
    En vain, dans les lacs,
O mort, tu l'entraveras.
    Libre, en tes états
    Il porte ses pas,
Et vainqueur enchaîne le trépas.

Je vois la mort sans effroi :
    Mon Seigneur et mon Roi
En a triomphé pour moi.
Je vois la mort sans effroi,
Ce mystère est l'appui de ma foi.
    Ah ! si son amour
    N'a jusqu'à ce jour
    Trouvé nul retour,
Dans ce terrestre séjour ;
    Du moins, en ce jour,
    Cet excès d'amour
Sera payé d'un juste retour.

MÊME SUJET. — C. 192. — A. 337.

TRIOMPHANT du péché, de l'enfer et du monde,
Le Sauveur, plein de vie, est sorti du tombeau :
        Par sa vertu féconde,
        Cet adorable Agneau,
        Vient de créer un monde
        Nouveau.

De ce jour fortuné, célébrons la mémoire ;
C'est le plus beau des jours que le Seigneur ait faits
        Chantons, chantons la gloire
        Du Dieu qui, pour jamais,
        Unit à la victoire
        La paix.

Jésus ressuscité vient essuyer nos larmes :
Nos malheurs ont fait place aux destins les plus doux.
        L'ennemi rend les armes,
        Et nous triomphons tous ;
        Que ce jour a de charmes
        Pour nous.

O vous, dont la puissance en ce jour me délivre,
D'un cœur reconnaissant, agréez les transports.
        A vous seul je me livre ;
        Soutenez mes efforts,
        Vous qui faites revivre
        Les morts.

MÊME SUJET. — C. 5. — A. 78.

VAINQUEUR de l'enfer et du
    [monde,
Pour nous, Jésus sort du tombeau;
Aux horreurs d'une nuit profonde
Succède le jour le plus beau.

En proie aux plus vives alarmes,
Nous gémissions sur nos malheurs

Nos yeux s'ouvraient sans cesse
    [aux larmes,
Nous mangions un pain de dou-
    [leurs.
La joie a fait fuir la tristesse ;
Peuple heureux, peuple racheté,
Qu'aujourd'hui a sainte allégresse
Chante Jésus ressuscité.

Oh! que renferme ce mystère
De dons, de grâces, de bienfaits!
Tout nous y peint le caractère
De la victoire et de la paix.

O Jésus! toi dont la tendresse
Egale en tout temps le pouvoir,
Remplis envers nous ta promesse
Et mets le comble à notre espoir.

Et de la mort et de l'abîme,
Toi qui tiens les clefs dans tes mains,
Daigne nous préserver du crime
Qui seul y plonge les humains.

Par l'opprobre et par la souffrance
Tu nous rachètes, Dieu Sauveur;
Fais-nous marcher avec constance
Dans le chemin du vrai bonheur.

Qu'un jour, ayant part à ta gloire,
Nos voix célèbrent à jamais
Et ton triomphe et ta victoire,
Dans le royaume de la paix.

MÊME SUJET. — C. 65. — A. 197.

Ah! que le Ciel à nos vœux est propice!
 Après un sanglant sacrifice,
Le Fils de l'Eternel, par un divin effort,
 Sort du tombeau, triomphe de la mort.

Ah! que pour nous son amour est extrême!
 Il a terrassé la mort même;
Après avoir tiré tous ses élus des fers,
 Il a brisé les portes des enfers.

L'affreux tyran de l'empire des ombres,
 Frémit dans ses cavernes sombres:
Inutile courroux! impuissante fureur!
 Dans les enfers il trouve un Dieu vainqueur

Cruelle mort, triste fruit de nos crimes,
 En vain tu poursuis tes victimes;
Jésus ressuscité te chasse pour jamais:
 Auprès de lui nous goûterons la paix.

Que notre sort sera digne d'envie!
 Quels biens vont remplir notre vie!
Si lorsqu'un Dieu Sauveur nous la rend aujourd'hui,
 Nous l'imitons, nous vivons comme lui.

O jour serein! ô jour plein d'allégresse!
 Puissé-je te chanter sans cesse!
O le plus beau des jours! ô jour pur et parfait!
 O jour heureux que le Seigneur a fait!

JOIE DU CHRÉTIEN A LA FÊTE DE PAQUES. — C. 151. — A. 296

Peuple fidèle,
Ferme ton cœur
A la douleur;
Ton Roi t'appelle,
Il est vainqueur.
Le Seigneur est ressuscité,
Les chants de joie ont éclaté,
Et jusqu'aux cieux je vois son nom porté.

Tu viens de naître,
Eclat nouveau
D'un jour si beau
Jésus en maître
Sort du tombeau.
Le Seigneur, etc.

O Madeleine !
Suis de ton cœur
La douce ardeur ;
L'amour t'amène
Vers ton Sauveur.
Le Seigneur, etc.

Heureux Apôtres,
Accourez tous
A ses genoux ;
A tous les vôtres,
Dieu, montrez-vous
Le Seigneur, etc.

La foi s'étonne,
Mais Jésus-Christ
L'avait prédit :
L'enfer frissonne
La mort gémit.
Le Seigneur, etc.

Troupe ennemie,
Mortels jaloux
D'un Dieu si doux,

Votre furie
Tombe sur vous.
Le Seigneur, etc.

Quoi ! cette garde
Est contre lui
Tout votre appui ?
Il la regarde,
Et tous ont fui.
Le Seigneur, etc.

La sentinelle,
Qui tant dormit
Toute la nuit,
Comment vit-elle
Qu'on le ravit ?
Le Seigneur, etc

Dormez encore
Peuple endurci,
De Dieu puni
Le Grec l'implore,
Il est béni.
Le Seigneur, etc.

Chants de victoire,
Louange, honneur
Au Rédempteur :
Ah ! que de gloire !
Quelle grandeur !
Le Seigneur, etc.

FÉLICITATION ADRESSÉE A LA SAINTE VIERGE SUR LA RÉSURRECTION DE JÉSUS-CHRIST. — C. 158. — A. 303.

Qu'une vive allégresse,
Auguste Reine des cieux,
Succède à la tristesse,
Sèche les pleurs de vos yeux :
Votre Fils comblé de gloire
A vaincu la mort ; il vit.
Célébrons tous la victoire,
La gloire de Jésus-Christ.

L'objet de la tendresse,
De l'amour de votre cœur,
A rempli sa promesse
D'être du tombeau vainqueur.
Votre Fils, etc.

Délaissé de son Père,
Il expire sur la croix.
Je vois trembler la terre.
Le tombeau s'ouvre à sa voix.
Votre Fils, etc.

Obtenez-nous la grâce,
O Souveraine des cieux,
Qu'un jour ce Dieu nous place
Au séjour des Bienheureux.
Pour chanter notre victoire,
Aux saints Anges réunis,
Célébrons tous la victoire
La gloire de Jesus-Christ.

TEMPS PASCAL.

JOIE DU PÉCHEUR JUSTIFIÉ. — C. 65. — A. 197.

Ah! qu'il est doux de sortir de ses vices!
   Grand Dieu, quelles sont mes délices!
Oh! que je suis heureux! mon cœur est soulagé
   Du poids affreux dont il était chargé.

   Après avoir ressenti tant de peines,
      Enfin j'ai su rompre mes chaînes:
Ah! quel plaisir, Seigneur, d'être bien avec vous,
   Non, jamais rien ne me parut si doux.

   Mon triste cœur, avec lui-même en guerre
      Rampait tristement sur la terre:
Là, pour un seul plaisir, on ressent mille maux;
   Les maux sont vrais et les plaisirs sont faux

   Ni nuit, ni jour, je n'étais sans souffrance,
      Un ver rongeait ma conscience;
Au milieu des plaisirs je trouvais des douleurs.
   Mais aujourd'hui mes pleurs sont des douceurs.

   Oui, je renonce aux maximes du monde,
      Qu'il parle, qu'il rie, ou qu'il gronde,
Je ne l'écoute plus, et, pour me retenir,
   Il crie en vain; loin de lui je veux fuir.

   Allez, plaisirs, qu'avez-vous d'agréable?
      Allez, mon Dieu seul est aimable:
A ses pieds les soupirs me paraissent si doux!
   Venez, mon Dieu; plaisirs, retirez-vous.

   Combien, mon Dieu, je vous ai fait attendre!
      Enfin, je suis prêt à me rendre;
Des biens faux et trompeurs, mon cœur est détaché:
   Je suis à vous, je quitte le péché.

   Dieu de bonté, vous m'accordez ma grâce!
      Pour vous que faut-il que je fasse?
Après m'avoir aimé, remplissez-moi d'amour;
   Je veux au moins vous aimer par retour.

   Que de trésors enrichissent mon âme!
      Grand Dieu! quel éclat, quelle flamme!
Le ciel est devenu l'objet de mes soupirs,
   Et je n'ai plus que d'innocents désirs.

   C'est à mon Dieu que mon cœur s'abandonne,
      Pour prix des trésors qu'il me donne;
Je n'aime plus que lui, c'est mon suprême bien;
   Il est à moi, je ne désire rien.

O jour heureux qui finis mes alarmes !
O jour pour mon cœur plein de charmes
O jour qui m'enrichis des biens les plus parfaits
Sur moi, du Ciel, couronne les bienfaits.

MÊME SUJET. — C. 40. — A. 160.

Que mon sort est charmant !
Mon âme en est ravie :
Je goûte en ce moment
Une paix infinie.
Que tout en moi publie
Les bontés du Seigneur !
Ma misère est finie,
Il a changé mon cœur.

J'étais, hélas ! réduit
Dans un dur esclavage,
Triste et funeste fruit
De mon libertinage ;
Le démon, plein de rage,
Me tenait dans ses fers ;
Je n'avais pour partage
Que mille maux divers.

En vain, hors de mon Dieu
Voulant me satisfaire,
Je cherchais en tout lieu
Ce qui pouvait me plaire ;
Quelle était ma misère
Dans mon égarement !
Loin d'un si tendre Père,
Peut-on être content ?

Mais dans tes jours heureux,
Retraite favorable,
Il a jeté les yeux
Sur un fils misérable :

Père tout charitable,
Vous l'avez ramené ;
A cet enfant coupable
Vous avez pardonné.

Mon cœur libre à présent
Goûte une paix charmante ;
O plaisir ravissant !
O bonheur qui m'enchante !
Qu'une âme pénitente
Éprouve de douceurs !
Elle se sent contente,
Même au milieu des pleurs.

Contre vous, trop longtemps,
Mon Dieu, je fus rebelle.
Quand j'y pense ; ah ! je sens
Une douleur mortelle.
Adieu, monde infidèle,
Adieu, plaisirs, honneurs,
D'une flamme plus belle,
Je ressens les ardeurs.

Dieu seul peut me charmer,
Sa douceur est extrême :
Ah ! je le veux aimer,
Lui seul plus que moi-même.
Dans moi, bonté suprême,
Régnez uniquement :
Heureux si je vous aime
Jusqu'au dernier moment.

MÊME SUJET. — C. 15. — A. 124.

Je gémissais dans l'esclavage,
Rougissant de ma lâcheté,
Et je n'avais pas le courage
De me remettre en liberté :
Je craignais de Dieu la justice :
Mais malgré toute ma frayeur,
Loin de me le rendre propice,
Je me livrais avec fureur
A toutes les horreurs du vice.

Mille remords troublaient sans [cesse
La paix dont je voulais jouir :

Une noire et sombre tristesse
Succédait toujours au plaisir :
Maudissant sans cesse les charmes
Des vains objets de mon amour ;
J'arrosais mon lit de mes larmes,
Et je ne revoyais le jour
Qu'avec de nouvelles alarmes.

C'est par cette aimable poursuite,
Par cette apparente rigueur,
Qu'enfin mon âme fut conduite
A vos pieds, mon divin Sauveur.

O prodige de votre grâce !
Dès que je fus auprès de vous,
Loin de me cacher votre face,
Votre accueil me parut si doux,
Qu'un juste eût envié ma place.

Plongé dans une sainte ivresse,
Je me transporte aux divers lieux
Où Jésus montre sa tendresse
Dans les tourments les plus affreux.
Arrivé sur le Mont-Calvaire,
Je ne puis sans frémissement,
Voir la croix où, pour satisfaire
Pour des péchés d'un seul moment
La mort d'un Dieu fut nécessaire.

En est-ce assez, pécheur indigne,
N'es-tu pas encor satisfait ?

Qu'a-t-il pu faire pour sa vigne
Au-delà de ce qu'il a fait ?
Ton ingratitude l'offense,
Elle arme son juste courroux ;
Tes forfaits demandent vengeance,
Et s'il a suspendu ses coups,
C'est que son cœur prend ta défense.

Faisons une amende honorable,
Prosternés devant Jésus-Christ :
Pleurons sur un monde coupable
Qui ne connaît pas son esprit ;
Célébrons avec allégresse
Les bontés de son divin cœur :
Que chacun s'anime et s'empresse
À lui prouver par sa ferveur
Qu'à son honneur il s'intéresse.

CANTIQUES D'ACTIONS DE GRACES. *TE DEUM.* — C. 17. — A. 125.

Nous te louons, Seigneur, nous célébrons ta gloire,
Nos cœurs de tes bienfaits conservent la mémoire.
O Monarque puissant ! ô Père des humains !
Tout l'univers se dit l'ouvrage de tes mains.

Nous unissons nos voix à ces légions d'Anges
Qui couronnent ton nom d'immortelles louanges
Aux puissances des cieux, aux zélés Chérubins,
Aux trônes, aux Vertus, aux ardents Séraphins.

Ils rediront sans fin, de leurs voix enflammées :
Saint, Saint, Saint est le Dieu, le Seigneur des armées.
Ton essence infinie est présente en tous lieux,
Et ta gloire remplit l'immensité des cieux.

Ces généreux Martyrs, ces glorieux Prophètes,
Ces Apôtres zélés qui t'ont fait des conquêtes,
Cette Église féconde et ses nombreux enfants
Que ta grâce a rendus du monde triomphants.

Ils chantent tous, grand Dieu, ta Majesté suprême,
Et ton Fils adorable, aussi grand que toi-même,
Et ton divin Esprit, ton Esprit créateur,
Qui des feux les plus purs embrase notre cœur.

Pontife auguste et pur, ô Jésus, Roi de gloire !
Toi qui sur les enfers nous donnas la victoire,
En toi nous confessons le vrai Dieu d'Israël,
La sagesse du Père, et son Verbe éternel.

Ta charité daigna, pour nous rendre la vie,
S'unir un corps mortel dans le sein de Marie :
Triomphant de la mort, tu nous ouvres les cieux ;
À la droite de Dieu tu règnes glorieux,

Tu dois venir un jour, Maître et Juge équitable;
Récompenser le juste et punir le coupable :
Daigne aussi soutenir de ton bras tout-puissant
Tes humbles serviteurs rachetés de ton sang.

Fais que de tes brebis tout le troupeau fidèle
Jouisse avec les Saints d'une gloire immortelle ;
Tire-nous, Dieu Sauveur, de la captivité,
Et répands tes bienfaits sur notre pauvreté.

L'astre du jour, errant, interrompra sa course,
On verra les ruisseaux remonter à leur source,
Avant que nous perdions, mon Dieu, ton souvenir,
Avant que nous puissions cesser de te bénir.

O généreux Pasteur, achève ton ouvrage,
Conduis tes chers enfants au céleste héritage :
Que ton cœur paternel de nos maux soit touché,
Et préserve à jamais nos âmes du péché.

Daigne écouter nos vœux, remplir notre espérance,
Fais-nous dans cet exil éprouver ta clémence :
Celui qui de toi seul attend tout son secours,
Mon Dieu ne sera point confondu pour toujours.

MÊME SUJET. — C. 130; — A. 274.

Du Dieu d'amour et de clémence,
Célébrons à jamais l'ineffable bonté.
 Sion, que ta reconnaissance
 Egale son éternité.

 Lui-même éclaire notre enfance,
Et dévoile à nos cœurs sa divine beauté.
 Sion, etc.

 Il s'est chargé de notre offense,
Il a porté le poids de notre iniquité.
 Sion, etc.

 Pour nous, sous une humble apparence,
Il dérobe l'éclat de sa Divinité.
 Sion, etc.

 Il nous nourrit de sa substance ;
Il nous rend tous nos droits à l'immortalité.
 Sion, etc.

 Il ranime notre espérance,
Il nous fait héritiers de sa félicité.
 Sion, etc.

 Il sera notre récompense,
Au séjour de la gloire, en la sainte cité.
 Sion, etc.

 Pleins d'une douce confiance,
Célébrons à l'envi sa gloire et sa bonté.
 Sion, etc.

MÊME SUJET. — C. 62. — A. 193.

Bénis, mon âme, ah ! bénis le Seigneur ;
　　Bénis son nom, chante sa gloire :
De ses bienfaits, dans le fond de ton cœur,
　　Conserve à jamais la mémoire.
Il est ton Maître, et tu l'as outragé :
　　Il te pardonne ton offense ;
Du triste abîme où ton cœur s'est plongé
　　Il te sauve par sa clémence.
　　　　Bénis, etc.

Par ton péché tu t'es donné la mort,
　　Sa charité te rend la vie ;
Il te conduit, du plus malheureux sort,
　　Au sort le plus digne d'envie.
Es-tu malade ! il est ton Médecin ;
　　Pauvre ? il prévient ton indigence :
Pour t'enrichir, sa libérale main
　　Verse ses biens en abondance.
　　　　Bénis, etc.

De nos péchés le nombre et la grandeur
　　N'épuisent point son indulgence :
Qu'il voie en nous le repentir du cœur,
　　Le pardon suit la pénitence.
Pleurons, mon âme, et ce Dieu de bonté
　　Viendra bientôt, par sa puissance,
Mettre entre nous et notre iniquité,
　　De l'enfer au ciel la distance.
　　　　Bénis, etc.

Ayons pour lui la crainte des enfants,
　　Il a pour nous le cœur d'un père ;
Il nous connaît, il sait dans tous les temps
　　Compatir à notre misère.
Heureux celui qui, vivant de la foi,
　　Par l'amour tempère la crainte :
La nuit, le jour, il médite la loi,
　　Et son cœur la suit sans contrainte.
　　　　Bénis, etc.

MÊME SUJET. — C. 129. — A. 273 et 399.

Bénissons à jamais
Le Seigneur dans ses bienfaits.
Bénissez-le, saints Anges,
Louez sa majesté,
Rendez à sa bonté
Mille et mille louanges.
　　Bénissons, etc.

Fut-il jamais un père
Qui, de ses chers enfants,
Par des soins plus touchants
Soulageât la misère ?
　　Bénissons, etc.

Pasteur tendre et fidèle,
Sans craindre le travail,
Il ramène au bercail
Une brebis rebelle. Bénissons

Par lui cesse la peine
Qui désolait mon cœur ;
Et, du monde vainqueur,
Je vois briser ma chaîne.
    Bénissons, etc.

Il console mon âme,
La nourrit de son pain :
A ce banquet divin
Il veut qu'elle s'enflamme.
    Bénissons, etc.

Sa bonté me supporte,
Sa lumière m'instruit,
Sa beauté me ravit,
Son amour me transporte.
    Bénissons, etc.

Oui, sa douceur m'entraîne,
Sa grâce me guérit,
Sa force m'affermit,
Sa charité m'enchaîne.
    Bénissons, etc.

Dieu seul est ma richesse,
Dieu seul est mon soutien,
Dieu seul est tout mon bien,
Je redirai sans cesse :
    Bénissons, etc.

MÊME SUJET. — C. 4. — A. 389.

Aux chants de la reconnaissance,
Peuples, unissez vos accords ;
Dans le temple de l'innocence
Faites éclater vos transports.
Sion, conserve la mémoire
Des bienfaits du Dieu de mon cœur :
Le servir est toute ma gloire
Et l'aimer fera mon bonheur.

Quoi ! pour Dieu serai-je insensible ?
Quel autre objet peut me charmer ?
Lui-même, à mon amour sensible,
M'apprit l'art si doux de l'aimer.
    Sion, etc.

En vain contre mon innocence
L'enfer, le monde, ont conspiré ;
Dieu me couvre de sa puissance,
A l'ombre de l'autel sacré.
    Sion, etc.

Loin des regrets, loin des alarmes,
Qui suivent toujours les pécheurs,
Pour Dieu seul je verse des larmes,
Son amour fait couler mes pleurs.
    Sion, etc.

Pour vos bienfaits, ô Père tendre,
Quel sera le juste retour ?
Je veux enfin, je veux vous rendre
Désormais amour pour amour.
    Sion, etc.

Formez des concerts d'allégresse,
Livrez-vous aux plus doux transports,
Peuples, tribus, que tout s'empresse
D'unir sa voix à nos accords.
    Sion, etc.

Jeunes enfants, chantez sa gloire,
Et qu'un monument éternel
Consacre, en vos cœurs, la mémoire
D'un jour si beau, si solennel.
    Sion, etc.

PROTESTATION DE FIDÉLITÉ. — C. 1. — A. 10.

Le monde en vain, par ses biens, par ses charmes,
Veut m'engager à plier sous sa loi :
Mais, pour me vaincre, il faut bien d'autres armes :
Je ne crains rien, Jésus est avec moi.

Venez, venez, fiers enfants de la terre,
Déchaînez-vous pour me remplir d'effroi :
Quand de concert vous me feriez la guerre,
Je ne crains rien, Jésus est avec moi.

Cruel Satan, arme-toi de ta rage,

Que tes démons se liguent avec toi :
Tu ne pourras abattre mon courage ;
Je ne crains rien, Jésus est avec moi.

Non, non, jamais la mort la plus cruelle
Ne me fera trahir ce divin Roi,
Jusqu'au trépas je lui serai fidèle :
Je ne crains rien, Jésus est avec moi.

Que les enfers, les airs, la terre et l'onde,
Conspirent tous à me remplir d'effroi ;
Quand je verrais sur moi crouler le monde,
Je ne crains rien, Jésus est avec moi.

Divin Jésus, mon unique espérance,
Vous pouvez tout, mon Seigneur et mon Roi :
Augmentez donc pour vous ma confiance :
Je ne crains rien, Jésus est avec moi.

MÊME SUJET. — C. 92. — A. 234.

Oui, sans retour,
   A ton amour,
Fier de ton esclavage,
   Mon doux Jésus,
   Dieu des vertus,
C'en est fait, je m'engage.
Le Chœur. Oui, sans retour, etc.

   De tes bienfaits
   Les doux attraits
Ont gagné mon cœur à jamais.
   Non, les enfers,
   Le poids des fers,
L'aspect de mille peines ;
   Non, le trépas
   Ne pourra pas
Briser mes douces chaînes.
Ch. Oui, sans retour, etc.

O monde ! de ton faux plaisir,
J'abjure l'affreux souvenir :
   Le repentir,
   L'amer soupir,
   Le saint désir,
   Les tristes larmes,
Font aujourd'hui tous mes charmes.
Ch. Oui, sans retour, etc.

Monde perfide et séducteur,
Je te repousse avec horreur :
   Si mon Sauveur,
   De mon bonheur,
   Est seul auteur,
   D'amour extrême,
Seul il mérite qu'on l'aime.
Ch. Oui, sans retour, etc.

MÊME SUJET. — C. 4, 142 et 175. — A. 55, 286 et 320.

Seigneur, dès ma première enfance
Tu me comblas de tes bienfaits ;
Heureux, si la reconnaissance
Dans mon cœur les grave à jamais !
O monde trompeur et volage,
En vain tu m'offres ta faveur :
Je n'en veux point, tout mon partage
Est de n'aimer que le Seigneur.

Dieu règne en père dans mon âme,
Il en remplit tous les désirs,
Et l'amour pur dont il m'enflamme

Seul vaut mieux que tous les plaisirs.
O monde, etc.

Si je m'égare, il me rappelle ;
Si je tombe, il me tend la main ;
Il me protége sous son aile ;
Il me réchauffe dans son sein.
O monde, etc.

Si je suis constant et fidèle
A conserver son saint amour,
Une récompense éternelle

M'attend dans son divin séjour.
　O monde, etc.
Non, mon Dieu, je n'aime la vie
Que pour t'aimer et te bénir.

L'amour m'ouvrira la Patrie :
Aimons jusqu'au dernier soupir.
O monde trompeur et volage,
En vain, **etc.**

MÊME SUJET. — C. 7 et 131. — A. 89 et 275.

Jour heureux ! sainte allégresse !
Jésus règne dans mon cœur.
Pourquoi donc, sombre tristesse,
Viens-tu troubler mon bonheur ?
Hélas ! de mon inconstance,
J'ai le triste souvenir,
Et pour ma persévérance
Je redoute l'avenir.
　Chœur.
　Dieu, sauveur de l'enfance,
　　Cache-nous dans ton cœur ;
　Conserve-nous la ferveur,
Et le bonheur et l'innocence ;
　Conserve-nous la ferveur,
Et l'innocence et le bonheur.

Ah ! je connais ma faiblesse,
Mes penchants impérieux,
Et la dangereuse ivresse
Que le monde offre à mes yeux.
Dans sa fureur meurtrière,
Je vois l'enfer accourir :
Ah ! si tout me fait la guerre,
Ne faudra-t-il pas périr ? — Dieu…

Quoi ! me dit le Dieu suprême,
Tu pourrais fuir mes autels ?
Quoi ! tu briserais toi-même
Ces nœuds chers et solennels ?
Contre toi tout court aux armes,
Tout conspire à t'entraîner :
Cher enfant de tant de larmes,
Veux-tu donc m'abandonner ?
　Dieu, etc.

Enfant perfide et coupable,
Avant que de l'outrager,
Attends que l'Être immuable
Pour toi commence à changer.
Hélas ! tu poursuis ton crime…
Eh bien ! cours, vole au plaisir ;
Mais la mort ouvre l'abîme :
Tremble ! un Dieu va te punir.
　Dieu, etc.

Quoi ! sacrifier la grâce
A l'indigne volupté,
Et, pour un monde qui passe,
L'immobile éternité !
Pauvre enfant, que vas-tu faire ?
Loin de moi de tels malheurs !
Du moins épargne ton Père,
Prends pitié de ses douleurs.
　Dieu, etc.

Grand Dieu, du sein de la tombe,
Quels cris, quels tristes sanglots !
Du Liban le cèdre tombe,
Que deviendront les roseaux ?
Enfants, d'abord si fidèles,
Vous fîtes tous nos serments,
Et vous êtes morts rebelles…
Ah ! serons-nous plus constants ?
　Dieu, etc.

Moi, trahir le Dieu que j'aime !
Jésus, déchirer ton cœur !
T'oublier, beauté suprême !
Outrager mon Bienfaiteur !
Ton sang coule dans mes veines
Et je pourrais te haïr !
Moi, je reprendrais mes chaînes
Non, Seigneur, plutôt mourir !
　Dieu, etc.

Eh quoi ! le Dieu que j'adore
N'est-il plus le Dieu puissant ?
Des ennemis que j'abhorre,
Ne fut-il pas triomphant ?
S'il m'expose à cette guerre,
Est-ce pour m'y voir périr ?
Si je ne suis que poussière,
Sa main peut me soutenir.
　Dieu, etc.

Avec ta grâce, j'espère,
Et je m'élance aux combats ;
Vigilance, humble prière,
Vous assurerez mes pas :
Longtemps, dans ce cher asile,

Je veux apprendre à t'aimer :
Dans ton sang, enfant docile,
Je viendrai me ranimer.
 Dieu, etc.

Loin de moi, monde perfide,
Amis, livres corrupteurs,
Respect humain déicide,
Jeux, spectacles séducteurs !
O lis, ton éclat fragile
Périt d'un soufle léger;
O vertu, bien plus débile,
Fuis jusqu'au moindre danger.
 Dieu, etc.

Vierge sainte, ô tendre **Mère** !
Je me jette entre tes bras :

Là viens me faire la guerre ;
Enfer, je ne te crains pas.
A ton nom, douce Marie,
Je sens mon cœur s'attendrir;
Qui t'invoque obtient la vie,
Qui t'aime ne peut périr.
 Dieu, etc.

Amour sacré de nos âmes,
Pain, délices de nos cœurs,
Embrase-nous de tes flammes,
Nous jurons d'être vainqueurs.
Jésus, si dans mon délire,
Je dois te trahir un jour,
Qu'au pied de l'autel j'expire
Avant de perdre l'amour.
 Dieu, etc.

MÊME SUJET. — C. 5. — A. 79.

Dieu tout charmant, ô Père tendre,
Je ne veux plus aimer que vous;
A vos attraits je viens me rendre,
Il n'est point de bonheur si doux.

J'ai fait un choix, je veux qu'il dure
Autant que je respirerai ;
Tout changera dans la nature,
Mais jamais je ne changerai.

Dans ces bas lieux rien n'est dura-
Et tout y doit finir son cours; [ble,
Mais vous êtes toujours aimable,
Et je dois vous aimer toujours.

Pour m'enchaîner, perfide monde,
Tous tes efforts sont superflus :
C'est sur mon Dieu que je me fonde,
D'autres biens ne me touchent plus.

Sur quoi fonder mon espérance ?
Tout est sujet au changement :
Tout l'univers n'est qu'inconstan-
Tout y passe dans un moment. [ce.

Si tout finit dans la nature,
Attachons-nous à son Auteur;
Peut-on aimer la créature
Par préférence au Créateur ?

A sa bonté c'est faire outrage
Que de vouloir se partager;
C'est donc à lui que je m'engage
Aujourd'hui, pour ne plus changer.

Dieu de mon cœur, ô Roi céleste,
Vous me voyez à vos genoux;
Je le promets, je le proteste,
Jamais je n'aimerai que vous.

MÊME SUJET. — C. 76. — A. 247.

Parmi les doux transports d'une sainte allégresse
Quel noir pressentiment, quelle sombre tristesse,
En jetant sur mon âme un voile de douleur,
  Vient troubler la paix de mon cœur !
Le penser déchirant de ma propre inconstance
Me fait, hélas ! trembler pour ma persévérance.
Quoi ! je pourrais, Seigneur, vous méconnaître un jour !
Ah ! plutôt expirer qu'abjurer votre amour !
 Chœur. Nous promettons, Seigneur, de respecter vos lois,
  D'imiter vos vertus, de suivre votre voix.

J'aperçois le danger, je connais ma faiblesse;

J'entends d'un monde impur la voix enchanteresse ;
D'une perfide main il attise les feux
    De mes penchants impérieux.
Déjà l'enfer frémit : sa fureur meurtrière
Veut m'arracher des bras de mon Dieu, de mon Père.
  Quoi, etc. — *Ch.* Nous promettons, etc.

Aujourd'hui tout à vous, demain rebelle et traître.
Comme un autre Judas, j'irais vendre mon Maître !
Quoi ! mon Dieu, je romprais ces liens solennels
    Formés aux pieds de vos autels !
Le sang de mon Sauveur coule encor dans mes veines,
Et du cruel Satan, je reprendrais les chaînes !
  Quoi, etc. — *Ch.* Nous promettons, etc.

Si les cèdres ont vu leurs orgueilleuses têtes
Succomber et périr sous l'effort des tempêtes,
Comment pourrai-je, hélas ! roseau faible et tremblant,
    Ne pas céder au moindre vent ?
Mais sois, ô doux Jésus, mon appui, ma défense;
Je ne crains plus de voir ébranler ma constance.
  Quoi, etc. — *Ch.* Nous promettons, etc.

Les Martyrs, abreuvés de ton sang adorable,
Ont lassé des tyrans la rage infatigable ;
Plein de la même ardeur, je m'élance aux combats ;
    Sois ma force, guide mes pas.
En vain mille ennemis ont juré ma défaite :
Qu'ils tremblent maintenant ! me voilà ta conquête !
  Quoi, etc. — *Ch.* Nous promettons, etc.

Je me jette en tes bras, Marie, ô tendre Mère :
Est-on jamais trompé lorsqu'en toi l'on espère ?
Je sens, à ton seul nom, mon âme s'attendrir;
    Qui t'aime ne saurait périr.
J'entends, autour de moi, j'entends gronder l'orage,
Etoile du matin, sauve-moi du naufrage.
  Quoi, etc. — *Ch.* Nous promettons, etc.

MÊME SUJET. — C. 26. — A. 143.

Dieu rempli de bonté,
Vous avez écouté
Les regrets d'un coupable;
Pour rendre à l'avenir
Son changement durable,
Daignez le soutenir.

Ne permettez jamais
Que de trompeurs attraits
L'entraînent dans le vice.
Que, par votre secours,
L'amour de la justice
Règne en lui pour toujours !

Dans ce monde pervers,
Mille ennemis divers
Attaquent l'innocence :
Quel est notre malheur !
Souvent notre inconstance
Rend le péché vainqueur.

Quel déplorable exil !
Toujours être en péril !
Toujours dans les alarmes !
Roi souverain des cieux,
Soyez témoin des larmes
Qui coulent de mes yeux.

Puis-je être sans effroi,
Quand je ne trouve en moi
Qu'une extrême faiblesse ?
Mon Dieu, mon Créateur,
Défendez-moi sans cesse
Contre mon propre cœur.

De quoi peut me servir
Que, par mon repentir,
Je sois sorti du vice,
Si, par un nouveau choix,
Pour suivre l'injustice,
J'abandonne vos lois ?

Gardez-moi d'un tel sort :
Ah ! plutôt, que la mort
Termine ma carrière !
Tirez-moi d'un séjour
Où je puis vous déplaire
Et perdre votre amour.

Vous ne le perdrez plus,
O bienheureux Élus,
Qui possédez la gloire ;
Sans péril désormais,
Sûrs de votre victoire,
Vous régnez dans la paix

Quand viendra l'heureux temps
Que sans cesse j'attends,
Où, délivré de crainte,
Et sûr de mon bonheur,
Dans sa demeure sainte
Je verrai le Seigneur !

Plein d'un espoir si doux,
Je veux n'aimer que vous,
Mon Dieu, mon tendre Père.
Augmentez mon amour,
Et que j'y persévère
Jusqu'à mon dernier jour.

FUITE DES OCCASIONS. — C. 7. — A. 99.

Le péril qui nous menace
Doit toujours nous alarmer :
Quelquefois le Ciel se lasse,
De courroux il peut s'armer.
Si nous possédons la grâce,
Sachons du moins l'estimer.

Les plaisirs ont à leur suite
De trop dangereux attraits ;
Quand une âme en est séduite,
En revient-elle jamais ?
Souvent on n'a que la fuite,
Pour en éviter les traits.

Dès que l'on aime le monde,
Il n'est plus de vrai repos ;
On est, comme au sein de l'onde,
Toujours battu par les flots ;
C'est une source féconde
D'inquiétude et de maux.

Nous ne sommes que faiblesse,
Nous tombons à chaque pas ;
Si le monde nous caresse,
Craignons ses trompeurs appas.
Quel que soit le trait qui blesse,
Il peut causer le trépas.

Quand on va chercher l'orage,
On y trouve enfin la mort :
Le plaisir qui nous engage
Nous prépare un triste sort.
Pour éviter le naufrage,
Retirons-nous dans le port.

MALHEUR DE LA RECHUTE DANS LE PÉCHÉ. — C. 57. — A. 484.

Triste naufrage !
O sort trop malheureux
D'un cœur volage
Qui rompt les sacrés nœuds !
Renonçant aux attraits
D'une tranquille paix,
Il n'a plus en partage
Qu'ennuis et que regrets ;
Triste naufrage !

On rend les armes
Quand le cœur est touché,
Et dans les larmes
On lave son péché.
Mais d'un plaisir trompeur
Bientôt l'attrait flatteur
Venant offrir ses charmes,
A ce cruel vainqueur
On rend les armes.

Par la rechute
Pour prix de ses forfaits,
L'homme est en butte
Aux plus funestes traits.
Déjà du Ciel jaloux
L'arrêt plein de courroux
Contre lui s'exécute,
Percé de mille traits
Par la rechute.

Des fers du crime,
Reprendre la rigueur,
C'est vers l'abîme
Courir à son malheur.
Qui, des célestes lois,

N'écoute plus la voix,
D'un Dieu juste victime,
Tombe enfin sous le poids
Des fers du crime.

Triste naufrage !
O sort trop malheureux
D'un cœur volage
Qui rompt les sacrés nœuds !
Le plaisir d'un moment
Fait perdre un Dieu charmant,
Et ne laisse en partage
Qu'un éternel tourment.
Triste naufrage !

NÉCESSITÉ DE VEILLER ET DE PRIER. — C. 171. — A. 316.

Si le péché vient, de ses charmes,
Vous offrir la fausse douceur,
Résistez-lui d'abord, Chrétiens, courez aux armes,
Un seul moment peut le rendre vainqueur

L'ennemi redouble sa rage,
Repoussez vivement ses coups :
Plus il a de fureur, plus il faut de courage ;
Il ne peut pas vous vaincre malgré vous.

Dans le combat Dieu vous regarde,
Il est toujours à vos côtés :
Tandis qu'un Dieu vous voit, tandis qu'un Dieu vous garde,
Par l'ennemi serez-vous surmonté ?

Voyez, Chrétiens, la récompense
Que le Seigneur tient dans sa main :
La couronne est à vous, pourvu qu'avec constance
Vous souteniez l'effort jusqu'à la fin.

Contre l'enfer et sa furie,
Aux Bienheureux ayez recours;
Mais invoquez surtout le crédit de Marie,
Et vous vaincrez par son puissant secours.

Vous seul pouvez, Seigneur aimable,
Par vous-même nous protéger ;
Ouvrez à vos enfants votre cœur adorable,
Ils y seront à l'abri du danger.

N. B. Durant le Temps pascal, on pourra aussi chanter les Cantiques des Dimanches après l'Épiphanie, qui ont pour objet l'amour de Jésus, page 30 et suivantes.

FÊTE DE L'ASCENSION DE N.-S. J.-C.

MYSTÈRE DE L'ASCENSION. — C. 87. — A. 229.

Portes éternelles !
Voûtes immortelles !
Divin séjour,
Ouvrez-vous en ce jour.
 Le Dieu de puissance,
 D'amour, de clémence,
 Dans sa splendeur,
Va rentrer en vainqueur.
 Portes, etc.

 De mille crimes
 Les hommes victimes
 Tirés des abîmes,
 Rendus à la paix ;
 La guerre éteinte,
 La demeure sainte
 Ouverte à jamais,
 Voilà ses bienfaits.
 Portes, etc.

 Déjà, sous les yeux
 D'un peuple fidèle,
 Sa gloire étincelle :
 Appuyé sur l'aile
 Des chœurs bienheureux,
 Il quitte ces bas lieux
 Et s'élève aux cieux

 Victorieux.
 Portes, etc.

 Célébrons sa victoire,
 Céleste cité,
 Chante sa gloire,
 Qui fait la beauté ;
 A lui seul, chœurs des Anges,
 Offrez à jamais
 Et vos louanges
 Et vos chants de paix.
 Portes, etc.

 Et vous que son absence
 Tient dans la souffrance,
 Mortels, consolez-vous ;
Son bonheur peut être pour tous.
 Son Esprit saint, sa grâce,
 Ses douces faveurs
 Tiendront sa place,
 Rempliront vos cœurs.
 Si vous brûlez des flammes
 De son feu divin,
 Un jour vos âmes
 Iront dans son sein.
 Portes, etc.

MÊME SUJET. — C. 4. — A. 57.

Quel spectacle s'offre à ma vue?
Un Dieu s'élève dans les airs ;
Des Anges entourent la nue
Qui le dérobe à l'univers.
Tout s'empresse sur son passage ;
Il trace un rayon lumineux :
Porté sur un léger nuage,
Il monte aujourd'hui vers les cieux.

Il va jouir de sa victoire
Et du fruit de ses longs combats ;
Assis sur un trône de gloire,
Il m'invite à suivre ses pas.
Le ciel sera mon héritage,
Je partagerai son bonheur ;

Et son triomphe est l'heureux gage
De ma gloire et de ma grandeur.
Mais avant de quitter la terre,
Et d'entrer au ciel en vainqueur,
Il a parcouru la carrière
Des travaux et de la douleur.
C'est par la croix que la couronne
Brille sur son front radieux,
C'est à ce prix qu'elle se donne,
Et qu'on triomphe dans les cieux.

Oui, la croix est l'unique route
Qui mène à l'éternel bonheur :
Aussi je veux, quoi qu'il m'en coûte,
Suivre les traces du Sauveur.

Seigneur, soutenez mon courage,
Guidez, affermissez mes pas,
Régnez dans mon cœur sans par-
Qu'il n'aime que vous ici-bas. [tage
Du crime la route est riante,
Ses sentiers sont semés de fleurs;
Mais cette amorce séduisante
Cache d'éternelles horreurs.
Ah ! l'éclat des biens périssables
N'a plus de charmes à mes yeux;
J'aspire aux biens inaltérables
Que Dieu nous offre dans les cieux.

BONHEUR DU PARADIS. — C. 10. — A. 110.

Aimer un Dieu du plus parfait amour,
Le posséder sans crainte et sans alarmes,
Voir ce grand Dieu nous aimer à son tour,
O Paradis, voilà quels sont tes charmes.

Hommes charnels qui, jusques à ce jour,
N'avez brûlé que de coupables flammes,
Portez les yeux vers l'immortel séjour;
Lui seul, lui seul doit enflammer vos âmes.

Venez combler les désirs de mon cœur,
Dieu de bonté, le seul objet que j'aime;
Venez, venez soulager ma langueur;
N'êtes-vous pas pour moi le bien suprême ?

Dans cet exil, je soupire après vous :
Quand viendrez-vous enfin briser mes chaînes ?
De votre absence, ô mon aimable Époux,
J'ai trop senti les rigoureuses peines.

De vos attraits, que je suis enchanté;
Sainte Sion, mon heureuse patrie !
Vous contempler, éternelle beauté,
C'est là l'espoir dont mon âme est ravie.

MÊME SUJET. — C. 3 et 73. — A. 47 et 209.

Sainte cité, demeure permanente,
Sacré palais qu'habite le grand Roi,
Où doit enfin régner l'âme innocente,
Quoi de plus doux que de penser à toi ?
Beauté divine, ô beauté ravissante !
Tu fais l'objet du suprême bonheur.
Ah ! quand naîtra cette aurore brillante,
Où nous pourrons contempler ta splendeur ?

Autre refrain sur un air propre.

    O ma Patrie,
    O mon bonheur,
    Toute ma vie,
  Sois le vœu de mon cœur.

Dans tes parvis tout n'est plus qu'allégresse,
C'est un torrent des plus chastes plaisirs;
On ne ressent ni douleur ni tristesse,
On ne connaît ni regrets, ni soupirs.—Beauté, etc.

Tes habitants ne craignent plus d'orage,
Ils sont au port, ils y sont pour jamais;
Un calme entier deviendra leur partage,
Dieu dans leur cœur verse un fleuve de paix.—**Beauté**...

De quel éclat ce Dieu les environne !
Ah ! je les vois tout brillants de clarté;
Rien ne saurait y flétrir leur couronne :
Leur vêtement est l'immortalité. — **Beauté, etc.**

Pour les Élus il n'est plus d'inconstance,
Tout est soumis au joug du saint amour;
L'affreux péché n'a plus là de puissance,
Tout bénit Dieu dans cet heureux séjour.—**Beauté, etc.**

Puisque Dieu seul est notre récompense,
Qu'il soit aussi la fin de nos travaux;
Dans cette vie un moment de souffrance,
Mérite au ciel un éternel repos. — **Beauté, etc.**

MÊME SUJET. — C. 1. — A. 12.

Sainte Sion, magnifique demeure,
Du vrai bonheur délicieux séjour !
Ah ! que ne puis-je y voler tout-à-l'heure,
Pour vous y voir, ô Dieu de mon amour !

Du Paradis, les beautés ravissantes,
Charment mon cœur, enchantent tous mes sens;
On ne voit là que fêtes ravissantes,
Que plaisirs purs et toujours renaissants.

Dans ce séjour, douceurs toujours nouvelles,
Au sein de Dieu, toujours nouveaux plaisirs,
Comment pour vous, ô régions si belles,
Ne seraient pas tous mes vœux, mes désirs !

Dans ce séjour, d'un torrent de délices,
L'amour divin inonde tous les cœurs;
Les Saints, pour prix de quelques sacrifices,
Y sont comblés d'éternelles faveurs.

O Paradis ! ô séjour plein de charmes !
Où le Seigneur lui-même, de ses mains,
Daigne essuyer des yeux toutes les larmes,
Et rendre heureux à jamais tous les Saints !

DÉSIRS DU CIEL. — C. 1. — A. 20.

Ce bas séjour n'est qu'un pélerinage;
Cherchons, mon âme, un bonheur permanent.
Tout change, hélas ! en ce triste passage;
Mais notre sort dure éternellement.

Ne fixons point ici notre espérance;
Habitons-y comme des étrangers;

Tous les plaisirs n'y sont qu'en apparence ;
Les biens, les maux n'y sont que passagers.

Loin du tumulte, en cette solitude,
Goûtons en paix les délices des cieux.
Que Jésus seul soit toute notre étude,
Que Jésus seul soit l'objet de nos vœux.

L'unique bien que je veux, que j'espère,
C'est mon Jésus au centre de mon cœur,
Un tel espoir, en ce lieu de misère,
De mon exil adoucit la rigueur.

Mes yeux au ciel sont attachés sans cesse ;
Mon cœur s'échappe et brûle d'y voler.
Ah ! je vous dis, dans l'ardeur qui me presse :
Quand viendrez-vous enfin me consoler ?

Vous qui déjà régnez dans ma patrie,
Compatissez à mes tendres soupirs ;
Pardonnez-moi si je vous porte envie,
Et si je veux partager vos plaisirs.

Vous qui voyez celui que mon cœur aime,
Ah ! dites-lui que je languis d'amour,
Que de le voir mon désir est extrême ;
Mon doux Jésus, quand viendra ce beau jour ?

O douce mort, sans tarder davantage,
Daigne finir un trop malheureux sort !
Fais que mon corps, par un heureux naufrage,
En périssant, mette mon âme au port.

Heureux moment qui dois briser mes chaînes,
Quand viendras-tu me mettre en liberté ?
Quand viendras-tu m'affranchir de mes peines ?
Quand vous verrai-je, éternelle Beauté ?

Ah ! pour vous voir, permettez que je meure.
Divin Jésus, c'est trop longtemps souffrir ;
Je ne vis plus, je languis à toute heure,
Et je me meurs de ne pouvoir mourir.

MÊME SUJET. — C. 18. — A. 127.

Au ciel portons tous nos désirs,
Nos tendres vœux et nos soupirs;
La terre n'a que faux plaisirs.
   Eternité, ma récompense,
Je mets en toi mon espérance.

Le monde a beau nous enchanter,
Il a beau promettre et flatter,
Il ne saurait nous contenter.
   Eternité, etc.

La vie est un exil affreux
Où l'homme, toujours malheureux,
Ne voit que piéges dangereux.
   Eternité, etc.

Les biens qui brillent à nos yeux
N'ont qu'un éclat pernicieux
Qui bientôt nous est ennuyeux.
   Eternité, etc.

Si quelque objet paraît charmant,

Ce n'est qu'un vain enchantement
Qui se dissipe en un moment.
   Eternité, etc.

Tandis qu'on est en ces bas lieux,
Pouvant toujours perdre les cieux,
Comment peut-on être joyeux?
   Eternité, etc.

Ce n'est qu'après le dernier jour
Que Dieu, dans sa brillante cour,
Doit couronner le saint amour.
   Eternité, etc.

Non, des plaisirs purs et parfaits,
Nos cœurs ne jouiront jamais
Qu'au sein de l'éternelle paix.
   Eternité, etc.

Notre âme est en captivité:
Rends-lui, charmante éternité,
Rends-lui sa chère liberté.
   Eternité, etc.

MÊME SUJET. — C. 2. — A. 31.

Quand vous contemplerai-je,
O céleste séjour?
Quand, ô mon Dieu, serai-je
Avec vous pour toujours?
O régions si belles,
Où tout comble les vœux!
Ah! que n'ai-je des ailes
Pour m'envoler aux cieux!

Ah! comblez mon attente,
En m'attirant à vous;
Mon âme languissante
Ne désire que vous.
   O régions, etc.

Partons donc, ô mon âme,
Quittons ces tristes lieux;
D'une divine flamme
Allons brûler aux cieux.
   O régions, etc.

Non, non, toute la terre
Ne peut remplir mon cœur.
Qui peut me satisfaire?
Vous seul, vous seul, Seigneur.
   O régions, etc.

Quoi! tant d'hommes avides
Des faux biens d'ici-bas!
Et les seuls biens solides,
On ne les cherche pas!
   O régions, etc.

Je méprise la terre,
Ses biens et ses plaisirs;
Non, rien ne peut m'y plaire;
Au ciel sont mes désirs
   O régions, etc.

Le seul point nécessaire,
Oui, c'est le Paradis:
Voilà l'unique affaire;
Heureux qui l'a compris
   O régions, etc.

MÊME SUJET. — C. 176. — A. 324.

Qu'il a de charmes à mes yeux!
O Dieu! que doux est votre empire!
C'est pour le ciel que je soupire,
Tout autre objet m'est ennuyeux:
Loin de ces lieux pleins d'allégres-
Je languis et gémis sans cesse. [se,
Dans ton immortelle beauté,
Quand te verrai-je, ô ma Patrie?
Dans les fers mon âme asservie
N'aspire qu'à l'éternité. — Loin...

Non, jamais ils ne sortiront,
Tes doux attraits, de ma mémoire;
C'est dans ton sein, céleste gloire,
Que tous mes ennuis finiront.
   Loin, etc.

Tu calmeras tous mes soupirs,
Des biens parfaits source féconde;
Dans le sein d'une paix profonde,
Tu combleras tous mes désirs.
   Loin, etc.

Là, sur les cœurs à Dieu soumis
L'enfer n'aura plus de puissance;
Là triomphera l'innocence:
De ses combats tel est le prix.
   Loin, etc.

Je te verrai, céleste Cour:
Tu fais ici mon espérance;
Un jour, ton heureuse abondance
Sera le prix de mon amour.
   Loin, etc.

MÊME SUJET. — C. 138. — A. 282.

Quand, de la terre où je soupire,
 Volerai-je vers les cieux ?
Loin de Jésus ma joie expire,
 Les pleurs coulent de mes yeux.
O Sion, demeure chérie,
Des Élus aimable Patrie ! [deurs?
Quand m'apparaîtront tes splen-
Quand goûterai-je tes douceurs ?

Ici les ombres m'environnent ;
 Je ne vois ni mon Sauveur,
Ni les rayons qui le couronnent ;
 Quelle épreuve pour mon cœur !
  O Sion, etc.

Je dis à l'aurore naissante :
 Quand luira mon dernier jour ?
A la nuit : comble mon attente,
 Rien n'exauce mon amour.
  O Sion, etc.

Fuyez, fuyez, heures cruelles !
 Mon exil est un tourment ;
Vers les collines éternelles,
 Je m'élance à chaque instant.
  O Sion, etc.

Là, tariront enfin mes larmes ;
 Là, finiront mes langueurs ;
Là, je puiserai sans alarmes
 A la source des douceurs.
  O Sion, etc.

Céleste paix ! joie ineffable !
 Vous serez un jour à moi ;
Mes yeux, un jour, Être adorable,
 Se reposeront sur toi.
  O Sion, etc.

Paré des vêtements de gloire,
 Je dirai l'hymne sans fin :
Reconnaissance, honneur, victoi-
 Amour à l'Agneau divin ! [re,
  O Sion, etc.

J'entends vos sublimes cantiques
 Et vos chants mélodieux ;
Je vois vos fêtes magnifiques,
 Heureux habitants des cieux.
  O Sion, etc.

MÊME SUJET. — C. 4, 142 et 175. — A. 50, 286 et 320

Dans une douce et pure ivresse,
Je me croyais admis aux cieux,
Dans ce séjour plein d'allégresse
Et de plaisirs délicieux.
O Ciel, séjour trois fois aimable,
Pourquoi disparaître à mes yeux ?
Ah ! reparais, charme ineffable,
Et mets le comble à tous mes vœux.

Sur le trône de sa puissance
Je voyais assis mon Sauveur ;
Pénétrés de reconnaissance,
Les Saints célébraient sa gran-
  O Ciel, etc. [deur.

J'entendais chanter les louanges
De sa suprême Majesté ;
Je croyais être avec les Anges
Au sein de la Divinité.
  O Ciel, etc.

Pourquoi tant de sollicitude,
O mondains, pour la vanité ?
Pourquoi si peu d'inquiétudes
Pour les biens de l'éternité ?
  O Ciel, etc.

Disparaissez, biens insipides,
Qui feriez un jour mon malheur ;
J'ai trouvé des biens plus solides,
Des biens qui feront mon bon-
  O Ciel, etc.   [heur.

Fragiles beautés de la terre,
Dont tant de mortels sont épris,
Qu'êtes-vous, quand je considère
Tous les charmes du Paradis ?
  O Ciel, etc.

C'est pour vous que mon cœur
O séjour de félicité,   [soupire,
C'est vous seul que mon cœur dé-
O Dieu d'éternelle beauté ! [sire,
  O Ciel, etc.

C'est dans cette aimable patrie

Que mes vœux seront satisfaits; | C'est là le séjour de la paix.
C'est là le séjour de la vie, | O Ciel, etc.

MÊME SUJET. — C. 69. — A. 203.

Palais des cieux, ravissante demeure,
Du vrai bonheur délicieux séjour;
    Quand viendra l'heure;
    O Dieu d'amour,
Où j'entrerai dans la céleste cour?
Ah! pour t'y voir, fais qu'à l'instant je meure.

Hélas! sans toi, mon adorable Maître,
Mon cœur gémit et souffre un long tourment.
    Qui sait connaître
    Ce Dieu charmant,
Sans lui ne peut être heureux un moment :
Qui le serait loin d'un si tendre Père?

Je t'aperçois, immortel héritage,
Chère Patrie, ah! quels sont tes attraits!
    Heureux partage!
    Oui, pour jamais,
Mon Bien-Aimé, l'objet de mes souhaits
De mon bonheur, sera le tendre gage.

Du Paradis les fêtes magnifiques
Charment mon cœur et ravissent mes sens.
    Voix angéliques,
    Nobles accents!
Divins accords sans cesse renaissants,
Ah! quand pourrai-je y joindre mes cantiques.

MÊME SUJET. — C. 4. — A. 67.

Vers les collines éternelles
Portons nos regards, nos soupirs;
Que les récompenses mortelles
Réveillent d'immortels désirs.
Fixons ce jour, si doux à croire,
Où, se donnant à ses Elus,
Dieu couronnera dans la gloire
Ses propres dons et leurs vertus.

Quel spectacle rempli de charmes!
Qu'il est consolant pour nos cœurs!
Dieu lui-même essuyant les larmes
De ses fidèles serviteurs.
Chère Sion! ô cité sainte!
Que tes palais sont ravissants!
Ah! quand enfin dans ton enceinte
Uniras-tu tous tes enfants.

Doux espoir! ô brillante aurore,
Quand, fuyant la nuit du tombeau,
Nous verrons le bonheur éclore
Aux feux de ton divin flambeau!
Alors, mon Dieu, libres de chaînes,
Assis sur ces bords enchantés,
Nous boirons l'oubli de nos peines
Au torrent de tes voluptés.

Oui, mon Dieu, voilà ta promesse,
Et le sort heureux qui m'attend;
Mais je succombe à ma faiblesse,
Sans l'appui de ton bras puissant.
Les vertus qui forment ton trône,
Je puis les chanter en ce jour,
Mais ton amour seul nous les donne
Et j'ose implorer ton amour.

FÊTE DE LA PENTECÔTE.

DESCENTE DU SAINT-ESPRIT. PRÉDICATION DE L'ÉVANGILE.
C. 6. — A. 81 et 350.

Sur les Apôtres assemblés,
Lorsque l'Esprit saint vint descen-
Les éléments furent troublés, [dre,
Un vent soudain se fit entendre.
Devant Dieu marche la terreur,
Quand il veut instruire la terre;
Et pour signal de sa grandeur,
Il a le bruit de son tonnerre.

Tendre troupeau, rassurez-vous,
N'appréhendez rien de ses flammes;
Ce feu, qui n'a rien que de doux,
Ne doit embraser que des âmes :
Souvenez-vous que Jésus-Christ,
Dans ses adieux pleins de tendresse,
Vous promit son divin Esprit;
Il tient aujourd'hui sa promesse.

Déjà je vous vois tous remplis
Des transports d'une sainte ivresse;
Dans l'instant vous êtes instruits
Des mystères de la Sagesse ;
Déjà dans vos cœurs fortunés.

Croissent le zèle et le courage,
A mille peuples étonnés
Déjà vous parlez leur langage.

Courez, allez porter vos pas
Dans tous les lieux où l'on respire.
Affrontez les fers, le trépas :
Prêchez ce Dieu qui vous inspire.
Mille lauriers vous sont offerts,
Vous devez en ceindre vos têtes;
Jusques au bout de l'univers
Allez étendre vos conquêtes.

Esprit saint, Esprit créateur,
Qui seul peux convertir nos âmes,
Viens sur ma bouche et dans mon
 [cœur,
Viens les pénétrer de tes flammes:
Donne de la force à mes chants,
Pour annoncer ce qu'il faut croire
Inspire-moi de doux accents
Dignes de célébrer ta gloire.

DONS DU SAINT-ESPRIT. — C. 4. — A. 70.

La Sagesse.

Du bonheur on parle sans cesse,
Mais où se trouvent les heureux?
Les hommes cherchent la sagesse,
Mais la sagesse fuit loin d'eux.
Sûr du bonheur, si je suis sage,
Je veux aussi le devenir :
Avoir la sagesse en partage,
C'est aimer Dieu, c'est le servir.

L'Intelligence.

Don précieux d'intelligence,
Accompagne toujours ma foi,
Le vrai chrétien, dès son enfance
Aspire à comprendre la loi.
Cette loi, si pure et si sainte,
Mille fois heureux qui la suit !
O loi! que dans mon cœur em-
Je te médite jour et nuit. [preinte

La Science.

Connaître Dieu, me bien connaître,
Voilà ce qu'il me faut savoir;
De mes penchants je deviens maître
Et je les soumets au devoir.
Heureux qui dans cette science
Cherche le véritable bien !
Sans elle tout n'est qu'ignorance,
Le savant même ne sait rien.

Le Conseil.

Esprit saint, j'ignore la route
Qu'il faut suivre pour me sauver.
Souvent je balance et je doute
Je marche et ne puis arriver.
Sans cesse l'ennemi m'assiège,
La crainte agite mon sommeil ;
Autour de moi tout n'est que piège:
Esprit saint, soyez mon conseil.

La Piété.

O piété, que de délices
Tu fais goûter aux chastes cœurs!
Oui, par toi, dans les sacrifices,
Le juste trouve des douceurs.
C'est par ton pouvoir ineffable
Que la vertu sait nous charmer :
Puisque tu nous rends tout aimable,
Comment peut-on ne pas t'aimer?

La Force.

Divin Esprit, Esprit de force,
Je ne veux d'autre appui que toi;
Qu'il règne un éternel divorce
Entre tes ennemis et moi.

Des monstres cherchent à m'abat-
Je veux par toi les étouffer; [tre,
Le monde vient pour me combat-
Par toi je veux en triompher. [tre.

La Crainte.

Seigneur, votre volonté sainte
Est souvent pour nous sans appas;
Juste, vous inspirez la crainte,
Et souvent on ne vous craint pas.
On craint le monde, on est à
                  [plaindre:
Que peut-il pour ou contre nous?
Grand Dieu, que j'apprenne à vous
                  [craindre,
A ne craindre même que vous.

INVOCATION AU SAINT-ESPRIT. — 143. — A. 257.

Esprit saint, Dieu de lumière,
O vous que nous invoquons!
Venez des cieux sur la terre,
Comblez-nous de tous vos dons.

Don de Sagesse.

Accordez-nous cette sagesse
Qui ne cherche que le Seigneur :
Que notre étude soit sans cesse
De lui soumettre notre cœur.
    Esprit saint, etc.

Don d'Intelligence.

Donnez-nous cette intelligence,
Ce don qui fait connaître au cœur,
De la foi, toute l'excellence,
Et du crime toute l'horreur.
    Esprit saint, etc.

Don de Conseil.

De vos conseils, que la lumière
Dissipe nos illusions ;
Qu'elle nous guide et nous éclaire
Au milieu des tentations.
    Esprit saint, etc.

Don de Force.

Venez, inspirez-nous la force
D'aimer Dieu, d'observer sa loi ;
Et qu'en vain le monde s'efforce
D'éteindre dans nos cœurs la foi.
    Esprit saint, etc.

Don de Science.

Enseignez-nous cette science,
L'art divin qui fait les vertus,
Répandez sur nous l'abondance
Du don qui forme les élus.
    Esprit saint, etc

Don de Piété.

Qu'une piété vive et pure
Nous anime et brille toujours ;
Qu'à son feu notre âme s'épure,
Et pour vous s'embrase d'amour.
    Esprit saint, etc.

Don de Crainte.

Inspirez-nous de Dieu la crainte
De ses terribles jugements ;
Que sa justice, sa loi sainte,
Pénètre et nos cœurs et nos sens.
    Esprit saint, etc.

MÊME SUJET. — C. 5. — A. 73.

Venez, Créateur de nos âmes,
Esprit saint qui nous animez,
Brûlez de vos célestes flammes
Les cœurs que vous avez formés.

Visitez-nous, Dieu de lumière,
Source de paix et de bonheur,
Don du Très-Haut, feu salutaire
Charme de l'esprit et du cœur.

Pentecôte. Invocation au Saint-Esprit.

Venez, par un rayon propice,
Daignez nous dessiller les yeux ;
Venez nous dégager du vice,
Et nous embraser de vos feux.
Ne souffrez pas que la mollesse
Nous fasse tomber en langueur;
Et soutenez notre faiblesse
Par une touchante ferveur.
Domptez les fureurs tyranniques
De l'enfer armé contre nous ;
De nos ennemis domestiques,
Arrêtez les perfides coups.
Faites que, triomphant du monde,
Nous méprisions sa vanité,
Et que, dans une paix profonde,
Nous marchions vers l'éternité.
Faites-nous connaître le Père,
Faites-nous connaître le Fils ;
Et vous-même, en qui l'on révère
Le saint nœud qui les tient unis.

MÊME SUJET. — C. 64. — A. 196.

O Dieu du pur amour,
  En ce beau jour,
  Descends dans mon âme;
O Dieu du pur amour,
  En ce beau jour,
  Fixe ton séjour.
    De mes vœux
  L'ardeur te réclame;
    De tes feux
  Que mon cœur s'enflamme :
O Dieu, viens à l'instant ;
  Mon cœur brûlant
  T'implore et t'attend.

Hélas ! sans ton secours,
  Que sont mes jours
  D'exil sur la terre ?
Hélas ! sans ton secours,
  Que sont mes jours,
  Si bornés, si courts ?
    Faux attraits,
  Réelles misères,
    Voile épais,
  D'erreurs mensongères ;
Hélas ! jour radieux,
  Soleil des cieux,
  Parais à mes yeux.

En moi tout est danger,
  Un trait léger,
  Un souffle me blesse.
En moi tout est danger ;
  Un trait léger
  Peut tout ravager.
    Quand l'effort
  De Satan me presse,
    O Dieu fort,

Soutiens ma faiblesse ;
  En moi, de tous les jours
  Puissant secours,
  Demeure toujours.

Enfin, plus de désirs,
  Plus de soupirs
  Que ton cœur abhorre.
Enfin, plus de désirs,
  Plus de soupirs
  Pour de vains plaisirs.
    Sous tes lois,
  Dont le joug m'honore,
    A ta voix,
  Dieu saint que j'adore,
Enfin, dès cet instant,
  Libre et content,
  Oui, mon cœur se rend.

Déjà du Dieu puissant
  Je suis l'enfant,
  Par le saint baptême;
Déjà du Dieu puissant
  Je suis l'enfant,
  Mais faible, inconstant ;
    Dans mon cœur,
  Dans ce cœur qui t'aime,
    En vainqueur
Entre, Amour suprême :
Déjà je m'offre à toi ;
  Viens, remplis-moi
  De force et de foi.

Amour, ô don si beau,
  Pose ton sceau,
  Ton sceau tutélaire ;
Amour, ô don si beau,
  Pose ton sceau

Sur mon cœur nouveau.
De tes lois
La douce lumière,
De la croix

L'auguste bannière,
Amour, dans mes combats,
Jusqu'au trépas,
Vont guider mes pas.

MÊME SUJET. — C. 140. — A. 880.

Dieu d'amour,
En ce jour,
Viens et descends dans mon âme ;
Oui, viens, mon âme est à toi sans retour.
Mon cœur, qui te réclame,
Abjure ses erreurs,
Et désire, Esprit de flamme,
Brûler de tes saintes ardeurs.

Ah ! pourquoi,
Loin de toi,
Cherché-je un bonheur frivole ?
On ne peut être heureux que sous ta loi.
C'est elle qui console
Tes vrais adorateurs ;
Appuyés sur ta parole,
Ils sont au-dessus des malheurs.

Il est temps :
Je me rends,
Seigneur, ta bonté m'enchante ;
Mon cœur se livre au plus doux sentiment.
Sous ta loi bienfaisante,
Si tu veux, ô mon Dieu,
Fixer mon âme inconstante,
Viens l'y graver en traits de feu.

Si jamais
J'oubliais
Ta loi sainte qui me guide,
Je m'abandonne à tes justes arrêts :
Oui, que ma langue aride
S'attache à mon palais,
Et que mon âme perfide,
En te perdant, perde la paix.

MÊME SUJET. — C. 433. — A. 277.

Esprit saint, descendez en nous,
Embrasez notre cœur de vos feux les plus doux.
Chœur. Esprit saint, etc.
Sans vous notre vaine prudence
Ne peut, hélas ! que s'égarer :
Ah ! dissipez notre ignorance ;
Esprit d'intelligence,
Venez nous éclairer. — *Ch.* Esprit saint....

Le noir enfer, pour nous faire la guerre,
Se réunit au monde séducteur;
Tout est pour nous embûche sur la terre :
    Soyez notre libérateur. — *Ch.* Esprit saint, etc.

Enseignez-nous la divine sagesse,
Seule elle peut nous conduire au bonheur;
Dans ses sentiers qu'heureuse est la jeunesse,
    Qu'heureuse est la vieillesse! — *Ch.* Esprit saint, etc.

MÊME SUJET. — C. 79. — A. 220.

Esprit saint, comblez nos vœux,
    Embrasez nos âmes
    Des plus vives flammes;
Esprit saint, comblez nos vœux,
    Embrasez nos âmes
    De vos plus doux feux.
        Esprit saint, etc.
Seul auteur de tous les dons,
De vous seul nous attendons
    Tout notre secours,
    Dans ces saints jours.
        Esprit saint, etc.
Sans vous, en vain du don des cieux
    Les rayons précieux
    Brillent à nos yeux;
    Sans vous notre cœur
    N'est que froideur.
        Esprit saint, etc.
Voyez notre aveuglement,
Nos maux, notre égarement;
    Rendez-nous à vous,
    Et changez-nous.
        Esprit saint, etc.
Sur nos esprits, Dieu de bonté
    Répandez la clarté

Et la vérité;
    Préparez nos cœurs
    A vos faveurs.
        Esprit saint, etc.
Donnez-nous ces purs désirs,
Ces pleurs saints, ces vrais soupirs,
    Qui, des grands pécheurs,
    Changent les cœurs.
        Esprit saint, etc.
Donnez-nous la docilité,
    Le don de pureté
    Et de piété,
    L'esprit de candeur
    Et de douceur. Esprit saint...
Réchauffez notre tiédeur,
Animez notre ferveur,
    Rassurez nos pas
    Dans nos combats.
        Esprit saint, etc.
Sanctifiez les jours naissants
    De vos faibles enfants,
    En leurs premiers ans;
    Que tous leurs instants
    Soient innocents.
        Esprit saint, etc.

MÊME SUJET. — C. 80. — A. 221.

Quel feu s'allume dans mon cœur,
Quoi! Dieu vient habiter mon âme,
S'unit à moi pour mon bonheur?
A son aspect consolateur,
    Et je m'éclaire et je m'enflamme :
Je t'adore, Esprit créateur;
    Parais, Dieu de lumière,
Et viens renouveler la face de la terre. [vers.

Je vois mille ennemis divers | J'entends tous leurs complots per-
Conjurer ma perte éternelle ; | Roi tout-puissant de l'univers,

Brise leur trame criminelle ;
Qu'ils retombent dans les enfers.
   Parais, etc.

Quels sont ces profanes accents,
Ces ris et ces pompeuses fêtes ?
De Baal ce sont les enfants :
Au sein des plaisirs séduisants,
De fleurs ils couronnent leurs têtes
Que va frapper la faux du temps.
   Parais, etc.

Voyez comme les insensés [verte !
Dansent sur leur tombe entr'ou-
La mort les suit à pas pressés :
En vain on les a menacés ;
En riant ils vont à leur perte ;
Dieu regarde : ils sont terrassés.
   Parais, etc.

Quoi ! pour un instant de plaisir,
Mon Dieu, j'oublierais ta loi sainte!
Quoi ! renonçant à te servir,
Dans l'égarement du désir,
Je pourrais vivre sans ta crainte !

Non, Seigneur, non, plutôt mou-
   Parais, etc.   [rir !

Chrétien par devoir et par choix,
Et fier de ton ignominie
Préférable au sceptre des rois,
Je t'embrasse, ô divine Croix !
C'est toi qui m'as donné la vie ;
Sur mon cœur je connais tes
   Parais, etc.   [droits.

Si quelques instants égaré,
Je te fuyais, beauté divine,
Après m'être à toi consacré ;
Allume en mon cœur déchiré,
Allume une guerre intestine ;
De remords qu'il soit dévoré.
   Parais, etc.

Ah! plutôt, règne Dieu d'amour,
Sur ce cœur devenu ton temple ;
Et sans partage et sans retour,
Qu'il sache t'aimer à son tour,
Et qu'à jamais il te contemple
Dans l'éclat du divin séjour.
   Parais, etc.

HEUREUX EFFETS DE L'ESPRIT SAINT DANS UNE AME. — C. 126. — A. 270.

Quelle nouvelle et sainte ardeur
En ce jour transporte mon âme !
   Je sens que l'esprit créateur
   De son feu tout divin m'enflamme.
     Vive Jésus, je crois, je suis chrétien :
       Censeurs, je vous méprise :
     Lancez, lancez vos traits, je ne crains rien ;
       Mon bras vainqueur les brise.

Il faut, dans un noble combat,
Pour vous, Seigneur, que je m'en-
               [gage ;
Vous m'avez fait votre soldat,
Vous m'en donnerez le courage.
   Vive Jésus, etc.

Du salut le signe sacré
Arme mon front pour ma défense ;
Devant lui l'enfer conjuré,
Perdra sa funeste puissance.
   Vive Jésus, etc.

Seigneur, à vos aimables lois,
Le grand nombre serait rebelle,
Que mon cœur constant dans son
Y serait encor plus fidèle. [choix.
   Vive Jésus, etc.

Le mépris d'un monde insensé
Pourrait-il m'alarmer encore ?
Loin de m'en trouver offensé,
Je sens aujourd'hui qu'il m'ho-
   Vive Jésus, etc.   [nore.

Dans sa fureur, l'impiété
Veut me ravir le bien que j'aime ;
Je veux, fort de la vérité,
Lui dire toujours anathème.
   Vive Jésus, etc.

On a vu de faibles agneaux
Triompher de l'aveugle rage
Et des tyrans et des bourreaux :
Faible comme eux, Dieu m'en-
   Vive Jésus, etc.   [courage.

Enfant des généreux Martyrs,
Puissé-je égaler leur constance,
Et trouver mes plus doux plaisirs
Au sein même de la souffrance !
    Vive Jésus, etc.

A la mort fallût-il s'offrir,
Ou perdre, hélas! son innocence,
Grand Dieu, je consens à mourir,
Ne souffrez pas que je balance.
    Vive Jésus, etc.

CONTRE LE RESPECT HUMAIN. — C. 108. — A. 251.

    Allons enfants de l'Évangile,
    Foudroyer le respect humain ;
    Qu'enfin cette idole fragile
    Tombe aujourd'hui sous notre main.
    Rougirions-nous du Roi de gloire,
    Nous, ses amis, nous, ses soldats?
    Quand Jésus nous guide aux combats,
    Pourrions-nous céder la victoire ?
  Du monde, osons braver la haine, les mépris :
  Pour Dieu vivons, mourons; le ciel en est le prix.

Non, non, tandis que dans mes vei-
Il restera du sang chrétien, [nes
Monde, tes menaces sont vaines ;
Seigneur, ton camp sera le mien!
A la croix je serai fidèle,
Je la défendrai de mon bras;
Et si je ne triomphe pas,
Du moins je tomberai près d'elle.
    Du monde, etc.

Voyez, précédé de ses Anges,
S'avancer le Juge éternel ;
Voyez les célestes phalanges
Préparer le glaive immortel.
Eh bien ! ingrat, voilà ton Maître:
Tu rougissais de le servir ;
Lui-même de toi va rougir :
Ose encore le méconnaître !
    Du monde, etc.

Allez, chrétiens pusillanimes,
Ne profanez point ce saint lieu ;
La faiblesse est mère des crimes,
Et qui tremble n'est point à Dieu.
Vous redoutez les vains murmures
D'hommes contre vous impuissants;
Que feriez-vous, si, des tyrans,
Il fallait subir les tortures?
    Du monde, etc.

Aimable vainqueur de nos âmes,
T'appartenir est notre honneur ;
O céleste objet de nos flammes,
Te chérir est notre bonheur.
Jésus, conduis-nous sur ta trace ;
Que pourra l'enfer en courroux ?
Et qui prévaudra contre nous,
Si tu nous soutiens par ta grâce?
    Du monde, etc.

MÊME SUJET. — C. 66. — A. 198.

    Bravons les enfers
    Et brisons nos fers,
  Sortons de l'esclavage.
    Unissons nos voix,
    Rendons à la croix
Un sincère et public hommage.
Jurons haine au respect humain,
Brisons cette idole fragile ;
Sur ses débris, que notre main
Élève un trône à l'Évangile.
    Bravons, etc.

Chrétiens, d'une vaine terreur,
Serions-nous encor la victime !
Qu'il soit banni de notre cœur,
Le cruel tyran qui l'opprime.
    Bravons, etc.

Sous le joug d'un monde censeur,
Nous gémissons dès notre enfance;
Recouvrons, vengeons notre hon-
    [neur,
Proclamons notre indépendance.
    Bravons, etc.

Partout flottent les étendards
Qu'arbore à nos yeux la licence,
Faisons briller à ses regards
La bannière de l'innocence.
    Bravons, etc.

Tout chrétien doit être un soldat
Marchant à l'éternelle gloire :
Quand un Dieu le mène au combat,
Peut-il douter de la victoire ?
    Bravons, etc.

Vit-on jamais au champ d'honneur,
Vit-on pâlir le front des braves?
Et nous, sur les pas du Sauveur,
Nous aurions le cœur des esclaves!
    Bravons, etc.

Quoi! vous rougissez, vils mortels,
Honteux d'être vus dans un temple
Donnant aux pieds des saints autels
De votre foi le noble exemple!
    Bravons, etc.

De la Croix le signe adoré
Arme mon front pour ma défense;
Devant lui l'enfer conjuré
Perdra sa funeste puissance.
    Bravons, etc.

Chrétiens, le signal est donné,
Hâtons-nous, courons à la gloire:
L'heure du triomphe a sonné,
Le Ciel nous promet la victoire.
    Bravons, etc.

LE CHRÉTIEN ENCOURAGÉ A TOUT SOUFFRIR POUR LA FOI.
c. 108. — A. 251.

Allons, peuple, à la Foi docile,
Combattons pour la vérité.
Pour notre Dieu, pour l'Evangile
Armons-nous d'intrépidité.
    Soyons fermes, Chrétiens, montrons-nous courageux;
    Mourons, et notre mort nous ouvrira les cieux.

Que nous veut la horde rebelle
A l'aimable joug du Seigneur ?
Des enfants de Dieu qu'attend-elle,
Dans son insolente fureur ?
Entendez-vous gronder l'orage ?
Chrétiens, ah ! ne permettez pas
Que de perfides apostats
Vous ravissent votre héritage.
    Soyons, etc.

Quoi! des doctrines mensongères
Tueraient nos dogmes consolants!
Quoi! la croyance de vos pères
Serait ravie à leurs enfants!
Des méchants que l'enfer anime
Prétendraient vous faire la loi !
Et vous pourriez à votre Foi
Préférer les leçons du crime!
    Soyons, etc.

Tremblez, apôtres détestables,
L'opprobre de tout l'univers,
Le prix de vos trames coupables
Vous attend au fond des enfers.
Le Dieu que vous osez combattre

En voyant une troupe impie
Lancer un blasphème orgueilleux
Contre le Dieu de nos aïeux,
Craindrons-nous leur vaine furie?

Se tait, mais il est tout-puissant;
Il saura bien en un moment,
Vous humilier, vous abattre.
    Soyons, etc.

Chrétiens, les méchants vous haïssent;
Mais gardez-vous de les haïr:
Si, dans leur rage, ils vous maudissent,
Ne cessez point de les bénir.
Que le mal qu'ils voudraient vous faire
Ranime en vous la charité;
Et du Ciel contre eux irrité,
Tâcher d'apaiser la colère.
    Soyons, etc.

Amour de la sainte patrie,
Echauffe-nous dans nos combats.
Foi de nos pères, Foi chérie,
Parmi nous, choisis tes soldats.
Pour assurer notre victoire;
Seigneur, apprends-nous à souffrir
Puissions-nous combattre et mourir
Pour ton bonheur et pour ta gloire!
    Soyons, etc.

ÉTABLISSEMENT, COMBATS DE L'ÉGLISE DE JÉSUS-CHRIST.
C. 74. — A. 213.

Pourquoi ces noirs complots, ô peuples de la terre ?
  Pourquoi tant de projets divers ?
Osez-vous vous liguer pour déclarer la guerre
  Au Souverain de l'univers ?
  Tremblez, ennemis de sa gloire,
  Tremblez, audacieux mortels ;
  Il tient dans ses mains la victoire,
  Tombez aux pieds de ses autels.
  La Religion nous appelle,
  Sachons vaincre, sachons périr ;
  Un chrétien doit vivre pour elle,
  Pour elle un chrétien doit mourir.

Longtemps, ah ! trop longtemps plongé dans les ténèbres,
  Assis à l'ombre de la mort,
L'univers gémissant sous ses voiles funèbres,
  Soupirait pour un meilleur sort ;
  Jésus paraît, à sa lumière,
  La nuit disparaît sans retour,
  Comme on voit une ombre légère
  S'enfuir devant l'astre du jour. — La Religion, etc.

Pour soumettre à ses lois tous les peuples du monde,
  Il ne veut que douze pécheurs,
Dont la main soutiendra le royaume qu'il fonde
  Sur les débris de mille erreurs.
  Nouveaux guerriers, prenez la foudre,
  Allez conquérir l'univers,
  Frappez, brisez, mettez en poudre
  L'idole d'un monde pervers. — La Religion, etc.

Les voilà, ces héros, du couchant à l'aurore ;
  Leur voix plus prompte que l'éclair,
A brisé tous ces dieux que l'univers honore
  D'un culte inspiré par l'enfer.
  Ouvrant les yeux à la lumière,
  Rome éclairera les mortels,
  Et foulera dans la poussière
  Ses temples, ses dieux, ses autels. — La Religion, etc.

Implacables tyrans, votre main meurtrière
  Fait couler le sang à grands flots.
Mais le sang est fécond, et du sein de la terre,
  S'élève un essaim de héros :
  Et courbant eux-mêmes leurs têtes,
  Seigneur, sous le joug de tes lois,
  Après trois siècles de tempêtes,
  Les princes arborent la croix. — La Religion, etc.

O cité des chrétiens, toi dont la destinée
Est de régner sur l'univers,
De ce joug si nouveau si tu fus étonnée,
Aujourd'hui tu bénis tes fers.
La Religion triomphante
Sur le trône de tes Césars,
Veut que les peuples qu'elle enfante
Combattent sous tes étendards. — La Religion, etc.

Sainte Église, c'est toi qui m'as donné la vie,
Tu m'as nourri dès le berceau.
Enrichi de tes biens, ah! si mon cœur t'oublie,
S'il ne t'aime jusqu'au tombeau,
Que jamais ma langue glacée,
Ne prête de sons à ma voix,
Et que ma droite desséchée
Me punisse et venge tes droits. — La Religion, etc.

SENTIMENTS D'UN HÉROS CHRÉTIEN. — C. 80. — A. 221.

Descends, ô Dieu consolateur,
Et daigne ranimer mon âme;
Que ta sainte et divine ardeur
S'empare aujourd'hui de mon cœur
L'éclaire, l'échauffe et l'enflamme
Oh! que ta grâce a de douceur!
 Pour Dieu donner ma vie,
C'est le sort le plus beau, le plus digne d'envie.

Adorons le Verbe éternel,
L'image et la splendeur du Père;
S'il s'est fait passible, mortel,
Victime à la croix, à l'autel,
Pour nous il voulait satisfaire,
Il voulait nous ouvrir le ciel.
 Pour Dieu, etc.

O monde, tes adorateurs
Vivent toujours dans les alarmes:
Ils vont à d'éternels malheurs,
Déjà l'enfer est dans leurs cœurs;
Et moi je trouve mille charmes,
Au milieu même des douleurs.
 Pour Dieu, etc.

S'il le faut, je saurai souffrir:
Ni le revers, ni l'indigence
Ne m'arracheront un soupir;
Non, rien ne pourra me ravir
Le doux trésor de l'innocence.
Ah! plutôt mille fois mourir.
 Pour Dieu, etc.

De la foi portant le flambeau,
Je verrais s'ouvrir, sans me plain-
Pour moi les portes du tombeau; [dre,
Je monterais sur l'échafaud,
J'attendrais le fer sans le craindre,
Formant des vœux pour mon
 Pour Dieu, etc.   [bourreau.

Du vrai bonheur je touche au port,
Déjà du ciel je vois la gloire:
Vers Dieu je vais prendre l'essor,
Laisse sur moi tomber la mort,
O glaive, achève ma victoire,
Hâte-toi de fixer mon sort.
 Pour Dieu, etc.

FÊTE DE LA SAINTE TRINITÉ.

MYSTÈRE DE LA SAINTE TRINITÉ. — C. 1. — A. 12.

O vaste abîme, ô source inépuisable
De profondeur, de sainte obscurité;
De notre foi mystère impénétrable,
Etre infini, divine Trinité!

O Trinité, qui, de ton être immense,
Pourra sonder les sublimes hauteurs?
Qu'en nous la foi, par un humble silence,
Sache du moins honorer tes grandeurs.

J'adore en toi trois distinctes personnes,
Que nous croyons ne faire qu'un seul Dieu:
Saints, à ses pieds, déposez vos couronnes;
Son nom, sa gloire est connue en tout lieu.

Esprit divin, ô Fils, et vous, ô Père,
Vous possédez même divinité,
Mêmes trésors, même éclat de lumière,
Même grandeur, même immortalité.

O Séraphins, vous couvrez de vos ailes,
Du Dieu vivant le trône radieux;
Et vos concerts, Esprits toujours fidèles,
De son saint Nom font retentir les cieux.

Ciel, dans ton sein, sans le moindre nuage,
Notre œil verra son front majestueux;
Mais ici-bas, notre cœur, sans partage,
Lui doit offrir le tribut de ses vœux.

De tes enfants exauce les prières,
Trinité sainte, et sensible à leurs vœux,
Par tes ardeurs, par tes vives lumières,
Rends-les un jour triomphants dans les cieux.

MÊME SUJET. — C. 50. — A. 174.

C'est la foi du Chrétien
Que Dieu, suprême bien,
A créé le ciel, la terre et l'onde:
C'est la foi du Chrétien
Que Dieu, suprême bien,
Est de tout l'auteur et le soutien.
C'est un être éternel,
Immuable, immortel,
Maître absolu du monde;
C'est un être éternel,
Immuable, immortel,
Immense, incorporel.

Dans la simple unité
De sa divinité,
Il contient trois personnes pa-
Dans la simple unité   [reilles
De sa divinité,
Nous croyons l'auguste Trinité;
Père, Fils, Saint-Esprit,
Le fidèle y souscrit,
Adorant ses merveilles;
Père, Fils, Saint-Esprit,
Le fidèle y souscrit,
Parce que Dieu l'a dit.

Le Père tout-puissant
Engendre, en se voyant,
Dieu le Fils, sa sagesse ineffable;
Le Père tout-puissant
Engendre, en se voyant,
Son égal et son portrait vivant ;
Tous deux conjointement
Produisent, en s'aimant,
L'Esprit saint leur semblable ;
Tous deux conjointement
Produisent, en s'aimant,
L'Esprit sanctifiant.

Adorable Unité,
Divine Trinité.
Recevez aujourd'hui notre hom- [mage;
Adorable Unité,
Divine Trinité,
Votre nom soit partout exalté.
Puissions-nous au décès,
Mourant dans votre paix,
Vous avoir pour partage :
Puissions-nous au décès,
Mourant dans votre paix,
Etre à vous pour jamais.

MÊME SUJET. — C. 5. — A. 74.

O toi qu'un voile épais nous
Indivisible Trinité ! [cache,
Lumière éternelle et sans tache,
Nous adorons ta Majesté.

En Dieu, seul saint, seul adorable,
Oh ! que de gloire et de splendeur !
Oh ! quel abîme impénétrable
Et de richesse et de grandeur !

Confondez-vous, raison humaine;
Confondez-vous, fermez les yeux:
De Dieu la bonté souveraine
Ne peut se voir que dans les cieux.

Le Père seul en sa sagesse,
Engendre un Fils qui le chérit :

De leur mutuelle tendresse,
L'Esprit saint est l'auguste fruit.

Le Père, en nous donnant la vie,
Nous la conserve à chaque instant;
Le Saint-Esprit nous sanctifie
Par les feux qu'en nous il répand.

Egal en tout à Dieu son Père,
Dieu le Fils, le Verbe éternel,
Pour soulager notre misère
A daigné se faire mortel.

Enfants soumis, rendons hom-
A la divine Trinité ; [mage
Son nom seul est pour nous le gage
De l'heureuse immortalité.

HOMMAGE A LA SAINTE TRINITÉ. — C. 52. — A. 177

D'un Dieu Créateur
Célébrons la gloire immortelle;
D'un Dieu Créateur
Chantons à l'envi la grandeur.
L'aurore la révèle
A chaque jour qui suit,
Et le jour est fidèle
A l'apprendre à la nuit.

Chantons tour à tour
Sa juste et sage Providence ;
Chantons tour à tour
Et sa grandeur et son amour.
La timide innocence
En lui trouve un vengeur,
L'humble et triste indigence,
Un zélé protecteur.

Régnez sur nos cœurs,
Divin Jésus, Sauveur suprême ;
Régnez sur nos cœurs
Par vos vertus et vos faveurs.
Dans votre amour extrême
Quittant le nom de Roi,
Vous supportez vous-même
Tout le joug de la loi.

O divin Esprit,
Pour Dieu, c'est toi qui nous en-
O divin Esprit, [flammes]
De Dieu ta grâce nous instruit.
Allume dans nos âmes
Tes célestes ardeurs,
De tes divines flammes
Embrase tous les cœurs.

RÉNOVATION DES VŒUX DU BAPTÊME. — C. 77. — A. 218.

Quand l'eau sainte du Baptême
Coula sur vos fronts naissants,
Et qu'un Dieu, la bonté même,
Vous adopta pour enfants ;
   Muets encore,
D'autres promirent pour vous ;
Aujourd'hui confessez tous
La foi dont un chrétien s'honore.

Chœur. Foi de nos pères,
Notre règle et notre amour,
Nous embrassons en ce jour
Et ta morale et tes mystères.

Annoncé par mille oracles,
Et de la terre l'espoir,
L'Homme-Dieu, par ses mira-
Fait éclater son pouvoir. [cles,
   Victime pure,
Il triomphe du trépas,
Et je n'adorerais pas
En lui l'Auteur de la nature !
Ch. Foi de nos pères, etc.

Par un funeste héritage,
Nos parents avec le jour,
Nous transmirent en partage
La haine d'un Dieu d'amour.
   En vain je crie,
Le Ciel repousse mes pleurs ;
Mais Jésus a dit : je meurs ;
Et sa mort me rend à la vie.
Ch. Foi de nos pères, etc.

Ciel ! quelle robe éclatante !
Quel bain pur et bienfaisant !
Quelle parole puissante
D'un Dieu m'a rendu l'enfant !
   Je te baptise...
Les cieux s'ouvrent, plus d'enfer,
Et des Anges le concert
M'introduit au sein de l'Église.
Ch. Foi de nos pères, etc.

De quel œil de complaisance
Vous me vîtes, ô mon Dieu,
Quand, revêtu d'innocence,
On m'emporta du saint lieu !
   Pensée amère !
O beau jour trop tôt passé !
Hélas ! je me suis lassé, [père.
Mon Dieu, de vous avoir pour
Ch. Foi de nos pères, etc.

J'ai blessé votre tendresse,
Violé vos saintes lois :
Vous me rappeliez sans cesse
Je repoussais votre voix.
   Ah ! si mes larmes
Ont mérité mon pardon,
Je puis de votre maison, [mes.
Seigneur, encor goûter les char-
Ch. Foi de nos pères, etc.

Loin de moi, monde profane,
Fuis, ô plaisir séduisant :
L'Evangile vous condamne ;
Vous blessez en caressant.
   Sous votre empire,
Mon Dieu, sont les vrais trésors,
Vos douceurs sont sans remords,
C'est pour elles que je soupire.
Ch. Foi de nos pères, etc.

Loin de ces palais coupables,
Où s'agite le pécheur,
Sous vos pavillons aimables,
J'irai jouir du bonheur ;
   Avant l'aurore,
Mon cœur vous appellera ;
Et quand le jour finira,
Mes chants vous béniront encore.
Ch. Foi de nos pères, etc.

MÊME SUJET. — C. 11 et 146. — A. 113 et 290.

J'engageai ma promesse au Baptême ;
Mais pour moi d'autres firent serment :
Dans ce jour je vais parler moi-même,
Je m'engage aujourd'hui librement.

Je crois donc en un Dieu trois personnes ;
De mon sang je signerais ma foi ;

Faible esprit, vainement tu raisonnes,
Je m'engage à le croire et je crois.

A la foi de ce premier mystère,
Je joindrai celle d'un Dieu-Sauveur ;
Sous les lois de l'Eglise ma mère,
Je m'engage et d'esprit et de cœur.

Sur les fonts, dans une eau salutaire,
Pour enfant, Dieu daigna m'adopter ;
Si j'en ai souillé le caractère,
Je m'engage à le mieux respecter.

Je renonce aux pompes de ce monde,
A la chair, à tous ses vains attraits :
Loin de moi, Satan, esprit immonde,
Je m'engage à te fuir pour jamais.

Faux plaisirs, source infâme de vices,
Trop longtemps vous fûtes mon amour ;
Je renonce à vos fausses délices,
Je m'engage à Dieu seul sans retour.

Oui, mon Dieu, votre seul Évangile,
Règlera mon esprit et mes mœurs :
Dussiez-vous en frémir, chair fragile,
Je m'engage à toutes ses rigueurs.

Ah ! Seigneur, qui sait bien vous connaître
Sent bientôt que votre joug est doux :
C'en est fait, je n'ai point d'autre maître ;
Je m'engage à ne servir que vous.

Sur vos pas, ô mon divin modèle,
Plus heureux qu'à la suite des rois,
Plein d'horreur pour ce monde infidèle,
Je m'engage à porter votre croix.

Si le ciel, d'un moment de souffrance,
Doit, Seigneur, être le prix un jour ;
Animé par cette récompense,
Je m'engage à tout pour votre amour.

C'est, mon Dieu, dans vous seul, que j'aspire
A fixer mes plaisirs et mes goûts :
Pour le ciel c'est peu que je soupire ;
Je m'engage à soupirer pour vous.

Puisqu'enfin dans le ciel, ma patrie,
De mes biens, vous serez le plus doux,
Dès ce jour et pour toute ma vie,
Je m'engage et je suis tout à vous.

MÊME SUJET. — C. 3. — A. 47.

Je viens, mon Dieu, ratifier moi-même
Ce que pour moi l'on promit autrefois,

Les vœux sacrés pour moi faits au Baptême,
Je veux les faire aujourd'hui de mon choix.
Je te renonce, ô prince tyrannique,
Cruel Satan, injuste usurpateur;
Je te déteste : et mon désir unique
Est d'obéir à la loi du Seigneur.

Je te renonce, ô péché détestable,
Poison mortel, malgré tous tes attraits.
Oui, pour te rendre à mon cœur haïssable,
Il me suffit qu'à mon Dieu tu déplais.
 Je te renonce, etc.

Plutôt mourir, monde impur, que de vivre
Selon tes lois et tes perverses mœurs;
Ce que toujours mon âme prétend suivre,
C'est l'Evangile et ses saintes rigueurs.
 Je te renonce, etc.

De tout mon cœur, mon Dieu, je renouvelle,
Ces vœux sacrés : je les fais pour toujours;
Et je prétends être toujours fidèle
A les garder avec votre secours.
 Je te renonce, etc.

Vous m'avez mis au rang inestimable
De vos enfants, ô Père tout-puissant;
Je veux pour vous, ô Père tout aimable
Avoir la crainte et l'amour d'un enfant.
 Je te renonce, etc.

Divin Jésus, je promets de vous suivre;
D'être à vous seul, je me fais une loi :
Non, ce n'est plus pour moi que je veux vivre,
Comme mon chef, vous seul vivez en moi.
 Je te renonce, etc.

Esprit divin, remplissez-moi sans cesse,
Animez-moi, Dieu sanctificateur,
Et qu'à jamais, fidèle à ma promesse,
Je vous conserve au milieu de mon cœur.
 Je te renonce, etc.

 MÊME SUJET. — C. 3 et 197. — A. 48 et 342.
1°. *Bonheur de renouveler les vœux du Baptême.*

Toujours, toujours, lorsque du saint Baptême,
Le nom viendra retentir à mon cœur;
Toujours, toujours, de cette grâce extrême,
Je publierai la gloire et le bonheur.
Liens sacrés, ma joie et ma couronne,
Que de nouveau je noue en ce grand jour,
Je vous préfère à la splendeur d'un trône,
Vous m'enchaînez à Jésus pour toujours.

2°. *Renoncement aux richesses.*

Toujours, toujours, toi que Jésus me prêche,
O pauvreté, je serai ton enfant ;
Toujours, toujours, l'aspect de l'humble crèche
Sera pour moi l'aspect le plus charmant.
Si tu le veux, de chaumière en chaumière
J'irai quêter mon pain de chaque jour,
Et je serai sans abri sur la terre ;
Voilà comment je t'aimerai toujours.

3°. *Renoncement aux plaisirs.*

Toujours, toujours, ô vertu ravissante,
Toi qui des lis effaces la beauté,
Toujours, toujours, dans mon âme innocente,
Tu règneras, divine pureté.
Pour toi l'amour d'un enfant de Marie,
Des purs esprits, doit égaler l'amour ;
Et dans un siècle où partout l'on t'oublie,
Ne faut-il pas que je t'aime toujours ?

4°. *Renoncement à sa propre volonté.*

Toujours, toujours, à ta volonté sainte,
J'aurai, Seigneur, un cœur obéissant ;
Toujours, toujours, sans retard et sans crainte,
J'immolerai volonté, jugement.
Jésus, mon Roi, fais qu'en tout temps fidèle,
Je t'obéisse en tout et par amour ;
Plutôt mourir que de vivre rebelle
Et de cesser de t'obéir toujours !

5°. *Promesse d'attachement à l'Église.*

Toujours, toujours, Mère tendre et chérie,
Qui nuit et jour me porte dans ton sein,
Toujours, toujours, Eglise qu'on renie,
Je serai tien, quel que soit ton destin.
J'ai tout reçu des mains de ta tendresse,
Et je pourrais t'abandonner un jour !
Non, je te fais l'éternelle promesse
Et de te suivre et de t'aimer toujours.

6°. *Consécration à la Sainte Vierge.*

Toujours, toujours, ô Vierge, sous ton aile,
Je laisserai ces saints engagements.
Toujours, toujours, ô gardienne fidèle,
Préservez-les des injures du temps.
Hélas ! je crains que l'enfer en furie
Ne me prépare encor de mauvais jours
Sois ma défense, invincible Marie,
Je ne vaincrai que pour t'aimer toujours.

RECONNAISSANCE POUR LA GRACE DU BAPTÊME. — C. 65. — A. 197.

Qu'a mon Sauveur j'ai de grâces à rendre !
Qu'il est généreux, qu'il est tendre !
Dans les fonts du Baptême, en me régénérant,
Il a daigné me laver de son sang.

Si mon malheur autrefois fut extrême,
Je dois mon bonheur au Baptême
Qui, d'un crime fatal, ayant rompu les fers,
M'a délivré des tourments des enfers.

J'aurais gémi dans un dur esclavage,
Le ciel n'était point mon partage ;
Je ne voyais le jour que pour trouver la mort :
Que triste, hélas ! aurait été mon sort !

Régénéré dans cette eau salutaire,
Un Dieu se déclare mon père,
Et, de l'affreux péché son amour triomphant,
Me donne enfin le nom de son enfant.

La Trinité, trois fois sainte, ineffable,
Se rend à mes vœux favorable ;
Pour moi tout son courroux est enfin apaisé ;
C'est en son nom que je suis baptisé.

Nouveau chrétien, nouveau fils de la grâce,
En moi du péché plus de trace ;
J'allais, sans le Baptême, à l'éternel malheur ;
Par lui j'ai droit à l'éternel bonheur.

FÊTE DU SAINT-SACREMENT.

MYSTÈRE DE L'EUCHARISTIE. — C. 4. — A. 52.

Par les chants les plus magnifiques,
Sion célèbre ton Sauveur ;
Exalte, dans tes saints cantiques,
Ton Dieu, ton chef et ton pasteur.
Unis, redouble, pour lui plaire,
De l'amour les soins empressés :
En pourras-tu jamais trop faire ?
En feras-tu jamais assez ?

Ouvre ton cœur à l'allégresse,
A tout le feu de tes transports,
Lorsque son immense largesse
T'ouvre elle-même ses trésors.
Près de quitter son héritage,
Il consacra son dernier jour
A te laisser ce tendre gage
Qui mit le comble à son amour.

Offert sur la table mystique,
L'Agneau de la nouvelle loi
Termine enfin la Pâque antique
Qui figurait le nouveau Roi :
La vérité succède à l'ombre,
La loi de crainte se détruit,
La clarté chasse la nuit sombre
La loi de grâce s'établit.

Jésus, de son amour extrême,
Eternisa le dernier trait ;
Ce que d'abord il fit lui-même,
Le prêtre à son ordre le fait :

Il change, ô prodige admirable
Qui n'est aperçu que des cieux !
Le pain en un corps adorable,
Le vin en un sang précieux.

L'œil se méprend, l'esprit chancelle
Il cherche d'un Dieu la splendeur;
Mais toujours ferme, un vrai fidèle
Sans hésiter voit son Seigneur. [ge,
Son Sang pour nous est un breuva-
Sa Chair devient notre aliment ;
Les espèces sont le nuage
Qui nous le couvre au Sacrement.

On voit le juste et le coupable
S'approcher du banquet divin,
Se ranger à la même table,
Prendre part au même festin :
Ils reçoivent la même Hostie,
Mais qu'ils diffèrent dans leur sort!
Le juste tremble et boit la vie !
L'impie affronte et boit la mort.

Je te salue, ô Pain de l'Ange,
Aujourd'hui Pain du voyageur !

Toi que j'adore et que je mange,
Ah ! viens soutenir ma langueur.
Loin de toi l'impur, le profane,
Pain réservé pour les enfants ;
Mets des élus, céleste manne,
Seul objet digne de nos chants !
Au secours de notre misère,
Jésus se livre entièrement :
Dans la crèche il est notre frère,
Et sur l'autel notre aliment :
Quand il mourut sur le Calvaire,
Il fut rançon pour le pécheur ;
Triomphant dans son sanctuaire,
Il est du juste le bonheur.

Quels bienfaits, quel amour ex-
 [trême !
Par un attrait doux et vainqueur,
Tendre Pasteur, fais que je t'aime,
Dans cet amour fixe mon cœur.
O Pain des forts, par ta puissance,
Soulage mon infirmité :
Fais, qu'engraissé de ta substance,
Je règne dans l'éternité.

MÊME SUJET. — C. 164. — A. 306.

CHANTONS, mortels, l'amour immen-
Du Fils de Dieu, notre Sauveur; [se
Chantons sa bonté, sa clémence :
En lui nous trouvons le bonheur.
C'est Dieu qui descend sur la terre,
Non, tel qu'il y vint autrefois,
Quand, précédé de son tonnerre,
Aux Hébreux il donna des lois :
Il vient à nous comme un bon père,
Comme le plus juste des Rois.
   Chantons, etc.

Sous le voile épais du mystère,
Par un excès de sa bonté,
Pour être avec nous il modère
L'éclat de sa divinité :
Il craint par sa vive lumière
D'accabler notre infirmité. —Ch.

Victime digne de son Père,
Le Fils de Dieu meurt sur la Croix,
Et sur l'autel que je révère,
Il s'offre une seconde fois :
Pour prix de son amour sincère,
Jurons de vivre sous ses lois.
   Chantons, etc.

Tout à la fois victime et prêtre
D'un sacrifice non sanglant,
Tous les jours il daigne renaître
Sur nos autels, en s'immolant.
Comment pourrons-nous reconnaî-
Un amour si vif, si constant ? [tre
   Chantons, etc.

Il nous invite, il nous engage
A son délicieux festin ;
Son Sang devient notre breuvage,
Et son corps devient notre pain .
C'est là qu'il nous donne le gage
D'une paix, d'un bonheur sans fin.
   Chantons, etc.

MÊME SUJET. — C. 95. — A. 237.

CHANTONS le mystère adorable
  De ce grand jour ;

Chantons le don inestimable
  Du Dieu d'amour :

A seconder nos saints accords
  Que tout s'empresse ;
Qu'au loin tout éclate en transports
  D'une sainte allégresse.
Que l'éclat, la magnificence
  Ornent ces lieux ;
Que tout adore la présence
  Du Roi des cieux.
Que pour répondre à ses faveurs,
  Sur son passage,
Nos voix, nos âmes et nos cœurs
  Lui rendent leur hommage.
Ce Dieu toujours plein de ten-
  Pour les mortels,   [dresse
S'immole en leur faveur, sans cesse
  Sur nos autels ;
Peu content d'un bienfait si doux,
  L'amour l'engage
A se donner lui-même à nous,
  Souvent et sans partage.
Honneur, amour, louange et gloire
  Au Dieu Sauveur !

Qu'à jamais vive sa mémoire
  Dans notre cœur !
Aimons-le sans fin, sans retour,
  Et pour lui-même ;
Payons l'excès de son amour
  Par un amour extrême.
Consacrez-lui vos voix naissantes,
  Tendres enfants,
Et de vos prières ardentes
  Le doux encens.
On doit l'aimer dans tous les
  Dans tous les âges : [temps,
Mais surtout, des cœurs innocents,
  Il aime les hommages.
Divin Jésus, beauté suprême,
  Comblez nos vœux ;
Venez dans nous, venez vous-
  Nous rendre heureux. [même
Daignez, grand Dieu, de vos bien-
  Remplir nos âmes :   [faits,
Qu'elles ne brûlent désormais
  Que de vos saintes flammes.

MÊME SUJET. — C. 95. — A. 237.

Par un amour inconcevable,
  Près de mourir,
Jésus de sa chair adorable
  Veut nous nourrir.
Prévenus de tant de faveurs,
  Chantons sans cesse :
Vive Jésus, le Roi des cœurs,
  Qui jusqu'à nous s'abaisse.
Le pain, le vin, par sa puissance,
  Au Sacrement,   [tance,
Deviennent, changeant de subs-
  Son corps, son sang ;
Il nous cache ici ses grandeurs.
  Chantons, etc.
Sur l'autel, chaque jour le prêtre
  Voit, à sa voix,
Des Anges, descendre le Maître,
  Le Roi des rois.
Que de bienfaits ! que de faveurs !
  Chantons, etc.

On l'a tout entier dans l'Hostie ;
  La divisant,
On l'a dans la moindre partie,
  Et toujours grand :
Quel soin d'étendre ses faveurs.
  Chantons, etc.
Heureux l'homme que fortifie
  Ce pain des forts ;
Dont ce mets sacré sanctifie
  L'âme et le corps !
Goûtant ces célestes douceurs,
  Chantons, etc.
Auguste et divine merveille,
  Que, chaque jour,
A votre aspect, la foi réveille
  Tout notre amour ;
Prévenus de tant de faveurs,
  Chantons sans cesse
Vive Jésus, le Roi des cœurs,
  Qui jusqu'à nous s'abaisse.

PRÉSENCE RÉELLE. — C. 4. — A. 54.

Comment douter de la présence
Au Sacrement de notre autel ?

D'où sort donc la toute-puissance,
Sinon du sein de l'Éternel ?

O Dieu-Sauveur, quelle merveille!
Et quelle épreuve pour ma foi!
Mais ce miracle la réveille,
Le Verbe parle, et je le croi.

Un jour tu puniras l'injure
De l'hérétique impiété,
Qui te fait parler en figure,
Pour nier la réalité.
Ah ! je révère ta parole ;
Est-il oracle plus certain ?
Viens, incrédule, à cette école,
Et reconnais ton Souverain.

A ce mystère qui m'honore,
Je rends hommage avec transport:
Divin Sacrement que j'adore,
Avec toi je brave la mort.
Chrétien, près de quitter la vie,
Ne crains pas la nuit du trépas ;
Le Dieu dont ton âme est nourrie
Va jusqu'au ciel guider tes pas.

O vous, qui vers la table sainte,
Redoutez de porter vos pas,
Préférez l'amour à la crainte ;
Jésus ne vous renverra pas.
Vous verserez de douces larmes,
Votre Sauveur les recevra ;
Pour vous il n'aura que des char-
Et sa beauté vous ravira. [mes,

Dieu caché, mon âme t'implore;
Tabernacle de l'Eternel,
Je m'humilie et je t'adore.
Confus au pied de ton autel.
Si dans tes temples l'on t'outrage
Moi je tressaille à ton aspect,
Heureux si je te dédommage
Par mon amour, par mon respect

PROCESSION DU SAINT-SACREMENT. — C. 100. — A. 242.

Aux chants de la victoire
Mêlons des chants d'amour,
   En ce jour ;
Dieu descend de sa gloire
En cet heureux séjour.
Terre, frémis de crainte,
Voici le Dieu jaloux
   Près de nous :
Sous sa majesté sainte,
O cieux, abaissez-vous.

Qu'un nuage obscurcisse
L'éclat de ce grand Roi
   Devant moi ;
Le soleil de justice
Luit toujours à ma foi.
Perçant les voiles sombres
Qui dérobent ses feux
   A mes yeux,
J'aperçois sous ces ombres
Le Monarque des cieux.

En vain, foudres de guerre,
Vous semez sous vos pas
   Le trépas :
Jésus dompte la terre
Par de plus doux combats.

Son amour et ses charmes
Triomphent, comme aux cieux,
   En tous lieux :
C'est par ces seules armes
Qu'il est victorieux.

Ce doux Vainqueur s'avance;
Offrez, tendres enfants,
   Vos présents;
Offrez de l'innocence
Et les vœux et l'encens.
Partout sur son passage,
S'il voit voler vos fleurs
   Et vos cœurs,
Il paiera votre hommage
Des plus riches faveurs.

Va, mondain trop volage,
Va t'égarer encor
   Loin du port :
Dans un triste naufrage
Tu trouveras la mort.
Mais vous, qui sous ses ailes
Jouissez des bienfaits
   De la paix,
Que vos cœurs soient fidèles,
Et l'aiment à jamais.

MÊME SUJET. — C. 115. — A. 259.

Sainte Sion, pousse un cri d'allégresse ;
Le Dieu d'amour sort en triomphateur ;
Lui-même il vient, conduit par sa tendresse,
De ses enfants solliciter l'ardeur.
    Décorons son passage,
    Que tout lui rende hommage ;
Faisons vers lui voler, avec les fleurs,
Nos chants joyeux, notre encens et nos cœurs.

Nouveau Soleil que le monde contemple,
Qu'avec éclat de ton repos tu sors !
Viens, l'univers en ce jour est ton temple,
De tes enfants recueille les transports ;
    Toute la terre émue
    Se ranime à ta vue. — Faisons, etc.

Reconnaissons le Dieu de la nature,
En lui payant le tribut de ses dons ;
Ces tendres fleurs, cette aimable verdure,
Sont ses présents, et nous les lui rendons.
    Peut-on trouver un gage
    Qui ne soit son ouvrage ? — Faisons, etc.

Oui c'est l'amour, qui dans ce doux mystère,
Voile d'un Dieu la haute majesté ;
Oui, c'est encor l'amour qui nous éclaire
Et nous fait voir l'invisible beauté.
    O charité suprême !
    On te voit, lorsqu'on t'aime. — Faisons, etc.

O Roi du ciel ! ô Maître de la terre ;
Nous t'adorons avec ravissement.
Qui n'aimerait un si généreux Père,
Un Dieu si bon, un Maître si charmant ?
    Ah ! descends dans nos âmes,
    Brûle-les de tes flammes,
Et qu'à jamais nous puissions, doux Sauveur,
T'offrir nos chants, notre encens, notre cœur.

MÊME SUJET. — C. 74. — A. 206.

C'est votre Dieu,
  Cieux, étoiles, nuages,
Soleil, rendez-lui vos hommages,
  C'est votre Dieu.
    Bruyant tonnerre,
  Gronde, et dis à la terre :
  C'est votre Dieu.

  A son aspect
Que tout genou fléchisse,
Que l'enfer confondu gémisse
  A son aspect ;
    Et vous, saints Anges,
  Redoublez vos louanges
  A son aspect.

    Dans ce grand jour,
  Célébrez sa victoire.
Prêtres sacrés, chantez sa gloire,
  Dans ce grand jour ;

Chœurs angéliques,
Répétez leurs cantiques
Dans ce grand jour.

Voici l'Époux,
Hâtez-vous, vierge sage,
Préparez-vous pour son passage,
Voici l'Époux.
Que tout répète,
Dans cette auguste fête :
Voici l'Époux.

Avec ardeur
Bénissez votre Maître ;
Peuples, cherchez à le connaître,
Avec ardeur
Qu'ici tout l'aime,
Et le serve de même,
Avec ardeur.

Près de Jésus,
Approchez, troupe sainte,
Tendres enfants, venez sans crainte
Près de Jésus :
C'est un bon Père,
Il n'est rien de sévère
Près de Jésus.

Divin Sauveur,
Régnez seul dans nos âmes,
Répandez-y vos saintes flammes,
Divin Sauveur.
Que notre zèle
Toujours se renouvelle,
Divin Sauveur.

VISITES AU SAINT-SACREMENT. — C. 71. — A. 206.

Quelle faveur !
Un Dieu plein de tendresse,
Pour nous sur nos autels s'abaisse ;
Quelle faveur !
Il vient lui-même
Nous dire qu'il nous aime ;
Quelle faveur !

Pour les pécheurs,
Sur ce nouveau Calvaire,
Il adore, il fléchit son Père
Pour les pécheurs.
A sa justice
Il s'offre en sacrifice
Pour les pécheurs.

Sur nos autels
Ce grand Roi s'humilie ;
Des cieux il vient dans une hostie,
Sur nos autels :
A sa clémence
Il unit sa puissance
Sur nos autels.

Du pain, du vin,
Il détruit la substance,
Il ne laisse que l'apparence
Du pain, du vin.
O quelle grâce !
Pour nous il prend la place
Du pain, du vin.

Quelle bonté !
Sous ce faible symbole,
Pour nous Jésus s'offre et s'im-
Quelle bonté !   [mole ;
Il veut du crime
Être l'humble victime ;
Quelle bonté !

O quel bonheur !
Quel peuple de la terre,
Vit de si près son Dieu, son Père ?
O quel bonheur !
Il nous visite,
Parmi nous il habite ;
O quel bonheur !

Pour notre amour
Que pouvait sa clémence ?
Que pouvait de plus sa puissance
Pour notre amour ?
Il sacrifie
Et sa gloire et sa vie
Pour notre amour.

Divin Jésus,
Vous que les cieux adorent,
Que nos voix, nos cœurs vous ho-
Divin Jésus.   [norent,
Que tout publie
Votre gloire infinie,
Divin Jésus.

Un jour aux cieux,
Que notre récompense
Soit votre adorable présence,
Un jour aux cieux.

Qu'aux chœurs des Anges
S'unissent nos louanges
Un jour aux cieux.

MÊME SUJET. — C. 31. — A. 147.

Au Dieu d'amour gloire à toute
[heure,
Honneur à jamais en tous lieux !
Pour nous il abaisse les cieux ;
Près de nous il fait sa demeure.

Non, non, non, de tant de bien-
[faits,
Ne perdons jamais la mémoire ;
Non, non, non, ne cessons jamais
De publier partout sa gloire.

Des grands, des puissants de la ter-
Il ne cherche pas les palais : [re,
D'un cœur pur les simples attraits
Ont seuls le bonheur de lui plaire.
Non, non, etc.

L'autel est son trône de grâce,
Il y règne au milieu de nous :
Son divin cœur ouvert à tous,
Nous attend pour y prendre place.
Non, non, etc.

Près de nous, sa vive tendresse
Le retient la nuit et le jour ;
A lui faire souvent la cour,
N'est-il pas juste qu'on s'empresse ?
Non, non, etc.

Dans nos travaux, dans nos mi-
Il est le Dieu consolateur : [sères,
Et dans ses regrets, le pécheur
Trouve en lui le meilleur des pères.
Non, non, etc.

Oui, dans ce mystère adorable,
Jésus pour nous brûle d'amour :
Pour lui, désormais en retour,
Brûlons d'un amour ineffable.
Non, non, etc.

Pleins d'une douce confiance,
Prosternons-nous à son autel,
Et qu'un dévoûment éternel
Prouve notre reconnaissance.
Non, non, etc.

MÊME SUJET. — C. 144. — A. 288.

Dans ce divin mystère
Qui vous cache à mes yeux,
J'adore et je révère
Le puissant Roi des cieux.
D'un seul mot le ciel s'ouvre,
Sa Majesté se couvre
Sous un pain qui n'est plus ;
Mais la foi vous découvre,
O mon divin Jésus.

Les Anges, en silence,
Au pied de son Autel,
Tremblent en la présence
Du Dieu saint, éternel ;
Mais dans son sanctuaire,
Pour moi Jésus tempère
Tout l'éclat de son jour ;
Il est un tendre Père,
Il est le Dieu d'amour.

Pour expier mon crime

Et m'attirer aux cieux,
L'adorable Victime
S'immole sous mes yeux.
Grandeur anéantie
Pour moi dans cette hostie
Il est juste à mon tour
Que je me sacrifie
A votre unique amour.

Que l'effort de vos grâces
Me lie, ô mon Jésus,
Sur vos divines traces,
Au sort de vos Elus.
Espérance chérie
De l'exil de ma vie !
O fortuné séjour !
Mon âme en sa patrie
Vous verra donc un jour !

Enivré d'espérance
Pour les biens éternels,

Je quitte par avance
Le séjour des mortels.
Jusqu'à l'heure dernière,
Triste et morte à la terre,
Cet exil ennuyeux,
Mon âme tout entière
Veut vivre dans les cieux.

MÊME SUJET. — C. 96. — A. 238.

O prodige d'amour, spectacle ravissant !
Sous un pain qui n'est plus, Dieu cache sa présence ;
Ici, pour le pécheur, il est encor mourant ;
Le Ciel entier s'incline et l'adore en silence.
    Prosternez-vous, offrez des vœux ;
    Oui, mortels, c'est le Roi des cieux.

Non-content d'expirer sur un infâme bois,
L'immortel Souverain de toute la nature,
Aux yeux de ses enfants, une seconde fois
S'immole, et tous les jours devient leur nourriture.
    Prosternez-vous, etc.

La Croix ne nous cachait que la Divinité ;
  L'Homme-Dieu tout entier s'éclipse en ce mystère :
Mais je l'y reconnais dans la réalité ;
C'est mon aimable Roi, c'est mon Dieu, c'est mon Père.
    Prosternez-vous, etc.

Sacrifice d'amour, ô temple, ô saint autel,
D'où la foi fait jaillir la grâce du Calvaire !
Puisse couler sur nous, en ce jour solennel,
De son sang précieux la vertu salutaire.
    Prosternez-vous, etc.

O sacré monument de la mort du Sauveur,
Pain vivant qui donnez la vie au vrai fidèle,
De mon âme soyez l'aliment, la douceur ;
Qu'elle brûle pour vous d'une ardeur éternelle !
    Prosternez-vous, etc.

Jésus, qu'un voile obscur ici cache à mes yeux,
Satisfaites bientôt la soif qui me dévore ;
Que je vous voie enfin dans ce royaume heureux
Où l'âme, à découvert, vous aime et vous adore !
    O quand verrai-je ce beau jour
    Qui couronnera mon amour !

MÊME SUJET. — C. 97. — A. 239.

O Cieux, étonnez-vous ! la Majesté suprême,
  Le Tout-Puissant descend sur cet autel ;
  Et nous voilant son éclat immortel,
Sous un pain qui n'est plus il se donne lui-même.
    O quel bienfait ! c'est mon Sauveur,
  Le seul vrai Dieu qui reçoit mon hommage.
J'adore ses grandeurs ; qu'il soit tout mon partage ;

Seul il fera tout mon bonheur.
Mais quel nouvel espoir m'enflamme?
Que ressens-je au fond de mon âme!
Ah! c'est Jésus; ah! c'est mon Roi;
Oui, c'est lui qui se donne à moi.

MÊME SUJET. — C. 74. — A. 207.

Sur cet autel,
Ah! que vois-je paraître?
Jésus, mon Roi, mon divin Maître,
Sur cet autel?
Sainte Victime,
Vous expiez mon crime
Sur cet autel.

De tout mon cœur,
Dans ce sacré mystère,
Je vous adore et vous révère
De tout mon cœur;
Bonté suprême,
Que toujours je vous aime
De tout mon cœur.

O doux Agneau!
L'amour vous sacrifie,
Et votre mort nous rend la vie,
O doux Agneau!
Que votre flamme
Immole aussi mon âme,
O doux Agneau!

Bénissez-moi,
Dieu de miséricorde;
Souffrez qu'un pécheur vous a-
Bénissez-moi;   [borde,
Et quoique indigne,
Par une grâce insigne,
Bénissez-moi.

MÊME SUJET. — C. 156. — A. 280.

Recueillons-nous; le prodige s'opère:
Jésus paraît, Jésus descend des cieux;
De sa présence il honore ces lieux:
Je me prosterne et le révère;
Je l'adore et je croi.
C'est mon Roi,
C'est mon Père,
Le mystère,
Ne l'est plus pour moi.
Une céleste lumière
Brille et m'éclaire,
Oui, je le voi.

Disparaissez, vains objets de la terre;
Vous n'aurez plus d'empire sur mon cœur·
Jésus sera ma joie et mon bonheur;
Je veux le servir et lui plaire;
Je le prends pour mon Roi.
C'est vers moi
Qu'il s'abaisse:
Sa tendresse
Réveille ma foi.
Que sa bonté me bénisse!
Que j'accomplisse
Sa sainte loi!

MÊME SUJET. — C. 98. — A. 240.

O Roi des cieux,
Vous nous rendez tous heureux ;
Vous comblez tous nos vœux,
En résidant pour nous dans ces lieux.

Quoi ! dans ce séjour,
Dieu tout amour,
Pour des ingrats vous mourez chaque jour,
Et l'homme mortel
Y trouve un pain, aliment éternel ! — O Roi, etc.

Seigneur, vos enfants,
Reconnaissants,
Sont pénétrés des plus doux sentiments ;
Leurs cœurs sans retour
Veulent brûler du feu de votre amour. — O Roi, etc.

Chantons tous en chœur :
Louange, honneur
Au doux Jésus, notre aimable Sauveur !
Chantons à jamais
De son amour les éternels bienfaits. — O Roi, etc.

MÊME SUJET. — C. 153. — A. 298.

Adorons tous, dans ce profond mystère,
Un Dieu caché que notre foi révère ;
Que nos cœurs et nos vœux, et nos chants les plus doux,
S'accordent à louer un Dieu si près de nous.

Pour nous sauver et nous donner la vie,
O doux Jésus ! vous êtes dans l'hostie :
Daignez nous accorder tous vos célestes dons,
Et répandre sur nous vos bénédictions.

Anges, témoins de ces faveurs nouvelles,
Rendez pour nous des grâces immortelles ;
Aidez-nous à bénir l'auguste Trinité,
Dans la suite des temps et dans l'éternité.

MÊME SUJET. — C. 5. — A. 74.

Que cette voûte retentisse
Des voix et des chants des mortels ;
Que tout ici s'anéantisse :
Jésus paraît sur nos autels.

Quoique caché dans ce mystère
Sous les apparences du pain,
C'est notre Dieu, c'est notre Père ;
C'est le Sauveur du genre humain.

O divin Époux de nos âmes,
Dans cet auguste Sacrement ;
Embrasez nos cœurs de vos flammes,
En vous faisant notre aliment.

MÊME SUJET. — C. 128. — A. 272.

Spectacle ravissant !
Le Dieu de la nature
Contemple en ce moment
Son humble créature.

Oui, l'Éternel, le Roi des cieux,
Pour nous est présent en ces lieux.
   Oh! quel bonheur!
   Oh! quel bonheur!
  Donnons-lui notre cœur.

Aimons ce Dieu d'amour,
C'est le meilleur des pères :
Dans cet heureux séjour,
Touché de nos misères,
Il veut combler de ses présents,
Il veut bénir tous ses enfants.
   Oh! quel bonheur!
   Oh! quel bonheur!
  Donnons-lui notre cœur.

MÊME SUJET. — C. 143 et 144. — A. 287 et 288.

Dans ce profond mystère
Où ma foi sait vous voir,
Mon Dieu, je vous révère;
Vous faites mon espoir.
Jésus, source de vie,
Qui, dans l'Eucharistie,
Vous cachez par amour;
Dans la cité chérie,
Nous vous verrons un jour.

Puisse notre tendresse,
Puiser dans votre cœur,
La sublime sagesse
Qui mène au vrai bonheur!
   Jésus, etc.

Que tout en nous s'unisse
Pour chanter vos bienfaits;
Que votre cœur bénisse
Nos vœux et nos souhaits!
   Jésus, etc.

Sur nous daignez répandre
Vos bénédictions,
Et faites-nous comprendre
La grandeur de vos dons.
   Jésus, etc.

MÊME SUJET. — C. 172. — A. 347.

Courbons nos fronts respectueux;
Sous ces voiles mystérieux,
L'amour cache le Roi des cieux.
Unissons nos joyeux cantiques
Aux accents des cœurs angéliques!
O Jésus! nous le jurons tous :
Nous n'aimerons jamais que vous.

Honneur au Pontife immortel
Qui, chaque jour, au saint autel,
S'offre en sacrifice éternel :
Pour nous communiquer la vie
Il vit et meurt en cette hostie.
   O Jésus! etc.

Tendre Pasteur, de vos enfants,
Ecoutez les humbles accents;
Bénissez-les dans tous les temps;
Ils vous ont loué dès l'aurore,
Le soir ils vous loueront encore.
O Jésus! nous le jurons tous :
Nous n'aimerons jamais que vous.

MÊME SUJET. — C. 14. — A. 122.

O Ciel, quel miracle
S'opère en ces lieux!
Quel touchant spectacle
Vient frapper mes yeux!
Le Dieu du tonnerre
Voile sa grandeur :
Il vient sur la terre
Sauver le pécheur.

Lorsque je contemple
Cet auguste autel,
Mon œil dans ce temple
Cherche l'Eternel;
Mais la foi m'éclaire
De son divin feu;
Dans ce sanctuaire,
J'adore mon Dieu.

Ah! si mon offense
Parle contre moi;
Seigneur, ta clémence
Rassure ma foi :
O douce espérance,
Soutien du pécheur,
De ta jouissance
Enivre mon cœur.

MÊME SUJET. — C. 177. — A. 322.

Victime
  Sublime
Pontife éternel,
  Mon âme
  S'enflamme
Pour vous sur l'autel.
Victime, etc.

  Hostie
  De vie,
Votre amour pour nous
  Demande
  L'offrande
De nos cœurs pour **vous**.
Victime, etc.

  Qu'on chante,
  Qu'on vante
Le monde et ses lois :
  Paroles
  Frivoles !
Jésus est mon Roi.—Victime...

DISPOSITION POUR VISITER JÉSUS AU SAINT-SACREMENT.—C. 64.—A. 192.

Vous qui venez à cet autel
  Adorer la Victime
Qui satisfit à l'Eternel,
  En mourant pour le crime ;
Désirez-vous de votre Roi
  Mériter l'indulgence ?
Ayez un cœur rempli de foi,
  D'amour et d'espérance.

Mais vous, qui venez à l'autel,
  Outrager la Victime ;
Qui, sous les yeux de l'Éternel,
  Aimez encor le crime ;
O cœurs remplis d'iniquité !
  Ah ! fuyez de ce temple :
Craignez le Dieu de sainteté ;
  Son courroux vous contemple.

Retirez-vous, ambitieux,
  Fuyez, âmes impures :
Il faut, pour plaire au Roi des cieux,
  Les vertus les plus pures.
Vous semblez, au pied des autels,
  Lui rendre des hommages,
Et, comme le juif criminel,
  Vous l'accablez d'outrages.

Honorez-vous du Saint des Saints,
  La Majesté sublime,
Quand il voit fumer dans vos mains
  L'horrible encens du crime ?
Quand vous venez lui présenter
  Un cœur ami du vice,
Ah ! vous ne faites qu'irriter
  Sa terrible justice.

Si vous voulez, de l'Éternel

Désarmer les vengeances,
  Venez donc au pied de l'autel
Gémir sur vos offenses ;
  Ou bien craignez que le Seigneur
  Ne lance son tonnerre
Contre le vil profanateur
  De l'auguste mystère.

Les larmes, les regrets du cœur,
  Une sainte tristesse,
Vous mériteraient du Sauveur
  Un regard de tendresse ;
Alors, de nouveau sur l'autel,
  Comme sur le Calvaire,
Pour vous le Fils de l'Eternel
  S'offrirait à son Père.

Autour de nos sacrés autels
  Osons tous prendre place,
Là, Jésus a pour les mortels
  Le trône de sa grâce.
Allons à ce Dieu de bonté,
  Mais que la confiance,
L'ardeur, la foi, l'humilité,
  L'amour nous y devance.

Pour nous ouvrir un libre accès
  Vers un si tendre Père,
Faisons-lui de tous nos excès
  L'aveu le plus sincère.
Que la plus vive des douleurs
  Nous gagne sa clémence,
Et que l'amour mêle ses pleurs
  A notre pénitence.

Exaucez-nous, divin Sauveur,
  Adorable Victime !

Et détruisez dans notre cœur
    Jusqu'à l'ombre du crime.
O Bienheureux! ô chœurs des Saints,

Et vous, Reine des Anges,
Offrez-lui de vos pures mains
L'encens de nos louanges.

COMMUNION. — C. 1. — A. 18.

Quel doux penser me transporte et m'enflamme!
O mon Jésus! c'est vous que j'aperçois.
Eh quoi! Seigneur, vous venez dans mon âme,
La posséder pour la première fois!

Ah! bienheureux le cœur tendre et fidèle!
Mais, qu'il s'en faut, Seigneur, que je le sois!
Et je pourrais, insensible et rebelle,
M'unir à vous pour la première fois!

Mais, qu'ai-je dit? sa bonté m'encourage;
De mes péchés je ne sens plus le poids.
Ah! mon Jésus, achevez votre ouvrage,
Venez à moi pour la première fois.

Agneau sans tache, immolé pour le monde,
Vous le sauvez en mourant sur la Croix.
C'est sur vous seul que mon espoir se fonde:
Venez à moi pour la première fois.

Festin du ciel, pain sacré, chair divine,
Par mes désirs déjà je vous reçois;
Mon doux Jésus à mon cœur vous destine;
Ah! quel bonheur, pour la première fois!

Un faible enfant, et le Dieu de puissance!
A votre amour vous cédez, je le vois:
Confus, ravi, transporté, je m'avance;
Venez, mon Dieu, pour la première fois!

Après chaque strophe on peut répéter pour refrain : Eh quoi! Seigneur..

MÊME SUJET. — C. 1 et 3. — A. 1 et 44.

O saint autel qu'environnent les Anges,
Qu'avec transport aujourd'hui je te vois
Ici, mon Dieu, l'objet de mes louanges,
M'offre son corps pour la première fois.

O mon Sauveur, mon trésor et ma vie,
Epoux divin dont mon cœur a fait choix,
Venez bientôt couronner mon envie,
Venez à moi pour la première fois.

O doux plaisir! ô divine allégresse!
Déjà mon cœur s'unit au Roi des rois:
Il est à moi, le Dieu de ma jeunesse;
Je suis à lui pour la première fois.

O jour heureux, jour à mes vœux propice !
A vous bénir je consacre ma voix :
Le Dieu vivant s'immole en sacrifice,
Et me nourrit pour la première fois.

Embrasez-moi, Dieu d'amour et de gloire,
D'un zèle ardent pour vos aimables lois :
Et pour toujours gravez dans ma mémoire
Ce que je fais pour la première fois.

MÊME SUJET. — C. 1. — A. 7.

Qu'on est heureux au printemps de son âge !
Jésus chérit et bénit les enfants ;
Jésus se plaît à leur simple langage,
Jésus se plaît à leurs vœux innocents.

Nous l'éprouvons, il ne peut plus attendre
A couronner les vœux que nous formons :
O le bon Maître ! ô l'ami le plus tendre !
Bientôt enfin nous le possèderons.

Nos chers parents, secondez l'allégresse
Qui se répand en tous nos jeunes cœurs ;
Ah ! bénissons de Jésus la tendresse,
Bénissons tous de Jésus les faveurs.

MÊME SUJET. — C. 57. — A. 185.

Invitation à la ferveur.

Troupe innocente
D'enfants chéris des Cieux,
Dieu vous présente
Son festin précieux.
Il veut, ce doux Sauveur,
Entrer dans votre cœur :
Dans cette heureuse attente,
Soyez pleins de ferveur,
Troupe innocente.

Actes de Foi et d'Adoration.

Mon divin Maître,
Par quel amour, comment
Daignez-vous être
Dans votre sacrement ?
Vous y venez pour moi :
Plein d'une vive foi,
J'y viens vous reconnaître
Pour mon Sauveur, mon Roi,
Mon divin Maître.

Acte d'Humilité.

Dieu de puissance,
Je ne suis qu'un pécheur ;
Votre présence
Me remplit de frayeur ;
Mais pour voir effacés
Tous mes péchés passés,
Un seul trait de clémence
Un seul mot est assez,
Dieu de puissance.

Acte de Contrition.

Mon tendre Père,
Acceptez les regrets
D'un cœur sincère,
Honteux de ses excès :
Vous m'en verrez gémir
Jusqu'au dernier soupir ;
Avant de vous déplaire,
Puissé-je ici mourir,
Mon tendre Père.

Saint-Sacrement. Communion.

Acte d'Amour.

Plus je vous aime,
Plus je veux vous aimer,
 O bien suprême
Qui m'avez su charmer !
Mais, ô Dieu plein d'attraits !
Quand avec vos bienfaits
Vous vous donnez vous-même,
Plus en vous je me plais,
 Plus je vous aime.

Acte de Désir.

Que je désire
De ne m'unir qu'à vous !
 Que je soupire
Après un bien si doux !
O quand pourra mon cœur
Goûter tout le bonheur
D'être sous votre empire !
Hâtez-moi la faveur
 Que je désire.

MÊME SUJET. — C. 70. — A. 205.

Quel beau jour ! quel bonheur
 [suprême !
Enfants, élevez vos concerts :
La terre devient le ciel même ;
Voici le Dieu de l'univers.
Unissons l'amour à la crainte :
Le Verbe descend parmi nous :
Faibles mortels, abaissons-nous
 Sous sa Majesté sainte.

Sa voix me convie à sa table,
Sa main y verse le bonheur,
De son amour inépuisable,
Je vais donc goûter la douceur.
 Unissons, etc.

Tendre Pasteur, comme il s'em-
A me témoigner son amour ! [presse
Une mère a moins de tendresse

Pour l'enfant qu'elle a mis au jour.
 Unissons, etc.

Son trône est porté par les Anges,
Il vole sur l'aile des vents.
Il daigne accepter les louanges
De ceux qu'il nomme ses enfants.
 Unissons, etc.

Eh quoi ! ce Dieu bon veut qu'on
 [l'aime,
Il daigne habiter en ces lieux.
Que dis-je, il se donne lui-même:
C'est le plus beau présent des
 Unissons, etc.   [cieux.

Seigneur, dans ce nouveau cénacle
Heureux qui goûte tes bienfaits
A l'ombre de ton tabernacle...
Plus heureux qui n'en sort jamais !
 Unissons, etc.

MÊME SUJET. — C. 184. — A. 329.

Le point du jour
Remplit mon cœur d'une douce allégresse ;
 C'est la bonté du Dieu d'amour
 Qui vient éclairer ce séjour,
Et rendre au vœu de ma tendresse
 Le point du jour.

 Au point du jour,
Un feu sacré me pénètre et m'enflamme ;
 Et mon cœur consumé d'amour,
 Tressaille, attendant le retour
Du Dieu qui s'unit à mon âme,
 Au point du jour.

 Au point du jour,
Mon doux Jésus, mon Roi mon divin Maître,

Hâtant ton aimable retour,
Prolonge d'un bonheur trop court,
Le temps heureux qui va paraître
Au point du jour.

Au point du jour,
Je te bénis, mon Jésus, je t'adore;
Et la nuit venant à son tour,
Ne peut suspendre mon amour;
Dans mon cœur je le trouve encore
Au point du jour.

Au point du jour,
Au chant des Cieux je mêle mes louanges,
Rival de la céleste Cour,
Que ne puis-je en élans d'amour,
Surpasser les transports des Anges,
Au point du jour.

Le point du jour
Est le moment le plus digne d'envie :
A mon bonheur tout y concourt;
Je ne voudrais pas, en retour,
Donner pour les biens de la vie
Le point du jour.

Au point du jour,
Quand mon Jésus vient habiter mon âme,
Emu, ravi de tant d'amour,
Puissé-je mourir en retour,
Par l'ardeur du feu qui m'enflamme,
Au point du jour.

MÊME SUJET. — C. 66. — A. 203.

Mon doux Jésus ne paraît pas encore :
Trop longue nuit, dureras-tu toujours ?
Tardive aurore,
Hâte ton cours;
Rends-moi Jésus, ma joie et mes amours,
Mon doux Jésus, que seul j'aime et j'implore.

De ton flambeau déjà les étincelles,
Astre du jour, raniment mes désirs,
Tu renouvelles
Tous mes soupirs :
Servez mes vœux, avancez mes plaisirs,
Anges du ciel, portez-moi sur vos ailes.

Je t'aperçois, asile redoutable,
Où l'éternel descend de sa grandeur;
Temple adorable
Du Rédempteur,

Si dans tes murs il voile sa splendeur,
Ce Dieu d'amour n'en est que plus aimable.

Sans nul éclat le vrai Dieu va paraître ;
De cet autel il vient s'unir à moi :
    Est-ce mon Maître ?
    Est-ce mon Roi ?
Laissez, mes yeux, laissez agir ma foi ;
Un œil chrétien ne peut le méconnaître.

MÊME SUJET. — C. 38. — A. 157.

Comblez mes vœux et devancez l'aurore,
O Dieu d'amour, digne Epoux de nos cœurs !
Quels plaisirs purs ! quelles chastes douceurs.
Oui, je le sens, c'est le Dieu que j'adore.

Tendre Jésus, votre amour me dévore ;
Vous m'enflammez des plus vives ardeurs
    Quels plaisirs, etc.

O douce paix que le pécheur ignore,
Enivrez-moi ; faites couler mes pleurs.
    Quels plaisirs, etc.

Bouquet sacré de l'Époux qui m'honore
Versez sur moi vos célestes odeurs.
    Quels plaisirs, etc.

Ah ! c'en est fait, ô mon Dieu, je déplore,
D'un cœur ingrat les coupables erreurs.
    Quels plaisirs, etc.

Monde insensé, pour jamais je t'abhorre ;
Loin, loin de moi tous tes charmes trompeurs !
    Quels plaisirs, etc.

MÊME SUJET. — C. 68. — A. 200.

Venez, ô mon divin Sauveur,
Ah ! venez régner dans mon cœur ;
Je vous désire avec ardeur,
  Pain qui donnez la vie :
Ah ! venez régner dans mon cœur ;
  C'est ma plus chère envie.

Ah ! quel présent ! quelle faveur !
L'Homme-Dieu se donne au pé-
Victime et Sacrificateur, [cheur :
Il s'offre ici sans cesse ; [cheur ;
L'Homme-Dieu se donne au pé-
Quel tendre amour le presse !

Venez contenter mes désirs,
Source des éternels plaisirs :
Ah ! faites cesser mes soupirs,
  Délices de mon âme !
Source des éternels plaisirs ;
  C'est vous que je réclame.

Que vous m'êtes délicieux,
O jour à jamais précieux !
Quand je reçois le Roi des cieux,
  Mon âme en est ravie.
O jour à jamais précieux,
  Vous me rendez la vie.

Biens trompeurs, fragiles attraits,
Je vous renonce pour jamais.
Jésus me comble de bienfaits,
  En ce jour si prospère :
Je vous renonce pour jamais ;
  Jésus sera mon Père.

Il se charge de mes besoins ;
Ah ! que je lui coûte de soins !
Pourquoi, mon cœur, lui donner
   Connais ton avantage : [moins?
Ah ! que je lui coûte de soins !
   Aimons-le sans partage.

Vous nous offrez un mets divin,
O mon Dieu, quel heureux destin !
Et vous-même apaisez la faim
   De l'âme juste et pure :
O mon Dieu, quel heureux destin
   Pour une créature !

Venez vous reposer en moi ;
Ah ! venez y donner la loi :
Que l'amour joint avec la foi
   Me porte à votre table :
Ah ! venez y donner la loi ;
   Rien n'est plus désirable.

O Roi des cieux, qui pouvez tou[t
Ne me laissez plus d'autre goût
Que de vous servir jusqu'au bou[t
   De ma triste carrière ;
Ne me laissez plus d'autre goût
   Que celui de vous plaire.

MÊME SUJET. — C. 67. — A. 199.

O jour heureux pour moi !
Celui que mon cœur aime,
Jésus, mon divin Roi,
Daigne enfin dans moi-même
   Venir :
   Quel plus doux plaisir !

Hé quoi ! le Créateur,
L'Auteur de la nature,
A moi, pauvre pécheur,
Servir de nourriture !
   O Cieux !
   Que je suis heureux !

Par un excès d'amour
Vous vous donnez vous-même ;
Par un juste retour,
Grand Dieu, que je vous aime !
   Mon cœur,
   Goûte ton bonheur.

Hors de vous, ô Jésus,
Objet de ma tendresse,
Rien ne me touche plus ;
Que je brûle sans cesse
   Pour vous !
   Rien ne m'est si doux.

O Dieu de pureté,
Rendez mon âme pure ;
Que nulle iniquité
N'y porte la souillure :
   La mort
   Plutôt qu'un tel sort.

Que je sois affamé
De vous, vrai Pain de vie ;
Et qu'en vous transformé,
Moi-même je m'oublie :
   Venez,
   Et dans moi régnez.

MÊME SUJET. — C. 132. — A. 276.

Venez, Jésus, venez, ô mon Sauveur ;
Venez, venez, ô le Dieu de mon cœur.
Au pied de vos autels un doux espoir m'attire ;
Vous me l'avez promis, le bien que je désire.
   Venez, Jésus, venez, ô mon Sauveur ;
   Venez, venez, c'est le vœu de mon cœur.

Venez, Jésus, venez, ô mon Sauveur ;
Venez, venez, ô le Roi de mon cœur.
Longtemps, ah ! trop longtemps ce cœur vous fut rebelle ;
Désormais je le jure, il vous sera fidèle.
   Venez, Jésus, venez, ô mon Sauveur,
   Venez, venez, régnez seul dans mon cœur.

Venez, Jésus, venez, ô mon Sauveur ;

Venez, venez, et visitez mon cœur.
J'étais en proie aux loups; de leur dent redoutable
Vous m'avez délivré, Pasteur infatigable.
    Venez, Jésus, venez, ô mon Sauveur,
    Venez, venez, et possédez mon cœur.

    Venez, Jésus, venez, ô mon Sauveur;
    Venez, venez, et soulagez mon cœur.
Rendez-lui la santé, Médecin charitable;
Il est si faible encor, le moindre poids l'accable.
    Venez, Jésus, venez, ô mon Sauveur;
    Venez, venez, et guérissez mon cœur.

    Venez, Jésus, venez, ô mon Sauveur;
    Venez, cédez au besoin de mon cœur.
Vous m'avez adopté; du pain de votre table
Vous daignez me nourrir, ô Père incomparable.
    Venez, Jésus, venez, ô mon Sauveur
    Venez, venez rassasier mon cœur.

    Venez, Jésus, venez, ô mon Sauveur;
    Venez, venez, tendre époux de mon cœur.
Du plus ardent amour vous brûlez pour les âmes:
Quand pourrai-je pour vous brûler des mêmes flammes!
    Venez, Jésus, venez, ô mon Sauveur,
    Venez, venez, et consumez mon cœur.

    Venez, Jésus, venez, ô mon Sauveur;
    Venez, venez, délices de mon cœur.
Vous vous êtes caché dans la divine Hostie,
Pour être mon trésor, ma lumière et ma vie.
    Venez, Jésus, venez, ô mon Sauveur;
    Venez, venez, vivez seul dans mon cœur.

    Venez, Jésus, venez, ô mon Sauveur;
    Venez, venez, Bien-Aimé de mon cœur,
Mon guide et mon soutien, mon Maître et mon modèle,
Mon doux consolateur et mon ami fidèle:
    Venez, Jésus, venez, ô mon Sauveur,
    Venez, venez vous unir à mon cœur.

    Venez, Jésus, venez, ô mon Sauveur,
    Venez, venez, ô seul bien de mon cœur;
Ma victime au Calvaire, ici mon espérance;
Mon refuge à la mort, au ciel ma récompense:
    Venez, Jésus, venez, ô mon Sauveur;
    Venez, venez, c'est le vœu de mon cœur.

MÊME SUJET. — C. 3. — A. 46.

Amour divin, ô Sagesse éternelle,
Vous que chérit et désire mon cœur,
Apparaissez, beauté toujours nouvelle

O doux Jésus, avancez mon bonheur !
Ah ! loin de moi la coupe enchanteresse
Qui, du méchant, consomme le malheur !
Jésus m'appelle, il m'invite, il me presse ;
Voici l'Epoux, c'est le Dieu de mon cœur.

Pourquoi, toujours insensible à ses charmes,
Ai-je oublié si longtemps ses bienfaits ?
O Dieu-Sauveur, voyez couler mes larmes,
Avec mes pleurs acceptez mes regrets. — Ah ! loin...

Il a voilé l'éclat de sa présence,
Pour rassurer les timides mortels :
Son tendre amour nourrit ma confiance,
Et me conduit aux pieds des saints autels. — Ah ! loin...

Comment suffire à la reconnaissance ?
Que vous offrir, ô magnifique Epoux ?
Revêtez-moi de grâce et d'innocence,
Rendez mon cœur moins indigne de vous. — Ah ! loin...

MÊME SUJET. — C. 182. — A. 327.

O doux moment ! ô quel bonheur !
Plaisirs purs ! innocente ivresse !
Est-il possible que mon Sauveur
Me témoigne tant de tendresse ?
Puis-je le croire ? ce jour [mour.
Livre à mon cœur le Dieu d'a-

Voyez combien je suis heureux :
L'Auteur de toute la nature
S'empresse, pour accomplir mes
De devenir ma nourriture : [vœux,
Quelle largesse ! sa main,
Des Anges m'a rompu le pain.

Ah ! pour répondre à tant d'amour,
Que mon ardeur devienne ex-
[trême :
Oui, pour user d'un juste retour,
Je veux l'aimer autant qu'il m'ai-
[me :
Que je m'enflamme, grand Dieu,
Que j'expire de ce beau feu !

Par la soif se sentant pressé,
Le cerf court après une eau pure
Me montrerai-je moins empressé
Pour guérir les maux que j'endure
Volez, mon âme ; l'Epoux,
Pour vous couronner, vient à vous

Que ce mets est délicieux !
Ce bienfait couronne les autres.
O vous, heureux habitants des
[cieux
A mes accents joignez les vôtres
Dites sans cesse : honneur
A celui qui vit dans mon cœur !

Monde trompeur, tes vains plaisir
Ont fait souvent couler mes larme
Mais dès ce moment, tous mes dé
[sir
Sont de renoncer à tes charmes
Va, je te quitte ; jamais,
En te suivant, je n'eus la paix.

MÊME SUJET. — C. 32. — A. 150.

Doux Jésus, venez dans nos cœurs
Faire nos plus chères délices ;
Pour nous guérir de nos langueurs

Doux Jésus, venez dans nos cœurs
Embrasez-nous de vos ardeurs,
Détruisez en nous tous les vices.

Comme à mon Dieu, comme à
[mon Roi,
Sur l'autel je vous rends hommage;
Je vous y fais offre de moi,
Comme à mon Dieu, comme à mon
Et j'adore, en ce que je vois, [Roi,
Votre corps et non son image.

Oh! que c'est un repas charmant,
Où Dieu nous sert de nourriture!
On l'y mange réellement;

Oh! que c'est un repas charmant!
Le Créateur est l'aliment
De son indigne créature.

Mangeons ce pain délicieux;
A le manger tout nous convie :
Dès ce monde il nous rend heu-
[reux;
Mangeons ce pain délicieux :
C'est le pain descendu des cieux,
Le pain de salut et de vie.

MÊME SUJET. — C. 4. — A. 11.

Tu vas remplir l'espoir de ma tendresse,
Divin Jésus, digne objet de mes vœux.
O saint amour, délicieuse ivresse !
Divin Jésus, tu vas me rendre heureux.

Ne tarde plus, doux Sauveur, tendre Père,
Ne tarde plus à visiter mon cœur,
Rien, sans Jésus, ne peut le satisfaire,
Tout autre objet est pour lui sans douceur

Divin Époux, tu descends dans mon âme
C'est aujourd'hui le plus beau de mes jours.
Que tout en moi se ranime et s'enflamme
Mon doux Jésus, je t'aimerai toujours

Il est à moi, ce Dieu si plein de charmes,
Mon Bien-Aimé, mon aimable Sauveur
Echappez-vous de mes yeux, douces larmes,
Coulez, coulez, attestez mon bonheur.

O sort heureux ! ô sort inestimable !
Du saint amour, je goûte les douceurs.
D'un feu si beau, si pur, si désirable,
Ah! que je sente à jamais les ardeurs !

MÊME SUJET. — C. 143 et 144. — A. 287 et 288.

Jésus quitte son trône,
Pour visiter mon cœur ;
Il voile sa couronne,
Et cache sa grandeur.
O sort digne d'envie !
Quoi! l'auteur de ma vie
En moi fait son séjour !
O mon âme ravie,
Consume-toi d'amour.

O Jésus, quel abîme
De douceur, de bonté !
Oubliez-vous mon crime
Et mon indignité ?
 O sort, etc.

O Dieu de l'innocence,
Que suis-je devant vous ?
Je n'ai rien qui n'offense
Vos yeux purs et jaloux.
 O sort, etc.

Je suis votre conquête ;
Commandez en vainqueur,
Ma gloire est ma défaite,
Servir est ma grandeur.
 O sort, etc.

Mon âme s'est donnée
A l'aimable Jésus :
A son cœur enchaînée,
Elle ne fuira plus.
O sort, etc.

C'est assez me poursuivre ;
Vous m'avez su charmer :
Que je cesse de vivre,
Si je cesse d'aimer !
O sort, etc.

Le trésor où j'aspire,
C'est vous, ô mon Jésus ;
J'ai ce que je désire,
Je ne veux rien de plus.
O sort ! etc.

Amour pur, amour tendre,
Le cœur qui t'a goûté
Ne doit plus rien attendre
Que l'immortalité.
O sort, etc.

MÊME SUJET. — C. 74. — A. 206.

Acte de Foi.

DIVIN Jésus,
Pour me donner la vie,
Vous êtes dans la sainte Hostie,
Divin Jésus ;
La foi m'éclaire ;
Je crois ce grand mystère,
Divin Jésus.

Acte d'Espérance.

Dieu tout-puissant,
Votre douce présence
Vient ranimer ma confiance ;
Dieu tout-puissant,
En vous j'espère ;
Soulagez ma misère,
Dieu tout-puissant.

Acte d'Amour.

Dieu plein d'amour,
De vous seul je veux vivre ;
Pour toujours à vous je me livre,
Dieu plein d'amour ;
Brûlez mon âme
De la plus vive flamme,
Dieu plein d'amour.

Acte d'Humilité.

Je suis pécheur,
Devant vous je m'abaisse ;
Plein de regrets, je le confesse,
Je suis pécheur ;
Dieu de clémence ;
Pardonne mon offense !
Je suis pécheur.

Acte de Désir.

Venez en moi,
Mon âme vous désire,
Et sans cesse après vous soupire.
Venez en moi,
Maître adorable,
Rédempteur tout aimable,
Venez en moi.

MÊME SUJET. — C. 135. — A. 279.

APPRÊTEZ-VOUS
A son festin Dieu vous convie ;
Apprêtez-vous,
C'est le céleste Epoux.
O quel bonheur !
Il vient, caché dans cette Hostie,
Ce doux Sauveur,
S'unir à votre cœur.

Chœur. Apprêtons-nous,
A son festin Dieu nous convie ;
Apprêtons-nous,
C'est le céleste Epoux,

O quel bonheur !
Il vient, caché dans cette Hostie,
Ce doux Sauveur,
S'unir à notre cœur.

Pour comble de faveur,
Il vous offre son cœur.
Apprêtez-vous,
C'est le céleste Epoux.

Ch. Apprêtons-nous, etc.

C'est pour vous qu'il s'abaisse
Et voile sa splendeur :
De l'amour qui le presse

Voyez l'ardeur.
Ch. Apprêtons-nous, etc.

Par un juste retour.

Offrez-lui, dans ce jour,
Pour prix de sa tendresse,
Tout votre amour.
Ch. Apprêtons-nous, etc.

MÊME SUJET. — C. 72. — A. 208.

Oh! que je suis heureux!
J'ai trouvé celui que j'aime;
Oh! que je suis heureux!
Voici le Roi des cieux.
Je le possède en moi-même,
Quoique invisible à mes yeux.

Je tiens celui que j'aime,
Oh! que je suis heureux,
Il enflamme
Toute mon âme,
Ce doux Sauveur;
Je le tiens dans mon cœur.

Grâce, grâce, grâce à l'amour
Qui, de mon Dieu, triomphe en ce beau jour.

D'où me vient ce bonheur?
Quoi! mon Dieu me rend visite!
D'où me vient ce bonheur?
D'où me vient cet honneur?
Homme ingrat, je ne mérite
Que d'éprouver sa rigueur.
Quoi! Dieu me rend visite!
D'où me vient ce bonheur?
Il enflamme, etc.

Est-il rien de plus doux,
O mon Dieu, mon Roi, mon Père!
Est-il rien de plus doux
Que d'être tout à vous?
Dans cet aimable mystère,
Où vous êtes tout à nous,
Je possède mon Père;
Est-il rien de plus doux?
Il enflamme, etc.

Je n'ai point de retour,
Doux Jésus, pour cette grâce,
Je n'ai point de retour,
Digne de votre amour:
Faites que tout, à ma place,

Vous bénisse nuit et jour;
Pour une telle grâce,
Je n'ai point de retour.
Il enflamme, etc.

Parlez en ma faveur,
A mon Dieu, Vierge **Marie**;
Parlez en ma faveur,
Prêtez-moi votre cœur:
Qu'avec vous je glorifie,
Jésus, mon Roi, mon **Sauveur**,
O divine Marie!
Parlez en ma faveur.
Il enflamme, etc.

Régnez, divin Jésus,
Dans mon cœur et mes puissances,
Régnez, divin Jésus,
Je ne résiste plus.
Pardonnez mes négligences,
J'en suis contrit et confus.
Dans toutes mes puissances
Régnez, divin Jésus.
Il enflamme, etc.

MÊME SUJET. — C. 7. — A. 101 et 49.

Quelle étonnante merveille
Vient de s'opérer en moi!
O terre, prête l'oreille;
Cieux, laissez parler ma foi.
Celui dont la voix féconde
Se fit entendre au néant,
Le Dieu qui créa le monde,
Vit dans le sein d'un enfant.

Oui, son auguste présence
Se fait sentir à mon cœur;
J'éprouve un désir immense,
Quoique enivré de bonheur:
Un feu sacré me dévore;
Par Jésus même allumé;
Je l'aime et je sens encore
Qu'il n'est point assez aimé.

Eh quoi ! les Anges fidèles,
A son aspect confondus,
Couvrent de l'or de leurs ailes
Leurs fronts brillants de vertus;
Et, pour les hommes qu'il aime,
Daignant abaisser les cieux,
Dieu les nourrit de lui-même,
Et les rend presque des dieux.

D'une voix pleine de charmes,
Il me parle et je l'entends.
Dieu ! pardonne, si des larmes
Troublent de si doux instants :
Mais quand sa bonté m'accable
De ses plus riches bienfaits,
Je sens que mon cœur coupable
Ne les mérita jamais.

Tu me prévins dès l'enfance,
Tu me portas dans ton sein :
Je perdis mon innocence,
Et tu me tendis la main.

Aujourd'hui par un miracle,
Chef-d'œuvre du Tout-Puissant,
Je deviens son tabernacle,
Dieu s'unit à mon néant.

Du Dieu qui me donna l'être,
Quoi ! mon cœur est le séjour !
Puis-je jamais reconnaître
Un tel prodige d'amour ?

Ah ! dans mon désir extrême,
Qu'offrir à ta Majesté ?
Grand Dieu, je t'offre à toi-même,
Mon amour s'est acquitté.

Vous qui, revêtus de gloire,
Environnez l'Eternel,
Ah ! consacrez la mémoire
De ce moment solennel :
Qu'un jour assis sur des trônes,
Brillants d'un éclat nouveau,
Nous jetions tous des couronnes
Devant l'autel de l'Agneau.

MÊME SUJET. — C. 69. — A. 204.

Du Roi des rois je suis le tabernacle,
Oui de mon âme un Dieu devient l'Epoux,
  Charmant spectacle !
  Espoir trop doux !
Rendez, grand Dieu, mon cœur digne de vous ;
Votre amour seul peut faire ce miracle.

Je m'attendris sans trouble et sans alarmes
Amour divin je ressens tes langueurs.
  Heureuses larmes !
  Aimables pleurs !
Oh ! que mon cœur y trouve de douceurs!
Tous vos plaisirs, mondains, ont-ils ces charmes?

Tristes penchants, malheureux fruits du crime,
C'est vous qu'il veut que j'immole à son choix :
  Ce Dieu m'anime,
  Suivons ses lois.
Parlez, Seigneur, j'écoute votre voix.
Mon cœur est prêt, nommez-lui la victime.

Ce pain des forts soutiendra mon courage :
Venez, démons, de mon bonheur jaloux ;
  Que votre rage
  Vous arme tous :
Je ne crains point vos plus terribles coups,
De ma victoire un Dieu devient le gage.

Il me remplit d'une douce espérance

Qui me suivra plus loin que le trépas :
    Si sa puissance
    Soutient mon bras ;
C'est peu pour lui d'animer mes combats ;
Il veut encore être ma récompense.

Pour un pécheur, que sa tendresse est grande !
Qu'elle mérite un généreux retour !
    Mais quelle offrande
    Pour tant d'amour ?
Prenez mon cœur, ô mon Dieu, dans ce jour ;
C'est le seul don que votre cœur demande.

MÊME SUJET. — C. 1. — A. 9.

Je l'ai trouvé, le seul objet que j'aime ;
Je l'ai trouvé, je ne le quitte plus ;
Je le possède au milieu de moi-même :
Oui, je le tiens, mon cœur dit : c'est Jésus.

Oui, c'est Jésus, le trésor de la terre ;
Oui, c'est Jésus, la richesse des cieux ;
C'est notre Dieu, notre Ami, notre Père,
Dont la beauté ravit les Bienheureux.

O doux Jésus, ô source souveraine
Des biens parfaits, des célestes faveurs !
Ah ! liez-moi d'une puissante chaîne,
Eternisez l'union de nos cœurs.

Oui, je le sens, Jésus est dans mon âme,
Par sa présence il réjouit mon cœur ;
Il me console, il m'instruit, il m'enflamme,
Me fait goûter déjà le vrai bonheur.

Pour m'assurer cette joie ineffable,
Je n'aimerai que Jésus mon Sauveur ;
Je ne verrai, hors de lui, rien d'aimable,
Il aura seul mon esprit et mon cœur.

MÊME SUJET. — C. 10 et 204. — A. 111 et 349.

Vous m'ordonnez, grand Dieu, d'aller à vous,
Et vous voulez être ma nourriture :
Mon cœur soupire après un bien si doux ;
Je ne crains plus, votre amour me rassure
    Il vient : quel torrent de plaisir !
    Tout cède au pouvoir de sa flamme.
    O Jésus ! vivez dans mon âme ;
    Vivez pour n'y jamais mourir.

Vous recevoir, ô Dieu de majesté,
Vous que cent fois j'outrageai dans ma vie ;
J'en suis indigne, ô Dieu de sainteté :
Dites un mot, et mon âme est guérie.—Il vient...

Vous êtes grand, immense, tout-puissant,
O Dieu caché sous ces obscurs nuages!
Sans vous y voir, je vous y crois présent :
Moins vous brillez, plus je vous dois d'hommages.—Il vient...

En ce moment, Jésus vient dans mon cœur ;
Je le possède, ô bonheur ineffable !
L'esclave heureux y reçoit son Seigneur ;
Il s'en nourrit, et lui devient semblable. — Il vient...

Que vous rendrai-je, ô Dieu, pour tant d'amour ?
Vous donnez tout en vous donnant vous-même :
Je cherche en vain, je me vois sans retour ;
Mais vous savez, Seigneur, que je vous aime. — Il vient...

Divin Jésus, que voulez-vous de moi ?
Je suis en tout soumis à votre empire :
Mon cœur est prêt à suivre votre loi,
Et pour vous seul désormais il soupire. — Il vient...

MÊME SUJET. — C. 2. — A. 38 et 39.

Que mon sort a de charmes!
Jésus est dans mon cœur ;
Je ne crains plus d'alarmes
Qui troublent mon bonheur.
Amour, honneur et gloire
A Jésus mon Sauveur ;
A lui seul la victoire ;
Qu'il règne dans mon cœur.

O source intarissable
Des plus pures douceurs !
O centre invariable
Des célestes faveurs !— Amour...

A son cœur adorable
Je consacre mon cœur ;
De son joug tout aimable
Je fais tout mon bonheur.
   Amour, etc.

  A Jésus la victoire
Sur ce monde trompeur ;
Je mets toute ma gloire
A servir mon Sauveur.
   Amour, etc.

Adieu, monde perfide ;
Adieu, vaine grandeur :
J'ai le seul bien solide,
Jésus est dans mon cœur.
   Amour, etc.

Monde insensé, je foule
A tes pieds tes honneurs,
Je méprise la foule
De tes adorateurs.—Amour...

Oui, désormais, sans crainte,
Content dans les douleurs,
Je t'embrasse, ô Croix sainte,
Et toutes tes rigueurs.
   Amour, etc.

MÊME SUJET. — C. 169. — A. 314.

Quel noble feu vient enflammer mon cœur?
Quel doux objet me fait sentir ses charmes?
Seigneur, c'est toi qui descends en vainqueur,
Pour me communiquer ta gloire et ton bonheur.
   Aimable sort !
   Quel doux transport
Fait de mes yeux couler d'heureuses larmes !
Amour divin, je te cède les armes ;

Je ne veux plus écouter que ta voix :
Fixe à jamais mon âme sous tes lois.

O terre, ô ciel, le Fils de l'Éternel,
Sur cet autel daigne aujourd'hui descendre ;
A ses enfants, dans ce jour solennel,
Lui-même il vient prouver son amour paternel.
  Qu'il a d'attraits !
  Que ses bienfaits
Peignent son cœur et généreux et tendre !
Qui d'entre nous eût jamais pu prétendre
Que le grand Dieu qui règne dans les cieux,
Vînt avec nous habiter dans ces lieux ?

Mais c'est encor trop peu pour ton amour !
Tu vas m'offrir un plus touchant spectacle :
Tu veux, Seigneur, tu veux dans ce beau jour,
En visitant mon cœur, y faire ton séjour.
  Espoir trop doux !
  Soyez jaloux,
Anges, témoins d'un si puissant miracle :
Bientôt mon cœur sera son tabernacle.
Ce Dieu-Sauveur, sensible à mes désirs,
Va m'enivrer d'un torrent de plaisirs.

Je t'aperçois, ô divine beauté !
Quoique, à mes yeux, tu voiles ta présence :
Pardon, Seigneur, si ma légèreté
Méconnut si longtemps tes dons et ta bonté.
  A ton aspect,
  Quel saint respect
Vient à mes sens commander le silence !
Tu fais céder la crainte à l'espérance.
O Dieu d'amour, mon cœur vole vers toi,
Comble ses vœux en t'unissant à moi.

Heureux moment ! ô Dieu, quelles douceurs
Tu fais sentir à mon âme attendrie !
Amour divin, je ressens tes langueurs :
Dieu, que faut-il de plus pour captiver mon cœur
  Dès le berceau
  Jusqu'au tombeau,
A mon bonheur tu consacres ta vie :
Dans mon exil et loin de ma patrie,
Enfin, tu veux, aimable et tendre Époux,
T'unir à moi par les nœuds les plus doux.

De mon salut, ô gage précieux !
Tu me promets une immortelle gloire :
Bientôt, Seigneur, je pourrai dans les cieux,
Contempler de ton front l'éclat majestueux.
  Que tes bienfaits

13.

Soient à jamais,
En traits de feu, gravés dans ma mémoire
Mais dans ce jour couronne ta victoire :
Et que mon cœur soit à toi sans retour ;
Il te suffit pour prix de ton amour.

De ta maison, éternelle beauté,
L'auguste pompe a pour moi mille charmes.
Autels sacrés, témoins de sa bonté,
Vous le serez aussi de ma fidélité.
D'un Dieu d'amour
Charmant séjour !
Ici je viens déposer mes alarmes ;
Contre l'enfer, ici je prends les armes ;
Ici nourri de sa Divinité,
En paix je marche à l'immortalité.

MÊME SUJET. — C. 166. — A. 311.

Chantons, chantons
Jésus et sa tendresse extrême ;
Chantons, chantons
Le plus aimable de ses dons.
Ce doux Sauveur
A nous vient de s'unir lui-même ;
Ce doux Sauveur
Daigne habiter dans notre cœur.
Chantons, etc.

Comment reconnaître
L'amour d'un si bon Maître ?
Comment reconnaître
Un si grand excès de faveur ?
Chantons, etc.

Qu'en nous tout s'unisse,
Que tout y bénisse
Ce Maître propice,
Ce Dieu de douceur.
Chantons, etc.

Actes de Foi et d'Adoration.

Dieu de grandeur,
Plein de respect, je vous révère ;
Dieu de grandeur,
J'adore dans vous mon Seigneur.
La vive foi
Dans cet heureux instant m'é-
La vive foi   [claire ;
Vous dévoile à mes yeux dans moi.
Dieu, etc.

O chœurs des saints Anges,
Que n'ai-je vos louanges ?
O chœurs des saints Anges !
Adorez pour moi votre Roi.
Dieu, etc.

Que sous son empire,
Tout ce qui respire
Vienne se réduire
Et garde sa loi. — Dieu, etc.

Acte d'Espérance.

Divin Époux,
Mon âme à vous seul s'aban-
Divin Époux   [donne,
Mon âme n'a d'espoir qu'en vous.
Vous seul toujours
Serez ma vie et ma couronne ;
Vous seul toujours
Serez ma force et mon recours.
Divin, etc.

Quand on vous possède,
Le monde, l'enfer cède ;
Quand on vous possède,
Tout fuit devant votre secours.
Divin, etc.

O Dieu de clémence,
Que mon espérance
En votre puissance
Rende saints mes jours.
Divin, etc.

Acte d'Amour.

Aimons Jésus,
Pour lui que notre cœur s'en-
    Aimons Jésus,   [flamme;
De tout nous-mêmes, encor plus.
    Puis-je, à mon tour,
O Dieu qui régnez dans mon âme,
    Puis-je, à mon tour,
Pour vous ne point brûler d'a-
    Aimons, etc.   [mour!

Je l'aime, oui, je l'aime
Jésus, plus que moi-même;
Je l'aime, oui, je l'aime
Pour l'aimer jusqu'au dernier
    Aimons, etc.   [jour.

    Ce don ineffable,
Que son cœur aimable
    Me fait à sa table,
Veut tout mon retour.
    Aimons, etc.

Acte d'Offrande.

    Pour vos bienfaits
Que vous offrir, ô divin Maître?
    Pour vos bienfaits
Je m'offre à vous seul pour jamais.
    Mes biens, mon cœur,
Mon âme, mon esprit, mon être,
    Mes biens, mon cœur,
En moi tout est pour le Seigneur.
    Pour vos, etc.

Pour lui je veux vivre,
A lui seul je me livre,
Pour lui je veux vivre
Et ne veux point d'autre douceur.
    Pour vos, etc.

A lui je m'engage;
Il est mon partage,
Il est le doux gage
De mon vrai bonheur.
    Pour vos, etc.

Acte de Demande.

    O Dieu puissant!
Par les dons de votre présence,
    O Dieu puissant!
Conservez mon cœur innocent.
    Dieu de bonté,
Donnez-moi la foi, l'espérance,
    Dieu de bonté,
L'amour, la paix, la sainteté.
    O Dieu, etc.

    Qu'en vous je demeure,
Jusqu'à ma dernière heure :
    Qu'en vous je demeure
Sans cesse et dans l'éternité.
    O Dieu, etc.

    O Chair vénérable!
Du Verbe adorable!
    Rends inébranlable
Ma fidélité.
    O Dieu, etc.

MÊME SUJET. — C. 172. — A. 317.

Heureux moment! jour précieux!
Je goûte le bonheur des cieux!
Que mon sort est délicieux!
Plongé dans une sainte ivresse,
Je dis et répète sans cesse;
O Jésus, Roi du saint amour,
Mon cœur est à vous sans retour.

Je l'entends, il parle à mon cœur;
Il promet d'être son bonheur!
O douce, ô céleste faveur :
Qu'à jamais sa divine flamme
Embrase et consume mon âme.
    O Jésus, etc.

Fuis, monde; garde tes bienfaits,

En vain tu m'offres tes attraits;
Je suis à Jésus pour jamais :
Je ne veux point de tes caresses,
Et je dédaigne tes promesses.
    O Jésus, etc.

Dans mon âme, ô divin Époux
Satan, de mon bonheur jaloux,
Demande à régner avec vous ;
Non, non, celui dont je tiens l'être,
De mon cœur sera le seul Maître.
    O Jésus, etc.

Oui, soutenu du pain des forts,
Déjà près du séjour des morts,
De l'enfer bravant les efforts,

Ce cœur dira, si ma voix cesse :
Vive le Dieu de ma tendresse !
O Jésus, etc.

Dans la paix de mon Bien-Aimé

J'expire... tout est consommé !
Au serment que j'ai prononcé
Je ne crains plus d'être infidèle :
Il est ma devise éternelle,
O Jésus, etc.

MÊME SUJET. — C. 1 et 73. — A. 18 et 210.

L'encens divin embaume cet asile ;
Des cieux ouverts, ô chants mélodieux !
Mon cœur se tait et mon âme est tranquille :
La paix du ciel habite dans ces lieux.
  O Pain de vie !
  O mon Sauveur !
  L'âme ravie
 Trouve en vous son bonheur.

Pour embellir le temple de mon âme,
Le Très-Haut daigne y fixer son séjour.
Je le possède, il m'inspire, il m'enflamme,
Je l'ai trouvé, je l'aime sans retour. — O pain de vie...

Je vous adore au-dedans de moi-même,
Je vous contemple à l'ombre de la foi,
Mon Dieu, mon tout, félicité suprême
Je ne vis plus, mais Jésus vit en moi.—O pain de vie..

O saints transports ! vive et douce allégresse !
Chastes ardeurs, divins embrassements !
O plaisirs purs ! délicieuse ivresse !
Mon cœur se perd en ces ravissements!—O pain de vie...

Que vous rendrai-je, ô Sauveur plein de charmes,
Pour tous les dons que j'ai reçus de vous ?
Prenez ce cœur, et recueillez ces larmes ;
C'est le tribut dont vous êtes jaloux. — O pain de vie...

Tant qu'à la nuit une aurore nouvelle
Succèdera pour ramener le jour,
Je l'ai juré, je vous serai fidèle,
Je vous promets un immortel amour. —O pain de vie...

Ah ! que ma langue immobile et glacée,
En ce moment s'attache à mon palais,
Si, dans mon cœur, s'efface la pensée
De votre amour, comme de vos bienfaits. — O pain...

MÊME SUJET. — C. 1 et 180. — A. 1 et 325.

Qu'ils sont aimés, grand Dieu, tes tabernacles !
Qu'ils sont aimés et chéris de mon cœur !
Là tu te plais à rendre les oracles ;
La foi triomphe et l'amour est vainqueur.

Qu'il est heureux celui qui te contemple

Et qui soupire aux pieds de tes autels !
Un seul moment qu'on passe dans ton temple,
Vaut mieux qu'un siècle au palais des mortels.

Je nage au sein des plus pures délices ;
Le ciel entier, le ciel est dans mon cœur.
Dieu de bonté, de faibles sacrifices
Méritaient-ils cet excès de bonheur ?

En les comblant, par un charme suprême,
Un Dieu puissant irrite mes désirs :
Il me consume et je sens que je l'aime ;
Et cependant je m'exhale en soupirs.

Autour de moi, les Anges, en silence,
D'un Dieu caché contemplent la splendeur.
Anéantis en sa sainte présence,
O Chérubins, enviez mon bonheur !

Et je pourrais à ce monde qui passe
Donner un cœur de Dieu même habité !
Non, non, Seigneur, je puis tout par ta grâce ;
Ah ! sauve-moi de ma fragilité.

En Souverain, règne, commande, immole,
Règne surtout par le droit de l'amour.
Adieu, plaisirs, adieu, monde frivole ;
A Jésus seul j'appartiens sans retour.

Refrain pour le Cantique précédent que l'on répètera avant et après chaque strophe, sur un air propre.

Chantons, chantons, ah ! quel beau jour
Dieu se donne à sa créature,
Il devient notre nourriture :
Admirons cet excès d'amour
Et répétons, ah ! quel beau jour !

MÊME SUJET. — C. 112. — A. 255.

Anges des cieux, Esprits sublimes,
Soyez saisis d'étonnement :
Le Dieu très-saint, malgré nos [crimes,
A nous se donne en ce moment.
L'amour que ce bienfait réclame,
Doit être fort comme la mort ;
Embrasés d'une sainte flamme,
Répétons tous avec transport :
Le Dieu que couronne la gloire
A triomphé de notre cœur :
Chantons de Jésus la victoire ;
Victoire à notre doux Sauveur.
Le Roi du ciel et de la terre

Daigne aujourd'hui descendre en
Celui qui lance le tonnerre [moi.
Veut l'amour seul et non l'effroi.
Pour croire un si profond mystère
C'est à la foi que j'ai recours,
C'est sa lumière qui m'éclaire ;
Je ne vois que par son secours.

    Le Dieu, etc.

A quels travaux, quelle victoire
N'aspire pas un faible humain,
Qui dans ces lieux ressent la gloire
De posséder Dieu dans son sein.
Jésus et son amour immense

Sans cesse affermissent son cœur; | Il sent rallumer son ardeur.
Du Sauveur chantant la clémence, | Le Dieu, etc.

MÊME SUJET. — C. 186. — A. 331.

Que mon destin est doux ! tout répond à mes vœux ;
    Ah ! que je suis heureux !
J'ai pu fléchir le Ciel, il n'est plus irrité ;
    Ah ! quelle est sa bonté !
Mon âme en ce moment triomphe des enfers :
    Ah ! j'ai brisé mes fers !
Mon Dieu se donne à moi, c'est le suprême bien ;
    Ah ! je ne veux plus rien !
Blessez, grand Dieu, mon cœur de vos aimables traits ;
    Ah ! qu'ils ont des attraits !
Si je me trouve heureux, je ne le dois qu'à vous :
    Ah ! que ce bien est doux !
Le monde a beau flatter, ses soins sont superflus :
    Ah ! je ne l'aime plus !
Le plus charmant espoir succède à mon tourment :
    Ah ! l'heureux changement !
Dieu me fera régner dans l'éternel séjour :
    Ah ! je l'espère un jour !

MÊME SUJET. — C. 68. — A. 201.

Ah ! que je goûte de douceur,
Quand Jésus repose en mon cœur :
Des ennemis de mon bonheur
    Je ne crains plus les armes :
Quand Jésus repose en mon cœur,
    Que mon sort a de charmes !
Je sens renaître mon ardeur,
Quand Jésus repose en mon cœur :
En vain du monde séducteur
    La beauté se présente :
Quand Jésus repose en mon cœur,
    C'est lui seul qui m'enchante.
Je foule aux pieds le faux honneur,
Quand Jésus repose en mon cœur :
Disparaissez, vaine grandeur,
    Cédez-lui la victoire :
Quand Jésus repose en mon cœur,
    J'en fais toute ma gloire.
Puis-je goûter un bien trompeur,
Quand Jésus repose en mon cœur ?
La grâce de ce doux Sauveur
    Me met dans l'abondance :
Quand Jésus repose en mon cœur,
    Ma richesse est immense.
Je suis content dans ma douleur :
Quand Jésus repose en mon cœur,
Des croix j'embrasse la rigueur,
    Comme un joug trop aimable
Quand Jésus repose en mon cœur,
    Ma joie est ineffable.

MÊME SUJET. — C. 52. — A. 176.

Chantons en ce jour,
Jésus et sa tendresse extrême ;
    Chantons en ce jour,
Et ses bienfaits et son amour.
    Il a daigné lui-même
Descendre dans nos cœurs ;
    De ce bonheur suprême
Célébrons les douceurs
    Chantons, en ce jour,
Jésus et sa tendresse, etc.

O Dieu de grandeur,
Plein de respect je vous révère ;
O Dieu de grandeur,
J'adore dans vous, mon Seigneur.
Si ce profond mystère
Vient éprouver ma foi ;
C'est l'amour qui m'éclaire
Et vous découvre en moi.
O Dieu, etc.

Mon divin Époux,
Mon âme à vous seul s'abandonne ;
Mon divin Époux,
Mon âme n'a d'espoir qu'en vous.
Que l'enfer gronde et tonne,
Qu'il s'arme de fureur ;
Il n'a rien qui m'étonne,
Jésus est dans mon cœur.
Mon divin, etc.

Aimons le Seigneur,
Ne cherchons jamais qu'à lui
Aimons le Seigneur, [plaire ;
Il fera seul notre bonheur.
Ami tendre et sincère,

Généreux bienfaiteur,
Il est plus, il est père ;
Donnons-lui notre cœur.
Aimons, etc.

Pour tous vos bienfaits,
Que vous offrir, ô divin Maître ?
Pour tous vos bienfaits
Je me donne à vous pour jamais.
En moi je sentis naître
Les transports les plus doux,
Quand je pus vous connaître
Et m'attacher à vous.
Pour tous, etc.

O Dieu tout-puissant !
Par votre aimable Providence,
O Dieu tout-puissant !
Conservez mon cœur innocent.
Dès ma plus tendre enfance,
Vous guidâtes mes pas ;
Sauvez mon innocence,
Couronnez mes combats.
O Dieu, etc.

MÊME SUJET. — C. 4. — A. 50.

Toi dont la puissance infinie
Du néant a fait l'univers,
O toi qui règles l'harmonie
Des globes roulant dans les airs,
Du haut de ton trône immuable,
Seigneur, daigne écouter nos
[chants ;
Prête une oreille favorable
Aux vœux de tes faibles enfants.

Descendez, ô Chœurs angéliques,
Bienheureux embrasés d'amour ;
Pour vous unir à nos cantiques,
Descendez des cieux en ce jour.
A notre douce et sainte ivresse,
Venez tous mêler vos transports ;
Votre amour à notre tendresse ;
Et vos accords à nos accords.

Tel qu'un monarque débonnaire,
Fuyant le faste de sa cour, [mière
Descend jusqu'à l'humble chau-
Où le pauvre fait son séjour :
Tel, et plus généreux encore,

Des cieux abaissant la hauteur,
Le Dieu que l'univers adore
Est descendu dans notre cœur.

Quel torrent de pures délices
M'inonda près de vos autels !
Seigneur, j'y goûtai les prémices
Des plaisirs purs des immortels ;
Là, de joie et d'amour ravie,
Mon âme, en ce jour fortuné,
S'est paisiblement endormie
Sur le cœur de son Bien-Aimé.

Disparaissez, plaisirs fragiles,
Tristes voluptés d'un instant ;
Loin de moi, richesses stériles,
Honneurs, gloire, pompeux néant.
Je l'ai choisi pour mon partage,
Celui qui seul me rend heureux :
Enfant du ciel, pour héritage,
J'aspire à posséder les cieux.

Ah ! si de nos fêtes chéries,
Jamais, coupable déserteur,
Je courais aux fêtes impies

D'un peuple prévaricateur ;
Je veux que ma droite arrachée
Périsse en cet affreux moment ;
Et que ma langue desséchée
S'attache à mon palais brûlant.

Seigneur, en traits ineffaçables,
Grave en mon cœur ta sainte loi ;
Rends-moi tes préceptes aimables,
Augmente l'ardeur de ma foi :
A nos vœux donne la victoire
Sur la superbe impiété,
Et nous célèbrerons ta gloire
Dans l'immobile éternité.

MÊME SUJET. — C. 74 et 75. — A. 212 et 216.

CÉLÉBRONS ce grand jour par des chants d'allégresse ;
    Nos vœux sont enfin satisfaits ;
Bénissons le Seigneur ; publions sa tendresse ;
    Chantons ses bontés, ses bienfaits.
    Pour nous, tout pécheurs que nous sommes,
    Il descend des cieux en ce jour :
    C'est parmi les enfants des hommes
    Qu'il aime à fixer son séjour :
    Chantons sous ces voûtes antiques,
    Le Dieu qui règne sur nos cœurs ;
    Exaltons, par de saints cantiques,
    Et son amour et ses faveurs.

En ce jour solennel, nourris du pain des Anges,
    Bénissons-le, jeunes chrétiens ;
Chantons-le tour à tour, répétons les louanges
    Du Dieu qui nous comble de biens.
    Bon Père, à des enfants qu'il aime,
    Cieux, admirez tant de bonté !
    Il donne, en se donnant lui-même,
    Le pain de l'immortalité. — Chantons...

Quoi ! Seigneur, en tremblant, l'univers te contemple
    La terre a frémi devant toi ;
Et du cœur d'un enfant tu veux faire ton temple !
    Et tu t'abaisses jusqu'à moi !
    Ah ! puissé-je avant qu'infidèle
    Je perde un si cher souvenir,
    Mourir comme la fleur nouvelle,
    Cueillie avant de se flétrir. — Chantons...

Oui, Seigneur, désormais, rangés sous ton empire,
    Nous y voulons vivre et mourir ;
Mais ce vœu que l'amour aujourd'hui nous inspire,
    Pouvons-nous sans toi l'accomplir ?
    C'est toi qui nous donnas la vie,
    Que ta grâce en règle le cours ;
    Que ta loi, constamment suivie,
    Console enfin nos derniers jours. — Chantons...

MÊME SUJET. — C. 30. — A. 146.

RENDONS à Dieu toute la gloire
Du trésor que nous possédons.
Que ses inestimables dons
Se gravent dans notre mémoire

Non, non, non, ne l'oublions pas
Ce jour de fête et de victoire ;
Non, non, non, ne l'oublions pas;
Pourrions-nous être des ingrats?
Le Dieu puissant et redoutable,
O Cieux, qui peut le concevoir?
Daigne inviter et faire asseoir
De faibles enfants à sa table.
Non, non, non, ne l'oublions pas
Ce jour à jamais mémorable :
    Non, non, etc.

Il vient, ce Dieu si charitable,
Il vient de nos maux nous guérir
Et de lui-même nous nourrir :
Ah! qu'il doit nous paraître aimable!
Non, non, non, ne l'oublions pas
Ce jour pour nous si favorable :
    Non, non, etc.

Il nous communique sa vie,
Nous enrichit de ses faveurs,
Et de joie inonde nos cœurs :
Qu'un tel sort est digne d'envie!
Non, non, non, ne l'oublions pas
Ce jour le plus beau de la vie :
    Non, non, etc.

Que pouvait-il donc entreprendre
Pour nous prouver mieux son
    [amour?
N'est-il pas pour nous en ce jour
L'ami, le père le plus tendre?
Non, non, non, ne l'oublions pas
Ce jour qui vient de nous l'ap-
    Non, non, etc.   [prendre:

Divin Jésus, de notre hommage,
Vous daignez vous montrer jaloux :
Nos cœurs sont pour toujours à
    [vous,
Sans que jamais rien les partage.
Non, non, non, ne l'oublions pas
Ce jour de fortuné présage :
    Non, non, etc.

Nous vous promettons la cons-
    [tance
A vous aimer, à vous servir,
Heureux d'avoir à vous offrir
Ce vœu de la reconnaissance.
Non, non, non, ne l'oublions pas
Ce jour si cher à notre enfance :
Non, non, non, ne l'oublions pas;
Pourrions-nous être des ingrats?

MÊME SUJET. — C. 24, 126 et 147. — A. 134, 276 et 292.

Mon cœur, en ce jour solennel,
Il faut enfin choisir un maître :
Balancer serait criminel,
Quand Dieu seul est digne de l'être.
C'en est donc fait, ô Dieu-Sauveur,
A vous seul je donne mon cœur.

A qui doit-il appartenir,
Ce cœur qui vous doit l'existence,
Que vous avez daigné nourrir
De votre immortelle substance?
    C'en est, etc.

A chercher la félicité,
Hélas! en vain je me consume;
Loin de vous tout est vanité,
Déplaisir, tristesse, amertume.
    C'en est, etc.

Vous seul pouvez me rendre heu-
    [reux;
Je le sens; oui, votre présence
A pleinement comblé mes vœux,

Et fixé ma longue inconstance.
    C'en est, etc.

Que puis-je désirer de plus ?
Je possède mon Dieu lui-même.
Ah! tous les biens sont superflus,
Quand on jouit du bien suprême.
    C'en est, etc.

En vain, trop séduisants plaisirs,
Vous faites briller tous vos char-
    [mes;
Vous trompez toujours nos désirs,
Et vous finissez par des larmes.
    C'en est, etc.

Dans votre festin précieux,
Quelle innocente et douce ivresse!
Oh! quels plaisirs délicieux
Me fait goûter votre tendresse!
    C'en est, etc.

Le monde prétend à tout prix
Qu'à suivre ses lois je m'engage :

Tu n'obtiendras que mon mépris,
Monde aussi trompeur que volage.
   C'en est, etc.

Qu'ils sont étonnants vos bienfaits!
Leur grandeur fait mon impuis-
                [sance;
Et comment pourrai-je jamais
Acquitter ma reconnaissance?
   C'en est, etc.

Vous voulez bien me demander
De mon cœur la chétive offrande:
Hésiterai-je d'accorder
Ce que le Tout-Puissant demande?
   C'en est, etc.

Oui, ce cœur vous est consacré,
Je veux que toujours il vous aime;
J'en atteste le don sacré
Qu'il tient de votre amour ex-
   C'en est, etc.   [trême.

On pourra aussi chanter ce Cantique sur un autre air, avec le refrain suivant:

C'en est donc fait, ô Jésus, mon Sau-
Je ne suis plus rebelle; [veur,

Je l'ai juré, je vous donne mon
Il vous sera fidèle.   [cœur;

MÊME SUJET. — C. 87. — A. 229.

O douce allégresse!
O pieuse ivresse!
  Le saint amour
Me pénètre en ce jour!
O troupe angélique,
Dans vos saints cantiques,
  Par mille accords,
Secondez mes transports!
Le Ch. O douce, etc.

  L'essor suprême
  De l'amour extrême,
  Plus fort que Dieu même,
  Devient son vainqueur;
    Le divin Maître
    S'unit à mon être;
    Je sens son ardeur;
  Il est dans mon cœur.
Le Ch. O douce, etc.

Prodige d'amour:
Qui pourra le croire?
Pour moi, de sa gloire
Dieu perd la mémoire.
  Dans cet heureux jour
  Il a quitté sa cour;
  Mon cœur à son tour
    Est son séjour.
Le Ch. O douce, etc.

O Jésus du saint Ange
  La félicité,
Ah! quel échange!
  O Dieu de bonté!
Les cieux et leurs richesses
  Ne sont rien pour toi,
  Et tu t'abaisses,
Grand Dieu, jusqu'à moi.
Le Ch. O douce, etc.

POUR TERMINER LA JOURNÉE. — C. 199. — A. 344.

Jour heureux, jour de vrai plaisir
Pour une âme innocente et pure;
Jour heureux, jour de vrai plaisir,
Faut-il te voir si tôt finir?

Biens, honneurs, beauté frivole;
Adieu donc, et pour jamais,
Vers Dieu mon âme s'envole;
Il me comble de bienfaits.
Jour heureux, jour de vrai plaisir
  Pour une âme, etc.

Toujours, céleste patrie,
Mon cœur soupire pour toi.
Tu contiens ce que j'envie,
Mon Dieu, mon Père et mon Roi.
  Jour heureux, etc.

Sous tes auspices, Marie,
Nous terminons ce beau jour;
Dans la céleste patrie
Réunis-nous pour toujours.
  Jour heureux, etc.

FÊTE DU SACRÉ-CŒUR DE JÉSUS.

BIENFAITS DU CŒUR DE JÉSUS. — C. 3. — A. 45.

Cœur de Jésus, Cœur à jamais aimable !
Cœur digne d'être à jamais adoré !
Ouvre à mon cœur un accès favorable,
Bénis ce chant que je t'ai consacré.
Aide à ma voix à louer ta puissance,
Ta vive ardeur, tes charmes, tes attraits,
Tes saints soupirs, tes transports, ta clémence,
Ton tendre amour, l'excès de tes bienfaits.

Jésus naissant déjà fait ses délices
De se livrer et de souffrir pour nous ;
Déjà son Cœur nous donne les prémices
Des flots de sang qu'il doit verser pour tous.
Ce Cœur toujours sensible à nos disgrâces,
Sur nos besoins s'ouvrit de jour en jour,
Et du Sauveur marqua toutes les traces,
Par les élans d'un généreux amour.

Quand Jésus suit la brebis infidèle,
Son Cœur conduit et fait hâter ses pas,
Quand il reçoit un fils ingrat, rebelle,
Son Cœur étend et resserre ses bras.
Quand, à ses pieds, la femme pénitente
Vient déposer ses pleurs et ses regrets,
Son Cœur en fait une fidèle amante
Qu'il enrichit de ses plus doux bienfaits.

C'est dans ce Cœur, de tous les cœurs l'asile,
Que l'âme tiède excite sa langueur,
Que le pécheur a son pardon facile,
Que le fervent enflamme son ardeur.
L'âme affligée au milieu des disgrâces,
Trouve dans lui l'oubli de sa douleur ;
Et l'âme faible, une source de grâces,
Qui la remplit de force et de vigueur.

Jardin sacré, et vous, montagne sainte,
Tristes témoins de Jésus affligé !
Apprenez-nous dans quel excès de crainte,
Dans quels ennuis son Cœur était plongé,
Quand de la mort sentant la vive atteinte
Et tout le poids du céleste courroux,
Ce Dieu d'amour voyait la terre teinte
Des flots de sang qu'il répandait pour nous.

Ce fut son Cœur, qui d'un amer calice,
Lui fit pour nous accepter les rigueurs,
Et qui, pour nous, l'offrit à la malice,

A tous les traits de ses persécuteurs.
Si sur la croix Jésus daigne s'étendre,
Son Cœur l'y fixe ; et s'il daigne y mourir,
Oui, c'est son Cœur, ce Cœur pour nous si tendre,
Qui nous fait don de son dernier soupir.

Cœur de Jésus, ô source intarissable
De tout vrai bien, de douceur, de bonté ;
Tu réunis dans ton centre adorable
Tous les trésors de la Divinité.
Maître des dons de sa magnificence,
Arbitre seul des célestes faveurs,
Cœur plein d'amour ! tu mets ta complaisance
A les répandre, à les voir dans nos cœurs.

Mais, doux Jésus, c'est peu pour ta tendresse ;
Ton divin Cœur, fixé sur nos autels,
Se reproduit, se ranime sans cesse,
Pour s'y prêter au bonheur des mortels.
C'est là toujours, que, placé sur un trône
D'amour, de paix, de grâce et de douceur,
Pour eux il s'offre, il s'immole, il se donne ;
Pour tout retour n'exigeant que leur cœur.

Cœurs trop longtemps endurcis, insensibles,
A ses désirs vous refuseriez-vous ?
Par quels bienfaits, par quels traits plus visibles,
Peut-il montrer ses tendres soins pour nous ?
Ce riche don de son amour extrême
Ne pourra-t-il vous vaincre, vous charmer ?
Ah ! mille fois, mille fois anathème,
Au cœur ingrat qui ne veut point l'aimer.

Par quel excès, hélas ! d'irrévérence,
De sacrilége et de témérité ;
Par quel oubli, par quelle indifférence
N'ose-t-on point outrager sa bonté !
Cœurs innocents, et vous âmes ferventes,
Vengez, vengez et sa gloire et ses dons,
Rendez pour lui vos flammes plus ardentes,
Vos vœux plus purs, vos respects plus profonds.

Que sur la terre, à jamais, d'âge en âge,
Ce Cœur sacré, caché dans nos lieux saints,
Ait et les vœux, et l'amour, et l'hommage,
Et le tribut de l'encens des humains !
Que dans les cieux les Puissances l'honorent ;
Qu'il règne après les siècles éternels ;
Que tous les cœurs et l'aiment et l'adorent ;
Que tous les cœurs soient pour lui des autels.

Cœur de Jésus, sois à jamais ma gloire ;
Sois mon amour, mes charmes, ma douceur ;

Sois mon soutien, ma force, ma victoire,
Ma paix, mon bien, ma vie et mon bonheur ;
Sois à jamais toute mon espérance ;
Sois mon secours, mon guide, mon Sauveur ;
Sois mon trésor, ma fin, ma récompense,
Mon seul partage et le tout de mon cœur.

MÊME SUJET. — C. 101. — A. 243.

Perçant les voiles de l'aurore,
Le jour apparaît dans les cieux ;
Ainsi, Cœur sacré que j'adore,
Tout rayonnant d'amour tu viens frapper mes yeux.
    Séraphins, à ce Roi suprême,
    Souffrez que j'offre vos ardeurs :
    Pour aimer Jésus comme il aime,
Faibles mortels, c'est trop peu de nos cœurs.

Toujours, dans cet heureux asile,
Jésus fixera son séjour ;
Venez, peuple tendre et docile,
Venez donner vos cœurs au Cœur du Dieu d'amour.
    Séraphins, etc.

Ce Cœur généreux, magnanime,
Du Ciel irrité contre nous,
Voulut devenir la victime,
Pour nous mettre à l'abri des traits de son courroux.
    Séraphins, etc.

Des instruments de son supplice,
Il dresse un trophée en ce jour :
Quel noble et touchant artifice
Pour captiver nos cœurs, les gagner sans retour !
    Séraphins, etc.

Contemplez la croix qui s'élève
Du Cœur entr'ouvert de Jésus :
Le sang de Jésus est la sève
Qui fait croître et fleurir cet arbre des élus.
    Séraphins, etc.

Sondez la profonde blessure
D'où des flots de sang ont coulé :
C'est là qu'attendri je mesure
A quel excès d'amour Jésus s'est immolé.—Séraphins..

Comptez ces épines cruelles ;
Jésus en soutient les rigueurs :
A leur aspect, âmes charnelles,
Oseriez-vous encor vous couronner de fleurs ?
    Séraphins, etc.

Que vois-je ? des torrents de flammes

S'élancent du cœur de mon Dieu !
Amour, oui, c'est toi qui l'enflammes :
Ah ! partout en ces lieux répands un si beau feu.
  Séraphins, etc.

Autour de ce Cœur, ô saints Anges,
Tremblants et joyeux à la fois,
Chantez, célébrez ses louanges ;
A vos chants s'uniront et nos cœurs et nos voix.
  Séraphins, etc.

O Cœur, notre unique espérance,
Couronne en ce jour tes bienfaits,
Deviens le salut de la France,
Et force tous les cœurs de t'aimer à jamais. — Séraphins...

MÊME SUJET. — C. 102. — A. 244.

O Cœur divin, Cœur tout brûlant d'amour,
Embrasez-nous de vos célestes flammes :
Puissent nos chants célébrer en ce jour
Le tendre Cœur de l'Époux de nos âmes !
  Venez, enfants; à pleines mains,
  Jetez les lis de l'innocence ;
  Et goûtez les charmes divins
  De sa bonté, de sa clémence.

Ah! qu'il est doux le don de votre Cœur !
Des plaisirs purs la source intarissable,
Seul, il peut faire ici notre bonheur !
Ah! qu'il est beau, consolant, adorable ! — Venez...

Heureux celui qui, dans ce Cœur divin,
Puise, à longs traits, de l'amour les prémices !
Aussi toujours le brûlant Séraphin
Au sein de Dieu, s'enivre de délices. — Venez...

O mon Jésus ! ô mon souverain bien !
Tels sont les vœux de mon âme ravie :
Puisse mon cœur reposer dans le tien !
Puisse mon cœur t'aimer toute la vie ! — Venez...

Céleste Époux, ma vie et mon trésor,
A tes attraits ta grandeur est pareille ;
Tes saintes lois sont plus riches que l'or,
Ton Cœur plus doux que le miel de l'abeille. — Venez...

Hâte ce jour où, libre de mes fers,
De la colombe osant prendre les ailes,
J'irai, Seigneur, loin de cet univers,
Jouir en paix des douceurs éternelles. — Venez...

MÊME SUJET. — C. 103. — A. 245.

O sacré Cœur, | O sacré Cœur
Cœur adorable, | D'un Dieu-Sauveur !

Vous brûlez d'un feu tout aimable !
Embrasez-moi de votre ardeur,
    O sacré Cœur, etc.

    O sacré Cœur !
    Cœur adorable !
    O sacré Cœur
    D'un Dieu-Sauveur !
Si je suis faible et misérable,
Vous ranimerez ma langueur.
    O sacré Cœur, etc.

    Il est à nous
    Ce Cœur si tendre ;
    Il est à nous
    Ce Cœur si doux :
A ses attraits il faut nous rendre,
De notre amour il est jaloux.
    Il est à nous, etc.

    Il est à nous
    Ce Cœur si tendre ;
    Il est à nous
    Ce Cœur si doux.
Quel autre bien peut-on prétendre,
Quand un seul les rassemble tous ?
    Il est à nous, etc.

    Quelle bonté !
    Quelle tendresse !
    Quelle bonté !
    Quelle beauté !
Ce Cœur au Ciel pour nous s'adresse,
Peut-il ne pas être écouté ?
    Quelle bonté, etc.

    Quelle bonté !
    Quelle tendresse !
    Quelle bonté !
    Quelle beauté !
Unissons-nous à lui sans cesse,
Il est notre félicité.
    Quelle bonté, etc.

SENTIMENTS DE RECONNAISSANCE ENVERS LE CŒUR DE JÉSUS.
c. 4, 175 et 142. — A. 61, 320 et 286.

Oui, je l'entends, ta voix m'appelle,
L'aimable voix de tes bienfaits.
Pourrais-je encore être rebelle
A sa douceur, à ses attraits ?
O Jésus ! tu veux que je t'aime,
Découvre-moi ton divin Cœur,
Et dans le mien, beauté suprême,
Naîtra l'amour et le bonheur.

Eh quoi ! de ta loi salutaire
L'éclat fatiguerait mes yeux !
Et je chercherais sur la terre
Des biens qu'on ne trouve qu'aux cieux !
    O Jésus ! etc.

Auteur souverain de mon être,
A toi je veux le consacrer :
Trop tard j'appris à te connaître,
Trop tard j'appris à t'adorer.
    O Jésus, etc.

Jouet d'une folle sagesse,
Je courais d'erreur en erreur ;
Mais aujourd'hui, de mon ivresse
Ta grâce a dissipé l'horreur.
    O Jésus, etc.

Ton nom, par ma reconnaissance,
En tous climats sera porté ;
Et l'on verra que ta puissance
Le cède encore à ta bonté.
    O Jésus, etc.

Ah ! quand pourrai-je avec les Anges,
Débarrassé de mes liens,
Et toujours chantant tes louanges,
Boire à la source des vrais biens !
    O Jésus, etc.

Jusqu'à cette heure fortunée,
Sans fin mon cœur soupirera,
Et mille fois, dans la journée,
Ma bouche te répètera : — O Jésus.

ACTE DE DÉVOUEMENT AU CŒUR DE JÉSUS. — C. 24. — A. 135.

Jésus, je vous donne mon cœur,
Ce cœur qui pour vous seul soupire :
Pour lui, mon aimable Sauveur,
Le vôtre a souffert le martyre,
Hélas ! par un juste retour,
Que ne puis-je expirer d'amour !

Aimable Jésus, qu'il m'est doux
De vous dire que je vous aime !
Si je n'aime rien tant que vous.
Je sais que vous m'aimez de même.
Hélas ! mon Jésus, dès ce jour,
Que ne puis-je expirer d'amour !

Jésus, mon soutien, mon espoir,
Pourquoi prolongez-vous ma vie?
Aimable Jésus, pour vous voir,
Quand me sera-t-elle ravie ?
Que ne vient-il cet heureux jour
Où je puisse expirer d'amour !

Affranchi des liens du corps,
L'amour me prêtera ses ailes ;
Je m'unirai dans mes transports,
A tant de beautés immortelles.
Hélas ! mon Jésus, en ce jour,
Que ne puis-je expirer d'amour !

Si, pour expier mes forfaits,
Je languis loin de ma patrie,
Au moins à chanter vos bienfaits,
Je veux passer toute ma vie :
Ah ! faites en ce dernier jour
Que pour vous j'expire d'amour !

Cœur de Jésus, Cœur bienfaisant,
Et vous, Cœur tendre de Marie,
Secourez-moi dans le moment
Où j'abandonnerai la vie.
Cœur si doux, faites en ce jour
Que pour vous j'expire d'amour.

MÊME SUJET. — C. 104. — A. 247.

Monde frivole,
Non, je ne t'aime plus,
Et je m'envole
Dans le Cœur de Jésus.
O Cœur tout adorable !
Vous êtes seul aimable.
Quoi de plus doux
Que de n'aimer que vous ?

O saint asile,
O Cœur du Dieu d'amour !
Qu'on est tranquille
Dans ce divin séjour !
De quelle heureuse flamme
Pour vous brûle mon âme !
Quoi de plus doux
Que d'être tout à vous !

Dans ce déluge
De crime, de froideur,
J'ai mon refuge
Dans cet aimable Cœur.
En vain l'enfer conspire,
Sous votre heureux empire
Divin Epoux,
Je ne crains plus ses coups.

Dès que l'aurore
Nous ramène le jour,
Cœur que j'adore,
Je bénis votre amour.
Pour vous seul je respire,
Vers vous seul je soupire
Quoi de plus doux
Que de vivre pour vous !

Ah ! que mon âme
Pour vous brûle toujours ;
Que cette flamme
S'accroisse tous les jours.
Puisse cet incendie
Mettre fin à ma vie !
Quoi de plus doux
Que d'expirer pour vous !

LE CŒUR DE JÉSUS, ASILE ET SÉJOUR DU CHRÉTIEN. — C. 117. — A. 261

Dans une paisible retraite
Je me suis fixé pour toujours ;
J'y goûte une douceur parfaite,
Et j'y coule en repos mes jours.
Ah ! toujours vous suivre, [queur...
Mon Roi, mon aimable Vain-
C'est mourir que de ne pas vivre
Sous l'empire de votre Cœur.

Cœur jaloux de mon sort tran-
Venez le goûter et le voir ; [quille
Celui qui m'ouvrit cet asile
Est prêt à vous y recevoir.
Ah ! toujours, etc.

Il vous y prépare lui-même
Ce bonheur qui m'y fut offert.

est Jésus, c'est le Dieu que j'aime ;
..trez, son Cœur vous est ouvert.
  Ah ! toujours, etc.

. grâce y répand sans mesure
.s dons, ses plus riches trésors ;
. la vertu qui semblait dure,
. y coûte que de doux efforts.
  Ah ! toujours, etc.

..ur de Jésus, Cœur secourable,

Qui brûlez pour tous les mortels,
Que le juste, que le coupable,
Volent aux pieds de vos autels.
  Ah ! toujours, etc.

Venez, pécheur ; cette blessure,
Ce Cœur tendre, percé pour vous,
Est la retraite la plus sûre
Contre l'enfer et tous ses coups.
  Ah ! toujours, etc.

HOMMAGE AU SACRÉ-CŒUR DE JÉSUS. — C. 156. — A. 304.

   Sacré-Cœur
    Du Sauveur !
    A vous gloire
    Et victoire !
   Sacré-Cœur
    Du Sauveur :
vous gloire, amour, honneur !
  Sacré-Cœur, etc.

est de vous, source féconde
.s biens, des trésors divins,
.e découle sur le monde
.ut le bonheur des humains :
    Ces dons
   Que nous goûtons,
vous seul nous les devons.
  Sacré-Cœur, etc.

   De votre puissance,
   Tout sent le secours ;
   Dans votre clémence,
   Tout trouve un recours :
   Heureux qui toujours
Mit en vous sa confiance.
  Sacré-Cœur, etc.

   Tout l'univers
.eçoit vos bienfaits divers :
.ans vous, un accès facile
.ouvre aux larmes du pécheur ;
.ans vous, le juste docile
.enouvelle sa ferveur,
.est par vous que s'éternise
. amour pur des Séraphins ;
.est en vous que le ciel puise
. splendeur de tous ses Saints.
  Sacré-Cœur, etc.

. cœur plein de vos faveurs,
.e vous aimez et qui vous aime,

Ne veut point d'autres douceurs
Que de brûler de vos ardeurs.
Dans vous est son bien suprême,
A vous seul vont tous ses vœux,
Et plus il ressent vos feux,
Plus vous le rendez heureux.
  Un cœur plein, etc.
  Sacré-Cœur, etc.

   O doux Cœur
   Du Sauveur !
   Dans nos âmes,
   De vos flammes,
   O doux Cœur
   Du Sauveur,
Nourrissez la sainte ardeur.
  O doux Cœur, etc.

Qu'en nous votre amour consume
Tous ces terrestres désirs,
Que l'amour profane allume
Par le charme des plaisirs.
   Qu'à nous
   Il ne soit doux
Que d'être embrasés par vous.
  O doux Cœur, etc.

Qu'en nous tout n'inspire
Que vos sentiments ;
Que tout y respire
Par vos mouvements ;
Que nos cœurs, nos sens,
Tout à vous aimer conspire.
  O doux Cœur, etc.

   De jour en jour
Qu'en nous croisse votre amour,
Qu'il s'étende sans mesure :
Qu'il marque tous nos instants :

Que de l'ardeur la plus pure
Naissent nos transports constants:
Que ni l'espoir ni la crainte,
Ni le monde et ses appas,
Ni la mort à nos yeux peinte,
Ne les ralentissent pas.
  O doux Cœur, etc.
Qu'à vous près de nous unir,

Notre dernier souffle de vie,
Et notre dernier désir,
Du pur amour soit un soupir :
Et que dans notre patrie,
Enflammé par vos doux traits,
Notre cœur soit à jamais
Enivré de vos attraits.
  Qu'à vous, etc.
  O doux Cœur, etc.

ACTE DE DEMANDE AU CŒUR DE JÉSUS. — C. 144. — A. 288.

O Roi de la nature,
Cœur sacré de mon Dieu,
De la foi la plus pure
Je te crois en ce lieu.
Grandeur anéantie,
Fais qu'après cette vie,
Au céleste séjour,
Dans ta gloire infinie,
Je te contemple un jour.

Oui, déjà sur la terre,
Mon unique trésor,
C'est en toi que j'espère,
Sans t'obtenir encor :
Par tes grâces propices
Je goûte les prémices
De la céleste cour :
Mais qu'au sein des délices
Je te possède un jour !

D'une tendresse extrême,
Je sens la douce ardeur;
Je t'adore et je t'aime,
O le Dieu de mon cœur !
Pour prix de la souffrance
De ta trop longue absence,
O mon divin amour,
Dans ton auguste essence
Que je m'abîme un jour.

Digne objet de ma flamme,
Cœur de mon doux Jésus,
Délices de mon âme,
Pur froment des Elus;
Caché sous cette hostie,
Tu me donnes la vie ;
Mais à ton tendre amour,
Dans la sainte Patrie,
Daigne m'unir un jour.

MÊME SUJET. — C. 46. — A. 393.

O Victime
 De tout crime,
O Jésus, Sauveur de tous !
 Qui sans cesse
 Par tendresse
Daignez être parmi nous;
 Qu'on vous aime
 Pour vous-même ;
Qu'à jamais tous les mortels
 Et s'empressent
 Et s'abaissent
Autour de vos saints autels.

Chœur des Anges,
 Nos louanges
Sont trop peu pour ses bienfaits.
 Dans nos âmes,
 De vos flammes
Allumez les plus doux traits.
 Que sa gloire,
 Sa mémoire,
Son amour, dans tous les temps,
 D'un hommage
 Sans partage
Reçoive en tout lieu l'encens.

ÉTABLISSEMENT DE LA DÉVOTION AU CŒUR DE JÉSUS.
C. 24 et 179. — A. 140 et 324.

Sur tes autels, ô ma patrie,
Quel emblème mystérieux !
Français, une image chérie

Reparaît enfin à vos yeux :
Signe d'amour et d'espérance,
Salut, aimable et divin Cœur,

Tu promets encor le bonheur
Aux derniers âges de la France.

O Foi, quand la France éperdue
Voyait s'éteindre ton flambeau,
Soudain, du milieu de la nue,
Apparaît un astre nouveau.
Un Cœur... à sa douce présence
Tressaillent cent peuples divers:
S'il brille par tout l'univers,
Ses premiers feux sont pour la
[France.

Quand jadis, dans la solitude,
O sainte Amante de Jésus !

Tu faisais ton unique étude
De nous retracer ses vertus;
Devant la timide innocence,
Le ciel abaissant sa hauteur,
Jésus te présente son Cœur,
Embrasé d'amour pour la France.

Trop heureuse dépositaire
De l'auguste présent des cieux,
La France fut donc la première
A l'environner de ses vœux ?
En vain une fausse science
Voulut l'arracher des autels :
Rome parle, et tous les mortels
Suivent l'exemple de la France

LES PÉCHEURS INVITÉS A CHERCHER LEUR SALUT DANS LE CŒUR DE JÉSUS. — C. 101. — A. 243.

Pécheurs, entendez-vous la foudre,
  Grondant dans les cieux contre nous,
  Et prête à nous réduire en poudre ?
Hâtons-nous par nos pleurs d'en prévenir les coups.
  Déplorons notre longue ivresse,
  Abjurons enfin notre erreur :
  Jésus nous invite, nous presse ;
Courons, volons nous jeter dans son Cœur.

  Ah ! si par des larmes amères,
  Enfin vous n'apaisez le Ciel ;
  Des iniquités de vos pères,
Sur vous se vengera le bras de l'Éternel.
    Déplorons, etc.

  Grand Dieu, vois notre pénitence,
  En nous vois ton peuple chéri.
  Dans Sodome, si ta clémence
Eût vu dix innocents, elle n'eût point péri.
    Déplorons, etc.

  N'es-tu plus le Dieu qui pardonne ?
  Où sont tes antiques bontés ?
  Dans l'horreur qui nous environne,
N'entends-tu que la voix de nos iniquités ?
    Déplorons, etc.

  O peuple si longtemps rebelle,
  Pourquoi fermons-nous notre cœur ?
  La voix du Seigneur nous appelle ;
Il cherche le retour, non la mort du pécheur
    Déplorons, etc.

  Chrétiens, le Seigneur est un père ;

Il est juste, mais il est bon ;
Un soupir fléchit sa colère :
Aux pleurs du repentir il offre le pardon.
Déplorons, etc.

TRIOMPHE DU CŒUR DE JÉSUS. — C. 191. — A. 336.

D'un Dieu plongé dans la tristesse,
Mortel, écoute les accents :
Je t'aime, hélas ! et ma tendresse
S'exhale en soupirs impuissants :
Enfant ingrat, cœur inflexible,
Mais toujours si cher à mon Cœur,
Seras-tu toujours insensible
A mon amour, à ma douleur ?
Non, non, consolez-vous, Seigneur,
De votre Cœur blessé la voix attendrissante,
Dans ces jours d'opprobre et d'erreur,
Après tant de combats, sort enfin triomphante.
Triomphez donc, Cœur de Jésus !
Mon cœur est enchaîné, il est votre victoire.
Triomphez donc, Cœur de Jésus !
Vous serez à jamais mon amour et ma gloire.

Il nous invite, il nous appelle,
Nous captive par ses bienfaits :
Ah ! qui de nous encor rebelle
Ferme le cœur à tant d'attraits ?
En vous, Cœur mille fois aimable
Notre âme a trouvé le repos,
Et le bonheur seul véritable,
Dans vos charmes toujours nouveaux.
La paix, au sein de tous les maux,
Du cœur qui vous honore, est l'heureux apanage ;
Votre amour charme les travaux
Et les tristes ennuis d'un long pèlerinage.
Triomphez donc, etc.

Signe d'amour et d'espérance,
Auguste Cœur percé pour nous !
Enfants du Ciel et de la France,
Nous nous rallions tous à vous.
Ah ! puissent nos faibles hommages
Faire oublier nos attentats !
Puissions-nous, après tant d'outrages,
Mourir plutôt que d'être ingrats.
Oui, c'en est fait, jusqu'au trépas,
Cœur sacré, par l'encens d'un faible sacrifice
Des cœurs qui ne vous aiment pas,
Nous voulons réparer la coupable injustice.
Triomphez donc, etc.

CANTIQUES PENDANT L'ANNÉE.

SANCTIFICATION DE LA JOURNÉE. — C. 2. — A. 24.

O Dieu dont je tiens l'être,
Toi qui règles mon sort,
Seul arbitre, seul maître
De mes jours, de ma mort,
Je t'offre les prémices
Du jour qui luit sur moi,
Et veux sous tes auspices
Ne le donner qu'à toi.

Daigne d'un œil propice
En voir tous les instants;
Que ta main en bannisse
Tous les dangers pressants :
Surtout, Dieu de clémence,
Qu'avec ton saint secours,
Nul crime, nulle offense
N'ose en ternir le cours.

Que ta bonté facile,
Qui voit tous nos besoins,
Rende, à tes yeux, utile
Mon travail et mes soins;
Et que, suivant la trace
Que nous ouvrent les Saints,
Nos jours soient, par ta grâce,
Des jours purs et sereins.

Avant le travail.

Sur ce que je vais faire,
Jetez les yeux, Seigneur;
A vous servir, vous plaire,
Je mets tout mon bonheur.
Soutenez ma faiblesse,
Ou je travaille en vain :
Dirigez donc sans cesse
Et mon cœur et ma main.

Pendant le travail.

Fils d'un père coupable,
Né dans l'iniquité,
Des maux le poids m'accable,
Et j'en sens l'équité;
Au travail quand vous-même,
Grand Dieu, me condamnez,
Je m'y soumets, je l'aime,
Puisque vous l'ordonnez.

Si par plus d'une offense
J'ai pu vous irriter,
Par cette pénitence
Puissé-je m'acquitter !
Que jamais le murmure,
Les plaintes, les ennuis,
Des peines que j'endure,
Ne m'enlèvent les fruits.

Lorsqu'en votre présence
De vous plaire jaloux,
Au travail, en silence,
Je me livre pour vous;
Dieu bienfaisant, j'espère
Qu'un éternel repos
Sera l'heureux salaire
De mes faibles travaux.

Après le travail.

O mon Dieu, de l'ouvrage
Que je viens de finir,
Mon cœur vous doit l'hommage
Et je veux vous l'offrir :
Le bien que j'ai pu faire,
Daignez le couronner :
Ce qui peut vous déplaire,
Daignez le pardonner.

MÊME SUJET. — C. 184. — A. 329.

Au point du jour,
Pour ses bienfaits, l'Auteur de la nature,
Nous demande un juste retour,
Et le tribut de notre amour;
Offrons-lui donc une âme pure
Au point du jour.

Au point du jour,
Je crois en toi, Dieu très-saint que j'adore.
Ta vérité règle ma foi.
Dieu tout-puissant, accorde-moi
Un esprit soumis qui t'honore,
Au point du jour.

Au point du jour,
Entends mon cœur : il soupire, il espère,
Par Jésus, ton Fils, son Sauveur,
Te contempler, Dieu créateur,
Maître adorable, tendre Père,
Au point du jour.

Au point du jour,
Reçois, grand Dieu, l'offrande de mon âme
Que mon cœur te fait sans détour,
Tout embrasé de ton amour,
Et ranime surtout sa flamme,
Au point du jour.

Du point du jour
Si l'on entend le sublime langage,
L'univers entier fait sa cour
Au Dieu que chantent tour à tour
Les oiseaux lui rendant l'hommage
Du point du jour.

Au point du jour,
J'unis mes chants à la nature entière :
L'impie est sourd à tant de voix;
Et, seul méconnaissant tes lois,
Il te refuse sa prière,
Au point du jour.

Du point du jour,
A son déclin, l'homme prudent et sage,
En se reposant sur ton sein,
De ses travaux attend la fin;
Et pour toi son dernier hommage
Finit le jour.

MÊME SUJET. — C. 4. — A. 48.

Les feux de la brillante aurore
Dans l'orient vont éclater :
Un nouveau jour est près d'éclore,
Chrétiens, sachons en profiter.
Laissons au sein de la mollesse
Dormir les esclaves des sens :
Faisons d'une sainte allégresse
Retentir au loin les accents.
Dès que la main toute puissante
Eut formé ce vaste univers,
La nature reconnaissante
Entonna ses divins concerts.
Imitons ce touchant hommage,
En sortant des bras du sommeil;
Du néant il est une image ;
Chantons le bienfait du réveil.
De votre clémence infinie,
Seigneur, nous recevons ce jour,
Vous nous avez rendu la vie,
Nous la vouons à votre amour;

Dans nos cœurs versez votre grâce,
Qu'elle en règle les mouvements,
Et qu'un saint repentir efface
Les fautes des jours précédents.

Que nos prières soient ferventes,
Et notre travail assidu,

Toutes nos démarches prudentes,
Tout notre amour pour la vertu :
Que nos mœurs soient irréprocha-
Soyons modestes, vigilants, [bles;
Sobres, doux, humbles, charita-
Résignés et persévérants. [bles,

PREMIÈRE ET DERNIÈRE PENSÉE DU CHRÉTIEN. — C. 1. — A. 2.

Dès que je vois reparaître l'aurore,
Je pense au Dieu, suprême Créateur :
Je le connais, je l'aime, je l'adore,
Et c'est à lui que je donne mon cœur.

Ce Dieu puissant protége notre enfance,
Soutient nos pas encore chancelants :
Il aime en nous la candeur, l'innocence,
Et les vertus bien plus que les talents.

Pour éclairer notre faible jeunesse,
Il nous instruit de ses divines lois :
Nous recevons le don de la sagesse,
Si notre cœur est docile à sa voix !

Ses saintes lois interdisent les crimes
Qui du méchant préparent le malheur,
Un jour, pécheurs, plongés dans les abîmes,
Vous pleurerez votre coupable erreur.

Mais Dieu pardonne à celui qui l'offense,
Quand il renonce à ses iniquités ;
Un cœur contrit peut, par la pénitence,
Fléchir les Cieux qu'il avait irrités.

Oh ! que j'aspire aux biens de l'autre vie !
A chaque instant j'y porte mes désirs ;
Errant, banni si loin de ma patrie,
Puis-je ici-bas goûter quelques plaisirs ?

Quand le soleil termine sa carrière,
Je me souviens du terme de mes jours ;
Je me prépare à mon heure dernière ;
De mon Sauveur j'implore le secours.

C'est devant vous, ô Juge redoutable,
Que je m'accuse et que je me confonds :
Je vous demande un arrêt favorable,
Pour couronner en moi vos propres dons.

FIN DE LA JOURNÉE. — C. 7. — A. 93.

O Dieu dont la Providence
Fixe nos nuits et nos jours ;
De la nuit que je commence,

Daigne rendre heureux le cours
Que tes Anges tutélaires
Veillent sur tous mes moments,

Et que leurs soins salutaires
Gardent mon âme et mes sens.
 O Dieu, etc.
Que jamais je ne sommeille

Que dans la paix du Seigneur,
Et que je ne me réveille
Que pour lui donner mon cœur.
 O Dieu, etc.

MÊME SUJET. — C. 1 et 73. — A. 22 et 209.

Le soleil vient de finir sa carrière,
Comme un instant ce jour s'est écoulé
Jour après jour, ainsi la vie entière
S'écoule et passe avec rapidité.

A chaque instant l'éternité s'avance ;
Travaillons-nous à nous y préparer ?
De nos péchés faisons-nous pénitence,
Et savons-nous du moins les abjurer ?

Si, cette nuit, le souverain Arbitre
Nous appelait devant son tribunal ;
A sa clémence avons-nous quelque titre ?
Que lui répondre en cet instant fatal ?

Le cœur touché d'un repentir sincère,
Pleurons, pleurons les fautes de ce jour ;
Du Dieu vengeur désarmons la colère :
Un cœur contrit regagne son amour.

<small>On pourra aussi le chanter sur un air propre, avec le refrain suivant :</small>

Dieu de puissance,
Maître des jours,

La nuit commence,
Daignez bénir son cours.

DOCTRINE CHRÉTIENNE.

AVANT LA PRÉDICATION. — C. 10. — A. 109.

Je viens à vous, Seigneur, instruisez-moi ;
L'homme, sans vous, ne peut rien nous apprendre.
Vous seul pouvez enseigner votre loi ;
Vous seul au cœur pouvez la faire entendre.

Embrasez donc d'une céleste ardeur
Celui qui vient annoncer l'Evangile,
Et donnez-nous à nous-mêmes, Seigneur,
Pour l'écouter, un cœur tendre et docile.

Mère de Dieu, refuge des pécheurs,
Priez Jésus, le Sauveur de nos âmes,
Qu'à sa parole il soumette les cœurs,
Pour les remplir de ses divines flammes.

APRÈS LA PRÉDICATION. — C. 10. — A. 109.

Esprit divin, vous qui, par vos ardeurs,
Faites germer la divine semence,

Vivifiez celle qui dans nos cœurs
Est répandue en si grande abondance.

Ne souffrez pas que ce précieux grain
Tombe sans fruit sur ce peuple fidèle ;
Faites plutôt que, reçu dans son sein
Il soit fécond pour la vie éternelle.

AVANT LE CATÉCHISME. — C. 5. — A. 73.

A votre école, ô divin Maître,
Nous venons ici nous former :
Apprenez-nous à vous connaître,
A vous servir, à vous aimer.

Seigneur, qu'attentif et tranquille,
Mon esprit s'ouvre à votre voix,
Et que mon cœur toujours docile
Chérisse et pratique vos lois.

Afin d'être docile et sage
Seigneur, donnez-moi votre esprit,
Pour apprendre, selon mon âge,
La doctrine de Jésus-Christ.

Esprit-Saint, faites-moi comprendre
Ce que vous allez m'expliquer ;
Mais en me le faisant apprendre,
Faites-le-moi bien pratiquer.

APRÈS LE CATÉCHISME. — C. 5. — A. 77.

O mon Dieu, je vous remercie
De vos saintes instructions,
Et par Jésus-Christ je vous prie
D'oublier mes distractions.

Puisqu'on est d'autant plus coupa-
Qu'on sait et ne fait pas le bien, [ble,
Si vous me rendez plus capable,
Seigneur, rendez-moi plus chrétien.

Nous révérons cette loi sage
Que l'on vient de nous expliquer.
Achevez, Seigneur, votre ouvrage,
Aidez-nous à la pratiquer.

Soyons à Dieu dès notre enfance,
Passons nos jours à le servir,
Et que toute notre science
Soit de croire, aimer, obéir.

APRÈS L'INSTRUCTION, LE CATÉCHISME. — C. 160. — A. 305.

Bénissons à jamais
Le Dieu qui nous éclaire ;
Bénissons à jamais
Ses lois et ses bienfaits.
   Bénissons, etc.

Sa grâce salutaire
Dissipe nos erreurs,
Et comble de ses faveurs
Nos esprits et nos cœurs.
   Bénissons, etc.

Un Dieu qui nous aime
De cet amour extrême,
Un Dieu qui nous aime
A droit à notre amour.
   Bénissons, etc.

Gardons sa loi sainte,
Sans y donner la moindre atteinte ;
Gardons sa loi sainte,
Il attend de nous ce retour.
   Bénissons, etc.

AVANTAGES D'UNE INSTRUCTION CHRÉTIENNE. — C. 4. — A. 59.

Salut, aimable et cher asile,
Où Dieu même instruit ses enfants,
Où des beautés de l'Evangile
Il charme leurs cœurs innocents.
Ce n'est plus au bruit du tonnerre

Qu'il vient leur annoncer ses lois ;
C'est un Sauveur, un tendre Père,
Dont j'entends aujourd'hui la voix.

Ici je vois par quels miracles

14.

Dieu, jadis, montra son pouvoir,
Je médite ses saints oracles,
Ses préceptes et mon devoir.
Ici, sous un joug salutaire,
L'Eglise enchaîne mon orgueil,
Et, d'une audace téméraire,
M'apprend à fuir le triste écueil.

S'il faut que ma raison révère
Le nuage mystérieux
Qui me dérobe une lumière
Dont l'éclat blesserait mes yeux :
La Foi, d'une main secourable,
Me prêtant ici son flambeau,
Du sanctuaire impénétrable
Soulève pour moi le rideau.

Si ma juste reconnaissance
Présente à mon Dieu chaque jour
L'hommage de ma dépendance
Et le tribut de mon amour ;
De mes parents, si, plus docile,
Sans murmurer, j'entends la voix,
C'est à tes leçons, cher asile,
A tes conseils que je le dois.

Monde, ne vante plus tes charmes ;
Tu n'enflammes plus mes désirs :
Je sais quels dégoûts, quelles
  [larmes
Suivent tes coupables plaisirs.
Ce n'est qu'ici que mon enfance
Des vrais biens goûte la douceur.
Les plaisirs purs de l'innocence
Peuvent seuls donner le bonheur.

BONHEUR D'ENTENDRE LA PAROLE DE DIEU. — C. 7. — A. 101.

Heureux qui peut dans ton tem-
Seigneur entendre ta voix ! [ple,
Son amour qui te contemple
Y vient apprendre tes lois :
Les cris d'un monde frivole
Troublent un cœur innocent ;
Mais ta divine parole
Est son plus doux aliment.

Elle dit à la mémoire
Les bienfaits d'un Dieu-Sauveur ;
En nous découvrant sa gloire,
Elle nous remplit d'ardeur :
Vers la céleste lumière
Elle dirige nos pas,
Et nous y fait voir un Père
Qui vers nous étend les bras.

Contre la simple éloquence
Du ministre des autels,
Vont se perdre l'influence
Et le conseil des mortels :
En vain à l'âme attentive
Vient-on vanter les plaisirs ;
Dans sa tendresse naïve,
Dieu suffit à ses désirs.

Dans le cœur du vrai fidèle
Elle répand ses douceurs ;
Et pour ranimer son zèle
Elle prend mille couleurs.

Elle est la force du juste
Et le soutien du pécheur :
D'un Dieu c'est la voix auguste,
Et l'on peut fermer son cœur !

Tel, fuyant sur la verdure,
On voit un faible ruisseau
Fertiliser la nature
Par la fraîcheur de son eau ;
Telle la voix de la grâce
Se fait entendre aux élus,
Dans leur âme elle prend place,
Et féconde leurs vertus.

Les fleurs qui viennent d'éclore
Sous un ciel pur et serein,
Aux doux bienfaits de l'aurore
S'empressent d'ouvrir leur sein :
A la voix de l'Evangile,
Ainsi le vrai serviteur,
Prête une oreille docile,
Et la grave dans son cœur.

De la fougueuse jeunesse
Elle contient les élans,
Et de la froide vieillesse
Elle ranime les sens.
Vers la céleste patrie
Elle guide leurs efforts,
Et leur montre une autre vie
Où sont d'éternels trésors.

Loin de nous, plaisirs frivoles,
Jeux, spectacles enchanteurs!
Loin de nous, vaines paroles,
Discours, accents corrupteurs!
Dans des fêtes criminelles
Faites entendre vos voix :
Les délices immortelles,
Voilà notre unique choix !

Oui, dans cette auguste enceinte,
C'est le vœu de notre amour,
Nous viendrons de ta loi sainte
Nous instruire chaque jour.

Seigneur, si notre mémoire
Garde tes commandements,
Tu l'a promis; dans ta gloire
Tu béniras tes enfants.

Explique-nous tes oracles ;
Ici-bas parle à nos cœurs ;
Et dans tes saints tabernacles
Nous chanterons tes splendeurs.

Les soupirs de l'espérance,
Les lumières de la foi,
Grand Dieu, nous y font d'avance
Pénétrer jusques à toi.

ÉLOGE DE LA LOI DE DIEU. — C. 74 et 75. — A. 212 et 246

O fille de Sion, dans ton auguste enceinte,
    Fais retentir mille concerts :
Ces lieux sont tout remplis de la majesté sainte
    Du Dieu puissant de l'univers.
    Bon Pasteur, aux meilleurs herbages
    Il conduit ses jeunes agneaux;
    Il les mène aux plus frais ombrages,
    Il les mène aux plus claires eaux.
    Chantons, sous ces voûtes antiques,
    Le Dieu qui règne sur nos cœurs ;
    Exaltons, par de saints cantiques,
    Et son amour et ses faveurs.

Ta parole est, Seigneur, plus douce à mon oreille,
    Que l'instrument le plus flatteur;
Ta parole est pour moi ce qu'à la jeune abeille
    Est le suc de la tendre fleur.
    Trois fois heureuse la famille
    Fidèle aux lois que tu prescris
    Où la mère en instruit sa fille,
    Où le père en instruit son fils. — Chantons...

Loin de moi ces faux biens que les mondains chérissent
    Et dont l'éclat est si trompeur !
Périssables humains, sur des biens qui périssent,
    Comment fonder notre bonheur ?
    Il se dérobe à la poursuite ;
    Et dès qu'on l'avait cru saisir,
    Le temps l'emporte dans sa fuite,
    Et nous laisse le repentir. — Chantons...

La course des méchants, plus fugitive encore,
    Les précipite vers leur fin;
Je les vois redoutés au lever de l'aurore,
    Et le soir je les cherche en vain.
    Comme dans les champs qu'il inonde,

S'engloutit un torrent fougueux ;
Un moment ils troublent le monde,
Et leurs noms meurent avec eux. — Chantons...

Bien plus heureux, Seigneur, qui marche à ta lumière,
Sur ta loi réglant tous ses pas,
Et qui, dans l'innocence, achevant sa carrière,
S'endort paisible dans tes bras.
Son nom qui fleurit d'âge en âge,
D'un doux parfum répand l'odeur ;
De la terre il reçoit l'hommage,
Du ciel il goûte le bonheur. — Chantons...

Je n'ai formé qu'un vœu, que mon Dieu l'accomplisse !
Puissé-je aux pieds de ses autels,
Fidèle adorateur, passer à son service
Le reste de mes jours mortels.
Que sa demeure me soit chère,
Qu'elle plaise à mon cœur épris,
Comme la maison d'un bon père,
Au cœur sensible d'un bon fils. — Chantons...

MÊME SUJET. — C. 4. — A. 66.

O mon Dieu, que votre loi sainte
Est aimable et pleine d'appas !
Quand on la suit avec contrainte,
Sans doute on ne la connaît pas.
Mille fois elle est préférable
Au trésor le plus précieux ;
Le plaisir le plus désirable
N'a rien d'aussi délicieux.

Elle est sainte, elle sanctifie,
Elle éclaire et guide l'esprit,
Elle est pure, elle purifie,
Change les cœurs et les guérit.
Votre loi donne la sagesse
Aux petits, aux humbles de cœur ;
Remplit d'une sainte allégresse,
Surpasse le miel en douceur.

Elle est sage, elle est véritable,
Elle-même est la vérité ;
Elle est juste, elle est équitable
Et la règle de l'équité.
Des mœurs c'est la règle infaillible :
Qui la suit ne saurait tomber :
Elle est droite, elle est inflexible,
Et l'on ne saurait la courber.

Cette loi n'est pas variable,
Ni sujette à des changements :
Elle est ferme, elle est immuable,
Et toujours la même en tout temps.
Comme vous elle est éternelle,
O souverain Législateur ! [belle !
Qu'elle est auguste, qu'elle est
Qu'elle est digne de son Auteur !

O mondains, vos contes frivoles,
Vos discours pleins de vanité
N'ont rien de semblable aux pa-
De l'éternelle Vérité. [roles
Vos concerts qui charment l'ouïe,
Tous vos ris, vos jeux, vos festins,
N'ont rien dont l'âme soit ravie
Comme des préceptes divins.

C'est un joug, mais un joug aima-
Que l'amour sait rendre léger ; [ble,
Il est doux autant qu'honorable,
Il soulage au lieu de charger.
Puisque c'est aimer Dieu lui-
Que d'aimer sa divine loi ; [même,
Loi de mon Dieu que je vous aime
D'un amour que Dieu forme en moi !

Qu'en ce lieu de pèlerinage,
Mon plaisir soit de vous chanter,

Et que je prenne pour partage
De vous lire et vous méditer.
O mon Dieu, que par votre grâce

Votre loi règle tous mes pas,
Et qu'ici-bas, quoi que je fasse,
Mon cœur ne s'en éloigne pas.

MÊME SUJET. — C. 4 et 142. — A. 51 et 286.

Le temps s'échappe comme un [songe;
Chacun de nos jours est compté;
Et l'homme ardent pour le men-
Se lasse à fuir la vérité. [songe
Science, oh! trompeuse lumière,
Non, vous ne m'éblouirez plus:
Fuyez, fuyez, la foi m'éclaire;
Je ne veux savoir que Jésus.

L'insensé, dans ses longues veilles,
Seigneur, a mesuré les cieux:
Hélas! un monde de merveilles

Ne te montre point à ses yeux !
    Science, etc.

Pour une gloire fugitive,
Du ciel il détache son cœur;
Mais tout-à-coup la mort arrive,
Il s'éveille et voit son erreur.
    Science, etc.

En vain des louanges l'honorent,
Sa cendre ne les entend pas.
Il sent les feux qui le dévorent,
En proie à l'éternel trépas.
    Science, etc.

FONDEMENTS DE LA FOI DU CHRÉTIEN. — C. 23. — A. 138.

Que tout cède à la Foi,
C'est la raison suprême;
Et notre raison même
Souscrit à cette loi :
Que tout cède à la Foi.

Le Seigneur a parlé,
Sa voix s'est fait entendre;
Nous croyons sans comprendre
Ce qu'il a révélé;
Le Seigneur a parlé.

Le Fils du Dieu vivant
Au monde a voulu naître :
On l'a dû reconnaître
En œuvre tout-puissant,
Le Fils du Dieu vivant.

Douze pauvres pêcheurs
Ont annoncé sa gloire :
Partout ils ont fait croire
Ses divines grandeurs;
Douze pauvres pêcheurs.

Ah! quel plus sûr garant
Que leur seul témoignage!
Ils ont donné pour gage
Et leur vie et leur sang;
Ah! quel plus sûr garant!

Malgré tous les tyrans,
La mort même féconde
A peuplé tout le monde
De chrétiens renaissants,
Malgré tous les tyrans.

Le monde converti
Au milieu des obstacles,
C'est de tous les miracles
Le plus grand accompli;
Le monde converti.

Réformés prétendus,
Vos dogmes, vos maximes,
N'enfantent que des crimes
Ou de fausses vertus;
Réformés prétendus.

Nous avons des Pasteurs,
Successeurs des Apôtres;
D'où sont venus les vôtres?
Vous suivez des trompeurs;
Nous avons des Pasteurs.

Je suis sûr de ma foi,
En consultant l'Eglise;
Et mon âme soumise,
Du Juge apprend la loi;
Je suis sûr de ma foi.

L'ÉGLISE EST LA RÈGLE DE LA FOI. — C. 5. — A. 72.

Il faut croire une sainte Église ;
Qui ne la suit, du ciel s'exclut ;
Que toute âme lui soit soumise ;
Hors d'elle il n'est point de salut.

L'Église est la ferme colonne
Et l'appui de la vérité ;
Tout enseignement qu'elle donne,
Peut-il n'être pas écouté ?

Fut-il du ciel un Ange même
Qui dit : l'Eglise est dans l'erreur ;
On devrait lui dire anathême :
Ce serait un blasphémateur.

Dans la Foi jamais de partage,
Nulle ombre de variété :
Telle qu'aujourd'hui, dans tout âge,
Sa créance a toujours été.

Toujours les successeurs de Pierre
En elle auront la primauté ;
Tout âge honorera leur chaire
Comme le centre d'unité.

Le Seigneur vit notre faiblesse :
La Providence a tout prévu :
A notre besoin, sa sagesse,
Par un moyen simple, a pourvu.

Écoutez, nous dit-il, l'Église ;
De ses Pasteurs, suivez la voix :
Qui les méprise, me méprise ;
Les suivre, c'est suivre mes lois.

Croire que l'Esprit de lumière
Répand sur nous plus de clarté
Que sur l'Eglise même entière ;
Quelle affreuse témérité !

C'est toutefois ce qu'ose faire
L'homme contre elle révolté ;
C'est là l'excès où tout sectaire,
Par sa révolte est emporté.

Adorons la bonté divine
Qui nous a donné des Pasteurs ;
Afin qu'à tout vent de doctrine,
On ne vît plus flotter nos cœurs.

COMMANDEMENTS DE DIEU. INVITATION A LES OBSERVER.
C. 1 et 165. — A. 13 et 310.

Adore un Dieu qui seul est adorable,
Songe à lui plaire, à l'aimer chaque jour :
De tous ses dons il est le plus aimable ;
Aime-le donc du plus parfait amour.

Tu pourras bien, pour cause légitime,
Du Créateur attester le saint nom ;
Mais c'est souiller ton âme d'un grand crime
Que de jurer à faux ou sans raison.

Que le dimanche, aucune œuvre servile
N'occupe un temps que tu dois au Seigneur ;
Mais, tout le jour, à ses ordres docile,
Pour le servir redouble ta ferveur.

Afin que tout ici-bas te prospère,
Et que le Ciel t'accorde son secours,
Respecte, honore, assiste père et mère,
Et tu verras se prolonger tes jours.

Fuis l'homicide, évite la vengeance,
N'écoute point une aveugle fureur ;
Car on ne peut se venger d'une offense,
Sans usurper les droits d'un Dieu vengeur.

Des feux impurs qu'allume la luxure,
Défends ton cœur et jamais n'y consens ;

Mais, le corps chaste et l'âme toujours pure,
Préserve-toi du désordre des sens.

Envers autrui sois en tout équitable ;
Contre son gré ne lui prends jamais rien :
D'un crime égal, on est encor coupable,
En retenant injustement son bien.

Si l'on t'oblige à rendre témoignage.
Fais-le toujours avec sincérité ;
Et que jamais nul motif ne t'engage
A dire rien contre la vérité.

Non-seulement le Seigneur te commande
De t'abstenir d'un coupable plaisir ;
Pour être chaste autant qu'il le demande,
Réprime encore jusqu'au moindre désir.

Dieu veut aussi que ton âme s'abstienne
De convoiter le bien de ton prochain ;
Le désir même est sujet à la peine
Dont il punit le vol et le larcin.

Commandements de l'Église.

Les fêtes sont par l'Église ordonnées
Pour honorer le Seigneur et les Saints :
Ne souffre point qu'elles soient profanées
Par le travail et les plaisirs mondains.

Fête et dimanche, assiste aux saints mystères,
Sois-y présent et de corps et d'esprit :
Préfère alors à tes autres affaires
Ce saint devoir que l'Eglise prescrit.

La clef du ciel aux Prêtres fut donnée
Pour le fermer ou l'ouvrir au pécheur :
Pour le moins donc une fois chaque année,
Va te jeter aux pieds d'un Confesseur.

Du moins aussi dans la fête pascale
Approche-toi du céleste banquet,
Mais prends avant la robe nuptiale ;
De tout péché, que ton cœur soit bien net.

Pour obéir aux ordres de l'Église,
Ne mange point de chair le vendredi ;
Et hors le temps où la loi l'autorise,
N'en mange point non plus le samedi.

Le jeûne est fait pour te punir toi-même,
Et pour dompter la révolte des sens :
La loi l'ordonne au saint temps de carême,
Chaque vigile et tous les quatre-temps.

Pendant l'année. Doctrine chrétienne.

On pourra aussi chanter ce Cantique avec le refrain suivant, sur un air propre.

te, âme fidèle, écoute,	Grave dans ton cœur
voix du divin Sauveur.	Ses commandements
te, écoute, écoute, écoute,	Qui dans tous les temps
loi de ton Créateur.	Feront ton bonheur.

MÊME SUJET. C. 187 et 216 A. 332 et 158.

eul Dieu tu adoreras, | Son saint Nom tu respecteras
meras parfaitement. | Ne jurant jamais vainement.

Et pense qu'il faut graver dans ton cœur,
Pour faire ton bonheur,
La sainte loi du Créateur.

imanches tu garderas,	Pour les avoir injustement.
rvant Dieu dévotement.	Et pense, etc.
ère et Mère honoreras,	*Commandements de l'Église.*
le vivre longuement.	Fidèle, tu sanctifieras
Et pense, etc.	Les Fêtes de commandement.
cide point ne seras	Les Dimanches, Messe entendras
it, ni de consentement.	Et les Fêtes pareillement.
luxure, tu fuiras	Et pense, etc.
les plaisirs fidèlement.	Tous tes péchés confesseras,
t pense, etc.	A tout le moins une fois l'an.
n d'autrui tu ne prendras	Ton Rédempteur tu recevras
retiendras sciemment.	Au moins à Pâques humblement.
témoignage ne rendras,	Et pense, etc.
mentiras nullement.	Quatre-temps, Veilles, jeûneras,
t pense, etc.	Et le Carême entièrement.
ux désirs tu banniras	Vendredi chair ne mangeras,
le ton cœur sévèrement.	Ni le samedi mêmement.
'autrui ne convoiteras	Et pense, etc.

LES SEPT SACREMENTS. — C. 4. — A. 48.

uple élu mère féconde,	Il renonce au monde perfide,
sainte, lit d'un Dieu mourant,	A la chair, au malin esprit;
is le prix sacré du monde	Il prend l'Évangile pour guide,
de son côté sanglant.	Et ne vit plus qu'en Jésus-Christ.
ce coule en abondance,	*Confirmation.*
te en est fortifié ;	Des enfers la rage est extrême
enant à l'innocence,	Contre l'esclave racheté :
heur est justifié.	Le monde, la chair elle-même,
Baptême.	Tout menace sa liberté :
naissance, le Fidèle	Mais il devient invulnérable
éateur est consacré,	Aux traits des démons frémissants
m la tache criminelle	Muni d'un baume secourable
e dans un bain sacré :	Contre mille assauts renaissants.

Eucharistie.

ouverain de la nature,
ant qui tout s'anéantit,
t devenir ta nourriture :
omme parle, il obéit.
tien, respecte ce mystère
n mortel ne peut dévoiler,
aine raison doit se taire,
our seul a droit de parler.

Pénitence.

vois-je ? soldat infidèle,
émon tu reçois la loi ;
Dieu vainement te rappelle,
fer a triomphé de toi !
re, confesse ton offense :
umble aveu prévient ses coups.
s pleurs aident sa clémence
iompher de son courroux.

Extrême-Onction.

tien, ta paupière mourante
rme à la clarté des cieux ;
ta raison est errante,
La mort s'imprime dans tes yeux.
Une huile sainte et vénérable,
Des démons balançant l'effort,
Te rend athlète redoutable,
Vainqueur dans les bras de la mort.

Ordre.

Par un auguste ministère,
Dieu se consacre des mortels,
Leur imprime un saint caractère,
Et les dévoue à ses autels.
Par eux, le pécheur devient juste,
Le Ciel est soumis à leurs lois ;
Et dans le Sacrifice auguste,
Dieu même obéit à leur voix.

Mariage.

Époux, vous trouvez dans l'Église
Le gage d'un divin secours ;
Un joug que la mort seule brise
Vous offre de paisibles jours :
Ce lien formé pour la vie
Enfante pour vous des soutiens,
Des défenseurs pour la patrie,
Et pour le ciel des citoyens.

TESTATION D'OBSERVER LA LOI DU SEIGNEUR. — C. 19. — A. 128.

Dieu, mon partage,
i, mon cœur s'engage
garder vos lois.
urce de justice,
yez-moi propice,
utenez mes droits.
Dieu que j'adore,
est vous que j'implore
esprit et de cœur.
e votre parole
ulage et console
a vive douleur.
i, de mes années,
i, de mes journées,
mpté les moments.
ne veux plus vivre,
on Dieu, que pour suivre
s commandements.
cours, je m'élance,
rien ne balance
es vœux et mon choix.

Sagesse éternelle,
Je vivrai fidèle
A vos saintes lois.
Le pécheur m'assiége ;
Tombé dans le piége
Qu'il m'avait tendu,
Par votre loi sainte
Dans mon cœur empreinte,
L'espoir m'est rendu.
La nuit je me lève,
Et vers vous j'élève
Mon cœur et ma voix.
Ma harpe sonore
Chante dès l'aurore
Vos divines lois.
J'évite l'impie
Et je ne me lie
Qu'avec vos amis,
Qui n'ont d'autre crainte
Qu'à votre loi sainte
D'être peu soumis.

L'univers immense,
De votre clémence,
M'offre le tableau.

Soleil de mon âme,
Loi que je réclame,
Soyez mon flambeau.

DIEU BÉNI DANS SES OUVRAGES.

ÉLÉVATION DE L'AME A LA VUE DES CRÉATURES. — C. 3. — A. 46.

Du Roi des cieux, tout célèbre la gloire,
Tout, à mes yeux, peint un Dieu créateur.
De ses bienfaits perdrais-je la mémoire?
Tout l'univers m'annonce son Auteur.
L'astre du jour m'offre, par sa lumière,
Un faible trait de sa vive clarté ;
Au bruit des flots, à l'éclat du tonnerre,
Je reconnais le Dieu de majesté.

Hôtes ailés de ces riants bocages,
Chantez, chantez, redoublez vos concerts :
Par vos accents, rendez de vrais hommages
Au Dieu puissant qui régit l'univers.
Par vos doux sons, votre tendre ramage,
Vous inspirez l'innocence et la paix,
Et vos plaisirs du moins ont l'avantage
Que les remords ne les suivent jamais.

Aimables fleurs qui parez ce rivage,
Et que l'aurore arrose de ses pleurs,
De la vertu vous me tracez l'image
Par l'éclat pur de vos vives couleurs :
Si vous séchez où l'on vous voit éclore,
Et ne brillez souvent qu'un jour ou deux ;
Votre parfum après vous dure encore,
De la vertu symbole précieux.

Charmant ruisseau qu'on voit dans la prairie,
Fuir, serpenter, précipiter ton cours ;
Tel est, hélas! le cours de notre vie :
Comme tes eaux s'écoulent nos beaux jours.
Tu vas te perdre à la fin de ta course
Au sein des mers d'où jamais rien ne sort :
Et tous nos pas, ainsi, dès notre source,
Toujours errants nous mènent à la mort.

Paisible agneau, qui pais dans cette plaine,
Que tu me plais par ta docilité !
Au moindre mot du berger qui te mène,
On te voit suivre avec fidélité.
Si, des pasteurs choisis pour nous conduire,
Nous écoutions comme toi la leçon ;

Les loups cruels voudraient en vain nous nuire :
Tu suis l'instinct mieux que nous la raison.

Toi, papillon, qui, d'une aile légère,
De fleur en fleur voles sans t'arrêter ;
De nos désirs, tel est le caractère :
Aucun objet ne peut nous contenter.
Nous courons tous de chimère en chimère,
Croyant toujours toucher au vrai bonheur ;
Mais ici-bas c'est en vain qu'on l'espère,
Et Dieu peut seul remplir tout notre cœur.

MÊME SUJET. — C. 55. — A. 482.

Au Dieu de l'univers,
Que tous les peuples divers
Consacrent dans tous les temps,
Leurs concerts, leurs vœux, leur
[encens.
Qu'à lui soit tout honneur ;
Que tout être
Loue et son Auteur
Et son Maître ;
Que toutes les voix
Chantent son saint Nom à la fois.

O cieux ! produisez-vous,
Brillez, développez-nous
Ces traits de gloire entassés
Que ses doigts divins ont tracés.
Quel azur lumineux
Vous colore !
Quel essaim de feux
Vous décore !
Que de fortes voix
Prêchent sa puissance à la fois !

O nuit, de ton Auteur,
Révèle la profondeur ;
Sa gloire et sa majesté
Sont empreintes dans ta beauté.
Tes doux flambeaux, la paix
De tes ombres,
Tes voiles épais,
Tes traits sombres,
Le font, à leur tour,
Aussi grand que le plus beau jour.

Astre brillant des jours,
Poursuis ton rapide cours ;
Fais voir l'éclat de tes feux,
Aux climats les plus ténébreux.

Étale sa splendeur
Sur les ondes ;
Montre ta grandeur
Aux deux mondes,
Annonce, en tout lieu,
Que ton Créateur est seul Dieu.

Plaines, déserts, vallons,
Collines, rochers et monts,
Ruisseaux, fleuves et forêts,
Célébrez sa gloire à jamais.
Que vos divers accents
Se confondent ;
Que les éléments
Vous secondent ;
Que tous les vivants, [chants
Soient autant d'échos de vos

Du bruit de sa grandeur
Portez au loin la terreur,
Nuages qu'un Dieu vengeur
Charge de sa juste fureur :
Que vos éclats perçants,
Vos ténèbres,
Vos éclairs bruyants
Et funèbres
Disent aux humains
Que la foudre n'est qu'en ses mains.

Rends son nom glorieux,
O mer, étale à nos yeux
Ton calme brillant et doux,
Les horreurs de ton fier courroux,
Tes monstres, tes tyrans,
Tes victimes,
Tes flots, tes torrents,
Tes abîmes,

Tes bords où son bras
Mit un frein à tes attentats.
  Déployez, ô saisons,
Vos eaux, vos feux, vos glaçons,
Vos neiges, vos aquilons,
Vos zéphirs, vos charmes, vos dons,
    Venez, de jour en jour,
      Nous instruire,
    Venez tour à tour,
      Nous redire
Qu'un Dieu tout-puissant
Règle votre cours renaissant.
  Chef-d'œuvre de ses mains,
Formé sur ses traits divins,
O toi pour qui sont éclos,
Homme, tant d'ouvrages si beaux
    Admire la splendeur
    De ton être :
    Mais rends-en l'honneur
      à ton Maître.
Poussière et néant,
Reconnais que Dieu seul est grand.
  Prêtres de l'Éternel,
Ministres de son autel,
Echos de ses saintes lois !
Élevez pour lui votre voix.
    Vivez purs, à ses yeux,
      De tout crime;
    Offrez, en tous lieux,
      La Victime
Qui par sa valeur,
Peut seul égaler sa grandeur
  Vous justes, dont le cœur
Pour lui brûle de ferveur,
Sans cesse, de vos transports,
Redoublez l'ardeur, les efforts;
    La pure activité
      De vos flammes,
    La sincérité
      De vos âmes,
Vos vœux innocents,
Sont pour lui le plus doux encens
  De l'aurore au couchant,
Du nord au climat brûlant
Que tout ce qui voit le jour
Célèbre à l'envi son amour.
    Au seul nom du Seigneur,
      Que tout plie ;
    Que toute hauteur
      S'humilie ;
    Que tous les mortels
Ceignent à jamais ses autels.
  Auguste Trinité,
O seul Dieu de majesté,
Que toute l'éternité
Loue, adore ta sainteté,
    Tes lois, ton équité,
      Ta puissance,
    Ton nom, ta bonté,
      Ta clémence,
    Ton infinité,
Ta grandeur, ton immensité.

MÊME SUJET. — C. 42. — A. 162.

Les cieux instruisent la terre
A révérer leur Auteur :
Tout ce que leur globe enserre
Célèbre un Dieu créateur.
Quel plus sublime cantique
Que ce concert magnifique
De tous les célestes corps !
Quelle grandeur infinie !
Quelle divine harmonie
Résulte de leurs accords.

De sa puissance immortelle
Tout parle, tout nous instruit;
Le jour au jour la révèle,
La nuit l'annonce à la nuit.

Ce grand et superbe ouvrage
N'est point pour l'homme un langage
Obscur et mystérieux :
Son admirable structure
Est la voix de la nature
Qui se fait entendre aux yeux.

Dans une éclatante voûte
Il a placé de ses mains
Ce soleil qui, dans sa route,
Eclaire tous les humains ·
Environné de lumière,
Cet astre ouvre sa carrière
Comme un époux glorieux
Qui, dès l'aube matinale,

e sa couche nuptiale
Sort brillant et radieux.
'univers, à sa présence,
Semble sortir du néant ;
l prend sa course, il s'avance,
Comme un superbe géant.
ientôt sa marche féconde
Embrasse le tour du monde
Dans le cercle qu'il décrit ;
Et, par sa chaleur puissante,
La nature languissante
Se ranime et se nourrit.

Oh ! que tes œuvres sont belles !
Grand Dieu ! quels sont tes bien-
Que ceux qui te sont fidèles [faits !
Sous ton joug trouvent d'attraits !
Ta crainte inspire la joie,
Elle assure notre voie,
Elle nous rend triomphants,
Elle éclaire la jeunesse,
Et fait briller la sagesse
Dans les plus faibles enfants.

Soutiens ma foi chancelante,
Dieu puissant, inspire-moi
Cette crainte vigilante
Qui fait pratiquer ta loi.

Loi sainte, loi désirable,
Ta richesse est préférable
A la richesse de l'or ;
Et ta douceur est pareille
Au miel dont la jeune abeille
Compose son cher trésor.

Mais sans tes clartés sacrées,
Qui peut connaître, Seigneur,
Les faiblesses égarées
Dans les replis de son cœur ?
Prête-moi tes feux propices,
Viens m'aider à fuir les vices
Qui s'attachent à mes pas ;
Viens consumer par ta flamme
Ceux que je vois dans mon âme,
Et ceux que je n'y vois pas.

Si, de leur triste esclavage,
Tu viens dégager mes sens ;
Si tu détruis leur ouvrage,
Mes jours seront innocents.
J'irai puiser sur ta trace
Dans les sources de la grâce ;
Et de ses eaux abreuvé,
Ma gloire fera connaître
Que le Dieu qui m'a fait naître
Est le Dieu qui m'a sauvé.

DIEU ADMIRABLE DANS SES ŒUVRES. — C. 14. — A. 118.

Qu'il est admirable,
Le nom du Seigneur !
Qu'il est adorable
Le Dieu créateur !
Sa magnificence
Brille dans les cieux :
Sa toute-puissance
Eclate en tous lieux.

O vous, de sa gloire
Lâches détracteurs,
Cédez la victoire,
Vains triomphateurs.
La plus tendre enfance,
Armant contre vous
Sa faible éloquence,
Vous confondra tous.

Les cieux et la terre,
OEuvres de ses doigts,
Les vents, le tonnerre

Sont autant de voix
Qui, de sa puissance
Parlant tour à tour,
Pour peu que j'y pense,
Forcent mon amour.

O soleil, ô lune,
Des mois et des jours,
D'une voix commune,
Vous réglez le cours.
Brillantes étoiles,
Quand le soleil fuit,
Vous percez les voiles
De la sombre nuit.

Ruisseaux et fontaines,
Plantes, arbrisseaux,
Vous, fertiles plaines,
Vous, riants coteaux ;
Merveilleux ouvrage,
Du Dieu créateur,

Tant de témoignages
Ravissent mon cœur.

Parmi ces merveilles,
Que suis-je, Seigneur ?
Tout, à mes oreilles,
Vante ma grandeur.
Formé de la fange,
L'homme, chair et sang,
Oui, l'homme, après l'Ange,
Tient le premier rang.

Sa noble structure
Enchante les yeux ;
Son regard mesure
La voûte des cieux.
Son intelligence
Franchit les déserts,
Et sous sa puissance
Met tout l'univers.

La nature entière
A son Roi fournit,
Le feu, sa lumière ;
La terre, son fruit,
La brebis, sa laine ;
La chèvre, son lait ;
Rien à son domaine
Ne se croit soustrait.

Ces êtres sans nombre
Qui peuplent les mers,
Qui recherchent l'ombre,
Qui fendent les airs ;
Tout ce qui respire
S'incline à sa voix ;
Tout de son empire
Respecte les droits.

Tandis que la terre,
Tandis que le ciel,
A te satisfaire,
Conspirent, mortel ;
Connais la tendresse
Du Dieu souverain
Qui, dans sa sagesse,
Mit tout sous ta main.

S'ils sont magnifiques,
Les dons de ton Dieu,
Par mille cantiques
Répète en tout lieu :
Qu'il est admirable,
Le nom du Seigneur !
Qu'il est adorable,
Le Dieu créateur.

MÊME SUJET. — C. 50. — A. 174.

Ouvrages du Seigneur,
Célébrez sa grandeur,
Annoncez sa puissance et sa gloire :
Ouvrages du Seigneur,
Célébrez sa grandeur,
Rendez gloire à votre Créateur.
Vos beautés, vos attraits,
De ses divins bienfaits,
Rappellent la mémoire ;
Vos beautés, vos attraits,
De ses divins bienfaits,
Vous offrent mille traits.

Quel éclat radieux
Dans la voûte des cieux !
Qu'on y voit de beautés ineffables !
Quel éclat radieux
Dans la voûte des cieux !
Que d'objets y ravissent mes yeux !
Astres du firmament,
Louez incessamment

Ses grandeurs adorables :
Astres du firmament,
Louez incessamment
Un Maître si puissant.

Soleil, brillant flambeau,
Des astres le plus beau,
Tu lui dois ta vertu si féconde
Soleil, brillant flambeau,
Des astres le plus beau,
Fais entendre un cantique nou-
Quand tu finis le jour,   [veau
Que la lune à son tour
T'imite et te seconde ;
Quand tu finis le jour,
Que la lune à son tour
Éclaire notre amour.

Que la terre, les airs,
Que les fleuves, les mers,
De son nom tout-puissant reten-
Que la terre, les airs, [tissent ;

Que les fleuves, les mers,
 sa gloire instruisent l'univers.
Que les tendres oiseaux,
Par les chants les plus beaux,
De concert le bénissent;
Que les tendres oiseaux,
Par les chants les plus beaux,
L'apprennent aux échos.

Que l'aimable printemps,
Que l'été, dans son temps,
ennent rendre au Très-Haut
 [leur hommage,
Que l'aimable printemps,
Que l'été, dans son temps,
l'envi le chantent tous les ans.
Que l'automne et son fruit,
Que l'hiver qui le suit,
Tiennent même langage:
Que l'automne et son fruit,
Que l'hiver qui le suit,
L'honorent jour et nuit.

Venez tous, ô mortels,
Aux pieds des saints autels,
Adorer ce Monarque suprême;
Venez tous, ô mortels,
Aux pieds des saints autels,
L'honorer par des vœux solennels,
Il vous fait chaque jour
Eprouver son amour,
Aimez-le comme il aime:
Il vous fait chaque jour
Eprouver son amour,
Payez-le de retour.

Anges, répétez-nous
Ces cantiques si doux
Que vos voix font entendre sans
Anges, répétez-nous [cesse;
Ces cantiques si doux,
Nous voulons louer Dieu comme
Qu'à jamais notre cœur [vous.
Imite la ferveur
Du zèle qui vous presse;
Qu'à jamais notre cœur
Imite la ferveur
Qui fait votre bonheur.

MÊME SUJET. — C. 203. — A. 348.

Grand Dieu, qui vis les cieux se former sans matière,
  A ta voix seulement:
Tu séparas les eaux, leur marquant pour barrière
  Le vaste firmament.

Si la voûte céleste a ses plaines liquides,
  La terre a ses ruisseaux
Qui, contre les chaleurs, portent aux champs arides
  Le secours de leurs eaux.

Par là, son sein fécond, de fleurs et de feuillages
  L'embellit tous les ans,
L'enrichit de ses fruits, couvre de pâturages
  Les vallons et les champs.

Seigneur, qu'ainsi les eaux de ta grâce féconde
  Réparent nos langueurs;
Que nos sens désormais vers les appas du monde
  N'entraînent plus nos cœurs.

Créateur des humains, grand Dieu, souverain Maître
  De ce vaste univers,
Qui du sein de la terre, à ton ordre, vis naître
  Tant d'animaux divers;

Sur ces êtres sans nombre et différents d'espèce,
  Animés à ta voix,

L'homme fut établi par ta haute sagesse
    Pour imposer ses lois.

Fais ainsi, Dieu puissant, fais que tous les Fidèles,
    A ta grâce soumis,
Ne retombent jamais dans les chaînes cruelles
    De leurs fiers ennemis.

Par toi, roule, à nos yeux, sur un char de lumière,
    Le clair flambeau des jours ;
De mille astres, par toi, la lune en sa carrière,
    Voit les différents cours.

Ainsi sont séparés, les jours des nuits prochaines,
    Par d'immuables lois ;
Ainsi tu fais connaître, à des marques certaines,
    Les saisons et les mois.

Seigneur, répands sur nous ta lumière céleste,
    Guéris nos maux divers :
Que ta main secourable, au démon si funeste,
    Brise enfin tous nos fers.

Que par toi soutenus, le joug pesant des vices
    Ne nous accable pas ;
Qu'un orgueil téméraire en d'affreux précipices
    N'engage point nos pas.

Règne, ô Père éternel, Fils, Sagesse incréée,
    Esprit saint, Dieu de paix,
Qui fais changer des temps l'inconstante durée,
    Et ne changes jamais.

DIEU BÉNI DANS LES OISEAUX. — C. 7. — A. 92.

Bénissez le divin Maître,
Oiseaux qui peuplez les airs :
Seul votre Auteur, il doit être
L'objet seul de vos concerts.
Devenez les interprètes
Des êtres inanimés :
Prêtez à leurs voix muettes
Tous les sons que vous formez.

La fraîcheur de vos feuillages,
L'écho qui redit vos chants,
Vos retraites, vos ombrages
De sa main sont des présents.
Il émaille vos plumages,
Il vous enrichit d'appas,
Il vous donne vos ramages :
Ne le chanteriez-vous pas ?

Quand le jour, à la nature
Rendant ses vives clartés,
Vient, de toute créature,
Peindre à vos yeux les beautés
Du Seigneur, à vos bocages
Racontez tous les bienfaits ;
Dites-leur que ses ouvrages,
Près de lui, sont sans attraits.

Quand la nuit étend ses voiles
Sur la terre et sur les cieux,
Et que les feux des étoiles
Se dérobent à nos yeux ;
Apprenez aux rives sombres,
Aux collines d'alentour,
Que c'est lui qui fit les ombres
Comme la splendeur du jour.

Échappés de vos asiles,
Dans un jour brillant et pur,

Quand, par vos efforts agiles,
Du ciel, vous fendez l'azur,
Annoncez au loin sa gloire
Aux êtres de l'univers ;
Remplissez de sa mémoire
Le vide immense des airs.

Quand, de vos ailes légères,
Suivant le rapide essor,
Vers les rives étrangères
Vous tentez un autre sort ;
N'y volez que pour étendre
Sa puissance et sa grandeur ;
N'y chantez que pour apprendre
Son amour et sa douceur.

MÊME SUJET. — C. 48. — A. 171 et 379.

Bénissez le Seigneur suprême,
Petits oiseaux, dans vos forêts ;
Dites sous ces ombrages frais :
    Dieu mérite qu'on l'aime.

Doux rossignols, dites de même,
Ou tous ensemble, ou tour à tour ;
Et que les échos d'alentour
    Vous répondent qu'on l'aime.

Triste et plaintive tourterelle,
Bénissez Dieu, rien n'est plus doux :
Je devrais plus gémir que vous,
    Car je suis moins fidèle.

Paissez, moutons, en assurance,
Et bénissez le bon Pasteur :
Voit-il en moi cette douceur ?
    Ah ! quelle différence :

Tendres zéphirs qui, dans nos plai-
Murmurez si paisiblement, [nes,
Bénissez-le fidèlement
    Par vos douces haleines.

Entre ces deux rives fleuries,
Bénissez Dieu, petits ruisseaux :
Tout passe, hélas ! comme vos
    Passent dans ces prairies. [eaux.

Dans ces beaux lieux tout est fertile ;
J'y vois des fruits, j'y vois des fleurs :
Je le dis en versant des pleurs,
    Je suis l'arbre stérile.

Charmante fleur, un jour fait naître
Et mourir cet éclat si doux :
Je mourrai bientôt après vous,
    Plus tôt que vous peut-être.

Mer en courroux, mer implacable,
Je dois bien craindre le Seigneur :
Ainsi que vous, dans sa fureur,
    Ah ! qu'il est redoutable !

Tonnerre, éclairs, bruyante foudre,
Dites son pouvoir, sa grandeur :
Dieu peut confondre le pécheur,
    Et le réduire en poudre.

Que ce grand fleuve dans sa course,
Disais-je un jour plein de ferveur,
Si je vous offense, Seigneur,
    Remonte vers sa source.

Mais remontez avec vitesse
Vers cet endroit d'où vous partez ;
Changez de cours, fleuve, changez
    Car je pèche sans cesse.

Comme le cerf court aux fontai-
Pressé de soif et de chaleur, [nes,
Ainsi je vais à vous, Seigneur ;
    Adoucissez mes peines.

Que le soleil et que l'aurore,
Les campagnes et les moissons,
Les rivières et les poissons,
    Qu'enfin tout vous adore.

Dieu tout-puissant en qui j'espère,
Soyez toujours mon protecteur :
Je suis un ingrat, un pécheur,
    Mais vous êtes mon père.

DIEU BÉNI DANS LES ABEILLES. — C. 14. — A. 121.

Petites abeilles,
Vous me ravissez.
O que de merveilles
Vous réunissez !
Dans la petitesse,

Votre agilité
Est jointe à l'adresse,
A l'utilité.

Vos légères ailes
Sont votre soutien,

Vous cherchez par elle
Tout votre entretien.
Agile cohorte,
Dans les airs allez;
C'est Dieu qui vous porte,
Lorsque vous volez.

Jamais fainéantes
Pendant la saison,
Toujours voltigeantes
Pour votre moisson;
Sans train, sans machine,
Et sans attirail,
Une main divine
Vous met au travail.

État pacifique,
Ton gouvernement
De la politique
Fait l'étonnement.
Certaines résident,
Veillent au-dedans,
Et d'autres président
A l'œuvre des champs.

Tout se fait dans l'ordre,
Sans confusion :
Jamais de désordre
Dans votre maison;
Chacune s'accorde,
La paix est chez vous;
La triste discorde
N'est que parmi nous.

La reine fredonne,

Et vous l'écoutez;
Si tôt qu'elle ordonne,
Vous exécutez.
Ah! fais-je de même ?
Suis-je obéissant
A la loi suprême
Du Roi tout-puissant ?

Aimables abeilles,
Ce n'est pas pour vous;
Vos travaux, vos veilles,
Hélas! sont pour nous.
Sages ouvrières,
Un Dieu, par vos soins,
En mille manières,
Veille à nos besoins.

Vous prenez l'essence
D'une belle fleur,
Et par la puissance
Du divin Auteur,
Vous savez réduire,
Selon votre instinct,
En doux miel, en cire,
Tout votre butin.

La ruche s'échappe,
Le son de l'airain,
Aussitôt qu'on frappe,
Rappelle l'essaim.
La grâce rappelle
Mon cœur tous les jours;
Mais je suis rebelle,
Et je fuis toujours.

L'AME S'ÉLÈVE A DIEU DANS LA SOLITUDE. — C. 1. — A. 16.

Douce retraite, aimable solitude,
Lieux ennemis de l'éclat et du bruit,
On est chez vous libre d'inquiétude,
Et des soucis que le monde produit.

De ces beaux lieux la bénigne influence
Fait respirer un air pur et serein :
C'est le séjour de l'aimable innocence,
C'est l'avant-goût du bonheur souverain.

Du Dieu vivant de qui j'ai reçu l'être,
Tout en ces lieux me parle tour à tour :
Jusqu'aux rochers, tout me le fait connaître,
Et tout pour lui ranime mon amour.

Tantôt errant de prairie en prairie,

Si je m'arrête au bord d'un clair ruisseau,
Hélas! me dis-je, ainsi coule la vie,
Elle s'enfuit plus vite que cette eau.

Si, des oiseaux, j'entends le doux ramage,
Leur voix m'invite à chanter à mon tour :
Alors des Saints empruntant le langage,
Au Dieu puissant j'adresse un chant d'amour.

Rose charmante, en qui je vois paraître
Tant d'éclat joint au parfum le plus doux,
Dans peu de temps vous mourrez; mais peut-être
Vivrai-je, hélas! encore moins que vous.

Lorsque j'entends, sous un épais feuillage
Autour de moi murmurer les zéphirs,
Avec plaisir j'imite leur langage,
Et vers le ciel je pousse des soupirs.

Quand à mes yeux un arbre se présente,
Courbé, pliant sous le poids de son fruit;
Je le regarde, et d'une voix tremblante,
Hélas! me dis-je, ai-je encor rien produit?

Dès que la nuit étend ses sombres voiles,
Je me rappelle et la mort et son deuil;
Et je crois voir, dans le feu des étoiles,
Les pâles feux qui suivent un cercueil.

Rempli du Dieu que j'aime et que j'adore,
J'en entretiens les rochers d'alentour;
Ils sont témoins du feu qui me dévore,
Et leurs échos en parlent nuit et jour.

MÊME SUJET. — C. 5. — A. 79.

Heureux séjour de l'innocence,
Ruisseaux, vallons délicieux,
Chantons celui dont la puissance
Forma ces agréables lieux.

Il fait naître cette verdure,
Il l'embellit de mille fleurs;
Mais s'il pare ainsi la nature,
Ce n'est que pour gagner nos cœurs.

Dans cette aimable solitude
Où tout semble fait pour charmer,
Je le sers sans inquiétude,
Et ne m'occupe qu'à l'aimer.

Sur un chêne de ce bocage
Je gravai son nom l'autre jour :
Le chêne croîtra d'âge en âge,
Avec lui croîtra mon amour.

L'astre brillant qui nous éclaire
Nourrit et ranime les fleurs;
Ainsi sa grâce salutaire
Echauffe et ranime nos cœurs.

Un lis brille sur ce rivage
Par son éclatante blancheur :
Heureux si ce lis est l'image
De la pureté de mon cœur.

Oiseaux dont le chant plein de [charmes,
Forme les plus tendres accents,
Je vous entendrai sans alarmes;
Tous vos concerts sont innocents.

Ruisseau, si je grossis ton onde,
Si j'y mêle souvent mes pleurs,
C'est que la course vagabonde
Me fait songer à mes erreurs.

Cette abeille pique et s'envole
En laissant l'aiguillon vengeur :
Ainsi passe un plaisir frivole ;
Il n'en reste que la douleur.

Paissez, agneaux, dans la prairie,
Et bénissez le bon Pasteur.
Qu'on est paisible dans la vie,
Lorsque l'on a votre douceur !

LE PÉCHEUR DANS LA SOLITUDE. — C. 1. — A. 4.

Tout me confond dans ce charmant asile,
Et chaque objet irrite ma douleur :
Jamais, Seigneur, un pécheur n'est tranquille,
Si vous n'avez l'empire de son cœur.

Tout suit ici le cours de la nature,
Tout obéit à votre aimable voix :
Je suis, hélas ! la seule créature
Qui ne suit pas vos adorables lois.

Le clair ruisseau dont l'onde coule et passe,
Suit le chemin que le Ciel a tracé ;
Mais le chemin que votre main me trace
N'est que trop tôt de mon cœur effacé.

Tel, en tout temps, qu'il fut dès sa naissance,
Un lis charmant conserve sa blancheur ;
Et je perdis, hélas ! mon innocence,
Dès que je fus le maître de mon cœur.

Le papillon, ami du badinage,
Sans s'arrêter, voltige autour des fleurs ;
Je fus jadis du moins aussi volage,
Et mon erreur est plus digne de pleurs.

Tendres oiseaux, par votre doux ramage,
Vous bénissez le Dieu qui vous a faits,
Et moi, qui suis, comme vous son ouvrage,
Ai-je jamais célébré ses bienfaits ?

Astres brillants, en éclairant la terre,
Vous annoncez sa gloire et sa splendeur ;
Et moi, malgré sa foudre et son tonnerre,
Par mes mépris, j'insulte à sa grandeur.

Dans les beaux jours de ma plus tendre enfance,
Je fus, zéphirs, inconstant comme vous ;
Ou si mon cœur se piqua de constance,
Ce fut toujours pour braver son courroux.

Pourquoi, Seigneur, de vos faveurs insignes
Prévenez-vous les mortels ici-bas ?
De vos faveurs, les mortels sont indignes :
Vos plus grands soins font de plus grands ingrats.

Plaisirs trompeurs, que vous causez d'alarmes !
Que vous coûtez de pleurs et de soupirs !
Désabusé de vos funestes charmes,
Vers mon Dieu seul je porte mes désirs.

DIEU PRÉSENT PARTOUT. — C. 39. — A. 159.

Dans le sein de l'Être adorable
Ce vaste univers fut formé :
Le lieu le plus impénétrable
Dans sa lumière est renfermé.
Les cavernes les plus profondes,
La terre, l'air, le sein des ondes,
Son œil perce de toutes parts ;
Du ciel les demeures sublimes,
De l'enfer les profonds abîmes
Sont éclairés de ses regards.

L'impie a dit dans sa folie :
Non, jamais il ne fut de Dieu ;
Et malgré ce qu'il en publie,
Il sent sa présence en tout lieu :
Sa lumière qui l'environne,
L'éblouit, l'aveugle et l'étonne
Par son importune clarté ;
Parmi les horreurs de son âme,
Une lueur, un trait de flamme
Luit jusque dans l'obscurité.

En vain, pour agir sans contrainte,
Le pécheur attendrait la nuit ;
L'effroi dont son âme est atteinte
Lui fait sentir que Dieu le suit :
Cédant au penchant qui l'entraîne,
Du remords pressant qui le gêne,
Il ne peut affranchir son cœur ;
Et les ténèbres les plus sombres
Lui montrent, jusque dans leurs
[ombres,
Les yeux perçants d'un Dieu ven-
[geur.

Armé d'un poignard homicide,
Dans le secret d'un lieu désert,
Un scélérat, de sang avide,
Voudrait-il se mettre à couvert ?
Dans le noir projet qu'il médite,
Son cœur frémit, tremble, palpite,
A l'aspect du Dieu qui l'a fait ;
Cent fois changerait-il de place ?
Dieu le poursuit, Dieu lui retrace
Toute l'horreur de son forfait.

Sous les dehors de la tendresse,
Tendant un piége à l'innocent,
Le cœur double, de son adresse

S'applaudira secrètement :
Mais en vain, de son artifice
Sous le voile de la justice,
Voudrait-il cacher la noirceur ?
Le doigt de Dieu, dans le silence,
A déjà gravé ce qu'il pense
Et dans son livre et dans son cœur.

Justes, au sein de la disgrâce,
Vos beaux jours sont évanouis ;
Pour vous tous les cœurs sont de
[glace,
Tous les hommes des ennemis :
Vos travaux et vos sacrifices,
Vos bienfaits et vos longs services
Ne seront plus comptés pour rien :
Mais en tout lieu l'Ami fidèle [aile,
Vous voit ; il vous prend sous son
Il vous console, il vous soutient.

Oui, Seigneur, quand de l'injustice
Eprouvant le sort rigoureux,
Je suis en butte à la malice
Des ingrats et des envieux ;
Si soudain je rentre en moi-même,
Par le regard d'un Dieu qui m'aime
Je sens soulager mes douleurs ;
Mon âme, à son joug asservie,
Dans son sein retrouve la vie,
Et la main qui sèche mes pleurs.

Princes, son œil est sur vos têtes ;
Ministres, il voit vos projets ;
Guerriers, il se trouve où vous
Magistrats, il lit vos arrêts. [êtes ;
Antres profonds ! vaines barrières !
Pour se cacher à ses lumières,
Il n'est ni mesure ni soin ;
Oui, dans quelque lieu que je passe,
Le jour, la nuit, quoi que je fasse,
Toujours je l'aurai pour témoin.

Grand Dieu, que ton œil redoutable
Frappe, consterne le pécheur !
Que de ton regard favorable,
Le juste éprouve la douceur !
Pressé du poids de mes misères,
Dans mes douleurs les plus amères

Je trouve ma félicité ; \
Et les rayons de ta présence \
Me montrent déjà par avance, \
L'aurore de l'éternité.

PRÉSENCE DE DIEU, MOTIF D'ÉVITER LE PÉCHÉ. — C. 26. — A. 143.

Où puis-je me cacher, \
Lorsque je veux pécher, \
O grand Dieu que j'adore? \
Partout, à chaque instant, \
Du couchant à l'aurore, \
N'êtes-vous pas présent?

Irai-je vers les cieux ? \
Assis là glorieux, \
Vous formez le tonnerre ; \
Quand je m'enfoncerais \
Au centre de la terre, \
Je vous y trouverais.

Si je veux, ô Seigneur, \
Pécher à la faveur \
D'une nuit ténébreuse, \
La nuit sera pour vous \
Encor plus lumineuse \
Que le jour n'est pour nous.

En vain mon cœur dira : \
Ici l'on ne pourra \
Ni me voir ni m'entendre : \
Le vif remords qu'il sent, \
Seigneur, me fait comprendre \
Que vous êtes présent.

Hélas ! il rougirait, \
Le pécheur, s'il croyait \
Être aperçu des hommes : \
O Dieu ! que faisons-nous ? \
Insensés que nous sommes ! \
Nous péchons devant vous.

Votre œil partout me voit ; \
Que je sois sous un toit, \
En ville, à la campagne ; \
Sans se fermer jamais, \
Il veille, il m'accompagne, \
Il voit ce que je fais.

Mais Dieu voit le désir \
Que j'ai de le servir, \
Et Dieu m'en récompense : \
Quelle nouvelle ardeur, \
Cette douce présence \
Va produire en mon cœur !

Sous les yeux de son Roi, \
Le guerrier sans effroi, \
Voit le feu, la mort même ; \
Sous vos yeux, ô Seigneur, \
Qu'un chrétien qui vous aime \
Doit sentir de ferveur !

Souffre-t-il ? Près de lui \
Il voit Dieu, dont l'appui \
Le soutient, le soulage ; \
Combat-il ? Dieu, présent, \
D'un regard l'encourage, \
De sa main le défend.

Que la nuit et le jour, \
Mon âme, ô Dieu d'amour, \
Marche en votre présence ; \
En tel lieu que ce soit, \
Que je dise ou je pense : \
Dieu m'entend, Dieu me voit.

PROVIDENCE DE DIEU.

CONFIANCE EN LA PROVIDENCE. — C. 2. — A. 34.

O douce Providence, \
Dont les divines mains \
Versent en abondance \
Ses dons sur les humains ! \
Qui pourrait méconnaître \
L'Auteur de ces présents,

Et ne pas se remettre \
Entre ses bras puissants ?

O sagesse profonde, \
Qui veille en même temps \
Sur les maîtres du monde

Et sur la fleur des champs !
Quelle force invincible
Conduit tout à ses fins !
Quelle douceur paisible
Dispose les moyens !

Dans toute la nature
On voit briller ses dons,
Jusque sur la verdure
Et l'émail des gazons.
Il donne leur parure
Aux lis éblouissants ;
Il fournit la pâture
Même aux oiseaux naissants.

S'il verse ses richesses
Sur la fleur du printemps,
S'il étend ses largesses
Jusqu'à l'herbe des champs,
Que fera sa tendresse
Pour l'homme qu'il chérit,
Pour l'être où sa sagesse
Imprima son esprit ?

Si ce Dieu qui nous aime
Accorde son secours
Au passereau lui-même
Dont il soutient les jours ;
Auteur de la nature,
Mettra-t-il en oubli
L'homme, sa créature
La plus digne de lui ?

Oui, sa sollicitude
Veille à tous nos besoins ;
Sans nulle inquiétude,
Remettons-lui nos soins ;
Notre Dieu, c'est un père
Qui nous porte en son cœur ;
Et la plus tendre mère
N'eut jamais sa douceur.

Avant tout, ô mon âme,
Cherche sa sainte loi ;
Que son amour t'enflamme,
Et le reste est à toi.
Doucement endormie
Sur son sein maternel,
Le chemin de la vie
Doit te conduire au ciel.

CONFORMITÉ A LA VOLONTÉ DE DIEU. — C. 22. — A. 136.

Que la volonté de Dieu
Soit accomplie en tout lieu.
Quelque chose qu'il arrive,
Disons par une foi vive :
Que la volonté de Dieu
Soit accomplie en tout lieu.

C'est ainsi qu'un vrai chrétien
Reçoit le mal et le bien :
Quelque peine qu'il endure,
Il la souffre sans murmure.
    C'est ainsi, etc.

Pourvu que Dieu soit content,
C'est là le point important : [blâme,
Qu'on m'approuve, qu'on me
En paix je tiendrai mon âme ;
    Pourvu, etc.

Laissons dire et faisons bien ;
Qui craint Dieu ne craint plus rien.
On nous juge avec malice ;
Mais Dieu nous rendra justice.
    Laissons dire, etc.

Qu'on me dise un mot piquant,
Je le souffrirai gaîment :
Voudrais-je m'en faire peine ?
Dieu veut qu'en paix je le prenne.
    Qu'on me dise, etc.

Pourquoi s'aigrir pour un rien,
Au lieu d'en tirer son bien ?
Le ciel est la récompense,
Pour un peu de patience.
    Pourquoi, etc.

De vous, Seigneur, vient la croix ;
De bon cœur je la reçois :
Votre main qui me la donne
Me prépare une couronne.
    De vous, etc.

Malgré vos plus rudes coups,
O mon Dieu, j'espère en vous ;
Vous ne me frappez qu'en père,
Pour mieux guérir ma misère.
    Malgré, etc.

Que la volonté de Dieu,

Soit accomplie en tout lieu.
Quoi qu'on fasse, quoi qu'on dise, | Mon âme sera soumise.
Que la volonté, etc.

SENTIMENTS D'AMOUR ET DE RECONNAISSANCE ENVERS LA PROVIDENCE.
C. 156. — A. 301.

Que tout cœur,
Au Seigneur,
A tout âge
Rende hommage :
Que tout cœur,
Au Seigneur
Donne toute son ardeur.
 Que tout cœur, etc.

Seul principe de tout être,
Il forma nos premiers ans :
Seul, notre souverain Maître,
Il règle tous nos moments :
 Nos jours,
 Sans son secours,
Aussitôt cessent leur cours.
 Que tout cœur, etc.

De la tendre enfance
Les biens innocents,
De l'adolescence
Les jours florissants,
Sont les doux présents
Que son amour nous dispense.
 Que tout cœur, etc.

De ses bienfaits,
Nous voyons partout les traits :
Il enrichit la nature
Pour le bonheur des humains ;
Du ciel la riche structure
Est l'ouvrage de ses mains.
Sa bonté toujours active
Nous prodigue mille soins :
Sa providence attentive
Se prête à tous nos besoins.
 Que tout cœur, etc.

Pourrions-nous à tant d'amour
Opposer notre indifférence ?
Pourrions-nous à notre tour
Ne point le payer de retour ?
 O Dieu bon ! Dieu de clémence !
Sensible à tous vos bienfaits,
Je veux, sans cesser jamais,
N'aimer que vous désormais.
 Pourrions-nous, etc.
Que tout cœur, etc.

Dans le sein de la lumière,
Si j'appris ses saintes lois ;
Si je crois et si j'espère,
C'est à lui que je le dois.
 Seigneur !
 Sans vous l'erreur
Aurait aveuglé mon cœur.
 Que tout cœur, etc.

Ce Dieu secourable
S'immolant pour nous
Victime adorable,
Vient mourir pour tous ;
Combien il est doux
D'être à ce Sauveur aimable !
 Que tout cœur, etc.

De son amour
Il nous fait part chaque jour,
Il soutient notre faiblesse
Dans tous nos dangers pressants,
Il nous cherche, il nous redresse
Dans tous nos égarements.
Si je pèche, il me pardonne
Jusqu'à mille et mille fois,
Et sa grâce me redonne
Sa tendresse et tous mes droits.
 Que tout cœur, etc.

Pour combler tous ses bienfaits,
A nous il se donne lui-même ;
Et dans l'éternelle paix,
Il nous fait régner à jamais.
Dieu d'amour ! beauté suprême !
Que par un juste retour,
Nous soyons à notre tour
Embrasés de votre amour.
 Pour combler, etc.
Que tout cœur, etc.

DIEU SEUL GRAND.

HOMMAGE A LA GRANDEUR DE DIEU. — C. 159. — A. 304.

Honneur, hommage
Au seul, au vrai Dieu,
Sans cesse, d'âge en âge,
Au ciel, en tout lieu.
Honneur, etc.

Près de sa puissance
Rien n'est grand,
Tout en sa présence,
Est néant.—Honneur, etc.

De la terre entière
Tous les dieux
Sont cendre et poussière
A ses yeux.
Honneur, etc.

MÊME SUJET. — C. 1. — A. 10.

Rendez à Dieu vos vœux et vos hommages,
Louez son nom, publiez ses grandeurs ;
Que, dès ce jour jusqu'au dernier des âges,
Ce nom sacré vive dans tous les cœurs.

Depuis l'instant où, dardant sa lumière,
L'astre du jour vient dorer nos coteaux,
Jusqu'au moment où finit sa carrière,
Qu'il soit l'objet de nos chants les plus beaux.

Qu'il soit béni du couchant à l'aurore,
Le nom de Dieu qui créa l'univers.
Qu'en tout climat toute langue l'honore,
Qu'il soit connu chez les peuples divers.

Peuples et rois sous lui courbent la tête,
Tout sur la terre est soumis à ses lois :
Astres brillants, pluie et vents et tempête,
Tout dans ces lieux obéit à sa voix.

Du haut des cieux où réside sa gloire,
Ce Dieu si grand s'abaisse jusqu'à nous :
La nuit, le jour, présents à sa mémoire,
C'est par lui seul que nous respirons tous.

De l'orgueilleux, s'il confond l'arrogance,
L'humble et le pauvre obtiennent ses faveurs;
De la poussière ; il sait, par sa puissance,
Les élever au faîte des grandeurs.

Église sainte, il vient en jours de fête
Changer les jours de ta viduité :
Sèche tes pleurs, lève, lève la tête
Au doux aspect de ta postérité.

15.

VERTUS CHRÉTIENNES.

ACTES DES VERTUS THÉOLOGALES. — C. 47. — A. 169.

Acte de Foi.

OUI, je le crois,
Ce que l'Église nous annonce ;
Oui, je le crois,
Seigneur, et j'honore ses lois ;
Toutes les fois qu'elle prononce,
Par elle l'Esprit-Saint s'énonce ;
Oui, je le crois.

Acte d'Espérance.

J'espère en vous,
Dieu de bonté, Dieu de clémence,
J'espère en vous :
Quel autre espoir serait plus doux ?
Vous seul comblez mon espérance,
Vous seul serez ma récompense
J'espère en vous.

Acte de Charité.

O Dieu-Sauveur !
Vous êtes le seul bien suprême,
O Dieu-Sauveur !
A vous seul je donne mon cœur :
Et pour l'amour de vous seul j'aime
Mon prochain autant que moi-
O Dieu-Sauveur !   [même,

ESPÉRANCE CHRÉTIENNE. — C. 47. — A. 170.

J'ESPÈRE en vous,
Dieu tout-puissant, Dieu de clé-
J'espère en vous,   [mence ;
O Père si tendre et si doux :
C'est vous qui par votre puissance,
Des biens répandez l'abondance ;
J'espère en vous.

J'espère en vous ;
Fidèle dans votre promesse,
J'espère en vous.
Généreux, prodigue envers tous,
Vous promettez avec tendresse,
Et vous donnez avec largesse ;
J'espère en vous.

J'espère en vous ;
Quelque disgrâce qui m'accable,
J'espère en vous :   [coups,
Quelque pesants que soient vos
C'est la main d'un juge équitable,
D'un bon Maître et d'un Père ai-
J'espère en vous.   [mable ;

J'espère en vous,
Dans la langueur, dans la souf-
J'espère en vous :   france,
La souffrance est un bien pour nous ;
Par elle, votre Providence
Veut éprouver notre constance ;
J'espère en vous.

J'espère en vous,
Quoi que l'enfer médite ou fasse,
J'espère en vous :
Non je ne craindrai point ses coups ;
Il n'est point avec votre grâce
D'ennemi que je ne terrasse ;
J'espère en vous.

J'espère en vous ;
Malgré mes fautes, ma misère,
J'espère en vous.
Confus, tremblant à vos genoux
J'implore ma grâce, ô mon Père
Apaisez donc votre colère ;
J'espère en vous.

J'espère en vous ;
Par le Dieu-Sauveur qui m'anime
J'espère en vous :
Il a daigné s'offrir pour nous :
Par le sang de cette Victime,
O mon Dieu ! pardonnez mon
J'espère en vous.   (crime.

J'espère en vous,
Ah ! sauvez-moi, je le désire ;
J'espère en vous.   [tous :
Jésus meurt pour nous sauver
Il pense à moi quand il expire,
Couvert de son sang, j'ose dire
J'espère en vous.

ACTES DES VERTUS CHRÉTIENNES. — C. 4 et 5. — A. 59 et 73.

Être infini, grandeur immense,
Je crois que la terre et les cieux
Sont tout remplis de votre essence,
Et qu'ici je suis sous vos yeux.

Inspirez, ô Majesté sainte,
A cet indigne suppliant,
Le respect, l'amour et la crainte
Qu'il doit avoir en vous priant.

Vous ne cessez point de répandre
Chaque jour en moi quelque bien:
O mon Dieu, que puis-je vous
    [rendre,
Moi qui devant vous ne suis rien?

Je crois tout ce que croit l'Église,
Oui, je le crois, et le crois mieux,
Quoique l'esprit y contredise,
Qu'à ce que je vois de mes yeux.

Je nourris la douce espérance
Que vous-même, et vous seul un
    [jour,
O Dieu, serez ma récompense,
Comme vous êtes mon amour.

Je vous aime, ô Bonté suprême,
Je vous aime, Être souverain,
Plus que tout, et plus que moi-
    [même,
Et pour vous j'aime mon prochain.

Doux Jésus, soyez-moi propice;
Je pleure mes iniquités,
Moins par la crainte du supplice,
Qu'au souvenir de vos bontés.

Seigneur, entendez la promesse
D'un cœur pénitent et confus:
Daignez soutenir ma faiblesse;
Je ne vous offenserai plus.

Désormais vous aimer, vous plaire
Sera mon unique plaisir:
Votre grâce m'est nécessaire
Pour accomplir ce bon désir.

De mon cœur acceptez l'offrande,
Je vous le donne, ô Dieux jaloux!
Le monde en vain me le demande,
Il ne sera jamais qu'à vous.

MÊME SUJET. — C. 47. — A. 168.

Acte d'Adoration.

Dieu de mon cœur,
Dont tout annonce la puissance;
  Dieu de mon cœur,
A vous seul la gloire et l'honneur.
Pénétré de votre présence,
J'adore partout votre essence,
  Dieu de mon cœur.

Acte de Remercîment.

  Pour vos bienfaits,
O mon Dieu, que puis-je vous
  Pour vos bienfaits, [rendre?
Je veux vous aimer à jamais.
De moi, Père infiniment tendre,
Que n'avez-vous pas droit d'at-
  Pour vos bienfaits? [tendre

Acte d'Offrande.

  O Dieu d'amour!
Ah! quel bonheur de vous con-
  O Dieu d'amour! [naître,

Je me donne à vous sans retour:
Vous êtes mon Père et mon Maître,
A vous seul toujours je veux être,
  O Dieu d'amour!

Acte de Demande.

  Dieu de bonté,
Secourez-moi dans ma misère;
  Dieu de bonté,
J'implore votre charité.
Traitez-moi toujours en bon père,
Exaucez mes vœux, ma prière,
  Dieu de bonté.

Autre Acte de Demande.

  O Dieu Sauveur,
Bénissez-moi, je vous supplie;
  O Dieu Sauveur,
Daignez accorder à mon cœur
De vous aimer dans cette vie,
Et de vous voir dans la Patrie,
  O Dieu Sauveur.

ORAISON DOMINICALE. — C. 10. — A. 402.

Vous dont le trône est au plus haut des cieux,
Vous, à la fois notre Dieu, notre Père,
Sur vos enfants daignez jeter les yeux,
Prêtez l'oreille à leur humble prière.

Que votre nom digne de tout honneur,
Mais trop souvent en butte à nos outrages,
Soit à jamais gravé dans notre cœur,
Soit honoré par d'éternels hommages.

Vous êtes seul notre souverain bien ;
C'est après vous que mon âme soupire :
Dans cet exil la grâce est mon soutien ;
Mais quand viendra votre céleste empire ?

Faites régner sur toute volonté,
De votre loi la volonté suprême,
Et qu'à jamais par sa fidélité,
La terre soit l'image du ciel même.

Objets chéris de vos soins vigilants,
Seigneur, en vous, nous ne voyons qu'un Père :
Dans leurs besoins, connaissez vos enfants ;
Un peu de pain suffit à leur misère.

Que la clémence à vos yeux a de prix !
Elle ravit l'immortelle couronne :
C'en est donc fait, il n'est plus d'ennemis ;
Nous pardonnons... et notre Dieu pardonne.

Sur cette mer où vous guidez nos pas,
Mille dangers nous assaillent sans cesse ;
Je périrai, mon Dieu, si votre bras,
A tout instant, ne soutient ma faiblesse.

De tous côtés environnés de maux,
Votre cœur seul est un abri fidèle ;
Ah ! puissions-nous y goûter le repos,
Y posséder une paix éternelle !

MÊME SUJET. — C. 10. — A. 402.

Je crois en Dieu, le Père tout-puissant,
Le Dieu du ciel, de la terre et de l'onde,
Qui, d'un seul mot, a tiré du néant
Et le visible et l'invisible monde.

D'un cœur soumis je crois en Jésus-Christ
Verbe fait chair, Fils unique du Père,
Pour me sauver, conçu du Saint-Esprit
Et, dans le temps, né d'une Vierge-mère.

Mille tourments, sous Pilate soufferts,
De son amour ont consommé l'ouvrage ;
Il meurt en croix, et descend aux enfers
Pour délivrer les justes d'esclavage.

Après trois jours passés dans le tombeau,
Le Dieu vainqueur en sort et ressuscite ;
Il monte au ciel, et viendra de nouveau
Nous juger tous selon notre mérite.

Ainsi qu'au Fils, je crois au Saint-Esprit,
Je crois la sainte et catholique Eglise ;
Et qu'en vertu du sang de Jésus-Christ,
Au pénitent toute offense est remise.

Je crois des saints l'ineffable union
Par où la terre au ciel même se lie :
Je crois des morts la résurrection ;
Je crois l'enfer et l'éternelle vie.

LE CHRÉTIEN TOUT A DIEU. — C. 115. — A 259.

Il n'est pour moi qu'un seul bien sur la terre,
Et c'est Dieu seul ; Dieu seul est mon trésor.
Dieu seul, Dieu seul allége ma misère,
Et vers Dieu seul mon cœur prendra l'essor.
    Je bénis sa tendresse,
    Et répète sans cesse
Ce cri d'amour, ce cantique du cœur :
Dieu seul, Dieu seul, voilà le vrai bonheur.

Dieu seul, Dieu seul guérit toute blessure,
Dieu seul, Dieu seul est un puissant secours ;
Dieu seul suffit à l'âme droite et pure,
Et c'est Dieu seul qu'elle cherche toujours.
    Répétons, ô mon âme,
    Ce chant qui seul enflamme,
Ce cri d'amour, ce cantique du cœur :
Dieu seul, Dieu seul, voilà le vrai bonheur.

Quel déplaisir pourra jamais atteindre
Cet heureux cœur que Dieu seul peut charmer ?
Grand Dieu ! quels maux ce cœur pourra-t-il craindre ?
Il n'en est point pour qui sait vous aimer.
    Aimer un si bon père,
    C'est commencer sur terre
Ce chant d'amour de la sainte cité :
Dieu seul, Dieu seul pour une éternité.

MÊME SUJET. — C. 47. — A. 168.

Soyons à Dieu,
Pour nous c'est le plus doux par-
    Soyons à Dieu,   [tage :
En tout temps ainsi qu'en tout lieu:
Et pour fixer un cœur volage,
Tenons sans cesse ce langage :
    Soyons à Dieu.

    Tout à mon Dieu
Qui m'aime et qui veut que je
    Tout à mon Dieu   [l'aime;
Qui veut être à nous en tout lieu.
Quel est pour moi le bien suprême?
C'est d'être, en mourant à moi-
    Tout à mon Dieu.   [même,

    Agir pour Dieu,
C'est le parti qu'il me faut pren-
    Agir pour Dieu,   [dre ;
L'aimer, le servir en tout lieu.

Du monde que pourrai-je attendre?
Je veux pour ne plus m'y mé-
    Agir pour Dieu.   [prendre,

    Rien que pour Dieu,
Voilà désormais ma devise ;
    Rien que pour Dieu,
Ma fin en tout temps, en tout lieu,
Qu'à son gré chacun se conduise,
Pour moi je ne veux, quoi qu'on
    Rien que pour Dieu.   [dise,

    Tout pour mon Dieu,
Pour son amour je veux tout faire;
    Tout pour mon Dieu
Avec moi présent en tout lieu :
Sa bonté me guide et m'éclaire,
C'est à lui seul que je veux plaire:
    Tout pour mon Dieu.

LE CHRÉTIEN NE TROUVE DE REPOS QU'EN DIEU. — C. 188. — A. 333.

Non, non, la gloire ni les richesses
Ne nous peuvent rendre heureux;
Je ris du monde et de ses promesses
Dieu seul remplira mes vœux.
Sa parole est immuable,
Eternelle comme lui :
Il est solide, il est stable;
Qu'il soit mon unique appui.
    Non, non, etc.

Tu n'as rien que de frivole,
Monde vain, monde imposteur:
Comme un songe qui s'envole,
Ainsi passe ton bonheur.
    Non, non, etc.

En vous, je ne vois que vide,

Plaisirs jadis enchanteurs;
En vous tout est faux, perfide :
Je renonce à vos douceurs
    Non, non, etc.

Seigneur, sois mon héritage,
Je n'attends rien que de toi.
Tu sais mieux, ô Père sage,
Ce qui me convient que moi.
    Non, non, etc.

Soumis à ta Providence,
Qui nourrit jusqu'aux oiseaux,
Avec même confiance
Je reçois les biens, les maux.
    Non, non, etc.

DIEU SEUL MÉRITE NOTRE CŒUR. — C. 481. — A. 326.

Le don de notre cœur
Fait tout notre bonheur;
Faut-il qu'un monde impur en
De nos cœurs jaloux,   [profite?
Il se montre doux;
Ingrat envers nous,
    Il nous quitte.
Le don, etc.

Ses perfides douceurs
Nous cachent ses rigueurs;
Le trouble suit toujours ses lar-
Il a beau flatter,   [gesses,
Surprendre, enchanter,
Je ne peux goûter
    Ses caresses,
Ses perfides, etc.

S'il nous promet d'abord
De nous conduire au port,
C'est pour nous préparer au nau-
Son poison endort,   [frage :
Pour donner la mort;
Quel funeste sort !
　Quel partage !
S'il nous promet, etc.

Un plus charmant vainqueur
　Mérite notre cœur ;
Cédons à son amour ineffable.
　Dieu semblable à nous,
　Dieu Sauveur de tous,
　Quel objet plus doux,
　　Plus aimable.
Un plus charmant, etc.

Aimons-le vivement,
Aimons-le constamment,
Ses dons surpasseront nos tendres-
Qu'au séjour des cieux   [ses.
Ce Roi glorieux
Prépare à nos yeux
　De richesses !
Aimons-le, etc.

Pour des biens passagers,
Inconstants et légers,
Il nous offre une gloire éternelle.
　Chérissons ses lois,
　Embrassons sa croix,
　Si tôt que sa voix
　　Nous appelle.
Pour des biens, etc.

FERVEUR : SES EFFETS. — C. 2. — A. 28.

Goûtez, âmes ferventes,
Goûtez votre bonheur :
Mais demeurez constantes
Dans votre sainte ardeur.
Heureux le cœur fidèle
Où règne la ferveur !
Il possède avec elle
Tous les dons du Seigneur.

Elle est le vrai partage
Et le sceau des élus ;
Elle est l'appui, le gage
Et l'âme des vertus.
　Heureux, etc.

Par elle la foi vive
S'allume dans les cœurs,
Et sa lumière active
Guide et règle nos mœurs,
　Heureux, etc.

Par elle l'espérance
Ranime ses soupirs,
Et croit jouir d'avance
Des célestes plaisirs.
　Heureux, etc.

Par elle dans les âmes
S'accroît de jour en jour,
L'activité des flammes
Du pur et saint amour.
　Heureux, etc.

C'est sa vertu puissante
Qui garantit nos sens
De l'amorce attrayante
Des plaisirs séduisants.
　Heureux, etc.

C'est sous sa vigilance
Que l'esprit et le cœur
Gardent leur innocence
Et sauvent leur pudeur.
　Heureux, etc.

De l'âme pénitente
Elle adoucit les pleurs,
Et de l'âme souffrante
Elle éteint les douleurs.
　Heureux, etc.

Par elle du martyre
Les sanglantes rigueurs,
Au cœur qui le désire,
N'offrent que des douceurs
　Heureux, etc.

Elle est, pour qui seconde
Ses généreux efforts,
Une source féconde
De célestes trésors.
　Heureux, etc.

Une larme sincère,
Un seul soupir du cœur,
Par elle a de quoi plaire

Aux yeux purs du Seigneur.
  Heureux, etc.
C'est elle qui prépare
Tous ces traits de beauté,
Dont la main de Dieu pare
Les Saints dans sa clarté.
  Heureux, etc.

Sous ses heureux auspices,

On goûte les bienfaits,
Les charmes, les délices
De la plus douce paix.
  Heureux, etc.

Mais sans sa vive flamme
Tout déplaît, tout languit,
Et la beauté de l'âme
Se fane et dépérit. — Heureux.

MOTIF D'AIMER DIEU SEUL. — C. 4. — A. 68.

Puisque mon cœur sensible et tendre
A l'amour ne peut résister,
Loin de vouloir le lui défendre,
Je veux chercher à l'augmenter :
Mais ce n'est qu'à l'Être suprême
Que je consacre mon ardeur ;
Aimer mon Dieu plus que moi-même
Voilà ma gloire et mon bonheur.

Disparaissez, cendre et poussière ;
Vains objets, je m'arrache à vous :
Dieu veut mon âme tout entière,
Il a droit d'en être jaloux :
C'est à régner qu'il me destine ;
Il est mon Père, il est mon Roi ;
Fier d'une si noble origine,
Je vois tout au-dessous de moi.

O ciel! ô terre! ô mer féconde!
Astres, fleurs, plantes, animaux,
Qui faites l'ornement du monde,
Nos êtres sont bien inégaux :
Vous existez tous sans connaître
La main de votre Créateur ;
L'homme seul, adorant son Maître,
L'honore en lui donnant son cœur.

Que dis-je? hélas! dans ce partage,
Si je suis beaucoup plus aimé,
Je dois rougir de l'avantage
Que j'ai sur l'être inanimé :
Sans connaissance, mais sans crime,
A son auteur il est soumis ;
Et je ne puis sonder l'abîme
De tous les maux que j'ai commis.

L'enfer... Voilà le sort terrible
Qui m'attend après mon trépas.
O Ciel! êtes-vous inflexible? [pas?
Mes pleurs ne vous touchent-ils
Qu'entends-je? une voix favorable
Me promet un libérateur,
Qui, ne pouvant être coupable,
Prendra la forme du pécheur.

Bannissons de nos cœurs la crainte;
Le Seigneur n'est plus irrité :
Le sang de la Victime sainte
Est un garant de sa bonté :
Son Fils nous l'a rendu propice,
Lorsqu'il consentit à mourir,
Et sa formidable justice
Ne trouve plus rien à punir.

Quoi! vous me rendez l'innocence,
A moi pécheur, même en naissant!
Par un amour de préférence,
Vous m'adoptez pour votre enfant :
Vous me placez dans votre Eglise ;
J'y trouve la sécurité ;
Et mon âme, en paix et soumise,
S'y nourrit de la vérité.

Mais que vois-je? ô Dieu de clémence,
Vous voulez entrer dans mon cœur!
Pourquoi craindrais-tu ma présence?
Me dites-vous avec douceur :
Je m'accommode à ta faiblesse,
Je te voile ma majesté :
Viens à moi, mon amour me presse
De faire ta félicité.

SENTIMENTS DU CHRÉTIEN PÉNÉTRÉ DE L'AMOUR DE DIEU.
C. 22. — A. 136.

O digne objet de mes chants,
Daigne écouter mes accents ;

Donne-moi cet amour tendre
Qui seul se fait bien entendre ;

Règne à jamais sur mon cœur ;
T'aimer, c'est tout mon bonheur.
Ah ! Seigneur, à te servir,
Que je trouve de plaisir !
Si mes yeux versent des larmes,
Mon cœur y trouve des charmes :
Pourrait-il se désoler,
Quand l'amour les fait couler ?

Monde, tu donnes la loi
A ceux qui vivent pour toi ;
Mais que peux-tu sur une âme
Qu'un feu tout céleste enflamme ?
Va, je connais tes douceurs :
Que d'épines sous tes fleurs !

Mon exil est prolongé,
Mon cœur en est affligé.
C'est à toi seul que j'aspire,
C'est toi seul que je désire :
Tout l'univers ne m'est rien
Sans toi, mon unique bien.

Le Seigneur est mon appui :
Mon espérance est en lui.
Oui, je connais sa tendresse,
Il me tiendra sa promesse.
Une couronne m'attend,

Si je l'aime constamment.

Mon Dieu, je languis d'amour,
Dans l'attente de ce jour :
Quand finira mon voyage ?
Quand seras-tu mon partage ?
Ah ! serai-je assez heureux
Pour voir combler tous mes vœux ?

Mondains, sujets aux revers,
Qui gémissez dans les fers,
Si vous pouvez le comprendre
Enfin venez donc apprendre
Combien le Seigneur est doux
A qui l'a pris pour époux.

Heureux qui garde ses sens,
Qui combat tous ses penchants !
O cieux, chantez sa victoire,
Il règnera dans la gloire ;
C'est là le prix des vertus
Que Dieu donne à ses élus.

Si vous craignez le combat,
De ce prix voyez l'éclat.
Ah ! quittez enfin le crime,
Vous en seriez la victime ;
Dieu, las de tant de délais,
Vous frapperait pour jamais.

MÊME SUJET. — C. 110. — A. 253.

Que je vous aime ! [mé ;
Seigneur, vos appas m'ont char-
Je suis à vous plus qu'à moi-même ;
Et jamais je n'ai tant aimé
    Que je vous aime.

    Que faut-il faire ?
Mon Dieu, faites-le moi savoir :
Mon seul désir est de vous plaire,
Et je voudrais bien le pouvoir.
    Que faut-il faire ?

    Malgré le monde,
Je ne veux vivre que pour vous ;
Quoiqu'il en dise et quoi qu'il gron-
Je n'aimerai jamais que vous ; [de,
    Malgré le monde.

    Oui, je m'engage
A vous servir fidèlement ;
On règne dans votre esclavage ;
Oh ! quel heureux engagement !
    Oui, je m'engage.

    Je veux vous suivre,
Seigneur, partout où vous irez ;
Car tout mon bonheur est de vivre
Et de mourir où vous serez.
    Je veux vous suivre.

    Quel avantage
De suivre partout le Sauveur !
Si sa croix fait notre partage,
Nous partagerons son bonheur
    Quel avantage !

MÊME SUJET. — C. 14. — A. 149.

O céleste flamme,
Feu du saint amour,
Embrasez mon âme

La nuit et le jour :
Que d'une étincelle
De ce feu divin,

O flamme éternelle,
Je brûle sans fin.
O beauté suprême!
O beauté sans fard!
Belle par vous-même,
Sans effort, sans art,
Beauté souveraine,
Beauté du Seigneur,
D'une douce chaîne
Attachez mon cœur.

Le bonheur suprême
Des Saints dans les cieux,
C'est votre éclat même
Qui brille à leurs yeux.
C'est la jouissance,
Pour l'éternité,
De votre présence,
Divine beauté.

Que notre âme éprise
De cette beauté,
Déteste et méprise
Toute vanité.
Songeons à lui plaire
Sans chercher ailleurs
De quoi satisfaire
Et remplir nos cœurs.

Dès-lors qu'on s'engage
Dans ses doux liens,
On a pour partage
Les solides biens;
La paix, l'allégresse
Suivent en tout lieu,
Dès-lors qu'on s'empresse
De n'aimer que Dieu.

Vivons dans l'attente
Que cette beauté
Nous sera présente
Dans l'éternité;
Dans cette espérance,
Ah! dès ce bas lieu,
Aimons par avance,
Aimons toujours Dieu.

LE CHRÉTIEN S'ABANDONNE A DIEU DANS LES ÉPREUVES.
c. 99. — A. 241.

O toi qui me donnas la vie
Pour te connaître et pour t'aimer,
Découvre à mon âme ravie
Tes charmes faits pour l'enflam-
    Que tout mon être, [mer.
    Mon divin Maître,
Te soit consacré sans retour;
    Fais que je t'aime,
    Et que de même
Je sois l'objet de ton amour.

Comble mes vœux par ta présence,
Enseigne-moi tes saintes lois;
Que tout en moi fasse silence,
Pour écouter ta douce voix;
    Que ta lumière,
    De ma misère,
Me découvre la profondeur;
    Et dans mon âme,
    En traits de flamme,
Grave les vertus de ton cœur.

Que le seul désir de ta gloire
Absorbe tout autre désir;
Que, de tes bienfaits, ma mémoire,
Conserve un tendre souvenir.
    Je veux te suivre,
    Et ne plus vivre
Que de ta seule volonté;
    Quoi qu'elle ordonne,
    Je t'abandonne
Et mon cœur et ma volonté.

Punis-moi lorsque je t'offense;
J'adore et respecte tes coups:
Et si je chéris ta clémence,
Je n'aime pas moins ton cour-
    O tendre Père, [roux.
    Ta main sévère
Frappe et soutient tout à la fois;
    Si je la baise,
    Ton cœur s'apaise;
Sur lui je reprends tous mes droits.

Lorsque tu regardes mon âme,
Ah! quel moment délicieux!
Elle se dilate et s'enflamme;
Mon cœur te goûte, il est heureux.
    Moment trop rare,
    Il me prépare

Aux horreurs d'une longue nuit ;
   Et son passage
   M'offre l'image
De l'éclair qui brille et qui fuit.

O beau Soleil, que ton absence
M'a causé de tristes regrets !
Je craignais, dans mon ignorance,
De l'avoir perdu pour jamais ;
   Mais la nuit même,
   Un cœur qui t'aime
Trouve l'objet de son amour.
   La foi m'éclaire
   Et sa lumière
Brille comme le plus beau jour.
Ce fut la nuit qui te vit naître,
Et la nuit te rendit au jour.
La nuit fut témoin, divin Maître,

Des mystères de ton amour.
   Chères ténèbres,
   Voiles funèbres,
Vous n'épouvantez plus mon cœur
   Sur le Calvaire,
   D'un Dieu sévère,
Vous apaisâtes la rigueur.

Disciple de ce Dieu victime,
Je dois donc partager son sort.
Croix de Jésus, l'amour m'anime
A te porter jusqu'à la mort.
   Belle ouverture,
   Douce blessure
Du cœur sacré de mon Sauveur,
   Je m'y repose,
   Et l'enfer n'ose
Troubler ma paix et mon bonheur.

DOUX EFFETS DE L'AMOUR DIVIN. — 103. — A 246.

Pleins de ferveur,
   Brûlons sans cesse,
   Plein de ferveur,
   Pour le Seigneur.
A n'aimer que lui tout nous presse,
Lui seul mérite notre cœur.
   Pleins, etc.

   Lui seul est grand,
   Seul adorable ;
   Lui seul est grand,
   Saint, tout-puissant.
Ah ! qu'il est beau, qu'il est aima-
En lui que tout est ravissant ! [ble !
   Lui seul, etc.

   Plein de bonté
   Pour un coupable ;
   Plein de bonté,
   De charité,
Ce Dieu, dans son sang adorable,
A lavé mon iniquité.
   Plein, etc.

   Viens m'animer,
   Amour céleste,
   Viens m'animer,
   Viens m'enflammer.
Plein de dégoût pour tout le reste,
C'est Dieu seul que je veux aimer.
   Viens, etc.

   Ce n'est qu'à vous
   Que je veux être,
   Ce n'est qu'à vous,
   O Dieu si doux !
Possédez seul, aimable Maître,
Un cœur dont vous êtes jaloux.
   Ce n'est, etc.

   Quelle douceur,
   Quand on vous aime !
   Quelle douceur !
   Quelle faveur !
On goûte au-dedans de soi-même
Une paix qui ravit le cœur.
   Quelle douceur, etc.

   Régnez en moi,
   Dieu tout aimable ;
   Régnez en moi,
   Mon divin Roi.
Pour gage d'amour véritable,
Que je suive en tout votre loi.
   Régnez, etc.

   C'est mon désir,
   Dieu de mon âme,
   C'est mon désir
   De vous servir.
De plus en plus que je m'enflamme :
Que d'amour je puisse mourir.
   C'est mon désir, etc.

LE JEUNE CHRÉTIEN S'ATTACHE A DIEU. — C. 4. — A. 65.

Dans ses désirs insatiables,
Si mon cœur est fait pour aimer,
Un objet immense, immuable,
Est seul digne de le charmer.
Quand l'univers le laisse vide,
Qu'à son Dieu seul il soit uni ;
Et de bonheur toujours avide,
Qu'il se perde dans l'infini.

Une inquiétude importune
Me fait chercher l'art d'être heu-[reux;
Plaisirs, grandeurs, talents, fortune,
Jamais ne rempliront mes vœux.
Tous les dons de la créature
Sont les bienfaits du Créateur ;
Et tout dit que dans la nature
Rien ne peut valoir son Auteur.

Grand Dieu, ta suprême puissance
Etonne et confond les mortels;
Mais surtout c'est à ta clémence
Qu'ils devraient dresser des autels.
Pour eux ta main créa le monde,
Et daigne encor le conserver ;
Mais ta bonté la plus profonde,
Fut de mourir pour le sauver.

Mystère ineffable et sublime,
Dont l'esprit est épouvanté !
Mais le cœur y trouve un abîme
De tendresse et de charité.
Du Sauveur le corps adorable,
Qui s'est fait victime pour moi,
Devient une manne ineffable
Qui nourrit mon âme et ma foi.

Ainsi la nature féconde,
Chaque jour, m'offre son tribut
Ainsi la grâce me seconde,
M'ouvrant les portes du salut.
C'est trop peu que la jouissance
Des biens que l'on goûte ici-bas;
Le bonheur de mon existence
Doit commencer à mon trépas.

Seigneur, dont la bonté propice
S'occupe ainsi de mon bonheur,
Sans la plus coupable injustice,
Puis-je te refuser mon cœur ?
Que, de tes dons l'âme ravie,
Je les médite nuit et jour :
Fais que je t'aime et que ma vie
Cesse plutôt que mon amour.

BONHEUR D'AIMER DIEU. — C. 4. — A. 62.

Heureux qui sait goûter les char-[mes
Du règne du divin amour !
Son cœur d'une paix sans alarmes
Devient le tranquille séjour.
Descends, Esprit-Saint, sur la terre,
Embrase-le d'un si beau feu :
Ah ! s'il est doux d'aimer un père,
Comment ne pas aimer un Dieu ?

Je le sens cet amour extrême ;
Il me prévient de sa douceur ;
Mais pour t'aimer, bonté suprême,
Non, ce n'est pas assez d'un cœur.
　Descends, etc.

Aujourd'hui tu brises mes chaînes,

Aujourd'hui tu sèches mes pleurs
Déjà je ne sens plus mes peines,
Ton amour les change en douceurs
　Descends, etc.

O vous que l'infortune afflige,
Venez goûter les vrais plaisirs;
L'amour opère ce prodige,
Il satisfait tous les désirs.
　Descends, etc.

Enfants, offrez-lui les prémices
Et la fleur de vos jeunes ans.
Vous verrez de quelles délices
Il comble les cœurs innocents.
　Descends, etc.

MÊME SUJET. — C. 193. — A. 338.

Les méchants m'ont vanté leurs mensonges frivoles;
　Mais je n'aime que les paroles
　De l'éternelle Vérité.
　Plein du feu divin qui m'inspire,

Je consacre aujourd'hui ma lyre
A la céleste charité.

En vain je parlerais le langage des Anges;
En vain, mon Dieu, de tes louanges
Je remplirais tout l'univers ;
Sans amour, ma gloire n'égale
Que la gloire de la cymbale
Qui d'un vain bruit frappe les airs.

Que sert à mon esprit de percer les abîmes
Des mystères les plus sublimes,
Et de lire dans l'avenir ?
Sans amour ma science est vaine,
Comme le songe dont à peine
Il reste un léger souvenir.

Que me sert que ma foi transporte les montagnes;
Que dans les arides campagnes
Les torrents naissent sous mes pas ;
Ou que, ranimant la poussière,
Elle rende aux morts la lumière,
Si l'amour ne l'anime pas?

Oui, mon Dieu, quand mes mains de tout mon héritage
Aux pauvres feraient le partage ;
Quand même pour le nom chrétien,
Bravant les croix les plus infâmes,
Je livrerais mon corps aux flammes,
Si je n'aime, je ne suis rien.

Que je vois de vertus qui brillent sur ta trace,
Charité, fille de la grâce !
Avec toi marche la douceur,
Que suit avec un air affable
La patience, inséparable
De la paix, son aimable sœur.

Aux faiblesses d'autrui loin d'être inexorable,
Toujours d'un voile favorable
Tu t'efforces de les couvrir :
Quel triomphe manque à ta gloire ?
L'amour sait tout vaincre, tout croire,
Tout espérer et tout souffrir.

Un jour Dieu cessera d'inspirer ses oracles;
Le don des langues, les miracles,
La science aura son déclin :
L'amour, la charité divine,
Eternelle en son origine,
Ne connaîtra jamais de fin.

L'amour sur tous les dons l'emporte avec justice.
De notre céleste édifice,

La foi vive est le fondement ;
La sainte espérance l'élève
L'ardente charité l'achève,
Et l'assure éternellement.

Quand pourrai-je t'offrir, ô charité suprême,
Au sein de la lumière même,
Les cantiques de mes soupirs !
Et toujours brûlant pour ta gloire,
Toujours puiser et toujours boire,
Dans la source des vrais plaisirs !

MÊME SUJET. — C. 61. — A. 192.

Vous commandez de vous aimer,
Cet ordre est trop aimable :
Quel autre peut nous enflammer,
Qu'un Dieu seul adorable ?
Mais, Seigneur, en nous ordonnant
De vous aimer vous-même,
Faites qu'en moi, dans ce moment,
Tout dise : je vous aime.

Jusqu'ici ma bouche cent fois
Vous a dit : je vous aime ;
Mais mon cœur rebelle à vos lois,
Se démentait lui-même.
Je formais de stériles vœux,
Je n'avais qu'un faux zèle :
Pour m'apprendre à vous aimer
Rendez-moi plus fidèle. [mieux,

C'est trop combattre contre vous,
Je cède à votre empire ;
Votre joug est léger et doux,
Et pour lui je soupire.

Je voudrais m'en charger, Sei-
Mais, ô misère extrême ! [gneur,
Il en coûte encore à mon cœur
De dire : je vous aime.

Eh quoi ! toujours dans mes désirs
A moi-même contraire,
Ne fuirai-je que les plaisirs
Qui doivent seuls me plaire ?
Du monde fol adorateur,
Il me trompe, et je l'aime
Il ne me trouve sans ardeur
Que pour le bien suprême.

Vaincu, Seigneur, par vos attraits,
J'unis mon cœur au vôtre ;
Pour n'être qu'à vous désormais,
Je renonce à tout autre.
Daignez du feu de votre amour
Me consumer vous-même ;
Que mon cœur dise chaque jour
Vous m'aimez, je vous aime.

AVANTAGE D'AIMER DIEU UNIQUEMENT. — C. 5. — A. 73.

De tous les biens que tu nous
[donnes,
Le bien qui seul peut me charmer,
Ce n'est ni l'or, ni les couronnes :
Mon Dieu, c'est le don de t'aimer.

Oui, je le sens, ta voix m'appelle,
M'arrêterai-je un seul moment ?
Tu m'as fait une âme immortelle,
Pour t'aimer éternellement.

De ton amour, de ta clémence,
Bien loin que je veuille abuser,
Je redoute moins ta vengeance,
Que le malheur de t'offenser.

Servirai-je Dieu par contrainte ?
Pour tant de grâces, quel retour.
Ah ! si je dois sentir la crainte,
C'est celle qui naît de l'amour.

Quand il éprouve ma constance,
Ma peine est un nouveau bienfait
Devrait-on appeler souffrance
Ce qui rend l'amour plus parfait

De ce divin feu qui m'anime,
En vain je veux peindre l'ardeur
Que faiblement la langue exprim
Ce qui remplit si bien le cœur !

SENTIMENTS D'AMOUR DE DIEU. — C. 116. — A. 260.

O Dieu de mon cœur,
O bonté suprême !
Source de douceur,
O Dieu l'amour même !
Mon cœur brûle nuit et jour
De vous voir, ô Dieu d'amour !

   Être tout-puissant,
   Dont la main féconde,
   Du sein du néant
   A tiré ce monde,
Que tous les cœurs des mortels
Vous érigent des autels.

   O amour divin !
   Amour ineffable !
   D'un bonheur sans fin.

O source adorable !
O amour ! divin amour !
Possédez-moi sans retour.
   O Dieu tout amour !
   Mon cœur vous désire:
   Mille fois le jour
   Pour vous je soupire.
Ah ! qu'il est beau, qu'il est doux
De vivre et mourir pour vous !

   Séjour de la paix,
   O Sion chérie,
   Si je t'oubliais,
   Heureuse patrie,
Que ma langue à mon palais
Puisse sécher à jamais.

MÊME SUJET. — C. 200. — A. 345.

   O le Dieu de mon cœur,
     Mon unique partage,
     Que voulez-vous pour gage
       De ma vive ardeur ?
Que n'ai-je en ce moment les cœurs des Chérubins,
        Des Séraphins,
      De tous les Saints !
   Ah ! qu'embrasé des mêmes feux,
   Je voudrais vous aimer avec eux !

     Oh ! qu'il est doux d'aimer
      Cette bonté suprême !
      Sa tendresse est extrême ;
       Qui peut l'exprimer ?
Je ne refuse plus, Jésus, je suis à vous,
       Céleste Epoux,
      O Dieu si doux !
   Oui, loin de moi, folles amours,
   Je me consacre à Dieu pour toujours.

     Mais, ô mon pauvre cœur !
      Plains-toi, gémis, soupire ;
      L'amour n'a point d'empire
       Avec la tiédeur :
L'amour brûle toujours, l'amour anime tout,
      L'amour peut tout,
      Il souffre tout ;
   Mais tu recherches tes plaisirs,
   Tu satisfais en tout tes désirs.

     Tu dis à ton Sauveur :

O la bonté suprême !
O Jésus, je vous aime.
Hélas ! quelle erreur !
Pour aimer Jésus-Christ, il faut **suivre sa loi** ;
Mourir à soi,
Vivre de foi.
Ciel, je n'ai donc jamais aimé
Celui pour qui mon cœur fut formé !

Adieu donc, propre amour,
Pour toujours je te quitte :
L'amour divin m'invite,
Adieu sans retour :
Je me rends à sa voix ; enfin Jésus m'absout ;
Je meurs à tout,
A moi surtout :
Non, je ne me réserve rien,
Pour ne jamais goûter qu'un seul bien.

Mais sans vous, ô mon Dieu,
Hélas ! que puis-je faire !
Je ne suis que misère.
En ce triste lieu,
Votre divin amour, lui seul me nourrira,
M'enrichira,
M'enflammera ;
Et que sur ses ailes porté,
Je sois dans votre sein transporté.

Mère du bel amour,
Renouvelle en mon âme
Cette céleste flamme,
La nuit et le jour :
Daigne prier pour moi le monarque divin
Fruit de ton sein ;
Qu'il daigne enfin,
Hâtant le dernier de mes jours,
M'élever jusqu'à lui pour toujours.

LE CHRÉTIEN DANS LES SÉCHERESSES DE CŒUR ET LES DÉLAISSEMENTS
c. 119. — A. 263.

Pour goûter une paix profonde,
Je voudrais, loin d'un siècle im-
Disant un éternel adieu [monde,
Au monde,
Servir, en tout temps, en tout lieu,
Mon Dieu.

Oh ! que douce est la jouissance
De son admirable présence !
Si l'on n'en souffrait quelquefois
L'absence,
Trop aimable serait le poids
Des croix.

Jésus, ta carrière nouvelle
Ne fut point sans douleur cruelle
Pourrai-je à ta divine loi
Fidèle,
Goûter aucun plaisir en moi
Sans toi ?

Ton incomparable copie,
La Vierge sans tache, Marie
Consacre à la sainte rigueur
　　Sa vie,
Et donne aux enfants de douleur
　　Son cœur.

Ennuis, dégoûts, rebuts, misère,
Et de Jésus et de sa Mère,
Sont le partage douloureux
　　Sur terre ;
Et moi je voudrais être heureux
　　Sans eux !

L'amour régnant dans l'âme pure,
Adoucit les maux qu'elle endure ;
Mais son Dieu par d'autres tour-
　　L'épure,　　[ments,
Et lui soustrait ses doux moments,
　　Longtemps.

Quelle est d'un cœur la peine ex-
　　　　　　　　　　　[trême,
Quand il ne sent plus que Dieu l'ai-
Exclu de l'amour de son bien [me!
　　Suprême,
Il n'a de vie et de soutien
　　En rien.

Jésus est mon céleste Père,
Marie est mon auguste Mère ;
Mon sort peut-il être loin d'eux
　　Prospère ?
Mais, que dis-je ? ils sont glorieux
　　Aux cieux.

Pourquoi, mon cœur, tant de tristes-
Que ne goûtes-tu l'allégresse ? [se ?
Ici tu les aimas tous deux
　　Sans cesse ;
Espère un jour être avec eux
　　Heureux.

LE CHRÉTIEN DANS LES SOUFFRANCES. — C. 2. — A. 37.

VOILA donc mon partage ;
La souffrance ou la mort !
Dieu l'ordonne, il est sage ;
Je dois bénir mon sort.
Au printemps de ma vie,
J'ai cueilli quelques fleurs ;
Pour punir ma folie,
Dieu me condamne aux pleurs.

En vain, monde frivole,
Tu veux les adoucir ;
Lorsqu'un Dieu me console,
Ah ! laisse-moi souffrir.
Tes biens, tes espérances,
Tes plaisirs ne sont rien ;
Et j'ai dans les souffrances
La source de tout bien.

Si le Dieu des vengeances
Appesantit ses coups,
Mes maux et mes souffrances
Calmeront son courroux :
S'il est juge, il est père,
Il entendra ma voix ;
Et le Dieu du Calvaire
Sait adoucir les croix.

Il connaît mes alarmes,
Il compte mes soupirs ;
Il veut payer mes larmes
Par d'éternels plaisirs :
Doux espoir qui m'anime
Et soulage mon cœur !
Si je suis sa victime,
Il sera mon bonheur.

Loin de moi le murmure !
Quand je souffre pour vous,
La peine la plus dure
Est un tourment bien doux.
O Jésus, mon modèle,
Frappez de plus en plus.
O qu'une croix est belle,
Quand on aime Jésus !

Pour un Dieu, quand on l'aime,
Souffrir est un bienfait,
Et la souffrance même
Est un plaisir parfait.
Ah ! qu'on trouve de charmes
A pleurer chaque jour,
Quand on répand des larmes
Pour un Dieu plein d'amour.

Vous qui, de ce bon Père,
Eprouvez le courroux,
Montez sur le Calvaire ;
Voyez... et plaignez-vous.

Si Jésus, sans se plaindre,
Est mort dans les douleurs,
Un chrétien doit-il craindre
De verser quelques pleurs.
O Marie, ô ma Mère,
Quelle est votre langueur !
Un glaive sanguinaire
A percé votre cœur.
O Jésus ! ô Marie !
Vous n'aimez que la croix ;
Et j'aurais la folie
De faire un autre choix !
C'en est fait, je t'embrasse,
O croix, source d'amour.
Grand Dieu ! fais, par ta grâce
Que je l'aime toujours.
Un pécheur, pour te plaire
Ne doit plus que gémir ;
Et, pour te satisfaire,
Ou souffrir, ou mourir.

SOURCES DE LARMES POUR LE CHRÉTIEN. — C. 145. — A. 289.

Mon âme, en ce triste esclavage,
En vain tu veux sécher tes pleurs:
Hélas ! ici-bas ton partage
Est de languir dans les douleurs.
Le bonheur que mon cœur implore
N'existe point en ces bas lieux ;
Il règne au beau séjour des cieux:
Mais les cieux sont si loin encore !

Si d'une gaîté pleine et pure,
Tu prétends savourer l'attrait,
Hélas ! dans toute la nature
En trouveras-tu le sujet ?
    Le bonheur, etc.

De frayeur mon âme est atteinte
Sur sa destinée à venir ;
Comment le bonheur et la crainte
Dans un cœur pourraient-ils s'u-
    Le bonheur, etc.   [nir ?

A quels excès, dans mon enfance,
Me suis-je hélas ! abandonné ?
J'ignore si, dans sa clémence,
Le Seigneur m'aura pardonné.
    Le bonheur, etc.

A l'aspect de la foule immense

Qui court vers l'éternel malheur,
Comment à l'excès de souffrance
Peut suffire mon triste cœur ?
    Le bonheur, etc.

Par un fil léger, sur l'abîme,
Dieu tient le méchant suspendu,
L'enfer va saisir sa victime ;
Le fil se rompt, l'homme est per-
    Le bonheur, etc.   [du.

O souvenir intolérable !
Le monde a ses adorateurs ;
Et l'Eternel, seul adorable,
Ne voit que des blasphémateurs.
    Le bonheur, etc.

Dieu fait de sublimes promesses,
Et l'on dédaigne sa faveur,
Pour courir après les largesses
D'un monde qui n'est qu'impos-
    Le bonheur, etc.   [teur.

Ta grâce, ô mon Dieu, par ses
        [charmes,
Quelquefois me calme un moment:
Non, je ne veux plus que mes lar-
Pour unique soulagement.   [mes
    Le bonheur, etc.

MÊME SUJET. — C. 119. — A. 263.

Ciel propice, ah ! brisez la chaîne
Qui retient mon âme à la gêne.
Verrai-je mes lugubres jours
    De peine
Prolonger leur douloureux cours
    Toujours ?

Tandis qu'au sein de l'allégresse,

Le mondain, chaque jour s'em-
        [presse,
Et goûte des biens enchanteurs
    L'ivresse,
J'ai pour plaisirs, dans mes mal
    Mes pleurs.   [heurs

De ses sens honteuse victime,

Le pécheur s'endort dans le crime,
Satan, à son réveil affreux,
 L'abîme
Au fond d'un gouffre ténébreux
 De feux.

Mais, hélas! le juste lui-même!
Quoique chéri du Dieu qu'il aime
Évitera-t-il la rigueur
 Extrême
De ce Juge, et d'un feu vengeur
 L'ardeur?

Je te déplore, ô triste vie,
Par le péché toujours flétrie :
Je te vois d'un plus triste sort
 Suivie,
S'il faut souffrir, après la mort,
 Encor.

O mort! tourmenté des alarmes
De cette région de larmes,
Je devrais voir dans tes rigueurs
 Des charmes :
Pourquoi pénètres-tu mon cœur
 D'horreur?

Grand Dieu! j'adore ta justice,
Et je consens à mon supplice :
Mais sois encore à mon amour
 Propice;
Qu'enfin j'entre au divin séjour,
 Un jour.

Jésus est mon ami sincère ;
Marie est mon auguste Mère ;
Fuis loin de moi, Satan cruel
 J'espère
Encore un repos éternel
 Au ciel.

PRIÈRE DANS LES AFFLICTIONS. — C. 202. — A. 347.

J'ai crié vers vous, Dieu propice;
Écoutez les cris de mon cœur,
Et tirez-moi du précipice,
O Dieu, mon unique Sauveur.
 Voyez ma tristesse,
 Du mal qui me presse
 Venez m'affranchir.
 Pénétré de crainte,
 Sur votre loi sainte
 J'aime à réfléchir.

Seigneur, embrassez ma querelle,
Prenez mes intérêts en main.
Quand à vos lois je suis fidèle,
Que mon espoir ne soit pas vain !
 Rendez-moi la vie,
 J'abhorre l'impie
 Sourd à votre voix.
 Le salut consomme
 Le bonheur de l'homme
 Qui chérit vos lois.

Des effets de votre clémence
Votre parole nous répond.
C'est sur votre tendresse immense
Que notre amour doit faire fond.
 On me persécute ;
 Mon âme est en butte
 A mille ennemis :
 Mais je me console,
 A votre parole
 Demeurant soumis.

J'ai vu, consumé de tristesse,
J'ai vu spectacle désolant,
Vos préceptes pleins de sagesse
Transgressés par l'homme inso-
 Voyez, Dieu suprême, [lent.
 Combien mon cœur aime
 Vos divines lois.
 Tendresse infinie,
 Rendez-moi la vie
 Encore une fois.

LES GÉMISSEMENTS D'UN CHRÉTIEN DANS LA SOLITUDE. — C. 19. — A. 128.

Loin du bruit des armes,
A l'abri des charmes
De la vanité,
Dans ma solitude,

Je fais mon étude
De la vérité.

O douce retraite !
Compagne discrète

De mes longs soupirs ;
Près de toi l'on goûte,
Nul sage n'en doute,
Les seuls vrais plaisirs.

Dans ce port tranquille,
D'un bonheur fragile
Enfin détrompé,
Seul avec moi-même,
Du bonheur suprême
Je vis occupé.

Là je me rappelle
D'un monde infidèle
Les périls nombreux ;
Là je me rassure,
Quand je me figure
Des jours plus heureux.

Heureuse demeure
Où confus je pleure
Mes ans criminels ;
Où, las de mes crimes,
Je crains les abîmes
Des feux éternels.

O que tu m'es chère,
Quand je considère,
Paisible en ton sein,
Le bonheur durable,
La gloire ineffable,
Du séjour divin !

Charité suprême
D'un Dieu qui nous aime,
Malgré nos forfaits !
Ma reconnaissance

Bénit ta clémence,
Compte tes bienfaits.

Ta sainte parole
Ravit et console
Mon cœur abattu ;
Et dans ma mémoire,
J'ai toujours ta gloire,
Tes traits, ta vertu.

Long pélerinage,
Lugubre assemblage
De nuits et de jours !
Quand de ma faiblesse,
Quand de ma tristesse,
Finira le cours ?

Sion, ma patrie,
Mon âme nourrie
Du pain des douleurs,
Te voit, et soupire
T'attend et désire
La fin de ses pleurs.

Le Ciel et la terre
Déclarent la guerre
Aux mortels ingrats :
Soleil de justice,
Rends purs de tout vice
Mon cœur et mes pas.

Fais enfin éclore,
O Dieu que j'implore !
Ce jour lumineux ;
Ce jour, mon partage,
Sans nuit, sans nuage,
Terme de mes vœux.

DOUCEUR DE LA SOLITUDE. — C. 190. — A. 335.

Ta beauté
Douce retraite,
Est parfaite.
J'en suis enchanté.
Dans l'orage
J'y suis au port.
Tout m'engage
A bénir mon sort.
Ton enceinte,
Chaste et sainte,
Sans atteinte,
Conserve à jamais
L'heureuse paix.

Loin du monde,
Tout seconde
Mes souhaits.

Lieux charmants,
Je ne veux vivre
Que pour suivre
Vos attraits puissants.
Je vous donne
Tous mes désirs :
J'abandonne
Tous les faux plaisirs.
Dieu m'éclaire

Et j'espère
Pour salaire
Ses dons précieux,
 Dans ces bas lieux;
 La victoire
 Et la gloire
 Dans les cieux.

 La douceur,
Qu'on goûte au monde,
 N'est féconde
Qu'en peine et douleur.
 Ses promesses,
 Ses faux appas,
 Ses caresses
Mènent au trépas :
 Au naufrage
 Il engage :
 Le partage
De ses biens pervers
 Sont les enfers.

Je méprise
Et je brise
Tous ses fers.

 Dieu d'amour,
Dieu de mon âme,
 Tout m'enflamme
Dans ce beau séjour.
 Douce amorce !
 Céleste ardeur !
 Votre force
Me ravit le cœur.
 Je désire
 Votre empire,
 Et j'admire
De tant de bienfaits
 Les doux excès :
 Qu'ils augmentent,
 Qu'ils m'enchantent
 Pour jamais.

LE CHRÉTIEN SOUPIRE APRÈS LA FIN DE SON EXIL. — C. 1. — A. 15.

O Dieu d'amour, viens pénétrer mon âme,
Mon cœur languit et sèche loin de toi.
Si je sentais les ardeurs de ta flamme,
Le monde entier ne serait rien pour moi.

Avec effroi je regarde la terre :
De tous côtés elle n'offre à mes yeux
Qu'un dur exil, dont l'affreuse misère
Me fait pousser des cris jusques aux cieux.

Pourquoi rester encor dans une vie
Qui n'est pour moi que l'empire des morts?
Depuis longtemps la chaîne qui me lie
Ne retient plus que l'ombre de mon corps.

A cet exil mon âme condamnée
Ne prétend plus y trouver de repos :
Pour soutenir ma triste destinée,
Je cherche un lieu dans le fond des tombeaux.

Aux maux passés succèdent les alarmes
Des maux plus grands d'un cruel avenir,
Et les méchants me reprochent les larmes
Que ma douleur ne saurait retenir.

Des lieux sacrés les lugubres décombres,
D'un peuple entier, atteste la fureur ;
On a des morts détruit les grottes sombres :
Pour me cacher, je n'ai plus que mon cœur.

Mais quoi ! mon âme, es-tu donc ébranlée ?
Tous tes travaux vont-ils être perdus ?
Rappelle-toi, pour être consolée,
Que sur la croix il faut suivre Jésus.

Près de toi, j'aime et mes maux et mes larmes,
Et de la mort l'inexorable loi :
Oui, la mort même à mes yeux a des charmes,
O doux Jésus, si je meurs avec toi.

Je sais au moins qu'un Dieu bon est mon père ;
S'il me punit, il ne me perdra pas.
J'ai mérité sa trop juste colère ;
Mais tous mes maux finiront au trépas.

MÊME SUJET. — C. 44. — A. 164.

Qu'il meure, ce corps misérable,
Ce honteux fardeau qui m'acca-
Digne victime de la mort ; [ble,
Qu'il soit dévoré par la tombe,
Qu'on l'y descende et qu'il retombe
Dans la poussière dont il sort.

O mort, que l'on nomme cruelle,
Viens frapper ce corps trop rebelle,
Viens mettre un terme à mon
    [tourment.
Quand, par un moment de souf-
On achète sa délivrance, [france;
L'achète-t-on trop chèrement.

A tous ces mortels méprisables,
Enivrés des biens périssables,
Imprime une juste terreur : [rent;
Tu les appauvris, qu'ils t'abhor-
Tu leur ravis ce qu'ils adorent :
C'est pour eux que tu n'es qu'hor-
    [reur.

Ah! que faussement courageuse,
L'âme doit se trouver affreuse,
Quand le néant est son espoir !
Hélas ! n'avoir rien à prétendre,
Point de bonheur qu'on puisse at-
    [tendre,
Point de secours qu'on puisse avoir!

La foi donne le vrai courage ;
Pour qui la vie est un voyage,
Le terme n'est point un malheur.
A quelques trésors qu'on l'arrache,
Ce qu'il possède sans attache,
Il l'abandonne sans douleur.

Ah! puisque c'est la destinée
De notre race infortunée,
Ou de souffrir, ou de mourir ;
O Ciel ! viens borner ma carrière :
Que bientôt mon heure dernière
M'abrége le temps de souffrir.

S'il faut que j'attende cette heure,
S'il faut encor que je demeure ;
J'accepte mes jours et mes maux
Pour prix de mon obéissance,
Qu'une mort pleine d'espérance
Vienne terminer mes travaux.

O toi qui, sauvant le coupable,
Du haut de ta croix adorable,
Ouvris les bras à l'univers ;
Fais, quand ta divine justice
Ordonnera mon sacrifice, [verts.
Fais que ces bras me soient ou-

LES HUIT BÉATITUDES. — C. 7. — A. 98.

Heureux qui de l'opulence
A su détacher son cœur,
Et qui de l'humble indigence
Supporte en paix la rigueur !
Dieu, fidèle en ses promesses,
Infini dans sa bonté,

Par d'éternelles largesses
Enrichit la pauvreté.

Mais, malheur à l'homme avide
Qu'éblouit l'éclat de l'or,
Et dont le cœur, toujours vide,

Fait son Dieu de son trésor !
Les seuls biens, le seul salaire
Qu'aura sa cupidité,
Sont des trésors de colère
Qu'entasse l'éternité.

Heureux le cœur débonnaire
Qui ne connut point l'aigreur,
Et dont nul revers n'altère
L'inépuisable douceur !
Le Dieu de paix lui destine,
Dans son éternel séjour,
Toute l'onction divine
Des douceurs de son amour.

Maudit l'homme sanguinaire
Qui, dans sa féroce humeur,
Du venin de la vipère,
Exhale au loin la noirceur !
Contre lui-même implacable,
Et de lui-même abhorré,
D'une rage insatiable,
Son cœur sera dévoré.

Bienheureux ceux dont la vie,
Traînée au sein des douleurs,
Ne s'abreuve et n'est nourrie
Que de cendres et de pleurs !
Dieu témoin de leurs alarmes,
Attentif à leurs soupirs,
Changera leurs maux en charmes,
Et leurs larmes en plaisirs.

Maudit qui, de la mollesse,
Aima le charme empesté,
Et qui s'endort dans l'ivresse
De la folle volupté !
Un abîme de souffrance,
Un étang de sombres feux,
L'éternelle pénitence
Succède à ses jours heureux.

Bienheureux ceux qui, du vice,
Fuyant le sentier trompeur,
De la soif de la justice,
Sentent enflammer leur cœur !
L'eau de l'éternelle vie,
Accordée à leurs soupirs,
Sans éteindre leur envie,
Rassasiera leurs désirs.

Maudits les hommes frivoles,
Vils esclaves de leurs sens,
Qui se cherchent des idoles
Dans tous les objets présents !
Le Seigneur seul devait être
Leur vrai bonheur à jamais :
Ils ne pourront le connaître
Que par d'éternels regrets.

Bienheureux qui, pour ses frères,
Plein d'un cœur compatissant,
A leurs pleurs, à leurs misères
Prodigue un secours puissant !
Le Seigneur Dieu, de ses ailes,
Se plaît à couvrir ses jours ;
Ses entrailles paternelles
S'ouvrent à lui pour toujours.

Mais malheur à cet avare
Qui, du pauvre gémissant,
Voit, d'un œil sec et barbare,
Les maux, le besoin pressant !
Pour lui le Dieu de clémence
Fermant à jamais son cœur,
N'aura plus que la vengeance,
L'anathême, la fureur.

Heureux ceux dont l'âme pure
Garde avec soin sa blancheur,
Et dont la moindre souillure
Epouvante la pudeur !
Dieu lui-même est leur partage,
Et dans l'immortalité,
Ils fixeront sans nuage
Son éternelle beauté !

Malheur à ces âmes lâches,
Qu'énerva l'impureté,
Et dont de honteuses taches
Ont souillé la sainteté !
Loin de la gloire éternelle,
Où règne le Saint des Saints,
Jamais la palme immortelle
Ne décorera leurs mains.

Bienheureux les pacifiques
Que le fiel n'émeut jamais ;
Et dont les désirs uniques
Sont de voir régner la paix !
Dieu devient leur tendre Père,
Ils sont ses enfants chéris,
Et, de leur paix passagère,
Son repos sera le prix.

Malheur à l'homme farouche
Qui se repaît de fureur,
Et dont l'infernale bouche
Souffle le trouble et l'horreur!
Le Dieu de miséricorde,
Dont il outragea l'amour,
N'admit jamais la discorde
Dans son paisible séjour.

Heureux ceux que l'injustice
Poursuit de ses traits perçants,
Et dont la sombre malice
Noircit les jours innocents!

Le Très-Haut sera lui-même
Leur soutien et leur vengeur,
Et son riche diadême
Couvrira leur front d'honneur.

Mais, maudites soient ces âmes
Dont les complots inhumains,
Les fureurs, les sourdes trames
Conspirent contre les Saints!
Tôt ou tard, tristes victimes,
De leurs iniques projets,
Elles iront aux abîmes
Eterniser leurs forfaits.

AMOUR DU PROCHAIN. — C. 154. — 299.

Par-dessus tout, aimons le Bien suprême:
C'est notre Maître et notre Souverain,
 C'est l'amour, la bonté même :
 Mais sachez qu'on l'aime en vain,
  A moins qu'on n'aime
  Pour lui le prochain.
  Lui-même le prescrit ;
 C'est l'abrégé de l'Evangile :
  D'un cœur docile
  Suivons-en l'esprit.

Oui, c'est pour Dieu qu'on doit aimer son frère,
L'aimer ainsi, c'est l'aimer en chrétien ;
 Montrons un désir sincère
 De son véritable bien :
  Dans sa misère
  Soyons son soutien ;
 Plaignons-le dans ses maux;
 Accordons-lui notre assistance ;
  Avec constance
  Souffrons ses défauts.

Loin ces cœurs durs dont la haine implacable
A la douceur ne peut se ramener.
 Leur crime est impardonnable,
 S'ils ne veulent pardonner.
  Homme intraitable,
  Pourquoi t'obstiner?
 En croix vois ton Sauveur
 Pour ses bourreaux, plein d'indulgence,
  Que sa clémence
  Calme ton aigreur.

Que, de ces lieux, la discorde bannie
Laisse entre nous régner l'aimable paix,
 C'est le bonheur de la vie.

Fuyons surtout à jamais
La triste envie
Et ses noirs excès.
Que par sa charité
Chacun de nous fasse connaître
Qu'il a pour maître
Le Dieu de bonté.

O Charité, vertu si désirable,
Heureux qui sent tes célestes ardeurs !
O trésor plus estimable
Que les biens, que les grandeurs !
Don ineffable,
Remplis tous nos cœurs.
Seigneur, il vient de vous,
Ce bien si grand, si nécessaire ;
O tendre Père,
Formez-le dans nous.

AMOUR DES ENNEMIS. — C. 109. — 252.

AIMEZ d'un amour sincère,
    D'un cœur de frère,
Aimez d'un amour sincère
    Vos ennemis.
Soyez pour eux comme un père,
Vous en ferez des amis.

C'est Dieu qui nous recommande
    Et nous demande,
C'est Dieu qui nous recommande
    De les aimer.
Sur la croix, ce qu'il commande,
Il l'observa le premier.

Suivons de ce tendre **Père**
    L'amour sincère,
Suivons de ce tendre **Père**
    L'aimable loi :
O Dieu ! quelle est salutaire,
Quand on l'observe avec foi !

Mais, si mon cœur ne pardonne,
    Dieu m'abandonne ;
Mais, si mon cœur ne pardonne,
    Je prie en vain ;
Le Ciel n'écoute personne,
Si l'on n'aime son prochain.

Le chrétien par la vengeance,
    Perd l'innocence ;
Le chrétien par la vengeance,
    N'est plus chrétien ;
Il renonce à l'espérance
Du grand, du souverain bien.

Le point d'honneur véritable,
    Seul estimable,
Le point d'honneur véritable,
    C'est de souffrir :
A cette loi toute aimable
Empressons-nous d'obéir.

MOTIFS DE L'AUMÔNE. — C. 1. — A. 9.

AIMONS le pauvre, adoucissons sa peine ;
Tout nous le dit, raison, nature et foi :
De notre Dieu la bonté souveraine
Pour tous en fit une pressante loi.

Nous sommes tous enfants du même père,
Nous nous devons un secours mutuel ;
Fermer son cœur aux peines de son frère,
C'est se fermer à soi-même le ciel.

Ah ! que l'aumône aisément obtient grâce !
Quelle est puissante auprès du cœur de Dieu !
Par sa vertu l'iniquité s'efface,
Comme par l'eau s'éteint l'ardeur du feu.

Cœurs bienfaisants, cœurs vraiment charitables
Qui soulagez vos frères malheureux,
Du Tout-Puissant les regards favorables
Toujours sur vous veillent du haut des cieux.

Oui, c'est en vous que le céleste Père,
Voit ses enfants, ses fidèles portraits.
De sa tendresse, image douce et chère,
Vous retracez ici-bas ses bienfaits.

L'orphelin trouve en vous un autre père,
Le pauvre y voit son soutien, son secours ;
L'infortuné, que poursuit la misère,
Par vous encor voit luire d'heureux jours.

Le Fils de Dieu, notre Juge suprême,
Pour vous aux cieux prépare tous ses biens ;
Son cœur divin tient pour fait à lui-même
Tout ce qu'on fait au plus petit des siens.

Quand il viendra juger enfin la terre,
Il vous dira, d'un ton plein de douceur :
Venez, ô vous, les bénis de mon Père,
Et pour jamais partagez mon bonheur.

LA CHASTETÉ. — C. 24. — A. 140.

Si la chasteté vous est chère,
Sur elle veillez constamment :
C'est une rose passagère
Qui se flétrit au moindre vent :
C'est le cristal d'une onde claire
Qu'une feuille trouble en tombant ;
C'est un miroir qu'en un instant
Ternit une vapeur légère.

Que jamais votre œil ne s'arrête
Sur aucun objet séducteur ;
C'est par là que Satan s'apprête
A pénétrer dans votre cœur.
De la fleur la plus agréable
Souvent le charme trop flatteur
N'est pour vous qu'un appas trom-
[peur
Qui cache un poison redoutable.

Que tout désir, toute pensée,
Dont s'alarmerait la pudeur,
De votre âme à jamais chassée,
N'en ose souiller la candeur.

Fuyez celui qui peut se plaire
A des discours licencieux ; [cieux,
Du Dieu très-saint qui règne aux
Conservez pur le sanctuaire.

Chasteté ! vertu toute aimable,
Viens me couronner de tes lis.
Par toi l'homme devient semblable
Aux purs, aux célestes Esprits.
N'est-ce pas du sein de Dieu même
Que tu descends sur les élus ?
O la plus belle des vertus, [t'aime !
Heureux, heureux le cœur qui

Vierge, des vierges la plus pure,
Vrai temple de la chasteté,
Contre la rebelle nature
Protège mon cœur agité ;
Que ma trop fragile jeunesse,
En butte au péril tous les jours,
Trouve son appui, son secours
Dans ta maternelle tendresse.

MÊME SUJET. — C. 157. — A. 302.

Oh ! qu'une âme est belle,
Quand elle est à Dieu fidèle !
Et pour toi pleine de zèle,
  Sainte pureté !
O vertu charmante,
Vertu ravissante,
Ta beauté m'enchante,
J'en suis transporté.

Bonheur ineffable !
Dans un corps si misérable,
Par toi l'homme est fait semblable
  A de purs Esprits ;
Heureux qui désire
Ton aimable empire,
Qui pour toi soupire,
O vertu sans prix !

Les biens, la puissance,
La plus illustre naissance,
Rien n'égale en excellence
  La sainte pudeur :
Don incomparable !
Trésor admirable !
Rien n'est plus aimable
Aux yeux du Seigneur.

Fuyons donc sans cesse,
Fuyons tout ce qui la blesse :
Vous surtout, chère jeunesse,
  Vivez chastement :

Quel triste naufrage,
Lorsque dans cet âge
Hélas ! on s'engage
  Dans l'égarement.
Qu'une impure flamme
N'entre jamais dans votre âme,
Que toujours ce vice infâme
  Vous soit en horreur :
O vice exécrable,
Vice abominable,
Poison détestable,
  Fuis de notre cœur.

D'un Dieu la présence,
Le travail, la tempérance ;
Sur vos sens la vigilance,
  Sont d'un grand secours.
L'âme qui souhaite
La pudeur parfaite,
Cherche la retraite :
  Aimez-la toujours.

O Dieu de clémence,
Gardez en nous l'innocence,
Aidez par votre puissance
  Notre infirmité ;
Que rien ne nous tente,
Que notre cœur sente
Une ardeur constante
  Pour la pureté.

CHARMES DE LA MODESTIE. — C. 1. — A. 11.

Descends des cieux, aimable modestie ;
Viens, viens régner par tes chastes attraits.
Si Babylone et t'outrage et t'oublie,
Nos cœurs du moins ne t'oublieront jamais.

Sainte pudeur, comment peindre tes charmes ?
L'âme innocente est en paix sous ta loi ;
Le méchant cède à tes puissantes armes ;
La beauté même est plus belle avec toi.

Ah ! loin d'ici, trop coupables parures ;
Nos Anges saints fuiraient de toutes parts.
De Dieu, sur nous, vertu des âmes pures,
Fixe toujours l'amour et les regards.

L'HUMILITÉ. — C. 1. — A. 20.

Que devant Dieu tout orgueil disparaisse,
Il est l'auteur de toute sainteté :

Que le superbe avoue et reconnaisse
Qu'on ne lui plaît que par l'humilité.

L'humilité, des vertus, est la mère;
Du Dieu vengeur, elle suspend les coups :
S'il nous menace en sa juste colère,
L'humilité désarme son courroux.

D'où vient, mortel, ta vaine complaisance ?
Ce que tu tiens, ne l'as-tu pas reçu ?
Pourquoi cet air de fierté, d'arrogance ?
Dans le péché ne fus-tu pas conçu ?

Tu n'es de toi que néant, que bassesse;
De Dieu tu tiens et ton âme et ton corps;
Sans son secours, hélas ! quelle faiblesse !
Sans lui tu fais d'inutiles efforts.

L'homme orgueilleux, pour lui seul plein d'estime
S'élève, et Dieu ne veut pas l'écouter;
Le publicain jusqu'au néant s'abîme,
Et le Seigneur se plaît à l'exalter.

DE LA PATIENCE. — C. 47. — A. 170.

Toujours souffrir,
C'est pour les sens un long martyre;
Toujours souffrir,
Ce n'est pas vivre, c'est mourir :
Mais pour le ciel quand on soupire,
Un si grand bien fait qu'on désire
Toujours souffrir.

De la santé
Pourquoi regretter l'avantage ?
De la santé,
Mon cœur en vain serait flatté :
Quand au Seigneur j'en fais hom-
C'est faire le meilleur usage [mage,
De la santé.

C'est sur la Croix
Qu'une âme se perfectionne;
C'est sur la Croix
Qu'elle a tous les biens à la fois :
Où cueille-t-elle sa couronne ?
Où trouve-t-elle son vrai trône ?
C'est sur la Croix.

Dans tous les maux,
Le plus fâcheux, c'est de s'en plain-
Dans tous les maux, [dre;
Pour ne point troubler son repos,
Le grand art est de se contraindre;
Nos seuls murmures sont à crain-
Dans tous les maux. [dre

Dieu l'a voulu;
Ma peine vient d'un Dieu qui
Dieu l'a voulu; [m'aime :
Il veut éprouver ma vertu :
Nul mal qui me paraisse extrême,
Quand je sais me dire à moi-même:
Dieu l'a voulu.

Point de regrets,
Où le dénuement est richesse;
Point de regrets,
Où mes maux sont de vrais bien-
A l'école de la sagesse, [faits.
Dans la plus pénible détresse,
Point de regrets.

La main de Dieu
Dût-elle me poursuivre encore,
La main de Dieu
Dût-elle à mes cris donner lieu;
Avec sa grâce que j'implore,
Je me tais, je baise, j'adore
La main de Dieu.

CANDEUR DE L'ENFANCE. SINCÉRITÉ. — C. 5. — A. 79.

Enfance aimable, ô fleur nouvelle,
Que j'aime à voir votre candeur !
Cette vertu partout est belle,
Mais bien plus dans un jeune cœur.

Enfants chéris, dans ce bel âge,
Trahirez-vous la vérité,
Vous dont le plus riche apanage
Doit être la sincérité ?

O vertu propre de l'enfance,
Où faudrait-il donc te chercher,
Si, dans l'âge de l'innocence,
Tu te plaisais à te cacher ?

Dans tous les hommes l'on déteste
L'art affreux du déguisement :
Mais quel présage plus funeste,
S'il se trouvait dans un enfant !

Quand même sa laideur extrême
N'engagerait point à le fuir,
Il blesse la Vérité même ;
En faut-il plus pour le haïr !

MÉPRIS DES PARURES. — C. 4. — A. 55.

Ah ! loin de moi cette parure,
Et ce profane ajustement
Qui veut réformer la nature,
Et fait injure au Tout-Puissant !
Le monde suit d'autres maximes ;
D'un faux éclat il veut briller :
Laissons lui parer ses victimes,
Bientôt on va les immoler.

Leur gloire sera passagère,
Considérez-en le tableau :
C'est une ombre vaine et légère
Qui voltige autour du tombeau.
Chrétiens, la voilà cette pompe
Que la Religion proscrit.
Comment se peut-il qu'elle trompe
Des disciples de Jésus-Christ ?

Si vous l'êtes, s'il faut le croire,
Renoncez au faste trompeur ;
Le vrai chrétien ne met sa gloire
Que dans la croix de son Sauveur.
Ses épines sont sa couronne,
Sa croix sainte fait tout son bien :
Auprès d'elle, l'éclat d'un trône
S'éclipse et ne lui paraît rien.

Le monde aura beau lui sourire ;
Ses charmes vains et dangereux
Ne pourront jamais le séduire ;
La seule foi brille à ses yeux.
Méprisez les pompes funestes
Que vous offre un monde impos-
De la grâce les dons célestes [teur :
Se répandront dans votre cœur.

PAUVRETÉ. CONTRE L'AMOUR DES RICHESSES. — C. 79. — A. 220.

Vous qui courez après l'or,
  Sa couleur brillante
   Trompe votre attente ;
Vous qui courez après l'or,
  Sa couleur brillante
  Vous plaît-elle encor ?
  Vous qui courez, etc.

Voulez-vous vous enrichir ?
Contentez votre désir ;
  Le Ciel vous présente
   Son trésor.
  Vous qui courez, etc.

N'aspirez qu'aux biens des élus,
Ne vous occupez plus
  Des biens superflus,
Dont aucun n'exempte
  De la mort.
  Vous qui courez, etc.

Que sert de tant s'enrichir ?
  Que sert l'abondance ?
  Que sert l'opulence ?
Que sert de tant s'enrichir !
  Que sert l'abondance
  Quand il faut mourir ?
  Que sert, etc.

C'est toujours de quoi gémir,
C'est souvent de quoi frémir,
Lorsque l'heure avance
De finir.
Que sert, etc.

Quel tourment que le souvenir
D'un si triste avenir,
Et le repentir
Que la conscience
Fait sentir.—Que sert, etc.

DÉTACHEMENT DES RICHESSES. — C. 1. — A. 7.

La pauvreté, quand elle est volontaire,
Dieu la chérit ; quel sort plus glorieux :
Au lieu des biens plus frêles que le verre,
Il lui destine un trésor dans les cieux.

Quand son amour vers nous le fit descendre,
Il se fit voir à de pauvres pasteurs ;
Dès ce moment il voulut nous apprendre
A mépriser le faste des grandeurs.

Dans les travaux de son pélerinage,
A peine eut-il pour sa tête un soutien ;
Nous, que le crime a mis dans l'esclavage,
Nous ne voulons jamais manquer de rien.

Sur une croix, nu, privé d'assistance,
Il expira dans le sein des douleurs :
A son exemple, aimons l'humble indigence,
Et s'il le faut, portons-en les rigueurs.

Pour le salut, dans les biens de ce monde,
Que de dangers, que de piéges cachés !
Mais que la grâce en trésors est féconde,
Dès qu'à Dieu seul nos cœurs sont attachés !

Ces vains amas de perfides richesses
Valent-ils donc nos soins et nos travaux ?
Que de soucis, de pénibles adresses,
Pour de faux biens suivis de mille maux !

De l'opulent toujours la soif augmente ;
L'or qu'il n'a pas appesantit sa croix.
Bien plus heureux qui de peu se contente ;
Il trouve en Dieu tous les biens à la fois.

SANCTIFICATION DE L'INDIGENCE. — C. 64. — A. 191.

Vous qui vivez dans les travaux,
Qui souffrez l'indigence,
Apprenez à rendre vos maux
Dignes de récompense ;
Sachez souffrir utilement ;
Ayant dans la mémoire
Que des souffrances d'un moment
Conduisent à la gloire.

L'unique affaire est le salut,
Lui seul nous intéresse ;
Chrétiens, n'ayons point d'autre
Désirons-le sans cesse : [but,
Pourvu qu'enfin nous arrivions
A la sainte Patrie,
Qu'importe que nous endurions
Tous les maux de la vie ?

Non, non ce n'est point un mal-
D'être dans la bassesse, [heur

C'est bien plutôt une faveur,
  Quand le Ciel nous y laisse.
Trop souvent les biens temporels,
  La grandeur, l'abondance,
Font que, pour les biens éternels,
  On n'a qu'indifférence.

Connaissez donc votre bonheur,
  Il est inestimable :
Votre état, aux yeux du Seigneur,
  N'a rien de méprisable :
Sur la terre on a vu son Fils,
  Humble et pauvre lui-même,
Marquer aux pauvres, aux petits,
  Une tendresse extrême.

Adorez votre Créateur,
  Rendez-lui tout hommage;
Que son amour dans votre cœur
  Domine sans partage :
Pour le servir fidèlement,
  Sa grâce est nécessaire;
Vous devez donc, et fréquemment,
  Employer la prière.

Il faut consacrer les saints jours
  A ce saint exercice,
Et surtout assister toujours
  Au divin Sacrifice;
A recevoir les sacrements,
  Que vos âmes soient prêtes,
Et craignez les dérèglements
  Si communs dans les fêtes.

De tous les devoirs d'un Chrétien

Aimez à vous instruire :
Hélas! l'ignorance du bien,
  Où peut-elle conduire ?
Ne souffrez point, en murmurant,
  Les peines de la vie;
A ceux qui sont dans un haut rang,
  Ne portez point envie.

Loin de vous les divisions,
  La haine et la vengeance;
Fuyez les imprécations,
  Fuyez la médisance :
Ne formez jamais le dessein
  De faire une injustice;
Vivez, à l'égard du prochain,
  Sans fraude et sans malice.

Armez-vous d'une sainte horreur
  Pour la moindre souillure;
Quel plus déplorable malheur
  Que d'avoir l'âme impure !
Réglez vos inclinations,
  Fuyez l'intempérance;
Évitez les occasions
  Où se perd l'innocence.

Qu'enfin la crainte du Seigneur
  Sans cesse vous remplisse :
Pour sa loi marquez votre ardeur,
  N'aimez que sa justice : [maux,
Que dans vos peines, dans vos
  Dieu soit votre ressource :
Cherchez en lui votre repos;
  Lui seul en est la source.

BONHEUR DE LA VERTU. — C. 163. — A. 308.

Ta beauté m'attire ;
  C'est à ton empire,
O vertu! que je me soumets.
  On te représente
  Triste et rebutante;
Par ces faux portraits
On défigure tes attraits :
  Qui sait te connaître
  Dans son cœur sent naître
  Ce bonheur d'aimer
Que l'esprit ne peut exprimer.

  Beautés passagères,
  Douceurs mensongères,

Votre éclat m'avait enchanté ;
  Vains objets du monde,
  Malheureux qui fonde
    Sa félicité
Sur votre fausse volupté :
  Oui, dans un beau songe,
  Votre erreur nous plonge;
  Mais que ce sommeil
Est suivi d'un affreux réveil !

  Quand même notre âme
  Serait une flamme
Dont la mort bornerait le cours
  Oui, je voudrais vivre,

Vertu, pour te suivre :
Son divin secours
Seul nous assure de beaux jours;
Pour l'âme immortelle

Quel guide fidèle !
Il la fait aimer
Du Dieu qui daigna la former.

BONHEUR DE L'INNOCENCE. — C. 3. — A. 43.

Heureux le cœur où règne l'innocence
Et qu'enrichit sa première beauté !
Tous les plaisirs qu'enfante l'opulence,
N'ont rien d'égal à sa félicité.
Du Tout-Puissant, une âme sainte et pure
Fixe sur elle et le cœur et les yeux :
Dieu s'y complaît, et rien dans la nature
Ne lui paraît plus grand, plus précieux.

Mais un objet plus cher à sa tendresse,
Est la vertu dans un âge naissant :
La conserver dans la faible jeunesse,
C'est un spectacle encor plus ravissant.
Tendres enfants, aux délices perfides,
Aux faux plaisirs n'ouvrez point votre cœur,
Désirez-vous les biens vrais et solides?
N'aimez jamais, n'aimez que le Seigneur.

Vils amateurs de la gloire mondaine,
De son éclat, reconnaissez l'erreur :
Tous ses appas ne sont qu'une ombre vaine
Sans l'innocence il n'est pas de grandeur.
Par quels attraits, le crime, et par quels charmes
Peut-il, hélas ! pervertir tant de cœurs ?
Les noirs remords, les mortelles alarmes,
Suivent toujours les traces des pécheurs.

Le sort du juste est bien plus désirable :
De son bonheur, rien n'arrête le cours;
Son cœur content a la paix véritable,
Ses jours pour lui ne sont que d'heureux jours,
A tout revers son âme est toujours prête,
Et son esprit n'est jamais agité;
Tous les malheurs rassemblés sur sa tête
N'altèrent rien de sa tranquillité.

Chéri de Dieu, toujours à Dieu fidèle,
Toujours constant à l'aimer à son tour,
Il enrichit la couronne immortelle,
Que le Seigneur réserve à son amour.
Pour le pécheur, la mort si redoutable
S'offre à ses yeux sous des traits de douceur,
Il meurt en paix; c'est un sommeil aimable
Qui le transporte au sein d'un Dieu-Sauveur.

NÉCESSITÉ ET CONDITIONS DE LA PRIÈRE. — C. 47. — A. 167.

Il faut prier
Le Dieu, notre souverain Maître ;
Il faut prier,
A ses pieds gémir, supplier ;
Mais en coupable il faut paraître,
Et notre orgueil doit disparaître,
Pour bien prier.

Il faut prier
Ce Dieu que tous les cœurs hono-
Il faut prier   [rent ;
Qu'il daigne nous sanctifier, [rent,
Mais tandis que nos voix l'implo-
Que nos cœurs humblement l'a-
Pour bien prier.   [dorent,

Il faut prier
Avec une foi ferme et vive ;
Il faut prier
Qu'il daigne nous fortifier.

Il faut que notre âme attentive
Soit pure, fervente, plaintive,
Pour bien prier.

Il faut prier,
Célébrer de Dieu les louanges,
Il faut prier,
Au Ciel il faut s'associer ;
Il faut nous unir aux Archanges,
Aux Séraphins, aux chœurs des
Pour bien prier.   [Anges,

Il faut prier
Avec respect et modestie ;
Il faut prier.
Oh ! quel malheur de l'oublier !
Mais pour l'éternelle patrie
Il faut soupirer, quand on prie,
Pour bien prier.

EFFETS DE LA PRIÈRE. — C. 23 — A. 139.

Pour trouver le Seigneur
De qui vient la lumière ;
Offre-lui ta prière ;
Mais prie avec ferveur.
Pour trouver le Seigneur.

Que ton pouvoir est grand,
O divin exercice !
Tu fléchis la justice
Du Seigneur tout-puissant,
Que ton pouvoir est grand !

Aux pieds de son Sauveur,
Qu'une âme pénitente
Est heureuse et contente
De répandre son cœur ;
Aux pieds de son Sauveur.

Des éternels plaisirs
La source est la prière
Cherchons-y la matière
Des célestes désirs,
Des éternels plaisirs.

Même au sein des malheurs,
En Dieu seul si j'espère,
Il me comble, en bon père,
D'ineffables douceurs,
Même au sein des malheurs.

Quand on recourt à lui
Avec un cœur sincère,
Est-on dans la misère ?
Il devient notre appui ;
Quand on recourt à lui.

Prions donc notre Dieu,
Et prions-le sans cesse :
Réclamons sa tendresse
En tout temps, en tout lieu :
Prions donc notre Dieu.

Mon Dieu, pour vous prier,
Que faut-il que je fasse ?
J'ai besoin de la grâce,
Daignez me l'accorder,
Mon Dieu, pour vous prier.

LE CIEL RÉCOMPENSE LES BONNES ŒUVRES. — C. 23. — A. 139.

Le Ciel en est le prix,
Que ces mots sont sublimes!
Des plus belles maximes,
Voilà tout le précis :
Le Ciel en est le prix.

Le Ciel en est le prix :
Mon âme, prends courage.
Ah! si dans l'esclavage,
Ici-bas tu gémis;
Le Ciel en est le prix.

Le Ciel en est le prix :
Amusement frivole,
De grand cœur je t'immole
Aux pieds du crucifix :
Le Ciel en est le prix.

Le Ciel en est le prix :
La loi demande-t-elle,
Fût-ce une bagatelle?
N'importe, j'obéis;
Le Ciel en est le prix.

Le Ciel en est le prix :
Un rien, Seigneur, vous charme
Que faut-il? une larme...
Qui n'en serait surpris?
Le Ciel en est le prix.

Le Ciel en est le prix.
Rends pour moi ce service...
Fais-moi ce sacrifice....
Dieu parle, j'y souscris;
Le Ciel en est le prix.

Le Ciel en est le prix :
Endurons cette injure :
L'amour-propre en murmure;
Mais soudain je me dis :
Le Ciel en est le prix.

Le Ciel en est le prix :
Dans l'éternel empire,
Qu'il sera doux de dire :
Tous mes maux sont finis;
Le Ciel en est le prix.

DISTRIBUTION DES PRIX.

PENDANT LA DISTRIBUTION DES PRIX. — C. 1. — A. 18.

Un jour charmant, à nos yeux, vient de luire,
Offrez vos prix à l'auteur de tous dons.
Par ces prix même il daigne vous instruire;
Ouvrez vos cœurs à ses douces leçons.

Il dit au faible : espère en ma puissance :
Juste affligé, sèche, sèche tes pleurs.
Le temps s'enfuit, l'éternité s'avance;
Là, pour jamais finiront tes douleurs.

Le cœur heureux d'un flatteur témoignage,
Vous contemplez le prix de vos vertus :
Tels, au grand jour, des palmes du courage
Seront chargés les bras de mes élus.

Votre pasteur, les yeux baignés de larmes,
A couronné ses plus chères brebis :
Ainsi mes Saints, à l'abri des alarmes,
Près de mon trône, un jour seront assis.

Tendre pasteur, sur un troupeau qui t'aime
Etends les mains; ce sont là nos désirs.
Dieu des vertus, bénissez-le lui-même...
Ainsi des Saints s'épurent les plaisirs.

(Voyez aussi page 14e ; Vers les Collines...)

POUR LA MESSE D'ACTIONS DE GRACES,
APRÈS LA DISTRIBUTION DES PRIX (*). — C. 2. — A. 26.

Triomphante jeunesse,
En ce jour solennel,
Portez votre allégresse
Au pied de mon autel.
Grand Dieu, c'est toi qui donnes
La victoire aux vainqueurs;
Reçois donc les couronnes,
Et les prix et les cœurs.

C'est moi dont la lumière
Eclaira vos esprits,
Et qui, dans la carrière,
Vous guida vers les prix.
   Grand Dieu, etc.

Sans moi la renommée
N'est qu'un son, qu'un vain bruit,
Une vaine fumée
Qui s'échappe et s'enfuit.
   Grand Dieu, etc.

Et que sert le génie
Au superbe vainqueur?
Sa science est folie,
Dès qu'elle enfle son cœur.
   Grand Dieu, etc.

Pour vous, troupe fidèle,
D'enfants que je chéris,
D'une offrande si belle,
Vous recevrez le prix.
   Grand Dieu, etc.

Oui, quiconque me donne
Avec sincérité,
S'assure la couronne
De l'immortalité.—Grand Dieu...

Après la Messe.

J'ai reçu votre offrande;
J'ai vu votre ferveur :
Venez, que je vous rende
Tout, hormis votre cœur.
A toi, grand Dieu, la gloire
Des travaux, des succès;
Chanter notre victoire,
C'est chanter tes bienfaits.

Que l'humble modestie,
Ce gage des élus,
Décore votre vie,
Rehausse vos vertus.—A toi...

Craignez de la louange
Les charmes séduisants
Et sachez sans mélange
M'en renvoyer l'encens.—A toi.

A la reconnaissance
Qu'exigent mes bienfaits,
Ajoutez la constance
De m'aimer à jamais.—A toi...

Si vous êtes fidèles,
Je serai généreux,
Et des faveurs nouvelles
Couronneront vos vœux.
   A toi, etc.

Pour des palmes mortelles
Offertes dans ces lieux,
Des palmes éternelles
Je vous réserve aux cieux.
   A toi, etc.

PRIÈRE POUR M. LE CURÉ, ETC. — C. 64. — A. 191.

Conserve-nous longtemps, Seigneur,
  Notre guide fidèle,
Garde au troupeau son bon Pasteur,
  Au juste son modèle.
Comme un miel pur, ta loi toujours,
  Découle de sa bouche,
Et plus encor que ses discours,
  Son exemple nous touche.

Au chrétien laisse encor longtemps
  Le flambeau qui l'éclaire;
Longtemps encor à ses enfants
  Laisse un si tendre Père.
Ne l'appelle à toi que vieillard;
  Diffère son attente;
Et si le prix lui vient plus tard,
  Que ta bonté l'augmente.

(*) A l'offrande, on dépose les prix et les couronnes auprès de l'autel : après la Messe on remet, en cérémonie, les prix aux élèves.

FÊTES DE LA TRÈS-SAINTE VIERGE.

FÊTE DE L'IMMACULÉE CONCEPTION. — C. 2. — A 40.

Enfin, de son tonnerre,
Dieu dépose les traits,
Et Marie, à la terre,
Vient annoncer la paix.
Ainsi, quand sa vengeance
Eclate dans les airs,
L'arc de son alliance
Rassure l'univers.

Qu'elle est touchante et pure!
Le lis qu'ont embelli
Les mains de la nature,
Auprès d'elle, est flétri.
Les rayons de l'aurore,
Les feux du plus beau jour,
Sont bien moins purs encore
Que ceux de son amour.

En vain Satan murmure
Et réclame ses droits;
Sur cette Créature,
Dieu seul étend ses lois.
Rien dans ce sanctuaire
Ne blessera ses yeux,
Et le cœur de sa Mère
Est pur comme les cieux.

D'une tige flétrie
Trop heureux rejeton,
Tu trompes, ô Marie,
La fureur du démon.
Il faut, le Ciel l'ordonne,
Que son front abhorré,
De ton sublime trône
Soit le premier degré.

Les Anges à Marie
Consacrent leur amour,
De leur Reine chérie
Ils préparent la cour.
L'homme, dans sa misère,
La réclame, et les Cieux
Demandent à la terre
Ce trésor précieux.

Venez, auguste Reine,
L'univers en suspens
Attend sa Souveraine,
Venez à vos enfants :
Donnez-leur la victoire
Sur l'enfer en courroux,
Pour qu'un jour dans la gloire
Ils règnent avec vous.

MÊME SUJET. — G. 485. — A. 279.

Quel bien plus doux!
Quel plus heureux sort, ô Marie!
Quel bien plus doux!
Point de souillure en vous.
Hélas! pour nous,
La mort a précédé la vie;
Nous naissons tous
Les enfants du courroux.
Quel bien, etc.

Mais le souverain Roi
Vous exclut de la loi :
Quel bien plus doux!

Point de souillure en vous.
Quel bien, etc.

Sortant pure et parfaite
Des mains du Tout-Puissant,
Vous écrasez la tête
Du vieux serpent.
Quel bien, etc.

Cette insigne faveur
Présage un autre honneur :
A naître en vous s'apprête
Un Dieu-Sauveur.
Quel bien, etc.

MÊME SUJET. — C. 4. — A. 57.

Quelle est cette aurore nouvelle
Dont l'éclat éblouit mes yeux!
Ah! qu'elle est pure! ah! qu'elle est
Est-il astre aussi radieux? [belle!

epliant tes voiles funèbres,
Trop longue nuit, rentre aux en-
Et de l'empire des ténèbres [fers,
Délivre enfin cet univers.

Je la vois ma Libératrice
S'élever avec Majesté,
Toute brillante de justice,
Des cieux effacer la beauté.
Chef-d'œuvre de la main divine,
Quel pinceau saisira tes traits !
Et de ta sublime origine,
Qui me dira tous les secrets ?

Comment d'un Juge inexorable
A-t-elle calmé la fureur ?
Comment d'une mère coupable
A-t-elle évité le malheur ?
Voit-on d'une tige sans vie
Sortir des rameaux vigoureux,
Et sur une branche flétrie
Croître des fruits délicieux.

Des chaînes d'un dur esclavage
Qui pourra donc la garantir ?
Fille d'Adam, dans son naufrage,
Comme nous, va-t-elle périr ?
 on, Dieu, déployant sa puissance,
Du déluge, apaise les flots :

Il dit : et l'arche d'alliance
Vogue en paix sur le sein des eaux.
Au milieu d'une race impure,
Ton cœur, Marie, est innocent ;
Et tu le montres sans souillure
Aux yeux ravis d'étonnement.
Tel parmi de tristes ruines
S'élève un temple somptueux,
Ou tel du milieu des épines
S'élance un lis majestueux.
[sante,
Du haut des cieux, Vierge puis-
Laisse-toi toucher de nos maux :
Hélas ! d'une chaîne pesante,
Nous traînons les tristes anneaux.
A vivre au milieu des alarmes,
Sommes-nous toujours destinés ?
A nous nourrir d'un pain de larmes
Le Ciel nous a-t-il condamnés ?

Souviens-toi que brisant la tête
Du plus cruel de nos tyrans,
L'univers devient ta conquête,
Et nous devenons tes enfants.
Jésus t'a mise sur le trône
Afin de conjurer ses coups.
Si ton amour nous abandonne,
Qui pourra fléchir son courroux ?

FÊTE DE LA NATIVITÉ DE LA SAINTE VIERGE. — C. 4 et 204. — A. 346.

De tes enfants, reçois l'hommage.
Prête l'oreille à leurs accents ;
Seigneur, c'est ton plus noble ouvrage
Qu'ils vont célébrer dans leurs chants.
Ranimé par ta main puissante,
Plein d'un espoir consolateur,
David, de sa tige mourante,
Voit germer la plus belle fleur.

On pourra ajouter ce refrain :

Pleine de grâce, ô Vierge incomparable,
L'honneur, la gloire et l'appui d'Israël,
Jetez sur nous un regard favorable,
De cet exil conduisez-nous au ciel.

Des ennuis, des maux, des alarmes,
Cette terre était le séjour,
Mais le Ciel, pour tarir nos larmes,
Nous donne une Mère en ce jour :

Chantons cette Mère chérie,
Offrons-lui le don de nos cœurs,
Qu'avec nous l'univers publie
Et ses beautés et ses grandeurs.

O quand disparaîtront les ombres
Qui la couvrent de toutes parts?
Fuyez, fuyez, nuages sombres,
Qui la voilez à nos regards.
Verse des torrents de lumière
Sur Sion et ses habitants,
Etoile bienfaisante!... éclaire
Et guide leurs pas chancelants.

Franchissant la céleste plaine,
Les Anges riches de splendeur
Pour contempler leur Souveraine,
Quittent le séjour du bonheur;
Et la candeur et l'innocence,
Les yeux modestement baissés,
Autour d'elle, dans le silence,
Tiennent leurs bras entrelacés.

Elle est pure comme l'aurore
Qui luit dans un brillant lointain,
Comme le lis qu'on voit éclore
Dans la fraîcheur d'un beau matin
Et jusqu'aux sources de la vie,
Par un prodige sans égal,
Son âme ne fut point flétrie
Du souffle empoisonné du mal.

Ainsi qu'un palmier solitaire
Qui croît sur le courant des eaux,
Et tous les ans donne à la terre
Des fleurs avec des fruits nouveaux
Ainsi, loin du monde volage,
Il croîtra, cet enfant divin,
Et tous les peuples, d'âge en âge,
Béniront le fruit de son sein.

MÊME SUJET. — C. 74 et 75. — A. 215 et 216.

Quel beau jour vient s'offrir à notre âme ravie,
   Nous inspirer des chants joyeux?
Les temps sont accomplis; Dieu prépare en Marie
   L'accord de la terre et des cieux.
   Cette terre ingrate et rebelle,
   Du Ciel, provoquait le courroux;
   Vierge humble, modeste et fidèle,
   C'est toi qui vas nous sauver tous.
   Chantons cette fête chérie,
   Ce jour de gloire et de bonheur,
   Et que le doux nom de Marie
   Règne à jamais dans notre cœur.

Triomphez, ô mortels, et que l'enfer frémisse,
   Tous ses efforts sont impuissants :
Le Dieu qui réunit la paix et la justice,
   Va vous adopter pour enfants.
   Ah! puisqu'il devient notre frère,
   Rien ne doit manquer à nos vœux;
   Il sait bien qu'il faut une Mère
   A l'homme faible et malheureux. — Chantons, etc.

C'est le Fils du grand Dieu que tout le Ciel adore,
   Qui viendra nous porter la paix ;
Il veut qu'un si beau jour ait aussi son aurore,
   Prélude de tous ses bienfaits.
   Pouvait-il donner à la terre
   Des gages plus consolateurs?
   Il s'annonce par une mère;
   N'est-ce pas tout dire à nos cœurs?—Chantons, etc

La nature et la grâce à l'envi l'ont parée;

Fêtes de la Sainte Vierge. Nativité.

   Elle est un chef-d'œuvre en naissant,
Rien ne ternit l'éclat de cette arche sacrée
   Qu'habitera le Tout-Puissant.
   Elle étonne et ravit les Anges
   Prosternés devant son berceau;
   Et leurs lyres, pour ses louanges,
   N'ont plus de concert assez beau. — Chantons, etc.

Voyez éclore un lis, et sa tige éclatante
   Exhaler la plus douce odeur :
Telle est à son berceau votre Reine naissante,
   Pleine de grâce et de candeur.
   La douce paix de l'innocence
   Accompagne ses premiers pas.
   O l'heureuse, ô l'aimable enfance !
   Pourrions-nous ne l'imiter pas ?... — Chantons, etc.

O divine Marie, ô notre tendre Mère !
   Daignez nous bénir en ce jour;
Songez que cet asile est votre sanctuaire,
   Qu'il a des droits à votre amour.
   A cette famille attendrie
   Inspirez toujours la ferveur;
   Et qu'au ciel, comme en cette vie,
   Nous soyons tous dans votre cœur. — Chantons, etc.

MÊME SUJET. — C. 99. — A. 244.

Dans ce séjour de l'innocence,
Quel astre propice à nos vœux
Vient, par une douce influence,
Embraser nos cœurs de ses feux ?
  Quelle est l'aurore
  Qui fait éclore
Ce jour serein et radieux,
  Dont la lumière
  Montre à la terre
L'éternelle splendeur des cieux ?
Elle paraît : à sa présence
Tout semble sortir du tombeau;
Le monde quitte son enfance
Et devient un monde nouveau.
  Parfaite image,
  Précieux gage
Du brillant Soleil qui la suit;
  Son doux sourire,
  De son empire,
Bannit enfin l'affreuse nuit.
Qui pourrait, auguste Marie !
Ne pas te connaître à ces traits ?
Mère d'un Dieu, qui de ta vie

Compte les jours par des bienfaits,
  Tu mets au monde,
  Vierge féconde,
De nos maux le Réparateur;
  Et créature
  De la nature,
Tu nous donnes le Créateur.
Ainsi qu'au fort de la tempête,
Presque enseveli sous les flots,
Le voyageur voit sur sa tête
Ces feux amis des matelots :
  Heureux présage
  Que de l'orage
Vont bientôt finir les assauts;
  Telle, et plus sûre,
  Brillante augure,
Tu prédis la fin de nos maux.
Du plus cruel des esclavages,
Le Ciel, par toi, rompt le lien;
Et le bonheur de tous les âges
Commence déjà par le tien.
  Fille du Père,
  Du Fils la Mère,

De l'Esprit-Saint, temple vivant,
　Ton origine
　Presque divine
Écrase l'orgueil du serpent.
De l'Immortel mortelle Mère,
Oh! que tes destins sont heureux!
Du Dieu vivant, la mort révère
Sur ton front le sceau glorieux.
　Bientôt, vivante
　Et triomphante,
Tu prends ton essor dans les airs,
　Et, pour couronne,

Ton Fils te donne
L'empire de tout l'univers.
Du trône éclatant de la gloire,
Daigne agréer ce faible encens;
Lorsque nous chantons ta victoire,
Reconnais en nous tes enfants.
　Que cette fête
　Soit l'interprète
Des vœux ardents de notre cœur;
　Que, sous tes ailes,
　Humbles, fidèles,
Nous parvenions au vrai bonheur.

MÊME SUJET. — C. 14. — A. 117.

O Mère chérie,
Du Dieu Rédempteur,
Auguste Marie,
Quelle est ta grandeur?
L'univers admire
Tes divins attraits,
Et de ton empire
Chante les bienfaits.
Dans la nuit profonde,
La nuit du péché,
On voyait le monde
Tristement plongé;
Mais, à ta présence,
Tout sort du tombeau;
La terre commence
Un âge nouveau.
A peine la vie
Coule dans ton sein,
Que déjà ravie
D'un transport divin,

Ton âme céleste
Bénit son Auteur,
Qui du trait funeste
Préserve ton cœur.
Le Ciel te couronne
De ses feux brillants;
Le Soleil te donne
Ses traits éclatants,
Et, dans ta victoire,
L'astre de la nuit,
Admirant ta gloire,
Sous tes pieds pâlit.
O Vierge admirable,
L'ornement des cieux;
D'un cœur favorable
Ecoute nos vœux.
Douce Protectrice,
Dirige nos pas;
Et sois-nous propice
Au jour du trépas.

FÊTE DU SAINT NOM DE MARIE. — C. 47. — A. 167.
(Le Dimanche dans l'Octave de la Nativité.)

Dans nos concerts,
Bénissons le nom de Marie;
　Dans nos concerts,
Consacrons-lui nos chants divers;
Que tout l'annonce et le publie,
Et que jamais on ne l'oublie
　Dans nos concerts.

　Qu'un nom si doux
Est consolant! qu'il est aimable!
　Qu'un nom si doux
Doit avoir de charmes pour nous!

Après Jésus, nom adorable,
Est-il rien de plus délectable
Qu'un nom si doux?

　Ce nom sacré
Est digne de tout notre hommage,
　Ce nom sacré
Doit être partout honoré.
Qu'il puisse toujours, d'âge en âge,
Etre révéré davantage,
　Ce nom sacré!

Nom glorieux,
Que tout respecte ta puissance,
Nom glorieux,
Et sur la terre et dans les cieux !
De Dieu, tu calmes la vengeance;
Tu nous assures sa clémence,
Nom glorieux.

Par ton secours,
L'âme à son Dieu toujours fidèle,
Par ton secours,
Dans la vertu coule ses jours.
Sa ferveur, son amour, son zèle
Se nourrit et se renouvelle
Par ton secours.

MÊME SUJET. — C. 54. — A. 175.

Bénissons de Marie le saint Nom ;
Pour ses enfants il est si doux !
De le célébrer, montrons-nous
Tous jaloux.

Implorons la clémence de ce Nom ;
A lui sans cesse ayons recours ;
Il nous promet un prompt secours
Pour toujours.

Exaltons la puissance de ce Nom,
Rendons-lui d'immortels honneurs ;
Chaque jour il verse en nos cœurs
Ses faveurs.

Qu'il a pour nous de charmes ce saint Nom ;
C'est le refuge des pécheurs,
Il peut terminer nos malheurs
Et nos pleurs.

Marie, en ces louanges de ton Nom,
Ouvre les bras à tes enfants;
Conserve leurs cœurs innocents
Et fervents.

FÊTE DE LA PRÉSENTATION DE LA SAINTE VIERGE AU TEMPLE.
C. 2. — A. 30.

O divine Marie !
Encore tendre enfant,
Vous offrez votre vie
Au Seigneur tout-puissant.
Toujours pure et sans tache,
Toujours brûlant d'ardeur,
Votre cœur ne s'attache
Qu'à votre Créateur.

Vivant dans son saint temple,
Vous faites, en ce lieu,
La moisson la plus ample
De tous les dons de Dieu.
A chaque instant, votre âme
Croît en grâce, en ferveur,
Et toujours plus s'enflamme
D'amour pour le Seigneur.

De vous bien différente,
Et loin d'un si beau feu,
Notre âme fut trop lente
A se donner à Dieu.
Hélas ! elle confesse
Et pleure sa lenteur :
Un saint désir la presse
D'être à son Rédempteur.

A l'ombre de vos ailes,
Nous osons aujourd'hui,
Devenus plus fidèles,
Nous consacrer à lui.
Offrez-nous, tendre Mère :
Présentés de vos mains,
Nous ne saurions déplaire
A ses regards divins.

Qu'en vous notre œil contemple
Le plus parfait miroir :
Que toujours votre exemple
Nous ramène au devoir !
En marchant sur la trace
De vos belles vertus,
Nos cœurs trouveront grâce
Dans le cœur de Jésus.

O doux Sauveur, vrai Père
Des pécheurs pénitents,
De votre auguste Mère,
Recevez les enfants :
Dans votre heureux service,
Nous voulons expirer ;
Que jamais rien ne puisse
De vous nous séparer.

FÊTE DE L'ANNONCIATION DE LA SAINTE VIERGE. — C. 6. — A. 83.

Marie aux regards des humains
Cachant son innocente vie,
Elevait le cœur et les mains
Vers la bienheureuse Patrie ;
Fidèle à l'oracle sacré
Qui fixait le temps du Messie,
Pour cet objet tant désiré
Soupirait son âme attendrie.

Soudain, ô surprise ! ô frayeur !
Aux yeux de la Vierge modeste,
Voici qu'un Ange du Seigneur
Descend de la voûte céleste.
Elle frémit à son aspect,
D'un homme apercevant l'image,
Et joignant la crainte au respect,
Elle entend le divin message.

L'Ange.

Salut, ô Chef-d'œuvre des cieux,
Sanctuaire de l'innocence ;
Le Dieu qui chérit vos aïeux
Vous consacre par sa présence.
Les temps enfin sont accomplis
Pour le plus auguste mystère ;
Et le Rédempteur tant promis
Par vous vient délivrer la terre.

Marie.

Comment donc pourra s'accomplir
Cette magnifique promesse ?
Mon seul désir est de remplir
Le vœu sacré de ma jeunesse.

J'ai choisi mon Dieu pour époux,
Il est pour jamais mon partage ;
Et rien ne me semble plus doux
Que ce bienheureux esclavage.

L'Ange.

C'est pour prix de ce dévoûment
Que, bienfaitrice de la terre,
Et du ciel même l'ornement,
D'un Dieu vous deviendrez la Mère
Le vœu si cher à votre cœur
N'en éprouvera point d'atteinte,
Rien ne flétrira la pudeur
D'une âme et si pure et si sainte.

Marie.

J'adore ce décret profond
De l'Intelligence suprême ;
Dans cet état, qui me confond,
Je ne me connais plus moi-même.
A tes pieds, mon souverain Roi,
Je me prosterne, humble et trem-
[blante ;
Et quand tu veux naître de moi,
Je me reconnais ta servante.

A ces mots, l'Ange triomphant
Franchit les barrières du monde ;
Et l'Esprit-Saint, au même instant,
Signale sa vertu féconde :
Le corps du Verbe tout-puissant
Se forme au sein d'une mortelle,
Et par ce miracle éclatant
Nous ouvre une gloire éternelle.

L'ANGELUS. — C. 125. — A. 269.

Un Ange, au nom du Seigneur,
Avec respect vint à Marie ;
Un Ange, au nom du Seigneur,

Vint lui prédire sa grandeur :
　Salut, ô Marie,
　O Vierge bénie !

Salut, ô Marie,
 Trésor des vertus;
L'Éternel vous a choisie
Pour la Mère de Jésus. *Angelus.*
Oh! quel mystère! oh! quel don!
Du Seigneur, je suis la servante;
Oh! quel mystère! oh! quel don!
Que le Dieu d'Israël est bon!
 Si mon Dieu s'abaisse,
 Malgré ma bassesse,
 Si mon Dieu s'abaisse
 A choisir mon sein;
Que sur moi, de sa tendresse, [*cilla.*
S'accomplisse le dessein. *Eccè an-*
Dès que Marie a parlé,
Du Saint-Esprit elle est l'Épouse;
Dès que Marie a parlé,

Le Fils de Dieu s'est incarné.
 Marie est la Mère,
 O profond mystère!
 Marie est la Mère
 Du Verbe éternel;
Sa vertu donne à la terre [*Verbum.*
Le plus grand trésor du ciel. *Et*
O Vierge, priez pour nous;
Ah! soyez notre tendre Mère
O Vierge, priez pour nous,
Du Ciel apaisez le courroux:
 Que votre puissance,
 Mère de clémence,
 Que votre puissance
 Nous protége tous:
Que votre sainte présence,
A la mort, veille sur nous. *Oremus.*

FÊTE DE LA VISITATION DE LA SAINTE VIERGE. — C. 124. — A. 268.

Un Ange ayant dit à Marie
Que le monde aurait un Sauveur,
Et que le Ciel l'avait choisie
Pour Mère du Dieu Rédempteur;
 Toute ravie,
Elle chante ainsi son bonheur :
Magnificat * *anima mea Dominum.*
 Le Chœur: *Et exultavit spiritus meus* * *in Deo salutari meo.*

Dieu, qui peut tout, pouvait-il faire
En ma faveur rien de plus grand?
Je reste vierge et je suis mère;
Un Dieu s'unit à mon néant.
 Profond mystère,
Dont je bénis le Tout-Puissant.
Quia respexit humilitatem ancillæ suæ; * *eccè enim ex hoc beatam me dicent omnes generationes.*
 Ch. *Quia fecit mihi magna qui potens est,* * *et sanctum nomen ejus.*

Il aime tous ceux qui le craignent;
Ils vivent dans son souvenir.
Si les superbes le contraignent,
 A les confondre, à les punir,
 Les humbles règnent;
Sa droite a daigné les bénir.
Et misericordia ejus à progenie in progenies, * *timentibus eum.*

Ch. *Fecit potentiam in brachio suo,* *
dispersit superbos mente cordis sui.
Touché de la misère extrême
Où les humains étaient réduits
Il veut les défendre lui-même
Des traits de leurs fiers ennemis.
 Bonté suprême!
Il leur donne aujourd'hui son Fils.
Deposuit potentes de sede, * *et exaltavit humiles.*
 Ch. *Esurientes implevit bonis,* *
et divites dimisit inanes.
Ainsi s'accomplit la promesse
Qu'il avait faite à nos aïeux :
La paix succède à la tristesse;
Pour nous déjà s'ouvrent les cieux;
 Et sa tendresse
Partout va faire des heureux.
Suscepit Israel puerum suum, *
recordatus misericordiæ suæ.
 Ch. *Sicut locutus est ad patres nostros,* * *Abraham et semini ejus in sæcula.*
A jamais gardons la mémoire
De ses bienfaits, de ses faveurs.
Toujours cédons-lui la victoire,
Faisons-le régner sur nos cœurs.
 Rendons-lui gloire,

Rendons-lui d'éternels honneurs. *Gloria Patri, et Filio,* et Spiritui Sancto.*

Ch. *Sicut erat in principio, et nunc, et semper, * et in sæcula sæculorum. Amen.*

FÊTE DE LA PRÉSENTATION DE NOTRE-SEIGNEUR ET DE LA PURIFICATION DE LA SAINTE VIERGE. — C. 198. — A. 343.

Quel enfant vient s'offrir au milieu de ce temple ?
Sa mère avec amour le tient entre ses bras.
Que de beauté, de grâce, en elle je contemple !
    Combien cet enfant a d'appas !
    Que de candeur et d'innocence !
A ces traits éclatants, doux et majestueux,
    Voilà le Roi des cieux !
Mortels, adorez tous sa divine présence.

C'est un Dieu, je le vois, c'est un Dieu tutélaire
Que depuis si longtemps attendaient tous les cœurs :
Oui, Jésus-Christ lui-même est dans son sanctuaire,
    Prenant pitié de nos malheurs :
    A nos vœux il se rend propice ;
Et par un dévoûment sublime et généreux,
    Voyez le Roi des cieux
Déjà se préparer au plus grand sacrifice.

Siméon, quel beau jour console ta vieillesse !
Ce fortuné vieillard voit enfin le Sauveur,
Le tient entre ses bras, l'embrasse, le caresse,
    Et dit : j'ai goûté le bonheur !
    J'ai vu la divine lumière :
Quel objet ici-bas pourrait plaire à mes yeux ?
    J'ai vu le Roi des cieux ;
Seigneur, tu peux fermer ma débile paupière.

Siméon plein de foi, de respect, de tendresse,
Goûte en ce doux moment le bonheur des élus.
Pénétrons bien nos cœurs de la même sagesse ;
    Remplissons-nous de ses vertus.
    Toi, notre appui, notre espérance,
Répands sur nous ta grâce et tes dons précieux,
    Jésus le Roi des cieux ;
Accorde-nous toujours ta divine assistance.

Et toi qui fais à Dieu d'un Dieu le sacrifice,
Offre avec lui nos cœurs en cet auguste jour :
O Vierge, Ange de paix, à nos vœux sois propice,
    Montre-nous ton ancien amour ;
    Sois auprès de Dieu notre Mère ;
Tu peux le désarmer s'il voulait nous punir :
    Ce Dieu, prêt à mourir,
Te donna de l'amour le divin ministère.

MÊME SUJET. — C. 63. — A. 194.

O prodige, ô merveille! un Dieu se sacrifie;
A la loi se soumet un Dieu législateur :
Une Mère est sans tache, elle se purifie,
  Et rachète un Dieu rédempteur.

A l'instant où Jésus vient et victime et prêtre,
Sion, ouvre ton temple à la Divinité :
Qu'aux ombres de la loi que tu vois disparaître,
  Succède enfin la vérité.

Le sang des animaux offerts en sacrifice,
Ne doit plus se verser dans tes jours solennels;
Aux yeux du Tout-Puissant, pour calmer sa justice,
  Un Dieu paraît sur ses Autels.

Parmi tant de témoins de l'auguste mystère
Où Marie adorait en secret tes grandeurs,
O Verbe! alors muet, qu'à ta divine Mère
  Tu dévoilais de profondeurs!

Que de traits, Vierge sainte, iront percer ton âme!
Quel glaive de douleur! ô lugubres moments!
Cet Agneau dont l'amour te saisit et t'enflamme,
  Doit expirer dans les tourments.

A peine il voit le jour, que, s'étant fait victime,
Déjà de son supplice il a fixé le choix :
Il croîtra! mais son sang pour expier le crime,
  Sera versé sur une croix.

PRIÈRE DU SAINT VIEILLARD SIMÉON. *NUNC DIMITTIS.* — C. 2. — A. 33.

La mort peut de son ombre
Me couvrir désormais;
Grand Dieu, dans la nuit sombre,
Mes jours iront en paix :
Mon âme est trop contente;
Je vois dans ce saint lieu
L'objet de mon attente,
Mon Sauveur et mon Dieu.

A la joie ineffable
Qu'inspirent ses attraits,
De ton Verbe adorable,
Je connais tous les traits :

C'est lui, c'est le Messie
Qui nous était promis;
Ta parole est remplie :
Nous possédons ton Fils.

Tu l'as mis en spectacle
Sous les yeux des humains,
Pour être un jour l'oracle
Et l'amour de tes Saints :
Quel beau jour nous éclaire!
Dieu donne en même temps
Aux peuples la lumière,
La gloire à ses enfants.

FÊTE DE L'ASSOMPTION DE LA SAINTE VIERGE. — C. 97. — A. 239.

Triomphons, notre Mère est au sein de la gloire,
  Jusques aux cieux, où son trône est porté,
  Le seul espoir dont son cœur est flatté,
Est de voir ses enfants partager sa victoire.
  Reine des cieux, de vos enfants,

Reconnaissez, écoutez le langage ;
Ils osent de leur cœur vous présenter l'hommage,
Vous exprimer leurs sentiments.
Guidés par la reconnaissance,
Ils vous consacrent leur enfance :
Toujours vous plaire est leur désir,
Vous aimer fait leur seul plaisir. — Triomphons...

C'est dans son cœur que, désormais,
Pour être heureux, j'ai fait choix d'un asile,
Mes jours sont plus sereins, mon âme est plus tranquille,
Et mon esprit goûte la paix.
Dans cette aimable solitude
L'aimer est mon unique étude ;
Son tendre cœur fait mon berceau,
Dans son cœur sera mon tombeau. — Triomphons...

Quand verrons-nous cet heureux jour
Où ses enfants recevront leur couronne ?
C'est sa bonté pour eux, c'est son cœur qui la donne ;
Elle est le prix de leur amour.
Dans cette attente, je soupire,
Au bonheur céleste j'aspire.
Désir toujours cher à mon cœur,
Doux espoir, soutiens mon ardeur. —Triomphons...

MÊME SUJET. — C. 107. — A. 250.

Chantons la Reine des cieux,
Que l'excès de l'amour
Fait triompher en ce jour ;
Chantons la Reine des cieux ;
Qu'on l'honore et qu'on l'aime en
    [tous lieux.
  De nos chants divers
    Remplissons les airs ;
    Que tout l'univers
Réponde à nos doux concerts :
  De nos chants divers
    Remplissons les airs ;
Inventons même de nouveaux airs.

Enfin l'hiver a passé,
  Les vents ne soufflent plus,
  Les frimas sont disparus :
Enfin l'hiver a passé,
La tempête et la pluie ont cessé.
  Vierge, les douleurs,
    Les soupirs, les pleurs
    Font place aux douceurs
Des immortelles faveurs.
  Vierge, les douleurs,
    Les soupirs, les pleurs, [cœurs
S'éloignent du plus parfait des

  Venez, lui dit le Seigneur,
    O ma Mère, venez,
  Mes biens vous sont destinés.
  Venez, lui dit le Seigneur,
Hâtez-vous, partagez mon bon-
    Entrez dans ma paix, [heur.
    Régnez à jamais,
    Que tous vos souhaits
S'accomplissent désormais :
    Entrez dans ma paix,
    Régnez à jamais, [faits.
Possédez ma grâce et mes bien-

  Daignez, Marie, en ce jour,
    Ecouter nos soupirs,
  Et seconder nos désirs :
  Daignez, Marie, en ce jour,
Recevoir notre encens, notre
  Du céleste Époux, [amour.
    Calmez le courroux ;
    Qu'il se montre doux

A tous ceux qui sont à vous ; Calmez le courroux ; [nous.
Du céleste Epoux, Que son cœur s'attendrisse sur

MÊME SUJET. — C. 9. — A. 107.

ANGES, applaudissez et chantez la victoire
De la Mère d'un Dieu qui triomphe en ce jour :
Après un doux trépas, elle vole à la gloire,
Où la main de son Fils couronne son amour.

Tels les premiers rayons de la naissante aurore
Annoncent du soleil l'agréable retour ;
O Vierge ! ta splendeur, mais plus brillante encore,
A chassé la nuit sombre et ramené le jour.

La lune, sous tes pieds, parcourant sa carrière,
Voit près de toi ternir sa céleste clarté ;
Et le soleil, brillant de sa propre lumière,
A l'aspect de tes traits, se trouve sans beauté.

Pour te rendre au séjour où t'attend la couronne,
Avec un saint transport tu quittes ces bas lieux ;
Des Anges, à l'envi, la troupe t'environne,
Et t'élève en triomphe à la gloire des cieux.

O Vierge ! que ton Fils t'accorde de puissance !
Que par toi, sur la terre, il verse de faveurs !
Seule au-dessus des Saints, quelle prééminence !
Au-dessous de Dieu seul, quel rang, que de grandeurs !

Vierge admise aux splendeurs du seul Être adorable,
De tes vives clartés, répands sur nous les feux :
Par toi la terre au Ciel fit un don admirable,
De quels dons, à son tour, doit-il combler nos vœux !

Assise au pied du trône où règne Dieu le Père,
O Reine qu'il chérit, sois propice à nos vœux !
Tu peux, sur tes enfants, désarmer sa colère ;
Tu nous aimes encor, daigne nous rendre heureux.

MÊME SUJET. — C. 13. — A. 115.

ACCOUREZ, Enfants de lumière,
Qu'enflamme un amour immortel ;
Marie achève sa carrière,
Elle monte aux portes du ciel :
Volez, ouvrez-lui la barrière
Des lieux où règne l'Eternel.

Étendez vos ailes rapides,
Chérubins, soutenez ses pas,
Empressez-vous d'être ses guides,
Et devant ses divins appas
Abaissez vos regards timides :
Elle a triomphé du trépas.

Elle reçoit une couronne
Du Dieu que ses flancs ont porté ;
A cette tendre Mère il donne
Le sceptre de l'éternité,
Sa main puissante l'environne
D'une éblouissante clarté.

Au monde la paix est promise ;
Un nouvel astre orne les cieux ;
Une Vierge pure est assise
Sur un trône tout radieux,
Et le Seigneur pour elle épuise
Ses trésors les plus précieux.

Fille de David, tu ramènes
Les jours d'innocence et d'espoir.
Que tu vas nous sauver de peines,
Les démons n'ont plus de pouvoir,
Et l'homme est libre de leurs chaînes;
Que de biens nous t'allons devoir !

Souviens-toi, divine Marie,
Au sein du céleste séjour,
Que la terre fut ta patrie,
Que parmi nous tu vis le jour,
Fléchis, par nos vœux attendrie,
Un Dieu, l'objet de ton amour.

Tu domptes l'enfer, tu nous venges
De l'ennemi de nos destins.
Entends retentir tes louanges
Dans ce ciel ouvert par tes mains;
En régnant au milieu des Anges,
Tu fais le bonheur des humains.

MÊME SUJET. — C. 151. — A. 296.

Saintes cohortes,
Du Dieu d'amour
Heureuse cour,
Ouvrez vos portes
Dans ce grand jour :
Marie entre dans la cité
De la céleste charité,
Reine des temps et de l'éternité.

Quelle est donc celle
Qui des déserts
S'élève aux airs,
Brillante et belle
D'attraits divers? — Marie...

Pleine de grâce,
D'amour, de foi,
O divin Roi !
Elle a pris place
Auprès de toi. — Marie...

O Cieux ! ô terre !
Prosternez-vous;
Bénissons tous
De notre Mère
Le nom si doux.
Marie, etc.

Douce Patronne,
Que tes enfants
Portent leurs chants
Jusqu'à ton trône,
Comme un encens !
Marie, etc.

Sur cette terre,
Vois nos combats;
Tends-nous les bras :
Peut-on se plaire
Où tu n'es pas?
Marie, etc.

MÊME SUJET. — C. 4 et 121. — A. 50 et 265.

Ou va ma Mère bien-aimée?
Pourquoi fuit-elle nos déserts ?
De pures flammes consumée,
Elle s'élève dans les airs.
A son aspect tout fait silence,
Le Ciel entier forme sa cour;
Et le Très-Haut de sa puissance
Honore la Mère d'amour.

Du haut des cieux, oubliant votre gloire
O Vierge, à vos enfants, obtenez la victoire,
Et qu'enrichis de vos bienfaits,
Ils entrent tous au séjour de la paix.

Réjouis-toi, terre chérie !
Sion, coule des jours heureux !
Jésus a couronné Marie :
Ta fille est la Reine des cieux.
Unis ta voix aux chœurs des An-
Chante la gloire de ce jour, [ges:
Et dis: honneur, amour, louanges,
A la Mère du bel amour.
  Du haut des cieux, etc.

Nos concerts pénètrent la nue,
Soudain les cieux se sont ouverts.
Quelle splendeur s'offre à ma vue!
Salut, Reine de l'univers.
De majesté son front rayonne,

Elle est pure comme un beau jour;
Elle a le sceptre et la couronne :
C'est donc vous, ô Mère d'amour !
  Du haut des cieux, etc.

Mon cœur palpite. c'est ma Mère;
Oui, c'est ma Mère, je le sens...
Chérubins, d'une aile légère,
Venez, volez vers ses enfants.
Ils ont franchi le ciel immense;
Voici Marie avec sa cour :
Prosternons-nous en la présence
De la Mère du bel amour.
  Du haut des cieux, etc.

J'entends sa voix...elle nous presse
De lui redire nos serments.
Répétons-les avec ivresse,
Et jurons d'être ses enfants :
A vous aimer nos cœurs fidèles,
Dans un infidèle séjour,
Vivront à l'ombre de vos ailes,
O Marie, ô Mère d'amour !
  Du haut des cieux, etc.

La violence des orages
Ne nous ébranlera jamais.
Toujours vous aurez nos hommages,
Toujours nous dirons vos bienfaits.
Nous le jurons d'un cœur sincère:
Nos cœurs sont à vous sans retour.
Ah ! soyez toujours notre Mère !
Soyez-nous la Mère d'amour !
  Du haut des cieux, etc.

PRIÈRE POUR LE ROI. — C. 1. — A. 14.

Dieu tout-puissant, de notre humble prière,
Que les accents s'élèvent jusqu'à toi.
Vois à tes pieds notre patrie entière,
T'offrant ses vœux pour son Père et son Roi.

Exauce-les, ô Dieu plein de clémence;
Exauce-les, ils sont les cris du cœur;
Sauve le Roi qui règne sur la France,
Sauve le Roi qui fera son bonheur.

O Dieu d'amour ! notre unique espérance,
Jette sur nous un regard protecteur;
O Dieu d'amour ! prends pitié de la France,
Rends-lui bientôt son antique splendeur.

Fais, de ta grâce, éclater la puissance,
En ranimant la justice et la foi;
Et tous, le cœur plein de reconnaissance,
Nous servirons notre Dieu, notre Roi.

FÊTE DU SACRÉ-CŒUR DE MARIE. — C. 4. — A. 64.
(Le Dimanche dans l'Octave de l'Assomption.)

Heureux qui, du cœur de Marie,
Connaît, honore les grandeurs,
Et qui sans crainte, se confie
En ses maternelles faveurs.
Après le Cœur du divin Maître,
A qui seul est dû tout encens,
Fût-il jamais et peut-il être
Un cœur plus digne de nos chants?
Les cieux se trouvent sans parure
Auprès des traits de sa beauté,
Et l'astre roi de la nature
Près d'elle a perdu sa clarté.
Cours au temple, ô Vierge chérie,
Offrir ton cœur à l'Eternel;
Jamais plus agréable hostie
Ne fut portée à son autel.

C'est là que ce Cœur si docile,
Soumis aux éternels desseins,

17.

Se forme à devenir l'asile
Et le séjour du Saint des Saints.
Oh ! de quels charmes fut suivie,
De quels transports, de quelle ar-
L'union du Cœur de Marie [deur,
Avec celui du Dieu-Sauveur !

Quand Jésus, né dans l'indigence,
Baigne pour nous ses yeux de
Marie, avide de souffrances,[pleurs;
Aime à s'unir à ses douleurs :
Quand, chargé de nos injustices,
Il veut, de son sang innocent,
Pour nous répandre les prémices;
Le Cœur de Marie y consent.

Quelle force aida son courage,
Lorsqu'elle osa suivre les pas
De celui qu'une aveugle rage
Traînait au plus affreux trépas !
Voyez-le, ce Cœur intrépide,
Par les mêmes mains déchiré,

Qui percent d'un fer déicide
Le Cœur de son Fils expiré.

Hâtez-vous d'offrir à son trône,
Saints Anges, vos tributs d'hon-
[neur.
Chantez, du Dieu qui la couronne,
Les dons, la bonté, la faveur :
Et nous, fils d'un père coupable,
Ici-bas condamnés aux pleurs,
Cherchons dans ce Cœur secou-
[rable
Un abri contre nos malheurs.

O Cœur de la plus tendre Mère,
Cœur plein de grâce et de bonté,
O vous sur qui, dans leur misère,
Vos enfants ont toujours compté;
Daignez être notre refuge
Et notre appui dans tous les temps,
Surtout apaisez notre Juge
Dans le dernier de nos instants.

MÊME SUJET. — C. 2. — A. 44.

Divin Cœur de Marie,
Cœur tout brûlant d'amour,
Cœur que la terre envie
Au céleste séjour ;
Communique à nos âmes
Un rayon de ce feu,
De ces heureuses flammes
Dont tu brûlas pour Dieu.

Sanctuaire ineffable
Où reposa Jésus,
O source intarissable
De toutes les vertus,
Percé sur le Calvaire,
D'un glaive de douleurs,
A ton amour, la terre
N'oppose que froideurs.

Cœur tendre, Cœur aimable,
Du pécheur le secours,
Sa malice exécrable,
Te perce tous les jours.
Ah ! puissent nos hommages
Ici-bas expier
Tant de sanglants outrages
Qu'on te fait essuyer !

Montre-toi notre Mère,
De tes enfants chéris,
Reçois l'humble prière,
Pour l'offrir à ton Fils.
Conduis-nous sous ton aile,
Jusqu'au Cœur de Jésus ;
Une Mère peut-elle
Essuyer un refus ?

POUR LE MOIS DE MARIE OU LE MOIS DE MAI. — C. 129. — A. 273.

Réunissons nos voix,
Pour chanter tous à la fois;
Réunissons nos voix,
Pour chanter le plus beau mois.
  Ce mois, de notre vie
  La plus belle saison,
  S'appelle avec raison

Le beau mois de Marie.
  Réunissons, etc.

Dans ce mois, la nature
Se pare de ses fleurs;
La vertu de nos cœurs,
Doit faire la parure.
  Réunissons, etc.

Des oiseaux l'harmonie
Qui réjouit ces bois,
Semble inviter nos voix
A célébrer Marie.
    Réunissons, etc.

Au fond de ce bocage,
Charmant petit oiseau,
Tu chantes sous l'ormeau :
Qu'on l'honore à tout âge.
    Réunissons, etc.

Plaintive tourterelle,
Tu redis, en ces lieux,
Qu'à la Reine des cieux,
On soit toujours fidèle.
    Réunissons, etc.

Entourons son image
Des fleurs de nos hameaux :
Des plus tendres rameaux,

Offrons-lui le feuillage.
    Réunissons, etc.

Pour honorer Marie,
C'est trop peu de nos fleurs ;
Unissons-y nos cœurs,
C'est le don qu'elle envie.
    Réunissons, etc.

Marie, ô notre Mère,
Protégez vos enfants,
Rendez-les triomphants;
En vous leur cœur espère.
    Réunissons, etc.

Aimable Protectrice :
En ce mois, en tout temps,
Aux vœux de vos enfants
Soyez toujours propice.
    Réunissons, etc.

EN L'HONNEUR DE LA SAINTE VIERGE.

GRANDEURS DE MARIE. — C. 88. — A. 154.

Chantons, chantons, de Marie
Les ineffables grandeurs ;
C'est son Dieu qui l'a choisie,
Pour la combler de faveurs ;
Qu'un saint zèle nous anime ;
A sa dignité sublime
Rendons d'immortels honneurs.

Un Dieu vient enfin, du monde
Faire cesser le malheur ;
Gloire à la Vierge féconde
Qui conçoit le Rédempteur.
C'est la foi qui m'en assure :
Dieu dit : et la créature
A pour Fils le Créateur.

De quels dons n'est point suivie
Cette auguste dignité !
Jésus prodigue à Marie
Des trésors de charité :
Marie est pleine de grâce;
Après Dieu, rien ne surpasse
L'éclat de sa sainteté.

Ah! quelle est son innocence,

Sa chasteté, sa pudeur,
Sa foi, son obéissance,
Aux saintes lois du Seigneur !
Avec une ardeur extrême,
Elle offre à ce Dieu suprême,
Tous les désirs de son cœur.

Mais qui dira de Marie
La profonde humilité ?
Elle ne se glorifie
Que dans le Dieu de bonté :
En elle rendons hommage
A la plus parfaite image
De l'auguste Trinité.

Que sa gloire est éclatante
Au séjour des Bienheureux;
Que sa prière est puissante
Auprès du Maître des cieux !
Elle est des Anges la Reine,
Des hommes la Souveraine;
Qu'on la révère en tous lieux.

Elle est notre protectrice
Dans nos dangers, nos malheurs:

Elle est la consolatrice
De ceux qui versent des pleurs:
Toujours pleine de clémence,
Elle est la douce espérance,
Le refuge des pécheurs.

O Marie ; ô tendre Mère,
Nous nous adressons à vous;
Entendez notre prière,
Intéressez-vous pour nous :
Qu'un repentir véritable,
Brisant notre cœur coupable,
De Dieu calme le courroux.

Priez le souverain Maître,
Qui seul doit être adoré,
Que dans nous il fasse naître
Le feu de l'amour sacré.
Qu'en nos cœurs sa loi s'imprime,
Et que jamais par le crime
Il ne soit déshonoré.

Dans nos maux, dans nos alarmes,
Prêtez-nous votre secours :
Contre le monde et ses charmes,
Fortifiez-nous toujours ;
Surtout, Mère charitable,
Ah ! soyez-nous secourable
Dans le dernier de nos jours.

MARIE, REINE DES ANGES. — C. 32. — A. 150.

Souveraine aimable des cieux,
Ton trône est aussi sur la terre.
Que ton empire est glorieux,
Souveraine aimable des cieux !
Dans tous les temps, dans tous les [lieux,
On te chérit, on te révère.

Reine de la céleste cour,
Au sein de la cité chérie,
Ta gloire brille en tout son jour,
Reine de la céleste cour.
Tu ravis de joie et d'amour
Les habitants de la Patrie.

Anges saints, Esprits glorieux,
Je chante avec vous ses louanges;
Mais un élan délicieux,
Anges saints, Esprits glorieux,
Vous fait tressaillir dans les cieux,
Quand je dis : ô Reine des Anges!

Quand vous chantez à votre tour:
Ô Mère du Chrétien fidèle !
Je crois être au divin séjour,
Quand vous chantez à votre tour;
Et saisi d'un transport d'amour,
Mon cœur tressaille aussi pour elle.

Vous estimez mon sort heureux
D'être un enfant cher à Marie ;
Ce bonheur comblerait mes vœux;
Vous estimez mon sort heureux;
Mais elle règne dans les cieux,
Et je suis loin de la patrie.

Anges, témoins de mes soupirs,
Offrez à ma divine Mère,
Offrez l'encens de mes désirs ;
Anges, témoins de mes soupirs,
Peignez-lui tous les déplaisirs
De mon triste exil sur la terre.

LA SALUTATION ANGÉLIQUE. — C. 123. — A. 267.

Je vous salue, auguste et divine Marie,
   Vous êtes de grâce remplie;
   Et le Seigneur est avec vous.
Vous êtes par-dessus toutes femmes bénie ;
Que le bienheureux fruit qui de vous prit la vie,
   Soit à jamais béni de tous.

Marie! ô Vierge pure, incomparable Mère
   D'un Fils qui n'a que Dieu pour père,
   Et qui s'est fait notre Sauveur;
Ne m'abandonnez pas, et quand l'heure dernière
Pour jamais fermera mes yeux à la lumière,
   Priez pour moi, pauvre pécheur.

PRIÈRE A MARIE. — C. 172. — A. 317.

O Marie, ô Reine des cieux,
Sur nous daignez jeter les yeux,
Agréez nos chants et nos vœux ;
Nous invoquons votre puissance,
Soyez notre douce espérance :
O Marie, ô Reine des cieux,
Sur vos enfants jetez les yeux.

Obtenez de notre Sauveur
Qu'il s'empare de notre cœur,
Que toujours il en soit vainqueur ;
Que la sagesse et l'innocence
Règnent en nous par sa présence.
O Marie, etc.

Faites qu'en marchant sur vos pas,
Vierge sainte, à notre trépas,
Nous soyons reçus dans vos bras :
Rendez-nous Jésus favorable,
A ce passage redoutable.
O Marie, etc.

GLOIRE DE MARIE. — C. 127. — A. 271.

Que tous les cœurs se réunissent,
Et que les temples retentissent
Du nom sacré de la Mère de Dieu ;
Chantons, chantons ses grandeurs en tout lieu.
Reine des hommes et des Anges,
Refuge de tous les pécheurs,
Prête l'oreille à nos louanges,
Reçois l'hommage de nos cœurs.

Conçue au sein de l'innocence,
La vertu prévint ta naissance,
Tu la reçus du plus pur sang des Rois,
Seule tu fus Vierge et Mère à la fois.
Le Ciel fit croître ton enfance
A l'ombre des sacrés autels :
Ta foi, ton humble obéissance,
Firent le bonheur des mortels.

Avant que le Maître du monde
Créât le ciel, la terre et l'onde,
Pour accomplir ses éternels desseins,
Il te nomma Mère du Saint des Saints.
En toi l'on voit et l'on honore
Le chef-d'œuvre de son pinceau :
Sa puissance n'a fait encore
Rien de plus grand, rien de plus beau.

Un Dieu dans ton sein daigne prendre
Le sang que tu lui vis répandre,
Et que la foi, sur nos sacrés autels,
Voit chaque jour couler pour les mortels.
Leur crime était ineffaçable ;
Sans toi le Dieu de nos aïeux
N'eût point sauvé l'homme coupable,
Fermé l'enfer, ouvert les cieux.

Ce Fils, l'objet de tes délices,

En proie aux plus cruels supplices,
Tu vis mêler tes pleurs avec les siens;
Tous ses tourments furent aussi les tiens.
  Lui seul t'empêcha de le suivre,
  Quand la mort lui ravit le jour :
  Ne pouvant longtemps lui survivre,
  Tu mourus d'un transport d'amour.

Les voûtes des cieux s'entr'ouvrirent,
  Les Chérubins en descendirent :
On entendit leurs chants harmonieux
Accompagner ton char victorieux.
  Parmi ces concerts de louanges,
  Ton corps glorieux fut porté,
  Sur les ailes d'un essaim d'Anges,
  Au sein de l'immortalité.

Ton front, pour l'Éternel lui-même,
  Fut ceint d'un brillant diadème;
Tu vois, du haut du trône où tu t'assieds,
Les Bienheureux prosternés à tes pieds.
  La terre implore ta puissance,
  L'enfer est soumis à ta loi;
  Le Ciel s'incline à ta présence :
  Dieu seul est au-dessus de toi.

BONHEUR DE SERVIR MARIE. — C. 167. — A. 312.

Qu'on est heureux
Sous votre empire,
Reine des cieux !
Tout vous admire;
Tout semble vous dire :
Qu'on est heureux
Sous votre empire ! — Qu'on est...

Pour vous, quand on soupire,
  La grâce nous attire;
Du saint amour elle nous inspire
  Les plus tendres feux. — Qu'on est...

Tout ce que notre cœur désire,
C'est de se joindre aux Esprits bienheureux,
Et de chanter à jamais avec eux.—Qu'on est...

Votre faveur,
O tendre Mère,
Fais mon bonheur.
Dans ma misère,
Dieu veut que j'espère
Votre faveur,
O tendre Mère ! — Votre faveur...

Quand Dieu, Juge sévère,
Fait sentir sa colère,
Vous désarmez par votre prière
Son courroux vengeur. — Votre faveur...

Par vous la grâce qui m'éclaire,
Vient m'embraser d'une ardente ferveur,
Qui doit régner à jamais sur mon cœur.—Votre...

A vos douceurs,
Tout doit se rendre,
Reine des cœurs;
C'est trop attendre,
C'est trop se défendre;
A vos douceurs
Tout doit se rendre. — A vos douceurs...

Que de biens va répandre,
Sur nous, votre amour tendre !
Vos vertus, dans nos cœurs, vont étendre
Leurs saintes ardeurs. — A vos douceurs..

Nos ennemis, pour nous surprendre,
Ont beau s'armer de traits pleins de rigueurs,
Vous triomphez de leurs vaines fureurs.—A vos.

MÊME SUJET. — C. 24 et 179. — A. 140 et 234.

Jeunes enfants, que l'ignorance
Précipite dans mille erreurs,
Sachez de votre faible enfance
Eloigner les plaisirs trompeurs.
Fixez l'étoile tutélaire
Qui luit pour vous au haut des
A la droite du Fils de Dieu, [cieux;
Il règne pour vous une Mère.

En vain, par sa mortelle ivresse,
Un monde coupable et trompeur,
De votre innocente jeunesse,
Voudrait altérer le bonheur.

En vain l'enfer, dans sa colère,
S'irrite et s'arme contre vous :
Enfants, méprisez son courroux,
Sous la puissance d'une Mère.

Heureux le cœur qui, pour Marie,
Brûle d'amour et de ferveur !
Heureux le coupable qui prie
Ce doux refuge du pécheur !

Heureux, à son heure dernière,
De Marie un fidèle enfant !
Qu'il s'applaudit en ce moment
De trouver en elle une Mère !

HOMMAGE A MARIE. — C. 4. — A. 60.

Trop heureux enfants de Marie,
Venez entourer ses autels ;
Venez, d'une Mère chérie,
Chanter les bienfaits immortels.
Et vous célestes chœurs des Anges,
Prêtez-nous vos divins accords.
Que tout célèbre ses louanges,
Que tout seconde nos transports.

Vierge, le plus parfait ouvrage

Sorti des mains du Créateur,
Beauté pure, heureux assemblage
Et d'innocence et de grandeur,
Quel éclat pompeux t'environne
Au brillant séjour des élus !
Le Très-Haut lui-même y cou-
En toi la Reine des vertus. [ronne

Astre propice, aimable aurore,
Qui nous annonça le Sauveur,

Au faible mortel qui t'implore
Daigne offrir un bras protecteur;
Loin de toi, loin de ma Patrie,
Je me consume en vains désirs :
O ma Mère, ô tendre Marie !
Entends la voix de mes soupirs.

Contre la timide innocence,
L'enfer, le monde conjurés,
Veulent ravir à ta puissance
Les cœurs qui te sont consacrés.
Toujours menacé du naufrage,
Toujours rejeté loin du port,
Jouet des vents et de l'orage,
Quel sera donc enfin mon sort?
Mais déjà le sombre nuage

S'éloigne : je le vois pâlir,
Je sens renaître mon courage...
Non, non, je ne saurais périr.
Du sein de la gloire éternelle,
Ma Mère anime mon ardeur;
Si mon cœur lui reste fidèle,
Par elle je serai vainqueur.

Doux appui de notre espérance,
O Mère de grâce et d'amour,
Heureux qui, dès sa tendre enfance
A toi s'est voué sans retour :
Ta main daigne essuyer ses larmes
Tu le soutiens dans ses combats;
Il voit le terme sans alarmes,
Et s'endort en paix dans tes bras.

DÉVOUEMENT A MARIE. — C. 6. — A. 86.

Du haut du céleste séjour
Où la gloire est votre apanage,
Marie, agréez en ce jour
Et notre encens et notre hommage.
Du péché, brisant les liens,
Du monde abjurant la folie, [biens,
Notre amour, nos cœurs et nos
Nous consacrons tout à Marie.

En vain, par l'attrait du plaisir,
Le monde cherche à nous séduire;
Nos cœurs n'ont point d'autre désir
Que de vivre sous votre empire.

Le monde est aveugle et trompeur
Ses plaisirs ne sont que folie;
Et, pour trouver le vrai bonheur,
Nous nous consacrons à Marie.

Sur nous, de ses riches faveurs,
Le Ciel a versé l'abondance :
On voit régner dans tous les cœurs
La douce paix de l'innocence.
Nous voulons toujours professer
De la croix la sainte folie;
Et, pour toujours persévérer,
Nous nous consacrons à Marie.

CONFIANCE EN MARIE. — C. 2. — A. 29.

Je mets ma confiance,
Vierge, en votre secours;
Servez-moi de défense,
Prenez soin de mes jours :
Et quand ma dernière heure
Viendra fixer mon sort,
Obtenez que je meure
De la plus sainte mort.

A votre bienveillance,
O Vierge, j'ai recours;
Soyez mon assistance
En tous lieux et toujours;
Vous-même êtes la Mère
De Jésus mon Sauveur;
Offrez-lui ma prière
Et le don de mon cœur.

Sainte Vierge Marie,
Asile des pécheurs;
Prenez part, je vous prie,
A mes justes frayeurs.
Vous êtes mon refuge,
Votre Fils est mon Roi,
Mais il sera mon Juge;
Intercédez pour moi.

Ah! soyez-moi propice,
Quand il faudra mourir :
Apaisez sa justice,
Je crains de la subir.
Mère pleine de zèle,
Protégez votre enfant;
Je vous serai fidèle
Jusqu'au dernier instant.

Je promets, pour vous plaire,
O Reine de mon cœur,
De ne jamais rien faire
Qui blesse votre honneur.
Je veux que, par hommage,
Ceux qui me sont sujets,
En tous lieux, à tout âge,
Prennent vos intérêts.

Voyez couler mes larmes,
Mère du bel amour,
Finissez mes alarmes
Dans ce triste séjour;
Venez rompre ma chaîne,
Je veux aller à vous :
Aimable Souveraine,
Régnez, régnez sur nous.

MÊME SUJET. — C. 62. — A. 193.

Nous qu'en ces lieux combla de ses bienfaits,
    Une Mère auguste et chérie;
Enfants de Dieu, que nos chants à jamais
    Exaltent le nom de Marie.
Voyons monter tous les vœux des mortels
    Vers le trône de sa clémence;
Tout à sa gloire élève des autels,
    Des mains de la reconnaissance. — Nous...

Ici sa voix, puissante sur nos cœurs
    A la vertu nous encourage :
Sur le saint joug elle répand des fleurs;
    Notre innocence est son ouvrage.
Si le lion rugit autour de nous,
    Elle étend son bras tutélaire,
L'enfer frémit d'un impuissant courroux,
    Et le Ciel sourit à la terre. — Nous qu'en...

Quand le chagrin de ses traits acérés,
    Blesse nos cœurs et les déchire,
Sensible Mère, elle est à nos côtés;
    Avec nos cœurs le sien soupire.
Combien de fois sa prévoyante main
    De l'ennemi rompit la trame !
Nous l'invoquions, et nous sentions soudain
    La paix renaître dans notre âme. — Nous...

Battu des flots, vain jouet du trépas,
    La foudre grondant sur sa tête,
Le nautonnier se jette dans ses bras,
    L'invoque et voit fuir la tempête;
Tel le chrétien sur ce monde orageux,
    Vogue toujours près du naufrage;
Mais à Marie adresse-t-il ses vœux,
    Il aborde en paix au rivage. — Nous qu'en...

Heureux celui qui, dès ses premiers ans,
    Se fit un bonheur de lui plaire !
Heureux celui qui, parmi ses enfants,
    Lui donna le doux nom de Mère.
Oui, sa bonté se plaît à secourir

Un cœur confiant qui la prie,
Siècles, parlez!... vit-on jamais périr
Un vrai serviteur de Marie? — Nous...

Vos fronts, pécheurs, pâlissent abattus,
A l'aspect du souverain Juge :
Ah! si Marie est Reine des vertus,
Des pécheurs elle est le refuge.
Déposez donc en son sein maternel
Votre repentir et vos larmes ;
Elle priera... Des mains de l'Eternel,
Bientôt s'échapperont les armes. — Nous...

Si vous avez dans toute sa fraîcheur
Conservé la tendre innocence,
Ah! votre Mère en a sauvé la fleur :
Elle vous garda dès l'enfance.
A son autel, venez, enfants chéris,
Savourer de saintes délices :
Consacrez-lui vos cœurs et vos esprits,
Elle en mérite les prémices. — Nous..

O temple auguste, ô asile béni,
Faut-il donc quitter ton enceinte !
Faut-il aller, de ce monde ennemi,
Braver la meurtrière atteinte !
Tendre Marie! ah! nous allons périr ;
Le scandale inonde la terre :
Veillez sur nous, daignez nous secourir ;
Montrez-vous toujours notre Mère. — Nous...

CONSÉCRATION A MARIE. — C. 1. — A. 15.

Mère de Dieu, du monde Souveraine,
Vous qui voyez à vos pieds tous les rois,
Je vous choisis aujourd'hui pour ma Reine,
Je me soumets pour toujours à vos lois.

Je mets ma gloire à vous marquer mon zèle,
A vous aimer, à vous faire servir,
Ah! si mon cœur devait être infidèle,
J'aimerais mieux dès à présent mourir.

Secourez-moi, puissante Protectrice;
Secourez-moi jusqu'au dernier soupir ;
Pour que toujours je m'éloigne du vice,
Par vos bontés daignez me secourir.

Vierge sans tache, admirable Marie,
Je veux partout publier vos grandeurs,
Et consacrer tous les jours de ma vie
A vous servir, à vous gagner des cœurs.

Ah! quel bonheur, Vierge, quand on vous aime !

Fêtes de la Sainte Vierge. Consécration à Marie.

Quelle douceur ! ah ! quel glorieux sort !
En vous aimant, sûr de plaire à Dieu même,
On se procure une paisible mort.
Pour mériter ce bien inestimable,
Après Jésus vous serez mon appui :
Et vous tiendrez, ô Mère tout aimable,
Le premier rang dans mon cœur après lui.
Vous en serez toujours seule la Reine,
Et votre Fils en sera seul le Roi ;
Lui Souverain, vous, sous lui, Souveraine,
Tous deux ensemble y donnerez la loi.
Contre moi seul, que tout l'enfer conspire,
Je ne crains rien de sa vaine fureur ;
Un cœur, soumis à votre aimable empire,
Est assuré du souverain bonheur.

MÊME SUJET. — C. 11 et 146. — A. 112, 291 et 418.

En ce jour j'offrirai mes louanges
A Marie, à la Reine des cieux.
M'unissant aux doux concerts des
   [Anges,
Je m'engage à la chanter comme eux.
Sur vos pas, ô divine Marie,
Plus heureux qu'à la suite des Rois,
Dès ce jour, et pour toute ma vie,
Je m'engage à vivre sous vos lois.
Si, du monde, écoutant le langage,
Des plaisirs, j'ai suivi les attraits ;
Je me donne à vous, et sans par-
   [tage ;
Je m'engage aujourd'hui pour ja-
   [mais.

Par un culte et fidèle et sincère,
Par un vif et généreux amour,
A servir, à chérir une Mère,
Je m'engage aujourd'hui sans re-
   [tour.
Mère tendre et si compatisssante,
Soutenez, au milieu des combats,
Les efforts d'une âme chancelante,
Qui s'engage à marcher sur vos pas.
Unissez vos voix, peuple fidèle,
Aux accords des Esprits bienheu-
   [reux,
Pour chanter les louanges de celle
Qui s'engage à combler tous nos
   [vœux.

MÊME SUJET. — C. 1 et 73. — A. 15 et 209.

Mère de Dieu, quelle magnificence
Orne aujourd'hui ton auguste séjour !
C'est en ces lieux que mon heureuse enfance
Vint à tes pieds te vouer son amour.
      Tendre Marie !
        O mon bonheur !
       Toujours chérie,
      Tu vivras dans mon cœur.
O mon refuge, ô ma Reine, ô ma Mère !
Combien sur moi tu verses de bienfaits !
Combien de fois, dans ce doux sanctuaire,
Mon triste cœur a retrouvé la paix ! — Tendre Marie...
Mon œil à peine avait vu la lumière,
Et ton amour veillait sur mon berceau ;

Tous mes instants, ô mon aimable Mère,
Furent marqués par un bienfait nouveau. — Tendre...

Dans les combats que livre à l'innocence
Le monstre affreux qui perdit l'univers,
Ta main puissante assura ma constance,
Et confondit la rage des enfers. — Tendre...

Quand je cédais aux amorces du vice,
Fatal moment! accablant souvenir!
Tu suspendis l'arrêt de la justice;
Et tu m'obtins les pleurs du repentir. — Tendre...

J'étais déjà sur le bord de l'abîme :
De ton cher Fils, irritant le courroux
Je méritais d'en être la victime;
Mais de son bras, tu détournas les coups. — Tendre...

Anges, soyez témoins de ma promesse;
Cieux, écoutez ce serment solennel :
« Oui, c'en est fait, mon cœur plein de tendresse,
« Jure à Marie un amour éternel. » — Tendre...

Si je pouvais, infidèle et volage,
Un seul instant cesser de t'honorer,
Ah! bien plutôt, à la fleur de mon âge,
Aujourd'hui même, à tes pieds expirer. — Tendre...

APRÈS L'ACTE DE CONSÉCRATION. — C. 29. — A. 145.

Vous en êtes témoins, Anges du sanctuaire,
De la Mère de Dieu nous sommes les enfants;
C'en est fait; et Marie a reçu nos serments,
Honneur, respect, amour à notre auguste Mère.
Nous l'avons tous juré, nous sommes ses enfants :
L'aimer est de nos cœurs le vœu le plus sincère;
Et les Cieux, mille fois redisant nos serments,
Comme nous mille fois béniront notre Mère.

De puissants ennemis nous déclarent la guerre;
Je sens mon cœur frémir à l'aspect des combats.
Soutiens-nous, ô Marie; à nos débiles bras
Daigne ajouter l'appui de ton bras tutélaire.
 Nous l'avons tous juré, etc.

Si, pour nous enchaîner, des faux biens de la vie,
Le monde offre à nos yeux les attraits imposteurs;
Disons-lui, repoussant ses funestes douceurs :
Mon cœur n'est plus à moi, mon cœur est à Marie
 Nous l'avons tous juré, etc.

L'enfer peut, de sa rage, exciter la tempête,
Le dragon orgueilleux peut frémir de courroux;
L'invincible Marie a triomphé pour nous;

Pour nous, du vieux serpent elle a brisé la tête.
    Nous l'avons tous juré, etc.

Ainsi toujours vainqueurs, si son bras nous seconde
Et chargés de lauriers dès nos plus tendres ans,
Toujours nous foulerons sous nos pieds triomphants
Les pompes de Satan, les vains plaisirs du monde.
    Nous l'avons tous juré, etc.

POUR IMPLORER LA PROTECTION DE MARIE. — C. 6. — A. 84.

Tandis que d'aveugles mortels,
Jouets de mille erreurs profondes,
Brûlent l'encens sur les autels
De leurs divinités immondes;
Ton nom, tes vertus, ta grandeur,
Marie, ô notre auguste Mère,
Font la gloire, font le bonheur
De tes chers enfants sur la terre.

De l'abîme au plus haut des cieux,
Ton vaste et magnifique empire,
Dans tous les temps, dans tous les
        [lieux,
Embrasse tout ce qui respire :
Près l'Être infiniment grand,
Toi souverain de la nature,
Tu possèdes le premier rang,
Incomparable créature.

Au sein de l'éternel séjour
Tout retentit de tes louanges,
Ton nom seul, ô Mère d'amour,
D'allégresse ravit les Anges.
Dans les cieux, la félicité
Est de jouir de ta présence,
Et la suprême dignité,   [sance.
De rendre hommage à ta puis-

Du sein de la Divinité,
Tu vois nos dangers, nos alarmes:
Ton immense félicité
Te fait-elle oublier nos larmes?
Vierge sainte, conduis au port
De nos cœurs la barque fragile,
Et qu'entre tes bras, à la mort,
Nous trouvions un heureux asile.

Nos soupirs, nos tristes accents
Ont retenti jusqu'à ton trône :
Souffriras-tu qu'en tes enfants,
Satan insulte à ta personne?
Il est temps de rompre nos fers,
Nos maux réclament ta vengeance;
Que l'affreux tyran des enfers
Tombe écrasé sous ta puissance.

Oh! quand luira cet heureux jour,
Où mon âme, brisant sa chaîne,
Pourra, dans la céleste cour,
Te voir, ô ma Mère, ô ma Reine!
C'est là qu'à jamais ta beauté
Me transportera d'allégresse;
C'est là, c'est là que ta bonté
Fera mon éternelle ivresse.

LE *SALVE REGINA*. — C. 1. — A. 1.

Je vous salue, auguste et sainte Reine,
Dont la beauté ravit les immortels!
Mère de grâce, aimable souveraine,
Je me prosterne aux pieds de vos autels.

Je vous salue, ô divine Marie!
Vous méritez l'hommage de nos cœurs.
Après Jésus, vous êtes et la vie,
Et le refuge, et l'espoir des pécheurs.

Fils malheureux d'une coupable mère,
Bannis du ciel, les yeux baignés de pleurs,

Nous vous faisons, de ce lieu de misère,
Par nos soupirs entendre nos douleurs.

Écoutez-nous, puissante Protectrice ;
Tournez sur nous vos yeux compatissants ;
Et montrez-nous, qu'à nos malheurs propice,
Du haut des cieux vous aimez vos enfants.

O douce, ô tendre, ô pieuse Marie,
O vous de qui Jésus reçut le jour,
Faites qu'après l'exil de cette vie
Nous le voyions dans l'éternel séjour.

AMOUR ET RECONNAISSANCE ENVERS MARIE. — C. 125. — A. 269.

Triomphez, Reine des cieux,
A vous bénir que tout s'empresse :
Triomphez, Reine des cieux,
Dans tous les temps, dans tous les [lieux.
Que l'amour nous prête
En ce jour de fête,
Que l'amour nous prête
Ses plus doux accords.
Et que notre voix s'apprête
A seconder ses efforts.
 Triomphez, etc.

Célébrons, en ce saint jour,
Les vertus de l'humble Marie ;
Célébrons, en ce saint jour,
Et ses bienfaits et son amour.
Sans cesse enrichie,
Jeunesse chérie,
Sans cesse enrichie
Des plus heureux dons,
C'est de la main de Marie,
Enfants, que vous les tenons.
 Triomphez, etc.

Qu'à jamais de ses faveurs
Nous sachions bénir notre Mère ;
Qu'à jamais de ses faveurs
Le souvenir charme nos cœurs.
Le Ciel et la terre,
Ravis de lui plaire,
Le Ciel et la terre,
Chantent ses bienfaits :
Vos enfants, ô tendre Mère,
Vous oublieraient-ils jamais ?
 Triomphez, etc.

Achevez notre bonheur ;
Comblez notre reconnaissance ;
Achevez notre bonheur,
Et gravez en nous votre cœur.
Guidez, de l'enfance,
Par votre puissance,
Guidez, de l'enfance
Les pas chancelants :
Et que l'aimable innocence
Couronne nos derniers ans.
 Triomphez, etc.

MÊME SUJET. — C. 7. — A. 90.

Pour célébrer de Marie
Les bienfaits et les grandeurs,
A notre faible harmonie,
Anges, unissez vos chœurs.
Inspirez-nous, pour lui plaire,
Vos plus sublimes accents ;
Votre Reine est notre Mère,
Faites place à ses enfants.

Mais comment, de cette enceinte,
Percer la voûte des cieux ?

Descends plutôt, Vierge sainte
Et viens régner en ces lieux.
Viens d'un exil trop sévère
Adoucir les longs tourments ;
Ta présence, auguste Mère,
Sera chère à tes enfants.

Pour toi nous sentons nos âme
Brûler, en cet heureux jour,
Des plus innocentes flammes,
Du plus généreux amour.

Ah ! puissions-nous à te plaire
Consacrer tous nos instants,
Et prouver à notre Mère
Que nous sommes ses enfants !

Sur tes autels, ô Marie !
Tous d'une commune voix,
Nous jurons, toute la vie,
D'être soumis à tes lois.
De notre hommage sincère
Puissent ces faibles garants,
Flatter notre tendre Mère !
C'est le vœu de ses enfants.

MÊME SUJET. — C. 1. — A. 15.

Reine du Ciel, Maîtresse de la terre,
Tout ce qui vit est soumis à ta loi :
Après celui qui lance le tonnerre,
Dans l'univers rien n'est plus grand que toi.

Que mille voix célèbrent ta puissance,
Et ton triomphe au céleste séjour,
Et tes bienfaits et ta reconnaissance ;
Et tes enfants chanteront ton amour.

Ta voix puissante obtient à tous les âges,
De ton cher Fils les secours bienfaisants :
Ton cœur chérit leurs innocents hommages,
Mais ton amour se prodigue aux enfants.

Si contre moi l'enfer entre en furie,
Par ton secours on m'en verra vainqueur :
Mère du Verbe, ô divine Marie !
Vit-on jamais périr ton serviteur ?

On dit, hélas ! que la tendre jeunesse
Sera pour nous le terme des beaux jours :
Notre printemps refleurira sans cesse,
Reine du Ciel, si nous t'aimons toujours.

Selon l'arrêt, lorsque la mort cruelle,
De notre vie, éteindra le flambeau,
Si tu nous mets à l'ombre de ton aile,
Nous descendrons sans regrets au tombeau.

O douce, ô tendre, ô pieuse Marie,
Toi dont Jésus mon Dieu reçut le jour,
Après l'exil de cette triste vie,
Fais-nous le voir dans l'éternel séjour.

BONHEUR DE SERVIR MARIE DÈS LA JEUNESSE. — C. 4. — A. 69.

Heureux qui, dès le premier âge,
Honorant la Reine des cieux,
Fuit les dons qu'un monde volage
Etale avec pompe à ses yeux.
Qu'on est heureux sous son empire !
Qu'un cœur pur y trouve d'attraits !
Tout y ressent, tout y respire
L'amour, l'innocence et la paix.

Mondain, ta grandeur tout entière
S'anéantit dans le tombeau,
L'instant où finit ta carrière,

Du juste est l'instant le plus beau.
La paix règne sur son visage,
Son cœur est embrasé d'amour ;
Sa vie a coulé sans nuage,
Sa mort est le soir d'un beau jour.

Comme un rocher qui, d'âge en
Battu par les flots agités, [âge,
Brave la fureur de l'orage
Et l'effort des vents irrités ;
Le vrai serviteur de Marie,
Sûr à jamais de son appui,
Brave l'impuissante furie
De l'enfer armé contre lui.

Mais l'éclat d'un monde volage
Séduit-il nos faibles esprits,
Elle dédaigne notre hommage
Et le repousse avec mépris. [mée
Dès-lors que notre âme est char-
Des biens fragiles et mortels,

Notre encens n'est qu'une fumée
Qui déshonore ses autels.
Comment, avec un cœur profane,
Le pécheur, malgré ses forfaits,
De la vertu qui le condamne,
Ose-t-il chanter les attraits ?
Dans son âme impure et flétrie,
Nourrissant un feu criminel,
Comment ose-t-il à Marie
Jurer un amour éternel ?

Régnez, Vierge sainte, en notre
Vous y ferez régner la paix : [âme;
Gravez dans nous en traits de
  [flamme,
Le souvenir de vos bienfaits.
Mettez à l'ombre de vos ailes
Ces cœurs qui vous sont consacrés;
Vers les demeures éternelles
Guidez nos pas mal assurés.

LA JEUNESSE VERTUEUSE SE DÉVOUE AU SERVICE DE MARIE.
C. 126. — A. 270.

Rassemblons-nous dans ce saint
  [lieu ;
De nos cœurs offrons tous l'hom-
A la Mère du Fils de Dieu [mage:
Nous voulons être sans partage :
Pour ses enfants quelle faveur !
  Quel bonheur :
  Elle aime la jeunesse!
Chantons la bonté, la douceur
  De son cœur :
  Célébrons sa tendresse.

Nous venons tous à ses genoux
Lui jurer l'amour le plus tendre ;
L'aimer, est-il rien de si doux ?
Un cœur pourrait-il s'en défendre?
  Pour ses enfants, etc.

Sur vous se fonde notre espoir,
Vous guiderez notre jeunesse ;
A vos mains nous voulons devoir
L'heureux trésor de la sagesse.
  Pour ses enfants, etc.

Puissent par vous nos sentiments
Trouver toujours les Cieux propi
Ne dédaignez pas des enfants [ces
Qui s'engagent sous vos auspices.
  Pour ses enfants, etc.

Vous serez sensible à nos vœux,
Nous vous serons toujours fidèles;
Et vous nous obtiendrez des Cieux
Les biens, les douceurs éternelles.
  Pour ses enfants, etc.

MÊME SUJET. — C. 185. — A. 330.

A la Reine des cieux offrons un tendre hommage,
Réunissons pour elle et nos voix et nos cœurs.
  A chanter ses grandeurs,
  Consacrons la fleur de notre âge.
  Heureux celui qui dès l'enfance
  Lui fait de soi-même le don,
    Et met son innocence
    A l'abri de son nom.

Aux yeux du Tout-Puissant elle fut toujours pure ;
Chantons sur le péché son triomphe éclatant.
  Son cœur, même un instant,
  Ne connut jamais de souillure.
  Plus sainte que les chœurs des Anges,
  Des Trônes et des Chérubins
   Elle a droit aux louanges
   Des mortels et des Saints.

Tout retrace à nos yeux l'éclat de sa puissance ;
Qu'à sa gloire en tous lieux on dresse des autels.
  Sur elle, les mortels,
  Fondent leur première espérance.
  Auprès de Dieu, dans leurs disgrâces,
  Elle est le salut des humains ;
   Et la source des grâces
   Vient à nous par ses mains.

Si Marie est ma Reine, elle est aussi ma Mère,
Je reconnais ses lois, je vis de ses bienfaits.
  On n'est trompé jamais
  Lorsqu'en sa bonté l'on espère.
  Toujours sa tendresse facile
  Sut compatir à nos malheurs :
   Elle est toujours l'asile
   Et l'espoir des pécheurs.

O Reine toujours grande ! ô Mère toujours tendre !
Soyez propice aux vœux de vos faibles enfants.
  Que sur nos jeunes ans,
  Vos faveurs viennent se répandre.
  De votre bonté tutélaire,
  Daignez me prêter le secours ;
   Montrez-vous notre Mère,
   Dans l'enfance et toujours.

LA JEUNESSE IMPLORE LE SECOURS DE MARIE. — C. 104. — A. 247.

Tendre Marie,
 Souveraine des cieux,
  Mère chérie,
 Patronne de ces lieux,
 Veillez sur notre enfance,
 Sauvez notre innocence, [cieux.
Conservez-nous ce trésor pré-
  Mère de vie,
 O doux présent des cieux,
  De Dieu choisie
 Pour combler tous nos vœux :
 Voyez notre misère,
 Montrez-vous notre Mère ;

Protégez-nous en ces jours orageux
  L'enfer s'élance
 Dans sa noire fureur ;
  De notre enfance,
 Il veut ternir la fleur.
 A peine à notre aurore,
 Oui, nous vaincrons encore,
Si votre amour nous promet sa
      [faveur.
  Dès le jeune âge,
 On peut être au Seigneur ;
  De notre hommage,
 Offrons-lui la ferveur.

Pour embraser nos âmes,
Ah ! prêtez-nous vos flammes ;
Mère de Dieu, prêtez-nous votre
[cœur.
O Bienfaitrice
De nos plus tendres ans !

O Protectrice
De nos derniers moments !
O douce, ô tendre Mère,
Trop heureux de vous plaire,
Toujours, toujours, nous serons
[vos enfants.

MÊME SUJET. — C. 122. — A. 266 et 401.

Vierge Marie,
Daigne sourire à tes enfants ;
Mère chérie,
Reçois leurs chants.
Ah ! nous te consacrons les jours de notre vie ;
Daigne en bénir tous les instants :
Et d'âge en âge,
Pour toi nos vœux toujours croissants
Seront le gage
De nos serments.

Dès la jeunesse,
Auguste Reine de mon cœur,
T'aimer sans cesse,
Quelle douceur !
Tu souris à mes vœux : ce signe de tendresse
Bannit la crainte et la douleur ;
Il est le gage
De ton amour pour un pécheur,
Et le présage
De son bonheur.

Mère chérie,
Toi que mon cœur aima toujours
Viens, ô Marie,
A mon secours.
C'est toi qui protégeas l'aurore de ma vie,
Je t'en dois les plus heureux jours :
De mon jeune âge,
Conserve-moi les sentiments :
C'est le partage
De tes enfants.

En vain le monde
Prétend m'engager sous sa loi ;
En vain il gronde
Je suis à toi.
Oui, c'est sur ton appui que mon espoir se fonde,
O tendre Mère, soutiens-moi :
Toujours fidèle,
A toi seule mon cœur sera,
Et sous ton aile
Reposera.

Sur cette terre
Je veux publier à jamais,
O douce Mère,
Tous tes bienfaits ;
Je veux t'appartenir, et t'aimer et te plaire ;
Daigne m'accorder en retour,
Que je demeure
Ton enfant jusqu'au dernier jour
Et que je meure
De ton amour.

PROTESTATION DE FIDÉLITÉ A MARIE. — C. 2. — A. 42.

Adressons notre hommage
A la Reine des cieux ;
Elle aime de notre âge
La candeur et les vœux :
Du beau nom de Marie
Faisons tout retentir ;
Qu'elle-même attendrie,
Daigne nous applaudir.

Tout ici parle d'elle,
Son nom règne en ces lieux :
Nous croissons sous son aile ;
Nous vivons sous ses yeux.
Cet autel est le trône
D'où coulent ses faveurs ;
Son divin Fils lui donne
Tous ses droits sur nos cœurs.

Pour nous, qu'elle rassemble
Au pied de son autel,
Jurons-lui tous ensemble
Un amour éternel.

Marie est notre Mère ;
Nous sommes ses enfants :
Consacrons à lui plaire
Le printemps de nos ans.
O Vierge sainte et pure !
Notre cœur en ce jour,
Vous promet et vous jure
Un éternel amour.

Nous voulons, avec zèle,
Imiter vos vertus ;
Vous êtes le modèle
Qui nous convient le plus.
Protégez-nous sans cesse,
Dès nos plus tendres ans ;
Guidez notre jeunesse,
Veillez sur vos enfants ;
Et parmi les orages
D'un monde séducteur,
Sauvez-nous des naufrages
Où périt la pudeur.

MÊME SUJET. — C. 152. — A. 297.

Sion, de ta mélodie,
Cesse les divins accords ;
Laisse-nous près de Marie
Faire éclater nos transports :
  Reine des vertus,
  Amour des élus,
  Et l'objet des chants
  De tes habitants,
Apprends qu'elle est notre Mère,
Et fais place à ses enfants.

Mais comment, de cette enceinte,
Percer les voûtes des cieux ?
Descends plutôt, Vierge sainte,
Et viens régner en ces lieux ;

Viens d'un long exil
Et d'un état vil,
Charmer les instants,
Finir les tourments ;
Ta présence, auguste Mère,
Sera chère à tes enfants.

Pour toi nous sentons nos âmes
Brûler, en cet heureux jour,
Des plus innocentes flammes
Du plus généreux amour.
  A toi, puissions-nous
  Nous consacrer tous,
  Nous, nos sentiments,
  Et tous nos moments,

Et prouver à notre Mère
Que nous sommes ses enfants !

Sur tes autels, ô Marie,
Tous d'une commune voix,
Nous jurons, toute la vie
D'être soumis à tes lois.

Ah ! du haut des cieux,
Souris à nos vœux ;
Reçois notre encens ;
Puissent nos serments
T'engager, ô tendre Mère !
A bénir tous tes enfants.

LITANIES DE LA SAINTE VIERGE. — C. 21. — A. 134.

Dieu tout-puissant, Dieu de bonté,
Qui connaissez notre misère,
Touché de notre infirmité ;
Calmez votre juste colère ; [vous ;
Nous mettons notre espoir en
Seigneur, ayez pitié de nous.

Jésus, adorable Sauveur,
Qui, fléchi par la pénitence,
Abandonnez votre rigueur,
Pour exercer votre clémence ;
   Nous mettons, etc.

Père de toute éternité,
Fils de Dieu, Rédempteur des hom-
Esprit, source de sainteté, [mes,
Qui voyez l'état où nous sommes ;
   Nous mettons, etc.

Unité sans division,
Trois personnes en une essence,
Trinité sans confusion,
Nous implorons votre assistance ;
   Nous mettons, etc.

Marie, ô miroir de pudeur,
Et des Vierges la protectrice,
Comme nous avons le bonheur
D'être admis à votre service,
Nous avons tous recours à vous ;
Mère de Dieu, priez pour nous.

Vierge, Mère de Jésus-Christ,
Mère de la grâce divine,
Nulle souillure ne détruit
Votre vie ou votre origine ;
   Nous avons, etc.

Mère du bel et chaste amour,
Que la terre, le Ciel admire ;
Jésus même vous doit le jour ;
Il s'est soumis à votre empire ;
   Nous avons, etc.

Merveille de fidélité,
Parfait miracle de prudence,
Vous avez toute autorité,
Vous n'avez pas moins de clé-
   Nous avons, etc.   [mence,

Cause aimable de nos plaisirs,
Rare modèle de justice,
Présentez à Dieu nos désirs,
Et faites qu'il nous soit propice ;
   Nous avons, etc.

Vase rempli de sainteté,
Vase d'un prix inestimable,
Vase que la Divinité
Nous rend à jamais honorable,
   Nous avons, etc.

Rose mystique, Palais d'or,
Tour de David inébranlable,
Tour d'ivoire, riche trésor,
En qui tout est incomparable ;
   Nous avons, etc.

Arche d'alliance et d'amour,
Du matin la brillante Etoile,
Porte de cet heureux séjour,
Où Dieu se découvre sans voile ;
   Nous avons, etc.

Source ineffable de tous biens,
Puissant refuge des coupables,
Secours assuré des chrétiens,
Soulagement des misérables ;
   Nous avons, etc.

Reine de la terre et des Cieux,
Des patriarches, des prophètes,
De tant d'Apôtres glorieux,
De tant d'invincibles athlètes ;
   Nous avons, etc.

Reine à qui tous les Confesseurs
Doivent l'honneur de leur victoire,
Reine à qui tous les chastes cœurs

Et tous les Saints doivent leur
    Nous avons, etc. [gloire;
Agneau de Dieu dont la bonté
Vous a fait charger de nos crimes,
Pour calmer un Père irrité; [mes.
Nous n'avons pas d'autres victi-
Nous mettons notre espoir en vous;
Seigneur Jésus, pardonnez-nous.
Agneau de Dieu qui, sur la croix,
Satisfîtes pour notre offense?

Nous avons ressenti cent fois
Les effets de votre clémence;
Nous mettons notre espoir en vous;
Seigneur Jésus, exaucez-nous.

Agneau de Dieu dont la douceur
Ne permet pas que la justice
Exerce sur nous sa rigueur,
En nous condamnant au supplice;
Nous mettons notre espoir en vous;
Seigneur, ayez pitié de nous.

FÊTES DES SAINTS ANGES.

TRIOMPHE DES SAINTS ANGES SUR LES ANGES REBELLES.—C. 150.—A. 295.

IMMORTELLE Sion, de ton auguste enceinte,
Ouvre à nos yeux ravis la gloire et la grandeur,
Montre-nous du Très-Haut l'éternelle splendeur,
Et la céleste Cour de sa Majesté sainte.
Venez, illustres chœurs des Esprits bienheureux,
Répéter à jamais sur vos lyres sublimes,
    Votre triomphe glorieux
    Sur l'ange des abîmes.

Déjà je vois Michel, plus brillant que l'aurore,
Qui, le glaive à la main, précipite aux enfers,
Comme un foudre lancé dans le vide des airs,
Cet archange orgueilleux que l'univers abhorre.—Venez...

Là, je vois Gabriel qui, d'une Vierge-Mère,
Le premier révéra la gloire et le bonheur :
A sa voix descendit l'Homme-Dieu, le Sauveur,
Qui du joug infernal vint affranchir la terre. — Venez...

Là, je vois Raphaël, dont le bras tutélaire
Du bras du Tout-Puissant emprunte sa vigueur.
Il saisit le démon, il dompte sa fureur,
Et sur nos maux applique un baume salutaire. — Venez..

Là, des groupes sacrés de protecteurs fidèles
S'attachent à nos pas, dirigent nos destins;
Et nous marchons en paix dans les sentiers divins,
Sous l'abri bienfaisant de leurs puissantes ailes.—Venez...

GLOIRE ET BONHEUR DES SAINTS ANGES.—C. 9.— A. 107.

O vous qui contemplez l'Éternel sur son trône,
  Sublimes Chérubins, Séraphins glorieux,
Purs Esprits, que l'éclat de la gloire environne,
J'honore vos grandeurs, je vous offre mes vœux.

Publiez qu'il est saint, qu'il est grand, qu'il est sage;
Célébrez ses bienfaits en tous temps, en tous lieux;
Et présentez pour nous le plus parfait hommage
A ce Dieu tout-puissant qui règne dans les cieux.

Que ne puis-je imiter votre reconnaissance !
Que ne puis-je éprouver l'ardeur de votre amour !
Que ne puis-je égaler la prompte obéissance
Par où vous l'honorez au céleste séjour.

Inspirez-nous l'horreur et la fuite des vices;
Obtenez à nos vœux un favorable accès ;
Secondez nos efforts, et soyez-nous propices;
Nous mettons en vos mains nos travaux, nos succès.

Ah! nous vous en prions, soyez notre lumière;
Faites-nous éviter les piéges de l'erreur,
Et soutenez nos pas dans la sainte carrière
Qui doit se terminer à l'éternel bonheur.

INVOCATION A L'ANGE GARDIEN. — C. 34. — A. 152.

Dès que la naissante aurore
A mes regards fait éclore
Les premiers rayons du jour;
Ange puissant qui me guides,
Eclaire mes pas timides,
Dans ce ténébreux séjour.

C'est en tes soins que j'espère;
Offre à mon Juge, à mon Père;
Mes désirs et mes regrets:
Daigne implorer sa clémence,
Et suspendre sa vengeance
Prête à punir mes forfaits.

Que mes malheurs t'intéressent :
Aux maux divers qui me pressent
Oppose ton bras vainqueur :
Si ma volonté chancelle,
Que ta voix toujours fidèle
Fixe le vœu de mon cœur.

Je sens un poids qui m'accable;
Prête un secours favorable
A mon esprit abattu :

Loin du vice qui m'entraîne,
Que ta bonté me ramène,
Sous le joug de la vertu.

Le démon cherche à me nuire,
Le monde, pour me séduire,
M'offre ses charmes pervers;
Il tente mes sens rebelles :
Mais que craindre sous tes ailes,
Et du monde et des enfers ?

Excite mon indolence,
Ranime ma vigilance
Dans la carrière où je cours :
Que dans sa courte durée,
Je songe à l'heure ignorée
Qui doit terminer mes jours.

Que, par ton bras invincible,
Vainqueur d'un combat terrible,
Je triomphe après ma mort;
Qu'au ciel, mon âme ravie,
Dans une immortelle vie,
Partage ton heureux sort.

MÊME SUJET. — C. 128. — A. 272.

O vous qui, nuit et jour,
Céleste intelligence,
Dans ce mortel séjour,
Veillez à ma défense,
Qui portez mes soupirs, mes vœux
Aux pieds du Monarque des cieux;

Ange de paix, par quel retour
Paierai-je tant d'amour ?

L'enfer veut me ravir
A vos mains paternelles;
Mais je ne puis périr

A l'ombre de vos ailes.
Satan s'est armé contre moi;
Mais peut-il m'inspirer l'effroi?
Soyez mon guide et mon soutien,
Et je ne crains plus rien.

Mais, ô combien de fois,
Mon cœur léger, volage,
Fut sourd à votre voix,
A votre doux langage?
Je repoussais un tendre ami
Pour suivre un cruel ennemi:

Ah! désormais vous obéir
Fera tout mon plaisir.

Expirer dans les bras
De Jésus, de Marie,
O bienheureux trépas
Qui nous donne la vie!
Dans ce moment, cher Protecteur:
Vous pouvez tout pour mon bon-
[heur,
Suggérez-moi les noms bénis
De la Mère et du Fils.

MÊME SUJET. — C. 5. — A. 77.

Mon bon Ange, je vous salue,
Je vous crois présent en ce lieu :
Ne souffrez pas qu'à votre vue,
J'ose jamais offenser Dieu.

Je vous salue et vous révère
Comme un prince du Paradis
En qui je trouve un tendre Père,
Le plus fidèle des amis.

Plein d'amour, vous veillez sans
[cesse
Et sur mon âme et sur mon corps;
Et lorsque l'ennemi me presse,
Vous aidez mes faibles efforts.

De combien d'accidents funestes
Ne m'avez-vous pas préservé!
Sans vos bontés toutes célestes,
De quels biens je serais privé!

Assistez-moi de vos prières;
Eclairez-moi, guidez mes pas;
Soulagez-moi dans mes misères;
Soutenez-moi dans mes combats.

Je vais, par Jésus, à son Père,
Je vais, par Marie, à Jésus;
Mais après cette aimable Mère
C'est à vous que je dois le plus.

Que vous rendrai-je, ô mon bon
[Ange,
Pour tant de soins et de bienfaits?
Que Dieu supplée à ma louange
Et vous glorifie à jamais.

Tenez-moi toujours compagnie
Dans ce monde où je suis banni,
Afin que dans l'heureuse vie
Je vous sois à jamais uni.

SENTIMENTS DE RECONNAISSANCE ENVERS L'ANGE-GARDIEN.
C. 2. — A. 23.

O pure Intelligence,
Confident de mon Dieu,
Chargé de ma défense
En tout temps, en tout lieu;
Le zèle qui te presse,
Pour mon bien, nuit et jour,
Réveille ma tendresse
Par un juste retour.

Dans ce monde visible
Où je suis étranger,
Mon cœur tendre est sensible
Au don le plus léger;
Mais ton amour immense
M'offre un trésor divin :

Non, ma reconnaissance
N'aura jamais de fin.

Hélas! combien d'alarmes,
O saint Ange de paix,
De soupirs et de larmes
T'ont coûtés mes excès!
Si le céleste Père
M'a remis mon péché,
De ma douleur amère
Seras-tu moins touché?

Ta longue patience,
Ton aimable douceur,
Malgré ma résistance,
Ont enchanté mon cœur :

Je cède la victoire
Dans ce jour décisif,
Et ma plus douce gloire
Est d'être ton captif.

Oui, sincère et fidèle,
Cette fois, mon retour,
D'allégresse nouvelle,
Comble l'auguste cour.
Combien plus ravissante
Est la tienne aujourd'hui !
C'est par ta voix touchante
Que Dieu m'appelle à lui.

Dans ce désert aride
Où la foi me conduit,

Ta lumière est mon guide
Dans l'horreur de la nuit :
A l'ombre de tes ailes,
Pendant l'ardeur du jour,
Conduis mes pas fidèles
Au céleste séjour.

O toi, de tous les Anges
Le plus cher à mon cœur,
Prête-moi tes louanges
Pour bénir mon Sauveur :
Non, la reconnaissance
N'a pas d'assez doux chants;
Aide mon impuissance
Par tes tendres accents.

FÊTES DES SAINTS.

TOUSSAINT. GLOIRE ET BONHEUR DES SAINTS. — C. 63. — A. 194.

**O vous que dans les cieux unit la même gloire,
Notre hommage, en ce jour, vous unit ici-bas ;
Dans de pieux transports nous chantons la victoire
    Dont Dieu couronne vos combats.**

**Pleins du céleste amour, au sein de la sagesse,
Vous goûtez à longs traits les plus chastes plaisirs ;
Votre âme s'y repaît dans une sainte ivresse,
    Du seul objet de vos désirs.**

**Investis des rayons de sa gloire suprême,
Devant Dieu les vieillards sont toujours prosternés,
Déposant à ses pieds l'auguste diadème
    Dont sa main les a couronnés.**

**Du Monarque éternel la Vierge Épouse et Mère,
Brille au-dessus des Saints au céleste séjour,
Et du Ciel irrité, désarme la colère
    Par le Fils qui lui doit le jour.**

**Vous, Apôtres, vos voix comme autant de trompettes,
Avaient à l'univers annoncé le Sauveur ;
Et vous les unissez aux concerts des Prophètes,
    Pour rendre hommage à sa grandeur.**

**Vierges, et vous, Martyrs, teints du sang adorable,
Les palmes à la main, vous unissez vos voix
Et chantez à l'envi ce cantique adorable :
    Trois fois Saint est le Roi des rois.**

Vous qui pour vos brebis ressentiez tant d'alarmes,
Saints Pontifes, vos soins ont cessé pour jamais :
Vous voyez, Pénitents, succéder à vos larmes
  La joie et l'éternelle paix.

Là, Sion retentit d'une sainte harmonie,
Ici, dans notre exil, nous poussons des soupirs;
Nos instruments, nos voix, hors de notre Patrie,
  Tout se refuse à nos désirs.

Grand Dieu, quand finira notre triste carrière,
Pour nous unir aux Saints pendant l'éternité?
Et quand jouirons-nous de ta vive lumière,
  Sans voile et sans obscurité?

Nous ne te verrons plus sous d'obscures images,
Quand nous serons reçus au sein de tes grandeurs.
Ah! c'est alors, Seigneur, que nos yeux sans nuages
  Verront les traits de tes splendeurs.

Citoyens de Sion, purs Esprits, chœurs des Anges,
Vous qui régnez au sein de l'immortalité,
Daignez porter nos vœux, nos chants et nos louanges
  Aux pieds de la divinité.

O Saints, qui nous voyez exposés au naufrage,
Sauvez-nous du péril, assurez notre sort;
Faites-nous arriver à l'heureux héritage
  Où conduit une sainte mort.

TABLEAU DU CIEL. — C. 5. — A. 75.

Quels accords, quels concerts
  [augustes!
Quelle pompe éblouit mes yeux!
Fais silence à l'aspect des justes,
O terre, entends les chants des
  [cieux.

O divine, ô tendre harmonie!
Les Saints, dans des transports
  [d'amour,
Chantent la grandeur infinie
Du Dieu dont ils forment la cour.

Quel spectacle! Un Dieu sans nuage
Se montre aux yeux des Bienheu-
  [reux;
Ils contemplent de son visage
Les traits sereins et lumineux.

Le Seigneur transporte leur âme
Par les plus doux ravissements;
La sainte ardeur qui les enflamme
Les nourrit de feux renaissants.

Je vois, à l'ombre de ses ailes,
Ces Saints, dont l'éloquente voix
Confondit les esprits rebelles,
Et donna des leçons aux rois.

De la nouvelle Babylone [queurs,
Les Martyrs, ces brillants vain-
Sont assis auprès de son trône,
Le front ceint d'immortelles fleurs.

Les Vierges, ces tendres victimes
Du chaste amour pour leur Epoux,
Demandent grâce pour nos crimes,
Et nous dérobent à ses coups.

Que nos voix d'ici-bas s'unissent
A leurs concerts mélodieux :
Servons le Maître qu'ils bénissent,
Et suivons leurs pas glorieux.

Seigneur, arrête la furie
De l'enfer armé contre nous :
Si tu perdis pour tous la vie,
Tu fis aussi le ciel pour tous.

18.

Daigne nous rendre l'héritage
Que tu promets à notre foi :

Ah ! c'est languir dans l'esclavage
Que de vivre éloigné de toi.

MÊME SUJET. — C. 33. — A. 151.

Cité magnifique et sainte,
Séjour de la vérité,
Les Elus dans ton enceinte
Vivront de la charité.
Le Dieu puissant, l'Être immense
Leur dévoile son essence,
Son ineffable beauté.

Loin d'eux l'ennui, la tristesse,
Les peines et les soupirs,
Une immortelle allégresse
Couronne tous leurs désirs. [mes,
Aux soins, aux craintes, aux lar-
Pour eux succèdent les charmes
Des vrais biens, des vrais plaisirs.

Sur eux, de tes mains propices,
Découlent mille faveurs;
Et d'un torrent de délices, [cœurs.
Grand Dieu, tu combles leurs

Tout charme, tout ravit l'âme,
Tout l'embrase, tout l'enflamme
D'un amour plein de douceurs.

Ne me vante plus tes fêtes,
O siècle faux et trompeur !
Ton sein forme les tempêtes,
Et tu parles de bonheur !
Ne sais-je pas que tes charmes
Ne produisent que les larmes
Et les regrets du malheur ?

Toi seul, ô Ciel, ma patrie,
Tu m'assures dans ton sein
Une allégresse infinie,
Des plaisirs purs et sans fin.
Tu m'offres de Dieu lui-même
La félicité suprême :
O le glorieux destin !

MÊME SUJET. — C. 4. — A. 53.

Chantons les combats et la gloire
Des Saints, nos illustres aïeux :
Ils ont remporté la victoire,
Ils sont couronnés dans les cieux.
Il n'est plus pour eux de tristesse,
Plus de soupirs, plus de douleurs;
Ils moissonnent dans l'allégresse
Ce qu'ils ont semé dans les pleurs.

Objets des tendres complaisances
De l'Eternel, du Tout-Puissant,
Ses grandeurs sont leurs récom-
Son amour est leur aliment. [penses,
Le divin Soleil de justice,
Toujours échauffe, toujours luit,
Sans que jamais il s'obscurcisse;
C'est dans le ciel un jour sans nuit.

Là, d'une splendeur éternelle
Brillent les Martyrs triomphants,
Et dans une gloire immortelle
Règnent les Confesseurs constants:
Les Vierges offrent leurs cou-
Les Epoux leur fidélité, [ronnes
Le riche montre ses aumônes,

Et le pauvre sa piété.

Là, d'une charité parfaite,
Tous les Bienheureux sont unis;
De cette paisible retraite,
Tous les envieux sont bannis.
Il n'est plus de sollicitude
Qui trouble leur félicité ;
Il sont dans une quiétude
Qui remplira l'éternité.

Grands Saints, vous êtes nos mo-
Nous serons vos imitateurs; [dèles,
Nous voulons vous être fidèles,
Daignez être nos protecteurs.
Puissions-nous, marchant sur vos
                [traces,
Être toujours à Dieu soumis ;
Sollicitez pour nous ses grâces,
Puisque vous êtes ses amis.

Vous habitez votre Patrie,
Et nous errons comme étrangers;
Votre sort est digne d'envie,
Et le nôtre plein de dangers: [mes
Vous fûtes tout ce que nous som-

Au mal exposés comme nous ;
Demandez au Sauveur des hommes
Qu'un jour nous régnions avec [vous.

DIALOGUE ENTRE L'ÉGLISE DE LA TERRE ET L'ÉGLISE DU CIEL.
c. 2. — A. 36.

D. **Du séjour de la gloire,**
  Bienheureux, dites-nous,
  Après votre victoire,
  Quels biens possédez-vous ?

R. **Ces biens sont ineffables,**
  Le cœur n'a point compris
  Quels trésors admirables
  Dieu garde à ses amis.

D. **Martyrs dont le courage**
  Triompha des bourreaux,
  Quel est votre partage
  Après de si grands maux ?

R. **Nous portons la couronne,**
  La palme est dans nos mains,
  Nous partageons le trône
  Du Sauveur des humains.

D. **Docteurs, fameux oracles,**
  Interprètes des Cieux,
  Par quels nouveaux miracles
  Dieu frappe-t-il vos yeux ?

R. **Ah ! quel bonheur extrême**
  D'aller en sûreté,
  Dans le sein de Dieu même,
  Puiser la vérité !

D. **Vous, humbles Solitaires,**
  Justes anéantis,
  De vos jeûnes austères
  Quels sont les heureux fruits ?

R. **Pour tant de sacrifices,**
  Tant de saintes rigueurs,
  Un torrent de délices
  Vient inonder nos cœurs.

D. **Vous, Épouses fidèles**
  Du plus fidèle Epoux,
  Pour des ardeurs si belles,
  Quels plaisirs goûtez-vous ?

R. **Épouses fortunées,**
  Nous pouvons en tout lieu,
  De roses couronnées,
  Suivre l'Agneau de Dieu.

D. **Vous qui, du riche avare,**
  Eprouviez les froideurs,
  Compagnons de Lazare,
  Quelles sont vos douceurs ?

R. **Nous mangeons à la table**
  Du Roi de l'univers,
  Et l'homme impitoyable
  Est au fond des enfers.

D. **Et vous qu'un pain de larmes**
  Nourrissait chaque jour,
  Quels sont pour vous les char-
  Du céleste séjour ? [mes

R. **Une main secourable**
  Daigne essuyer nos pleurs ;
  Un repos désirable
  Succède à nos douleurs.

D. **Mais quelle est la durée**
  D'un si charmant repos ?
  Dieu l'a-t-il mesurée
  Sur celle de vos maux ?

R. **Dieu, qui, de la souffrance,**
  Abrége les moments,
  Veut que la récompense
  S'étende à tous les temps.

D. **Ah ! daignez nous apprendre,**
  En cet exil cruel,
  Quelle route il faut prendre
  Pour arriver au ciel ?

R. **Si vous voulez nous suivre,**
  Marchez en combattant,
  Et, sans cesser de vivre,
  Mourez à chaque instant.

D. **Mais la peine est extrême,**
  Comment vivre toujours
  En guerre avec soi-même,
  Et mourir tous les jours ?

R. **Si la route est fâcheuse,**
  Le terme est plein d'appas ;
  Une couronne heureuse
  Est le prix des combats.

AU SAINT PATRON D'UNE PAROISSE. — C. 113. — A. 257.

Vous qui régnez dans la gloire,
Patron chéri ⎱ de ces lieux,
O Patronne ⎰
Honneur à votre mémoire,
Ecoutez nos humbles vœux.
D'immortels rayons de lumière
Ornent votre front glorieux :
Peut-on trop louer sur la terre
Ce que Dieu même honore aux
    Vous qui régnez, etc. [cieux?

Autrefois, si le monde injuste
Vous fit éprouver ses fureurs,
Aujourd'hui, votre rang auguste
Vous rend l'objet de ses honneurs.
    Vous qui régnez, etc.

Tandis qu'aux flammes dévorantes
Vos ennemis sont condamnés,
Au ciel, de palmes éclatantes,
Vos mérites sont couronnés.
    Vous qui régnez, etc.

Prompt à fuir du siècle et du vice
Le faux et dangereux appas,
Vers les sentiers de la justice,
Toujours vous tournâtes vos pas.
    Vous qui régnez, etc.

Dieu vous donne à nous pour mo-
                    [dèle;
Votre exemple est notre leçon :
Que notre âme toujours fidèle
Suive son guide et son Patron.
    Vous qui régnez, etc.

Sous votre main puissante et sainte
Sa providence nous a mis;
Défendez-nous de toute atteinte
De nos perfides ennemis.
    Vous qui régnez, etc.

Tandis qu'au rang le plus sublime,
Vos vertus vous font élever :
Ne souffrez pas que dans l'abîme,
Le vice nous fasse tomber.
    Vous qui régnez, etc.

Pour suivre constamment vos
Au chemin de la sainteté, [traces
Sollicitez pour nous les grâces
De l'inépuisable bonté.
    Vous qui régnez, etc.

MÊME SUJET. — C. 21. — A. 135.

Illustre Saint qui, dans les cieux,
Possédez l'éternelle gloire,
Recevez aujourd'hui nos vœux;
Nous célébrons votre victoire,
Et les plaisirs toujours nouveaux
Dont Dieu couronne vos travaux.

Dans le sein de la Vérité
Vous voyez toute la nature;
Dans le feu de la Charité
Vous puisez votre nourriture;
Et la connaissance et l'amour
Comblent vos désirs tour à tour.

Dans sa propre Divinité,
Dieu trouve son bonheur suprême;
Pour vous cependant sa bonté
Le rend prodigue de lui-même;
Sans réserve il se donne à vous :

Quoi de plus beau ! quoi de plus
                      [doux!
Pour des **travaux courts et légers**
Jouir d'un plaisir ineffable !
Vivre sans trouble et sans dangers,
Dans un **repos inaltérable** !
Toujours content, toujours en
Voilà votre sort à jamais. [paix

Mais tandis qu'à votre bonheur,
Le Ciel et la terre conspirent;
Percés d'une vive douleur,
Hélas ! ici nos cœurs soupirent :
Que notre exil est ennuyeux,
En nous voyant si loin des cieux!

Ah ! quand viendra cet heureux jour
Qui doit finir toutes nos peines ?
Lassés de ce triste séjour, [chaînes?
Quand verrons-nous briser nos

Quand vivrons-nous en liberté,
Au sein de l'immortalité ?
Saint protecteur, secourez-nous,
Et soyez sensible à nos larmes :

Puissions-nous bientôt avec vous,
Du Paradis, goûter les charmes,
Et les plaisirs toujours nouveaux
Dont Dieu couronne vos travaux !

EN L'HONNEUR DE SAINT JOSEPH. — C. 117. — A. 261.

Chaste Époux d'une Vierge-Mère
Qui nous adopta pour enfants ;
Vous êtes aussi notre Père,
Vous en avez les sentiments.
  Témoin de l'enfance
Et des premiers pas de Jésus,
Inspirez-nous son innocence,
Faites naître en nous ses vertus.

Qu'il est beau, qu'il est plein de
  [grâce,
Ce lis qui brille dans vos mains !
Sa céleste blancheur efface
La couronne de tous les Saints.
  Témoin, etc.

O Chef de la famille sainte,
Saint Patriarche, ô noble Époux,
Joseph, ouvrez-moi cette enceinte

Où mon Dieu vécut avec vous.
  Témoin, etc.

Dites-moi quel fut son silence,
Sa douceur, son humilité,
Son admirable obéissance,
Et son immense charité.
  Témoin, etc.

Apprenez-moi comment on l'aime,
Comment il reçoit notre amour,
Comment, pour sa beauté suprême,
Tout cœur doit brûler chaque
  Témoin, etc.   [jour.

Daignez, tous les jours de ma vie,
Veiller sur moi, me secourir ;
Et qu'entre Jésus et Marie,
Comme vous, je puisse mourir.
  Témoin, etc.

A LA SAINTE FAMILLE. — C. 2. — A. 35.

Ton Épouse chérie,
Grand Saint, fait ton bonheur ;
Digne Epoux de Marie,
Tu possèdes son cœur.
Oui, ton crédit suprême,
Aujourd'hui dans les cieux,
Auprès d'elle est le même
Qu'il fut dans ces bas-lieux.

Un trésor que j'envie,
Si jamais je l'obtiens,
Du bonheur de la vie,
M'offre tous les moyens.
Mon cœur n'est plus son maître,
Un objet l'a charmé.
Mais que sais-je ? ah ! peut-être
N'en suis-je pas aimé ?

De ton Épouse aimable,
Oui, c'est le Sacré-Cœur ;
De ce bien désirable,
Le Ciel est possesseur.

Apprends-lui que je l'aime,
Et demande en retour,
Demande pour moi-même
Un peu de son amour.

Mais il me reste encore
Un objet de désirs ;
Sans cesse je l'implore
Par mes chastes soupirs.
Grand Saint, Mère admirable,
Présentez-moi tous deux
A l'enfant adorable,
Et je suis trop heureux.

Mon Jésus, sur la terre,
A vécu sous vos lois ;
Dans la cité prospère
Il vous laisse vos droits.
Quand c'est l'amour qui prie,
Son pouvoir est vainqueur :
O Joseph ! ô Marie !
Obtenez-moi son Cœur.

O Famille céleste,
Loin du divin séjour,
J'oublierai tout le reste,
Si j'obtiens votre amour.
Doux espoir de ma vie
Et mon unique bien,
Contente mon envie,
Et je ne veux plus rien.

O Trinité chérie,
Délices des élus !
O Joseph ! ô Marie !
O mon divin Jésus !
Vous, mon bonheur suprême,
Vous, mes tendres amours,
Oui, mon cœur qui vous aime,
Vous aimera toujours.

EN L'HONNEUR DES SAINTS APOTRES. — C. 63. — A. 195.

Incomparables Chefs des tribus glorieuses,
Apôtres, qui régnez au céleste séjour ;
Aux yeux de l'univers, lumières précieuses,
    Vous serez nos juges un jour.

C'est par vous que l'éclat d'une pure doctrine
Chassa de tous les cœurs l'épaisse obscurité :
L'erreur céda bientôt à la clarté divine,
    Qui nous montra la vérité.

Sans armes, sans appui, sans art, sans éloquence,
Vous sûtes triompher du plus rebelle esprit ;
La croix que vous prêchiez fut la seule puissance
    Qui le soumit à Jésus-Christ.

L'univers gémissait sous un dur esclavage ;
Mais en brisant ses fers, vous comblez son bonheur ;
On le voit s'applaudir du sublime avantage
    Qu'on goûte en servant le Seigneur.

Par vous il reconnaît, il respecte, il adore
Des mystères divins toutes les profondeurs
Et les peuples instruits, du couchant à l'aurore,
    De vos faits chantent les grandeurs.

Priez que notre foi, par l'espoir soutenue,
Nous fasse triompher de nos persécuteurs ;
Et que la charité dans nos cœurs répandue,
    A jamais calme nos douleurs.

EN L'HONNEUR DE SAINT LOUIS DE GONZAGUE, PATRON DE LA JEUNESSE CHRÉTIENNE. — C. 32. — A. 150.

Heureux enfants, accourez tous ;
A Louis venez rendre hommage ;
De vos amis c'est le plus doux ;
Heureux enfants, accourez tous :
Pour le chanter, unissez-vous ;
Il est le Patron de votre âge.

Pour lui tout n'est que vanité ;
Il foule aux pieds le diadème :

Plaisirs, honneurs, talents, beauté ;
Pour lui tout n'est que vanité :
Sa gloire, sa félicité
Est de jouir du Dieu qu'il aime.

Présentez-vous, jeune Héros,
Allez ; et, dans sa compagnie,
De Jésus suivez les drapeaux :
Présentez-vous, jeune Héros ;

Allez, par de sanglants travaux,
Imiter l'Auteur de la vie.
La peste ouvre un vaste tombeau,
Rome est en proie à son ravage.
Chacun fuit l'horrible fléau ;
La peste ouvre un vaste tombeau.
Mais vous, Louis, ô tendre agneau !
Venez vous offrir à sa rage.
Animé d'un divin transport,
Il vole au secours des victimes ;
Brave les horreurs de la mort,
Anime d'un divin transport ;
Et partageant leur triste sort,
Louis expire pour leurs crimes.
Montez au ciel, enfant d'amour ;
Allez régner avec les Anges
Quittez le terrestre séjour,
Montez au ciel, enfant d'amour ;
Que les mortels, en ce beau jour,
Célèbrent partout vos louanges.
Troupe céleste, dans les airs,
Entonnez vos sacrés cantiques ;
Unissez-vous à nos concerts,
Troupe céleste, dans les airs.
De Louis, que tout l'univers
Chante les vertus angéliques.
Portes de Sion, ouvrez-vous ;
C'est Louis, enfant de Marie ;
Ce trésor n'était plus pour nous.
Portes de Sion, ouvrez-vous ;
Le Ciel, de la terre jaloux,
Le rappelle dans sa Patrie.
Aimable Saint, priez pour nous ;
Obtenez qu'en suivant vos traces,
Au ciel nous montions après vous.
Aimable Saint, priez pour nous ;
Nous implorons, à vos genoux,
Le secours des célestes grâces.

MÊME SUJET. — C. 6. — A. 86.

Fortunés habitants des cieux,
Quittez un moment vos portiques ;
À nos accents harmonieux
Mêlez vos célestes cantiques :
Unissons nos sacrés accords.
Au saint Patron de la jeunesse
Consacrons les pieux transports
D'une vive et douce allégresse.
Chantons Louis en ce beau jour :
De la vertu, de l'innocence,
Son nom seul inspire l'amour,
Et la fait chérir de l'enfance.
Foulant aux pieds les biens du
[temps,
Louis fut pur comme les Anges :
Il n'est que des cœurs innocents
Qui puissent chanter ses louanges.
Encor dans le sein maternel,
Il reçoit l'onde salutaire ;
Il semble naître pour le ciel
Avant de naître pour la terre.
Ravis d'un spectacle si beau,
Anges saints, avec complaisance,
Entourez son sacré berceau,
Veillez sur sa fragile enfance.
Croissez, Enfant chéri des cieux,
Croissez sous l'aile tutélaire
De celle qu'un prodige heureux,
En naissant, vous donna pour mère.
Quand la mort menaçait vos jours,
Elle protégea votre vie ;
Et vous en finirez le cours
Sous les auspices de Marie.
Ni le monde ni ses appas,
Ni la splendeur du diadème,
Rien ne peut ralentir ses pas,
Quand il entend la voix suprême ;
Il fuit les douceurs de la cour,
Il se dérobe à ses hommages :
Dans l'oubli du sacré séjour
Il cache le plus beau des âges.
Mûr pour le ciel dès son printemps,
Sans regrets il quitte la terre ;
Mais il sut en quelques instants
Remplir une longue carrière :
Et, sur les ailes de l'amour,
Porté vers sa chère patrie,
Il vole au céleste séjour
Où déjà son âme est ravie.
Heureux, bienheureux mille fois
L'enfant qui le prend pour modèle,
Qui de bonne heure entend la voix

De ce guide aimable et fidèle !
Pour l'enfant qu'elle a mis au jour
Une mère a moins de tendresse
Que Louis ne ressent d'amour
Pour notre timide jeunesse.
Grand Saint, qui, dans un corps
[mortel,
Parus un ange sur la terre,
Dépose aux pieds de l'Eternel
De nos cœurs l'ardente prière.
Si nous ne pouvons obtenir
La couronne de l'innocence ;
Fais qu'il accorde au repentir
La palme de la pénitence.

COMMÉMORATION DES FIDÈLES TRÉPASSÉS.

GÉMISSEMENTS DES AMES DANS LE PURGATOIRE.—C. 60.—A. 189.

Au fond des brûlants abîmes
Nous gémissons, nous pleurons ;
Et pour expier nos crimes,
Loin de Dieu, nous y souffrons.
    Hélas ! hélas !
Feu vengeur, de tes victimes
Les pleurs ne t'éteignent pas.

A l'aspect de nos supplices,
Chrétiens, attendrissez-vous
A nos maux soyez propices,
O nos frères, sauvez-nous.
    Hélas ! hélas !
Le Ciel, sans vos sacrifices
Ne les abrégera pas.

Tandis que les âmes pures
Prennent leur vol vers les cieux,
Mille légères souillures
Nous retiennent dans ces feux.
    Hélas ! hélas !
Dans ces cruelles tortures
Ne nous abandonnez pas.

De ces flammes dévorantes,
Vous pouvez nous arracher :
Hâtez-vous, âmes ferventes,
Dieu se laissera toucher.
    Hélas ! hélas !
De ces peines si cuisantes
La fin ne vient-elle pas ?

Des soupirs, des vœux, des larmes,
Offerts au Seigneur pour nous,
Seraient de puissantes armes
Contre son juste courroux.
    Hélas ! hélas !
Dans nos maux, dans nos alarmes,
Ne nous aiderez-vous pas ?

Grand Dieu, de votre justice
Désarmez le bras vengeur :
Que notre malheur finisse
Par le sang d'un Dieu-Sauveur !
    Hélas ! hélas !
Votre main libératrice
Ne s'étendra-t-elle pas ?

MÊME SUJET. — C. 53. — A. 179.

Mortels, écoutez vos frères
Vos amis, vos chers parents ;
Et jugez de nos misères
Par nos lugubres accents.
    Hélas ! hélas !
Ne nous abandonnez pas.

Les plus légères souillures
Nous retiennent dans ces lieux,
Tandis que les âmes pures
Prennent leur vol vers les cieux.
    Hélas ! etc.

A nos maux soyez sensibles
Ne le soyez pas en vain :
Versez sur ces feux horribles
Le sang de l'Agneau divin.
    Hélas ! etc.

Vos vœux, vos soupirs, vos larmes,
Offerts au Seigneur pour nous,
Seront de puissantes armes
Pour apaiser son courroux.
    Hélas ! etc.

Hâtez-vous, brisez nos chaînes.

Des feux faites-nous sortir ;
Nous saurons, des mêmes peines,
Par retour vous affranchir.
Hélas ! etc.

MÊME SUJET. — C. 7. — A. 88.

Du sein des sombres ténèbres,
Nous nous adressons à vous ;
Entendez nos cris funèbres,
Chrétiens, et secourez-nous.
Notre misère est extrême,
Dieu lui-même nous punit,
Et sa justice suprême,
Le glaive en main, nous poursuit.

Un feu brûlant nous dévore,
Nous consume : et nous vivons
Pour voir redoubler encore
Les horreurs de nos prisons.
Pendant des milliers d'années,
Toujours pleurer et souffrir,
Telles sont nos destinées ;
Vous pouvez les adoucir.

Par l'ardeur de vos demandes,
Désarmez un Dieu jaloux ;
Par vos vœux et vos offrandes,
Faites cesser son courroux ;

Pour apaiser sa colère,
Nos efforts sont superflus :
Vous pouvez encore faire
Ce que nous ne pouvons plus.

Nous poussons des cris stériles,
Nos soupirs sont rejetés ;
Nos larmes sont inutiles,
Vos vœux seront écoutés :
N'abandonnez pas des frères,
Livrés à des feux vengeurs.
Que l'excès de leurs misères
Rende sensibles vos cœurs.

Vous que le sang, la tendresse,
Nous avaient jadis unis,
Que votre âme s'intéresse
Pour de malheureux amis :
Portés par de saints suffrages
Dans le céleste séjour,
Nous saurons dans tous les âges
Vous chérir à notre tour.

MÊME SUJET. — C. 7. — A. 99.

Au Seigneur, Dieu de vengeance,
Offrons nos lugubres chants ;
Implorons son indulgence
Pour nos frères gémissants,
Qu'encore un reste d'offense
Tient captifs dans les tourments.

Peut-on être inexorable
Aux soupirs de leurs douleurs ?
Du fond d'un gouffre effroyable,
Du sein des feux et des pleurs,
Leurs cris, leur voix lamentable,
Nous annoncent leurs malheurs.

A l'autel du sacrifice,
Allons fléchir les genoux :
Là, toujours de sa justice
On apaise le courroux ;
Là, toujours son sang propice
Coule et pour eux et pour nous.

O Jésus, sainte Victime !
Vois-les d'un œil de douceur.
Détruis les restes du crime
Qui jadis souilla leur cœur ;
Et conduis-les de l'abîme
Dans le sein du vrai bonheur.

Qu'il est doux, qu'il est utile
D'être leurs anges de paix !
Bientôt dans le saint asile
Où se portent leurs souhaits,
Leur zèle, à nos vœux facile,
Nous rendra tous nos bienfaits.

De la céleste colère,
Craignons les justes arrêts.
L'ombre, hélas ! la plus légère
Des moins criminels excès,
Dans l'éternelle lumière
Ne pénètrera jamais.

FÊTES DES SAINTES RELIQUES.

RESPECT AUX SAINTES RELIQUES. — C. 63. — A. 195.

O Chrétiens, dont la foi fait la plus pure gloire,
Sous vos yeux, des Elus les tombeaux sont ouverts :
Ils ont vaincu la mort : célébrez leur victoire
  Par les accords de vos concerts.

Dieu leur dévoile aux cieux ses splendeurs éternelles,
Et veut même ici-bas couronner leurs travaux :
Il veut que de ses Saints les dépouilles mortelles
  Immortalisent leurs tombeaux.

Seul Auteur de la gloire, et Victime suprême,
Il leur fait décerner des honneurs immortels;
Il s'immole avec eux, et sur leur cendre même
  Il se consacre des autels.

Vous, dont nous honorons les vertus précieuses,
Grands Saints, secourez-nous au sein de nos malheurs,
Et que par vous le Ciel, sur les âmes pieuses
  Daigne répandre ses faveurs.

Faites que, délivrés d'une chair corruptible,
Et pour jamais unis aux Esprits bienheureux,
L'auguste Trinité, toujours indivisible,
  Couronne et remplisse nos vœux.

FÊTE DE LA DÉDICACE DE L'ÉGLISE.

RESPECT DANS LES ÉGLISES. — C. 4. — A. 54.

Quoi ! dans les temples de la terre
Le Dieu du ciel daigne habiter !
Le puissant Maître du tonnerre
Sur nos autels veut résider !
Quel respect sa sainte présence
Doit inspirer à nos esprits !
Et, de quel amour, sa clémence
Doit remplir nos cœurs attendris !

Dans cet auguste tabernacle,
Mon œil voit mieux qu'en aucun [lieu,
Eclater l'étonnant miracle
De la tendresse de mon Dieu.
Pour garder mon âme fragile
Des traits d'un monde séducteur,
C'est là que je trouve un asile
Aux pieds de Jésus mon Sauveur.

Vers ce refuge salutaire,
Porté sur l'aile de l'amour,
Comme la colombe légère,
Je prendrai mon vol chaque jour.
Caché dans cette solitude,
Je ferai la cour à mon Roi,
Nul autre soin, nulle autre étude,
N'auront autant d'attrait pour moi.

Tel qu'un enfant court à son père,
Je m'épancherai dans son sein.
Je découvrirai ma misère
A ce tout-puissant Médecin.

Puisse jusqu'à ma dernière heure
Durer ce saint ravissement !

Puissé-je dans cette demeure
Attendre mon dernier moment !

SAINTETÉ DE NOS TEMPLES. — C. 6 et 137. — A. 82 et 281.

Temple, témoin des premiers [vœux
Et du bonheur de l'innocence,
Je te dois, image des cieux, [fance.
Les plus beaux jours de mon en-
Inspire-moi des chants divins,
Sainte Sion, ô ma Patrie,
Et retentis des doux refrains :
Vive Jésus ! vive Marie !

Ces fonts ont reçu mes serments,
Serments nouveaux, qu'en traits [de flamme,
Pour affermir mes sentiments,
L'amour a gravés dans mon âme.
    Inspire-moi, etc.

Dieu m'absout... quels doux sou- [venirs
Ce bienfait offre à ma mémoire !
Contre le monde et ses plaisirs,
Quel plus sûr gage de victoire !
    Inspire-moi, etc.

Pontife et victime d'amour,
Sur l'autel, le Sauveur lui-même,
Vient, en s'immolant chaque jour,
Donner la vie à ceux qu'il aime.
    Inspire-moi, etc.

C'est ici que Dieu s'est montré
Prodige touchant de tendresse;
C'est là qu'à son banquet sacré

Il renouvelle ma jeunesse.
    Inspire-moi, etc.

Aux divins rayons de la foi,
Sa main se plaît à me conduire;
Dans la science de sa loi,
Lui-même il daigne encor m'ins-
    Inspire-moi, etc. [truire.

De tant d'amour et de bienfaits,
O Jésus, source intarissable,
Qui n'est épris de vos attraits ?
Combien votre joug est aimable !
    Inspire-moi, etc.

Le luxe imposant des palais [mes;
Nous cache souvent bien des lar-
Ce temple est celui de la paix;
La foi l'embellit de ses charmes.
    Inspire-moi, etc.

Temple auguste de l'Éternel,
Et de sa puissance infinie,
Consacre ce jour solennel
Par la plus touchante harmonie.
    Inspire-moi, etc.

Sous tes portiques révérés,
Où nous venons courber nos têtes
Que toujours tes échos sacrés
Répètent nos hymnes de fêtes !
Redouble aussi tes chants divins
Sainte Sion, ô ma patrie,
Et retentis des doux refrains :
Vive Jésus ! vive Marie !

MÊME SUJET. — C. 9. — A. 107.

O Dieu, de ta grandeur j'adore le mystère;
Je vois tout l'univers plein de ta Majesté.
Ton trône est dans les cieux, ton pied foule la terre,
Ton empire est partout, il est l'immensité.

Mais de ton cœur pour nous, que ne fait la tendresse?
L'amour parle et te fait oublier ta grandeur :
A ta puissante voix le ciel vers nous s'abaisse,
Et sous un toit obscur tu caches ta splendeur.

La foi qui me pénètre et d'amour et de crainte,
Me montre dans ce temple une image des cieux.

Chrétien qui sur mes pas visites cette enceinte,
Quel spectacle imposant se présente à nos yeux!
Ici, dès que ton œil s'ouvrit à la lumière,
L'Eglise te reçut dans son sein maternel;
Et coupable en naissant, une onde salutaire,
D'esclave de l'enfer te fit enfant du ciel.

Vois-tu ce tribunal? là le Juge suprême
Ne sait que pardonner au plus ingrat pécheur :
Confus, mais sans effroi, là tu deviens toi-même
Délateur de ton crime, et témoin et vengeur.

Cette tribune sainte, en oracles féconde,
T'annonce les décrets du grand Législateur :
Ce n'est pas un mortel, c'est le Maître du monde,
Qui t'apprend sous ses lois à chercher le bonheur.

Regarde autour de toi : ces marbres, ces images
Te présentent les traits des mortels généreux
Qui, seuls dignes du nom de héros et de sages,
Ont mis toute leur gloire à conquérir les cieux.

Prosternons-nous, voici l'auguste sanctuaire
Où jaloux de nos cœurs, un Dieu fait son séjour;
Prodige de clémence! ineffable mystère!
Non, non, il n'est qu'un Dieu pour montrer tant d'amour.

Il m'appelle, pressé par cet amour extrême,
A son banquet divin : O mon Fils, viens à moi,
Viens goûter un bonheur envié du ciel même :
Tout mon corps, tout mon sang, tout mon être est à toi.

A des attraits si doux mon âme s'abandonne,
Je me rends, Dieu d'amour, je cède à tes bienfaits :
Au centre de mon cœur, viens établir ton trône,
Et dans ce nouveau temple habiter à jamais.

SOIN DES AUTELS. — C. 99. — A. 241.

Allons parer le sanctuaire,
Ornons à l'envi nos autels :
Jésus, du sein de la lumière,
Descend au milieu des mortels.
 Plus il s'abaisse,
 Plus sa tendresse
Mérite un généreux retour.
 A nos louanges,
 O chœurs des Anges,
Mêlez vos cantiques d'amour.

Baignons de pleurs l'auguste table
Où son sang coule encor pour nous :
Aux pieds de ce calvaire aimable,

Enfants de Dieu, prosternez-vous.
 De sa justice,
 Ce sacrifice
Arrête le bras irrité;
 Et sur le juste,
 Sa voix auguste
Du Ciel appelle la bonté.

Accourez tous à l'Arche sainte;
Riches, ornez-la de présents :
Nous, saisis d'amour et de crainte
Portons-y des cœurs innocents.
 L'or, la poussière,
 Dieu de lumière,

Devant toi sont d'un même prix : | Beauté suprême,
  Un cœur qui t'aime, | Voilà les dons que tu chéris.

CONTRE LES IRRÉVÉRENCES DANS LE LIEU SAINT. — C. 86. — A. 154.

Soupirons, gémissons, pleurons amèrement ;
On délaisse Jésus au très-Saint-Sacrement ;
On l'oublie, ô douleur ! on l'insulte, on l'outrage !
Vous, du moins, qui l'aimez, venez lui rendre hommage.

Vit-on jamais, grand Dieu, de siècle plus pervers ?
Les théâtres sont pleins, vos temples sont déserts !
D'adorateurs zélés, à peine un petit nombre
Des chrétiens nos aïeux, nous retrace quelque ombre.

Pourquoi donc parmi nous fixer votre séjour ?
Pourquoi ne nous donner que des marques d'amour,
Dans ces asiles saints où mille irrévérences
Devraient faire éclater vos trop lentes vengeances ?

Que voyez-vous, Seigneur, dans vos sacrés parvis ?
Autour de vous frémit un peuple d'ennemis ;
Du silence pieux les ris ont pris la place,
Et le crime paré s'y montre avec audace.

Gémis, mon cœur, gémis ; mes yeux, fondez en pleurs
Les païens à leurs dieux rendirent mille honneurs ;
Et le Dieu des chrétiens insulté par l'impie,
Jusque dans son palais, voit sa cause trahie.

Quoi donc, faire la guerre à son propre avocat !
Braver sur son autel un Dieu : quel attentat !
Au trône de sa grâce, insulter sa justice :
Est-il pour ce forfait un assez grand supplice ?

Ah ! je suis outragé par mes propres amis,
Plus cruels mille fois que tous mes ennemis :
Ainsi se plaint Jésus, à vous, âmes fidèles ;
Réparez en ce jour ces injures cruelles.

Et vous, Seigneur, frappez ces cœurs toujours ingrats ;
Du moins ils vous craindront, s'ils ne vous aiment pas.
Joignez votre justice à votre amour immense,
On verra succéder la crainte à l'insolence.

Mais plutôt, pardonnez à ces pauvres pécheurs,
En déchargeant sur nous les coups de vos fureurs :
Pardon, cœur de Jésus, cœur tendre, cœur aimable,
Ah ! ne rejetez pas notre amende honorable.

Si notre sang, grand Dieu, pouvait vous rendre honneur,
Frappez, brûlez, tranchez, immolez jusqu'au cœur.
Ne nous regardez plus que comme des victimes
Prêtes à tout souffrir pour réparer nos crimes.

Nous voici prosternés au pied de vos autels,
Vous pouvez nous frapper, nous sommes criminels;
Mais si vous regardez votre sang et nos larmes,
De vos mains, Dieu d'amour, vont s'échapper les armes.

PLAINTES ET ESPÉRANCES DE L'ÉGLISE. — C. 1. — A. 7.

Permettras-tu que ton culte périsse,
O Dieu-Sauveur, ô Fils de l'Eternel ?
Quoi ! désormais l'auguste Sacrifice
N'aura donc plus de temple ni d'autel !

L'Église en deuil, plaintive, désolée,
Ne cesse, hélas ! d'implorer son Epoux :
Par les méchants, d'insultes accablée,
Doit-elle enfin succomber sous leurs coups ?

Des loups cruels, ô Dieu, confonds la rage,
Défends, Seigneur, tes fidèles brebis;
De ton troupeau, de ton faible héritage,
Epargne au moins les malheureux débris.

Mais, c'en est fait, je vois fuir la tempête,
Je vois briller l'aurore d'un beau jour.
Sainte Sion, pour toi quel jour de fête !
De tes enfants, célèbre le retour.

Sèche tes pleurs, mets un terme à ta plainte;
Non, non, tes murs ne seront pas déserts;
Déjà la foule inonde ton enceinte,
Sous tes parvis j'entends mille concerts.

O culte saint, l'enfer en vain conspire
Pour diviser ce que tu réunis :
Du Dieu de paix, tu rétablis l'empire;
La Foi triomphe, il n'est plus d'ennemis.

LA DURÉE IMMORTELLE DE L'ÉGLISE. — C. 9. — A. 106.

Elle triomphera cette Église immortelle;
Dieu saura dissiper de perfides complots :
Des méchants conjurés la ligue criminelle,
De leur rage, à ses pieds, verra briser les flots.

Elle voit de l'enfer les fureurs déchaînées,
De son tronc vénérable, affermir la vigueur ;
Tandis que sans honneur languissent desséchées
Les branches qu'infecta le poison de l'erreur.

Arbre faible en naissant et battu par l'orage,
Elle étend aujourd'hui sur cent peuples divers
De ses rameaux sacrés le salutaire ombrage;
Et sa gloire finit où finit l'univers.

COMBATS DES ENFANTS DE L'ÉGLISE. — C. 205. — A. 351.

Enfants de Dieu, peuple fidèle,
L'impiété lève son bras ;
En butte à sa rage cruelle,
Chrétiens, ne la redoutez pas :
Contre le Maître du tonnerre
Que sont les géants de la terre ?
    Veillons et prions,
    Toujours combattons ;
S'il nous faut mourir, en vrais chrétiens mourons,
    Pour le Dieu du Calvaire.

Rallions-nous aux jours d'alarme ;
Prions ; les enfants de la croix,
De la prière, font leur arme,
Et le Ciel écoute leur voix :
Invoquons dans notre misère
Un Dieu plus puissant que la terre.
    Veillons, etc.

Le voyageur, au temps d'orage,
Cherche le soleil dans les cieux
Et sent renaître son courage,
Quand il reparaît à ses yeux ;
Tournons un regard salutaire
Sur la Croix qui sauva la terre.
    Veillons, etc.

Étendard d'éternelle gloire,
Arrosé du sang de Jésus,
Guide-nous, donne la victoire
Au petit troupeau des élus :
Fais qu'après les jours de colère,
La paix règne enfin sur la terre.
    Veillons, etc.

DOUCEUR DU JOUG DU SEIGNEUR. — C. 206. — A. 352.

Que le Seigneur est bon ! que son joug est aimable !
Heureux qui dès l'enfance en connaît la douceur !
Jeune peuple, courez à ce Maître adorable :
Les biens les plus charmants n'ont rien de comparable
Aux torrents des plaisirs qu'il répand dans un cœur.

Refrain : Que le Seigneur est bon ! que son joug est aimable !
Heureux qui dès l'enfance en connaît la douceur !   *bis.*

    Il s'apaise, il pardonne,
    Du cœur ingrat qui l'abandonne ;
    Il attend le retour.

Il excuse notre faiblesse ;
A nous chercher même, il s'empresse.
Pour l'enfant qu'elle a mis au jour,
Une mère a moins de tendresse.
Ah ! qui peut avec lui partager notre amour ?
　　Il s'apaise, il pardonne ;
　Du cœur ingrat qui l'abandonne,
　　Il attend le retour.
Ah ! qui peut avec lui partager notre amour ? (*bis.*)

Ref.: Que le Seigneur, etc.

Jeune peuple, courez à ce Maître adorable :
Les biens les plus charmants n'ont rien de comparable
Aux torrents de plaisirs qu'il répand dans un cœur. (*bis.*)
Jeune peuple, courez à ce Maître adorable :
Les biens les plus charmants n'ont rien de comparable
Aux torrents de plaisirs qu'il répand dans un cœur.

Ref.: Que le Seigneur, etc.

Que le Seigneur est bon ! [que son joug est aimable ! (*bis.*)
Jeune peuple, courez à ce Maître adorable :
Les biens les plus charmants n'ont rien de comparable
Aux torrents de plaisirs qu'il répand dans un cœur.
Les biens les plus charmants n'ont rien de comparable
Aux torrents de plaisirs [qu'il répand dans un cœur. (*quater*

Ref.: Que le Seigneur, etc.

Célébrer par mes chants ton nom seul adorable,
Fut dans ce lieu d'exil ma plus grande douceur,
Admis au rang des Saints, quand pourrai-je Seigneur,
Te voir et te chanter dans ta gloire ineffable.

FIN

CANTIQUES SUPPLÉMENTAIRES

SUR DIVERS SUJETS.

INVOCATION AU SAINT-ESPRIT. — C. 207. — A. 390 et 355.

Refrain. Esprit d'amour, esprit de flamme,
Écoutez nos soupirs, nos vœux :
Venez, descendez dans nos âmes ;
Embrasez-les de tous vos feux.

Esprit consolateur, notre ami, notre père,
Considérez nos maux, soulagez nos douleurs :
Qu'un souffle créateur envoyé sur la terre
Renouvelle le monde et guérisse les cœurs.

SAGESSE. Envoyez-nous du ciel le don de la sagesse,
Ce don qui fait goûter les biens purs et parfaits :
Venez de la vertu nous montrer la noblesse ;
Détachez-nous du vice et de ses faux attraits.

INTELLIGENCE. Daignez sur nous descendre, Esprit d'intelligence ;
Faites luire à nos yeux vos sublimes clartés,
Afin que du salut comprenant l'importance
De la divine loi nous aimions les beautés.

CONSEIL. Par le don de conseil, vers la belle patrie
Conduisez-nous, Seigneur, et dirigez nos pas ;
A travers les écueils si fréquents dans la vie,
Au vrai bonheur sans vous nous n'arriverons pas.

FORCE. Venez, Esprit de force ; ah ! soyez-nous propice :
Mille ennemis puissants sont ligués contre nous ;
Avec vous, de Satan nous vaincrons la malice ;
Avec vous, nous saurons affronter son courroux.

SCIENCE. Vous, Esprit de science, aux cœurs droits et sincères
Vous ouvrez les secrets de la Divinité ;
Mais comment avoir part à ces hautes lumières,
Sans le meilleur des dons, le don d'humilité?

PIÉTÉ. O don de piété, vous qui rendez aimable
Le service de Dieu, le saint joug du Seigneur,
Régnez toujours en nous ; de ce monde damnable
Nous aurons en horreur le langage imposteur.

CRAINTE. A vos bienfaits, Seigneur, joignez le don de crainte ;
Que la crainte en nos cœurs s'unisse avec l'amour :
Nous vous obéirons ici-bas sans contrainte,
Pour vous aimer sans fin au céleste séjour !

MÊME SUJET. — C. 1. — A. 371.

O Saint-Esprit, donnez-nous vos lumières,
Venez en nous, pour nous embraser tous,
Pour nous régler et former nos prières :
Nous ne pouvons faire aucun bien sans vous.

Priez pour nous, sainte Vierge Marie :
Obtenez-nous grâce auprès du Sauveur,
Pour écouter ses paroles de vie
Et les garder, comme vous, dans nos cœurs.

FIN D'UNE MISSION. — C. 224. — A. 417.

Armons-nous; la voix du Seigneur,
Chrétiens, au combat nous appelle,
Ah ! voyez, voyez qu'elle est belle,
La palme promise au vainqueur.
Elle est si noble, elle est si belle
La palme promise au vainqueur !
Tout le cours de notre existence
N'est qu'un long et rude combat,
L'âme ferme que rien n'abat,
Seule obtiendra la récompense.

Des sens l'amorce enchanteresse
Veut égarer notre raison ;
Leurs délices sont un poison,
Et la mort suit de près l'ivresse.

Le monde imposteur nous convie
A ses plaisirs, à ses honneurs :
Sacrifions ces biens trompeurs
A ceux de l'éternelle vie.

Du démon la voix menaçante
Rugit sans cesse autour de nous.
L'homme de foi craint peu ses coups,
Et rit de sa rage impuissante.

De Jésus soldat intrépide,
Prenez la croix pour bouclier ;
Quel danger peut vous effrayer
Sous une si puissante égide ?

Courage donc, troupe chérie,
Vivez, mourez en combattant :
Vous entrerez en triomphant
Dans votre céleste patrie.

ÉLANS D'AMOUR AU SACRÉ-CŒUR DE JÉSUS. — C. 247. — A. 381.

Que tardes-tu? vole au plus tôt, mon âme,
Vers cet asile où t'appelle Jésus ;
Là, dans ton sein s'allumera la flamme
Dont brûle au ciel le peuple des Élus.

Chœur. Volons, volons, mon âme,
   Vers le Cœur de Jésus,
   Pour brûler de la flamme
   Dont brûlent les Élus.
Solo. Vers cet heureux asile,
   Où t'attend le bonheur,
   Vole d'une aile agile,
   Vole, mon pauvre cœur.

Prends confiance, ô colombe timide,
Tu n'auras plus à craindre le chasseur :
Là, vainement, de sa flèche perfide,
Il chercherait à te frapper au cœur.

Qui te retient? Vois comme dans ce monde
Tout est mensonge, amertume et chagrin ;
Mais, dans ce cœur, où tout bonheur abonde,
Ce n'est que paix, repos, charme divin.

Mais quoi! ce doux et béni sanctuaire,
N'est-il ouvert qu'aux cœurs purs et fervents?
Non, non, ce Roi d'amour, ce tendre Père
L'ouvre surtout aux pécheurs repentants.

Venez, dit-il, venez, âmes souffrantes;
Je tarirai la source de vos pleurs:
Je sais combien vos peines sont cuisantes;
Je changerai tous vos maux en douceurs.

Venez aussi, venez en assurance,
Vous que retient le tyran des Enfers;
Je suis le Dieu de force, de puissance,
Venez, et vous verrez briser vos fers.

Ah! celui qui me déchire et me blesse
N'est pas Judas ni l'un de mes bourreaux;
Mais, repousser la voix de ma tendresse,
Voilà, chrétiens, le plus grand de mes maux.

Qui peut encor résister à vos charmes
Et prolonger le cours de vos douleurs!
A tant d'amour, il faut rendre les armes;
Soyez enfin le seul Roi de nos cœurs.

POUR UNE SAINTE PATRONNE. — C. 177. — A. 383.

Amante
Constante
Du divin Epoux:
Mon âme
S'enflamme
Quand je pense à vous.

Dans l'âge
Volage,
En vous, d'un cœur pur,
La grâce
Me trace
Un modèle sûr.

Qu'un monde
Immonde
Ne me parle plus!
Ravie,
J'envie
Vos nobles vertus.

Qu'il gronde,
Ce monde;
Je crains peu ses traits:
Vous suivre,
C'est vivre
Au sein de la paix.

Promesses,
Largesses,
Rien ne me séduit:

Menaces,
Disgrâces,
Rien ne m'affaiblit.

Tout passe,
S'efface
Dans ce bas séjour;
Ivresses,
Richesses,
Tout n'est que d'un jour.

Qu'on chante,
Qu'on vante
De folles amours;
Aux charmes
Les larmes
Succèdent toujours.

La terre
Me plaire
Avec de tels fruits!
Sa pompe
Nous trompe;
Dès-lors je la fuis.

Plus stable,
L'aimable
Demeure des Cieux,
Excite,
Mérite
Mes soupirs, mes vœux.

Partage
Du sage,
Biens dignes d'amour ;
Je lie
Ma vie
A vous sans retour.

Vivante,
Mourante,
O doux Rédempteur !
Bon Maître,
Puis-je être
Mieux qu'en votre cœur ?

NAISSANCE DU SAUVEUR. — C. 219. — A. 384.

Dieu sensible à nos larmes,
Nous accorde un Sauveur :
Aux cruelles alarmes
Succède le bonheur.

Tous.

Gloire, au plus haut des cieux,
Au Dieu des Bienheureux
Et paix, en ces bas lieux
A tout mortel pieux !

Qu'entends-je, et quelle ivresse !
Quels sont ces doux concerts ?
Le chant de l'allégresse
Retentit dans les airs.

C'est la troupe des Anges
Qui dit : paix aux mortels :
Amour, honneur, louanges
Et gloire à l'Eternel !

Aux cieux s'unit la terre :
J'entends de nouveaux chœurs.
O Maître du tonnerre !
Ce sont d'humbles pasteurs.

Ah ! les Esprits célestes
Me montrent l'Eternel ;
Et les bergers modestes,
L'homme faible et mortel.

Avec la troupe aimable,
Allons voir l'Enfant-Dieu :
Entrons dans cette étable :
Ah ! que vois-je en ce lieu ?

Une crèche, des langes,
Un enfant tout en pleurs !
Est-ce le Roi des Anges ?
Est-ce là mon Sauveur ?

La douleur, les souffrances,
Entourent son berceau,
Et, fruits de nos offenses,
Le suivront au tombeau !...

Bergers, c'est votre Maître ;
Anges, c'est votre Dieu :
C'est lui qui donna l'être
Au soleil radieux.

C'est le Dieu de la guerre,
Le prince de la paix,
Le Maître du tonnerre ;
Il commande à jamais.

Viens, reprends ta couronne,
Sion, sainte cité :
Ne crains plus Babylone ;
Son trône est renversé.

POUR LE TEMPS PASCAL. — C. 220. — A. 385.

Vive notre aimable Sauveur !
Ce Dieu d'amour, ce Dieu vainqueur,
Que lui seul vive en notre cœur !... Vive Jésus !
Vive Jésus ! vive Jésus !... Vive Jésus !

Du monde Jésus est l'honneur,
Le Juge, le Maître et l'Auteur ;
Il en est l'unique bonheur... Vive Jésus !

Dans son sacrifice éternel
Il est le Pontife immortel,
Le Dieu, la victime et l'autel... Vive Jésus !

C'est un agneau pour la douceur ;
Troupeau, suivez ce bon Pasteur ;
Ne craignez point le ravisseur... Vive Jésus !

Il est l'espoir des pénitents,
La paix des fidèles mourants;
Il nous est Jésus en tout temps... Vive Jésus!

C'est par Jésus que nous vivons,
C'est par lui que nous triomphons,
Avec Jésus nous règnerons... Vive Jésus!

Vive la Mère des élus!
Vive la Reine des vertus!
Vive Marie, avec Jésus!... Vive Jésus!

INVITATION A SOULAGER LES AMES DU PURGATOIRE. — C. 224. — A. 386.

Quels cris! quelles plaintes perçan-
Quelles lamentables clameurs! [tes!]
Du sein des feux expiateurs
Que veulent ces voix gémissantes:
« Parents, amis, secourez-nous;
Hélas! nous brûlons, hâtez-vous! »

J'entends, hélas! ces pauvres âmes,
J'entends les soupirs de leur cœur
Et les regrets que la douleur
Leur arrache au milieu des flammes.

O Dieu d'amour, ô notre Père,
O centre unique de nos cœurs!
Ah! quand verrons-nous vos splen-
[deurs?
Ah! que votre absence est amère!

Songez que vous êtes ma mère,
Vous dit là-bas ce pauvre enfant!
Sur la terre vous m'aimiez tant!
Que ferez-vous dans ma misère?

Soulagez-moi dans ma souffrance,
Vous dit ce frère ou cette sœur,
Prenez pitié de mon malheur,
Procurez-moi la délivrance.

Ah! que nos douleurs sont cuisantes!
Ah! que nos feux sont dévorants!
Nos chers amis, nos chers parents!
Ecoutez nos plaintes pressantes.

Je suis ce compagnon fidèle
Qui vous fut si cher autrefois:
Amis, reconnaissez la voix
De cet ami qui vous appelle:

Hélas! j'ai beau crier à l'aide;
On ne vient point à mon secours:
A qui donc aurai-je recours?
Personne pour moi n'intercède.

Vous qui vivez dans l'abondance
D'un bien que je vous ai laissé;
Je m'en suis trop embarrassé:
Faites donc pour moi pénitence.

Et moi, d'un père, d'une mère
Je ne connus jamais le nom:
Mort sans amis, dans l'abandon,
A qui ferai-je ma prière?
« Amis de Dieu, secourez-nous;
Hélas! nous brûlons, hâtez-vous! »

Considérez ce lit de flammes,
Ce gouffre de feu dévorant,
Qui, comme l'onde d'un torrent,
Inonde et pénètre nos âmes.

Voyez nos maux, voyez nos peines,
Soulagez-nous dans nos prisons:
Vos aumônes, vos oraisons
Peuvent briser toutes nos chaînes.

BONHEUR DE LA COMMUNION. — C. 242. — A. 360 et 404.

O Sion, séjour de délices,
  Dans l'exil où je languis,
Je goûte déjà les prémices
  Du bonheur qui m'est promis.

Quelles ravissantes merveilles!
  Quels délicieux concerts!
Frappent mes yeux et mes oreilles!
  Les cieux sont-ils entr'ouverts.

Le flambeau de la foi m'éclaire
  Et sa divine clarté
Me fait pénétrer le mystère
  De la céleste cité.

Du Très-Haut j'aborde le trône;
  Les Elus forment sa cour:
Le vif éclat qui l'environne
  Fait pâlir l'astre du jour.

Puissance, amour, intelligence,
 Ineffable Trinité,
En vous réside l'espérance
 De notre félicité.

Je sens qu'un feu divin m'embrase;
 Le monde n'est rien pour moi :
Et mon âme dans son extase
 Attend la mort sans effroi.

Je suis orphelin sur la terre;
 Mais à l'heure du trépas,

Ah! je retrouverai mon père
 Et volerai dans ses bras.

Tout ici-bas n'est que mensonge,
 Notre vie est un sommeil :
Mais après ce pénible songe,
 Qu'il sera doux, le réveil.

Dieu de bonté! tu veux toi-même
 Malgré mon indignité
Ceindre mon front du diadème
 De ton immortalité.

PRIÈRE AU SAINT-SACREMENT. — C. 243. — A. 364.

Maître adorable,
Nous nous prosternons devant vous;
 Dieu tout aimable,
 Ayez pitié de nous.

 O quel bonheur suprême !
Enfants, joignez vos concerts :
La terre devient le ciel même;
Voici le Maître de l'univers.

 A cette sainte table
 Sa main verse le bonheur :
De son amour inépuisable
Bientôt nous goûterons la douceur.

 Pasteur, comme il s'empresse
 A témoigner son amour.

Une mère a moins de tendresse
Pour les enfants qu'elle a mis au jour.

 Ce Dieu bon veut qu'on l'aime;
 Il habite en ces bas lieux :
Que dis-je, il se donne lui-même :
Oui, c'est le plus beau présent des
 [cieux.

 Jésus, de notre hommage
 Quoi ! vous paraissez jaloux !
Sans que jamais rien les partage
Nos cœurs seront pour toujours à vous.

 Nous aurons la constance
 De vous aimer, vous servir :
Ces vœux de la reconnaissance,
Qu'on est heureux de vous les offrir !

CANTIQUES POUR LE MOIS DE MARIE.
c. 2. — A. 354.

Parons le sanctuaire
De nos plus belles fleurs;
Offrons à notre Mère
Et nos chants et nos cœurs.
C'est le mois de Marie,
C'est le mois le plus beau :
Chantons, troupe chérie,
Un cantique nouveau.

De la saison nouvelle,
Qui dira les attraits?
Marie est bien plus belle,
Plus doux sont ses bienfaits.

L'étoile bienfaisante,
Qui se lève au matin,
Est moins éblouissante
Que son regard divin.

Qu'une éclatante aurore
Brille au loin dans les cieux;

Elle est plus belle encore,
Son front plus gracieux.

Au vallon solitaire,
Le lis, par sa blancheur,
De cette Vierge-Mère,
Retrace la pudeur.

Aimable violette,
Ta modeste beauté
Est l'image imparfaite
De son humilité.

La rose épanouie,
Aux premiers feux du jour,
Nous redit de Marie
L'inépuisable amour.

Protége ma faiblesse,
Vierge, sois mon secours;
Prouve-moi ta tendresse
Au dernier de mes jours.

AUTRE. — c. 223. — 416.

A Marie offrez donc vos guirlandes
 Jeunes cœurs en ce beau jour;
A ses pieds apportez vos offrandes,
 Vos soupirs et votre amour.
 Elle aime des cœurs innocents
 Le parfum et le pur encens.

Pour parer son autel et le trône
 Des maternelles faveurs,
Dans nos champs que le printemps couronne,
 Cueillez les plus belles fleurs.
 Mais l'innocence et la candeur
 Sont les plus chères à son cœur.

Si Marie a reçu les prémices
 De la plus belle saison,
Sur vos bras, des plus saintes délices,
 Vous chargerez la moisson.
 De l'hiver même de vos jours,
 La grâce embellira le cours.

A vous donc, ô pieuse Marie,
 Nos cœurs et nos jeunes ans:
Agréez nos dons, Mère chérie,
 Nos fleurs et nos jours naissants.
 Bientôt nos fleurs se flétriront,
 Toujours nos cœurs vous aimeront.

En vos bras et sous votre tutelle,
 Nous voulons vivre et mourir
L'enfant à votre culte fidèle
 Ne saurait jamais périr
 Gardez-nous et que votre main
 Nous rassemble dans votre sein.

AUTRE. — c. 209. — A. 357.

Miroir de justice,
Belle fleur du ciel!
Aimable calice,
Doux comme le miel!
Marie, ô ma Mère,
Tu me seras chère,
 Toujours!
Arche d'alliance,
Sois mon espérance,
 Sois mes amours
 Toujours!

L'oiseau du bocage,
L'oiseau des forêts,
Dans son doux ramage,
Chante tes bienfaits,

Ta grâce infinie,
Ta bonté chérie.

Donne une patrie
A tous les enfants!
Pardonne à l'impie,
A tous les méchants!
Que de sa lumière
La foi les éclaire.

Rends à l'orpheline
Un peu de bonheur,
Cette paix divine,
Délices du cœur!
Exauce, Marie,
Celui qui te prie

AUTRE. — c. 210. — A. 358.

Je suis votre enfant,
Oui, vous êtes ma Mère,
Ma tendre Mère,
Je suis votre enfant.

Au ciel, tous les Anges,
En chœurs glorieux,
Chantent vos louanges,
O Reine des cieux !

Mais nous, sur la terre,
Sommes vos enfants,
Daignez, bonne Mère,
Agréer nos chants.

Soyez l'espérance
Des pauvres pécheurs,
Pleins de repentance,
Pleurant leurs erreurs.

Montrez-vous l'amante
Des cœurs délaissés,

Soyez la servante
Des pauvres blessés.

Pensez au Calvaire,
A Jésus mourant;
Consolez la mère
Pleurant son enfant.

Protégez sans cesse
L'enfant au berceau,
La faible vieillesse
Tout près du tombeau.

Montrez-vous propice
Au pauvre orphelin;
Soyez sa nourrice,
Trouvez-lui son pain.

A l'heure dernière,
Fermez-nous les yeux;
A votre prière,
S'ouvriront les cieux.

CŒUR DE MARIE, ASILE DES PÉCHEURS. — c. 248. — A. 382.

Ouvre ton cœur à l'espérance,
La Vierge, à qui le Roi des Cieux
A remis ses droits de clémence,
Sur toi, pécheur, jette les yeux.
Heureux regard, gage de vie !
Ton sort n'est donc pas sans retour,
Puisque dans le Cœur de Marie
Brûle pour toi le plus ardent amour.

Entends la voix de sa tendresse :
— « Viens, mon enfant, viens dans mes
Finir tes maux et ma tristesse. [bras
Pour toi, malgré tes attentats,
Près de mon Fils j'ai trouvé grâce,
M'aimeras-tu donc à ton tour?
Que faut-il encor que je fasse
Pour te prouver mon invincible a-
[mour ?

Dans les affreux sentiers du vice,
Qu'as-tu trouvé pour ton bonheur?
Tu courais droit au précipice,
Où t'attendait un feu vengeur.
L'horreur de ta coupable vie,
Doit te ronger comme un vautour.
Sors enfin de ta léthargie,
Et reconnais mon invincible amour. »

— Quelle est cette vive lumière
Qui tout-à-coup frappe mes yeux!
Hélas ! ma débile paupière
Fuyait son éclat radieux.
La douce voix qui me convie
Au repentir et à l'amour,
Réveille mon âme engourdie,
Et je ressens un désir de retour.

Mais quoi ! victime infortunée,
Du cruel tyran des enfers,
Mon âme au vice est enchaînée;
Qui rompra mes ignobles fers?
Marie, il est vrai me rassure,
Et me promet un prompt secours,
Mais si j'ai comblé la mesure
Ne suis-je pas rejeté pour toujours?

— « Ah ! si tu crois à la tendresse
Que je porte aux pauvres pécheurs,
Si tu sais l'ardeur qui me presse
Pour ces enfants de mes douleurs,
Peux-tu douter de ma puissance
A les sauver du noir séjour,
Et de la céleste vengeance?
Elle est sans borne ainsi que mon
[amour.

» Veux-tu sortir de l'esclavage,
Et mettre fin à tes malheurs?
Rejette au plus vite un langage,
Qui vient du roi des imposteurs.
Viens, mon Enfant, en assurance,
Et sans retard et sans détour,
Avec regret et confiance
Et tu sauras ce que peut mon amour. »

—Oui, c'en est fait, ô tendre Mère,
Je puis donc vous donner ce nom;
Quoique indigne, par vous j'espère
Du Ciel obtenir mon pardon.
Malgré les excès de ma vie,
Que je veux pleurer nuit et jour,
En vos bontés je me confie,
Et je vous jure un éternel amour.

NAISSANCE DE MARIE. — c. 149 — A. 263.

De quels feux le ciel se colore!
Quel nouvel astre vient d'éclore!
D'un plus beau jour brille à nos yeux
    L'aurore;
Son éclat vient plus radieux
    Des cieux.

Sur le berceau de son enfance,
Comme une étoile est l'espérance;
Oh! quel Ange consolateur
    S'avance!
Il vient porter à notre cœur
    Bonheur.

Vierge, ton aimable présence
Réjouit partout l'innocence:
Tu combles des plus doux bienfaits

    L'enfance:
Fixe dans nos cœurs à jamais,
    La paix

Le nom de la Vierge bénie
A frappé notre âme attendrie.
Tu calmes toutes les douleurs,
    Marie;
Tu remplis de mille douceurs
    Nos cœurs

Toi qui protéges la jeunesse,
Qui l'environnes de tendresse,
Mère, vole à notre secours,
    Sans cesse;
Vierge pure, sois nos amours,
    Toujours.

PUISSANCE DE MARIE. — c. 145. — A. 259.

Tout par Marie! elle est d'un Dieu la Mère
Tout par Marie! oui, c'est le cri du cœur;
Tout par Marie! à ce mot la prière
Devient puissante et pleine de douceur.
    Cette mère chérie,
    De la sainte Patrie,
Sourit d'amour à ce chant de bonheur.
Tout par Marie! oui, c'est le cri du cœur.

Tout par Marie, au ciel et sur la terre;
J'entends ce chant parmi les immortels;
Que tout esprit l'honore et la révère,
C'est le refrain des concerts éternels.
    Célestes chœurs des Anges,
    Souffrez qu'à vos louanges
Nous unissions nos voix et notre ardeur:
Tout par Marie! oui, c'est le cri du cœur.

Tout par Marie! ô chrétien, c'est ta mère;
Ce nom chéri rendra ton bras puissant;
Tout par Marie! et toi, pécheur, espère,
Tu peux aussi devenir son enfant.

Tous les jours de la vie,
Disons : Tout par Marie!
Ces doux accents raniment la ferveur.
Tout par Marie! oui, c'est le cri du cœur.

LOUANGES ET GLOIRE DE MARIE. — C. 46. — A. 393.

A l'envi du chœur des Anges,
O Souveraine des cieux,
Nous célébrons tes louanges,
Quoiqu'exilés en ces lieux.
 De Marie
 Qu'on publie
Et la gloire et les grandeurs ;
 Qu'on l'honore,
 Qu'on l'implore,
Qu'elle règne sur nos cœurs.

C'est le lys de la vallée,
Dont le parfum précieux,
Sur la terre desséchée,
Attira le Roi des Cieux.

C'est l'auguste sanctuaire,
Que le Dieu de Majesté,
Inonda de sa lumière,
Embellit de sa beauté.

C'est la tige virginale,
D'où vient le Roi des vertus;
Elle est l'aube matinale,
Du jour promis aux élus.

C'est la Vierge incomparable,
Secours puissant des chrétiens;
C'est la source inépuisable,
De tous les célestes biens.

Honneur au nom de Marie!
Qu'il est doux pour son enfant!
Pour le méchant et l'impie,
Qu'il est triste et menaçant!

Venez, ah! venez nous dire,
O vous qui l'avez goûté,
Combien doux est son empire,
Combien grande est sa bonté.

Qui jamais de la détresse
Lui fit entendre le cri,
Et n'obtint de sa tendresse,
Un prompt et puissant appui.

Vous, qui d'un monde perfide,
Redoutez les faux appas,
Prenez-la pour votre guide,
Il ne vous séduira pas.

En vain l'enfer en furie
Frémirait autour de vous
Une prière à Marie
Dissipera son courroux,

Je l'ai juré, tendre Mère,
Jusqu'à mon dernier soupir,
Je veux te servir, te plaire;
En t'aimant, vivre et mourir.

CONSÉCRATION A MARIE. — C. 222. — A. 398.

Venez, ô famille chérie;
Parmi les plus joyeux transports,
Venez présenter à Marie
Vos cœurs unis à vos accords.
C'est votre Reine et votre Mère;
A l'aimer consacrez vos jours,
Heureux celui qui sait lui plaire
 Toujours! toujours! toujours!

Que son amour offre de charmes,
Que son service a de douceurs!
Marie en essuyant nos larmes,
Change nos épines en fleurs.

De tous les biens source féconde,
Source de vie et de bonheur :
Toujours, par torrents, sur le monde
Les grâces coulent de son cœur,

Que l'enfer au monde s'allie
Pour perdre des cœurs innocents...
Contre les enfants de Marie,
Leurs traits sont toujours impuissants,

A-t-on jamais vu sous son aile
Quelqu'un s'égarer et périr?
Du ciel c'est la porte immortelle;
Frappez, vous la verrez s'ouvrir.

Pardon si notre indifférence,
O Vierge, oublia tes faveurs;
Pour toujours la reconnaissance
Te consacre aujourd'hui nos cœurs.

Sur tes enfants, tendre Marie,
Etends la main pour les bénir :
Ah! puisse un jour dans la patrie,
Puisse ton amour les unir!

PÈLERINAGE A LA SAINTE VIERGE. — C. 214. — A. 415.

Vers l'autel de Marie
Marchons avec amour.
Vierge aimable et chérie,
Donne-nous un beau jour.

Départ.

On dit que sur notre âge
Repose ton amour...
Pour ce pélerinage
Donne-nous un beau jour.

Souvent l'ange perfide
Vient troubler notre amour :
Vierge, sois notre guide,
Donne-nous un beau jour.

Bientôt dans ta chapelle
Parlera notre amour,
Il te sera fidèle ;
Donne-nous un beau jour.

La fleur, brillante image
Du pur et saint amour,
Nous t'en ferons l'hommage,
Donne-nous un beau jour.

Et dans ton sanctuaire
Montre-nous ton amour,

N'es-tu pas notre Mère ?
Donne-nous un beau jour.

Retour

Ton amour ! c'est le gage
Du bonheur de ce jour ;
Qu'il soit notre partage ;
Donne-nous ton amour.

Loin de ton sanctuaire
Qu'il est triste le jour !
Contre notre misère
Donne-nous ton amour.

L'enfer de sa furie
Nous poursuit chaque jour ;
Ah ! sauve-nous la vie,
Donne-nous ton amour.

Eh quoi ! lâche, infidèle,
J'oublierais ce beau jour !
Non... soutiens notre zèle,
Donne-nous ton amour.

La vie est un passage,
Au ciel, au ciel un jour !
Donne-nous-en le gage,
Donne-nous ton amour.

HOMMAGE A MARIE. — C. 209. — A. 357.

Reçois mon hommage,
Reine de mon cœur ;
Accepte pour gage
De ma vive ardeur,
Ces simples offrandes
De fleurs, de guirlandes :
    Toujours,
  O Vierge chérie,
  Mon salut, ma vie,
  Sois mes amours,
    Toujours.

Dans l'humble chaumière
Et dans les palais,
Partout sur la terre
Je vois tes bienfaits.
L'écho des montagnes
Les dit aux campagnes :

Toute la nature

S'embellit pour toi :
Chaque créature
Reconnaît ta loi :
Et moi, pour te plaire,
Que pourrai-je faire ?

De t'aimer sans cesse
Je fais le serment :
A cette promesse
Fais que constamment,
Vivant sous ton aile,
Je reste fidèle !

Donne l'innocence
A mes jeunes ans ;
Mets en assurance
Mes derniers instants :
Jamais, ô Marie,
Jamais ne m'oublie !

Si dans ma carrière,
Tu me vois faillir,
Viens, ô tendre Mère,
Viens me secourir :
Sans ton assistance,
Aucune espérance !

Ah ! fais que je vive
Dans ton saint amour,
Et qu'en paix j'arrive
Au divin séjour !
Qu'en tes bras j'expire,
Afin de redire :

AUTRE. — C. 208. — A. 223 et 356.

Aux enfants de Marie,
Que son nom est doux.
Venez, troupe chérie,
Implorons-la tous.
Chantons ses louanges,
Chacun tour à tour ;
Imitons les Anges
Qui brûlent d'amour.

Pour former sa couronne,
Unissons nos cœurs ;
Ils ornent mieux son trône
Que l'éclat des fleurs.

Au seul nom de ma Mère,
Mon cœur s'attendrit ;
Ma peine est moins amère,
Ce nom l'adoucit.

Vierge, Mère chérie,
Restez près de nous,
Et toute notre vie
Secourez-nous tous.

Aux pieds de votre image,
Voyez vos enfants ;
Ils vous rendront hommage
Ainsi tous les ans.

DÉVOUEMENT A MARIE — C. 214. — A. 359 et 405.

Troupe chérie,
Parmi les plus joyeux transports,
Venez présenter à Marie
Vos cœurs unis à vos accords.
A notre Reine, et bonne Mère,
Pour toujours
Consacrons nos jours,
Jusqu'à l'heure dernière.

Qu'elle a de charmes,
Que son service a de douceurs !
Marie, en essuyant nos larmes,
Change nos épines en fleurs.

Source féconde
De biens, de vie et de bonheur :

Toujours par torrents sur le monde
Les grâces coulent de son cœur.

Non, sous son aile
On ne saurait jamais périr.
Du Ciel c'est la porte immortelle
Frappez, vous la verrez s'ouvrir.

Tendre Marie,
Etends la main pour nous bénir :
Ah ! puisse un jour dans la patrie,
Puisse ton amour nous unir !

De l'innocence
J'avais perdu l'aimable paix
Grâce à tes soins, la pénitence
Du Ciel a désarmé les traits.

CANTIQUES LATINS.

Le chant de ces Cantiques se trouve dans la Méthode de Chant, pa M. BEAUGEOIS, 3e. *édition.*

FÊTE DE NOEL.

Ætérni Verbum Núminis
Indútum carne pángimus,
E matris sinu virginis
Pro nobis natum cólimus.

Apérta sunt orácula
Antíquis clausa pátribus :
Promíssus per tot sécula
Messías datur géntibus.

Tu, Béthleem, non mínima
In Israel es civitas :
Laus ecce tibi máxima
Hæc inclyta natívitas.

Non dómibus excípitur,
Quæ Dei mox puérpera;
Et in præsépe stérnitur
Movéntur per quem sídera.

Qui cœlum novit régere,
Panniculis constríngitur;
E matris pendet úbere
Quo mundus Deo páscitur.

Adéste, puri Spíritus,
Infánti Deo pláudite;
Tellúri datum cœlitus
Divínum munus pángite.

In altis Deo glória,
In terra pax homínibus :
Commúnis datur pátria
Et divis et mortálibus.

Relictis, citi, grégibus,
Pastóres, huc accédite :
Pastórum Duci cántibus
Honóres primi sólvite.

Ætérnus sic se déprimit
Ut homo salvet hóminem,
Et novam quam nunc éxprimit
Transfórmet in imáginem.

Cadúca mundi fúgere
Nos Deus natus próvocet :
Divítias contémnere
Egénus factus édocet.

Sitítis qui justítiam,
Horréntes a fallácibus,
Haurite plenis grátiam
De Salvatóris fóntibus.

Cum pronis ergo méntibus,
Recénti Regi géntium
Adústa sacris ígnibus
Se corda litent ómnium.

Tu, novi partus cónscia,
Fac, Virgo, donet Filius,
Ut críminis mens néscia
Fruátur pace plénius.

Qui nostri, Deus, násceris
Cum córporis velámine,
In regnis tuo súperis
Da nos vestiri lúmine. Amen.

FÊTE DE L'ÉPIPHANIE.

Micat lux, accúrrite ;
Jesu corda súbdite
Regi novo géntium.

Stella foris prædicat,
Intùs fides índicat
Redemptórem ómnium.

Hùc afférte múnera,
Voluntáte líbera,
Múnera sed córdium.

Erit hæc gratíssima
Salvatóri víctima,
Mentis sacrifícium.

Offert aurum cháritas,
Myrrham et austéritas,
Thus et desidérium.

Auro Rex agnóscitur,
Homo myrrha cólitur,
Thure Deus géntium.

Non, Judǽa, géntibus
Invide gaudéntibus
Pánditum mystérium.

Post custódes óvium
Magi se fidélium
Jungunt in consortium.

Qui Judǽos ádvocat,
Christus gentes cónvocat
Unum in tugúrium.

Béthleem fit hódie
Tótius Ecclésiæ
Oriéntis grémium.

Regnet Christus córdibus,
Victis et rebéllibus
Próferat impérium. Amen.

PURIFICATION DE LA SAINTE VIERGE.

TELLUS et sídera,
Nunc obstupéscite:
Virgo puérpera
Se piat: pándite
Templi vos óstia.

Quam sanxit Légifer,
En Legi súbditur:
Cœli Rex pácifer
Altári sístitur:
Fit Deus hóstia.

Mortis jam prǽscius,
Vix natus, immolat
Se Dei Filius,
Sic Pater ímperat;
Cruci prælúditur.

Senis sollícita
De vaticinio,
María tácita
Dolóris gládio
Jamjam transfígitur.

Quem concupíeras
Salútem pópuli,
Quem expectáveras,
Vidérunt óculi:
Senex, jam mórere.

Tu, vates prǽscia,
Promíssa géntibus,
Anna, mystéria
Christum sperántibus
Gaude jam pándere.

Qui te compléctimur,
Lumen de lúmine,
Carne qui páscimur
Orta de Vírgine,
Seni da cómmori.

Dum thus offérimus
Ad aras, hóstiam,
Christe, dum sístimus;
Puro tu grátiam
Infúnde péctori. Amen.

ANNONCIATION DE LA SAINTE VIERGE.

HUMANI géneris
Cessent suspíria
Beáta míseris
Affert hic núntia
Dies mortálibus.

Uníus scélere
Cuncti cecídimus:
Lapsos erígere
Venit Altíssimus
De cœli sédibus.

Deléctæ Vírgini
Quæ Deum páriat
Legátus Dómini
Salútis núntiat
Nostræ mystérium.

O beatíssima
Præ muliéribus,
Virgo castíssima,
Deum viscéribus
Admítte Fílium.

Virtúte Spíritus
In sinu Vírginis,
Immúnis pénitus
A labe críminis
Caro compíngitur.

Per hanc infántibus
Lactéscit téneris,
Ille qui méntibus
Panis à súperis
In cœlis éditur.

Quod sine témpore
De Patre náscitur,
Mortáli córpore
Verbum indúitur,
Ut salvet hóminem.

Corpus hoc ófferet
In sacrifícium ;
Servos ut líberet.
Totum in prétium
Effúndet sánguinem.

Errábam dévius
Exul à pátria,
Viæque néscius
Ad vera gáudia
Per quam regrédiar.

In mea Dóminus
Venit exília,
Iter et términus;
Sequens vestígia,
Ad vitam grádiar.

O latens Véritas
Sub velo córporis,
Non puri látitas
Océllo péctoris :
Tu nos illúmina.

Supplex pro míseris
Accéde Númini,
Quæ, te dum ásseris
Ancíllam Dómini,
Fis mundi Dómina. Amen.

ASCENSION DE NOTRE-SEIGNEUR.

Solémnis hæc festívitas
Dilátet cordis gáudium,
Perénnis qua felícitas
Propónitur in præmium.

Confrácto mortis sólio,
Transcéndens Christus æthera
Relíctos in exílio
Nos cónvocat ad sídera.

Nec suos præsens ámplius
Ad luctas doctor ínstruet,
Nec ore miti dúrius
Ipsórum cor redárguet.

Sat dúbiis appáruit,
Sat roborávit pávidos,
Sat rudes terris dócuit;
Ad cœlos migrat ínvidos.

Salútis, inquit, núntium
Per gentes late spárgere,
Et sacra sordes méntium
Curáte lympha térgere.

At quisquam fervens précibus
Non civitátem déserat,
Ab alto donec vócibus
Vim Divum Flamen ínferat.

Sic fatus, claris núbibus
Assúrgens circumtégitur,
Et óculis mirántibus
Per auras ovans rápitur.

Qui penetrávit ínferas
Redémptor domos pácifer,
In ædes intrat súperas
Suprémus orbis Légifer.

Par régibus conspícuis
It sócia captívitas :
Se victis palma, mórtuis
Se præbet immortálitas.

Conrégnans Patris déxtera,
Tonántis iram témperat ;
Et dura monstrans vúlnera,
Amícum reis præparat.

Ut ábiit, sic véniet
Revéctus nubis sólio :
Tunc Judex malos púniet;
Ditábit bonos præmio.

Assíduum concípite,
O Christi membra, stúdium,
Ut árctius cum Cápite
In cœlo sit consórtium.

Quos órphanos hic déseris,
Meménto, Jesu, cœlitus;
Ac profer alma míseris
Promíssi dona Spíritus.

Devótis tibi méntibus
Lucéscat per te véritas :
Succénsis per te córdibus
Divína flagret cháritas Amen.

FÊTE DE LA SAINTE TRINITÉ.

Os supérbum conticéscat,
Simplex fides acquiéscat,
Dei magistério.

Unum Deum adorámus,
Tres persónas prædicámus
Uno sub mystério.

Molis expers et mens totus,
In se manens, se beátus,
Sibi Deus súfficit.

Est in Deo totum quod est :
Quod est Deus, totus hoc est :
Mens narrándo déficit.

Deum verum ut non dividimus,
Tres in uno persónas crédimus,
Patrem, Verbum, Spíritum.

Una simplex Tres sunt substántia,
Mens assénsum ad hæc mystéria,
Det secúra súbditum.

Hæc illa Trínitas,
In cujus nómine,
Vetus iníquitas

Vitáli flúmine
Nobis ablúitur.

Nobis credéntibus
Nunc est mystérium ;
Lux est vidéntibus ;
O spes in præmium
Quando mutábitur?

Quem fide nóvimus,
Amóre cólimus :
Unus Deus — Amor meus,
Cor totum ímpleat.

Tres unum dícimus,
Ei læti cánimus :
Hac plebs tota — Fide mota
In unum cóeat.

O ætérna, spes nostra, Trínitas,
Tuos inter quam mandas únitas
Tuam imitétur.

Hujus esto tu solus vinculum :
Per te nunc stet ; post actum séculum
In te consummétur. Amen.

FÊTE DU SACRÉ-CŒUR DE JÉSUS.

Venite, Gentes, cúrrite ;
Cor Jesu vocat Régium ;
Nil mítius, confídite :
Amóris est incéndium.

En illa vobis pánditur
Amóris fornax ígnea :
En mílitis reclúditur
Is grátiæ fons láncea.

Amóris, ô Cor, victima,
Amóre nostri sáucium,
Mortálium spes última,
Solámen hìc mœréntium.

Tu náufragis refúgium,
Secúra pax fidélibus,
Famélicis edúlium,
Asÿlum reis méntibus.

Hìc casta sperant óscula
Nitéscunt quibus Vírgines ;
Hìc pacis tabernácula
Quæ pios beant hómines.

Hìc tuta miles ínstruit
Pavóre pulso prælia :
Hìc vitam martyr réspuit
Ætérna spirans præmia.

Amóre Pectus ébrium,
Amóre nos inébria :
Tu nectar cœli cívium,
Da pura vitæ gáudia.

Reclúsum grandi vúlnere
Te dedit amor pérvium,
Hortánsque nos perváedere
Reclúsit nobis óstium.

Apértis venis ómnibus,
Quos abluísti sánguine
Nos íntimis recéssibus,
Recéptos semper cóntine.

Amícum puris méntibus,
Cor ómnibus propítium,
Amándum cunctis córdibus,
In corde regnes ómnium. Amen.

NATIVITÉ DE SAINT JEAN-BAPTISTE.

His Joánnes gáudia
Terris Fert cœléstia
Vates vatum máximus.

Sinu prodit stérili,
Christo, sorte nóbili,
Ceu vox Verbo, próximus.

Hunc auróram grátiæ
Specus nox impérviæ
Velat ab infántia.

Hirta veste tégitur,
Esca vili páscitur,
Mella gustat óbvia.

Plenus alto Númine,
Qui per antra síluit,
In Jordánis flúmine
Tuba grandis sónuit.

Redemptóris vérticem
Tremens servus ábluit;
Per hunc patet índicem
Agnus qui nos diluit.

Amans ad præséntiam
Sponsi gaudet óptimus;
Christo servat glóriam,
Testis fidelíssimus.

Quam lucérna férvidis
Flagrat hæc ardóribus,
Tam corúscat spléndidis,
Undique fulgóribus.

Hic Præcúrsor tanti Regis,
Utriúsque nexus legis,
Nondum nascens renátus est,
Tacens quid non effátus est?

Hic assértor æquitátis,
Propugnátor castitátis,
Index súperi lúminis;
Virgo néscius críminis.

Aulæ scelus insectátur,
Et caténis alligátur :
Mártyrum dux obtruncátur
Execrándis épulis.

Sceleráta dum saltábat,
Thalamósque rex fœdábat,
Justi cruor fluitábat
Diris mistus póculis.

Christum, Vates, qui nascéndo
Prædicas et moriéndo,
Fac nos ire subsequéndo
Tua per vestígia.

Agnum præbe jam placátum,
Tu præ cunctis quem laudátum,
Omni gente prædicátum,
Ingens ornat glória.

In cœlésti cúria
Agno sit victória. **Amen**

FÊTE DE SAINT PIERRE ET SAINT PAUL.

Te laudámus, ô Regnátor,
O pastórum, Christe, Pastor,
Summis in princípibus.

Tibi memor gratulétur,
Et concéssis gloriétur
Pia plebs paréntibus.

Hi sunt Sion fundaménta,
Hi colúmnæ, fulciménta,
Turres, propugnácula.

Hi bissénæ turbæ duces,
Hi stellántis aulæ faces,
Orbis et orácula.

His ambóbus orbis cessit,
His ambóbus nox recéssit
Pulsa lumináribus

Petro vertex principátus,
Paulo verbi magistrátus
Obtigit in géntibus.

Illi claves committúntur,
Huic arcánæ res pandúntur
Rapto super æthera.

Hæc fecúnda nos lactárunt
Ore, scriptis et potárunt,
Sponsæ matris úbera.

Arcem impérii
Christo subjíciunt;
Et sacerdótii
Caput stabíliunt.

Athlétæ férvidi
Debéllant númina :
Torréntes límpidi
Manant ut flúmina.

Navis Petri non quassátur,
Contra fluctus obfirmátur;
Hac in arca grex salvátur
Integer credéntium.

Quin Olympus reserátur,
Vel indígnis obserátur;
Sors ætérna temperátur
Petri per judícium.

Quanta cœlo merces datur !

Cruce Petrus consummátur,
Ense Paulus obtruncátur :
Sic se litant hóstiæ.

Hic triúmphus bellatórum;
Hæc coróna Magistrórum ;
Gémina sic oculórum
Micat lux Ecclésiæ.

Petre radix unitátis,
Paule, jubar veritátis,
Super astra qui regnátis,
Datæ jure potestátis,
Nos è cœlo régite.

Quos in fide genuístis,
Quos præcéptis imbuístis,
Quos exémplo docuístis,
Quos cruóre perfudístis,
Deo nos conjúngite. Amen.

ASSOMPTION DE LA SAINTE VIERGE.

PLAUDITE cum Superis :
Arca novi fœderis
Templo sedet glóriæ,

Alto regnat sólio,
Juncta Mater Fílio,
Párticeps victóriæ.

Quanto Natus fénore,
Quos dolóres péctore
Pértulit, remúnerat !

Circumfúsa lúmine,
Solo minor Númine,
Bonis quot exúberat !

Ipsa fit fons grátiæ,
Fontem quæ justítiæ
Sinu suo prótulit.

Matris per suffrágium,
Quis orávit Fílium,
Et non dona rétulit?

Virgo cœlo célsior,
Angelisque púrior,
Nobis sis propítia.

Regnet in pectóribus,
Regnet in opéribus
Qua ditáris grátia.

Nostra te gens óbsecrat;
Tibi se Rex cónsecrat
Suum et impérium.

Salva gentem Gálliæ;
Ama dici pátriæ
Tutum patrocínium. Amen.

LA TOUSSAINT.

EXULTET láudibus
Cœléstis cúria :
Terra Cœlítibus
Quos ornat glória,
Appláudat cántibus.

Beatitúdinis
Qui se fons áperit,
Ætérni lúminis

Splendórem ínserit
Supérnis Méntibus.

Nudáto Númine,
Agnus qui cérnitur,
In suo sánguine
Adhuc immérgitur
Perénnis hóstia.

Non est qui Fílio
Matre sit própior;
Erécta sólio,
Et cœlo púrior,
Plena stat grátia.

Vates cum Pátribus
Antiqui fœderis,
Cum cœli civibus,
Ætérni múneris
Gaudent participes.

Quorum elóquiis
Crevit Religio,
Bissénis sóliis
Sancto collégio
Assídunt príncipes.

Cœtus qui pértulit
Forte martýrium,
Quam Deus détulit,
Fert, mortis præmium,
Palmam victóriæ.

Quondam præpósiti
Pascéndis pópulis,
Potántur, pósiti
Plenis in épulis,
Torrénte glóriæ.

Doctóres lúcidi,
Victis erróribus,
In Deo plácidi,

Puris de fóntibus
Verum exháuriunt.

Olim in lácrymis
Qui semen miserant,
Lætis nunc ánimis,
Quos mœsti séverant
Fructus excípiunt.

Junctæ Virgínibus
Pudícæ féminæ,
Albis cum véstibus
Currunt in ágmine
Ad Agni núptias.

Omnes in lúminis
Immérsi flúmine,
Ter Sancti Núminis
Perénni cármine
Cantant delícias.

Vestris succúrrite,
O Sancti, filiis;
Ad portum dúcite
Quos nostis médiis
Luctári flúctibus.

Per vos expóscimus,
Ut, qui vos múnerat,
Deus altíssimus
In nostris ínserat
Amórem córdibus. Amen.

DÉDICACE DE L'ÉGLISE.

Ergone cœléstium
Auctor et Rex máximus
Ambit hìc hospítium,
Fitque nobis próximus,
Templis et inhábitat!

Si sublímes ætheris
Orbes hunc non cápiunt,
Quanto minus éxteris
Mœnibus hunc ámbiunt
Fórnices quos hábitat

Tua quàm palátia
Pura decet sánctitas;
Tua quàm sacrária
Fervens decet píetas,
Deus formidábilis!

Quis profánis pédibus
Audeat accédere;
Quis pollútis vócibus
Hymnos tibi cánere,
Hospes ô terríbilis?

Sacro gens baptísmate
Hìc fidélis náscitur,
Hìc divíno chrísmate
Ad certámen úngitur
Et pinguéscit grátia.

Hìc et Petri clávibus
Reus vinclis sólvitur,
Hìc divínæ dápibus
Carnis justus páscitur
Agni per convívia.

Piis hìc sermónibus
Résonant subséllia :
Mónitis cœléstibus
Discit hìc infántia
Rudiménta fídei.

Pater, quos hìc íntimis
Adorántes córdibus
Sústines, et víctimis
Te placántes pínguibus,
Specta servos Fílii. Amen.

FÊTE DE L'IMMACULÉE CONCEPTION DE MARIE.

Eva parens, quid fecísti?
Quæ promíssis credidísti
　Dǽmonis mendácibus?

Vitam nobis abstulísti,
Cœli viam præclusísti
　Míseris homínibus.

Hinc peccáto mancipátum,
Fœda labe maculátum
　Nostrum genus náscitur.

Evæ Virgo reparátrix,
Et serpéntis interféctrix,
　Ínnocens concípitur.

Draco magnus parat ictus :
Surgit Virgo, cadit victus :
　Jam triúmphum cánite.

Illa Christum paritúra,

Mundi salus est futúra :
　Terra, Cœli, pláudite.

Virgo tota speciósa,
Tota spinis carens rosa ;
　Vitam tu concípies.

Radix Jesse, fons signátus,
Soli Deo patens hortus ;
　Virgo Deum páries.

Mille donis tu decóra,
Solem præis ut auróra,
Tu pro nobis semper ora,
　Affer opem míseris.

In peccátis sumus nati,
In Adámo vulneráti
Et ad malum inclináti :
　Dele labem scéleris. Amen.

FÊTE DE LA NATIVITÉ DE LA SAINTE VIERGE.

Felix dies qua, Virgo, násceris,
Spes humáni salvándi géneris!
Dies seclis optáta míseris,
　Tandem fulges !

En auróra nocte geméntibus
Solis jubar vehit mortálibus :
Te, María, magnam in géntibus
　Canant omnes.

Arcam novi te dicant fœderis,
Templum summi futúrum Núminis,
Matrem primæ damna mulieris
　Reparántem.

Per hanc servi dǽmonis náscimur,
Per te proles Dei renáscimur ;
Tu, per Evam omnes dum mórimur,
　Das salútem.

O quàm pura cujus è sánguine,
Operánte, nascétur, Flámine,
Dei Verbum quod solvat crímine
　Mundum totum.

Tuo fove, Virgo, nos múnere,
Iratúmque divíno pignore
Flecte Numen ; cœlo da cernere
　Dulcem Natum. Amen.

FÊTES DE LA SAINTE VIERGE.

Ave, Virgo vírginum,
Spes salútis hóminum ;
Mater alma grátiæ.

Ave, sidus nítidum,
Laus et decus spléndidum
Cœlitum militiæ.

Consolátrix ínclyta,
Opem fer et vísita
Colluctántes ácie.

Rege nos, nos incita,
Fove nos, nos éxcita
Fáucibus misériæ.

Ave, Jesse vírgula
Rosa veris prímula,
Tota sine cárie.

Peccatórum víncula
Solve prece sédula
Húmilis famíliæ.

Plena Virgo grátia,
Reple cordis íntima
Cœlica tempérie.

O lux beatíssima,
Esto nobis lúcida
Fulgens sole glóriæ.

Qui nos jungat súperis,
Nobis dans in déxteris
Post spem frui spécie.

Tu benígna díceris,
Miserére míseris,
Virgo mater grátiæ. Amen.

AUTRE CANTIQUE COMPOSÉ PAR SAINT CASIMIR. — A. 393.

Omni die dic Maríæ,
  Mea, laudes, ánima :
Ejus festa, ejus gesta
  Cole splendidíssima.
Contempláre et miráre
  Ejus celsitúdinem ;
Dic felicem Genitrícem,
  Dic beátam Vírginem.

Ipsam cole ut de mole
  Críminum te líberet ;
Hanc appélla, ne procélla
  Vitiórum súperet.

Ipsam posce quam agnósce
  Posse prorsus ómnia ;
Ut evéllat et repéllat
  Quæ sunt nobis nóxia.

Hæc amánda et laudánda
  Cunctis speciáliter ;
Venerári et precári
  Decet illam júgiter.

Quamvis sciam quod Maríam
  Nemo digne prædicet ;
Tamen vanus et insánus
  Est qui eam réticet.

Hæc persóna nobis dona
  Cóntulit cœléstia ;
Hæc regína nos divína
  Illustrávit grátia.

Ipsa docet ut, quod monet
  Natus ejus, fáciam,
Et finita carnis vita,
  Lætus hunc aspíciam.

Cujus vita erudíta
  Disciplína cœlica,

Arguménta et figménta
  Dilúit hærética.

Hujus mores, tanquam flores,
  Décorant Ecclésiam ;
Actiónes, et sermónes
  Miram præstant grátiam.

O cunctárum fœminárum
  Decus atque glória,
Quam probátam et elátam
  Scimus super ómnia :

Vitæ forma, morum norma,
  Plenitúdo grátiæ ;
Dei templum, et exémplum
  Tótius justítiæ.

Clemens audi, tuæ laudi
  Quos instántes cónspicis ;
Munda reos, et fac eos
  Bonis dignos cœlicis.

Virgo, salve, per quam valvæ
  Cœli patent míseris ;
Quam non flexit, nec alléxit
  Fraus serpéntis véteris.

Pulchra tota sine nota
  Cujuscúmque máculæ,
Fac nos mundos et jucúndos
  Te laudáre sédule.

O beáta per quam data
  Nova mundo gáudia,
Et apérta, fide certa,
  Regna sunt cœléstia.

Reparátrix, consolátrix
  Desperántis ánimæ ;
A pressúra quæ ventúra
  Malis est, nos rédime.

Pro me pete, ut quiéte
  Sempitérna pérfruar,
Ne torméntis comburéntis
  Stagni miser óbruar.

Quod requíro, quod suspíro,
  Mea sana vúlnera ;
Et da menti te poscénti
  Gratiárum múnera ;

Ut sim castus et modéstus
  Dulcis, blandus, sóbrius,
Pius, rectus, circumspéctus,
  Simultátis néscius.

Erudítus et munítus
  Súperis elóquiis,
Et beátus et ornátus
  Sanctis exercítiis ;

Corde fervens, ore nitens
  Veritátem dícere :

Malum nolens, bonum colens
  Pio semper ópere.

Esto tutrix et adjútrix
  Christiáni pópuli :
Pacem præsta, nec molésta
  Nos pertúrbent séculi.

Fac me mitem, pelle litem,
  Cóntine lascíviam ;
Contra crimen da munímen,
  Mentis et constántiam.

Ora Deum, ut cor meum
  Sua servet grátia ;
Ne antíquus inimícus
  Séminet zizánia.

Commendáto me beáto
  Christo tuo Filio ;
Ut non cadam, sed evádam
  Mundi de naufrágio.

FÊTE DE SAINT JOSEPH.

Dum in terris conversántem
  Jesum proni cólimus,
Te cum eo commorántem,
  O Joséphe, cánimus.

Serve prudens et fidélis,
  Tibi, quando pródiit
Carnis sub humánæ velis,
  Sua seque crédidit.

Uxor tua virgo mater,
  Novum genus fœderis ;
Incarnáti Dei Pater
  Ipse virgo díceris.

Felix Sponse, ter beáte !
  Plausus date, cónjuges ;
Lilia vos et afférte,
  Sponsæ Christi, Vírgines.

Sine te formáta foves
  Membra, pie sédulus ;
Infantíque Deo præbes
  Pábula sollícitus.

Ab Heróde Deus infans
  Occidéndus quæritur :
A te dolis Mater constans,
  Puer et erípitur.

Ne formídes fugiéndo
  Tela tot minántia ;
Gressus dirigit siléndo
  Dei providéntia.

Quǽritas cum Matre dolens
  Derelíctum Sólymis :
Ecce jam in templo docens
  Implet jussa Núminis.

Hic sedéntem et loquéntem
  Stupent cum doctóribus :
Læti ducunt redeúntem
  Súbditum Paréntibus.

Rursum Hóspite fruéris ;
  Quæ te manet glória !
Mox secúre moriéris
  Hujus inter bráchia.

Tecum, Christe, conversári,
  Vita quæ beátior !
In ampléxu tuo mori,
  Mors quæ pretiósior.

Præter te nil ambiéntes
  Nos, ô Jesu, réspice :
Moriéntes et vivéntes
  Tui simus únice. Amen.

FÊTE DES SAINTS ANGES.

Vos, ad præcónium
Commúnis Dómini,
Natis mortálium
Nobis jungímini,
Cœléstes spíritus.

Deum elóquimur
In vos magníficum;
Sanctum proséquimur
Quod vester cánticum
Canit exércitus.

Factis extórribus
Qui superbíerant,
Perénnis cívibus
Qui cœlo stéterant,
Pax et concórdia.

Dant et accípiunt
E donis cómitum;
Quod sunt, hoc cúpiunt
Ad Dei plácitum :
Nec est invídia,

Ex ipsis háuriunt
Dei viscéribus,
Quam nostris séntiunt
Plenam in cásibus
Misericórdiam.

Flent, si prolábimur,
Et dant auxílium :
Cùm restitúimur,
Concéssam gáudium
Agunt ob véniam.

Ad thronum récitant
Piórum gémitus :
Mox missi mílitant
Advérsum spíritus
Inférsos fídei.

E carnis cárcere
Edúcunt ánimas :
Erit è púlvere
Cùm mortis víctimas
Jubébunt révehi.

Unus e súperi
Turmis exércitûs
Tutátur láteri
Nostro sollícitus :
Salúti próvidet.

Levat de fóntibus
Nascéntes, téneros
Gestat in mánibus;
Solátur míseros;
Et cunctis prævidet.

Dum leo rúgiens
Quærit quem dévoret;
Nunquam obdórmiens,
Ut tuto súperet,
Custos invígilat.

O quot afféctibus
Deo nos párturit!
Telis minántibus
Objéctos óperit;
Semper circúmvolat.

Dux belli, Míchael,
Dracónem cóntere
Tu liga, Ráphael :
Gabriel, éxere
Salútis núntium.

A te victória
Et salus ómnibus,
Christe, terréstria
Per quem cœléstibus
Sunt in consórtium. Amen.

CANTIQUE D'ACTIONS DE GRACES.

Deo quid retríbuam?
Datis quid restítuam
Pro tot benefíciis?

Exultántes trémimus;
Nos minóres cérnimus
Tuis, Deus, grátiis.

Nec mortálem déspicis
Nec peccántem réjicis,
Nímie benéficus.

Tuum das ad plácitum,
Non ad nostrum méritum,
Digna te, magníficus.

O vos, confitémini
Bonitáti Dómini,
Cœlitum milítia.

Deo benedícite,
Modo vestro cánite,
Terra, cœlum, ómnia.

Nostra jubilátio
Vera sit conféssio ;
Non est potis sólvere.

Nostra Christus hóstia
Operit altária :
Fas est per hunc réddere.

Dono quod accípimus,
Majus est quod réddimus,
Hanc litántes hóstiam.

Datam per quem sólvimus,
Obtinére crédimus
Novam per hunc grátiam.

Da, de tuo múnere
Non supérbe sápere,
Non torpére lánguidos.

Múnera quæ cápimus,
Ad te, fac, quem quǽrimus,
Nos perdúcant férvidos.

Nullo cesset témpore,
Pleno quæ de péctore,
Exit nunc laudátio.

Tibi nunc sic pláceat,
Ut perénnis máneat
Gratiárum áctio. Amen.

FÊTE DE PAQUES.

O Filii et Filiæ,
Cœléstis Prínceps glóriæ
A morte surgit hódie :
  Allelúia.
Allelúia, allelúia ;
  Allelúia.

Non lucis orto sídere,
Venérunt Corpus própere
Mulíeres inúngere ; allelúia.

In albis sedens Angelus
Respóndit Muliéribus :
Jam resurréxit Dóminus, allelúia.

A Magdaléna móniti
Certátim currunt túmuli
Ad óstium Discípuli ; allelúia.

Joánnes sed Apóstolus
Cucúrrit Petro cítius ;
Ad metam venit ócius ; allelúia.

Discípulis astántibus
In médio stat Dóminus,
Pax vobis, dicens, ómnibus ; allel.

Audívit postquam Dýdimus
Quod resurréxit Dóminus,
Remánsit fide dúbius ; allelúia.

In plagas, Thoma, réspice,
In latus manum ínjice,
Amóri fidem ádjice ; allelúia.

Cum manu latus tétigit,
Cum visu plagas óbiit,
In Jesu Deum cóluit ; allelúia.

Beáti qui non víderint,
Et fírmiter credíderint,
Ætérnam vitam nóverint ; allelúia.

Hoc in pascháli gáudio
Laus atque jubilátio :
Benedicámus Dómino ; allelúia.

De quibus nos humíllimas,
Devótas atque débitas
Dicámus Deo grátias ;
  Allelúia.
Allelúia, allelúia ;
  Allelúia.

TABLE DES AIRS

Où sont réunis tous les Numéros d'Airs qui appartiennent à la même Coupe de Vers.

Coupes.	Airs.	COUPES DE VERS ÉGAUX, A RIMES CROISÉES.	Coupes.	Airs.	COUPES DE VERS ÉGAUX, A RIMES CROISÉES.
1	1	Qu'ils sont aimés, grand...	2	23	O pure Intelligence...
		O saint autel, qu'environne..		24	O Dieu dont je tiens l'être...
		Je vous salue, auguste...		25	Heureux qui fait paraître.
	2	Dès que je vois reparaître...		26	La plus belle jeunesse.
	3	Fut-il jamais erreur plus...			Triomphante jeunesse.
	4	De ce profond, de cet...			Célébrons la victoire. (s. r.)
		Tout me confond dans ce...		27	Seigneur, Dieu de clémence.
		Oh! qu'à la mort le pécheur.		28	Goûtez, âmes ferventes.
	5	Pardon, Seigneur, à ce...		29	Je mets ma confiance.
		Pleurez, mes yeux, pleurez...		30	O divine Marie.
	376	Reviens, pécheur, à ton...		31	Quand vous contemplerai-je.
	6	Être éternel, beauté...		32	Il est temps de se rendre.
	7	Qu'on est heureux au...		33	La mort peut de son ombre.
		La pauvreté, quand elle...		34	O douce Providence.
		Permettras-tu que ton...		35	Ton Epouse chérie.
	8	Faibles mortels, quel...		36	Du séjour de la gloire.
	9	Je l'ai trouvé, le seul...		37	Voilà donc mon partage.
		Aimons le pauvre...		38	Que mon sort a de charmes.
	10	Le monde en vain par ses...		39	Que mon sort a de charmes.
		Rendez à Dieu vos vœux...		40	Enfin de son tonnerre.
	11	Tu vas remplir l'espoir de...		41	Divin cœur de Marie.
		Descends des cieux...		42	Adressons notre hommage.
	12	Sainte Sion, magnifique...		354	Parons le sanctuaire.
		O vaste abîme, ô source...	3	43	Cœur de Jésus, cœur...
	13	Vous qui courez sans...			Heureux le cœur où règne...
		Adore un Dieu qui seul...			Toujours, toujours, règne.
	14	Quel trait vainqueur...		44	O saint autel qu'environne...
		Dieu, Tout-Puissant...		45	Cœur de Jésus, cœur à...
	15	O Dieu d'amour, viens...		46	Amour divin, ô sagesse...
		Mère de Dieu, du monde...			Du Roi des cieux, tout...
		Mère de Dieu... (sans ref.)		47	Sainte cité, demeure...
		Reine du ciel, maîtresse...			Je viens, mon Dieu...
	16	Douce retraite, aimable...		403	Grâce, grâce, Seigneur...
	17	Puniras-tu, Seigneur...	4	48	Les feux de la brillante...
	284	Puniras-tu, Seigneur...			Du peuple élu, mère...
	18	Quel doux penser me...		50	Toi dont la puissance...
		Un jour charmant à nos...			Dans une douce et pure...
		L'encens divin... (sans ref.)			Où va ma mère... (sans ref.)
	19	Être ineffable, à l'âme...		51	Le temps s'échappe comme.
	353	Être ineffable, à l'âme...		52	Par les chants les plus...
	20	Ce bas séjour n'est qu'un...		53	Chantons les combats et...
		Que devant Dieu tout...		54	Quoi! dans les temples...
	21	Chère jeunesse, en qui..			Comment douter de ta...
	22	Le soleil vient de finir sa...		375	Monstre infernal...
	294	C'en est donc fait... (s. ref.)			Du triste poids qui vous...
	371	O Saint-Esprit, donnez-nous.		55	Ah! loin de moi cette...

20

Coupes.	Airs.	COUPES DE VERS ÉGAUX, A RIMES CROISÉES.	Coupes.	Airs.	COUPES DE VERS ÉGAUX, A RIMES CROISÉES.
		Seigneur, dès ma première...			Du sein des sombres...
	56	Seigneur, quand de ma...		89	Quel bonheur inestimable...
		Chrétiens pécheurs, ah!...			Jour heureux... (sans refr.)
	57	Quelle est cet aurore...		90	Pour célébrer de Marie...
		Quel spectacle s'offre...		91	Suivons les Rois dans...
	58	Viens, pécheur, et vois...		92	Bénissez le divin Maitre...
		Accourez, ô troupe fidèle...			Cesse tes concerts funèbres...
	346	De tes enfants... (sans refr.)		93	O Dieu, dont la Providence
	59	Salut, aimable et cher asile.		94	Un Dieu vient se faire...
		Être infini... (2 str. en une.)		95	Jours heureux, temps...
	60	Trop heureux enfants de...		96	Célébrons le Roi de gloire.
	61	Oui, je l'entends, ta voix...		97	Pourquoi différer sans cesse.
	62	Heureux qui sait goûter...			Dans quel état déplorable.
	63	Croix auguste, croix...		98	Heureux qui de l'opulence.
	64	Heureux, qui du cœur...		99	Le péril qui nous menace.
	65	Dans ses désirs insatiables...			Au Seigneur, Dieu de...
	66	O mon Dieu, que votre...		100	Jésus est la bonté même.
	67	De nouveaux feux, le...		101	Quelle étonnante merveille.
		Vers les collines éternelles...			Heureux qui peut dans...
	68	Puisque mon cœur sensible..		49	Quelle étonnante merveille.
	69	Heureux qui dès le premier..	8	102	J'ai péché dès mon enfance.
	70	Du bonheur on parle sans...		103	J'ai péché dès mon enfance.
	339	Aux chants de la...		104	Que Jésus est un... (s. refr.)
5	72	O! si l'on pouvait bien...	9	105	Grâce, grâce, Seigneur.
		Il faut croire une sainte...			O jour, plein de colère.
	73	De tous les biens que tu...			D'un Sauveur sur la croix...
		Être infini, grandeur...		106	Elle triomphera cette...
		Venez, Créateur de nos...			Est-ce vous que je vois...
		A votre école, ô divin...		107	Anges, applaudissez.
	74	Que cette voûte retentisse...			O Dieu, de ta grandeur.
		O toi, qu'un voile épais...			O vous qui contemplez.
	75	Quels accords, quels...		108	Combien triste est mon sort.
		O vous, dont la jeunesse...			(2 strophes en une.)
	76	Le Dieu que nos soupirs...	10	109	Je viens à vous, Seigneur..
	77	Mon bon Ange, je vous...			Esprit divin, vous qui...
		O mon Dieu, je vous...		102	Vous, dont le trône est.
	78	Vainqueur de l'enfer...			Je crois en Dieu le Père...
	79	Dieu tout charmant, ô...		110	Aimer un Dieu du plus...
		Heureux séjour de...			Auteur des temps...
		Enfance aimable, ô fleur...		111	Quel bruit affreux fait...
6	80	O vous, malheureux, qui...			Vous m'ordonnez... (s. ref.)
	81	Sur les Apôtres assemblées...	11	112	Faux plaisirs, vains...
	350	Sur les Apôtres assemblées...			En ce jour, j'offrirai mes...
	82	Temple, témoin des...		113	Quel attrait, vers Jésus...
		Vous, que rassemble en...			J'engageai ma promesse...
	83	Marie, aux regards des...	12	114	Toi que le doux espoir...
	84	Tandis que d'aveugles...	13	115	Ah! que la mort est...
	85	Un Dieu voulait se faire...			Accourez, enfants de...
	86	Du haut du céleste séjour...	14	116	Epris de tes charmes.
		Fortunés habitants des cieux.		117	O Mère chérie.
	87	Jeunes enfants, votre...		118	Qu'il est admirable.
7	88	Au sang qu'un Dieu va...		119	O céleste flamme.

Table des Airs.

Coupes.	Airs.	COUPES DE VERS ÉGAUX, A RIMES CROISÉES.
	120	O divine enfance.
	121	Petites abeilles,
	122	O ciel, quel miracle.
	363	O ciel, quel miracle.
15	124	Je gémissais dans...

Coupes.	Airs.	COUPES DE VERS ÉGAUX, A RIMES MÊLÉES.
16	123	Souvenez-vous, chrétiens...
17	125	Nous te louons, Seigneur.
	126	Je vois l'enfer s'ouvrir.
		Tandis que le Sauveur.
18	127	Au ciel portons tous nos...
19	128	O Dieu, mon partage...
		Loin du bruit des armes.
20	129	Comment goûter quelque...
		Oh! que je plains un...
	130	Hélas! j'ai vécu sans...
		Pécheur, en t'aveuglant...
21	131	Mon cœur, en ce jour...
		Travaillez à votre salut.
	132	Aimons Jésus, pour nous...
	133	De ce lieu qu'on appelle...
	134	Dieu tout-puissant, Dieu...
	135	Il n'est pas loin l'heureux...
		Jésus, je vous donne...
		Illustre Saint, qui dans...
22	136	O digne objet de mes chants.
		Que la volonté de Dieu.
	137	O vous, dont les tendres ans.
23	138	A servir le Seigneur.
		Que tout cède à la Foi.
	139	Le ciel en est le prix.
		Pour trouver le Seigneur.
24	140	Si la chasteté vous est chère.
		Jeunes enfants, que...
		Sur tes autels, ô ma patrie.
25	141	Adieu, plaisirs volages.
26	142	Il me semble le voir.
	143	Où puis-je me cacher.
		Dieu rempli de bonté.
27	144	Délivre-moi, Seigneur...
28	166	Qu'aux accents de ma voix...
29	145	Un fantôme brillant...
		Vous en êtes témoins...
30	146	Rendons à Dieu toute...
31	147	Au Dieu d'amour, gloire...
	148	Le monde, par mille...
	149	Le monde, par mille...
32	150	Souveraine aimable des...

Coupes.	Airs.	COUPES DE VERS ÉGAUX, A RIMES MÊLÉES.
		Heureux enfants, accourez...
		Doux Jésus, venez dans...
33	151	Chantons, chantons de...
		Cité magnifique et sainte...
34	152	Dès que la naissante aurore.
35	153	Quels cris font retentir...
36	154	Soupirons, gémissons...
37	155	Dans ce siècle de licence.
38	156	O mon Jésus, ô mon bien...
	157	Comblez mes vœux et...
39	159	Dans le sein de l'Etre...
40	160	Que mon sort est charmant.
41	161	Bergers, par les plus...
42	162	Les cieux instruisent...
		Heureux qui, de la sagesse.
43	163	Rien n'est fait que pour...
44	164	Qu'il meure ce corps...
45	165	Enfin, revenant à moi...

Coupes.	Airs.	COUPES DE VERS INÉGAUX, CÉSURES IRRÉGULIÈRES.
46	393	A l'envi du chœur des Anges.
		O victime de tout crime...
47	167	Dans nos concerts
		Il faut prier.
	168	Dieu de mon cœur.
		Soyons à Dieu.
	169	Oui, je le crois.
		A nos concerts.
	170	J'espère en vous.
		Toujours souffrir.
48	171	Bénissez le Seigneur...
	379	Bénissez le Seigneur...
		Ah! j'entends Jésus...
	172	Nous passons comme une...
		Chrétiens, c'est dans la...
	400	Nous passons comme une...
49	173	A l'envi, sur les pas des...
50	174	Ouvrages du Seigneur...
		C'est la foi du Chrétien...
51	175	Bénissons de Marie...
52	176	Chantons en ce jour...
	177	D'un Dieu Créateur...
53	178	Malheureuses créatures.
		Mortels, écoutez vos frères.
54	179	Nous n'avons à faire que...
	180	Nous n'avons à faire que...
55	182	Tout n'est que vanité.
		Au Dieu de l'univers.
56	183	Entendrons-nous vanter...

Table des Airs.

Coupes	Airs	COUPES DE VERS INÉGAUX	Coupes	Airs	COUPES DE VERS INÉGAUX
57	184	Dans cette étable.	74	212	Célébrons ce grand jour...
		Triste naufrage.			O fille de Sion.
	185	Troupe innocente.		213	Pourquoi ces noirs complots.
		Chantons l'enfance...		214	Le Seigneur a régné.
58	186	A la mort, à la mort.		215	Quel beau jour vient s'offrir.
		Oui, pécheur, à la mort.	75	216	O fille de Sion.
59	187	Dieu va déployer sa...			Célébrons ce grand jour.
	188	J'entends la trompette...			Quel beau jour vient s'offrir.
		Tremblez, habitants de la...	76	217	Parmi les doux transports.
60	189	Au fond des brûlants abîmes.	77	218	Quand l'eau sainte du...
		J'ai vécu sans vous...			Grand Dieu, quelle est...
	190	A tes pieds, Dieu que...	78	219	Suivons Jésus, c'est lui...
61	191	Plaisirs trompeurs...	79	220	Esprit saint, comblez...
	378	Plaisirs trompeurs...		365	Esprit saint, comblez...
		Vous qui vivez dans les...		220	Vous qui courez après...
		Le Dieu puissant, dont...	80	221	Descends, ô Dieu...
		Conserve-nous longtemps...			Quel feu s'allume dans...
	192	Vous qui venez à cet autel.			Mondains, ne troublez...
		Hélas! depuis longtemps.	81	222	O Dieu de clémence.
		Vous commandez de...	82	224	Venez, divin Messie.
62	193	Nous, qu'en ces lieux...			Venez, Verbe adorable.
		Pauvre pécheur, reviens...			Amour, honneur, louanges.
		Bénis, mon âme, ah!...	83	225	Oublions nos maux passés.
63	194	O vous que dans les cieux.	84	226	Quel jour va pour nous...
		O prodige, ô merveille.	85	227	Silence, ciel, silence, terre.
	195	O Chrétien dont la foi.	86	228	Il est né le divin Enfant.
		Incomparables chefs.	87	229	Votre divin Maître.
64	196	Hélas! quelle douleur.			O douce allégresse...
		O Dieu du pur amour.			Portes éternelles...
		Jésus, ô mon Sauveur.	88	230	Qu'il naît aimable.
65	197	Ah! qu'il est doux de...	89	231	Du Sauveur né dans une...
		Qu'à mon Sauveur j'ai...	90	232	Bel Astre que j'adore.
		Ah! que le Ciel à nos...			Reçois, Enfant aimable.
66	198	Bravons les enfers.	91	233	Le Fils du Roi de gloire.
67	199	O jour heureux pour moi...			O Monarque suprême.
68	200	Venez, ô mon divin...	92	234	Divin Sauveur, Enfant...
	201	Ah! que je goûte de...			Fausses douceurs, plaisirs...
	202	Venez, ô divin Rédempteur.			Oui, sans retour.
69	203	Mon doux Jésus ne paraît...	93	235	Vive Jésus, c'est le cri...
		Palais des cieux...		364	Vive Jésus, c'est le cri...
	204	Du Roi des rois je suis...	94	236	Enfant, notre Dieu, notre...
70	205	Quel beau jour, quel...	95	237	Chantons le mystère...
71	206	Divin Jésus, pour me...			Par un amour inconcevable.
		C'est votre Dieu.		366	Par un amour inconcevable.
		Quelle faveur.	96	238	O prodige d'amour...
	207	Sur cet autel.	97	239	Triomphons, notre Mère...
72	208	Oh! que je suis heureux.			O Cieux, étonnez-vous.
73	209	Mère de Dieu, quelle...	98	240	O Roi des cieux.
		Sainte cité, demeure...	99	241	Allons parer le sanctuaire.
		Le soleil vient de finir...			O toi qui me donnas la vie.
	210	L'encens divin embaume...			Dans ce séjour de l'innocence
	211	L'encens divin embaume...	100	242	Aux chants de la victoire.

Table des Airs. 347

Coupes.	Airs.	COUPES DE VERS INÉGAUX.	Coupes.	Airs.	COUPES DE VERS INÉGAUX.
101	243	Pécheurs, entendez-vous...	129	273	Bénissons à jamais le...
		Perçant les voiles de...			Réunissons nos voix pour...
102	244	O Cœur divin, Cœur tout...		399	Bénissons à jamais le...
103	245	O sacré Cœur.	130	274	Du Dieu d'amour et de...
	246	Pleins de ferveur.	131	275	Jour heureux, sainte...
104	247	Peuple infidèle.	132	276	Venez, Jésus, venez, ô...
		Monde frivole.	133	277	Esprit-Saint, descendez...
		Tendre Marie.	134	278	Que tenions-nous de la...
105	248	Mon doux Jésus, enfin...	135	279	Apprêtez-vous, à son festin.
106	249	Célébrons la victoire.			Consolez-vous.
107	250	Jésus paraît en vainqueur.			Quel bien plus doux.
		Chantons la Reine des cieux.	136	280	Recueillons-nous, le.
108	251	Allons, enfants de l'Evangile.	137	281	Temple, témoin des...
		Allons, peuple à la foi.			Vous que rassemble en...
109	252	Aimez d'un amour sincère.	138	282	Quand, de la terre où je...
110	253	Funeste danse.	139	283	Chrétiens, ô l'heureuse...
		Que je vous aime.	140	580	Dieu d'amour, en ce jour...
	377	La pénitence.	141	285	Que Jésus est un bon...
111	254	O vous qui, le cœur innocent.	142	286	Seigneur, dès ma première...
112	255	Anges des cieux, esprits...			Dans une douce et pure...
113	256	Heureux qui, dès son...			Oui, je l'entends, ta voix...
	367	Heureux qui, dès son...			Le temps s'échappe...
	257	Esprit-Saint, Dieu de...	143	287	Jésus quitte son trône.
		Vous qui régnez dans la...			Dans ce profond mystère.
114	258	En secret le Seigneur...	144	288	Dans ce profond mystère.
115	259	Il n'est pour moi qu'un...			Jésus quitte son trône.
		Sainte Sion, pousse un...			O Roi de la nature.
		Tout par Marie...			Dans ce divin mystère.
116	260	O Dieu de mon cœur...	145	289	Mon âme en ce triste...
		Qu'ils sont doux tes fruits.	146	290	J'engageai ma promesse...
117	261	Jésus charme ma solitude.		291	En ce jour j'offrirai mes...
		Chaste Epoux d'une...		418	En ce jour j'offrirai mes...
		Dans une paisible retraite.	147	292	Travaillez à votre salut.
118	262	Jésus est mon bonheur...			Mon cœur en ce jour...
119	263	Ciel propice, ah! brisez...			Aimons Jésus pour nous...
		Pour goûter une paix...			Il n'est pas loin...
		De quels feux le ciel...	148	293	Puissant Roi des rois.
120	264	Cieux, fondez-vous en...	149	294	C'en est donc fait, adieu...
121	265	Où va ma Mère bien-aimée.	150	295	Immortelle Sion, de ton...
122	266	Vierge Marie.	151	296	Peuple fidèle.
	401	Vierge Marie, daigne...			Saintes cohortes.
123	267	Je vous salue, auguste et...	152	297	Sion, de ta mélodie.
124	268	Un Ange ayant dit à Marie.	153	298	Adorons tous dans ce...
125	269	Triomphez, Reine des cieux.	154	299	Par-dessus tout, aimons...
		Accourez, heureux enfants.	155	300	Que j'aime ce divin Enfant.
		Un Ange, au nom du...	156	301	Que tout cœur au Seigneur.
126	270	Quelle nouvelle et sainte...			Sacré-Cœur du Sauveur.
		Rassemblons-nous dans...	157	302	Oh! qu'une âme est belle.
		Mon cœur en ce jour. (R. p.)	158	303	Qu'une vive allégresse.
127	271	Que tous les cœurs se...	159	304	O Croix, cher gage.
128	272	Spectacle ravissant.			Honneur, hommage.
		O vous qui nuit et jour.	160	305	Bénissons à jamais le Dieu...

Table des Airs.

Coupes.	Airs.	COUPES DE VERS INÉGAUX.	Coupes.	Airs.	COUPES DE VERS INÉGAUX.
161	306	Chantons, mortels...	191	336	D'un Dieu plongé dans la...
	409	Dieu de bonté, d'un cœur...	192	337	Après le cours heureux...
162	307	Tendre jeunesse, que...			Si le Seigneur est bon...
163	308	Ta beauté m'attire.			Triomphant du péché de...
164	309	Dans une vile étable.	193	338	Les méchants m'ont vanté.
165	310	Adore un Dieu qui... (refr.)	194	339	Que je te plains, pécheur.
166	311	Chantons, chantons, Jésus...	195	340	Quelle fatale erreur...
167	312	Qu'on est heureux sous...	196	341	Paraissez, Roi des rois.
168	313	L'insensé méprise la mort.	197	342	Toujours, toujours, lorsque...
169	314	Quel noble feu vient...	198	343	Quel enfant vient s'offrir.
170	315	Le remords qui tourmente.	199	344	Jour heureux, jour de...
171	316	Si le péché vient de ses...	200	345	O le Dieu de mon cœur.
172	317	Courbons nos fronts...	201	346	De tes enfants, reçois...
		Heureux moment, jour...	202	347	J'ai crié vers vous, Dieu...
		O Marie, ô Reine des...	203	348	Grand Dieu qui vis les...
173	318	Vous qui voyez couler...	204	349	Vous m'ordonnez, grand...
		Suivons, chrétiens, sur...	205	351	Enfants de Dieu, peuple...
174	319	Sous le firmament.	206	352	Que le Seigneur est bon...
175	320	Dans une douce et pure...	207	355	Esprit d'amour, esprit...
		Oui, je l'entends, ta voix...		390	Esprit d'amour, esprit...
		Seigneur, dès ma première...	208	356	Aux enfants de Marie.
176	321	Qu'il a de charmes à mes...		223	Aux enfants de Marie.
177	322	Victime sublime, Pontife...	209	357	Miroir de justice.
	383	Amante, constante...			Reçois notre hommage.
178	323	Grand Dieu, mon cœur...	210	358	Je suis votre enfant.
179	324	Sur tes autels, ô ma patrie.	211	359	et 405. Troupe chérie...
		Jeunes enfants, que...	212	360	O Sion, séjour de délices.
180	325	Qu'ils sont aimés... (refr.)		404	O Sion, séjour de délices.
181	326	Le don de notre cœur.	213	361	Maître adorable.
182	327	O doux moment, ô quel...	214	415	Vers l'autel de Marie.
183	328	C'est trop longtemps...	215	181	Que tenions-nous de la... s r
184	329	Au point du jour.	216	158	Un seul Dieu tu adoreras.
		Le point du jour.	217	381	Que tardes-tu? Vole au...
		Divin Enfant.	218	382	Ouvre ton cœur à l'espérance.
185	330	A la Reine des cieux.	219	384	Dieu sensible à nos larmes.
186	331	Que mon destin est doux.	220	385	Vive notre aimable Sauveur.
187	332	Un seul Dieu tu adoreras.	221	386	Quels cris, quelles...
188	333	Non, non, la gloire ni...	222	398	Venez, ô famille chérie...
189	334	Vive Jésus, vive sa croix.	223	416	A Marie, offrez donc...
190	335	Ta beauté, douce retraite.	224	417	Armons-nous; la voix...

TABLE ALPHABÉTIQUE
DES CANTIQUES CONTENUS DANS CE RECUEIL.

CANTIQUES.	Pages.	Coupes. (1)	Airs.	CANTIQUES.	Pages.	Coupes.	Airs.
Accourez, enfants...	277	13	115	Au Seigneur, Dieu...	311	7	99
Accourez, heureux...	11	125	269	Auteur des temps....	21	10	110
Accourez, ô troupe...	113	4	58	Aux chants de la....	127	4	389
Adieu, plaisirs.....	36	25	141	Aux chants de la victoire	160	100	242
Adore un Dieu.....	212	1, 165	13, 310	Aux enfants de Marie.	330	208	356, 223
Adorons tous dans...	166	153	298	A votre école, ô divin.	207	5	73
Adressons notre.....	297	2	42				
Ah! j'entends Jésus..	32	48	171	Bel Astre que j'adore..	19	90	252
Ah! loin de moi....	259	4	55	Bénis, mon âme....	126	62	193
Ah! que je goûte de..	188	68	201	Bénissez le divin Maître.	222	7	92
Ah! que la mort est..	55	13	115	Bénissez le Seigneur..	223	48	171, 379
Ah! que le Ciel.....	120	65	197				
Ah! qu'il est doux...	122	65	197	Bénissons... le Dieu...	207	160	305
Aimer un Dieu.....	135	10	110	Bénissons... le Seigneur.	126	129	273, 399
Aimez d'un amour...	255	109	252				
Aimons Jésus......	115	21, 147	152, 292	Bénissons de Marie...	271	51	175
				Bergers, par les plus..	13	41	161
Aimons le pauvre...	255	1	9	Bravons les enfers...	147	66	198
A la mort........	52	58	186				
A la Reine des cieux..	294	185	330	Ce bas séjour......	136	1	20
A l'envi, sur les pas..	25	49	175	Célébrons ce grand jour.	190	74, 75	212, 216
A l'envi du chœur des.	328	46	393				
Allons, enfants.....	147	108	251	Célébrons la victoire..	114	106, 2	249, 26
Allons parer......	314	99	241				
Allons, peuple à la foi.	148	108	251	Célébrons le Roi....	18	7	96
Amante — Constante..	321	177	385	C'en est donc fait....	104	149, 1	294
A Marie offrez donc..	325	223	416				
Amour divin......	175	3	46	Cesse tes concerts....	118	7	92
Amour, honneur....	15	82	224	C'est la foi du Chrétien.	151	50	174
Anges, applaudissez..	277	9	107	C'est trop long-temps..	77	183	328
Anges des cieux.....	187	112	255	C'est votre Dieu.....	161	71	206
A nos concerts.....	2	47	169	Chantons... de Marie..	281	33	151
Apprêtez-vous.....	178	135	279	Chantons... Jésus....	184	166	311
Après le cours heureux.	57	192	337	Chantons en ce jour..	188	52	176
Armons-nous, la voix.	320	224	417	Chantons la Reine....	276	107	250
A servir le Seigneur..	39	23	138	Chantons le mystère..	158	95	237
A tes pieds.......	86	60	190	Chantons l'enfance...	26	57	185
Au ciel portons tous..	137	18	127	Chantons les combats.	304	4	55
Au Dieu d'amour....	163	31	147	Chantons, mortels...	158	161	306
Au Dieu de l'univers..	217	55	182	Chaste Epoux d'une...	307	117	261
Au fond des brûlants..	310	60	189	Chère jeunesse.....	1	1	21
Au point du jour....	205	184	329	Chrétiens, c'est dans...	90	48	172
Au sang qu'un Dieu..	106	7	88	Chrétiens, ô l'heureuse.	47	139	285

(1) En cherchant dans la Table des Airs ces Numéros de Coupes, on trouvera en regard tous les Numéros d'Airs qui conviennent à tous les Cantiques de la même Coupe correspondante.

Table des Cantiques.

CANTIQUES.	Pages.	Coupes.	Airs.	CANTIQUES.	Pages.	Coupes.	Airs.
Chrétiens pécheurs...	109	4	56	Divin Enfant...	20	184	329
Ciel propice...	248	119	263	Divin Jésus...	178	71	206
Cieux, fondez-vous...	108	120	264	Divin Sauveur...	16	92	234
Cité magnifique...	304	33	151	Douce retraite...	224	1	16
Cœur de Jésus, cœur...	193	3	43, 45	Doux Jésus, venez...	176	32	150
				Du bonheur on parle...	141	4	70
Combien triste est mon.	86	9	108	Du Dieu d'amour...	125	130	274
Comblez mes vœux...	175	38	157	Du haut du céleste...	286	6	86
Comment douter...	159	4	54	D'un Dieu Créateur...	152	52	177
Comment goûter...	84	20	129	D'un Dieu plongé...	202	191	336
Conserve-nous...	265	61	191	D'un Sauveur sur la...	96	9	105
Consolez-vous...	10	135	279	Du peuple élu, mère.	214	4	48
Courbons nos fronts...	167	172	317	Du Roi des cieux...	216	3	46
Croix auguste, croix...	116	4	63	Du Roi des rois je suis	130	69	204
				Du Sauveur né dans...	16	89	231
Dans ce divin mystère.	163	144	288	Du sein des sombres...	311	7	88
Dans ce profond mystère.	167	144, 143	288, 287	Du séjour de la gloire.	305	2	36
Dans ce séjour...	269	99	241	Du triste poids qui vous accable...	88	4	375
Dans ce siècle...	37	37	155				
Dans cette étable...	16	57	184	Elle triomphera cette..	316	9	106
Dans le sein de l'Être.	227	39	159				291
Dans nos concerts...	270	47	167	En ce jour, j'offrirai...	289	146, 11	418, 112
Dans quel état...	78	7	97				
Dans ses désirs...	242	4	65	Enfance aimable...	289	5	79
Dans une douce...	159	175, 142, 4	320, 286, 50	Enfants de Dieu, peuple.	317	205	351
				Enfant, notre Dieu...	27	94	256
				Enfin de son tonnerre.	266	2	40
Dans une paisible...	198	117	261	Enfin, revenant à moi.	94	43	165
Dans une vile étable...	17	164	309	En secret le Seigneur.	97	114	258
De ce lieu qu'on...	69	21	133	Entendrons-nous vanter toujours...	103	56	185
De ce profond, de cet.	81	1	4				
Délivre-moi, Seigneur.	67	27	144	Epris de tes charmes...	99	14	116
De nouveaux feux...	24	4	67	Esprit d'amour, esprit..	319	207	353, 390
De quels feux le ciel...	327	119	263				
Descends des cieux...	257	1	11	Esprit divin, vous qui.	206	10	109
Descends, ô Dieu...	150	80	221	Esprit saint, comblez..	145	79	220, 365
Dès que je vois...	205	1	2				
Dès que la naissante...	300	34	152	Esprit saint, descendez.	144	153	277
De tes enfans...	267	201, 4	346	Esprit saint, Dieu...	142	113	257
				Est-ce vous que je vois.	107	9	106
De tous les biens...	244	5	73	Être éternel, beauté...	103	1	6
Dieu d'amour...	144	140	380	Être ineffable...	22	1	19, 353
Dieu de bonté...	82	161	409				
Dieu de mon cœur...	235	47	168	Être infini, grandeur...	233	5, 4	73, 59
Dieu rempli de bonté.	131	26	143				
Dieu sensible à nos...	322	219	384				
Dieu tout charmant...	130	5	79	Faibles mortels, quel...	36	1	8
Dieu tout-puissant, de...	279	1	14	Fausses douceurs...	36	92	254
Dieu tout-puissant, Dieu.	298	21	154	Faux plaisirs, vains...	104	11	112
Dieu va déployer sa...	60	59	187	Fortunés habitants...	309	6	86
Divin cœur de Marie.	280	2	41	Funeste danse...	38	110	255

Table des Cantiques.

CANTIQUES.	Pages.	Coupes.	Airs.	CANTIQUES.	Pages.	Coupes.	Airs.
Fut-il jamais erreur. . .	50	1	3	Je suis votre enfant . .	326	210	358
				Jésus charme ma . . .	35	117	261
Goûtez, âmes ferventes.	237	2	28	Jésus est la bonté même.	42	7	100
			105	Jésus est mon bonheur .	54	118	262
Grâce, grâce, Seigneur.	95	9 {	403	Jésus, je vous donne . .	197	21	135
			5	Jésus, ô mon Sauveur .	35	64	196
Grand Dieu, mon cœur .	44	178	325	Jésus parait.	118	107	250
Grand Dieu, quelle est .	93	77	218			145	287
Grand Dieu qui vis les .	221	203	348	Jésus quitte son trône .	177 {	144	238
						179	324
Hélas! depuis.	92	61	192	Jeunes enfans, que. . .	285	24	140
Hélas! j'ai vécu sans . .	91	20	130	Jeunes enfans, votre. .	41	6	87
Hélas! quelle douleur. .	85	64	196	Je viens à vous	206	10	109
Heureux enfants	308	32	150	Je viens, mon Dieu . . .	154	3	47
Heureux le cœur	262	3	43	Je vois l'enfer s'ouvrir .	66	17	126
Heureux moment. . . .	185	172	317	Je vous salue... et divine.	282	123	267
Heureux qui, de la . . .	65	42	162	Je vous salue... et sainte.	291	1	1
Heureux qui de l'opulence.	252	7	98	Jour heureux, jour . . .	192	199	344
						131	275
Heureux qui dès le . . .	293	4	69	Jour heureux, sainte . .	129 {	7	89
			256				
Heureux qui, dès son. .	40	115	367	Jours heureux, temps. .	45	7	95
			64				
Heureux, qui du cœur .	279	4	25	La mort peut de son . .	275	2	35
Heureux qui fait	29	2	101	La pauvreté, quand. . .	260	1	7
Heureux qui peut	208	7	62	La pénitence.	90	110	377
Heureux qui sait goûter.	242	4	79	La plus belle jeunesse .	39	2	26
Heureux séjour	225	5	304	Le ciel en est le prix. .	264	23	139
Honneur, hommage . .	231	159		Le Dieu puissant	78	61	378
Il est né le divin Enfant.	11	86	228	Le Dieu que nos soupirs.	6	5	76
Il est temps de se. . . .	40	2	32	Le don de notre cœur. .	236	181	326
Il faut croire.	212	5	72	Le Fils du Roi de gloire.	8	91	253
Il faut prier.	263	47	167	Le monde en vain . . .	127	1	10
Illustre Saint	306	21	135	Le monde, par mille . .	30	31 {	148
Il me semble le voir . .	61	26	142				149
		21	135			75	210
Il n'est pas loin.	5 {	147	292	L'encens divin	186 {		211
						4	18
Il n'est pour moi qu'un	235	115	259	Le péril qui nous. . . .	132	7	99
Incomparables chefs . .	308	63	195	Le point du jour	171	184	329
Immortelle Sion	299	150	295	Le remords qui.	82	170	315
J'ai crié vers vous. . . .	249	202	347	Les cieux instruisent . .	218	42	162
			102	Le Seigneur a régné . .	113	74	214
J'ai péché dès mon . .	87	8 {	103	Les feux de la brillante.	204	4	48
J'ai vécu sans vous . . .	93	60	189	Les méchans m'ont. . .	242	193	338
Je crois en Dieu	234	10	402			1	22
Je gémissais dans. . . .	123	15	124	Le soleil vient de finir .	206 {	75	209
Je l'ai trouvé, le seul. .	184	1	9			74	51
Je mets ma confiance. .	286	2	29	Le temps s'échappe. . .	211 {	142	286
			146	290	L'insensé méprise. . . .	57	168	313
J'engageai ma promesse.	153 {	11	113	Loin du bruit des armes.	249	19	128
J'entends la trompette .	59	59	188				
J'espère en vous	252	47	170	Maître adorable.	324	213	361

351

Table des Cantiques.

CANTIQUES.	Pages.	Coupes.	Airs.	CANTIQUES.	Pages.	Coupes.	Airs.
Malheureuses créatures	68	55	178	Oh! qu'une âme est belle	257	157	302
Marie, aux regards	272	6	85	O jour heureux pour	174	67	199
Mère de Dieu, du	288	1	15	O jour, plein de colère	63	9	105
Mère de Dieu, quelle	289	73 / 1	209 / 15	O le Dieu de mon cœur	245	200	345
				O Marie, ô Reine	285	172	317
Miroir de justice	325	209	357	O Mère chérie	270	14	117
Mon âme en ce triste	248	145	289	O Monarque suprême	6	91	233
Mon bon Ange	301	5 / 21	77 / 131	O mon Dieu, je vous	207	5	77
				O mon Dieu, que votre	210	4	66
Mon cœur, en ce jour	191	126 / 147	270 / 292	O mon Jésus, ô mon	22	38	156
				O prodige d'amour	164	96	238
Mondains, ne troublez	2	80	221	O prodige, ô merveille	275	63	194
Monde frivole	198	104	247	O pure Intelligence	301	2	25
Mon doux Jésus, enfin	45	105	248	O Roi de la nature	200	144	288
Mon doux Jésus ne	172	69	203	O Roi des cieux	166	98	240
Monstre infernal	71	4	375	O sacré Cœur	196	103	245
Mortels, écoutez vos	310	55	178	O saint autel	169	1 / 3	1 / 44
Non, non, la gloire	236	188	333	O Saint-Esprit	320	1	371
Nous n'avons à faire	50	54	179 / 180	Oh! si l'on pouvait bien	72	5	72
				O Sion, séjour de délices	325	212	360 / 404
Nous passons comme	55	48	172 / 400	O toi qui me donnas	240	99	241
Nous, qu'en ces lieux	287	62	193	O toi, qu'un voile épais	152	5	74
Nous te louons, Seigneur	124	17	125	Oublions nos maux	9	85	225
				Oui, je le crois	232	47	169
O céleste flamme	239	14	119			4	61
O Chrétiens dont la foi	312	63	195	Oui, je l'entends	197	142	286
O Ciel, quel miracle	167	14	122 / 363			175	320
				Oui, pécheur, à la mort	53	58	186
O Cieux, étonnez-vous	164	97	239	Oui, sans retour	128	92	234
O Cœur divin	196	102	244	Où puis-je me cacher	228	26	143
O Croix, cher gage	117	159	304	Où va ma Mère	278	121 / 4	265 / 50
O Dieu d'amour, viens	251	1	15				
O Dieu de clémence	3	81	222	Ouvrages du Seigneur	220	50	174
O Dieu de mon cœur	245	116	260	Ouvre ton cœur à	326	218	382
O Dieu, de ta grandeur	313	9	107	O vaste abîme, ô source	151	1	12
O Dieu dont je tiens	203	2	24	O Victime de tout crime	200	46	395
O Dieu, dont la	205	7	93	O vous, dont la jeunesse	56	5	75
O Dieu du pur amour	143	64	196	O vous, dont les tendres	28	22	137
O Dieu, mon partage	215	19	128	O vous, malheureux	89	6	80
O digne objet de mes	258	22	136	O vous que dans les	302	63	194
O divine enfance	26	14	120	O vous qui contemplez	299	9	107
O divine Marie	271	2	50	O vous qui, le cœur	55	111	254
O douce allégresse	192	87	229	O vous qui nuit et jour	300	128	272
O douce Providence	228	2	34				
O doux moment	176	182	527	Palais des cieux	140	69	203
O fille de Sion	209	75 / 74	216 / 212	Paraissez, Roi des rois	75	196	341
				Par-dessus tout, aimons	254	154	299
Oh! qu'à la mort	53	1	4	Pardon, Seigneur	81	1	5
Oh! que je plains un	57	20	129	Par les chants les plus	157	4	52
Oh! que je suis heureux	179	72	208	Parmi les doux	130	76	217

Table des Cantiques.

CANTIQUES.	Pages.	Coupes.	Airs.	CANTIQUES.	Pages.	Coupes.	Airs.
Parons le sanctuaire . .	324	2	354	Quelle est cette aurore .	266	4	57
Par un amour.	159	95	237, 366	Quelle étonnante	179	7	49, 101
Pauvre pécheur.	79	62	193	Quelle fatale erreur. . .	70	195	340
Pécheur, en t'aveuglant.	74	20	130	Quelle faveur.	162	71	206
Pécheurs, entendez-vous.	201	101	243	Quelle nouvelle.	146	126	270
Perçant les voiles. . . .	195	101	243	Quel noble feu vient . .	182	169	314
Permettras-tu que ton .	316	1	7	Quels accords, quels . .	303	5	75
Petites abeilles	225	14	121	Quels cris font retentir .	38	35	153
Peuple fidèle.	120	151	296	Quels cris, quelles. . .	325	221	386
Peuple infidèle	43	104	247	Quel spectacle s'offre . .	134	4	57
Plaisirs trompeurs. . . .	105	61	191, 378	Que tardes-tu.	320	217	381
				Quel trait vainqueur . .	98	1	14
Pleins de ferveur. . . .	241	103	246	Que mon destin est. . .	188	186	331
Pleurez, mes yeux . .	108	1	5	Que mon sort a de . . .	182	2	58, 59
Portes éternelles	134	87	229				
Pour célébrer de Marie .	292	7	90	Que mon sort est. . . .	125	40	160
Pour goûter une paix. .	246	119	263	Que tenions-nous de . .	7	134, 215	278, 181
Pourquoi ces noirs . . .	149	74	213				
Pourquoi différer. . . .	73	7	97	Que tous les cœurs se. .	283	127	271
Pour trouver le Seigneur.	263	23	139	Que tout cède à la Foi .	211	23	138
Puisque mon cœur . . .	238	4	68	Que tout cœur au. . . .	230	156	301
Puissant Roi des rois . .	117	148	293	Qu'il a de charmes . . .	138	176	321
Puniras-tu, Seigneur . .	85	1	17, 284	Qu'il est admirable . . .	219	14	118
				Qu'il meure ce corps . .	252	44	164
				Qu'il naît aimable . . .	15	88	250
Qu'à mon Sauveur . . .	157	65	197	Qu'ils sont aimés	186	1, 180	1, 325
Quand, de la terre . . .	139	138	282				
Quand l'eau sainte . . .	153	77	218	Qu'ils sont doux tes. . .	48	116	260
Quand vous contemp. .	138	2	51	Quoi ! dans les temples .	312	4	54
Qu'aux accens de ma . .	101	28	166	Qu'on est heureux au. .	170	1	7
Que cette voûte.	166	5	74	Qu'on est heureux sous .	284	167	312
Que devant Dieu tout. .	257	1	20	Qu'une vive allégresse .	121	158	303
Que j'aime ce divin . . .	14	155	300				
Que Jésus est un bon . .	31	141, 3	285, 104	Rassemblons-nous dans ce saint lieu	294	126	270
Que je te plains.	54	194	359	Reçois, Enfant aimable.	19	90	232
Que je vous aime	239	110	285	Reçois mon hommage. .	329	209	357
Quel attrait, vers Jésus.	52	11	113	Recueillions-nous, le . .	165	136	280
Que la volonté de Dieu .	229	22	136	Reine du ciel, maîtresse.	293	1	15
Quel beau jour, quel. .	171	70	205	Rendez à Dieu vos vœux.	251	1	10
Quel beau jour vient . .	268	74, 75	215, 216	Rendons à Dieu toute. .	190	50	146
				Réunissons nos voix . .	280	129	275
Quel bien plus doux . .	266	155	279	Reviens, pécheur, à . .	76	1	5, 376
Quel bonheur.	9	7	89				
Quel bruit affreux fait. .	62	10	111	Rien n'est fait que . . .	49	45	163
Quel doux penser. . . .	169	1	18				
Quel enfant vient. . . .	274	198	343	Sacré-Cœur du Sauveur.	199	156	301
Que le Seigneur est bon ! que son joug est . . .	317	206	352	Sainte cité, demeure. .	135	3, 75	47, 209
Quel feu s'allume dans .	145	80	221	Sainte Sion, magnifique.	136	1	12
Quel jour va pour nous .	8	84	226	Sainte Sion, pousse un .	161	145	259

Table des Cantiques.

CANTIQUES.	Pages.	Coupes.	Airs.	CANTIQUES.	Pages.	Coupes.	Airs.
Saintes cohortes	278	151	296	Triomphez, Reine des.	292	125	269
Salut, aimable et cher.	207	4	59	Triomphons, notre	275	97	259
Seigneur, dès ma	128	{4, 175}	{142 286, 55, 320}	Triste naufrage	132	57	184
				Trop heureux enfants.	285	4	60
				Troupe chérie	330	214	405
Seigneur, Dieu de	91	2	27	Troupe innocente.	170	57	185
Seigneur, quand de ma.	58	4	56	Tu vas remplir l'espoir.	177	1	11
Si la chasteté vous est.	256	24	140				
Silence, ciel, silence.	10	85	227	Un Ange, au nom du.	272	125	269
Si le péché vient de	153	171	316	Un Ange ayant dit.	273	124	268
Si le Seigneur est bon.	73	192	557	Un Dieu vient se faire.	46	7	94
Sion, de ta mélodie	297	152	297	Un Dieu voulait se faire.	17	6	85
Soupirons, gémissons.	315	36	154	Un fantôme brillant.	92	29	145
Sous le firmament	101	174	319	Un jour charmant à nos.	264	1	18
Souvenez-vous chrétiens	52	16	125	Un seul Dieu tu adoreras.	214	{187, 216}	{352, 153}
Souveraine aimable.	282	52	150				
Soyons à Dieu	236	47	168	Vainqueur de l'enfer	119	5	78
Spectacle ravissant	166	128	272	Venez, Créateur de nos.	142	5	75
Suivons, chrétiens	111	173	318	Venez, divin Messie.	3	82	224
Suivons Jésus, c'est lui.	34	78	219	Venez, Jésus, venez	174	132	276
Suivons les Rois dans.	25	7	91	Venez, ô divin	4	68	202
Sur cet Autel.	165	71	207	Venez, ô famille chérie.	328	222	398
Sur les Apôtres	141	6	{81, 350}	Venez, ô mon divin.	173	68	200
				Venez, Verbe adorable.	5	82	224
Sur tes autels, ô ma	200	{179, 24}	{324, 140}	Vers l'autel de Marie	329	214	415
				Vers les collines.	140	4	67
				Victime sublime.	168	177	322
Ta beauté, douce.	250	190	335	Viens, pécheur, et vois.	109	4	58
Ta beauté m'attire	261	163	308	Vierge Marie, daigne.	296	122	{266, 404}
Tandis que d'aveugles.	291	6	84				
Tandis que le Sauveur.	110	17	126	Vive Jésus, c'est le cri.	23	93	{255, 364}
Temple, témoin des	313	137	281				
		6	82	Vive Jésus, vive sa.	116	189	334
Tendre jeunesse, que.	42	162	307	Vive notre aimable	322	220	385
Tendre Marie.	295	104	247	Voilà donc mon partage.	247	2	57
Toi dont la puissance	189	4	50	Votre divin Maître.	12	87	229
Toi que le doux espoir.	64	12	114	Vous commandez de	244	61	192
Ton Épouse chérie	307	2	35	Vous, dont le trône.	234	10	402
Toujours souffrir	258	47	170	Vous en êtes témoins.	290	29	145
Toujours, toujours	155	{197, 3}	{342, 43}	Vous m'ordonnez.	181	{204, 10}	{349, 111}
Tout me confond dans.	226	1	4				
Tout n'est que vanité	100	55	182	Vous que rassemble.	47	{6, 137}	{82, 281}
Tout par Marie	327	115	259	Vous qui courez après.	259	79	220
Travaillez à votre salut.	49	{147, 21}	{292, 131}	Vous qui courez sans.	54	1	15
				Vous qui régnez dans.	306	113	257
Tremblez, habitants.	65	59	188	Vous qui venez à cet.	168	61	192
Triomphant du péché.	119	192	357	Vous qui vivez dans.	260	61	191
Triomphante jeunesse.	265	2	26	Vous qui voyez couler.	37	173	318

www.ingramcontent.com/pod-product-compliance
Lightning Source LLC
Chambersburg PA
CBHW060515230426
43665CB00013B/1522